中国社会科学院创新工程学术出版资助项目
司法部法治建设与法学理论研究重点科研项目成果

# 刑法修正评估与立法科学化

EVALUATION OF CRIMINAL LAW AMENDMENTS
AND SCIENTIFICATION OF CRIMINAL LAW LEGISLATION

刘仁文　主编

社会科学文献出版社
SOCIAL SCIENCES ACADEMIC PRESS (CHINA)

# 前　言

近年来，国内外的刑事立法都表现出活跃的迹象，个中原因可能要从风险社会、全球化社会等多个角度去解释，但无论如何，正如日本刑法学者松原芳博所指出："由于'立法时代'的到来，长期关闭在解释论里的刑法学者，再次将目光转向了立法论。"[①] 我国 1997 年新刑法颁行以来，立法机关已经对其进行了 11 次修正，即 1 个单行刑法和 10 个刑法修正案。如此活跃的刑事立法也呼唤中国刑法理论在重视解释论的同时，重新重视立法论。[②]

正是基于此考虑，由我担任首席研究员的中国社会科学院法学研究所刑法学科创新工程项目组于 2017 年 10 月 14 日至 15 日在北京召开了题为"历次刑法修正评估与刑法立法科学化——纪念 1997 年刑法颁行二十周年"的理论研讨会。以我这些年的办会经验，一个会议能否成功，至少取决于以下因素：首先，当然是要有提交给会议的高质量的论文，否则就成了无米之炊，这方面，我们通过有针对性的约稿和在"中国法学网"公开征文，形成了一大本会议论文集；其次，还要有代表性的单位和个人与会，在这方面，我们也荣幸地邀请到了最高人民法院副院长李少平大法官、最高人民检察院副检察长陈国庆大检察官、全国人大常委会法工委刑法室主任王爱立先生等立法、司法实务界的众多专家型领导和高铭暄、储槐植等来自全国数十所高校和科研院所的专家学者，他们或做主旨发言，

---

[①] 转引自张明楷《法益保护与比例原则》，《中国社会科学》2017 年第 7 期。
[②] 有学者认为，我国 1997 年新刑法颁布后，我国刑法学研究迎来了以解释论为中心的时代，刑法学研究的重点开始转向司法论，对刑法立法的研究不再是刑法学的主要使命。参见陈兴良《中国刑法学研究 40 年（1978—2018 年）》，《武汉大学学报》（哲学社会科学版）2018 年第 2 期。

或担任主持人和点评人，他们分享的宝贵信息、奉献的宝贵观点，提高了会议档次，丰富了会议内容；最后，会议组织的形式也很重要，我们一如既往，不论资格，只要提交了较高质量论文的，都安排在相应的单元作主题发言，同时安排了一些没有提交论文的资深学者和实务界人士作为点评人，加上每个单元都保证有较充裕的自由讨论时间（为此专设学生志愿者担任举牌员，协助主持人提醒各位发言人严格遵守发言时间），使得论文观点之外，一些临时性的灵感和争鸣层出不穷，大大活跃了气氛，使问题的讨论呈现多维而深入的气象。总之，这次会议取得了圆满成功，对此本人代表所在团队，谨以感恩之心再次向各位前来传经送宝的领导、师友和同仁表示由衷谢意。

按照惯例，会后我们将与会论文加以筛选和编排，以专著形式申报中国社会科学院创新工程出版资助。由于从2018年起，中国社会科学院的创新工程出版资助增加了查重检测，原则上不允许收入已经发表过的成果，加上本次会议论文实在太多，我们不得已，只好忍痛割爱删减去一些本来不错的论文，特别是有的论文虽然已经公开发表过，但还是很有收入的价值（何况有的作者还结合会议作了小幅修改），但受出版资助的规则所限，也只好拿出。对此，遗憾之余，也请各位作者体谅。

诚如本书的目录和内容所显示，本书对历次刑法修正作了多维度的考察，旨在总结、评估其得失，以促进我国刑法立法的进一步科学化。全书既涉及刑法立法的价值观、刑法介入的边界等理论问题，也涉及刑法立法模式、刑法结构等制度问题，还涉及对某些具体领域和具体罪名的讨论，可谓视角多元、内容丰富。书中有些观点作者们彼此并不一致，也不一定和我的观点一致，但这并非坏事，相反，这是很正常的学术现象。作为会议组织者，我给自己的定位是为学者们坦诚而友好的争鸣搭建一个平台，并营造一种君子和而不同的良好氛围；而作为主编，我宁愿展示各个作者的不同观点，除了在书的整体框架上保持必要的体系，具体到各部分的内容却更重视问题性思考。也正是从这个意义上，我希望读者朋友在引注该书的某篇论文的观点时，最好能具体到引用某个作者的某篇论文，而只需标明该文来源于我主编的此书即可。

感谢中国社会科学院法学研究所所长陈甦教授、原所长李林教授、国际法所原所长陈泽宪教授等对我们此次会议和本书申报出版资助的大力支持。刑法研究室的焦旭鹏副研究员、张志钢助理研究员和贾元博士后在会议的组织过程中出力甚多。在申报创新工程出版资助和本书的出版过程中，张志钢助理研究员更是做了大量的工作。我的部分学生也为会议和此书默默奉献，特别是林小建律师和冷鑫鸿律师还为会议提供了部分资助。这些都令我难以忘怀，只好在心中默默谢过。最后，要再次感谢社会科学文献出版社的刘骁军编审和她的团队，如果我没记错的话，这本书应当是我们合作打造的"中国社会科学院刑事法论坛"的第八本了。

要说明的是，本书也是我承担的2015年度国家法治与法学理论研究重点项目"历次刑法修正案评估"的最终成果。该课题立项后，我和课题组成员按照规划，进行了数次调研，产出过一系列的阶段性成果，其中通过《中国社会科学院要报》报送的多篇研究报告曾获得中国社会科学院优秀研究报告一、二、三等奖，还发表了多篇论文，最终的结项鉴定意见为"优秀"。在此，也要感谢课题评审专家和结项专家对我本人和课题组的信任。

坚持就是胜利，学术如此，办会亦如此，出书也是如此。在深夜校对完本书的全部内容后，匆匆写下上述简单文字，词不达意，权做前言，以兑现国庆长假完成出版社交付的所有任务这一承诺。

刘仁文<br>
2018年10月7日深夜于北京

# 目录 Contents

## 第一章　刑法立法 20 年概览 / 1
- 第一节　社会变迁视野中的中国刑法与刑法学 / 1
- 第二节　犯罪圈与刑法修正的结构控制 / 29
- 第三节　经济刑法领域 20 年来的犯罪化趋势及检讨 / 58

## 第二章　理性的刑法立法观 / 75
- 第一节　平衡思维与刑法立法科学化 / 75
- 第二节　谨慎对待积极刑法立法观 / 87
- 第三节　刑法修正中的象征主义倾向及其矫正 / 107
- 第四节　风险社会与功能主义刑法立法观 / 124
- 第五节　中国刑法上的免责机制反思 / 155

## 第三章　历次刑法修正评估 / 187
- 第一节　刑法历次修正的成效与问题 / 187
- 第二节　历次刑法修正的实践效果 / 205
- 第三节　融贯性视角下的刑法修正 / 214
- 第四节　刑法修正中的规范缺陷 / 229

## 第四章　刑法立法模式辨析 / 248
- 第一节　当代中国刑法法典化检讨 / 248
- 第二节　我国刑法立法模式的重构 / 267
- 第三节　刑法"三元立法机制"之提倡 / 280

第四节 反恐刑法的立法模式刍议 / 295

# 第五章 刑法立法扩张省思 / 322
第一节 刑法修正与刑事立法扩张 / 322
第二节 犯罪圈扩张的思考 / 344
第三节 我国犯罪圈的合理限定 / 380
第四节 刑法修正中的犯罪化与谦抑主义之贯彻 / 396
第五节 我国刑法中的终身监禁 / 417

# 第六章 刑法立法科学化的展开 / 447
第一节 刑法立法科学化之思考 / 447
第二节 犯罪定量维度的立法科学化 / 464
第三节 刑事立法向法益保护原则的体系回归 / 474
第四节 经济安全与经济刑法立法路向选择 / 495
第五节 刑法修正中宜关注的若干问题 / 514
第六节 我国罪刑法定原则的立法科学化 / 532
第七节 缓刑刑种化的制度设计 / 550

# 第七章 分则各罪的立法科学化 / 561
第一节 反恐刑法立法的挑战与回应 / 561
第二节 网络侵犯著作权犯罪之考察与检讨 / 572
第三节 操纵证券市场罪的立法完善 / 593
第四节 食品安全犯罪严格责任制度的立法考量 / 605
第五节 我国海上交通犯罪的立法不足与对策 / 616

**附录** "历次刑法修正评估与刑法立法科学化理论研讨会"综述 / 632

# 第一章 刑法立法20年概览

## 第一节 社会变迁视野中的中国刑法与刑法学

1997年,党的十五大报告明确提出"依法治国,建设社会主义法治国家"。也是在这一年,全国人大通过了新修订的刑法典。20年来,我国的刑事立法和刑事司法随着整个国家法治建设的前进取得了长足发展,刑法理论也在借鉴国外和回应中国现实等方面取得了新的进步,为丰富具有中国特色、中国风格、中国气派的法学话语体系做出了贡献。本文以回顾和总结新刑法颁行20年来我国刑事立法的主要发展为契机,指出当前我国刑事法治建设中的若干重要问题和特点,并对晚近一个时期以来我国的刑法学研究谈点观察体会,希望能够向读者展示20年来中国刑事法治发展的概况,并为检视和反思我国的刑事法学研究提供一些素材和视角。

### 一 20年来我国刑法的主要修正

1997年新刑法颁布以来,全国人大常委会共颁布了1个单行刑法、10个刑法修正案和13个刑法立法解释。

1个单行刑法是指1998年12月全国人大常委会通过的《关于惩治骗购外汇、逃汇和非法买卖外汇犯罪的决定》。[①] 该决定共9条,主要内容

---

① 也有刑法学者把全国人大常委会1999年10月通过的《关于取缔邪教组织、防范和惩治邪教活动的决定》、2000年12月通过的《关于维护互联网安全的决定》等视为单行刑法,但一般认为,由于此类决定并没有刑法的具体规范内容,只是说"依法追究刑事责任",所以不将它们作为单行刑法来理解。

是：（1）增设了"骗购外汇罪"（包括单位骗购外汇罪）；（2）修改了逃汇罪（如将犯罪主体由原来的国有单位"国有公司、企业或者其他国有单位"修改为所有单位"公司、企业或者其他单位"）；（3）规定在国家规定的交易场所以外非法买卖外汇，扰乱市场秩序，情节严重的，依照非法经营罪定罪处罚。①

10个刑法修正案的主要内容具体如下。

第一个是1999年12月全国人大常委会通过的《中华人民共和国刑法修正案》。② 该修正案共9条，主要内容是：（1）增加"隐匿、故意销毁会计凭证、会计账簿、财务会计报告罪"，作为《刑法》第162条（妨害清算罪）之一；（2）将《刑法》第168条修改为"国有公司、企业、事业单位人员失职罪"和"国有公司、企业、事业单位人员滥用职权罪"；（3）将《刑法》第174条修改为"擅自设立金融机构罪"和"伪造、变造、转让金融机构经营许可证、批准文件罪"；（4）在《刑法》第180条中增加处罚期货内幕交易、泄露期货内幕信息的行为；（5）在《刑法》第181条增加处罚编造并传播期货交易虚假信息等行为；（6）在《刑法》第182条增加处罚操纵期货市场的行为；（7）将《刑法》第185条的犯罪主体由原来的"银行或者其他金融机构的工作人员"扩大到包括证券交易所、期货交易所、证券公司、期货经纪公司、保险公司的工作人员等；

---

① 新刑法颁布之后只有这一次修订是沿用过去那种采用单行刑法的形式，以后就改为修正案的形式。对此，立法部门是这样解释的："考虑到一部统一的刑法典不仅便于学习、掌握，而且便于司法机关执行和适用，除1998年制定的全国人大常委会关于惩治骗购外汇、逃汇和非法买卖外汇犯罪的决定外，其他修改补充刑法都采取了《中华人民共和国刑法修正案》的方式，即在立法中如果需要修改某条，就直接修改某条，如果需要增加条文就列在内容相近的刑法条文之后，作为某条之一、之二。这样不改变刑法的现有体例、结构，有利于维护刑法典的完整性和稳定性。对于刑法的规定需要进一步明确具体含义或者对出现的新情况需要明确适用法律依据的，全国人大常委会采取了对刑法条文做立法解释的方式。"参见全国人大常委会法制工作委员会刑法室编著《走向完善的刑法——正解刑法修改的决定、刑法修正案、刑法法律解释》，中国民主法制出版社，2006，前言第2页。这一思路总的来说是妥当的，但也有问题，例如，对渎职罪主体的扩大本属立法内容，但全国人大常委会却采取了解释的方式，而解释与刑法修正的法律适用后果是不同的：前者可以溯及既往，后者则不可以溯及既往。

② 请注意，立法机关并没有使用"《中华人民共和国刑法修正案（一）》"的形式，直到第二次修订才使用"《中华人民共和国刑法修正案（二）》"的编排顺序。可见，在这个问题上，立法机关确实有点摸着石头过河的味道，事先并无周到的计划。

（8）将"未经国家有关主管部门批准，非法经营证券、期货或者保险业务的"作为"非法经营罪"的一项内容增加到《刑法》第225条中。

第二个是2001年8月全国人大常委会通过的《中华人民共和国刑法修正案（二）》。该修正案只对《刑法》第342条作了修改，即将原来的"非法占用耕地罪"改为"非法占用耕地、林地等农用地罪"。

第三个是2001年12月全国人大常委会通过的《中华人民共和国刑法修正案（三）》（简称《刑法修正案（三）》）。该修正案共9条，主要是"为了惩治恐怖活动犯罪"，其主要内容包括：（1）将《刑法》第114条、第115条的"投毒罪"修改为"投放危险物质罪"；（2）提高了第120条"组织、领导恐怖活动组织罪"的法定刑；（3）增设了"资助恐怖活动罪"，作为第120条之一；（4）将第125条第2款的"非法买卖、运输核材料罪"修改为"非法制造、买卖、运输、储存危险物质罪"；（5）在第127条的盗窃、抢夺、抢劫枪支、弹药、爆炸物罪之后又增加了一个危险物质作为犯罪对象，即毒害性、放射性、传染病病原体等物质；（6）增加了第191条洗钱的对象"恐怖活动犯罪所得及其产生的收益"；（7）在第291条"聚众扰乱公共场所秩序、交通秩序罪"之后增加了"投放虚假危险物质罪""编造、故意传播虚假恐怖信息罪"。

第四个是2002年12月全国人大常委会通过的《中华人民共和国刑法修正案（四）》。该修正案也是9条，主要内容包括：（1）修改了第145条的"生产、销售不符合标准的医用器材罪"，将原来的结果犯改为危险犯；（2）在第152条"走私淫秽物品罪"后增加一款"走私废物罪"；（3）增设"雇用童工从事危重劳动罪"，作为第244条"强迫职工劳动罪"之一；（4）将《刑法》第344条的"非法采伐、毁坏珍贵树木罪"修改为"非法采伐、毁坏国家重点保护植物罪""非法收购、运输、加工、出售国家重点保护植物、国家重点保护植物制品罪"；（5）将《刑法》第345条第3款修订成"非法收购、运输盗伐、滥伐的林木罪"，增加了运输行为，删除了"以牟利为目的"；（6）在《刑法》第399条增加一款作为第3款，即"执行判决、裁定失职罪"和"执行判决、裁定滥用职权罪"。

第五个是2005年2月全国人大常委会通过的《中华人民共和国刑法修正案（五）》。该修正案共4条，涉及3个条款：（1）增设"妨害信用卡管理罪"和"窃取、收买、非法提供信用卡信息罪",作为《刑法》第177条之一;(2)对《刑法》第196条"信用卡诈骗罪"作了修改,增加规定了"使用以虚假的身份证明骗领的信用卡的";(3)在《刑法》第369条中增加一款,即"过失损坏武器装备、军事设施、军事通信罪"。

第六个是2006年6月全国人大常委会通过的《中华人民共和国刑法修正案(六)》。该修正案有21条之多,其内容主要有以下几部分。一是危害公共安全方面的犯罪,包括对第134条"重大责任事故罪"的完善和对"强令违章冒险作业罪"法定刑的提高;对第135条"重大劳动安全事故罪"的完善(放宽犯罪成立条件,如去掉原来要求的"经有关部门或者单位职工提出后仍对事故隐患不采取措施");增设"大型群众性活动重大安全事故罪"(第135条之一);增设"不报、谎报安全事故罪"(第139条之一)。二是妨害对公司、企业的管理秩序方面的犯罪,包括完善第161条的"违规披露、不披露重要信息罪";增设"虚假破产罪",作为第162条之二;修改《刑法》第163条、第164条,扩大商业贿赂犯罪的主体(从原来的"公司、企业工作人员"扩大到包括"其他单位的工作人员");增设"背信损害上市公司利益罪",作为第169条之一。三是破坏金融管理秩序方面的犯罪,包括增设"骗取贷款、票据承兑、金融票证罪",作为第175条之一;修改了第182条的操纵证券、期货市场罪,提高了法定刑;增设"背信运用受托财产罪""违法运用资金罪",作为第185条之一;修改第186条"违法发放贷款罪"的犯罪构成,将"造成较大损失"改为"数额巨大或者造成重大损失";修改第187条"吸收客户资金不入账罪",在犯罪构成要件上增加"数额巨大";修改第188条"违规出具金融票证罪",将"造成较大损失"的犯罪构成要件改为"情节严重";再次扩大洗钱罪的上游犯罪范围。四是侵犯公民人身权利、民主权利方面的犯罪,增设"组织残疾人、儿童乞讨罪",作为第262条之一。五是妨害社会管理秩序方面的犯罪,包括修改第303条,提高对开设赌场犯罪行为的刑罚;扩大"掩饰、隐瞒犯罪所得、犯罪所得收益罪"的适用范围,使其包含洗钱罪的上游犯罪之外的所有犯罪,以适应打击洗钱犯罪的需要。六是渎职方面的犯罪,增设"枉法仲裁罪",作为第399条之一。

第七个是2009年2月全国人大常委会通过的《中华人民共和国刑法修

正案（七）》（简称《刑法修正案（七）》）。该修正案共 15 条，主要内容包括：（1）增设了"走私国家禁止进出口的货物、物品罪"这一走私罪的兜底条款；（2）对第 180 条"内幕交易、泄露内幕信息罪"进行了修改，增加规定了一种行为，即"明示、暗示他人从事上述交易活动"，并增加了"利用未公开信息交易罪"这样一个新罪名；（3）将第 201 条的"偷税罪"修改为"逃税罪"；（4）增设"组织、领导传销活动罪"，作为第 224 条之一；（5）在第 225 条"非法经营罪"的第 3 项中增加规定了"非法从事资金支付结算业务"的行为；（6）将第 239 条的"绑架罪"增加规定了一档"情节较轻的，处 5 年以上 10 年以下有期徒刑"；（7）增设"出售、非法提供公民个人信息罪"和"非法获取公民个人信息罪"，作为第 253 条之一；（8）增设"组织未成年人进行违反治安管理活动罪"，作为第 262 条之二；（9）增设"非法获取计算机信息系统数据、非法控制计算机信息系统罪"和"提供侵入、非法控制计算机信息系统的程序、工具罪"，作为第 285 条的第 2 款和第 3 款；（10）规定单位也可以构成第 312 条的"掩饰、隐瞒犯罪所得、犯罪所得收益罪"；（11）将第 337 条的"逃避动植物检疫罪"修改为"妨害动植物防疫、检疫罪"；（12）对《刑法》第 375 条进行了完善，将原来的"非法生产、买卖军用标志罪"分解成"非法生产、买卖武装部队制式服装罪"和"伪造、盗窃、买卖、非法提供、非法使用武装部队专用标志罪"；（13）增设"利用影响力受贿罪"，作为第 388 条之一；（14）提高了第 395 条"巨额财产来源不明罪"的法定刑。

第八个是 2011 年 2 月全国人大常委会通过的《中华人民共和国刑法修正案（八）》（简称《刑法修正案（八）》）。该修正案的条文达 50 条，主要内容包括以下方面。（1）取消 13 个非暴力犯罪的死刑，包括 4 个走私类罪、5 个金融类罪、2 个妨害文物管理类罪，以及盗窃罪和传授犯罪方法罪。（2）调整生刑，主要体现在三个方面。一是限制死缓犯减刑，并延长特殊死缓犯的实际执行刑期，即死缓犯有重大立功表现的，2 年期满后减刑后的刑罚由原来的 15 年以上 20 年以下调整为 25 年有期徒刑，同时还规定对特殊死缓犯法院可以根据犯罪情节等决定限制减刑。特殊死缓犯缓期执行期满后减为无期徒刑的，实际执行期限不能少于 25 年，缓期执行期满后减为 25 年有期徒刑的，不能少于 20 年。二是普遍延长了无期徒刑的实际执行刑期,即无期徒刑减刑以后实际执行刑期不能少于13年,被判处无期徒刑的实际执行13年以上才可以假释,比过去提高了3年。三是附条件地提高了有期徒刑数罪并罚的刑期,即有期徒刑数罪总和刑期在35年以上的,数罪并罚后的最高刑期可达25年(原来所有的数罪并罚最高刑期均只有20年)。(3)对未成年人犯罪的处理进一步从宽,也主要从三方面进行了完善:一是不满18周岁的人犯罪的,不构成累犯;二是对不满18周岁的人犯罪,符合缓刑条件的,应当宣告缓刑;三是犯罪的时候不满18周岁被判处5年有期徒刑以下刑罚的,免除其前科报告义务。(4)对老年人犯罪从宽处理。一是规定了对老年人从宽处理的一般原则,即已满75周岁的人故意犯罪的,可以从轻或减轻处罚;过失犯罪的,应当从轻或减轻处罚。二是规定老年人犯罪审判的时候已满75周岁的人,不适用死刑(但以特别残忍手段致人死亡的除外)。三是规定老年罪犯适用缓刑从宽,即已满75周岁的人犯罪,符合缓刑条件的,应当宣告缓刑。(5)将实践中试行多年的社区矫正纳入刑法,明确规定对被判处管制、被适用缓刑和假释的犯罪人"依法实行社区矫正"。① (6)加大"打黑除恶"的力度。一是对组织、领导、参加黑社会性质组织罪增设了财产刑,即在原有的自由刑之外,还可以并处罚金、没收财产。二是加大了对黑社会性质组织"保护伞"的打击力度。三是扩大了特殊累犯的范围,在原来的危害国家安全罪之外增加了恐怖活动犯罪和黑社会性质组织犯罪,即这三种犯罪在刑罚执行完毕后或者赦免以后任何时候再犯上述任一类罪的,都以累犯论处。四是对敲诈勒索罪、强迫交易罪、寻衅滋事罪等黑社会性质组织经常采取的犯罪形式的相关规定进行了完善。② (7)加强对民生的刑法保护,增设危险驾驶罪、组织出卖人体器官罪、拒不支付劳动报酬罪、食品安全监管渎职罪等罪名,并对非法摘取他人人体器官的刑法适用等问题予以明确,对生产、销售不符合安全标准的食品罪和生产、销售有毒、有害食品罪作了完善,进一步加大了对食品安全犯罪的惩治力度。

第九个是2015年8月全国人大常委会通过的《中华人民共和国刑法修

---

① 目前,立法机关正在准备制定专门的社区矫正法。
② 参见赵秉志《刑法立法研究》,中国人民大学出版社,2014,第489页。

正案（九）》（简称《刑法修正案（九）》）。该修正案条文多达52条，主要内容包括以下方面。（1）继续推进死刑改革，包括再一次废除9个死刑罪名①、提高死缓执行死刑的门槛（由原来的"故意犯罪"提高至"故意犯罪，情节恶劣的"，同时规定对死缓犯故意犯罪未执行死刑的，死缓执行期间重新计算并报最高人民法院备案），将绑架罪、贪污罪和受贿罪的绝对确定死刑情节改为相对确定死刑情节。（2）加大对恐怖主义、极端主义犯罪的惩治力度，如对组织、领导、参加恐怖组织罪增加规定财产刑，增设招募、运送恐怖活动人员罪，准备实施恐怖活动罪，宣扬恐怖主义、极端主义、煽动实施恐怖活动罪，利用极端主义破坏法律实施罪，强制穿戴宣扬恐怖主义、极端主义服饰、标志罪，以及非法持有宣扬恐怖主义、极端主义物品罪6种新的恐怖主义、极端主义犯罪，此外还修改补充了有关犯罪的罪状或罪刑规范，如在资助恐怖活动罪中增加规定资助恐怖活动培训为犯罪，在拒不提供间谍犯罪证据罪中将拒绝提供恐怖主义、极端主义犯罪证据的行为纳入该罪的管辖范围等。（3）完善惩处信息网络犯罪的法律规定，如增加规定侮辱、诽谤犯罪的证据提供，即"被害人向人民法院告诉，但提供证据确有困难的，人民法院可以要求公安机关提供协助"；增设网络服务提供者拒不履行网络安全管理义务罪；增设非法利用信息网络犯罪和帮助信息网络犯罪活动罪；增设编造、故意传播虚假信息罪；增加侵犯计算机信息系统犯罪的单位主体；修改扰乱无线电通讯管理秩序罪等。（4）加强对公民人身权利的保护，如将强制猥亵罪的对象由"妇女"扩大为"他人"；修改收买被拐卖的妇女、儿童罪，对收买被拐卖的妇女、儿童，按照被买妇女的意愿，不阻碍其返回原居住地的，对被买儿童没有虐待行为，不阻碍对其进行解救的，将原来的"可以不追究刑事责任"修改为对收买被拐卖儿童者"可以从轻处罚"，对收买被拐卖妇女者"可以从轻或者减轻处罚"，加大了打击力度；修改出售、非法提供公民个人信息罪，将本罪的犯罪主体修改为一般主体，并增加规定"将在履行职责或者提供服务过程中获得的公民个人信息，出售或提供给他人的"，从重处

---

① 值得注意的是，这次废除死刑中的强迫卖淫罪、阻碍执行军事职务罪已经突破了非暴力犯罪的范围。参见刘仁文、陈妍茹《死刑改革的重要进展》，《法学杂志》2017年第2期。

罚；修改虐待罪告诉才处理的规定，增加规定"被害人没有能力告诉，或者因受到强制、威吓无法告诉的除外"；增设虐待被监护、看护人罪；取消嫖宿幼女罪，今后对嫖宿幼女的行为可以适用刑法关于奸淫幼女的以强奸论的规定。（5）完善对腐败犯罪的惩治。一是对贪污受贿罪的定罪量刑做出重要修改，这主要体现在对《刑法》第383条的修改上[①]：第一是修改了贪污受贿犯罪的定罪量刑标准，取消了原来的具体数额标准，采用数额加情节的标准；第二是进一步补充了对贪污受贿犯罪从轻、减轻、免除处罚的条件；第三是增加规定了对被判处死缓的重特大贪污受贿犯在死缓执行二年期满依法减为无期徒刑后，不得减刑、假释的终身监禁制度；第四是在贪污受贿犯罪量刑相对较轻的档次中增加规定了并处罚金刑，使并处财产刑贯穿贪污受贿罪的全部量刑档次；第五是把原来的四个量刑档次修改为现在的三个量刑档次；第六是压缩了交叉刑；第七是还删除了原来条款中的行政处分内容。二是严密行贿犯罪的刑事法网，加大对行贿犯罪的打击力度，如增设"对有影响力的人行贿罪"，以与《刑法修正案（七）》设立的"利用影响力受贿罪"相呼应；修改行贿罪的特殊自首制度，对行贿人在被追诉前主动交代行贿行为的减轻处罚或免除处罚作了从严规定；对行贿罪、对单位行贿罪、介绍贿赂罪等增设罚金刑，并将单位行贿罪的罚金刑扩大至直接负责的主管人员和其他直接责任人员。三是完善腐败犯罪的预防性措施，增设从业禁止的规定，即对因利用职业便利实施犯罪或者实施违背职业要求的特定义务的犯罪而被判处刑罚的，人民法院可以根据犯罪情况和预防再犯罪的需要，禁止其自刑罚执行完毕之日或者假释之日起3~5年内从事相关职业（其他法律、行政法规对其从事职业另有禁止或限制性规定的，从其规定）。虽然该条款的适用范围应不限于腐败犯罪，但可以肯定地说，对腐败犯罪的预防是其出台的重要动因，这可以从立法机关负责人在作草案说明时把其归入"加大对腐败犯罪的惩处力度"这一部分得到证明。[②]（6）加强对失信、背信行为的惩治。一是

---

① 《刑法》第383条本来是对贪污罪处罚的规定，但由于《刑法》第386条规定受贿罪依照第383条的规定处罚，因而对贪污罪处罚的修改也等于对受贿罪处罚的修改。
② 参见全国人大常委会法工委主任李适时2014年10月27日在全国人大常委会上所作的《关于〈中华人民共和国刑法修正案（九）草案〉的说明》。

修改伪造、变造居民身份证的犯罪规定，增加"买卖"身份证件的行为，并将证件范围由原来的居民身份证扩大为居民身份证、护照、社会保障卡、驾驶证等依法可以用于证明身份的证件；二是增加使用伪造、变造的或者盗用他人的身份证件犯罪；三是增加组织考试作弊罪，非法出售、提供考试试题、答案罪，代替考试罪；四是增设了虚假诉讼罪。(7) 加强对社会秩序的刑法保护，如完善危险驾驶罪的规定，新增两种危险驾驶行为，即"从事校车业务或者旅客运输，严重超过额定乘员载客，或者严重超过规定时速行驶的"和"违反危险化学品安全管理规定运输危险化学品，危及公共安全的"；因应废除劳动教养制度之后的需要，将多次抢夺而每次抢夺数额又没有达到"数额较大"的行为纳入抢夺罪；明确规定袭警行为以妨害公务罪从重处罚；增加生产、销售窃听、窃照等专用器材罪；修改聚众扰乱社会秩序罪和聚众冲击国家机关罪，将"医闹"入刑；增设扰乱国家机关秩序罪和组织、资助非法聚集罪；等等。①

第十个是2017年11月全国人大常委会通过的《中华人民共和国刑法修正案（十）》。该修正案内容比较简单，全文如下：为了惩治侮辱国歌的犯罪行为，切实维护国歌奏唱、使用的严肃性和国家尊严，在刑法第二百九十九条中增加一款作为第二款，将该条修改为："在公共场合，故意以焚烧、毁损、涂划、玷污、践踏等方式侮辱中华人民共和国国旗、国徽的，处三年以下有期徒刑、拘役、管制或者剥夺政治权利。""在公共场合，故意篡改中华人民共和国国歌歌词、曲谱，以歪曲、贬损方式奏唱国歌，或者以其他方式侮辱国歌，情节严重的，依照前款的规定处罚。"本修正案自公布之日起施行。②

13个刑法立法解释分别如下。

（1）2000年4月全国人大常委会通过的《关于〈中华人民共和国刑法〉第九十三条第二款的解释》。该解释明确了村民委员会等村基层组织

---

① 参见赵秉志主编《〈中华人民共和国刑法修正案（九）〉理解与适用》，中国法制出版社，2016，第38~43页。
② 由于我们的会议是在《刑法修正案（十）》颁布之前召开的，本书的各章节内容也大都是来源于提交给会议的论文，因此全书在论及历次刑法修正案时可能只到《刑法修正案（九）》，而没有涵盖《刑法修正案（十）》，特此说明。——本书主编注。

人员在协助人民政府从事行政管理工作时，属于"其他依照法律从事公务的人员"，可以成为贪污罪、挪用公款罪和受贿罪的主体。

（2）2001年8月全国人大常委会通过的《关于〈中华人民共和国刑法〉第二百二十八条、第三百四十二条、第四百一十条的解释》。该解释指出，前述条款中的"违反土地管理法规"，是指违反土地管理法、森林法、草原法等法律以及有关行政法规中关于土地管理的规定；第410条所规定的"非法批准征用、占用土地"，是指非法批准征用、占用耕地、林地等农用地以及其他土地。

（3）2002年4月全国人大常委会通过的《关于〈中华人民共和国刑法〉第二百九十四条第一款的解释》。该解释主要是就"黑社会性质的组织"的含义做出具体解释，指出黑社会性质组织应当同时具备4个特征。

（4）2002年4月全国人大常委会还通过了《关于〈中华人民共和国刑法〉第三百八十四条第一款的解释》。该解释就挪用公款"归个人使用"的含义做出了具体规定。

（5）2002年8月全国人大常委会通过的《关于〈中华人民共和国刑法〉第三百一十三条的解释》。该解释就"拒不执行判决、裁定罪"中的"判决、裁定"作了解释，并列举了"有能力执行而拒不执行，情节严重"的具体情形。

（6）2002年12月全国人大常委会通过的《关于〈中华人民共和国刑法〉第九章渎职罪主体适用问题的解释》。根据该解释，下列人员在代表国家行使职权时，有渎职行为，构成犯罪的，依照刑法关于渎职罪的规定追究刑事责任：在依照法律、法规规定行使国家行政管理职权的组织中从事公务的人员，或者在受国家机关委托代表国家行使职权的组织中从事公务的人员，或者虽未列入国家机关人员编制但在国家机关中从事公务的人员。

（7）2004年12月全国人大常委会通过的《关于〈中华人民共和国刑法〉有关信用卡规定的解释》。该解释就"信用卡"的含义作了明确。

（8）2005年12月全国人大常委会通过的《关于〈中华人民共和国刑法〉有关出口退税、抵扣税款的其他发票规定的解释》。该解释就"出口退税、抵扣税款的其他发票"的含义作了解释。

（9）同前述解释月日，全国人大常委会还通过了《关于〈中华人民共和国刑法〉有关文物的规定适用于具有科学价值的古脊椎动物化石、古人类化石的解释》。

（10）2014年4月全国人大常委会通过的《关于〈中华人民共和国刑法〉第三十条的解释》。该解释规定单位实施刑法规定的危害社会的行为，刑法分则和其他法律未规定追究单位的刑事责任的，对组织、策划、实施该危害社会行为的人依法追究刑事责任。

（11）同前述解释月日，全国人大常委会还通过了《关于〈中华人民共和国刑法〉第一百五十八条、第一百五十九条的解释》。该解释针对公司法修改后刑法该两条对实行注册资本实缴登记制、认缴登记制的公司适用范围问题，规定只适用于依法实行注册资本实缴登记制的公司。

（12）同前述解释月日，全国人大常委会还通过了《关于〈中华人民共和国刑法〉第二百六十六条的解释》。该解释规定，以欺诈、伪造证明材料或者其他手段骗取养老、医疗、工伤、失业、生育等社会保险金或者其他社会保障待遇的，属于《刑法》第266条的诈骗公私财物的行为。

（13）同前述解释月日，全国人大常委会还通过了《关于〈中华人民共和国刑法〉第三百四十一条、第三百一十二条的解释》。该解释规定，知道或者应当知道是国家重点保护的珍贵、濒危野生动物及其制品，为食用或者其他目的而非法购买的，属于《刑法》第341条第1款规定的非法收购国家重点保护的珍贵、濒危野生动物及其制品的行为；知道或者应当知道是《刑法》第341条第2款规定的非法狩猎的野生动物而购买的，属于《刑法》第312条规定的明知是犯罪所得而收购的行为。

## 二 20年来我国刑法领域的重大变革

### （一）减少死刑

1997年新刑法"考虑到目前社会治安的形势严峻，经济犯罪的情况严重，还不具备减少死刑的条件"[①]，因此决定对死刑"原则上不减少也不增

---

[①] 参见时任全国人大常委会副委员长的王汉斌在第八届全国人大第五次会议上《关于〈中华人民共和国刑法（修订草案）〉的说明》。

加"。在这种思想指导下，新刑法将当时所有单行刑法中的死刑罪名都吸收进来，使死刑罪名达到 68 个。当然，新刑法也在限制死刑方面取得了某些进步，如将盗窃罪的死刑仅保留于盗窃金融机构、数额特别巨大和盗窃珍贵文物、情节严重这两种情形中，而取消了其他普通盗窃行为的死刑（这对于在司法实践中减少死刑起了很大的作用，因为当时盗窃罪是一个死刑大户）。

2007 年 1 月 1 日，最高人民法院收回了死刑核准权，这被视为中国从司法上严格限制死刑的一个重要举措。为了配合收回死刑核准权，最高人民法院在 2005 年 12 月发出《关于进一步做好死刑第二审案件开庭审理工作的通知》，要求各高级人民法院做好准备，自 2006 年 1 月 1 日起先对案件重要事实和证据问题提出上诉的死刑二审案件落实开庭审理，然后自该年 7 月 1 日起对所有死刑二审案件一律实行开庭审理，以提高二审质量，进而为最高人民法院的死刑核准打下良好的基础。① 2010 年 6 月最高人民法院等部门又印发了《关于办理死刑案件审查判断证据若干问题的规定》和《关于办理刑事案件排除非法证据若干问题的规定》的通知，针对办案实际中存在的证据收集、审查、判断和非法证据排除尚有不尽规范、不尽严格、不尽统一的问题，对司法机关办理刑事案件特别是死刑案件提出了更高的标准。

死刑核准权的收回直接或间接引起了死刑判决和执行的大幅下降。2008 年全国人民代表大会开会期间，当时的最高人民法院院长肖扬曾向人大代表透露：判处死缓的人数首次超过了判处死刑立即执行的人数，死刑执行减少了，运用多种形式打击刑事犯罪依然能保障社会稳定，甚至 2007 年的爆炸、杀人、放火等恶性案件比 2006 年还有明显下降。当时的最高人民法院新闻发言人在解读最高人民法院的工作报告时，也曾指出：最高人民法院统一行使死刑核准权后，促进了一、二审质量的提高，即使在这种情况下，2007 年最高人民法院因原判事实不清、证据不足、量刑不当、程序违法等不核准的死刑案件仍然占到总数的 15% 左右。实际上死刑下降远不止 15%，因为最高人民法院收回死刑核准权这一举动本身就带给各地法

---

① 在此前，二审大多为书面审。

院一个信息，也即要严格控制死刑，在一、二审时能不判死刑的就不判死刑。有的法院反映：过去一有严重犯罪发生，首先想到的就是要判处犯罪人的死刑，现在则首先要考虑有没有从宽的因素可以不判其死刑。学界普遍估计，2007年收回死刑核准权后，中国每年判处和执行的死刑数相比之前至少减少了一半。

2011年，全国人大常委会通过《刑法修正案（八）》，取消了13个非暴力犯罪的死刑，包括4个走私类罪、5个金融类罪、2个妨害文物管理类罪，以及盗窃罪和传授犯罪方法罪，这是中国首次从立法上减少死刑罪名。此外，还增加规定："审判的时候已满七十五周岁的人，不适用死刑，但以特别残忍手段致人死亡的除外。"2015年通过的《刑法修正案（九）》为贯彻落实十八届三中全会"逐步减少适用死刑罪名"的要求，又进一步取消9个罪名的死刑，使死刑罪名减至46个。这9个罪名是：走私武器、弹药罪，走私核材料罪，走私假币罪，伪造货币罪，集资诈骗罪，资助卖淫罪，强迫卖淫罪，阻碍执行军事职务罪，战时造谣惑众罪。此外，《刑法修正案（九）》还提高了死缓执行死刑的门槛，增设了死缓执行的期间重新计算制度，即将死刑缓期执行期间"故意犯罪，查证属实的，由最高人民法院核准，执行死刑"修改为"故意犯罪，情节恶劣的，报请最高人民法院核准后执行死刑；对于故意犯罪未执行死刑的，死刑缓期执行的期间重新计算，并报最高人民法院备案"。另外，还取消了绑架罪、贪污罪和受贿罪的绝对确定死刑，将其修改为相对确定死刑，这一方面因应了我国限制死刑的形势要求，另一方面也有助于罪责刑相适应原则的贯彻，有助于更好地实现个案公正。[①]

（二）废除劳教

对劳教制度改革的探讨，至少在20世纪90年代就已成为法学界的一个热门话题。1997年刑法修改时，虽然不少刑法学者就指出，劳动教养问题是修法的一个重要任务，但是基于当时修法比较仓促，再加上劳动教养问题本身的复杂性，1997年的刑法修订并未涉及劳动教养问题。

---

[①] 参见刘仁文、陈妍茹《死刑改革的重要进展》，《法学杂志》2017年第2期。

不过，劳教改革的步伐并没有停下。1999年，全国人大常委会法工委与司法部劳教局就曾在北京联合召开关于劳教立法的会议。在这次会议中，与会专家对改革劳动教养并不存在分歧，争论的焦点在于改革的进程和力度。比如，有的与会专家提出，最好在21世纪到来之前把劳教制度的改革完成，以便为早日批准《公民权利和政治权利国际公约》[①]扫清障碍；有的与会专家则认为，当时的社会治安形势比较严峻，如此改革难免操之过急。尽管分歧巨大，但这次会议的召开，标志着改革劳教制度已经成为实务和理论部门的共识，对劳教改革的各方呼吁已经引起国家的重视。

2005年，全国人大常委会将改革劳教制度的"违法行为矫治法"列入立法计划。2008年12月，十一届全国人大常委会第六次会议通过的报告也提到："按照将劳动教养制度改革为违法行为教育矫治制度的要求，拟制定违法行为矫治法。法制工作委员会已与中央政法委、最高人民法院、最高人民检察院、公安部、监察部等有关部门多次交换意见，还在进一步研究。"2009年3月第十一届全国人民代表大会会期间，部分全国人大代表再次提出了关于制定违法行为矫治法的议案。当年全国人大的有关报告指出，中央部署进行的司法体制和工作机制改革，已明确提出将劳动教养制度改革为违法行为教育矫治制度，并将做好法律草案的起草工作。随后的2010年全国人大方面也多次表态，将加快违法行为矫治法的立法速度。不过，虽然针对改革劳教制度的"违法行为（教育）矫治法"先后被十届、十一届全国人大常委会列入立法规划，并且人大代表多次提出议案，但进展并不理想。其中涉及的一个核心问题在于劳教决定权的配置问题，也即是否将决定权从公安部门转移到法院存在严重对立。如果这个问题无法达成共识，草案的形成也就无从谈起。劳教制度的改革似乎陷入了僵局。

2012年11月，中共十八大强调要运用法治思维和法治方法来治理社会，为推动徘徊不前的劳教制度改革工作带来了契机。2013年初，在全国政法工作电视电话会议上，中央政法委书记孟建柱宣布，中央已研究，报请全国人大常委会批准后，年内将停止使用劳教制度。随后的2013年11

---

[①] 1998年10月5日，时任中国常驻联合国代表秦华孙大使在联合国总部代表中国政府签署了该公约。

月,十八届三中全会通过的《中共中央关于全面深化改革若干重大问题的决定》明确指出:废止劳教制度,完善对违法犯罪行为的惩治和矫正法律,健全社区矫正制度。一个多月后,2013年12月28日,全国人大常委会通过《关于废止有关劳动教养法律规定的决定》,宣布废止劳动教养制度,同时还宣布对正在被依法执行劳教的人员解除劳教,剩余期限不再执行。至此,在中国实施了近60年、广受关注和争议的劳教制度被正式废止。

推动劳动教养制度从"改"到"废"的转变,既合民心,也具有现实基础。首先,此前一系列被错误劳教的案件所带来的恶劣社会影响,使废除劳教制度成为新一届中央领导集体在法制领域的首选。因为随着法制建设的进步,像劳教这样针对所有人特别是草根阶层的、成块的"人治自留地"确实不多了,改革这样一种制度,无疑有利于赢得民心。其次,多年来社会上对劳教制度的批评,以及公安部门等采取的改革措施(如缩短劳教期限等),加上劳教制度的部分功能逐渐被相关法律制度所替代(如社区矫正),使得劳教的人数逐年减少:从全国最多时的30余万人,到2012年底只有约6万劳教人员(另有约20万强制隔离戒毒人员)。2013年初全国政法工作会议后,各地相继停止使用劳教手段。到2013年底宣布废止劳教制度时,大部分人已经到期,继续关押的劳教人员已经不多了,这就使得国家在社会治理中对劳教制度的依赖大大降低。与此同时,过渡的近一年间,社会治安形势基本平稳,也说明弃用劳教不会给社会带来不可克服的困难。

(三)强化反恐

1997年新刑法增设"组织、领导、参加恐怖组织罪",恐怖组织作为专门的规范对象首次入刑,并规定和其他犯罪行为数罪并罚,这体现了立法者对恐怖活动犯罪危害性的重视,将刑法介入时间从具体犯罪行为提前到犯罪组织出现的阶段。2001年美国"9·11"事件在国际社会上引起轩然大波,欧盟、联合国以及很多国家和国际组织都先后通过了相关的反恐法案,成立了相关委员会。在这种全球反恐立法浪潮的大背景下,同样面临多股恐怖势力威胁的中国也迅速做出反应。2001年12月29日通过的

《刑法修正案（三）》围绕反恐这一主题对刑法进行了一系列的补充和修订，其内容主要包括以下几点。第一，强化对恐怖活动组织的组织者和领导者的打击。将组织、领导恐怖活动组织的刑罚，由原来的"三年以上十年以下有期徒刑"提高到"十年以上有期徒刑或者无期徒刑"。第二，根据联合国通过的相关国际公约，增加"资助恐怖活动罪"、"投放虚假危险物质罪"和"编造、故意传播虚假恐怖信息罪"。第三，在部分危害公共安全罪和危害公民人身权利、民主权利罪中加入了对危险物质的规定。第四，修改了《刑法》第191条关于洗钱罪的规定，将恐怖活动犯罪列为洗钱罪的上游犯罪。

2011年10月29日，全国人大常委会通过了《全国人大常委会关于加强反恐怖工作有关问题的决定》（以下简称《决定》），这一决定的出台具有里程碑式的意义。《决定》对我国的基本立场、核心概念、反恐机构相关配备、恐怖活动组织和人员的认定、涉恐财产冻结、国际合作、认定名单和冻结财产的具体办法等都进行了说明和规定。

在此《决定》出台前后，刑法和刑事诉讼法也对涉及反恐的内容进行了修改。2011年出台的《刑法修正案（八）》扩大了特殊累犯的范围，将恐怖活动犯罪和黑社会性质的组织犯罪的犯罪分子也纳入其中，此外还修改了对有组织的暴力犯罪和犯罪集团首要分子的相关处罚规定，这两种在实质上都会影响对恐怖活动犯罪的规制。2012年新的刑事诉讼法为打击恐怖主义犯罪提供了程序保障，规定了对恐怖主义犯罪的管辖、律师会见、证人保护、监视居住、技术侦查、刑事拘留以及违法所得的没收程序，体现了新法对恐怖活动犯罪的重视。2015年出台的《刑法修正案（九）》是反恐刑事立法活动中的又一标志性事件。本次修正案在引入"恐怖主义""极端主义"以及与之相关的一系列用语的基础上，进一步严密了刑事法网，修改了相关罪状，还增设了新的罪名，完善了刑罚配置。一是对《刑法》第120条的修改，一方面在之前《刑法修正案（八）》的基础上修改第120条之一的帮助恐怖活动罪，将资助恐怖活动培训和为恐怖活动组织、实施恐怖活动或者恐怖活动培训招募、运送人员这两种行为扩充其中；另一方面增设了5个与反恐相关的罪名，列于第120条之下，包括准备实施恐怖活动罪，宣扬恐怖主义、极端主义、煽动实施恐怖活动罪，利用极端主义破坏法律实施罪，强制穿戴恐怖主义、极端主义服饰、标志罪，非法持有宣扬恐怖主义、极端主义物品罪，这些新增罪名将恐怖活动实施之前的准备活动、组织活动、策划、联络活动都纳入刑法规制的范围，体现了法益保护早期化的思路。二是对《刑法》第311条拒证罪内容的增补，原来仅针对明知他人有间谍犯罪行为的情况，现将明知他人有恐怖主义、极端主义犯罪行为而拒绝提供证据的情况也进行入罪处理。三是对《刑法》第120条的组织、领导、参加恐怖组织罪增加规定了分等级的财产刑，根据行为人的参与程度不同处以并处没收财产、并处罚金和选处罚金等刑罚，同时，《刑法》第322条规定了升格的法定刑，为参加恐怖活动组织、接受恐怖活动培训或者实施恐怖活动而偷越国（边）境的，法定刑从一年以下有期徒刑、拘役或者管制，并处罚金，加重至一年以上三年以下有期徒刑，并处罚金。

与此同时，专门的反恐立法也提上日程。2014年党的十八届四中全会通过的《中共中央关于全面推进依法治国若干重大问题的决定》中明确要求抓紧出台包括反恐法在内的一批急需法律。2014年4月，国家反恐怖主义工作领导机构牵头，多家部门参与成立反恐法起草小组，反恐法草案于2014年10月提请全国人大常委会审议，并于2015年12月通过。《中华人民共和国反恐怖主义法》（简称《反恐法》）从恐怖主义等基本概念的界定，反恐工作的原则、机制、管辖，恐怖活动组织和人员认定、审查，情报信息和调查程序，恐怖事件应对处置，国际合作，反恐工作保障措施，恐怖活动法律责任等方面建立起了一个较为完整的反恐工作和处罚体系，并和国际社会相关公约、机制进行了有效呼应。

特别值得一提的是，《反恐法》在第30条规定了一个新的措施"安置教育"，规定"对恐怖活动罪犯和极端主义罪犯被判处徒刑以上刑罚的，监狱、看守所应当在刑满释放前根据其犯罪性质、情节和社会危害程度，服刑期间的表现，释放后对所居住社区的影响等进行社会危险性评估……经评估具有社会危险性的，监狱、看守所应当向罪犯服刑地的中级人民法院提出安置教育建议"。这一规定表明，安置教育作为独立于刑罚的保安处分措施在我国得到正式确立，且是在刑法之外确立的。对此，正如有学者所指出的，目前我国反恐怖主义法对安置教育的规定仍然是初步的，规范安置教育对象、行为、程序、机制等内容的制度体系还远未完善。作为一种典型的保安处分，安置教育必须全面坚持法治原则。法治原则要求安置教育必须符合法定程序，做出安置教育决定的机关只能是司法机关，并且受到严格的监督和审查；法治原则还要求安置教育制度要贯彻禁止溯及既往原则和比例原则。安置教育针对的是那些已经在监狱中服过刑，但被认为仍具有社会危险性，以至于必须隔离不得释放的人。因此，为了降低被安置教育人的危险性，必须坚持教育矫治原则，为被处分人提供能够满足治疗需求的矫治措施。这也是被处分人在法律上的正当权利，并且应当得到律师的支持和帮助。安置教育有突出的预防导向，其对象具备刑事责任能力，安置教育的实施可能对行为人造成社会否定评价和人格谴责，因此一种基于自由导向的执行和管理具有重要意义。被安置教育的行为人应该有更多的自由会见来访者或者安排其空闲时间，以抵消限制自由可能带来的负面效应，应分阶段实行区别于自由刑服刑期间的改造手段，帮助这些人复归社会。①

（四）实行特赦

特赦作为我国宪法规定的一项制度，在2015年习近平主席签署特赦令重新启动之前，已经"沉睡"了40年之久。

从新中国成立后到1975年，我国共有过7次特赦。第一次为1959年9月17日，第二届全国人大常委会在庆祝中华人民共和国成立10周年之际，"对于经过一定时间的劳动改造、确实改恶从善的蒋介石集团和伪满洲国的战争罪犯、反革命罪犯和普通刑事罪犯，实行特赦"。随后在1960～1964年第二届全国人大常委会第三十二次、第四十七次、第九十一次、第一百三十五次会议以及1966年第三届全国人大常委会第二十九次会议上，分别决定对经过一定期间的劳动改造，确实改恶从善的蒋介石集团和伪满洲国的战争罪犯，实行特赦。第七次是在1975年第四届全国人大常委会期间，对全部在押战争罪犯实行特赦。可见，除1959年国庆10周年的那次特赦涉及部分普通刑事犯罪的罪犯，其他6次都以战犯等特殊罪犯为对象。

---

① 参见陈泽宪《安置教育需要全面坚持法治原则》，《检察日报》2016年10月28日。

这次重启特赦，既有法学界的呼声，也源于特定的社会现实基础。改革开放以来，由于刑事犯罪的犯罪率增长很快，我国的刑事政策一直以"严打"为主，这一时期全国人大常委会通过的刑事法律也多是加大对刑事犯罪的打击力度，所以显然不是推出特赦的时机。直到进入21世纪后实行"宽严相济"的刑事政策，才具备了重启特赦制度的社会和法治基础。

2015年8月29日，国家主席习近平签署特赦令，根据第十二届全国人大常委会第十六次会议通过的《全国人大常委会关于特赦部分服刑罪犯的决定》，对依据2015年1月1日前人民法院做出的生效判决正在服刑，释放后不具有现实社会危险性的以下四类服刑罪犯实行特赦：一是参加过中国人民抗日战争、中国人民解放战争的；二是中华人民共和国成立以后，参加过保卫国家主权、安全和领土完整对外作战的，但犯贪污受贿犯罪，故意杀人、强奸、抢劫、绑架、放火、爆炸、投放危险物质或者有组织的暴力性犯罪，黑社会性质的组织犯罪，危害国家安全犯罪，恐怖活动犯罪的，有组织犯罪的主犯以及累犯除外；三是年满75周岁、身体严重残疾且生活不能自理的；四是犯罪的时候不满18周岁，被判处三年以下有期徒刑或者剩余刑期在一年以下的，但犯故意杀人、强奸等严重暴力性犯罪，恐怖活动犯罪，贩卖毒品犯罪的除外。这次特赦在纪念中国人民抗日战争暨世界反法西斯战争胜利70周年这个重要的时间节点启动，有利于激发全国人民的爱国热情，具有重要的政治意义和法治意义。而且，不同于此前7次政治性、政策性强的特赦，这次特赦是对依法治国更高层次的一种表达。

应当看到，这次启动特赦，毕竟是时隔40年后的首次，因此在特赦对象的选择上更多地带有一种象征意义。下一步要做的是，好好总结这次实施特赦的经验，使特赦今后能更加规范化、常态化。这方面我们还有一项重要工作要做，那就是要制定专门的"中华人民共和国赦免法"，从实体到程序对赦免的申请、启动、审查、决定等各个环节进行规范，这也是依法治国、依法行赦的应有含义。这次特赦决定做出后，各地在执行中所表现出来的一定程度的"乱象"，恰恰说明，我们这方面的规定还太原则、太粗糙，急需一部有可操作性的具体的赦免法。

## 三　20 年来我国刑法发展的基本特点

### (一) 刑事政策从"严打"转向"宽严相济"

1997 年新刑法颁布时，"对刑法的原有规定，包括文字表述和量刑规定，原则上没什么问题的，尽量不做修改"①，在这种情况下，仍然删除了 1979 年《刑法》第 1 条中的"依照惩办与宽大相结合的政策"，对此，有学者不无道理地指出："之所以删除惩办与宽大相结合的政策的规定，主要还是为了给严打刑事政策让路。"② 到 2004 年，中共十六届四中全会提出了"构建社会主义和谐社会"，在此背景下，"宽严相济"的刑事政策应运而生，并由此取代了过去实施 20 多年的"严打"刑事政策。③ "宽严相济"与"严打"的一个重大区别就在于其不再一味提"严打"，而是该严则严、该宽则宽。应当说，它在当前的时代意义主要还是"以宽济严"。④ 受这一政策的影响，刑事司法先行，如最高人民检察院 2006 年出台的《关于在检察工作中贯彻宽严相济刑事司法政策的若干意见》，就规定了一系列"宽"的措施。⑤ 随后，刑事立法也体现了这一政策思想，如 2009 年的《刑法修正案（七）》首次在刑法修正案中出现了"除罪"和减轻刑罚的立法内容。具体而言，"除罪"的内容表现在对原来偷税罪的修改：经税务机关依法下达追缴通知后，补缴应纳税款和滞纳金，已受行政处罚的，不予追究刑事责任（但 5 年内因逃避缴纳税款受过刑事处罚或者被税务机关给予二次以上行政处罚的除外）。减轻刑罚的内容表现在，对绑架罪法定刑的设置进行了调整，增加了从轻的法定刑量刑档次，从而将该罪的法定刑起点从原来的 10 年有期徒刑降到了 5 年。接下来的《刑法修正案（八）》和《刑法修正案（九）》也都体现了"宽严相济"的刑事政策思

---

① 参见时任全国人大常委会副委员长的王汉斌在第八届全国人大第五次会议上《关于〈中华人民共和国刑法（修订草案）〉的说明》。
② 参见陈兴良主编《宽严相济刑事政策研究》，中国人民大学出版社，2007，第 4 页。
③ 值得指出的是，"宽严相济"之所以能取代"严打"刑事政策，应当说与整个社会已经度过了改革开放之初的社会剧烈震荡期、治安形势走向相对稳定也是正相关的。
④ 参见刘仁文《宽严相济视野中的"以宽济严"》，《法律适用》2009 年第 10 期。
⑤ 参见刘仁文《宽严相济的刑事政策研究》，《当代法学》2008 年第 1 期。

想：一方面对未成年人犯罪、老年人犯罪进一步从宽处理，还将"社区矫正"等从宽处理制度纳入刑法；另一方面又对恐怖主义犯罪、网络犯罪等实行更加严密和严厉的刑法规制。

立法上除了该宽则宽、该严则严的两种表现，还有一种两者互相渗透的情况，如针对我国刑法中"死刑太重，生刑太轻"的情况，一方面削减死刑、限制死刑，可谓从宽，另一方面又为配合减少死刑，《刑法修正案（八）》对有关配套制度进行了设计，如严格限制对某些被判处死缓的罪行严重的罪犯的减刑，延长其实际服刑期（如对判处死刑缓期执行的，如果确有重大立功表现，2年期满以后，原来规定减为15年以上20年以下有期徒刑，现在规定减为25年有期徒刑），还规定"对被判处死刑缓期执行的累犯以及因故意杀人、强奸、抢劫、绑架、放火、爆炸、投放危险物质或者有组织的暴力性犯罪被判处死刑缓期执行的犯罪分子，人民法院根据犯罪情节等情况可以同时决定对其限制减刑"。《刑法修正案（九）》更是针对重特大贪污罪犯设置了不得减刑、假释的终身监禁制度，使得这样一种表面看来十分严厉的自由刑实质上在该领域扮演了一种死刑替代措施的角色。

（二）在注重打击犯罪的同时更加注重人权保障

打击犯罪与保障人权是刑事法治的一体两面，二者同等重要。随着"人权入宪"，刑事法治中的人权保障日益受到重视。以削减和限制死刑为例，有学者就指出："公众人权观念的发展变化和对死刑问题的关注，也对我国死刑制度改革提出了进一步的要求。"① 又如，劳动教养制度的废除，也是基于该制度已经不适应国家法治建设发展和人权保障的需要而做出的决定。劳教制度废除后，与劳教相类似的一些制度如对卖淫嫖娼人员的收容教育制度的改革也引起学界的关注和讨论。

强化人权保障的另一体现是刑法中强制医疗的司法化。2012年修改后的《中华人民共和国刑事诉讼法》新增了第五编"特别程序"，其中第四章为"依法不负刑事责任的精神病人的强制医疗程序"，该章用6个条文

---

① 参见赵秉志主编《〈中华人民共和国刑法修正案（九）〉理解与适用》，中国法制出版社，2016，第57页。

分别对强制医疗特别程序的适用条件以及启动、审理、复议、执行和解除等程序作了规定，将原来由公安机关一家决定、执行的行政化程序纳入司法化轨道，在很大程度上回应和解决了"被精神病"的问题。① 这样，通过刑诉法修改的路径，不仅改变了过去警察在此类制度中既做运动员又做裁判员的做法，使刑法中的强制医疗警察权被关进制度的笼子，而且也因其程序有了具体的规范，使得该制度在实践中的运用日趋增多，既有利于加强对这类特殊人群的权利保障，又有利于维护社会的安全，增强公众的安全感。②

此外，社区矫正制度的建立和完善也有助于加强人权保障。如前所述，随着社区矫正先后被规定于我国《刑法》和《刑事诉讼法》中，在不断总结社区矫正试行经验的基础上，社区矫正的适用范围不断扩大，其整体立法也被提上日程。2016年12月2日国务院法制办公布了《社区矫正法（征求意见稿）》（以下简称《意见稿》）。《意见稿》坚持监督管理与帮扶教育相结合的理念，兼顾服刑人员的矫正、帮扶和回归社会，规定对于被矫正人员，可以保持与家人和社会的接触，这既有利于其本人回归社会，也有利于其家庭的正常生活。从长远来看，社区矫正在刑罚执行中权重的增加对于推动（或倒逼）我国刑罚结构的轻缓化和行刑的社会化也具有重要意义。

（三）以社会治理为导向

回顾过去20年的刑事立法，我们可以比较清晰地看出，以社会治理为导向是其重要特征，无论是危险驾驶入刑还是刑法介入恶意欠薪，无论是对有关行为两次以上行政处罚就入刑还是刑法介入对诚实信用等社会主义核心价值观的维护，无论是在总则中增加禁止令、预防性措施还是在分则

---

① 当然，该程序还存在一些需要进一步完善的地方。参见刘仁文、刘哲《强制医疗特别程序的问题与对策》，《河南财经政法大学学报》2014年第5期。
② 受此启发，学界也希望尽快出台对未达到刑事责任年龄者进行收容教养的司法化程序，以激活刑法中对这一制度的推广运用。目前，刑法对此规定甚为笼统，不仅影响实际操作，也影响到相关场所、人员、设备的投入，而针对未达到刑事责任年龄者实施危害社会行为的增多，社会上又出现了一种降低刑事责任年龄的呼声，但这种呼声其实并不被刑法学界专业人士看好。比较理想的选择是像强制医疗司法化一样，通过收容教养制度的司法化改造来激活该制度对实施危害社会行为又未达到刑事责任年龄者的管制。

中增加不得减刑假释的终身监禁,都是如此。正如有学者所指出:"处于社会转型期的中国刑法立法及时转变法益观念,增强新的调控手段,赋予刑法新的机能,积极参与社会治理。活跃的立法与传统刑法观之间拉开了一定距离,从而面临许多新的难题,包括在保持积极干预社会生活的姿态与缓解立法者面临的泛刑法化压力之间如何取得平衡等。"①

以社会治理为导向的刑事立法突出表现在以下几个方面。

一是预防性刑法的兴起。传统刑法以规制结果犯特别是实害犯为主,介入的时间比较晚,这主要是考虑到刑法的严厉后果以及对人权可能造成的危害,但现代风险社会的来临使得风险刑法观得以确立,刑法介入前置化的现象大量涌现,刑法中的危险犯特别是抽象危险犯大量增多。风险刑法一改传统刑法的报应色彩,而把预防放在首位,这在恐怖主义犯罪、网络犯罪、环境污染犯罪、食品安全犯罪等领域确实有一定的存在空间和理由。以恐怖主义犯罪为例,如果不打早打小,刑法不在恐怖主义组织成立、成员招募、培训等阶段及时介入,而非得等恐怖犯罪活动实施时才去介入,那就为时已晚,不仅造成的损失巨大,而且恐怖主义组织成员一经洗脑,则普通的刑罚几乎对他没有威慑力(所谓的信仰犯是不怕刑罚的)。现在的问题是,预防性刑法究竟能走多远,它与传统的报应性刑法在刑法中各自所占的权重如何平衡,以及它对刑罚结构提出了什么样的新要求,需要学界深入研究。

二是带有保安处分性质的内容增多。虽然我国刑法上并没有名正言顺地规定保安处分制度,更没有确立刑罚与保安处分的双轨制,但事实上,我国刑法中的强制医疗、收容教养、收容教育等制度一直被学界视为隐性的保安处分措施。近些年来,为强化刑法的社会治理功能,带有保安处分性质的内容还在不断增加。如《刑法修正案(八)》中增加的可以对管制犯和缓刑犯附加适用的禁止令,即可以禁止其在管制执行期间或缓刑考验期限内从事特定活动,进入特定区域、场所,接触特定的人,被认为是一种典型的保安处分措施。又如《刑法修正案(九)》中增加的从业禁止规定,即对因利用职业便利实施犯罪或者实施违背职业要求的特定义务的犯

---

① 参见周光权《转型时期刑法立法的思路与方法》,《中国社会科学》2016年第3期。

罪而被判处刑罚的,人民法院可以根据犯罪情况和预防再犯罪的需要,禁止其自刑罚执行完毕之日或者假释之日起3~5年内从事相关职业(其他法律、行政法规对其从事职业另有禁止或限制性规定的,从其规定),这也被认为是一种典型的保安处分措施。此外,如前所述,《反恐法》中的"安置教育"措施更是一种无争议的保安处分措施。保安处分措施的增多,以及目前这种与刑罚混杂在一起的规定,也给我们的刑法理论和刑事立法完善提出了新课题。因为,保安处分毕竟是一种与刑罚在理念、制度设计等方面有很大区别的制度,如果长期只是将其作为刑罚的混杂物来对待,对优化我国的刑法结构、提高我国刑法的社会治理能力,是有欠缺的。

三是积极刑法观得到体现。晚近两个刑法修正案显示出刑法规制社会生活的范围拓展、力度增强,对此学界看法不一,有的认为这违反了刑法谦抑性原则,因而持批判态度,但也有学者不无道理地指出,这种批判基本是从消极刑法立法观出发,其论证以古典刑法思想为支撑,未能有效回应中国当下的社会情势。在刑法观念逐步转向功能主义、刑法与政策考虑紧密关联的今天,刑法的谦抑性并不反对及时增设一定数量的新罪;刑罚早期化与转型中国社会的发展存在内在联系;意欲建设法治国家,就必须将限制、剥夺公民人身权利的处罚事项纳入刑事司法的审查范围。[①] 在这种积极刑法观的推动下,我们看到,随着劳教制度的废止和醉驾、扒窃等行为的独立入罪,以及抢夺罪等的进一步去数额化,我国刑法正在改变重罪重刑的"小刑法"局面,"大刑法"的格局正在形成,即犯罪圈扩大、与轻罪相适应的轻刑增多。鉴于废止劳教后犯罪圈扩大这一无可回避的事实,刑法学界下一步有必要探讨我国刑法中的轻罪重罪之分类,对轻罪实行经过一定的考验期限之后即可宣告前科消灭的制度,以弥补犯罪标签化所带来的消极效应。总之,我国未来的刑法结构应当是在犯罪的分类上,实现轻罪与重罪的二元化,二者在要不要作为犯罪记录、是否设立前科消灭期、刑事诉讼的程序繁简等方面均可以作区别化的制度设计。将来轻罪还要吸收我国治安管理处罚中后果为治安拘留的那部分行为,也就是说,

---

① 参见周光权《积极刑法立法观在中国的确立》,《法学研究》2016年第4期。

未来的《治安管理处罚法》不能有剥夺人身自由的警察罚，所有剥夺人身自由的处罚都应由法院来做出。而无论轻罪还是重罪，针对的都是对自己行为负责的正常人，刑罚不管轻重，都是对他们的相应惩罚。但对于那些未达到刑事责任年龄的人（收容教养）、没有刑事责任能力的人（强制医疗）、社会的病人（强制戒毒、收容教育等针对的对象），则需要采取保安处分的措施，这不仅是刑法防卫社会的任务所要求的，也是基于保障这些特定人员之人权的考虑，因为他们是病人或缺乏刑罚感知的人，所以不能简单地去惩罚，而应教育、治疗和矫正，隔离他们是为了保卫社会，但如果把这种隔离变成变相的惩罚，那就是不人道的。

### 四　20年来我国刑法学研究之观察

20年来，我国刑法学研究继续在广度和深度上取得长足进展，这不仅是我们自己能感受到的，而且也可以从国外学者的感受中得到反映，如日本刑法学者高桥则夫在回顾近年来与中国刑法学界的学术研讨时就指出："感觉中国方面的讨论水平有了很大的进步。"西原春夫对此更是以见证人的身份予以确认：从20世纪90年代中期以后，中国刑法学界研究问题的领域有了很大拓展，不同观点的讨论程度也日趋热烈，可以说学术取得了突飞猛进的发展。[①]

然而，这只是说我们的刑法学研究有发展、有进步，并不意味着我们的刑法学研究已经臻于完善了，相反，存在的问题还不少。下面，就笔者所观察到的问题及其改进提若干拙见。

首先，对于我国刑法学发展所处的时代似乎还缺乏比较准确的认知。不可否认，过去20年来，我们的刑法学从域外特别是德日刑法学界吸收到了许多营养，这对于深化我国刑法教义学、促进我国刑法理论的精细化无疑起到了很好的作用。但必须看到，刑法基础理论是与一个时代的哲学思想紧密相连的，而一个时代的哲学思想又往往与一个时代的科技发展及其所面临的其他社会问题紧密相连。我国当前一方面在对域外刑法理论进行吸收时还停留在其过去的刑法理论上，对其潜在的危机和最新发展缺乏足

---

① 参见〔日〕西原春夫《我的刑法研究》，曹菲译，北京大学出版社，2016，第236~237页。

够的认识。① 另一方面对我们国家自己法学所处的时代背景也缺乏一种自觉。张文显教授曾经指出：起初，我们几乎全盘接受了苏式法治理论，这一套以阶级斗争和专政专制为核心的话语体系支配了我们的法律思维与法律实践，也造成了灾难性的后果；苏式法学话语体系破产之后，我们在法学恢复重建阶段几乎又不假反思地转而求助于西方的法学话语体系，成为西方法学的"搬运工"；现在，我们应朝着中国化、时代化方向转换，进入自主阶段，即不依赖外来理论、观念与言说方式的指引就能思考自己的问题、阐述自己的实践、构建自己的话语体系。② 这虽然是针对我国整个法学尤其是法理学而言的，但从大方向看，笔者认为也适用于我国的刑法学。近年来，无论是参加国际学术研讨，还是招收外国博士生，笔者总在想一个问题：如果我们总是尽搬域外的东西，那对别人又有什么用呢？中国如此之大，发展又如此之快，在许多方面有自己的特色，有些方面如互联网公司还处在世界前沿水平，相应地，我们在网络犯罪的刑事立法和刑事司法方面也就应有自己的创新和特点，如果放弃身边这些宝贵的资源，岂不可惜和遗憾！

其次，在引入域外知识的过程中没有很好地本土化，造成用语混乱，使各种理论的准确性更加捉摸不定，给后来者的借鉴和研究带来困扰。如"共犯"一词，其本来在我国刑法学的语境中就是"共同犯罪"的简称（包括主犯和从犯、胁从犯以及教唆犯），但现在一些论著引入德日刑法中的"共犯"一词后，也不加区分不加说明地混合使用，而德日刑法中的共犯是指教唆犯和帮助犯（与正犯相对应），所以含义不一样，这样同一篇论文或同一本书前后用词相同，含义却不同，怎不给读者造成混乱呢？笔者曾跟《法学研究》的刑事法编辑熊秋红教授谈到过这个问题，她也有同感，认为在刑事诉讼法等领域亦存在类似问题，但尤以刑法为最。过去我们以刑法学界大家都同一个声音、缺乏学派之争为苦恼，现在学术讨论活

---

① 例如，出于应对恐怖主义威胁的时代需求，德国立法者开始寻求将刑事可罚性前置，使刑法提前介入打击恐怖主义犯罪，2009 年在刑法中新设的第 89a 条就是典型的例子。这种可罚性前置是否以及如何能够在传统的教义学上正当化，成为当前德国学者面临的棘手问题。参见王钢《德国刑法学的新发展——侧重于违法性阶层的考察》，《清华法律评论》第 8 卷第 1 辑。
② 参见张文显《关于构建中国特色法学体系的几个问题》，《中国大学教学》2017 年第 5 期。

跃起来了，甚至有了不同程度的学派之争，但又造成了刑法知识的混乱，对不同概念、不同理论大家都各说各话，有的是理解不准确（如对客观归责，有的认为能限制处罚范围，有的则认为会扩大处罚范围），有的是无视我国的具体语境而盲目引进一些即使在国外也有严重争议的理论（如敌人刑法①），更多的则是只搬运而不注意与中国刑法话语的衔接与转换（其实有些完全可以转换成中国刑法学自己的话语，或者在中国刑法学的话语体系内加以改造，这样对于避免理论的混乱和减少理论的内耗可以起到事半功倍的作用）。近年来我国刑法理论界和司法实务界之所以在很多地方存在"两张皮"的现象，笔者认为有一个重要原因就是理论界在热衷于引进各种域外理论和学说的时候，没有有效地转换成我们自己的语言，或者没有在我们自己已经形成的话语体系内尽可能地给有关域外理论和学说找到一个相应的位置。

最后，在研究方法上有待进一步改进。一是有些研究方法过于简单甚至极端。例如，一段时间以来，刑法学界对所谓的形式解释格外青睐，而对所谓的实质解释则警惕有加，姑且不论论者在形式解释和实质解释的内涵与外延上互相交错，就以对形式解释的过分青睐而言，其实也要辩证地看，用形式解释来反对类推、推动罪刑法定原则的确立及其适用，这种旨在限制公权力的做法当然是可取的，但如果把它推至极致，则也有副作用。其实，对有些表面看来违反刑法但欠缺刑事可罚性的行为，恰恰需要运用实质解释来排除社会危害性，做除罪化处理，内蒙古的王力军无许可证收购玉米改判无罪一案就是如此。② 类似的还有社会危害性问题，不少学者对社会危害性一词颇不以为然，甚至主张要把这个概念从我国刑法学中驱逐出去，其实，这同样只是看到问题的一面，而没有看到另一面，即在拥有类推制度的前提下，社会危害性可能成为扩大处罚范围的一个理由，但在确立了罪刑法定原则的情况下，欠缺社会危害性恰恰可以成为限

---

① 考虑到"敌人"在中国具有强烈的政治意味，"敌我矛盾"曾经成为"无产阶级专政下继续革命"的理论基石，不宜把即使在德国也引发巨大争议的"敌人刑法"照搬到我国的刑法学术话语体系并为其背书。参见刘仁文《敌人刑法：一个初步的清理》，《法律科学》2007年第6期。

② 参见阮齐林《刑事司法应坚持罪责实质评价》，《中国法学》2017年第4期。

制处罚范围的一个理由，如前述王力军无许可证收购玉米改判无罪一案，法院再审认定宣告无罪的理由就是："其行为违反了当时的国家粮食流通管理有关规定，但尚未达到严重扰乱市场秩序的危害程度，不具备与刑法第 225 条规定的非法经营罪相当的社会危害性和刑事处罚的必要性，不构成非法经营罪。"① 二是研究方法过于单一，扎根中国的接地气的成果还不够多。总的来看，当前以引进德日刑法学知识为主的刑法教义学方法占据中国刑法学研究的绝对主流地位，但问题是，刑法学研究方法应当是多元的，尤其应当是立足中国的。在这方面，笔者个人也有一些研究心得，如本人关于立体刑法学的探索②，其所引起的社会反响在某种程度上甚至超出了最初的预料，究其原因，应当是与它关注中国自己的问题有关。③ 这不禁让笔者想起习近平总书记在哲学社会科学工作座谈会上的一段讲话："我们的哲学社会科学有没有中国特色，归根到底要看有没有主体性、原创性。跟在别人后面亦步亦趋，不仅难以形成中国特色哲学社会科学，而且解决不了我国的实际问题。……只有以我国实际为研究起点，提出具有主体性、原创性的理论观点，构建具有自身特质的学科体系、学术体系、话语体系，我国哲学社会科学才能形成自己的特色和优势。"④ 刑法终究是要解决实际问题的，刑法学终究是要以本国刑法文本为研究支点的，为了使中国刑法学在国际上成为有声的刑法学（而不是周光权教授所说的"无声的中国刑法学"），也许我们应该更加不卑不亢地把目光投注到我们自己脚下这块土地上。

（中国社会科学院法学研究所研究员、博士生导师　刘仁文）

---

① 内蒙古自治区巴彦淖尔市中级人民法院刑事判决书（2017）内 08 刑再 1 号。
② 即刑法学研究要"前瞻后望"（前瞻犯罪学、后望行刑学）、"左顾右盼"（左顾刑事诉讼法、右盼民法等其他部门法），"上下兼顾"（上对国际公约和宪法，下接治安处罚和原来的劳动教养），"内外结合"（对内加强对刑法的解释，对外重视刑法的运作环境）。
③ 参见刘仁文《立体刑法学："回顾与展望"》，《北京工业大学学报》2017 年第 5 期。
④ 习近平：《加快构建中国特色哲学社会科学》，新华社，2016 年 5 月 17 日。

## 第二节 犯罪圈与刑法修正的结构控制

### 一 犯罪圈边界何在

自1997年刑法颁布施行至今20年来，围绕着犯罪圈的扩张是否已经超越合理界限问题，肯定说认同多年来的修刑成果，认为基本上不存在超越犯罪圈合理边界的问题。陈兴良教授对推进犯罪化表示了肯定的态度，认为中国现行刑法规定的犯罪，虽然有个别可以废除，但主要的问题还不是非犯罪化，而是犯罪化。① 张明楷教授也认为，我国当前的主要任务不是实行非犯罪化，而是应当推进犯罪化。② 卢建平教授等认为，现阶段我国刑法仍处于"小而重"的状态，即犯罪圈狭小、刑罚过重。扩大犯罪圈，使刑罚宽缓化是我国刑法发展的必然趋势，符合我国的刑事法治现实。犯罪圈的扩大并不必然违背谦抑性原则。③

持否定说或怀疑论的学者中，刘艳红教授明确表示，重刑轻民的中国法律传统在当今社会以对刑法的过度迷信与依赖，以不断设立新罪的方式变相地表现出来。……今后我国刑事立法应该停止刑法调控范围的扩张，拒绝进一步的犯罪化，并适当实行一些犯罪行为的非犯罪化。④ 何荣功教授也提出了"过度刑法化"的问题，并列举了过度刑法化在思维上的表现：当社会中出现某种问题时，国家和社会民众总会情不自禁地想到动用刑法解决。我国刑法立法和司法上的过度刑法化现象，也是"过度刑法思维"的表现与外化。⑤ 比如，立法上刑法之手不适当地伸向民事经济领域，导致调整对象的过度化。有学者发现，犯罪圈的扩张可能是犯罪率上升的一种解释。这几年盗窃犯罪案件数量的上升很可能也是因为《刑法修正案

---

① 参见陈兴良《刑法哲学》，中国政法大学出版社，1992，第8页。
② 参见张明楷《日本刑法的发展及其启示》，《当代法学》2006年第1期。
③ 参见卢建平、刘传稿《法治语境下犯罪化的未来趋势》，《政治与法律》2017年第4期。
④ 参见刘艳红《我国应该停止犯罪化的刑事立法》，《法学》2011年第11期。
⑤ 参见何荣功《社会治理"过度刑法化"的法哲学批判》，《中外法学》2015年第2期。

(八)》将多次盗窃、扒窃等行为规定为犯罪的结果。① 有学者担心,预备行为实行化,既遂形态前置化,行政民事违法行为不断进入刑法制裁的视野,刑法前置化立法的现实结果是行政民事违法行为与刑事违法行为之间的界限消失,罪名形式化、空洞化、黑洞化,刑法自洽性的削弱。②

不难看出,不同立场的背后,似乎各自心目中都有一个合理、适度的犯罪圈,只不过持肯定说的一方认为,目前的刑法修正尚未超越这个犯罪圈的范围;而持否定说的一方则认为,刑法修正已经或者正在超出这个犯罪圈范围。至此,我们自然有理由怀疑,双方所认定的是不是大小一样的同一个犯罪圈?如果所认定的犯罪圈很大,对刑法修正的过程和结果自然持肯定态度;同理,如果所认定的犯罪圈本身就较小,对同样的刑法修正当然可能持否定态度。因此,与"犯罪圈大一点好还是小一点好"这种似是而非的命题相比,笔者认为,讨论刑法修正的一个前提性问题是,犯罪圈的真正范围到底有多大?其实际边界到底在哪里?如果各自所参照的犯罪圈范围并不一致,那么肯定或否定都变得没有意义。从这点上说,关于刑法修正肯定与否定之争的实质,其实是犯罪圈的界定之争。因此,犯罪圈研究首先有三个问题需要澄清。

(一) 增设罪名、放宽入刑范围与犯罪圈扩张

有观点认为,似乎只要增设了罪名或放宽了入刑范围就是扩张了犯罪圈。其实,"增设罪名""放宽入刑范围""犯罪圈扩张"应该是不同的概念。犯罪圈可以分为应然的(合理的)和实然的两种。在应然或合理的犯罪圈之内,增设罪名只意味着严密法网;而超越合理的犯罪圈,增设一个罪名也意味着超越了刑事制裁的必要限度。同理,在罪名数量不变的前提下,放宽某个原有犯罪的入刑条件,也不必然带来犯罪圈非理性扩张的结果,而可能是严密法网的另一种操作。只有对实然的犯罪圈来说,增设罪名及放宽入刑条件才无异于犯罪圈的扩张。目前,大多数讨论集中在增设某个新罪或放宽某个现有罪名的入刑条件是否合理,因而只是相对实然犯

---

① 参见齐文远《修订刑法应避免过度犯罪化倾向》,《法商研究》2016年第3期。
② 参见孙万怀《违法相对性理论的崩溃——对刑法前置化立法倾向的一种批评》,《政治与法律》2016年第3期。

罪圈而言的讨论，尚未聚焦应然犯罪圈的边界到底在哪儿，以及如何以这个意义上的犯罪圈为参照反观某个行为的入刑及其条件问题。[①] 鉴于此，本研究将试图构建一个应然犯罪圈边界的判断标准，在这个范围以外的行为，新增罪名或放宽入刑范围才可能超出犯罪圈的合理限度，否则，便只是完善立法的正常作业。

（二）犯罪圈范围与边界的确定

似乎只要围绕某些标志性行为进行辨析，就能确定犯罪圈的大致范围或边界。其实，应然寓于实然之中，每个实定法规定的罪名背后，都隐约可见某些犯罪化正当性理论、原理、原则。没有哪个立法者会承认，虽然未获任何犯罪化正当性理论的支持，某个行为反正必须入刑。如果避开犯罪圈与全体个罪之间的这种相依关系，关于犯罪圈的争论所列举的个罪便不具有共同参照物，因而失去可比性。因此，犯罪圈研究应该从大量个罪中挖掘、还原、再现犯罪化的应然理论、原则，从而发现应然的犯罪圈所在。而不应当脱离全体个罪，有选择地将某些个罪当成证成或证否某种立场的根据。

（三）犯罪圈的组成结构

似乎某些罪名串联而成一条线，首尾相连形成的空心圆便是犯罪圈了，里边是犯罪，外面与刑法无关。其实，犯罪圈很可能是一个多层级结构组成的实心圆。至于哪些犯罪在犯罪圈中分布在哪个层级，与许多因素有关。广义上，所有立法者、执法者、司法者、民众、舆论、学者都在参与犯罪圈的设定，都是犯罪定义的主体。既然主体是多元的，不同主体对什么应当是犯罪就会有不同的理解。所以，应然犯罪圈也不是唯一的，而是多元的。于是，当多种应然犯罪圈叠加在一起，共同聚焦某些行为时，这些行为就无可争议地进入实然犯罪圈，并居其核心位置。当围绕某些行为应否入圈的问题，不同定义主体基于不同的应然犯罪圈理解持有异议

---

[①] 有学者指出，犯罪社会危害性标准降低或犯罪门槛下降与犯罪化、犯罪圈扩张等概念有密切联系，但并不完全相同。犯罪社会危害性标准降低必然会引起犯罪化或犯罪圈扩张的后果，但犯罪化或犯罪圈扩张的出现却未必出于犯罪社会危害性标准降低的原因。参见高铭暄、李彦峰《〈刑法修正案（九）〉立法理念探寻与评析》，《法治研究》2016年第2期。

时，这些行为就可能构成罪与非罪之间的过渡地带。所谓的犯罪圈边界之争，往往就发生在这个过渡地带。即使不考虑刑法修正，就是在现行刑法的实然犯罪圈之内，也不是所有犯罪都具有同等强度的入刑理由。因此，行为是否入刑之争，刑法修正是否正当之争，其实都是应然犯罪圈之间的冲突。犯罪圈研究其实就是积累、比较、筛选各种应然犯罪圈，观察各种入刑理由的共识程度的过程。

总之，如果不用理论本身或者少数标志性行为直接取代犯罪圈边界，避免空对空地讨论刑法修正的正当性问题，就需要搭建一个满足一定形式要求的、应然寓于实然的层级结构。为此，本研究希望回答的问题是，现行刑法绝大部分犯罪背后的入刑正当性依据到底是什么，这种正当性依据能否被操作化为某种"看得见"的层级结构，以便人们用来判断哪些行为位于该层级结构中的哪个部分。据此，把近年来9个刑法修正案的所有新增罪名和调整入刑条件的罪名导入这个框架结构进行实证观察，检验刑法修正到底是否或者在多大程度上突破了犯罪圈的边界。

## 二 犯罪化正当性理论与假设

除了要满足形式上的要求，犯罪圈研究的核心问题是，刑法面临着特别巨大的正当性压力：国家为何能用可危及生存的手段来惩罚公民。这个刑法学的基本问题，已经在大大小小的不同层面上讨论了几个世纪。[①] 对此，边沁曾基于功利主义，列出了不应当入刑的情况。其一，惩罚无理由，即不存在要防止的损害，行动总的来说无害。其二，惩罚必定无效，即不可能起到防止损害的作用。其三，惩罚无益，或者说代价过高，即惩罚会造成的损害将大于它防止的损害。其四，惩罚无必要，即损害不需要惩罚便可以加以防止或自己停止，亦即以较小的代价便可防止或停止。[②] 美国学者胡萨克也指出，过度犯罪化最致命的后果是对法律尊重的缺失。[③]

---

[①] 参见〔德〕乌尔斯·金德霍伊泽尔《刑法总论教科书》（第6版），蔡桂生译，北京大学出版社，2015，第23~25页。

[②] 参见〔英〕边沁《道德与立法原理导论》，时殷弘译，商务印书馆，2000，第217页。

[③] 参见〔美〕道格拉斯·胡萨克《过罪化及刑法的限制》，姜敏译，中国法制出版社，2015，第15页。

我国学者陈兴良教授曾提出，如果某个行为刑罚无效果，刑罚可替代，刑罚太昂贵，便不应入刑。① 这些理论的共性是，它们都在回答什么行为不能入刑的问题。而应该犯罪化的行为到底应具有哪些普遍特征，还是需要正面回答的。

（一）犯罪化正当性理论

**1. 密尔的惩罚正当性理论**

较早从哲学层面讨论惩罚权正当性问题的是 19 世纪英国哲学家约翰·斯图亚特·密尔（John Stuart Mill，1806~1873）。在《论自由》一书中，密尔开宗明义：探讨社会所能合法施用于个人的权力的性质和限度。② 对此，密尔的基本回答是：其一，个人的行动只要不涉及自身以外什么人的利害，个人就不必向社会负责交代；……其二，关于对他人利益有害的行动，个人则应当负责交代，并且还应当承受或是社会的或是法律的惩罚。③ 在密尔看来，社会对个人的制裁权始于个人的行为"有害地影响到他人的利益"。就是说，惩罚的正当性仅仅来自行为对他人的损害，否则，就构成对自由的非法限制。基于这一立场，密尔把那些违背损害原则的人称作"道德警察"，他们不可避免地会侵犯个人的合法自由。④ 总之，只有对他人利益有害，才是惩罚权的正当根据。

**2. 范伯格的损害＋冒犯理论**

在假定自由有限的前提下，美国法哲学家乔尔·范伯格在其著作《刑法的道德界限》中重新阐释了以损害原则为首的一系列限制自由原则，成为英美法语境中对犯罪化界限的经典表述。⑤ 自由有限即"限制自由原则"，是指行为一旦超越这些原则所设置的道德界限，国家即可正当地将其犯罪化；反之，国家将没有超出界限的行为犯罪化就是不正当的。⑥ 乔

---

① 参见陈兴良《刑法哲学》，中国政法大学出版社，1992，第7页。
② 参见〔英〕约翰·密尔《论自由》，许宝骙译，商务印书馆，2008，第1页。
③ 参见〔英〕约翰·密尔《论自由》，许宝骙译，商务印书馆，2008，第112页。
④ 参见〔英〕约翰·密尔《论自由》，许宝骙译，商务印书馆，2008，第101页。
⑤ 方泉：《犯罪化的正当性原则——兼评乔尔·范伯格的限制自由原则》，《法学》2012年第8期。
⑥ 参见方泉《犯罪化的正当性原则——兼评乔尔·范伯格的限制自由原则》，《法学》2012年第8期。

尔·范伯格在本书中集中讨论了"国家可以将何种行为正当地犯罪化"问题，即刑罚威慑手段的合法性问题。① 按照范伯格的解释，犯罪化的基本依据就是损害原则，其次是冒犯原则。而法律家长主义和法律道德主义都不应成为犯罪化的正当性依据。

尤其令笔者感兴趣的是，范伯格对各种可能被犯罪化行为的层级分类。在范伯格看来，如果没有这种分类，损害原则便可能被滥用。他强调，损害原则必须尽量具体化，以便对"严重"程度作出区分；同时，如果可能，再提出如何根据其严重性将损害分类的方法。没有这些具体内容，损害原则很可能被用以论证国家可以毫无限制地干涉自由，因为说到底，人的任何行为在某种程度上对他人的权益来说都是有利有弊，这样一来，似乎所有的行为都该由国家来掌握了。② 用对"损害"的误读来损害"损害原则"，这将是对限制自由原则最大的损害。

具体来说，范伯格首先说明，刑法条文可以分为两类：一类是依据有效的道德原则而"具合法性"的刑法条文；另一类是综合考虑合法性及有用性、合理性、经济性、民意等因素的"正当"的刑法条文。③ 在范伯格看来，刑法是针对一些更为基本的东西设立的，如杀人、殴打、强奸、窃取等行为。这些犯罪就是所谓的基本犯罪，或称"原生犯罪"，也即自然犯罪。相比而言，对另外一类行为而言，刑法只是"后备惩罚"，如偷税、逃避兵役、无照行医、无医生处方发售处方药、无照驾驶、非法持有未经登记的枪支等，都属于衍生犯罪或法定犯罪。④ 在范伯格理论体系中，损害是构成犯罪化正当性的最重要理由。⑤ 作为损害原则的重要补充，冒犯原则往往用作禁止淫秽（包含但不等同于色情）行为的正当依据。但要注

---

① 参见〔美〕乔尔·范伯格：《刑法的道德界限（第一卷）：对他人的损害》，方泉译，商务印书馆，2013，第1页。
② 参见〔美〕乔尔·范伯格《刑法的道德界限（第一卷）：对他人的损害》，方泉译，商务印书馆，2013，第11~12页。
③ 参见〔美〕乔尔·范伯格《刑法的道德界限（第一卷）：对他人的损害》，方泉译，商务印书馆，2013，第4页。
④ 参见〔美〕乔尔·范伯格《刑法的道德界限（第一卷）：对他人的损害》，方泉译，商务印书馆，2013，第20~22页。
⑤ 参见方泉《犯罪化的正当性原则——兼评乔尔·范伯格的限制自由原则》，《法学》2012年第8期。

意以下几点。其一,即使范伯格似乎比其他自由主义者更支持冒犯原则,他仍坚持认为,冒犯原则并不能成为将所有色情行为犯罪化的正当依据,当且仅当色情行为既淫秽又令人无可避开时,方可入罪。其二,冒犯原则与法律道德主义的区别在于,面对所谓淫秽行为,冒犯原则认为禁止的理由不在于淫秽行为本身"道德堕落",而在于这类行为构成某种滋扰而对他人造成冒犯。① 而且,在范伯格看来,冒犯行为通常来说比损害行为要轻,因此在犯罪化的问题上,会存在更多的争议。② 其三和其四分别是"家长主义原则"和"法律道德主义原则"。按照家长主义原则,像醉驾、吸毒、不系安全带等行为均应入罪。按法律道德主义原则,像酗酒、私下淫乱、通奸、乱伦等行为,都应纳入刑事制裁的范围。对此,范伯格认为,个人自愿所做出的对自己造成损害、不利于个人美德的塑造或者只是违反社会道德标准的行为,比如吸食大麻、出卖卵子、自杀或卖淫、参加换偶活动等,并不会对其他人带来损害或冒犯,因此,这些行为不应被犯罪化。③ 总之,范伯格认为,经适当澄清及限定的损害原则和冒犯原则即已穷尽所有刑事制裁的道德相关性理由。④

**3. 范伯格理论中的犯罪定义学延伸解读**

除了论证方法上的由里及外、虚实呼应以外,范伯格理论中还深藏着一个犯罪学问题:损害、冒犯与吸毒、酗酒、淫乱等行为之间除了应否入刑的界限以外,还有哪些关系?不难看出,在范伯格理论中,损害、冒犯不入刑,吸毒、酗酒、淫乱等行为入刑,都是对限制自由原则的违背。因为损害、冒犯等行为侵犯了他人的自由,而将吸毒、酗酒、淫乱等行为入刑则同样是对公民自治自由的侵犯。虽是两种侵犯,但侵犯就是侵犯。只不过在绝大多数人看来,第一种侵犯肯定是侵犯,而第二种侵犯是否构成

---

① 参见方泉《犯罪化的正当性原则——兼评乔尔·范伯格的限制自由原则》,《法学》2012年第8期。
② 参见郑玉双《为犯罪化寻找道德根基——评范伯格的〈刑法的道德界限〉》,《政法论坛》2016年3月。
③ 参见郑玉双《为犯罪化寻找道德根基——评范伯格的〈刑法的道德界限〉》,《政法论坛》2016年3月。
④ 参见〔美〕乔尔·范伯格《刑法的道德界限(第一卷):对他人的损害》,方泉译,商务印书馆,2013,第20~22页。

侵犯，就可能随着评价者自身的取向、观念、文化等方面的差异而有所不同。于是问题就变成，一个行为是否被犯罪化，取决于该行为本身还是评价者、犯罪定义者？用犯罪学的话来说就是，把何种行为定义为犯罪取决于犯罪定义的对象，还是归因于犯罪定义者自身主体性因素的影响？一直以来，罪为因，刑为果，似乎天经地义。其实，犯罪化是个对象化的过程。其中，从应然的角度看，犯罪定义的对象，也即刑法评价的行为，应该是因，被犯罪化是果，正所谓风动，所以幡才动。但在实然角度上，制作犯罪定义的主体实际上具有很大的多样性、能动性，甚至局限性，其会从各种可能的意义资源中根据自身需要和偏好灵活选用标准、规则，将其粘贴到定义对象身上。于是，既非风动又非幡动，而是心动——犯罪化过程难免受到各种来自定义者自身的价值取向、主观偏好、特殊利益、认知局限等主体性因素的影响。立法者、司法者乃至民众，都直接或间接地参与这一对象化过程，因而都不可避免地将自身的主体性植入犯罪定义。所以，什么行为实际上是犯罪的问题，其实是在回答什么行为应当或者需要被称为犯罪的问题。某个行为之所以被犯罪化，与其说取决于该行为自身的属性，不如说是因为有权从事犯罪化活动的主体根据自身需要赋予该行为以新的意义或属性。① 大胆承认这一点，既是一种自信，也是对犯罪化过程客观规律的服从。

应该说明，主体性是把双刃剑。一方面，犯罪化中的主体性往往有助于罪刑关系的积极调整。例如，在1979年刑法中，大量死刑分配给反革命犯罪，而在1997年刑法中，死刑分布开始向破坏市场秩序犯罪倾斜，近些年来，死刑的配置又随着刑事政策重点的调整，向公共安全和反恐领域转移。这一变化既反映了犯罪本身的变化，也不能否认定义者对自身利益有了更深刻的自觉。所以，主体性不等于随意性。另一方面，主体性有时也会给犯罪化过程带来一定的消极影响。例如，有学者发现，立法动议多受部门利益驱动，乃至由利益集团主导。采单行法或附属法模式，会更有利于这种部门利益的表达。② 情绪性刑事立法主要来源于易导致非理性结果

---

① 有关理据参见白建军《关系犯罪学》（第3版），中国人民大学出版社，2005，第192~245页。
② 参见时延安《刑法立法模式的选择及对犯罪圈扩张的控制》，《法学杂志》2013年第4期。

的舆论,而刑事立法应力戒情绪性立法。① 至于更多的法律漏洞、司法不公等现象,也可能从犯罪定义的负面主体性上得到解释。可见,承认犯罪化过程中主体性的客观存在,才可能更大限度地彰显主体性的积极理性的一面,控制其消极局限的另一面。

从这个意义上看范伯格理论,似乎可以悟出某些新意:损害、冒犯等行为的犯罪化之所以具有明显的正当性,是因为作为评价或定义对象,这两种行为本身的自然属性,对绝大多数定义者、评价者而言具有明显的负价值。这类行为的入刑可以在较大程度上概括为"罪为因,刑为果",损害、冒犯的自身属性是其入刑的主要解释。从这个意义上说,损害和冒犯可以归结为对象之罪或典型犯罪,即主要由定义对象本身的自然属性直接说明入刑原因的犯罪,与上述"基本犯罪""原生犯罪""自然犯罪"意思相近。而按照法律家长主义和法律道德主义应该入刑的那些行为对定义者、评价者的意义却因人而异,于是,这类行为自身的自然属性已经变得不那么重要,重要的是持不同意见的定义者各自背后的文化、价值、观念分歧等各种主体性因素的影响。因此,可以把这种在较大程度上受主体性影响而入刑的犯罪称为定制之罪,即主要是因定义者彰显自身主体性而入刑的行为,与上述"衍生犯罪"、法定犯罪意思相近。定制之罪的入刑并非没有任何正当性理由,只是其入刑理由反映的不全是定义对象自身的自然属性。所以,虽然在应然层面上,必须坚持典型犯罪为犯罪化的主体部分,不能本末倒置,但在实然层面,犯罪定义者的各种主体性彰显不可避免地影响刑事立法,形成一定数量的定制之罪。而主体性又有积极和消极两面,所以,理论上不排除个别行为的入刑其实是定义者随意性的结果。

典型犯罪与定制之罪的区分还意味着,不能笼统地回答犯罪定义学的追问:所有犯罪的入刑取决于客体对象还是定义者的主体性。应该说,典型犯罪的入刑主要取决于这些行为本身,而定制之罪的入刑,则主要看谁来充当定义者。对犯罪圈研究而言,这种分别解释的策略意味着,犯罪定义的对象原本就不是铁板一块,所以,在罪与非罪之间很可能存在一个过

---

① 参见刘宪权《刑事立法应力戒情绪——以〈刑法修正案(九)〉为视角》,《法学评论》2016年第1期。

渡地带。有些明显不属于典型犯罪的行为,其入刑仍获得了众多定义者的共识,这大概就是在范伯格理论中,为什么那些没对他人利益造成损害的冒犯行为仍需入刑的原因。① 同样道理,如果对某个不属于典型犯罪的行为是否入刑存有较大争议,立法者就不能不在乎大众的正义直觉和民众的刑法偏好。② 回想当年引发学界一场激烈讨论的"延安黄碟案"③,夫妇在家观看黄碟的行为既非损害又非冒犯,显然不属于典型犯罪。充其量,只是部分定义者——举报者、入户的民警,以及后来参与学术讨论的部分学者——认为将其纳入刑事制裁的范围具有正当性,而多数定义者并不赞同。④

总之,犯罪定义的对象和定义者都是犯罪化结果的重要影响因素,这是犯罪圈研究不能忽略的基本事实。

(二) 中国刑法中的三个未知数

从上述理论视角看,中国刑法中应该有三个未知数。其一,中国刑法中到底有多少典型犯罪?其二,中国刑法中除典型犯罪外,是否都是定制之罪?其三,按照同一标准进行归类,9个刑法修正案的全部新增罪名和调整入刑条件的罪名在上述划分中的实际分布是怎样的?这三个问题的提出,正是上述全部理论思考的结果,其答案也将满足上述关于犯罪圈的三

---

① 事实上,对极端的自由主义者来说,只有损害行为的入刑才具有正当性。参见〔美〕乔尔·范伯格《刑法的道德界限(第四卷):无害的不法行为》,方泉译,商务印书馆,2015,第6页。

② 最近一项研究发现,在31665个样本中,49%的受访者认为恶意欠薪行为应该入刑,50.2%的受访者反对,0.8%的受访者表示不知道或者拒绝回答。56.7%的受访者认为醉酒驾车行为应该入刑,42.8%的受访者反对,0.5%的受访者表示不知道或者拒绝回答。42.8%的受访者认为安乐死行为应该入刑,55.1%的受访者反对,2.1%的受访者表示不知道或者拒绝回答。35.8%的受访者认为见死不救行为应该入刑,63.3%的受访者反对,0.9%的受访者表示不知道或者拒绝回答。这意味着,如果把那些比这四个行为还轻微的危害行为规定为犯罪,将失去相当一部分民众的支持。参见白建军《中国民众刑法偏好研究》,《中国社会科学》2017年第1期。

③ 参见卢建平《延安"黄碟案"引发的法学思考》,《法学家》2003年第3期。

④ 新浪网进行的网上调查显示,13972人就"夫妻在家看黄碟是否违法"发表了意见,其中13343人(占95.5%)认为"不违法",367人(占2.63%)认为"违法",其余的人则"说不清楚";12649人就"警察进入张家搜查黄碟是否合法"进行投票,其中11874人(占93.87%)认为"不合法",而492人(占3.89%)认为"合法"。参见卢建平《从"黄碟案"看刑法的界限》,《法学家》2003年第3期。

个形式要求。

为此，本研究选用的基本方法是，以新旧刑法规定的所有罪名为样本，根据各种理论上的划分标准对其进行多次、多维度的归类，使每个罪名在任何一种划分中都有一个确定位置。划分标准包括：是否暴力犯罪；是否偷窃犯罪；是否欺骗犯罪；罪过类型；公法益犯与私法益犯；是否身份滥用；是否多构成要件要素；是否不作为犯；是否情节犯；是否数额犯；行为犯与结果犯；等等。在此基础上，对中国刑法的罪名体系进行结构分析，目的是发现罪名体系的整体特征及其与相关理论、原则之间的关系。应当承认，此法的明显局限在于，对个罪的归类具有一定的主观性。就连故意与过失的判断，刑法中都有40个罪名见仁见智。例如，对违法发放贷款罪到底出于故意还是过失就有不同见解。对此，本文只能做到有法律规定的按法律规定，如身份犯、不作为犯、情节犯、单位犯罪等，都能从法律条文的固定表述中找到根据；没法律规定的按共识，如什么是暴力犯罪、侵害国家法益等，一般不会有太多的分歧；没有共识或难以形成共识的只好搁置。只有对绝大多数个罪的类型归属没有过多异议，研究结论才可能比较客观。在此基础上，本文设计了三个假设检验过程以寻求上述三个未知数之解。

假设1：作为由行为本身自然属性直接说明入刑原因的犯罪，典型犯罪应该在中国刑法中占绝对多数。为证实这一点，本文用"暴力""偷窃""欺骗"作为范伯格理论中"损害""冒犯"概念的替代物，对中国现行刑法的罪名进行逐一还原。按此假设，中国刑法中绝大多数犯罪都应该可以分别还原为暴力犯罪，或者偷窃犯罪，或者欺骗犯罪。与损害、冒犯一样，暴力、偷窃、欺骗的表述都直白地表明了此类行为入刑的正当性所在。但暴力、偷窃与欺骗又比损害、冒犯更加具体地诠释了犯罪的自然属性，即犯罪性。同时，从主观与客观、形式与内容两个方面观察，犯罪性的构造便可以分解为主观内容、客观内容、主观形式、客观形式四种组合。其中，犯罪性的主观内容主要是指悖德性，主观形式分别是恶意和敌意，客观形式可以分为原因危险和结果危险，而客观内容便可以分为暴力、偷窃和欺骗。由这四种组合之间的有机联系所决定，如果某个行为既非暴力，又非偷窃、欺骗，就很难说具有悖德性、恶意或敌意，或者原因危险及结果危险，一般而言就没有理由划入犯罪圈。所以，典型犯罪其实就是暴力犯罪、偷窃犯罪或欺骗犯罪。问题是，中国刑法中到底有多少罪名可以还原为典型犯罪？这便是中国刑法中的第一个未知数。回答这个问题的意义在于，可还原为暴力、偷窃、欺骗等典型犯罪的比例越大，意味着入刑理由越大程度上由行为本身的犯罪性得到说明；反之，人们便有理由追问，犯罪到底实际上是不是被定义者希望冠名为犯罪的行为？

假设2：除大部分典型犯罪以外，中国刑法中其余罪名都应该是定制之罪。以全体个罪为分析对象，暴力、偷窃、欺骗的划分基本上能满足互斥的要求，但很难做到周延。特别需要小心的是，不是典型犯罪未必都是定制之罪。如果将二者混为一谈，无形中就等于说，所有法定犯的入刑正当性都毋庸置疑，只是典型犯罪的入刑理由较为充分而已。果真如此，犯罪化正当性问题便可能成为一个伪命题了。而事实很可能是，定制之罪只是无法还原为暴力、偷窃或欺骗，属于不典型犯罪中的一种，但的确与一定价值规范相悖，具有相当数量或影响力的定义者支持其入刑的行为。例如，披露、报道不应公开的案件信息罪就不是暴力，也非偷非骗，但还是因立法者相信对公法益构成一定侵害而入刑。因此，假设2实际上意味着，逻辑上不排除实定法中一些既非典型犯罪又非定制之罪罪名存在的可能性。如果这种可能性被证实，就很可能解释为犯罪定义者主体性的过分彰显，被视为犯罪圈的非理性扩张。按照这种留有"敞口"的区分策略，犯罪化正当性的任何根据都不宜成为一个无所不包的口袋，似乎只要立法上划入犯罪圈便都须获得正当性解释。从这个意义上说，不周延的才是周延的。

具体来说，按照有法律按法律、没法律按共识的原则，经过反复尝试，公法益犯、身份滥用犯、多条件构成犯这几种划分不仅概括性强，而且划分标准比较明确。本文所指的公法益犯是指平等民事主体之间侵害以外的公共法益犯及国家法益犯；身份滥用犯是指滥用各种身份优势的犯罪；多条件构成犯是指刑法分则明文规定有多个入刑条件的犯罪。按此限定，中国刑法中的定制之罪，就是指除典型犯罪以外的公法益犯、身份滥用犯、多条件构成犯。假设2的检验结果将发现，中国刑法中有没有、有多少除典型犯罪、定制之罪之外的犯罪。

假设3：9个刑法修正案的全部新增罪名及放宽入刑范围的罪名应该多数分布在典型犯罪范围内，少数出现在定制之罪中。如果这个假设被证实就意味着，20年来刑法修正尽管新增了罪名，放宽了入刑范围，却并未突破修正前的犯罪圈结构，至少没有出现既非典型犯罪又非定制之罪的情况。但请注意这里的一个前提，即原有犯罪圈是否合理，需要由上述两个假设检验加以证实。只有证实原有犯罪圈的比例关系合理，且没有因刑法修正破坏原有的合理比例关系，才能证明刑法修正的结果合理。反之，如果前两个假设被证否，或者与刑法修正结果的比例明显相左，则需重新思考刑法修正的合理性。

## 三　中国刑法的犯罪圈三环结构

根据上述理论假设及其检验逻辑，对现行刑法进行实证观察，结果发现，我国刑法中存在一个犯罪圈的三环结构。其中心部分是典型犯罪，中环部分是定制之罪，外环部分是犯罪圈的模糊边界。

### （一）犯罪圈中心：暴力、偷窃、欺骗

任何一个犯罪的构成要件要素中都有一个以上的核心动词。现行刑法中出现频率较高的如"造成"，118次；"伪造"，57次；"使用"，50次；"销售"，50次；"提供"，45次；"明知"，41次；"进行"，39次；"利用"，37次；"参加"，29次；"破坏"，29次；"威胁"，24次；"变造"，19次；"贩卖"，19次；"拐卖"，19次；"扰乱"，18次；"抢夺"，14次；"持有"，13次；"谋取"，13次；等等。加上"聚集""轮奸""冒充""变相""私藏"等小概率动词共有800个左右。它们是刑法分则条文的最小单位，同时也是犯罪行为构成要件要素的载体。

根据其基本含义及其在具体法条中的特定语境，这800多个动词至少可以还原为三类：（1）"放火""爆炸""破坏""伤害""胁迫""冲击""侵入""损毁""持械""虐待""残害"等动作的共性是暴力，相关犯罪可以还原为暴力犯罪；（2）"盗窃""窃取""贪污""侵吞""隐匿""开拆""挪用""刺探""转移""盗掘""开采""盗伐""滥伐"等动作的共性是偷窃，相关犯罪可以还原为偷窃犯罪；（3）"骗取""煽动""宣

扬""谎报""虚报""伪造""变造""编造""传播""操纵""骗购""掩饰""散布""捏造""拐骗""作弊""引诱"等动作的共性是欺骗，相关犯罪可以还原为欺骗犯罪。完成这三类动作构成要件要素的还原，暴力、偷窃、欺骗这三类典型犯罪便已成型。

除了直接归纳以外，还不能不在一定语境中考虑某些要素与典型犯罪之间的间接联系。例如，"为敌人指示轰击目标"中的"指示"行为本身并非暴力，但"轰击目标"表明该行为的暴力性质；"战时供给敌人武器装备、军用物资资敌"中的"供给"本身并非暴力，但战时资敌的暴力性质显而易见，均应纳入暴力犯罪的范畴。尽管如此，有些行为的还原结果仍十分牵强。其中，按照典型犯罪的故意假定，过失犯罪以及责任事故类犯罪理应排除在典型犯罪之外。此外，像"制作、复制、出版、贩卖、传播"等动作本身即使解释为欺骗也很牵强。因为只有虚假的"淫秽物品"才可能涉及欺骗，而且"淫秽"一词作为形容词也无助于相关行为的还原处理。对无法还原为三类典型犯罪的罪名，只能视为不典型犯罪。

1979年刑法和现行刑法是反映近40年来我国刑事立法动态变化的代表性文本。因此，本研究对这两个文本进行了比较研究，试图发现三类典型犯罪在刑法典中的实际分布及其变化趋势。

表1-2-1、表1-2-2列示的信息显示：在1979年刑法中有16.8%的罪名，在现行刑法中，有29.5%的罪名无法还原为典型犯罪，其余绝大部分罪名都可以分别还原为暴力、偷窃或欺骗等典型犯罪中的一种，其比例如表1-2-1和表1-2-2所示，组成犯罪圈的中心部分。这证实，典型犯罪在两部刑法中的占比都属绝对多数，并未本末倒置，此即中国刑法中第一个未知数的答案。而且，从表格的列百分比的比较可以看出，在两部刑法典中，配有死刑的比例从高到低的顺序都是暴力、偷窃、欺骗、不典型犯罪。这意味着，还原分析与两部刑法典的内在结构相暗合，都认同典型与不典型犯罪之间暴力、偷窃、欺骗之间的轻重顺序。①

---

① 对表格的行百分比加以比较还可看出，各类犯罪数量分布的趋势性变化。1979年刑法的119个罪名中，占比最大的是暴力犯罪（48.7%）。而现行刑法的468个罪名中，占比最大的是欺骗犯罪（35.0%）。偷窃犯罪在两部刑法中都占比最小。可见，历经多次修正，现行刑法在大幅增加罪名的基础上，加大了欺骗行为的入刑比例。

表1-2-1 1979年刑法的罪行还原与上限死刑

单位：%

| | | | 典型犯罪 | | | | 合计 |
|---|---|---|---|---|---|---|---|
| | | | 行为不典型 | 欺骗 | 偷窃 | 暴力 | |
| 上限死刑 | 无 | 频次 | 20 | 30 | 10 | 32 | 92 |
| | 有 | 频次 | 0 | 0 | 1 | 26 | 27 |
| | | 列百分比 | 0.0 | 0.0 | 9.1 | 44.8 | 22.7 |
| 合计 | | 频次 | 20 | 30 | 11 | 58 | 119 |
| | | 行百分比 | 16.8 | 25.2 | 9.2 | 48.7 | 100 |

注：p = 0.000。

表1-2-2 现行刑法的罪行还原与上限死刑

单位：%

| | | | 典型犯罪 | | | | 合计 |
|---|---|---|---|---|---|---|---|
| | | | 行为不典型 | 欺骗 | 偷窃 | 暴力 | |
| 上限死刑 | 无 | 频次 | 138 | 157 | 41 | 86 | 422 |
| | 有 | 频次 | 0 | 7 | 4 | 35 | 46 |
| | | 列百分比 | 0.0 | 4.3 | 8.9 | 28.9 | 9.8 |
| 合计 | | 频次 | 138 | 164 | 45 | 121 | 468 |
| | | 行百分比 | 29.5 | 35.0 | 9.6 | 25.9 | 100.0 |

注：p = 0.000。

当然，也应注意到，与1979年刑法相比，不典型犯罪的比例在现行刑法中有所扩大。这是否意味着刑法修正导致应然犯罪圈的突破，还需进一步观察分析。

（二）犯罪圈中环：定制之罪

定制之罪是无法还原为典型犯罪却普遍存在于刑事立法中的犯罪，犯罪定义者的能动性往往是其入刑的重要解释。应当说明的是，许多典型犯罪也构成对公法益的侵害、特殊身份的滥用，或者被多个入刑条件限缩。所以，中国刑法中的定制之罪就是指除典型犯罪以外的公法益犯，或者身份滥用犯，或者多条件构成犯。

### 1. 第一种定制之罪：行为不典型侵害公法益的犯罪

有学者将刑法法益分为国家法益、社会法益和个人法益。① 此外，刑法法益也可以进一步简化为公法益和私法益两种。公法益是指国家法益和社会公共法益中代表公权的部分；私法益是指个人法益和社会公共法益中代表私权的部分。比如，生产销售伪劣产品、集资诈骗、爆炸等犯罪，虽然侵害了社会公共利益，但受害主体是平等民事主体，所以可以归结为侵害私法益犯罪；而妨害作证罪等犯罪中的直接被害人虽然是个人，但此类犯罪侵害国家司法权威，因而可以归结为侵害公法益犯罪。相比而言，在定制之罪范围内，即排除了故意杀人、伤害、强奸等典型犯罪中的私法益犯之后，公法益的保护更符合刑法作为公法的基本定位。所以，即使行为不典型，行为构成对公法益的侵害也是一个明显的入刑理由。

表1-2-3列示的信息显示：侵害公法益的犯罪中，有26.1%的罪名属于不典型犯罪，其余分别分布在暴力、偷窃和欺骗犯罪中。这部分行为不典型的侵害公法益犯罪在所有罪名中占10.3%。由刑法与民商法的分工所决定，这类罪名比行为不典型只是侵害私法益的行为更具刑事应罚性，因而属于第一种定制之罪，并划入犯罪圈的中环区域。这就部分地解释了为什么这些行为尽管不是暴力，且非偷、非骗却还是被规定为犯罪。例如，非法生产、买卖警用装备罪，偷越国（边）境罪，雇用逃离部队军人罪等，入刑理由都是行为不典型，却明显侵害了公法益中的国家法益。

表1-2-3 现行刑法中行为与法益侵害的关系

单位：%

| | | | 典型犯罪 | | | 合计 |
|---|---|---|---|---|---|---|
| | | 行为不典型 | 欺骗 | 偷窃 | 暴力 | |
| 法益侵害 | 侵害公法益 | 频次 | 48 | 67 | 18 | 51 | 184 |
| | | 行百分比 | 26.1 | 36.4 | 9.8 | 27.7 | 100.0 |
| | | 总百分比 | 10.3 | 14.3 | 3.8 | 10.9 | 39.3 |
| | 侵害私法益 | 频次 | 90 | 97 | 27 | 70 | 284 |
| | | 行百分比 | 31.7 | 34.2 | 9.5 | 24.6 | 100.0 |
| | | 总百分比 | 19.2 | 20.7 | 5.8 | 15.0 | 60.7 |

---

① 参见杨春洗、苗生明《论刑法法益》，《北京大学学报》（哲学社会科学版）1996年第6期。

续表

|  |  | 典型犯罪 | | | | 合计 |
|---|---|---|---|---|---|---|
|  |  | 行为不典型 | 欺骗 | 偷窃 | 暴力 |  |
| 合计 | 频次 | 138 | 164 | 45 | 121 | 468 |
|  | 行百分比 | 29.5 | 35.0 | 9.6 | 25.9 | 100.0 |

这一观察还发现，以行为与法益侵害两个角度相交互，便组合成8种犯罪类型：暴力公法益犯、暴力私法益犯；偷窃公法益犯、偷窃私法益犯；欺骗公法益犯、欺骗私法益犯；行为不典型公法益犯、行为不典型私法益犯。值得注意的一个变化是，在1979年刑法中，8类犯罪中占比最高的是暴力私法益犯（32.8%），其次是暴力公法益犯（16%）。而在现行刑法中，占比最高的是欺骗私法益犯（20.7%），其次是行为不典型私法益犯（19.2%）。这个变化意味着，如果说越接近暴力，其犯罪的典型性越明显的话，那么，欺骗私法益犯尤其是行为不典型私法益犯罪名数量的扩张，预示着刑法保护与民商法保护之间的关系复杂。立法上的这一变化趋势，部分地解释了为什么近年来实践中越来越多地出现所谓民刑交叉问题。这固然对不同部门法学的合作提出了新的要求，但也不能不引起注意的是，刑事制裁在多大程度上进入民商法律关系才不至于导致对公民自由自治的不当限制。

**2. 第二种定制之罪：行为不典型身份滥用的犯罪**

行为不典型却入刑的另一个理由就是身份滥用。身份滥用包括国家工作人员的职务犯罪、特殊行业人员的职务犯罪、家庭成员的有关犯罪等情况。其中，有的可以还原为暴力，如虐待罪、刑讯逼供罪；有的可以还原为偷窃，如贪污罪；有的可以还原为欺骗，如内幕交易罪。但是，仍有部分身份滥用无法还原。其入刑理由之一就是，在行为不典型的范围内，滥用特殊身份优势侵害他人利益，应该比无身份滥用的其他犯罪更具可谴责性。

表1-2-4列示的信息显示：在现行刑法中，有30.1%的罪名属于身份滥用型犯罪，比1979年刑法有很大提升。其中有36.2%的身份滥用无法还原为典型犯罪，这部分罪名在全部犯罪中占10.9%，此即第二种定制之罪。例如，违法发放贷款罪，吸收客户资金不入账罪，非法提供麻醉药

品、精神药品罪等。它们被归入暴力、偷窃或欺骗中的哪一种,都可能稀释这些行为的典型性,但其所以入刑,可以从身份滥用中得到解释。

表1-2-4 现行刑法中行为与身份滥用的关系

单位:%

| | | | 典型犯罪 | | | | 合计 |
|---|---|---|---|---|---|---|---|
| | | | 行为不典型 | 欺骗 | 偷窃 | 暴力 | |
| 身份滥用 | 身份滥用 | 频次 | 51 | 52 | 16 | 22 | 141 |
| | | 行百分比 | 36.2 | 36.9 | 11.3 | 15.6 | 100.0 |
| | | 总百分比 | 10.9 | 11.1 | 3.4 | 4.7 | 30.1 |
| | 其他 | 频次 | 87 | 112 | 29 | 99 | 327 |
| | | 行百分比 | 26.6 | 34.3 | 8.9 | 30.3 | 100.0 |
| | | 总百分比 | 18.6 | 23.9 | 6.2 | 21.2 | 69.9 |
| 合计 | | 频次 | 138 | 164 | 45 | 121 | 468 |
| | | 行百分比 | 29.5 | 35.0 | 9.6 | 25.9 | 100.0 |

注:p=0.007。

这一观察还发现,以行为与身份滥用两个角度相交互,便有8种犯罪类型的组合:身份滥用的暴力犯罪、其他暴力犯罪;身份滥用的偷窃犯罪、其他偷窃犯罪;身份滥用的欺骗犯罪、其他欺骗犯罪;身份滥用但行为不典型犯罪、无身份滥用的行为不典型犯罪。两部刑法典相比较,增幅显著的是身份滥用但行为不典型犯罪。在1979年刑法中,此类犯罪只有2个。而在现行刑法中,此类犯罪增至51个。这说明,现行刑法不仅对一般的身份滥用规制越来越多,而且对行为不典型的身份滥用也扩大了入刑范围。

**3. 第三种定制之罪:行为不典型多条件限缩的犯罪**

无法还原为典型犯罪仍然入刑的第三个理由就是多个构成要件要素限缩。按照罪刑法定原则,刑法对行为的禁止应当符合明确性要求。但是,刑法明确性程度与构成要件要素的多少或复杂程度之间没有必然联系,而与被禁止行为的还原类型有关。越接近暴力犯罪,行为的犯罪性越明显,简单的构成要件要素本身就很明确,如故意杀人的构成就很简单但很明确。反之,越接近犯罪性不典型,为保障公民权利与自由,就越需要刑法对拟入刑的行为设置更详尽的条件，防止犯罪圈的不当扩张。沿着这个思路，可以按罪名构成要件要素的数量，将分则罪名分为多构成要件要素犯罪和其他普通犯罪两种。例如，现行《刑法》第189条规定，构成对违法票据承兑、付款、保证罪的，必须首先是银行或者其他金融机构的工作人员，其次必须是在票据业务中，对违反票据法规定的票据予以承兑、付款或者保证，最后，还必须造成重大损失。而许多典型犯罪都无须对主体、主观、结果等条件作出限定。

表1-2-5所列示的信息显示：现行刑法中，有44.2%的罪名属于多构成要件要素限制的罪名，比1979年刑法有很大的提升。而且，138个行为不典型中，82个罪名都有多构成要件要素限制；在207个多构成要件要素限制罪名中，基本上是越接近暴力犯罪，多构成要件要素限制的比例越低；相反，39.6%的多构成要件要素限制罪名分布在行为不典型罪名中，证明行为越远离典型犯罪，越需要严格限制入刑门槛。例如，构成擅自进口固体废物罪要符合以下条件：（1）未经国务院有关主管部门许可；（2）擅自进口固体废物用作原料；（3）造成重大环境污染事故；（4）致使公私财产遭受重大损失或者严重危害人体健康等。这种行为不典型且有多构成要件要素限制入刑的罪名在所有犯罪中占17.5%，此即第三种定制之罪的实际规模。这一统计描述的显著性程度已经完全满足统计显著性要求 $p = 0.000$，说明行为的典型性与法律规定的明确性之间已经呈现出某种更加确定的规律性联系。

表1-2-5 现行刑法中行为与构成要件要素的关系

单位：%

| | | | 典型犯罪 | | | | 合计 |
|---|---|---|---|---|---|---|---|
| | | | 行为不典型 | 欺骗 | 偷窃 | 暴力 | |
| 构成要件 | 多要素 | 频次 | 82 | 76 | 23 | 26 | 207 |
| | | 行百分比 | 39.6 | 36.7 | 11.1 | 12.6 | 100.0 |
| | | 总百分比 | 17.5 | 16.2 | 4.9 | 5.6 | 44.2 |
| | 其他 | 频次 | 56 | 88 | 22 | 95 | 261 |
| | | 行百分比 | 21.5 | 33.7 | 8.4 | 36.4 | 100.0 |
| | | 总百分比 | 12.0 | 18.8 | 4.7 | 20.3 | 55.8 |

续表

|  |  | 典型犯罪 | | | | 合计 |
|---|---|---|---|---|---|---|
|  |  | 行为不典型 | 欺骗 | 偷窃 | 暴力 |  |
| 合计 | 频次 | 138 | 164 | 45 | 121 | 468 |
|  | 行百分比 | 29.5 | 35.0 | 9.6 | 25.9 | 100.0 |

注：p = 0.000。

除了这三种定制之罪以外，有的分类比例悬殊，如亲告犯、持有犯比例极小；有的则已经涵盖在典型犯罪的应有之义中，如暴力、偷窃、欺骗等行为本身都是故意犯罪；有的操作过程难免主观歧义，如行为犯、结果犯、危险犯、抽象危险犯；还有的与入刑正当性问题关联不大，如情节犯、不作为犯等等。所以，在其他定制之罪被发现之前，我们只能基于现有观察认为，中国刑法中的确存在但不限于这三种定制之罪。侵害公法益、身份滥用和多条件限缩入刑门槛，"部分地"解释了其入刑的正当性。这证明，作为犯罪定义者，立法者充分意识到公法益保护、身份滥用控制以及刑法规定明确性的重要性。虽然入刑理由相对弱于典型犯罪，但还是能动地"定制"，将其划入犯罪圈，体现了立法者积极的主体性。

（三）犯罪圈外环：模糊的犯罪圈边界

沿着上述逻辑，如果某种行为既非暴力、偷窃、欺骗，又非公法益犯，又非身份滥用犯，且没有多构成要件要素的限缩，便应该没有理由入刑，至少其入刑理由缺乏系统性说明。根据上述观察，典型犯罪与定制之罪之和虽然在刑法中占绝对多数，但毕竟小于总体，说明这种缺乏系统性说明入刑理由的犯罪的确存在。对应然犯罪圈而言，此类罪名就超越了犯罪圈边界。在实定法中，这些罪名构成了犯罪圈的外环，即模糊的犯罪圈边界。这部分犯罪应该是犯罪圈是否非理性扩张的真正争议焦点，因而也是刑事立法最需审慎面对的部分。不过，即便如此，还有些属于此类的犯罪入刑其实无可争议。比如，过失致人死亡、重伤罪，就无法还原为典型犯罪，也未构成公法益侵害，也没有特殊身份可滥用，更没有多个构成要件要素的限缩，但入刑理由还是显而易见。对余下的部分，犯罪圈研究不得不直面三个问题。

第一，为什么某个行为既非典型犯罪又没构成对公法益的侵害，还是被规定为犯罪？刑法与民商法在这里的交集，是合作、竞合还是重复评价？例如，收买被拐卖的妇女、儿童罪本身不是暴力，也非偷非骗，更没对公法益构成侵害，入刑的考虑之一很可能是对拐卖妇女儿童的上游犯罪加以预防，正所谓"没有收买就没有拐卖"。而为什么要求收买者以负担刑事责任的代价来预防上游犯罪？为什么不能依靠民事法律或其他手段规制此类私权领域的行为？这本身就值得深入分析。

第二，为什么某个行为既非典型犯罪，又没有滥用身份，还是被划入犯罪圈？例如，聚众淫乱罪本身不是暴力，也非偷非骗，更没对公法益构成侵害，而且也没有滥用特殊身份。此种行为入刑的原因很可能与主流文化中对性滥用的否定态度有关。而既然属于文化观念范畴，为什么不可以选用与之相应的对策作出反应？刑事制裁如若成为唯一的选项，至少反过来说明社会反应手段的贫乏无力。

第三，为什么某个行为的入刑理由比较牵强，还是在缺乏足够刑法规范限缩的情况下入刑？例如，《刑法》第 227 条规定，倒卖车票、船票，情节严重的构成犯罪。该行为本身不是暴力，也非偷非骗，没对公法益构成侵害，也没有滥用特殊身份，而且，法条表述相当简单，仅用纯正情节犯加以限缩，司法上是否定罪似乎都有也都没有法律根据。

当然，落入犯罪圈外环，只说明缺乏上述一般性入刑理由，并不等于没有任何入刑理由。问题在于，理由是什么。犯罪化正当性研究的要义恰恰在于，每一个行为的入刑都应该具有普适共识的理由。如果刑罚的发动意味着对他人不法剥夺的剥夺，意味着否定之否定，那么，没有充分理由的剥夺和否定，就是缺乏正当性的犯罪化，因而也最可能是定义者自身特有的某种取向或局限的流露。

（四）犯罪圈三环结构的实际分布

根据以上多维度结构分析，犯罪圈可以理解为：由实定法全部罪名按其入刑正当性理由的强弱程度顺序组成的三环结构体系。其中，所谓入刑正当性理由的强弱程度起码表现为：暴力犯罪比非暴力犯罪、公法益犯比私法益犯、故意犯罪比过失犯罪、多个入刑理由比单一入刑理由、有入刑理由比没有入刑理由更可能进入犯罪圈并接近其核心。① 其中，犯罪圈的中心部分由所有可还原为暴力、偷窃、欺骗等典型犯罪的罪名构成。这三种行为是犯罪的原初形态，大部分犯罪都从其演化派生而来。犯罪圈的中环部分由无法还原为典型犯罪，但具有公法益侵害、身份滥用、多条件限缩等一般刑法特征的定制之罪构成。许多典型犯罪也具有公法益侵害、身份滥用或多条件限缩等特征，但并非所有公法益侵害、身份滥用或多条件限缩的罪名都可以还原为典型犯罪。犯罪圈的外环部分是犯罪定义主体性较为活跃的部分，由既无法还原为典型犯罪又无法归结为定制之罪的罪名构成，这些行为的入刑往往另有特殊原因。

现行刑法中，位于犯罪圈中心部分的典型犯罪在全部罪名中占70.5%，犯罪圈中环的定制之罪占20.7%，犯罪圈外环罪名占比8.8%。这一检验结果给出了中国刑法中三个未知数中的前两个的答案：假设1得到证实，绝大多数犯罪的入刑理由可以由犯罪定义对象自身的自然属性——暴力、偷窃、欺骗得到解释；假设2未得到完全证实，公法益保护等积极的主体性表达只解释了典型犯罪之外犯罪的大多数而非全部。毕竟，8.8%的罪名中的一部分，无法用上述理论结构对其入刑给出合理解释。如果在这个区域增设罪名或调低入刑标准，便可能存在一定刑事制裁的越界风险。

## 四 刑法修正合理性检验

从目前我国学界和司法实务界关于刑法修正的争论中，可以看到不同的立场，但看不见共同的可操作化的判断标准。而完成上述讨论后，我们至少有了一个以犯罪圈三环结构作为工具的分析框架，尝试性地用来对刑法修正进行正当性检验。这个分析框架来自实定法，又不同于实定法。与理论不能用来检验理论一样，实定法本身也不能用来检验实定法。由于犯罪圈三环结构中所有罪名的类型归属由系统一次完成，用犯罪圈三环结构对刑法修正进行检验，实际上就是将应然犯罪圈与包括刑法修正在内的实

---

① 美国学者弗莱彻是第一个主张刑法包含核心犯罪的人。但不幸的是，他并没有详细论述此比喻，从而使其依然是一种直觉认识。参见〔美〕道格拉斯·胡萨克《过罪化及刑法的限制》，姜敏译，中国法制出版社，2015，第49页。

然犯罪圈进行比对。一个应然与实然高度叠加的犯罪圈，应该有大多数典型或比较典型的犯罪聚集在中心或者中环部分。在此增设罪名，或对原有罪名放宽入刑条件、范围，应该被视为完善法律、严密法网的正常立法实践，不存在犯罪圈扩张或刑事制裁越界问题。但如果刑法修正大规模地在犯罪圈中环甚至外环展开，就是个值得警惕的信号：犯罪定义者主体性外溢的风险，可能导致制刑权的滥用，将过多的远离典型犯罪的行为纳入刑事评价的范围。

现在，我们以 20 年来 9 个刑法修正案的全部罪名为对象进行结构分析，观察其中新增罪名以及放宽入刑范围的罪名落在三环结构中的哪一个部分。其检验逻辑是，如果修正前后刑法的犯罪圈三环结构不存在统计上的显著差异，则意味着修正前后犯罪圈结构没有重要变化，刑法修正并未改变原有的犯罪圈比例结构。如果修正前后的比例结构发生显著改变，修正后的罪名大量出现在犯罪圈的中环部分甚至外环部分，就应警惕刑法修正突破犯罪圈边界的风险。

（一）新增罪名合理性检验

20 年来，我国现行刑法历经 9 个修正案，共有 56 个新增罪名。这些新增罪名在犯罪圈三环结构中的实际分布见表 1－2－6。

表 1－2－6　新增罪名的犯罪圈分布

单位：%

| | | | 是否新增 | | 合计 |
|---|---|---|---|---|---|
| | | | 原有 | 新增 | |
| 犯罪圈 | 典型犯罪 | 频次 | 291 | 39 | 330 |
| | | 列百分比 | 70.6 | 69.9 | 70.5 |
| | 定制之罪 | 频次 | 82 | 15 | 97 |
| | | 列百分比 | 19.9 | 26.8 | 20.7 |
| 犯罪圈 | 犯罪圈外环罪名 | 频次 | 39 | 2 | 41 |
| | | 列百分比 | 9.5 | 3.6 | 8.8 |
| | 合计 | 频次 | 412 | 56 | 468 |
| | | 行百分比 | 100.0 | 100.0 | 100.0 |

注：$p = 0.21$。

从表1-2-6可见，将修正新增罪名抽离出来，与原有罪名同时放在犯罪圈三环结构中进行统计比较，其p值较大，说明刑法没有因为新增罪名而发生显著差异，新增罪名并未改变原有的刑法结构。这个结论也可以通过直接观察比较"新增"和"原有"两列数据的列百分比得到证实。这证明，20年来刑法修正对新增罪名的结构控制基本没有改变原有分布。具体看，全部新增罪名中，有39个新增罪名出现在犯罪圈的中心部分，相当于新增了39个典型犯罪。有15个新增罪名出现在犯罪圈的中环部分，虽然未能还原为典型犯罪，但至少属于定制之罪，因而具有一定的入刑理由。只有2个新增罪名出现在犯罪圈外环即边界，理论上具有一定的突破犯罪圈的风险。这2个新增罪名分别是《刑法修正案（六）》增设的开设赌场罪和《刑法修正案（八）》增设的组织出卖人体器官罪。这里有三种可能性：其一，犯罪圈三环结构本身就不合理，或者基本合理但有待完善，所以才未能将这两种行为纳入犯罪圈的核心或者中环；其二，这两种行为本身就可以解释进典型犯罪中的一种，至少是某种定制之罪；其三，这两种行为本身的确不具有入刑正当性。有趣的是，即使在对刑法修正持否定态度的讨论中，也未谈及这两种行为不宜入刑问题。所以进一步深化犯罪圈内在结构的研究，才可能理解具体个罪的入刑理由。

### （二）放宽入刑范围的罪名合理性检验

现行刑法修正过程中，共有70个罪名修改了入刑条件。其中，有60个罪名的修改属于放宽入刑范围。这些罪名在犯罪圈三环结构中的实际分布见表1-2-7。

表1-2-7 放宽入刑范围罪名的犯罪圈分布

单位：%

| | | | 放宽范围 | | 合计 |
| --- | --- | --- | --- | --- | --- |
| | | | 原有 | 放宽 | |
| 犯罪圈 | 典型犯罪 | 频次 | 283 | 47 | 330 |
| | | 列百分比 | 69.4 | 78.3 | 70.5 |
| | 定制之罪 | 频次 | 86 | 11 | 97 |
| | | 列百分比 | 21.1 | 18.3 | 20.7 |

续表

| 犯罪圈 | | | 放宽范围 | | 合计 |
|---|---|---|---|---|---|
| | | | 原有 | 放宽 | |
| | 犯罪圈外环罪名 | 频次 | 39 | 2 | 41 |
| | | 列百分比 | 9.6 | 3.3 | 8.8 |
| | 合计 | 频次 | 408 | 60 | 468 |
| | | 行百分比 | 100.0 | 100.0 | 100.0 |

注：p = 0.21。

从表 1 - 2 - 7 中可见，将修正放宽入刑范围的罪名抽离出来，与原有罪名同时放在犯罪圈三环结构中进行统计比较，其 p 值同样较大，说明没有因为放宽范围罪名的出现而发生显著差异，刑法修正并未因放宽部分罪名的入刑范围而改变原有的刑法结构。这个结论同样可以通过直接观察比较"放宽"与"原有"两列数据的列百分比得到证实。这证明，20 年来刑法修正对放宽入刑范围罪名的结构控制基本上没有改变原有结构。具体看，在全部 60 个放宽入刑范围的罪名中，有 47 个罪名出现在犯罪圈的中心，有 11 个罪名出现在犯罪圈中环部分，只有 2 个罪名出现在犯罪圈外环部分。它们分别是过失投放危险物质罪和非法生产、销售专用间谍器材、窃听、窃照专用器材罪。其中，如果在较窄的意义上理解投毒的"毒"，那么，《刑法修正案（三）》将其改为所有"毒害性、放射性、传染病病原体等物质"可以视为拓展了入刑范围。关于非法生产、销售专用间谍器材、窃听、窃照专用器材罪，《刑法》第 283 条原有表述为"窃听、窃照等专用间谍器材"，《刑法修正案（九）》将其改为"专用间谍器械或者窃听、窃照专用器材"，把窃听、窃照器材和间谍器材由被包含与包含关系，改为并列关系，将不用于间谍行为的窃听普通人的器材也纳入其中，应该是扩大、放宽了入刑范围。修改后的本罪是否可以归结为定制之罪，要看怎样理解"间谍器械"。如果说生产、销售间谍器械就意味着对国家法益的侵害，倒是有理由将其移出犯罪圈外环。其实，放宽入刑范围和降低入刑条件是有所不同的。这两个罪的修改都的确放宽了入刑范围，将原来不属于本罪规制的对象纳入本罪，但是，很难说是降低了入罪门槛。因此，即使出现在犯罪圈外环，突破犯罪圈界限的实际风险仍属有限。

## （三）罪刑关系的合理性检验

罪刑关系观察是犯罪圈研究的一个副产品，这与犯罪圈的层级结构有关。一方面可以看到，现行刑法规定的全部46个死刑都分布在犯罪圈三环结构的中心部分（见表1-2-2）。如果未来刑法修正突破这个分布，在犯罪圈中环甚至外环出现死刑罪名，就应该是一种倒退。不过，这46个死刑罪名在暴力、偷窃和欺骗三类典型犯罪之间的顺序分布虽然具有一定的合理性，但毕竟有4个偷窃犯罪和7个欺骗犯罪配有死刑，其合理性尚可质疑。因为用生命刑对偷窃和欺骗这些非生命犯罪作出反应，其预防、威慑意义显然超过了刑罚的报应主旨。因此，对未来的刑法修正而言，减少死刑应优先考虑这11个罪名。

另一方面，犯罪圈的三环结构也让一些法定刑配置的问题暴露出来。在表1-2-4中，有22个身份滥用型的暴力犯罪。由于增加了身份滥用的因素，此类犯罪应该是8类组合里最重的犯罪，但实际上，其中的刑讯逼供罪、暴力取证罪、虐待被监管人罪的法定刑上限都仅为3年有期徒刑。相比之下，在现行刑法中，既非典型犯罪又非定制之罪的组织卖淫罪，制作、复制、出版、贩卖、传播淫秽物品牟利罪，非法采集、供应血液、制作、供应血液制品罪，法定刑上限却高达无期徒刑。这并不是说，未来刑法修正必须提高刑讯逼供罪等犯罪的法定刑并下调组织卖淫等罪的法定刑，而是说，在结构比较中，某些合理质疑可能会以更加确定的方式呈现。除非这些罪之所以如此轻重另有更加系统性的解释。

综上所述，全部刑法修正涉及的罪名共有122个，其中有的新增罪名也有所修改，有的原有罪名的修改并未放宽入刑条件。借助犯罪圈三环结构对这100多处刑法修正的合理性加以检验，结果证实：20年来的刑法修正，56个新罪名和60个放宽入刑范围的罪名的确逐步扩大了实然犯罪圈；相对应然犯罪圈而言，69.6%的新罪名和78.3%的放宽入刑范围罪名都分布在犯罪圈的核心，这进一步严密了典型犯罪的刑事法网；26.8%的新罪名和18.3%的放宽入刑范围罪名分布在犯罪圈的中环，使部分不典型犯罪为什么入刑获得一般性解释；只有3.6%的新罪名和3.3%的放宽入刑范围罪名落入犯罪圈边界，具有超越应然犯罪圈边界的风险。这就是中国刑法中第三个未知数的答案。按照这个答案，对中国近年来刑法修正已经在较大程度上失去正当性或必要性的担心虽然可以理解，但的确缺乏系统性证据支持。结论是，虽然个别罪名的修正落入犯罪圈外环，其入刑正当性尚需进一步探讨，但总体来看，9个修正案所涉及的100多处刑法修正，既没有明显改变原有实然犯罪圈的基本结构，也没有突破应然犯罪圈的比例关系，是严密刑事法网的积极立法实践。

## 五 未来刑法修正的若干原则

对已然刑法修正进行合理性检验，意在对未来刑法修正的结构控制。既然我国刑法修正日趋常态化，比要不要犯罪化更重要的是，到底该秉承哪些基本方法论原则指导未来的犯罪化实践。对此，储槐植先生的"严而不厉"思想应该成为未来刑法修正的基本指导原则之一。储槐植先生指出，罪刑配置不外乎四种组合，即四种刑法结构：一是不严不厉，二是又严又厉，三是严而不厉，四是厉而不严。我国当前的刑法结构基本上算是厉而不严。一直以来，学界并未明确质疑严而不厉思想，但对其具体实现路径却少有探讨。严而不厉思想的精髓，既非不加区分的罪名多多益善，又非简单的轻刑缓罚，而是"严密"与"不厉"之间的合理关系。从这个意义上说，严而不厉恰好是储先生"关系刑法学"理论的一种展开，而犯罪圈三环结构又是践行严而不厉思想的一次尝试，是"严密"与"不厉"合理关系的某种具体实现和诠释。在这个语境下，未来中国刑法修正似应参照以下三个具体原则。

### （一）结构还原

所谓结构还原，就是任何一个已入刑或拟入刑的行为，都应该具有暴力、偷窃、欺骗的可还原性，至少可归结为定制之罪。刑法修正沿着这一还原路径增设罪名或者调整入刑条件、范围，是实现法网严密性的基本路径。暴力、偷窃、欺骗集行为、法益侵害、主观罪过、伦理评价于一身，是刑法评价对象的最明显表征。也许有质疑，打人一拳、偷一个苹果就不是犯罪，而只有致人健康受损或偷许多苹果才是犯罪。所以，暴力、偷窃、欺骗未必是入刑的最强理由。其实，打人一拳、偷一个苹果在许多国家刑法里就是犯罪。我国实定法未将一些明显轻微的典型犯罪规定为犯罪，不等于说不应将其入刑。结构还原的逻辑是，如果不是暴力、偷窃、欺骗中的一种，便没有理由入刑；而实定法出于一定需要，未将某种轻微暴力、偷窃、欺骗入刑，并不能成为暴力、偷窃、欺骗行为不是典型犯罪的充分理由。从这个意义上说，自然犯与法定犯的界分可以重新诠释：自然犯和法定犯都是依法入刑的行为，只是自然犯相当于依法入刑的典型犯罪——任何自然犯都是法定的犯罪；而法定犯是依法入刑的犯罪性相对不典型的行为——任何法定犯也都理应是程度不等的自然犯。不论怎样，刑法的犯罪化过程都应该聚焦典型犯罪，而不能本末倒置，将过多的刑法资源投向对其他行为的规制。

（二）比例控制

防止本末倒置的基本路径就是比例控制原则。所谓比例控制，就是刑法修正要尽量保持典型犯罪的比例明显大于不典型犯罪，原则上不出现犯罪圈外环罪名。这是对结构还原原则的一种量化补充，因而也是严密法网的保证。根据上述研究，目前我国刑法犯罪圈三环结构中，典型犯罪、定制之罪和外环犯罪的比例为 70.5%、20.7%、8.8%，三者之比约为 7∶2∶1。除非另有系统性说明，刑法修正不应轻易逆向打破这个比例关系，即典型犯罪跌破 70%，或外环犯罪突破 8%。实现比例控制的具体途径至少有：（1）严格控制行为不典型且侵害私法益的罪名数量，避免造成不必要的刑民重叠，人为造成所谓民刑界限问题；（2）严格控制行为不典型且无身份滥用的罪名数量，避免造成行政部门对刑法的过多依赖；（3）严格控制行为不典型且无足够构成要件要素限缩的罪名数量，坚持刑法规定的明确性。

也许有人认为，典型犯罪的犯罪化已经基本完成，定制之罪在未来刑法修正中具有较大空间。实际上，尚有一些典型的暴力、偷窃或欺骗行为在我国刑法中属空白。特别应予强调的是，对人身侵害的禁止应该是刑法的标志性规范，其合理性程度甚至可以认为是一个社会文明程度的重要标志。在这方面，许多暴力犯罪在各国刑法都有规定，而我国刑法却未将其入刑。例如，许多国家刑法对暴行犯罪的规定都很详细。如瑞士、加拿大、意大利等国刑法都规定有"殴打罪""殴击罪"，巴西、韩国等国刑法还规定有"暴力执行职务罪""以暴力妨害权利行使罪"等等。而我国目前刑法中的故意伤害罪、寻衅滋事罪、虐待罪的入罪要求比较高。既然殴打、暴行本身不是犯罪，只有达到一定恶果才可能入罪，那么，"打输入院，打赢未必坐牢"之说与此不无关系。此外，许多国家刑法还规定有各类威胁恐吓犯罪，这也值得我国刑法修正时加以借鉴参考。例如，澳大利亚刑法规定有"使用电信服务实施威吓，骚扰或造成侵犯罪"，德国刑法规定有"恐吓罪""威胁罪"，韩国刑法规定有"胁迫、尊亲属胁迫罪"，新加坡刑法规定有"以匿名方式进行恐吓罪"，美国刑法规定有"通讯恐吓或骚扰罪"。而我国现行刑法的敲诈勒索罪只限于财产犯罪，没有将其扩展到更多对安宁生活的保护领域。在这个视野下，不顾比例结构而加大刑法资源投入，可能会忽视民生保护而强化行政部门利益保护。

（三）罪刑有序

所谓罪刑有序，就是指刑法修正应该按照犯罪圈结构中犯罪类型之间入刑理由的强弱关系安排各类罪名的刑罚轻重。结构还原与比例控制都是严而不厉原则中"严密性"的操作化，同时也为"不厉"的实现打下了基础。而罪刑有序则是"严密"与"不厉"之间关系的一种量化表达。不厉不是指对所有犯罪不分轻重地普遍轻罚，而是严密基础上的不厉，是以罪与罪之间结构合理性为条件的轻刑缓罚。按照这个要求，法定刑严厉性程度从重到轻的顺序大体上应该是，以平均水平而言，典型犯罪重于不典型犯罪。典型犯罪中，暴力犯罪最重，偷窃犯罪次重，欺骗犯罪最轻；不典型犯罪中，定制之罪重于其他犯罪。而且，由于刑法分则可以容纳多种理论分类标准的适用，因而会有多种二次生成的犯罪类型，不同犯罪的轻重顺序也会以从未有过的方式显现出来。以暴力犯罪与法益侵害两个标准的交叉组合为例：在生成的四种组合中，一般而言，显然应该是暴力公法益犯的法定刑平均水平最重，暴力私法益犯次重，非暴力公法益犯再次重，入刑的非暴力私法益犯的法定刑平均水平理应最轻。如果能以此为切入点，未来刑法修正对罪刑关系进行逐步的全面梳理，也是很值得期待的了。

（北京大学法学院教授、博士生导师　白建军）

## 第三节 经济刑法领域20年来的犯罪化趋势及检讨

1997年我国修订后的刑法施行以来，为因应经济体制改革、社会变迁对刑法调整的需求，迄今已作过10次补充和修正（1个决定和9个刑法修正案）。从20年来刑法修正内容看，经济刑法是重点，9次刑法修正案涉及刑法141个分则条文，其中关涉分则第三章破坏社会主义市场经济秩序罪的修改有50个条文，接近分则条文修改总数的35%。[①] 经济刑法不但是我国刑法修改、完善中最活跃的领域，而且经济刑法的修改内容，基本上是单向度地增加罪名或加重对某些犯罪的刑罚[②]，从而凸显了20年来经济刑法犯罪化、重刑化的总体趋势。本文限于篇幅，仅就经济刑法立法犯罪化趋势做回顾与检讨。

### 一 经济刑法20年犯罪化概览

所谓犯罪化，"系指通过刑事立法手段或刑事法规的解释和适用，将本来不属于犯罪的行为，赋予刑罚的法律效果，而成为刑事制裁的对象"。[③] 经济刑法的犯罪化，大致通过显性的（通过直接增加罪名）和隐性的（通过犯罪构成要素的修正）两种立法方式实现。

#### （一）直接增加新罪名

20年来历次刑法修正增加的经济犯罪罪名有：（1）骗购外汇罪；（2）隐匿、故意销毁会计凭证、会计账簿、财务会计报告罪；（3）妨害信用卡管理罪；（4）窃取、收买、非法提供信用卡信息罪；（5）虚假破产罪；（6）背信损害上市公司利益罪；（7）骗取贷款、票据承兑、金融票证罪；（8）背信运用信托财产罪；（9）违法运用资金罪；（10）利用未公开

---

① 本文所称的经济刑法，仅指刑法分则第三章"破坏社会主义市场经济秩序罪"所涉内容。
② 参见郎胜《在构建和谐社会的语境下我国刑事立法的积极与谨慎》，《法学家》2007年第5期。
③ 许福生：《刑事政策学》，中国民主法制出版社，2006，第70页。

信息交易罪；(11) 组织、领导传销活动罪；(12) 对外国公职人员或者国际公共组织官员行贿罪；(13) 虚开发票罪；(14) 持有伪造的发票罪。

**(二) 对犯罪构成要素作调整，扩大原罪名的涵摄范围**

**1. 扩大犯罪主体范围**

(1)《关于惩治骗购外汇、逃汇和非法买卖外汇犯罪的决定》将逃汇罪的犯罪主体由"国有公司、企业或者其他国有单位"修改扩展为"公司、企业或者其他单位"。(2)《刑法修正案（四）》将原《刑法》第152条"走私废物罪"的主体扩大到"单位"。(3)《刑法修正案（六）》将原《刑法》第161条"违规披露、不披露重要信息罪"的主体由"公司"扩大到"公司、企业"。(4)《刑法修正案（六）》将原《刑法》第163条规定的"公司、企业人员受贿罪"的主体范围扩大到了公司、企业之外的"其他单位的工作人员"，罪名也修正为"非国家工作人员受贿罪"。

**2. 增加具体经济犯罪的行为方式**

(1) 1999年《刑法修正案》在《刑法》第225条"非法经营罪"中增加了一项"未经国家有关主管部门批准非法经营证券、期货、保险业务的"行为。(2)《刑法修正案（四）》将《刑法》第155条"在内海、领海运输、收购、贩卖"国家禁止或者限制进出口物品、货物的走私行为的区域扩大到"内海、领海、界河、界湖"。(3)《刑法修正案（五）》在《刑法》第196条"信用卡诈骗罪"中增加了"使用以虚假的身份证明骗领的信用卡的"规定。(4)《刑法修正案（六）》将《刑法》第161条改为"违规披露、不披露重要信息罪"，并增加了"对依法应当披露的其他重要信息不按照规定披露"的行为方式。(5)《刑法修正案（七）》在"非法经营罪"中增加了"非法从事资金支付结算业务的"规定。(6)《刑法修正案（八）》在《刑法》第153条"走私普通货物、物品罪"中增加了"一年内曾因走私被给予二次行政处罚后又走私的"构成走私罪的规定。(7)《刑法修正案（八）》在《刑法》第226条"强迫交易罪"中增加了"强迫他人参与或者退出投标、拍卖的；强迫他人转让或者收购公司、企业的股份、债券或者其他资产的；强迫他人参与或者退出特定的经营活动的"三种行为方式。

### 3. 扩展具体经济犯罪的对象范围

(1) 1999年《刑法修正案》在《刑法》第174条"擅自设立金融机构罪""伪造、变造、转让金融机构经营许可、批准文件罪"中,增加了"证券交易所、期货交易所、证券公司、期货经纪公司、保险公司"。(2)《刑法修正案(七)》在《刑法》第180条"内幕交易、泄露内幕信息罪",第181条"编造并传播证券交易虚假信息罪""诱骗投资者买卖证券、期货合约罪",第182条"操纵证券、期货市场罪"中,增加了期货交易所、期货交易的内幕信息、期货交易的虚假信息、期货交易价格等。(3)《刑法修正案(三)》将《刑法》第191条"洗钱罪"的对象扩大到恐怖活动犯罪的违法所得及其产生的收益;《刑法修正案(六)》则将其进一步扩大至"贪污贿赂犯罪、破坏金融秩序犯罪、金融诈骗犯罪的所得及其产生的收益"。(4)《刑法修正案(四)》将《刑法》第155条规定的"走私固体废物罪"的对象扩大到液态废物、气态废物,其罪名也因此被修改为"走私废物罪"。(5)《刑法修正案(六)》将《刑法》第164条"对非国家工作人员行贿罪"的对象扩大到"公司、企业或者其他单位工作人员"。(6)《刑法修正案(七)》将《刑法》第151条"走私国家禁止进出口的货物、物品罪"的对象扩展到"走私珍稀植物及其制品等国家禁止进出口的其他货物、物品"。

### 4. 对经济犯罪数额的种类和构罪标准作了修正

(1)《刑法》原第186条"违法发放贷款罪"和第187条"吸收客户资金不入账罪"以"造成较大损失""造成重大损失"等实害结果作为构罪条件,《刑法修正案(六)》则以发放贷款和吸收客户资金不入账"数额巨大或者造成重大损失的"作为构罪条件,即由单一的损失数额修改为"涉案数额"或者"损失数额",从而扩大了入罪范围。(2)《刑法修正案(八)》将《刑法》第153条"走私普通货物、物品罪"由原"具体数额犯"修改为"相对数额犯",为日后司法根据形势需要调整起刑数额标准预留了空间。

### 5. 主观要素的调整

(1) 在《刑法》第187条第1款"吸收客户资金不入账罪"中删去了"以牟利为目的"的主观要素。(2) 删除了《刑法》第168条规定的"国有公司、企业人员失职罪、滥用职权罪"中"徇私舞弊"的目的。(3)《刑法修正案（六）》删除了《刑法》第 182 条"操纵证券市场罪"中的"获取不正当利益或者转嫁风险"的主观要件。

**6. 既遂形态的修正**

原结果犯、目的犯、数额犯修正为危险犯或者情节犯。(1)《刑法修正案（四）》放宽了《刑法》原第 145 条规定的"生产、销售不符合标准的医用器材罪"的定罪标准，将原条文规定的"对人体健康造成严重危害的"结果犯修改为"足以严重危害人体健康的"危险犯。(2)《刑法修正案（六）》将《刑法》第 188 条"违规出具金融票证罪"中"造成较大损失"（结果犯）修改为"情节严重"（情节犯）。(3)《刑法修正案（六）》将《刑法》第 161 条"违规披露、不披露重要信息罪"由结果犯修改为"结果犯"或"情节犯"。(4)《刑法修正案（八）》删除了《刑法》原第 141 条生产、销售假药罪中的"足以严重危害人体健康"要素，行为人只要生产、销售假药，就可以构成犯罪。

## 二 经济刑法犯罪化趋势的理论争议和辨析

不难发现，20 年来，刑法修正案或者创设经济刑法保护的新法益，或者通过刑法干预的早期化、扩大化等方式强化对原法益的保护力度。经济刑法犯罪化趋势成为一种无法回避的立法现实。

### （一）经济刑法犯罪化趋势的不同评价

尽管经济刑法犯罪化趋势是一种客观现实，但学界对其有着截然不同的价值评价。

**1. 对经济刑法犯罪化趋势的批评与质疑**

理论界，有不少学者认为我国经济刑法明显存在调整范围过度的现象。[①] 经济刑法成为屡次刑法修正关注的对象，且犯罪圈愈来愈大，这与契约主义刑法观的失守和机能主义刑法观的兴起有关，后者立足于积极的

---

① 何荣功：《经济自由与刑法理性：经济刑法的范围界定》，《法律科学》（西北政法大学学报）2014 年第 3 期。

一般预防理论与目的合理的刑法体系的尝试,把刑法当成了一种社会控制的工具,从而带来了经济刑法的"肥大症"现象。① 由此,从应然的层面,"我们应该停止犯罪化的刑事立法,拒绝进一步犯罪化"。② 所依据的主要理由主要有以下几点。

(1) 经济刑法领域广泛的犯罪化与刑法及刑事政策的发展趋势相矛盾。除罪化(非犯罪化)是现代刑法与刑事政策的重要发展趋势。③ 刑法在解决社会矛盾中的作用也是有限的,尤其是在经济领域,刑法不能过于前置,代替其他法规范的作用,易言之,不能动辄使用刑法。因为"从根本上说,各种经济关系与经济矛盾还是通过市场的自发调整得以解决,过分严厉的刑罚与市场经济的内在逻辑本身是矛盾的。"④ 因此,"我国当前的任务不是实行犯罪化,而是应当推进非犯罪化"。⑤

(2) 广泛的犯罪化违背了刑法谦抑性的原则。谦抑性是刑事立法的重要原则,尤其是经济刑法,更应坚持二次性、后盾法的秉性。而在犯罪化的进程中,一些本可以作为民事、行政法律调整的关系动用刑法,有违刑法谦抑性原则。如有学者认为,"在刑事领域,可以考虑将以下行为进行从宽或者无罪化的处置:《刑法》第 160 条欺诈发行股票、债券罪,《刑法》第 174 条擅自设立金融机构罪,《刑法》第 176 条非法吸收公众存款罪,《刑法》第 187 条吸收客户资金不入账罪,《刑法》第 252 条非法经营罪"。⑥

**2. 对经济刑法犯罪化趋势的肯定和吁求**

学界也有不少学者对经济刑法犯罪化趋势持正面评价的立场。其理由大体从实然和应然两个层面展开。

从实然的角度看,经济刑法的犯罪化是社会经济发展的客观需要。从应然的层面看,本来就应加大经济刑法的犯罪化力度。如有学者指出,

---

① 姜涛:《经济新常态与经济刑法体系创新》,《法学》2016 年第 7 期。
② 刘艳红:《我国应该停止犯罪化的刑事立法》,《法学》2011 年第 11 期。
③ 参见林山田《刑法通论》(上),北京大学出版社,2012,第 52 页。
④ 陈兴良:《走向哲学的刑法》,法律出版社,1999,第 468 页。
⑤ 刘艳红:《我国应该停止犯罪化的刑事立法》,《法学》2011 年第 11 期。
⑥ 张洪成:《非法集资行为违法性的本质及其诠释意义的展开》,《法治研究》2013 年第 8 期。

"对经济生活中出现的很多问题,可以多运用刑法解决。对经济生活中的不良现象,可以大幅度进行犯罪化处理,但刑罚要轻缓。经济生活中的不良行为多来自贪财动机,因而,对这种犯罪主要适用经济、资格、名誉等非生命刑和非人身自由处罚方法去惩罚,刑罚方法必须多样化。这样,在经济生活中出现的和可能出现的问题,既可以充分地利用刑法武器,又可以防止所谓的刑罚滥用"。① 从应然的角度分析,我国刑法目前介入社会经济生活的广度和深度都是不够的。20 世纪末,学者就指出,现实中不存在经济刑法规范过多、适用于经济犯罪的刑罚量过大的问题,不断制定新的经济刑法规范、增设新罪名、进一步严厉打击经济领域中的犯罪,仍然是我国立法、司法部门应努力的方向。② 即使1997 年新修订的刑法实施以后,仍然有学者吁求,应严密我国经济犯罪的刑事法网,扩大经济犯罪的轻罪范围。③ 换句话说,"刑法规定的内容应当与当下社会保护法益的需要保持一种最大限度的一致性,尤其是在'自由给安全让路'的观念已经深入人心的现代社会,刑法更应当牢牢地当好各部门法的后盾,为个人的安全和社会的秩序筑起坚实的防线"。④ "对经济生活中出现的很多问题,可以多运用刑法解决。对经济生活中的不良现象,可以大幅度进行犯罪化处理。"⑤

(二)经济刑法犯罪化趋势合理性思考

直面经济刑法的犯罪化趋势,否定说和肯定说各执一端,抽象地看逻辑上似乎都能自洽。但经济刑法的犯罪化抑或非犯罪化,都是社会建构的现实存在,并非完全是单纯的刑法理论论证。如果脱离具体的社会情境,仅仅抽象地以刑法的谦抑性和刑法发展的整体趋势为价值依据,取代经济生活现实的刑法调整需要,失之偏颇。站在封闭的刑法理论立场,从一般的原则论证中获得结论,并不困难,但结论是否科学以及是否符合社会对

---

① 王牧:《我国刑事立法的发展方向》,《中国刑事法杂志》2010 年第 1 期。
② 杨春洗等:《我国当前经济犯罪问题讨论会暨中国法学会刑法学研究会 1995 年年会综述》,《国家检察官学院学报》1995 年第 4 期。
③ 刘华:《论经济犯罪的刑事政策》,《法学》2003 年第 11 期。
④ 陈璐:《犯罪化如何贯彻法益侵害原则》,《中国刑事法杂志》2014 年第 3 期。
⑤ 王牧:《我国刑事立法的发展方向》,《中国刑事法杂志》2010 年第 1 期。

经济刑法的现实需要则令人心生疑窦。因为"犯罪是一种社会政治现实，而不是一个自然现象。……只有当这个基本的事实被人们所理解，我们才可能理性地解决选择的问题，即适当运用刑事制裁的相关标准。"① 犯罪化或者非犯罪化的论证，必须结合广泛的社会背景以及从时代的社会关系出发，即刑法如何回应现代社会，如何在现代社会中发挥其功能，而不是通过刑法理论的所谓趋势而强加于社会的抉择。

在笔者看来，经济刑法犯罪化趋势的合理性至少有以下支撑性的依据。

第一，社会转型时期的特殊背景。经济的迅速发展，催生了各种新型社会关系，经济工具的现代化，由此产生了新的保护的必要性，即不断产生新类型的法益。经济犯罪形式也随之复杂化，刑法对经济危害行为的规制常常慢一拍，漏洞百出，需要与供给"不足"的矛盾始终存在，这一特殊的政治经济背景是经济刑法发展所绕不过去的宏观变量，市场经济秩序这一法益保护的使命促使经济刑法"全力以赴"应对，客观上为经济刑法的扩张与完善创造了条件，提供了动力。无论是新增加的罪名抑或在原罪名基础上对构成要件所作的调整，都体现了经济刑法的现实需要。有些是为了填补 1997 年刑法修订时留下的明显漏洞。例如对《刑法》"徇私舞弊造成亏损、破产罪"的修改，就消除了原罪名对国有公司、企业、事业单位的工作人员由于严重不负责任或者滥用职权无法追究刑事责任所形成的尴尬。有些行为（如传销行为）原本已经通过司法解释纳入了刑法调整范围（非法经营罪），但该行为的独特特征，符合单立罪名的条件，故刑法修正案采增设罪名的方式。诸如此类，针对市场经济发展过程中出现的一些新的犯罪情况，及时充实经济刑法以严密法网，是现实需要的反映，总体上应该肯定。

第二，符合经济刑法发展的特点。与普通刑法相比，经济刑法的历史较短，人们对经济领域中危害行为的认识有一个逐渐深化的过程，经济刑法本身也需要在犯罪化的进程中累积成形。"犯罪化并非也不可能仅仅体现为立法者对犯罪的一次规模化的集中作业。受人的主观认识能力局限性的影响，立法者对于犯罪的评定不可能一次就无遗漏地完成。"② 不仅仅在

---

① 〔美〕哈伯特·L. 帕克：《刑事制裁的界限》，梁根林等译，法律出版社，2008，第 361 页。
② 郑丽萍：《犯罪化与非犯罪化并趋——中国刑法现代化的应然趋势》，《中国刑事法杂志》2011 年第 11 期。

我国，各国经济刑法的发展史，事实上也是不断扩大经济刑法的干预范围的犯罪化历史。例如，在德国经济犯罪领域，伴随着经济发展衍生了诸多风险问题，经济领域中又产生了一股与整体刑法发展相反的运动，即犯罪化趋势。① 尤其是单位犯罪的增加，符合经济刑法本来的规制方向，因为现代经济刑法侧重的就是对各类单位为了单位利益而实施的犯罪进行有效规制。正如国家刑事立法机关官员所预测的，"在国家迅速发展的过程中，新的社会矛盾、新的问题、新的挑战仍将不断涌现。推动刑法不断发展的基本动因也不可能有根本上的改变。因此，在相当一段时期内刑法立法的活跃态势仍将持续"。②

实际上，这也不是我国所独有的现象。当前世界各国刑法对于经济领域的犯罪都有一种打击前置化、规制严厉化的趋势，善于将经济制度之运作、交易制度之信赖等抽象而集体性的概念作为保护法益而成为立法正当化的依据，呈现刑罚积极主义的倾向以及刑法基本原理机能退化的特征。③ 在德国，犯罪化趋势在许多领域都有体现，其中重要领域之一是经济刑法。④ 正如我国学者指出，"犯罪圈的不断扩大，刑事立法日益活性化绝非我国刑事立法所独有，而是当代刑法变迁的世界性趋向"。⑤ 我国经济刑法犯罪化的趋势实际上与各国经济刑法发展的逻辑具有一致性。有些罪名的设立实际上也是我国参加相关国际公约的要求，例如《刑法修正案（八）》增设的"对外国公职人员、国际公共组织官员行贿罪"无疑受到了《联合国反腐败公约》要求的影响。

第三，经济制度的变革客观上对经济犯罪的变量产生影响。实际上，扩大经济刑法的干预范围，与经济自由主义的相对性不无关系。一段时间，新自由主义主张经济领域中的自由化、私有化和市场化，认为"离开

---

① 〔德〕克劳斯·梯德曼（Klaus Tiedemann）：《西德经济刑法——第一和第二经济犯罪法之检讨》，许玉秀译，《刑事法杂志》1988年第2期。
② 郎胜：《在构建和谐社会的语境下谈我国刑法立法的积极与谨慎》，《法学家》2007年第5期。
③ 参见谢煜伟《检视日本刑事立法新动向——现状及其课题》，《月旦法学杂志》2009年第2期。
④ 〔德〕埃里克·希尔根多夫（Eric Hilgendorf）：《德国刑法学：从传统到现代》，江溯、黄笑岩等译，北京大学出版社，2015，第27页。
⑤ 梁根林：《刑法修正：维度、策略、评价与反思》，《法学研究》2017年第1期。

了市场就谈不上经济，无法有效配置资源，反对任何形式的国家干预"。①经济越自由，经济发展就越好。但新自由主义过度强调市场的作用，也不可避免地形成其本身的局限性。"生产力的发展还使各种经济组织和经济联系日趋复杂，经济形势变化莫测，各种机遇和风险大为增加，从而为经济犯罪提供了更为便利的条件。于是，西方的经济犯罪逐渐走出了上层社会的圈子，成为一种在社会中泛滥成灾的现象。"②如近年来持续发酵的金融危机，与一些国家放弃或者缺乏对金融机构有效监督分不开。市场经济下无序竞争的副作用，没有法律包括刑法对市场秩序的维护，矛盾和问题就会不断积累和扩大，从而威胁到整个经济秩序的安全。因此，不断健全经济刑法具体内容，预防和惩治各种经济犯罪，是现阶段各国所采取的普遍措施。从这一意义上说，作为经济工具的经济刑法，本身附属于经济发展而发展。

第四，刑法法益保护的路径发生了显著的变化。现代社会，经济秩序已经成为人类社会的基本条件，考虑到经济法益保护的重要性以及风险社会的时代特征，刑事政策上的侵害预防成为经济刑法的重要机能，在此背景下，经济刑法日益表现出具有主动性的积极预防主义的特点。正如德国学者所指出的，经济刑法的"立法修正工作，不在于为经济犯罪行为确立一个体系概念，亦不从传统保护法益保护之秩序观点着眼，而系根据刑事诉讼实务经验，决定有无修正法律之必要"。③事实上，经济刑法所保护的法益通常是"集体法益"（整体的经济秩序及其重要部门，如信用市场、资本市场、营业竞争秩序、非现金的交易制度等），其本身就具有抽象性，与此相应，抽象的危险构成成为"对抗经济犯罪的重要手段"。④即刑事政策上的积极一般预防的倡导，为实现刑法法益保护机能，提倡应将新类型的法益侵害行为入罪化，从而扩大刑法的干预范围，尽管没有明确的普遍接受的犯罪化和非犯罪化的标准，但这种刑事政策上的抉择仍然得到了社

---

① 吴乐珺等：《人民日报：新自由主义风光不再》，《人民日报》2014年6月3日。
② 杨诚：《从美国经济刑法得到的启示和借鉴》，《法学》1991年第1期。
③ 〔德〕克劳斯·梯德曼（Klaus Tiedemann）：《西德经济刑法——第一和第二防制经济犯罪法之检讨》，《刑事法杂志》1987年第1期。
④ 林东茂：《危险犯与经济刑法》，五南图书出版公司，1999，第95页。

会的肯认。即从趋势上看,"随着工业社会的发展以及全球化带来的风险与矛盾的增加,在'自由给安全让路'的观念深入人心的当代社会,人们更加关注的是刑法的'预防性'、'及时性'和'严密性',因此立法上的谦抑主义必将遭遇一定程度的消减,表现为立法的继续犯罪化趋势"。①

第五,修正案中的一些犯罪化的内容仅具有将本来的犯罪予以立法确认的意义。梳理修正案中经济刑法犯罪化内容,事实上不少内容在以往的司法解释或者实务中已经通过解释纳入了犯罪的范围。例如,组织、领导传销活动的行为,相关司法解释早就将其作为非法经营的行为方式,《刑法修正案(七)》只是将其从非法经营罪中独立出来成为一个新的罪名。又如,修正案中看似扩大了一些行为方式,但扩大的行为方式也可以涵括在原规范中的,修正案只不过将其进一步明确化了。如《刑法》原第226条"强迫交易罪"只规定了"以暴力、威胁手段强买强卖商品、强迫他人提供服务或者强迫他人接受服务"的行为,《刑法修正案(八)》增加了"强迫他人参与或者退出投标、拍卖的"、"强迫他人转让或者收购公司、企业的股份、债券或者其他资产的"和"强迫他人参与或者退出特定的经营领域的"三种行为方式。事实上,即使没有修正案的这种规定,强迫拍卖等行为也属于"强买强卖商品"的行为,也是应当作为强迫交易罪处理的。②换句话说,此种情况下,构成要素并没有实质性地扩张,犯罪化也就是形式上的。

正是基于以上理由,笔者倾向于肯定说的观点,概而言之,经济刑法的发展,不在于是否契合刑法整体的发展趋势,而应由其自身的发展逻辑来决定,现阶段经济刑法的犯罪化进程有一定的合理性。

## 三 经济刑法犯罪化趋势的检讨——警惕经济刑法的过度犯罪化

笔者虽然肯定现阶段经济刑法的犯罪化进程有合理性,但这并不代表

---

① 陈璐:《综合主义刑法观念的提倡》,《法制日报》2014年4月30日。
② 李岸曰、肖中华:《论刑法修正后适用的两个基本问题》,《贵州大学学报》2016年第4期。

对立法修正中犯罪化的所有设定都认同。社会发展尽管需要经济刑法的犯罪化进程，但犯罪化绝不是无限制的、任性的。多年来我国经济刑法超常规的快速发展，犯罪化处于一种强势地位，不但给社会传递了刑法万能主义的信号，而且由于法条膨胀，形成了太多的法条竞合、想象竞合，叠床架屋式的规定，也给司法适用带来了诸多困扰。由此，质疑经济刑法犯罪化进程的否定说观点，具有警示意义。笔者认为，未来经济刑法犯罪化进程应秉承谨慎和有限原则，以防止过度犯罪化。对此，笔者具有如下初步思考。

（一）审慎地平衡经济刑法干预经济活动与经济自由的界限

经济刑法的发展，事关人的经济活动的自由度与政府权力的界限。虽然犯罪化是目前经济刑法发展无可避免的选择路径，但在这进程中，仍需要追问和明辨犯罪化的实质理由，防止经济刑法在扩张过程中对国民的经济自由过度干预、过度犯罪化而造成经济刑法的"肥大化"。从应然层面上，一些学者提出了不少经济领域中需要犯罪化的清单。例如，有学者提出，应增加协议垄断罪、滥用市场支配地位罪和非法集中罪以及骗取社会福利罪等。① 在笔者看来，为防止犯罪化趋势下的立法任性，这些犯罪化的候选对象能否立法"转正"，需要接受犯罪化一般原则的检验和过滤。至少需要考虑以下内容。

**1. 任何行为的犯罪化应该以实质性的具体法益侵害为依据**

法益侵害是犯罪化的实质依据。但如前所述，由于经济刑法的法益界定为整体经济秩序（在我国称之为市场经济秩序），具有高度的抽象性，法益的高度抽象性无法为立法提供一个可以在法律上作为基础的和在内容上令人满意的界限②，导致立法者可以保护抽象的经济秩序名义而扩张经济刑法变得轻而易举，从而可能弱化法益的犯罪化限制机能。对此，不少学者提出了强化实质性的具体法益侵害对经济刑法犯罪化的基础性意义。经济刑法之父梯德曼教授曾指出，在经济刑法中，即使存在抽象危险犯的

---

① 王良顺：《保护法益视角下经济刑法的规制范围》，《政治与法律》2017年第6期。
② 〔德〕克劳斯·罗克辛：《德国刑法学总论》（第1卷），王世洲译，法律出版社，2005，第14页。

立法，仍需要以损害或具体危险之发生及证明其发生为必要。此种抽象危险犯之规定，实意味着可罚性之重大扩张，此种扩张，只有当抽象之危险在刑事上已属应罚之情形下，方能容忍。① 换句话说，具体到经济刑法，面对破坏经济秩序的行为，并不意味着可以不经慎重地选择就加以犯罪化。② 在我国，经济刑法承载着为经济发展"保驾护航"的历史使命，而这并不意味着凡是有害于市场经济秩序的行为都予以犯罪化。泛泛而论的市场经济秩序终究是抽象的，犯罪化应当建立在具体法益受侵害或者受威胁的基础上。例如，骗取贷款的行为，抽象的贷款秩序不应是危害的实质，而应是金融机构的贷款安全。基于贷款安全的考虑，用欺骗的方法获取贷款只有在造成金融机构损失或者贷款风险的情况下才能构成。据此，《刑法》第175条之一规定的"骗取贷款、票据承兑、金融票证罪"的构成要素的设定就存在一定的问题，该罪的罪状表述为"以欺骗手段取得银行或者其他金融机构贷款、票据承兑、信用证、保函等，给银行或者其他金融机构造成重大损失或者有其他严重情节的"，最高人民检察院、公安部《关于公安机关管辖的刑事案件立案追诉标准的规定（二）》第27条规定，"以欺骗手段取得贷款、票据承兑、信用证、保函等，数额在100万元以上的"，应予立案追究刑事责任。这就是说，即使没有损失或者金融机构也没有造成损失的危险，只要采取了欺骗行为，取得100万元以上的贷款，就可以构成犯罪。然而在笔者看来，单纯的欺骗行为，其目的可能只是获取贷款，并不必然威胁到贷款安全，在没有威胁贷款安全的情况下，对刑法所需要保护的法益没有形成实质性的危险，仅仅是一种违反贷款准则的一般违规行为，不应将此种行为加以犯罪化。③

**2. 重视经济犯罪预防的替代模式**

无法否认的现实是，犯罪化具有经济犯罪的预防功能。但同样不得不接受的另一事实是，经济刑法的犯罪化进程并没有完全阻遏经济犯罪严重化的发展，这说明犯罪化的预防效果具有局限性，单纯依靠犯罪化无法从

---

① 〔德〕克劳斯·梯德曼（Klaus Tiedemann）：《西德经济刑法——第一和第二防制经济犯罪法之检讨》，《刑事法杂志》1987年第1期。
② 林东茂：《危险犯与经济刑法》，五南图书出版公司，1996，第74页。
③ 孙国祥：《骗取贷款罪司法认定的误识与匡正》，《法商研究》2016年第5期。

根本上起到预防经济犯罪的作用。尽管在法益保护面前,人们总是希望刑法冲锋在前,但不能高估经济刑法的作用。国家的法益保护体系中,不同的法律所承担的任务应有合理的分配,对经济秩序的维护,经济刑法并非主要手段,不应也不可能独挑大梁。有学者认为,刑法保护是最高等级的法律保护。① 虽然人们总是希望获得最高等级的保护,但在能够用低级别的保护达到同样目的的情况下,就不能轻易动用"最高级别"保护,立法意义上的刑法"二次性"特征是有道理的。经济刑法的立法更应注意其"二次性"法的性质。因为"经济活动、经济行为有一定的特殊性,决定了法安定性对于经济活动具有特殊的意义!企业家的冒险——商业性风险——可以也应当在原则上不受刑事司法的制约。"② 市场经济的发展必然会衍生出新型犯罪形式,当经济犯罪日趋严重时,刑法的介入是必然的,但是应当慎重干涉,法治国所公认的刑事立法的"比例原则"和"最小限度原则"对犯罪化起到限缩作用,否则"就会影响经济发展的动力和活力。……当能用其他非刑事法律解决问题时,刑法就要退居二线,非刑法不能干预时,也应尽量使用轻缓的刑罚"。③ 如前所述,经济刑法大规模的犯罪化中,"在立法上出现了对经济活动领域的一些无序、失范行为,在没有取得规律性认识,没有动用民商法、经济法和行政法手段予以有效调整的情况下,就匆忙地予以犯罪化,纳入刑罚圈的现象,是刑罚的触须不适当地伸入到经济活动的某些领域"。④ 实际上,就经济犯罪的预防而言,由于刑法作用的有限性,应考虑尽可能地采取一些刑罚之外的替代模式,例如,更多是依靠企业或者行业的自律对企业的合规行为进行自我管理,企业内部良好的合规计划以及合规义务的推行,一定程度上能够减少经济犯罪的发生,体现经济犯罪治理的多元化。

**3. 贯彻责任主义的原则**

不法与责任是犯罪成立的核心要素,责任主义要求对公民定罪量刑必

---

① 王世洲:《刑法保护是最高等级的法律保护——主译序》,载〔德〕克劳斯·罗克辛《德国刑法学总论》(第2卷),王世洲等译,法律出版社,2013,第2页。
② 〔德〕克劳斯·梯德曼(Klaus Tiedemann):《德国经济刑法导论》,周遵友译,载赵秉志主编《刑法论丛》(总第34卷),法律出版社,2013,第28页。
③ 孙战国、杜宪苗:《论刑法犯罪化的延伸边界》,《河南社会科学》2007年第4期。
④ 参见储槐植《罪刑矛盾与刑法改革》,《中国法学》1994年第5期。

须以"责任"为前提，被告人必须具有故意或过失以上的过错才能承担刑事责任。我国刑法历来强调主客观相统一的原则，因此，经济刑法的犯罪化也不能违背基本的责任主义原则。梯德曼教授曾指出，在经济刑法的发展过程中，有主张"经济刑法之犯罪构成要件，尤应在不使用诸如举证责任之倒置、责任之推定或责任要素之放弃等与法治国原则不符之立法技巧之情形下，简化证明程序。此种主张经常被提出，其可行性却有争论"。① 我国学者也指出，"由于经济犯罪大都属于法定犯，属于法律'禁止的恶'，其违法性程度本来就较自然犯为低，所以，国家在将该类行为犯罪化时，要尽可能克制"。② 从刑法修正案的规定看，越来越多地适用推定确定犯罪故意，故意的意志因素也正在故意认定中被淡化，这种责任要素的淡化抑或虚置都是需要进一步论证的，经济刑法发展的特殊性必须在法治国的基本框架内，逾越法治基本原则的犯罪化是不应该被接受的。此外，虽然传统的责任原则中，违法性认识错误不影响责任的认定，但经济刑法规制的犯罪通常是法定犯，由于"在附属刑法与经济刑法中允许的界限经常是这么难以辨认"，容易陷入禁止性错误。③ 因此，经济刑法领域，在违法性认识错误不可避免的场合，应阻却责任的存在。④

### (二) 应重视经济刑法中的非犯罪化需要

现代刑事政策的实践是犯罪化与非犯罪化并非截然两分，不是单向度的犯罪化或者非犯罪化，而是相伴而生、并行不悖。犯罪化的同时，应认真评估在经济刑法领域中，是否存在过剩的、不合时宜的规定。"罪刑圈因应社会情势作适宜调整，是确保刑事立法时代品格的必然选择，但这一变动宜呈现扩张与紧缩并立的双向性，方能反映社会生活的全貌。"⑤ 在体

---

① 〔德〕克劳斯·梯德曼（Klaus Tiedemann）：《西德经济刑法——第一和第二防制经济犯罪法之检讨》，《刑事法杂志》1987 年第 1 期。
② 何荣功：《经济自由与刑法理性：经济刑法的范围界定》，《法律科学》（西北政法大学学报）2014 年第 3 期。
③ 〔德〕克劳斯·罗克辛：《德国刑法学总论》（第 2 卷），王世洲译，法律出版社，2013，第 29 页。
④ 孙国祥：《违法性认识错误的不可避免性及其认定》，《中外法学》2016 年第 3 期。
⑤ 刘沛谞：《出罪与入罪：宽严相济视阈下罪刑圈的标准设定——一个基于实证范例的考察》，《中国刑事法杂志》2008 年第 1 期。

制转型过程中，计划经济思维在经济刑法中仍然有许多残余，有些罪名带有浓厚的制度转型色彩，随着市场经济体制的完善，这些罪名已经完成了历史使命，已经彰显了除罪化的需要，需要及时清理。① 多位学者列出了非犯罪化的罪名清单。有学者认为，"伪造、编造、转让金融机构经营许可证、批准文件罪"，"伪造、变造股票、公司、企业债券罪"，"擅自发行股票、公司、企业债券罪"，"伪造、变造国库券罪"和"国库券诈骗罪"属于单纯秩序不法，缺乏法益侵害，因而应当予以"去罪化"。② 也有学者列举了不侵犯国家和社会在经济活动中的经济利益的犯罪（包括非法经营同类营业罪和高利转贷罪等），侵犯国家和社会在经济活动中的经济利益的程度不严重，行政处罚或者民事责任足以为之提供有效保护的法律保护的犯罪（主要有生产、销售伪劣产品罪，虚报注册资本，虚假出资、抽逃出资罪以及骗取贷款罪等）。③ 还有学者提出，现行刑法中的骗取贷款罪，旨在保护银行等金融机构的权益，在计划经济体制下，这类机构都属于国家所有，该罪保护的即是国家权益；而在当今，银行已普遍市场化，成为市场主体的一部分，该罪名的存在，明显存在对银行等金融机构利益过度保护之嫌，违背了市场经济的本质和法治平等原则。④ 换句话说，一些寄生于计划经济体制基础上的罪名，早就应该被时代抛弃。遗憾的是，历次刑法修正中，经济刑法的非犯罪化（除罪化）实践只在个别修正案中有所体现，总体上未受到足够的重视，屈指可数的是：《刑法修正案（七）》对偷税罪（罪名已经修改为"逃税罪"）进行了大幅修改，将原刑法中的部分偷税行为予以非犯罪化⑤；《刑法修正案（六）》对《刑法》第 182 条

---

① 有学者将非法经营罪、虚报注册资本罪、抽逃出资罪等都归属于此类犯罪。参见何荣功《经济自由与刑法理性：经济刑法的范围界定》，《法律科学》（西北政法大学学报）2014 年第 3 期。
② 魏昌东：《中国经济刑法法益追问与立法选择》，《政法论坛》2016 年第 6 期。
③ 王良顺：《保护法益视角下经济刑法的规制范围》，《政治与法律》2017 年第 6 期。
④ 参见何荣功《社会治理"过度刑法化"的法哲学批判》，《中外法学》2015 年第 2 期。
⑤ 严格地讲，该款并非非犯罪化的规定，而仅仅是处罚阻却事由。只要行为人的逃税行为符合《刑法》第 201 条第 1 款的规定，并具备其他责任要素，其行为就成立逃税罪，只是还不能发动刑罚权而已。参见张明楷《逃税罪阻却处罚事由》，《法律适用》2011 年第 8 期。但在实务中，没有处罚必要的行为通常也就不再作为犯罪追究刑事责任，因此，事实上其成为非犯罪化的事由。

"操纵证券市场罪"的修改，删除了"相互买卖并不持有的证券"行为，某种意义上，也使该罪有一定的限缩。全国人大常委会 2014 年 4 月 24 日通过的《关于〈中华人民共和国刑法〉第一百五十八条、第一百五十九条的解释》规定，"刑法第一百五十八条、第一百五十九条的规定，只适用于依法实行注册资本实缴登记制的公司。"也就是说，现行公司法对注册资本实行注册资本实缴登记制、认缴登记制两种形式。《刑法》第 158 条、第 159 条规定的"虚报注册资本罪""虚假出资、抽逃出资罪"只适用于依法实行注册资本实缴登记制的公司，不适用于认缴登记制的公司，这无疑缩小了该罪的适用范围。但总体上看，学者提出的犯罪化清单并没有得到足够的回应。

## 四 小结

社会转型是经济刑法发展的内在依据，在构建市场经济体制的背景下，完善法律是健全市场经济秩序的重要内容，经济刑法作为规制经济失范行为的手段，在经济体制转型中应当有自己的担当。由于社会矛盾变动不居，常换常新，犯罪化的任务也就永无止境。"犯罪化实际上是一个永无终局的过程，是刑法嬗变、发展永远的旋律之一。"[①] 那种要求停止犯罪化的主张殊不可取。但经济刑法大规模地、超常规地犯罪化也带来了过剩之危险，犯罪化中一些罪名和罪状设置已经有过度干预之端倪，由此引发的刑法万能主义的思维同样需要警惕。应当承认，经济生活中充满着各种失范现象。"失范，是行为为既有系统所不容，但是失范标示社会演化并推动社会改新，如果所有的行为都是中规中矩，那么表明社会始终是在封闭系统内重复而没有改新，亦无法促动规范更新。"[②] 易言之，若将所有的经济失范行为纳入经济刑法的规制法网，则可能导致人们的经济行为动辄得咎，无法充分地展现市场经济的创新活力。社会应对经济危害行为的手段应该是多元的，通过经济刑法达到维护经济秩序有效但有限之目的，经

---

① 郑丽萍：《犯罪化与非犯罪化并趋——中国刑法现代化的应然选择》，《中国刑事法杂志》2011 年第 11 期。
② 刘忠：《读解双规》，《中外法学》2016 年第 1 期。

济刑法犯罪化应秉承审慎之精神，面对经济刑法犯罪化需要时，仍应坚持必要性、谦抑性和法益侵害性等刑事立法的一般政策。未来经济刑法的发展，应在犯罪化与非犯罪化交替出现中平稳而不是激进前行。

（南京大学法学院教授、博士生导师　孙国祥）

# 第二章 理性的刑法立法观

## 第一节 平衡思维与刑法立法科学化*

在近年来理论研究的重点明显转向刑法适用解释的同时,伴随着《刑法修正案(八)》和《刑法修正案(九)》的相继出台,对于刑法立法本身的系统思考也令人瞩目。对刑法立法的观察和思考大致可从观念和技术两个层面展开,两者都需全面考虑而不走极端。因此,立法中的平衡思维至关重要。刑法立法平衡反映在立法技术上,就需要在规范的明确性与概括性之间寻求平衡。对此,笔者已有专门论述①,不再赘言。与此同时,在刑法立法观念上的平衡也不可缺少,甚至更为重要,这也正是本文要探讨的主题。

### 一 观念平衡的方向:严而不厉

(一)严密法网:积极主义刑法观主导下的适度犯罪化

就中国当下的犯罪圈划定来说,尽管也存在一些场合的"非犯罪化"问题,但总体趋势上仍是一个随着社会形势的变化而逐步严密刑事法网(整体法网、个体法网)的过程,是渐次的犯罪化过程。② 这一点已经为自

---

\* 本节为2015年度教育部人文社会科学重点研究基地重大项目"刑法调控范围的界定和积极主义刑法观的展开"(项目批准号:15JJD820012)的阶段性成果。
① 参见付立庆《论刑法用语的明确性与概括性——从刑事立法技术的角度切入》,《法律科学》2013年第2期。
② 对此予以肯定的,比如冯军《和谐社会与刑事立法》,《南昌大学学报》(人文社会科学版)2007年第2期,第72页;周光权《转型时期刑法立法的思路与方法》,《中国社会科学》2016年第3期,第132页。持相反立场的,比如刘艳红《我国应停止犯罪化的刑事立法》,《法学》2011年第11期。

1999年以来的历次刑法修正的实践所证明。这里所说的犯罪化的整体趋势，"是适度的犯罪化，而非过度的犯罪化"①，换言之，是一种理性而非情绪的犯罪化。

强调适度犯罪化，除了基于社会变迁需要刑法跟进这一基本共识之外，主要包括以下理由。首先，全国人大常委会2013年正式废除劳动教养制度，为了有效协调刑法规制与行政法规制等手段之间的衔接，需要有针对性地增设一些新的犯罪，特别是一些轻微犯罪。其次，防止刑法立法的工具主义倾向、警惕社会治理"过度刑法化"②固然没错，但这不等于就需要提倡刑法参与社会治理的最小化。在发挥刑法的法益保护和权利保障机能的问题上，不应再固守"刑法在法律体系中的'后卫'角色"③，作为社会治理的重要手段，刑法需要更为积极地介入社会生活，接受刑罚积极主义的召唤，践行积极刑法观。④ 最后，在确立刑法的调控范围时，既要适应社会情势、考量抗制犯罪的需要，又要充分考虑刑事司法资源的承受能力，唯有尽量剔除刑法立法过程中浪漫的乃至情绪化的因素，所创立的法律规范才是"适度的"，才能经得起实践和时间的检验。

（二）宽缓刑罚：积极主义刑法观的保障机制

通过对自1999年开始的现行刑法的历次修正，特别是《刑法修正案（八）》和《刑法修正案（九）》的观察可以看出，刑法立法总体面貌的变化概括起来就是，"刑法规制社会生活的深度、广度和强度都有大幅度拓展、扩张，不仅'管得宽'，而且'管得严'"。⑤一方面，历次修正集中体现了犯罪圈扩大的立法趋向，有效弥补了刑事法网总体上过于疏漏的结

---

① 赵秉志：《刑法调控范围宜适度扩大——解析犯罪化与非犯罪化之争》，《检察日报》2004年3月25日。
② 参见何荣功《社会治理"过度刑法化"的法哲学批判》，《中外法学》2015年第2期，第523页。
③ 刘宪权：《刑事立法应力戒情绪——以〈刑法修正案（九）〉为视角》，《法学评论》2016年第1期，第97页。
④ 笔者关于刑罚积极主义的主张，可参见付立庆《刑罚积极主义立场下的刑法适用解释》，《中国法学》2013年第4期。关于积极刑法观与刑事立法，参见周光权《积极刑法立法观在中国的确立》，《法学研究》2016年第4期。
⑤ 周光权：《积极刑法立法观在中国的确立》，《法学研究》2016年第4期，第24页。

构缺陷；但另一方面，在严密法网的同时，还需要整体上将刑罚从"管得严"即"厉"转换到"不厉"，即通过宽缓刑罚作为功能代偿，以实现国家刑事资源总量投入的大致均衡。这既是完整运用储槐植先生"严而不厉"思想①的必然结论，在当下又具有特别的针对性和重要意义。

在此强调宽缓刑罚，旨在申明以下三点。第一，在因应罪刑均衡原则要求、整体上强调"轻轻重重"即轻者处罚更轻、重者处罚更重的刑事政策的同时，必须确认前者的重要地位。这既是弥补废除劳动教养制度带来的处罚漏洞的需要，也是考虑刑事司法系统的承受能力的结果。具体而言，鉴于中国刑法中的法定刑配置原本较高、重刑化倾向明显的事实，不但新罪的法定刑配置本身要尽量轻缓（9个刑法修正案所增加的犯罪之中，没有一个犯罪规定了死刑，这一点值得肯定并需要坚持），而且，无论是立法创制还是司法适用，都要最大限度地发挥财产刑特别是罚金刑的作用。第二，配置或者调整为严厉的刑罚必须具有正当理由。如对死缓犯的减刑幅度缩小、增设限制减刑制度、提高数罪并罚时有期徒刑的上限等刑法修正，旨在缓解刑罚体系中存在的"死刑过重、生刑过轻"的结构性缺陷，值得肯定。不过，也有一些刑罚由轻到重的修改值得商榷。比如，通过修改《刑法》第294条大幅提升相关涉黑犯罪的法定刑，更多的是为了回应一些地方开展的"打黑除恶"专项行动，并没有大量实证调研数据的支持，存在疑问。② 第三，与"宽缓刑罚"或者是从"厉"到"不厉"相适应，更重要的应该不是纯粹依赖理论上的界定，而是直接在立法模式上将重罪与轻罪明确区分，对轻罪用轻罚，这一点正逐渐获得越来越多的共识。

## 二 观念平衡的内容：平等与均衡

在刑法立法中贯彻平衡思维，除需要明确"严而不厉"的总体方向，还应该解决突出矛盾。必须指出，"不平等"和"不均衡"可谓刑法立法

---

① 参见储槐植《刑事一体化论要》，北京大学出版社，2007，第53~67页。
② 参见周光权《转型时期刑法立法的思路与方法》，《中国社会科学》2016年第3期，第129页。

缺陷的两个突出体现，而落实平等思维和均衡思维，也就成了刑法立法平衡的基本内容。

（一）平等思维要求在立法中体现重要差别，放弃次要差别

在立法上讲求平等，不是不计任何区别地"一视同仁"，而是要注重区别对待。问题是，什么样的差别要在立法上有所体现，什么样的差别只需交给司法。既然违法和责任是犯罪的实体①，则明显影响行为的法益侵害类型（而非仅仅其程度）或者是影响行为的可谴责性即责任类型的差别，就属于重要的、在立法上不能忽视的差别。以犯罪对象的差别为例，如果该差别不影响所侵害法益的类型——杀害的是好人还是坏人，强奸的是妓女还是修女，盗窃的是陌生人还是熟人甚至亲属的财物，等等，就只需在司法中考量。相反，所盗窃的是普通财物，还是枪支，抑或是国家机关的公文，对于所侵害的法益类型存在明显差别，则刑法明确以不同的构成要件予以规制。再者，客观上是同样的行为导致了被害人死亡，而立法将明知故犯和不意误犯的场合规定为不同犯罪，配置轻重悬殊的法定刑，则是因其可谴责性的类型差异，同样维护了事实上的立法平等。

在平等思维的贯彻上，现行刑法还存在可检讨之处。这包括两种情形。第一种情形是立法上应体现一些差别而未能体现。（1）在法益侵害上明显有别，因而应该在立法上存在差别，但未能体现。比如，我国刑法在第115条之中将"致人重伤、死亡或者使公私财产遭受重大损失"并列，完全将人的生命、健康法益和公私财产权这一本质上的财产法益予以混同，未能突出对公民人身权利特别是生命、健康等法益的特殊保护，值得反思。②（2）责任形式明显有别，因而在立法上应该存在差别却未能体现。比如《刑法》第398条完全不顾故意与过失在罪过内容以及可谴责程度上的重大差别，配置了同样的法定刑幅度。这虽可理解为立法者为了实现对

---

① 具体的展开，可参见张明楷《以违法和责任为支柱构建犯罪论体系》，《现代法学》2009年第6期。
② 形成对照的是，日本刑法第108条规定了"对现住建筑物等放火罪"、第109条规定了"对非现住建筑物等放火罪"、第110条规定了"对建筑物等以外之物放火罪"，明确根据犯罪对象的不同而规定了不同的构成要件、配置了不同的法定刑，从而鲜明地体现了因保护法益之明显差别而在犯罪成立条件和刑罚后果上区别对待的立法思路和立法技术。

国家秘密的保护而有意为之，却仍值得批评。同样，像抢劫罪的加重构成中的"致使被害人重伤或者死亡"被配置同样的法定刑而不区分是故意还是过失造成此种结果，大致也存在相应问题。

现行刑法在平等保护方面的可检讨之处，还包括第二种情形，即体现了一些本不应体现的差别。除了广受诟病的体现于《刑法》第236条强奸罪、第240条拐卖妇女罪中的性别保护上的不平等①之外，还包括"身份差别"体现出的立法上的不平等。比如，国家工作人员利用职务上的便利"侵吞、窃取、骗取"国有财产的，定罪数额起点远高于普通公民犯侵占罪、盗窃罪、诈骗罪的起点，体现出立法上的官轻民重。《刑法修正案（九）》虽改变了1997年刑法贪污罪（以及受贿罪）直接根据数额量刑的规定模式，但也只是取消了直接体现在立法中的不平等，惯性的身份不平等思维仍为司法解释所沿袭。不仅如此，根据《刑法修正案（九）》的修正，犯贪污或受贿罪，在提起公诉前如实供述自己罪行、真诚悔罪、积极退赃，避免、减少损害结果发生的，可以特别从宽处罚。但是，不得不承认，"将类似奖励规定放在贪污贿赂罪这些身份犯中，而不能适用于普通人可能触犯的大量财产犯罪，与刑法平等原则有所抵牾"。②

（二）均衡思维要求不同犯罪之间的法定刑要尽可能保持均衡

刑法立法需要在不同犯罪的构成要件配置或是法定刑配置之间讲求均衡。前者是指，立法中要尽量有意识地少出现法条竞合，包括交叉竞合的现象；后者是指，要尽可能做到重罪重刑、轻罪轻刑。限于篇幅，这里仅就后者略做展开。

**1. 同一类罪之间的法定刑需要讲求均衡**

以财产犯罪为例，刑法分则第五章"侵犯财产罪"13个犯罪的法定刑配置基本上做到了重罪配重刑、轻罪配轻刑，但是仍有值得检讨之处。③

---

① 《刑法修正案（九）》将《刑法》第237条强制猥亵罪的对象从"妇女"改为"他人"，仅是小部分解决了这一问题。
② 周光权：《转型时期刑法立法的思路与方法》，《中国社会科学》2016年第3期，第129~130页。
③ 对于财产犯罪的法定刑配置是否均衡，包括像故意毁坏财物罪所配置的法定刑是否过低的问题，请参见付立庆《论刑法对财产权保护中的均衡性原则》，《法学》2011年第5期。

比如，因贪利等原因陷入认识错误者应当为自身之被害承担部分责任，而因恐惧交付财物则完全出于不自愿，"敲诈"较之"欺骗"的违法性显然更强。可是，1997年刑法规定敲诈勒索罪的最高法定刑是10年有期徒刑，而诈骗罪的最高法定刑则是无期徒刑。尽管《刑法修正案（八）》将敲诈勒索罪的最高法定刑提高到15年有期徒刑，在修改方向上值得肯定，但仍低于诈骗罪的法定最高刑，未能彻底解决问题。

**2. 不同类罪间如有可比性，其法定刑也应讲求平衡**

如侵犯公民名誉的犯罪和侵犯财产的犯罪，均属侵犯公民个人法益的犯罪，而各种个人法益之间又存在一定的位阶序列。对于公民个人来说，财产权和名誉权，刑法更应侧重于保护何者，不应一概而论。在尚且不能温饱或者刚刚温饱的社会中，财产在个人法益中具有较高地位；而在小康社会中，公民更加注重个人的价值、形象、声誉等，对于名誉权的维护就至少不应低于对财产权的保护。现行刑法为侮辱罪和诽谤罪配置的法定最高刑仅为3年有期徒刑，仅相当于盗窃数额巨大财物时的最低刑，值得反思。在平衡思维看来，不但不应该明确拒绝侮辱罪、诽谤罪的除罪化主张，从刑罚配置的均衡性角度出发，反而应适当提高这两个犯罪的法定刑上限。

**3. 不同类罪间如不具可比性，则不能强求法定刑均衡**

只是就某一具体刑罚种类，特别是死刑的配置来说，仍可以从平衡思维的视角予以反思。在刑法分则10类犯罪中，除渎职罪外全部规定有死刑犯罪，但从死刑本身的严酷性、非常性和极端性出发，死刑的配置还是应该限于极少数犯罪，也就是以剥夺他人生命为内容的犯罪。"将不具有剥夺他人生命为内容的犯罪与具有剥夺他人生命为内容的犯罪规定相同的法定最高刑，其规定的不平衡也是显而易见的。"①

**（三）平衡就是在动态中尽量趋向黄金分割点**

平衡不是和稀泥，而是一种思维艺术，其务实的目标是要追求0.618这一黄金分割点。目标不是1，说明刑法立法不可能追求完美无瑕；最佳

---

① 李洁：《罪与刑立法规定模式》，北京大学出版社，2008，第69页。

的选点处在五分之三和三分之二之间，即总体上是"可接受的""应肯定的"；精确到小数点后三位才被称为黄金分割点，说明这一平衡点并非一望便知，需细致寻觅方才可能获得。再有，主张"黄金分割点"，并非教条式的固定数值0.618，而是借鉴其观念，强调随着社会时势、法官素质、外部环境等诸多因素的变化，在动态中求平衡。

在变动中实现平衡的正面例子，可举的很多。比如，《刑法修正案（八）》对总则中特别累犯制度的修改，既体现了对恐怖活动犯罪、黑社会性质组织犯罪的严罚，也体现了和危害国家安全类犯罪之间的大致平衡。又如，一再通过修正案扩大洗钱罪上游犯罪的范围，使其法益保护范围更加严密合理；而坚持对上游犯罪采取封闭列举式的规定方式而未附加"等"或"以及其他"，则是对人权保障价值的基本尊重。除了做"加法"的场合外，刑法修正还通过做"减法"的方式实现均衡，比如《刑法修正案（八）》通过废除《刑法》第68条第2款"有自首和重大立功表现的，应当减轻或者免除处罚"的规定，避免了重大犯罪场合下可能出现的量刑失衡。再如，《刑法修正案（九）》通过删除《刑法》第360条第2款规定的嫖宿幼女罪而将嫖宿幼女行为纳入强奸罪之中，可有效避免对幼女"污名化"的问题，实现了对所有幼女平等无差异的特殊保护。[①] 此外，个罪法定刑的调整也可能体现出一种动态平衡，比如《刑法修正案（八）》通过设置绑架罪的减轻犯罪构成，《刑法修正案（九）》对于1997年刑法"致使被绑架人死亡或者杀害被绑架人"的法定刑修改，都实现了该罪刑罚配置上的动态均衡。

动态平衡也有明显反例，比如从拐卖人口罪到拐卖妇女、儿童罪的变迁。为了突出对于妇女、儿童的特殊保护，将之作为拐卖人口罪（1979年《刑法》第141条）的从重处罚情节即可，径直删除拐卖人口罪的规定，以致对于已满14周岁男子的相应法益保护出现空当，明显在拐卖型犯罪立法变动中失衡。此外，将生产、销售假药罪等的罚金刑从倍比罚金制修正为无限额罚金制，或许也可认为是在动态变动中失去了平衡。再如，在

---

① 参见梁根林《刑法修正：维度、策略、评价与反思》，《法学研究》2017年第1期，第49页。

《刑法修正案（九）》废止了嫖宿幼女罪的同时，并未相应废止《刑法》第 359 条第 2 款规定的引诱幼女卖淫罪，没有考虑相关条文之间应有的逻辑一致性，从而必然会导致刑法解释与适用上的困境①，也可谓是一种失衡。

### 三　观念平衡的关键：兼顾必要性和可行性

行为规范和裁判规范的有机统一，决定了刑法法条必须兼具必要性和可行性，前者需要考虑刑法和其他社会管理手段的分工与衔接，后者则需要结合刑事司法系统的承受能力。做好刑法立法观念上的平衡，尤其需要注意如下问题。

#### （一）要避免既缺乏必要性又缺乏可行性的情绪化、空想型立法

在现行刑法的总则和分则中都有既缺乏必要性又缺乏可行性的立法例。总则中，典型的比如《刑法》第 22 条的预备犯处罚，该规定不但未考虑其可执行性，甚至也未充分论证其必要性，从而沦为空置，严重失衡。事实上，一般犯罪的预备犯实无处罚必要，充其量处罚其未遂足矣；在严重犯罪的场合，则或者可以仿照日本刑法的规定，在刑法分则相应条款中明文规定"本罪的预备犯，亦处罚"，或者通过规定实质预备犯②实现刑法干预的早期化，这些都可解决问题。《刑法》第 22 条可谓情绪的立法、空想的立法，主张将其删除③，可谓中肯。分则中的例子，比如，《刑法》第 301 条将聚众淫乱行为规定为犯罪，既无必要（系成人间基于合意且处在私人空间之内的行为），也不可行（由于证据搜集上的困难，只能大量容忍立法虚置）。又如，刑法规定的介绍贿赂罪同样既无必要性，也无可行性：前者是因为，介绍贿赂的行为要么表现为受贿的帮助，要么表现为行贿的帮助，按照其中更符合者处罚即可，定为介绍贿赂罪反而导致

---

① 参见梁根林《刑法修正：维度、策略、评价与反思》，《法学研究》2017 年第 1 期，第 60 页。
② 比如《刑法修正案（九）》所新增的准备实施恐怖活动罪和非法利用信息网络罪，即是将相应预备行为实行行为化，以实现对恐怖活动犯罪或者网络犯罪的从严打击。
③ 参见周光权《转型时期刑法立法的思路与方法》，《中国社会科学》2016 年第 3 期，第 138 页。

轻纵犯罪；后者是指，由于实务中无法将介绍贿赂罪与受贿罪、行贿罪的帮助犯准确区分，导致究竟如何处理常是一笔糊涂账。不仅在1997年刑法之中，之后的刑法修正案中这种"双缺"的情绪化立法也不少见。比如，《刑法修正案（九）》增设了第284条之一第4款，据此，代替他人或者让他人代替自己参加法律规定的国家考试的，构成犯罪。但是，即便是组织考试作弊，非法出售试题、答案等行为有必要动用刑法规制，但单纯替他人考试或者单纯请他人代替自己考试的行为，还是应该由行政处罚等予以规制，直接将其规定为犯罪，既不必要，也难以执行。同样，将使用伪造的、变造的身份证件的行为规定为犯罪，也在这两方面存在重大疑问。

明显缺乏必要性与可行性的刑法立法，也存在于对刑法规范创制的争论上。比如不少学者主张效仿德国设立"见危不救罪"。[①] 但是，可以通过对救助义务、作为义务的实质解释将确有处罚必要的行为纳入刑法的调控范围之内，因此这一犯罪并不必要；同时，这涉及法律包括刑法和道德之间的界限，在中国社会道德仍然普遍较低的现实之下，贸然入罪要么会导致法律虚置，要么会导致处罚膨胀。

**（二）判断立法（修法）的必要性应以犯罪的实体为中心并兼顾刑罚目的**

在《刑法修正案（九）》之中，刑罚由轻改重的规定值得注意。比如，对于"收买被拐卖的妇女、儿童，对被买儿童没有虐待行为，不阻碍对其进行解救的"，或者"按照被买妇女的意愿，不阻碍其返回原居住地的"，1997年刑法规定"可以不追究刑事责任"，而《刑法修正案（九）》则修正为前者"可以从轻处罚"，后者"可以从轻或者减轻处罚"。对此修改存在不同意见。有反对者认为，这种修改可能会带来负面效果：对于收买被拐卖的妇女、儿童的行为人来说，如果没有网开一面的规定，可能导致其产生"鱼死网破"的心理，带着被拐卖的妇女、儿童东躲西藏，或者拘

---

[①] 早一些的，比如冯军《和谐社会与刑事立法》，《南昌大学学报》（人文社会科学版）2007年第2期，第72页；新近的，比如周光权《转型时期刑法立法的思路与方法》，《中国社会科学》2016年第3期，第136页。

禁、殴打、虐待被害人，从而更不利于保护被拐卖的妇女、儿童。① 也有反对意见明确认为，这种修改受到了部分民众干扰和影响，存在浓厚的情绪性立法色彩。②

以上批评主要从刑法规定的政策效果出发，或许有一定道理。但是，本文仍对上述修改持肯定态度。既然刑法规范的核心内容是框定犯罪成立条件及其法律后果，则判断刑法的制定或修改是否具有必要性，就应该以犯罪的实体即违法性和责任为中心，并兼顾预防犯罪的刑罚目的。（1）从法益侵害进而报应刑的角度讲，行为人毕竟实施了"收买被拐卖的妇女、儿童"行为，已经对被收买的妇女、儿童的人格尊严、人身权利等利益造成了现实侵害，并且，就像被强奸之后妇女的事后同意或者是盗窃既遂之后的返还财物不能阻却强奸或盗窃罪本身的违法性一样，对被收买的妇女、儿童的法益侵害并不因事后收买者的良好表现而实质性消解。（2）收买了妇女、儿童之后的各种良好表现，表明其可谴责性降低而非完全消失，其只是从宽处罚而非"可以不追究刑事责任"的理由。（3）从预防犯罪的角度讲，正是大量的收买行为促成了拐卖的发生，从而，由于"只有从源头遏制收买妇女、儿童的买方行为，才能更加有效地防范和惩治拐卖妇女、儿童犯罪"，"明确国家对此类犯罪行为绝对的规范性禁止"③ 而不是网开一面，就实属必要。同时，1997年刑法之中不区分"妇女""儿童"的同等优待，也不利于对儿童的特殊保护，修改之后的区分对待则较好地在刑法规范的政策目标和司法能动之间实现了平衡，更为可行。④

### （三）判断立法（修法）的必要性要考虑制裁体系的衔接并允许倒逼

《刑法修正案（八）》将"扒窃"规定为盗窃罪的选择性入罪条件，

---

① 参见周光权《积极刑法立法观在中国的确立》，《法学研究》2016年第4期，第36页。
② 参见刘宪权《刑事立法应力戒情绪——以〈刑法修正案（九）〉为视角》，《法学评论》2016年第1期，第93页。
③ 梁根林：《刑法修正：维度、策略、评价与反思》，《法学研究》2017年第1期，第50页。
④ 基于同样的道理，对于《刑法修正案（九）》修改了《刑法》第390条关于行贿人在被追诉前主动交代行贿行为的处罚规定，本文也持肯定的态度，认为其较好贯彻了比例原则和平衡思维。

曾引起争议，有观点认为"不具有刑法可罚性的扒窃行为，总体上而言只是一种违反治安管理处罚法的行为，不宜认定为犯罪。否则，就会不适当地扩大盗窃罪的定罪范围、刑法处罚的范围，也混淆了刑事处罚和行政处罚的边界"。① 不过，如果能看到扒窃入罪"是因应劳动教养被废除后社会治理和社会控制的需要，而在刑事立法上作出的特别安排"②，就会承认扒窃入罪的立法有其必要性。只是，如果但凡扒窃不计数额、不计次数地一概构成盗窃罪，会因为入罪门槛的降低而导致盗窃刑事案件的大幅增长，恐怕会带来不可欲的负面效果。所以，就需要在刑法适用中适当限缩扒窃入罪的范围，如恰当界定"扒窃"的含义、适当考虑扒窃的具体数额等。

《刑法修正案（八）》新设了两种类型的危险驾驶罪，在当时引起了不小的争议。笔者就曾认为，危险驾驶罪的立法，体现出立法的短期主义特征以及对刑法的依赖与迷信。③ 不过现在看来，这一立法反倒促成了一种倒逼机制，使得现在"喝酒不开车，开车不喝酒"逐渐成为广泛共识和国民习惯，促成了道路交通安全的巨大改善，印证了这一立法的必要性和可行性。

## 四　结语

最近有学者提出，20年来我国刑法立法中大量存在象征性刑事立法，恐怖犯罪、网络犯罪与环境犯罪都是其典型代表，这样的立法服务于安全目的而损害了刑法的法益保护机能，因谦抑性不足而损害了刑法的人权保障功能，因执行力不足而损害了刑法的实用主义功能。④ 不过，在社会公共安全、网络安全、环境安全等重大价值确有必要通过刑法予以保护的前提下，问题的关键就在于，要通过具体检讨相应犯罪构成要件的设置是否科学、是否在证明责任的分配上存在缺陷等，提高具体罪名在实践中的适

---

① 参见《扒窃行为是否入罪存在争议》，《法制日报》2011年1月7日。
② 梁根林：《刑法修正：维度、策略、评价与反思》，《法学研究》2017年第1期，第56页。
③ 参见付立庆《刑法修正案八中的浪漫主义思维——以醉酒驾驶入罪为切入的反思》，《云南大学学报》（法学版）2011年第5期。
④ 参见刘艳红《象征性立法对刑法功能的损害——二十年来中国刑事立法总评》，《政治与法律》2017年第3期，第39页以下。

用性、操作性，即具体犯罪的可行性本身。立法的可行性不足固然不容忽视，却不能由此而否定立法的必要性，二者之间，必要性终究是更为重要的。

对于如何判断某一危害行为是否有入罪的"必要性"，刑法立法更应考虑的是，立足于宪法上的价值保护指向，哪些行为是刑法上不可忽视、不能容忍的，进而有必要针对类似行为设置罪刑规范，使之成为国民的行动指南。[①] 即便是从纯粹的结果无价值论的角度讲，也应该坚持的一个基本判断是，针对涉及群体利益、公共安全或者涉及个人生存、发展基本权利的行为时，刑法不需要受所谓"最后手段性"观念的羁绊，而需要积极介入，彰显自身的独立品性。而且，如果为了保障重大的利益确有必要，则将相应立法规定作为达摩克利斯之剑悬置于具有危险倾向的群体头上，以实现一般预防的刑罚目的，也仍然是立法者所应秉持的态度。事实上，《刑法修正案（八）》所增加的拒不支付劳动报酬罪也被认为是象征性立法的表现之一。但是，由于实践中民事、行政法律手段未能有效解决恶意欠薪问题，将此种行为规定为犯罪，通过威慑的一般预防实现劳动者财产权的合理保护，实有必要。而且，由于成立该罪还必须以"经政府有关部门责令支付仍不支付"为要件，可以说也充分关照了入罪的可行性。应该说，只有在纯粹涉及与道德的关系、涉及与难以还原为个体利益的纯粹秩序的场合，入罪才应该十分慎重，这是主张刑罚积极主义的笔者最后想要强调的。

（中国人民大学刑事法律科学研究中心教授、博士生导师　付立庆）

---

[①] 参见周光权《转型时期刑法立法的思路与方法》，《中国社会科学》2016年第3期，第132页。

## 第二节 谨慎对待积极刑法立法观

1979年刑法颁布至今，在我国经济高速发展和社会急剧转型的时代背景下，刑事立法也进入了空前"活性化"时期。现行刑法颁行后，尤其是在《刑法修正案（八）》和《刑法修正案（九）》（以下简称"修（八）"和"修（九）"）中，刑法立法更是明显体现出新维度、新立场与新方向。对此，梁根林教授总结写道，总的来说，1997年刑法施行以来我国刑法的修正，不仅展现了刑法干预早期化的趋势，而且突出了干预能动化的诉求。犯罪圈不断扩大的立法事实表明，我国刑法的犯罪化立场，已经由过去的相对消极、谦抑，悄然转向相对积极、扩张，并且其仍将成为今后一个时期的立法趋势。[①] 周光权教授将这种规范现象称为"积极刑法立法观在中国的确立"。[②] 积极刑法立法观作为一种新的刑法立法观念和规范现象，是否系我国刑法未来发展不可避免的趋势？是否与当今时代特色与精神相默契？这是事关我国刑法立法和刑事法治建设的基础问题。本文无意否认积极刑法立法观出现的时代合理性和具有的正面价值，本文只是更多集中于对其存在或可能存在的问题进行分析，期待我们能够更全面理性地看待刑法在现代社会治理中的体系定位与地位问题。

### 一 立法指导思想的变迁与积极刑法立法观的确立

文明社会任何针对公民的强制措施都非善行，刑罚作为和平时期国家对公民诉诸的最极端的权利限制和剥夺措施，虽具有宪法依据，但仍不失为一种不得已的"恶"，须不得已才使用，这就是近代以来法治国家刑法的根本理念——刑法谦抑主义。但面对现代信息风险社会，传统刑法的谦抑原则正在经历结构性转向，刑法面对种种强烈的社会需求，曾经被视为

---

[①] 参见梁根林《刑法修正：维度、策略、评价与反思》，《法学研究》2017年第1期，第43、50~51页。

[②] 参见周光权《积极刑法立法观在中国的确立》，《法学研究》2016年第4期，第23~40页。但是，对于积极刑法立法观在我国是否已确立的问题，梁根林老师表达了比较谨慎的立场。

社会政策之最后手段的刑事政策和作为刑事政策最后手段的刑法，在当前已经被要求作为解决和调整社会问题的最优先手段来考虑。① 刑事立法的活性化不仅是当今英美国家，也是德日等大陆法系国家刑法发展的重要特征。改革开放后的我国一直处于前所未有的高速发展与社会转型期，刑法的频繁修改和表现出的活跃化成为该时期刑法立法的重要特色。积极刑法立法观，顾名思义，系与传统保守、消极、被动、节制型刑法观相对而言的，规范上虽然表现为刑法频繁修改或刑法立法的活跃化，但积极刑法观与刑法立法的活性化并不具有严格的对应关系，因为现代社会引起刑法频繁修改的原因是多元的。积极刑法立法观本质上属于能动立法观，作为一种立法指导思想与观念，其不再秉承刑法作为社会治理最后手段的传统做法，强调刑法对社会生活的积极干预与塑造，在规范层面主要表现为刑罚处罚的早期化和刑法干预社会生活范围的大幅度扩张。

历史上我国有重刑的传统，刑法的政治化、工具化一直延续至眼下的现实社会治理中，在这种社会背景下，应当说积极刑法立法观具有更为便利的生长契机。但长期以来，国家主要是将刑法作为威吓犯罪和维持社会秩序的强力手段使用，在刑事政策方面，虽然国家素来重视刑法的预防机能，但传统刑法强调的刑法预防主要看重的是刑罚的消极预防，着重于对行为人人身危险性的关注。重视能动立法和强调刑法对社会生活的积极干预塑造的积极刑法立法观系于近年刑法修正中逐步发展确立的。2005年颁布的《刑法修正案（五）》关于信用卡犯罪的立法中，以刑法处罚早期化为代表，积极刑法立法观显露端倪。其后，积极刑法立法观在修（八）中明显体现。比如在立法指导思想上，修（八）提出了加强刑法对于民生保护的思想，该思想为积极刑法立法观的成长和刑法范围的扩张提供了"天然"的正当性。修（九）是1997年以来国家对刑法最重大的修正之举，"重大"不仅体现在本次修正案涉及条文多、范围广、幅度大，还在于修正案体现的立法指导思想的重大调整变化。修（九）在强调刑法要坚持正确政治方向、坚持问题导向和宽严相济刑事政策的同时，创造性地提出了

---

① 参见〔韩〕金日秀《风险刑法、敌人刑法与爱的刑法》，郑军男译，《吉林大学社会科学学报》2015年第1期，第21页。

要"坚持创新刑事立法理念,进一步发挥刑法在维护社会主义核心价值观、规范社会生活方面的引导和推动作用"。① 修(九)在立法指导思想上将刑法定位为"引导和推动社会发展的力量",反映了刑法在我国社会治理中的角色和功能正在发生方向性转变,也标志着积极刑法立法观在我国正式确立。

## 二 积极刑法立法观的规范表现

积极刑法立法观既是一种立法指导思想,也是一种刑法立法方法论和行动,在修(八)和修(九)中有明显的体现。

### (一)行为构成要件的大量采用与刑罚处罚的早期化

为了实现国家客观法上之保护义务和限制刑罚处罚的范围,在刑事立法上,国家除了要重视刑罚的正当性外,还要努力通过种种立法技术确保刑法范围的最大限度克制。其中立法节制使用行为犯构成要件就是其中重要的限制刑罚范围的技术措施。与结果犯场合刑法既贬抑行为也谴责法益侵害结果不同的是,在以行为为基本构成要件的行为犯场合,特定行为方式的出现,无需任何可感知的变动,不必有任何结果的发生,构成要件即已该当,犯罪成立既遂。正因为如此,刑法理论上,行为犯被形象地描述为"构成要件的缩水"。② 为了防止国家刑罚权的恣意与滥用,近代刑法立法一直以结果犯设置为原则,以处罚行为犯为例外。国家设置作为构成要件缩水现象的行为犯必须要有正当化根据,对此,理论上一般认为,为了更周延地保护法益,以下情形下行为犯的运用实不得不然:(1)当处罚实害犯的预备或未遂,刑法保护仍显不足;(2)无法描述行为的侵害结果,更不能坐视结果发生;(3)行为人的责任难以确定;(4)掌握未生实害的

---

① 具体内容请参见全国人大常委会法制工作委员会主任李适时 2014 年 10 月 27 日在第十二届全国人民代表大会常务委员会第十一次会议上做的《关于〈中华人民共和国刑法修正案(九)〉的说明》。2014 年《中共中央关于全面推进依法治国若干重大问题的决定》提出:"建设中国特色社会主义法治体系,必须坚持立法先行,发挥立法的引领和推动作用,抓住提高立法质量这个关键"。《刑法修正案(九)》提出的"进一步发挥刑法在规范社会生活方面的引导和推动作用",很显然是刑法立法贯彻决定的表现。

② 参见林东茂《刑法综览》(修订 5 版),中国人民大学出版社,2009,第 50 页。

侥幸危险行为；（5）危险防御作用。① 上述行为犯立法技术的种种事由在我国刑法中基本都对应存在。比如刑法分则第三章第四节破坏金融管理秩序罪中的货币类犯罪，其侵害的是国家法益，并不存在具体对象，也难以认定发生的具体危害结果，所以，对此类犯罪自然也就无法设定为实害犯，立法将其设置为行为犯，符合该类犯罪的属性。同样，伪证是否对公正的司法秩序造成了损害，是抽象的，难以以实害或具体危险形式陈述。立法对伪证罪采用行为犯构成要件的立法模式可以有效避免刑法规范陈述和司法判断上的难题。又如刑法分则第三章第一节规定的生产、销售伪劣商品罪，在商品高度国际化、流转化的现代社会，如果立法以实害结果（包括具体危险）为构成要件，将带来责任认定上的巨大难题，无法保证法的可实施性和经济性。

其实，在1997年刑法颁布之时，行为构成要件在立法上已开始大量采用，那时该立法技术主要用于刑法分则第三章破坏社会主义市场经济秩序罪和第五章妨害社会管理秩序罪，个中主要原因在于该两章中，立法将社会主义市场经济秩序和社会管理秩序作为刑法保护的法益。但凡将特定秩序作为法益保护的场合，刑法条款往往倾向于采取行为构成要件。② 其后，行为犯的数量不仅急遽增加，而且，立法增设行为犯的根据也表现出与此前的明显差异。比如修（八）增设危险驾驶罪并设置为行为构成要件，主要考虑的是，"醉驾和飙车的社会危险不断加大，对危险控制的难度不断加大的情况下，立法思想也应当变结果本位为行为本位，将醉酒驾车、飙车增加规定为犯罪，符合对危险控制的需要"。③ 又如生产、销售假药罪，修正案将本罪由具体危险犯修改为行为犯，只要实施生产、销售假药的行为就构成犯罪（既遂），可以避免实践中因果关系确定的难题，以更有力地打击生产、销售假药犯罪。④ 行为构成要件的立法技术在修（九）中成为主导性趋势。新增的恐怖主义、极端主义犯罪，信息网络犯罪，考试类犯罪等，都普遍采取的是行为构成要件模式。立法对既有犯罪的修正和完

---

① 参见林东茂《刑法综览》（修订5版），中国人民大学出版社，2009，第51~52页。
② 参见何荣功《经济自由与经济刑法正当性的体系思考》，《法学评论》2014年第6期。
③ 黄太云：《〈刑法修正案（八）〉解读（二）》，《人民检察》2011年第7期，第55页。
④ 参见黄太云《〈刑法修正案（八）〉解读（二）》，《人民检察》2011年第7期，第59页。

善，比如危险驾驶罪新增从事校车业务或者旅客运输场合危险驾驶行为，继续采取的是行为构成要件。还有如扰乱无线电通讯管理秩序罪，立法将"造成严重后果"修改为"情节严重的"，虽然字面上立法没有明确采取行为构成要件，但"情节严重"本身就包括行为情节，实践中本罪的处罚范围与行为构成要件并无二致。

罪刑法定时代，构成要件划定着刑法的疆域，构成要件的缩水必然引起刑法处罚范围的变动和刑法判断上的问题。在立法采取行为构成要件的场合，行为成为构成要件判断的核心，对法益侵害结果的考察和刑法上因果关系认定来说不再必要。在犯罪判定上，国家证明犯罪之责任亦大大减轻，公诉机关只需要证明行为人实施了构成要件的行为，即可认定犯罪既遂。最终，相对于结果犯，行为犯构成要件的采用带来的是国家刑罚权的向前迈进和处罚上的便宜。

(二) 预防刑法：从碎片化条款到体系性罪名

如前文所言，传统刑法强调的预防系消极的预防，与此不同，预防刑法则着眼于未来，基于对安全的关注，目的着重于防范潜在的法益侵害危险，实现社会有效控制。修（九）之前，刑法就存在碎片化的预防刑法条款，体现着零散的预防刑法的思想，但预防刑法作为一种整体性思想和规范现象，在修（九）特别是反恐和网络刑法领域被体系性呈现。

**1. 预备行为普遍正犯化与预防性反恐刑法**

在实体法领域，预防刑法追求刑罚处罚的早期化，法规范上主要表现为刑法扩张至大量处罚抽象危险犯和预备行为。在这个意义上，预防刑法的观念在反恐刑法上占据了主导地位。首先，面对恐怖主义犯罪的威胁，"为了将恐怖犯罪遏制在萌芽状态，防止其继续蔓延"[①]，同时也为履行反对国际恐怖活动公约的义务，预备行为的正犯化现象在1997年刑法颁布时就已出现。当时刑法新增组织、领导、参加恐怖活动组织罪，其中的组织、领导和积极参加行为虽不乏共同犯罪的性质，但相对于杀人、绑架、爆炸等具体恐怖活动实施而言，本质上系犯罪的预备行为。其次，修

---

① 参见李淳、王尚新主编《中国刑法修订的背景与适用》，法律出版社，1998，第118页。

（九）更是大幅度推进预备行为正犯化立法。新增的《刑法》第120条之二准备实施恐怖活动罪，将实践中为实施恐怖活动准备凶器、危险物品或者其他工具，组织恐怖活动培训或者积极参加恐怖活动培训等预备行为做了囊括性规定，改变了刑法总则关于犯罪预备行为缓和性处罚的规定，国家对恐怖主义犯罪活动预备行为的立场进一步严厉，属于典型的预备行为正犯化立法。另外，《刑法》第120条之三宣扬恐怖主义、极端主义、煽动实施恐怖活动罪和第120条之五强制穿戴宣扬恐怖主义、极端主义服饰、标志罪，与《刑法》第120条之二准备实施恐怖活动罪相比，行为所具有的法益侵害的危险更为遥远和不确定，在性质上，该两条针对的行为更多属于恐怖犯罪预备行为的预备行为。再有，《刑法》第120条之六新增的非法持有宣扬恐怖主义、极端主义物品罪本质上也属于预备行为的正犯化立法。在刑法上，单纯持有行为并不会导致法益侵害结果的发生，其可罚性根据在于持有对法益侵害的间接危险。立法新增本罪旨在预防持有宣扬恐怖主义、极端主义物品可能引起的后续法益侵害危险，所以，相对于恐怖犯罪的实行而言，持有行为仍不失属于预备性行为。

**2. 网络犯罪与预防刑法**

在网络犯罪领域，整体性的预防刑法立场以修（九）新增拒不履行信息网络安全管理义务罪和帮助信息网络犯罪活动罪为体现。根据《刑法》第286条之一和之二的规定，网络服务提供者不履行法律、行政法规规定的信息网络安全管理义务，经监管部门责令采取改正措施而拒不改正，符合刑法规定情形之一的，或行为人明知他人利用信息网络实施犯罪，为其犯罪提供互联网接入、服务器托管、网络存储、通讯传输等技术支持，或者提供广告推广、支付结算等帮助，情节严重的，分别构成拒不履行信息网络安全管理义务罪和帮助信息网络犯罪活动罪。市场经济社会，从事网络经营和提供网络服务是宪法赋予网络服务提供者的经济自由，其本质上属于商事经营行为。无论是《刑法》第286条之一规定的网络服务提供者，还是第286条之二规定的提供互联网接入、服务器托管、网络存储、通讯传输等技术支持者，与网络违法犯罪的实施者具有平等的市场主体地位，难以认为当然具有防止他人实施违法犯罪的义务，对违法犯罪的管理义务从来都只是国家的职责。而且，责任自负的刑法基本原则也决定了违法犯罪的责任应当由实施者本人自担,而不应由作为平等市场主体的他人负责。在这个意义上,该两罪的增设面临正当性难题。刑法强制赋予网络服务提供者和提供互联网接入、服务器托管、网络存储、通讯传输等技术支持者对违法犯罪信息的安全管理义务,更多的是基于国家对网络信息管理便利和刑事政策上预防网络信息违法犯罪的考量。刑法将网络服务提供者和提供互联网接入、服务器托管、网络存储、通讯传输等技术支持者强置于国家管理者角色的做法,根本目的在于通过赋予网络服务提供者等对违法犯罪的预防管理义务,促使网络服务提供者与国家共同维护信息网络空间的安全与秩序,这是典型的预防刑法逻辑。

(三) 犯罪门槛的降低与犯罪圈的扩大

犯罪门槛下降是近年我国刑法立法的重要特色。简单地讲,犯罪门槛的下降,就是指犯罪入罪标准的降低,在这个意义上,行为构成要件的采用、刑罚处罚的早期化以及预防刑法立法技术的采用,都会引起犯罪门槛的下降。除此以外,近年我国犯罪门槛下降还突出表现在立法将原来的行政违法行为纳入刑法调整。最典型的如修(八)修改了财物数额对盗窃罪成立的意义,转向更为关注行为的无价值,将多次盗窃、入室盗窃、携带凶器盗窃、扒窃直接入刑。又如修(九)新增的第284条之一考试类犯罪(包括组织考试作弊罪,非法出售、提供试题、答案罪和代替考试罪)和《刑法》第290条增加的两款犯罪(即扰乱国家机关工作秩序罪和组织、资助他人非法聚集罪),也都是将此前属于行政违法的行为纳入刑法调整。对于犯罪门槛下降的原因,理论上一种有力的观点认为系立法填补劳动教养制度废除后留下的处罚空隙,是国家将原来劳动教养处理行为轻罪化的表现。[1] 其实,刑法降低犯罪门槛更多体现的是国家强化对违法行为打击的立场。[2]

另外值得注意的是,我国有些犯罪门槛的下降是通过司法解释进行

---

[1] 参见周光权《转型时期刑法立法的思路与方法》,《中国社会科学》2016年第3期,第124页。
[2] 参见黄太云《〈刑法修正案(八)〉解读(二)》,《人民检察》2011年第7期,第56~57页;高铭暄《中华人民共和国刑法的孕育诞生和发展完善》,北京大学出版社,2012,第488页。

的。众所周知，司法解释作为最高司法机关就司法工作中具体应用法律问题作出的对司法机关有约束力的解释和说明，在法律性质上并不属于国家立法，但实务中司法解释一直实际发挥着重要的立法功能。近年"两高"通过司法解释降低犯罪门槛以积极打击犯罪的倾向，也相当明显。①

（四）刑法作为社会管理法被日益重视与使用

在法律属性上，刑法属于司法法，与行政法存在明显的法体系地位与性质之别，所以，刑法针对的对象应当限于法益侵害或危险的行为，而不能（主要）作为实现社会管理的手段。但即便在西方法治发达国家，强调刑法的司法法属性，也仍然只是法治理想或理论上对刑法的应然期待。世界各国的刑法都无法避免社会管理法的属性，只是程度上有别而已。近年，面对社会问题，刑法参与社会管理的脚步明显变得急促。比如，当恶意拖欠劳动者报酬成为社会关注的民生问题时，国家不再坚持通过劳动监察、劳动合同争议仲裁机构仲裁或向法院提起诉讼来解决，而是增设拒不支付劳动报酬罪。当醉驾、飙车因为媒体报道成为社会舆论关注的焦点时，刑法急忙增设危险驾驶罪。面对社会上假发票泛滥问题，刑法增设虚开发票罪、持有伪造的发票罪。为了维护社会诚信，严惩失信、背信行为，修（九）修改伪造、变造居民身份证的犯罪，将证件的范围扩大到护照、社会保障卡、驾驶证等证件；同时将买卖居民身份证等证件的行为以及使用伪造、变造居民身份证、护照等证件的行为规定为犯罪。此外，包括前述的有关反恐罪名，《刑法》第 253 条之一的侵犯公民个人信息罪，第 283 条非法生产、销售专用间谍器材、窃听、窃照专用器材罪，第 288 条扰乱无线电通讯管理秩序罪，第 300 条组织、利用会道门、邪教组织、利用迷信破坏法律实施罪的新增与修改，也都具有明显社会管理的考虑。刑法的社会管理化或者说国家将刑法作为社会管理法使用，与现代国家面对社会问题行政权急速扩张和司法行政化的背景有密切关系，它将进一步导致刑法行政化和政策化，不仅带来刑法与行政法界限的模糊，还将引起刑法在整个社会治理体系中地位和功能的转型。

---

① 参见卢建平《犯罪门槛下降及其对刑法体系的挑战》，《法学评论》2014 年第 6 期。

### （五）小结

根据以上分析，我们至少可以得出以下基本结论。(1) 新近刑法立法尤其是修（九）关于刑法立法指导思想的新表达和近年刑法修正的动向，鲜明地表明积极刑法立法观在我国已确立。(2) 积极刑法立法观并非仅针对恐怖主义犯罪和网络犯罪等新型犯罪类型，而是在刑法分则全面展开。换句话说，积极刑法立法观在我国并非只是针对特定类型犯罪或局部立法的指导思想，而是正在成为我国刑事立法的基本原则与指导思想。(3) 积极刑法立法观表现出来的上述四个方面并非具有严格的彼此关系，比如行为构成要件的采用和处罚的早期化同时会导致犯罪门槛的下降。但不管是刑罚处罚的早期化，预防刑法的体系化发展，还是犯罪门槛降低与刑法日益呈现社会管理法色彩，共同之处在于刑法对现代社会生活的干预不再严格遵守最后手段性，刑法谦抑主义立场和保障法地位正在发生根本性动摇。

## 三 积极刑法立法观：现实合理性与问题

### （一）积极刑法立法观的实践合理性

法学家川岛武宜指出，作为实用法学研究对象的法主要包含两个要素，即赋予立法与审判以动机并决定其内容的价值判断以及实现该价值判断的手段所采用的词语技术。① 在任何法体系中，立法技术作为表达法价值的形式，旨在保障法价值在社会中的贯彻与实现，其所具有的主要是工具性价值。人们之所以采用立法和审判要求或强制人们为某种社会行为，皆是为实现特定的"社会价值"的考量。换句话说，包括法律制定技术和解释的全部活动，都是为实现一定社会价值以及依据一定社会价值所做的判断。所以，刑法立法究竟是坚持传统刑法谦抑主义立场，还是采取积极扩张的立法技术，根本上决定于特定时期国家秉持的刑法价值立场。

对于积极刑法立法观的实践合理性，周光权教授持积极褒扬态度。周

---

① 参见〔日〕川岛武宜《现代化与法》，申政武、渠涛等译，中国政法大学出版社，2004，第242页。

教授写道:"在我看来,目前对刑法修正案的许多批评,其立足的刑法观以及对批评工具的使用,未必都与当下中国的时代特色和时代精神相契合,有很多经不起推敲的地方。""积极刑法立法观在中国的确立具有现实合理性,学界的相关批评在很大程度上仍然受制于传统刑法观,即古典理念型刑法观。但是,这种刑法观念所面对的社会情势、针对的行为危害,都与今天有很大不同;其关于刑法谦抑性原则如何约束立法权的假设,未必符合实际。因此,站在传统刑法观的立场批评晚近我国的刑法立法,显然有失公允。"① 在理论上数落了传统刑法思维弊端后,周老师进一步指出,积极刑法立法观符合时代精神,通过增设新罪的法治方式治理社会是"刚性"需求,刑罚处罚早期化具有必要性;而且,刑法的谦抑性并不反对在现实社会增设必要数量的新罪。② 与周老师鲜明主张积极刑法立法观不同的是,梁根林教授对于积极刑法立法观表达了较为折中和审慎的立场,"近些年,刑法修正案运用多种修正策略,对刑法进行重大修正,展现出刑法干预早期化、能动化、犯罪圈不断扩大的立法趋向。这一趋向既不意味着法治国自由刑法诉求已成过眼烟云,也不意味着积极的刑法立法观在我国就此确立"。③ 但对于新近刑事立法积极扩张的趋势,梁老师也给予了肯定性评价。他认为,晚近犯罪圈扩大的立法趋势,是当代中国特殊语境下社会治理与社会控制客观需要的反映;符合消除刑法结构矛盾与技能障碍的内在逻辑;也是废除劳动教养所导致的法律制裁体系调整使然;贯彻了宽严相济刑事政策"该严则严、严中有宽、宽以济严"的要求。④

现实社会,任何事物都不是孤立性存在,作为规范现象的法律也一样。法律是时代精神的规范写照,对应着现实生活,积极刑法立法观在当下我国的形成,当然不乏一定实践合理性。不管我们对风险社会持何种立场,但无法否认的事实是现实的社会充满着越来越多的风险和不确定性,这种风险不仅仅是因为现代技术性风险的日益增多与扩散,还在于工业社

---

① 周光权:《积极刑法立法观在中国的确立》,《法学研究》2016 年第 4 期,第 25~26 页。
② 参见周光权《积极刑法立法观在中国的确立》,《法学研究》2016 年第 4 期,第 29~33 页。
③ 梁根林:《刑法修正:维度、策略、评价与反思》,《法学研究》2017 年第 1 期,第42 页。
④ 参见梁根林《刑法修正:维度、策略、评价与反思》,《法学研究》2017 年第 1 期,第 52~58 页。

会经由自身系统制造的危险。① 以启蒙运动为契机构建的传统古典刑法理论体系，面对现代社会特别是那些新型违法犯罪，的确在有些时候显得捉襟见肘，力不从心。

比如面对恐怖主义犯罪，传统刑罚的正当性就面临疑问。在传统刑法理论中，刑罚的目的究竟是报应还是预防，意见并不一致。但无论我们是将刑罚的目的理解为报应，还是界定为犯罪预防，包括一般预防和特殊预防，抑或是消极一般预防或积极一般预防，在恐怖主义犯罪中都难以有存在的空间。首先，恐怖主义犯罪导致的严重社会危害后果，是恐怖分子无法承受的报应。其次，从理论上讲，恐怖分子和恐怖组织并非完全不可以震慑的，为了个人和组织的存亡，恐怖分子和组织也会对国家激烈的反恐措施做出趋利避害回应。但恐怖主义犯罪有其自身的特殊性，由于其犯罪目的在于针对无辜民众恐怖袭击造成的冲击效应，所以，恐怖分子在实施犯罪时，往往很少顾及自身的安全，特别是那些宗教极端分子一旦将实施恐怖行动视为"高尚的事业"，往往心甘情愿以身试法，他们将彻底变成不受刑法威慑的"冒险者"，刑法无从谈起对他们可能产生特殊预防的效果或威慑。而对于普罗大众而言，由于他们基本不具有实施恐怖犯罪的可能性，一般预防的必要性并不存在。面对刑罚目的的重重困境，留给国家的最可能的选择就是针对危险个体的恐怖分子，采取防患于未然的预防刑法和刑事措施，先发制"敌"，确保社会安全。② 这正是世界各国刑法面临恐怖主义犯罪不约而同放弃传统立场转向采取战争方式解决的根本所在。

又如面对新型的信息网络犯罪，传统刑法及其理论体系同样面临巨大尴尬。在传统田园牧歌时代，犯罪构造的逻辑系立足于现实社会，传统犯罪往往发生在有限的空间，犯罪与被害具有明显的对应关系。但在眼下网络信息社会，网络超越了作为犯罪工具的属性，成为很多违法犯罪发生的真实存在的空间，在网络空间，违法犯罪活动通过"一对多"甚至"多对多"方式进行快速扩散和交流，使得事后追责的传统刑法力不从心甚至无

---

① 参见〔德〕乌尔里希·贝克《世界风险社会》，吴英姿、孙淑敏译，南京大学出版社，2004，第102页。
② 参见何荣功《预防性反恐刑事立法思考》，《中国法学》2016年第3期。

法实现。① 面对信息网络犯罪，如果国家仍然采取传统刑法的事后追责方式，不仅是不现实的，也是极其不经济的。为了有效实现对网络信息犯罪的规制，刑事立法不得不调整犯罪规制的思路。

（二）积极刑法立法观面临的问题

从以上分析可见，面对风险社会，从规制新型违法犯罪必要性看，预防刑法具有一定的合理性，但问题在于：现代刑法的机能从来都不只是打击犯罪，因为一个国家对付犯罪并不需要刑事法律，没有法律也并不妨碍对犯罪的有效镇压与打击，而且，没有立法的犯罪打击可能是更加及时、有效、灵活与便利的。所以，亦有学者指出，尽管刑法规范针对的是犯罪及其刑罚，但它针对的对象却是国家。② 为了限制刑罚范围，对于国家在何种情况下应将特定行为纳入刑法调整，除了行为具有社会危害性外，国家还必须综合考虑其他因素，比如刑法遏制特定行为不会牵制并压制社会欢迎的行为，能够对该行为进行公正的、无差别的处理，通过刑事程序予以取缔该行为不会额外加重诉讼负担，没有刑罚以外的其他适当方法可以替代等。③

即便是面对恐怖主义犯罪巨大威胁，国家采取预防措施应对同样面临风险与种种疑问。针对欧洲国家反恐的种种刑法预防措施，学者希尔根多夫批评性地指出："虽然当恐怖组织引起大规模的严重伤害或者死亡的危险时，自由让位于安全是合理的做法，但是，如果国家想有效地保护其公民，就必须采取适当的和必要的手段。……刑法的每一种严厉化，许可的通缉方法是每一种扩展都伴随着一部分自由的丧失，自由的丧失是逐渐发生的，并且几乎是未被觉察的。因此，人们需要反复的检讨，新的惩罚措施事实上是否更好地保障安全，还是说它们只会以民粹主义的方式通过政治活动进行迷惑。正是鉴于恐怖主义的挑战，才更要保持刑事政策的客观性和目的合理性。那些想限制公民自由的政治家有

---

① 参见于志刚《网络思维的演变与网络犯罪的制裁思路》，《中外法学》2014年第4期，第1052页。
② 李海东：《刑法原理入门》，法律出版社，1998，第4页。
③ 参见〔美〕哈伯特·L. 帕克《刑事制裁的界限》，梁根林等译，法律出版社，2008，第293~294页。

## 第二章 理性的刑法立法观

义务说明，他们所建议的措施事实上是能够增进安全。"① 而且，恐怖犯罪分子往往隐藏在普通民众中间，那些用来对付或明或暗的恐怖分子以保护人民群众的强力措施，往往不可避免地对作为保护对象的人民群众的自由和权利造成伤害。②

又如为了预防网络违法犯罪，刑法增设拒不履行网络安全管理义务罪，强制赋予网络服务提供者信息网络安全管理义务的做法，同样面临疑问。的确，现代社会的刑法不只是保护公民个人权利，还要保护社会的存在。人类为了共同社会生活，需要承担共同义务，人作为一种政治动物不得不在同他人分享的生活当中寻求善的生活方式③，但义务范围和分享义务的范围从来都不是任意确定的。对违法犯罪的管理从来都是国家职责，网络服务提供者并不属于国家管理机构，刑法强制作为平等市场主体一方的网络服务提供者为市场主体另一方网络服务使用者（网络违法犯罪实施者）的行为承担义务，根本上改变了自由社会公民与公民之间以及公民和国家之间的政治和道德关系。而在刑法体系内部，如果公民的积极义务范围不加严格限制，法益侵害原则对于刑法处罚范围限制将失去意义，不作为犯的范围将会走向恣意模糊。

所有的理论或原则都具有历史性或非恒定性，随着政治与社会语境的变化，其意义与功能也会发生相应的流变。④ 法律作为满足现实社会需求的一种制度化机制，当然要符合时代特色和精神。而且，提倡刑法要符合时代特色，不仅容易获得社会道德支持，在政治上也容易被认为是"正确"的。只是问题在于：我国当下究竟是个什么样的时代？积极刑法立法观果真符合时代精神吗？我们究竟应当以何种态度面对所谓的社会对刑法的刚性需求？

---

① 〔德〕埃里克·希尔根多夫：《德国刑法学：从传统到现代》，江溯、黄笑岩等译，北京大学出版社，2015，第44页。
② 参见张国华《投鼠忌器的艰难选择——伊格纳季耶夫的〈两害相权取其轻：恐怖时代的政治伦理〉述评》，载周展等编著《文明冲突、恐怖主义与宗教关系》，东方出版社，2009，第136~137页。
③ 参见〔美〕富勒《法律的道德性》，郑戈译，商务印书馆，2005，第16页。
④ 参见劳东燕《风险社会中的刑法：社会转型与刑法理论的变迁》，北京大学出版社，2015，第7页。

第一，关于时代精神与积极刑法立法观。"法与时转则治，治与世宜则有功"，刑法必须符合社会发展与时代精神的演进，我们不能寄希望于用19世纪的刑法思维来解决21世纪的社会问题。如果说法律的发展必须符合时代精神，那么，我国现在所处的历史时空和时代精神究竟是什么，便成为一个基础而重要的问题。但该问题终究是个一言难尽而又众说纷纭的复杂话题，因为现实社会具有多面色彩和特征。立足于器物层面，今日我国社会呈现的面容远不同于启蒙时代，眼下国家面临的犯罪形势也截然不同于近代社会。但在法治国构建方面，眼下我国却正在经历近代社会曾经面对的问题。学者哈贝马斯根据西方社会历史上政府任务的特点，将国家形式划分为法治国、福利国和安全保障国三种类型。在该三种类型中，国家和政府的主要议题和任务是不同的，在法治国中，政府的主要任务在于古典的秩序维持（法律确定性）；后两者场合下，政府主要职责分别侧重于制约绝对主义的国家权力、对社会产出和补偿的公正分配（社会福利），以及应付集体性危险情况，预防由科学技术引起的风险（风险预防）。① 从历史进程看，在西方国家，上述三种国家类型呈现的是线性的发展路径。换句话说，法治国、福利国和安全保障国在西方国家经历的是顺次自然演进过程。与西方国家明显不同的是：我国社会呈现的是非线性社会发展路径，"共时性"是我国的基本国情，我国当下所遭遇的难题是，要超越近代—现代—后现代的时间单维性，而在一个时间点上，要同时地完成法治国、福利国和安全保障国的构建。对此，亦如我国学者所言，我们刚刚理解了福利国的概念，又突然发现，这是一个高风险的时代。② 既然身处信息和风险社会，刑法不可能对法益侵害的种种风险熟视无睹。但在"共时性的现代社会"，国家面临的问题绝非只是单一地应对来自国家外部的风险，还要完成国家自身的建设，即形式法治国的构建。具体到我国而言，全国推进依法治国，坚持法治国家、法治政府、法治社会一体建设，既是我国治理体系和治理能力现代化的必由之路，也是事关我国未来

---

① 参见〔德〕哈贝马斯《在事实与规范之间》，童世骏译，生活·读书·新知三联书店，2014，第535页。
② 参见李学尧《转型社会与道德真空：司法改革中的法律职业蓝图》，《中国法学》2012年第3期。

第二章　理性的刑法立法观

前途和命运的重大问题。法治（包括刑事法治）的核心要义在于建立限制和规范国家权力的规范体系，保障公民权利和自由。从历史起源看，古典学派的刑法理论以社会契约论、自然法理论和分权理论为思想基础，矛头直接针对的是君主专制时代的封建刑法。在时空概念中，古典刑法在今日社会显然没有了存在的余地，但古典学派从来都不只是个时空概念，它更代表的是约束国家刑罚权和保障公民自由的刑法理念和思维方式，以及一种制度形式和法治立场。在这个意义上，眼下的中国（包括世界），古典刑法理念不仅没有过时和被淘汰，相反却正当其时。

第二，关于社会刚性需求与积极刑法立法观。人本质上属于需求动物，法律作为一种规则体系，人类之所以需要它，是因为它可以满足公民对自身安全的需要。从古至今，每个人类社会都有一套推广、变革、管理以及执行人们生活所需规则的机制，然而，并非所有的社会在利用正式的法律系统方面达到相同的程度。① 人类社会在法律需求与供给间一直展示出有趣的现象：一方面，人类的文明程度越高，人类就越需要法律，制定越多的法律；另一方面，无论国家如何积极努力制定精致的法律，都无法满足社会需求，社会对法律的需求永远是超前的，而法律总处于"供不应求"的状态。对于前者，美国社会学者史蒂文·瓦戈（Steven Vago）的解释是，伴随着文明的提高和社会规模的不断扩大，社会的复杂性和现代性逐渐提高，社会的异质性将超过同质性并成为主导，这使社会成员之间的共同利益逐渐减少，特殊利益逐渐增多，亲密关系的重要性也愈益降低。物质必需品的获取变得更加间接，难度增大，分配的不公平性增加。这些都大大提高了社会冲突和纠纷的可能性。因此，社会愈发需要一套精细的规则及其执行机制来应对这些问题。② 对于后者，立足于法律保守性特征可以得到合理解释。"法律凸显出一种保守的倾向。这一倾向根植于法律的性质之中，即法律是一种不可朝令夕改的规则体系。一旦法律制定了一种权利义务的方案，那么，为了自由、安全和预见性，就应当尽可能地避

---

① 参见〔美〕史蒂文·瓦戈《法律与社会》（第9版），梁坤、邢朝国译，中国人民大学出版社，2011，第2页。
② 参见〔美〕史蒂文·瓦戈《法律与社会》（第9版），梁坤、邢朝国译，中国人民大学出版社，2011，第4页。

免对该制度进行不断修改和破坏。但是,当业已确立的法律同一些易变且重要的社会发展力量相冲突时,法律就必须对这种稳定政策付出代价,社会变化,从典型意义上讲,要比法律变化快"。①

法律保守和时滞的本性根本上决定了法律无法满足社会需求,这是人类社会的基本事实。尤其是现代社会的治理依赖的是一个整体的规范体系,法律作为一种社会控制机制,从来都不是独自存在于社会之中的,还有其他多种社会控制方式存在于社会生活中,存在于家庭、朋友、邻里关系、村落、部落、职业、组织和各种群体中。当其他社会控制减弱时,法律的量就会增加。反之亦然。② 具体从刑法与其他社会治理措施关系看,前刑法规范对社会越有效,社会对刑法的需求和依赖就越小;相反,前刑法规范对社会治理越无效,大量的行为将会交由刑法规范解决,整个社会对刑法的需求就会显著。所以,人类基于安全和追求幸福本能引起的对安全的需求,从来都是整体性需求,并非直接指向刑法机制。国家之所以常常使用刑法满足人类的自我需求,那只是国家的选择和偏爱。现代法治国家,法律早已摆脱了对政治的依附,法治的标志在于,法律不仅仅是政治的产物,还为政治行为预设条件。但是,正如英国著名政治学者洛克林指出的,即便在现代法治社会,法律的背后总是闪烁着政治的影子。政治并未且也难以终结,法治并未且也难以独行,是我们学习法律特别是公法时应该秉持的基本认识。③ 特别是在现代民主社会,政治已经发现刑法是一种打击犯罪的廉价和非常具有象征性的手段。通过刑法措施,政治可以营造一种积极性印象,而不必承认它找不到解决问题的有效方法。④ 而且,现代政治越来越清晰地发现,在实施方面,刑罚的方案是即时而容易实施的,而且就算它在各方面一无所成,也可以宣称就严罚的目标而言已"生

---

① 〔美〕E.博登海默:《法理学——法律哲学与法律方法》,邓正来译,中国政法大学出版社,1999,第402页。
② 参见〔美〕布莱克《法律的运作行为》,唐越、苏力译,中国政法大学出版社,2004,第7页。
③ 参见〔英〕马丁·洛克林《剑与天平:法律与政治关系的省察》,高秦伟译,北京大学出版社,2011,译者序,第3页。
④ 参见〔德〕埃里克·希尔根多夫《德国刑法学:从传统到现代》,江溯、黄笑岩等译,北京大学出版社,2015,第39页。

效"了。因为它在政治上少有敌人、成本相对较低,并且符合常识中对于社会失序之来源与责难之适当分派的看法。又因为它依靠既存的管制体系,不涉及改变根本的社会与经济安排。尤其它的控制与谴责集中在地位低的边缘群体上。[①] 还有,刑法解决社会问题往往具有即刻效应,更符合当下的官僚体制需求。

(三) 关于刑法社会学视角的进一步思考

从事物本性上看,积极刑法立法观属于积极肯定并推崇刑法参与社会问题解决的思维方式,该思维方式在科学方面是明显存在偏差的。

刑法对于社会问题解决的意义,刑法社会学学者一直持悲观态度。比如,百年前犯罪社会学派集大成者菲利以实证的研究成果从根本上否定了人们传统观念对刑罚预防机能的美好期待与心理依赖。他写道:"最后,我纠正一个一直被滥用的古老比喻。犯罪一直被比喻成是应当被刑罚之堤围在中间的激流。否则,文明社会就会被这种激流所淹没。我不否认刑罚是围堵犯罪的堤坝,但我断言这些堤坝是没有多大力量和效用的。每个国家都会从其长期的令人悲痛的经历中发现,它们的刑罚之堤不能保护其免遭犯罪激流淹没。而且,我们的统计资料也表明,当犯罪的萌芽已经生成时,刑罚防止犯罪增长的力量特别弱。"那是因为,"犯罪是一种由三种因素决定的自然现象,所以它符合犯罪饱和法则。根据这一法则,自然的和社会的环境,借助于行为人先天遗传和后天获得的个性倾向及其他偶然的刺激,必然决定一个国家某一个时期的犯罪在质和量上的程度。也就是说,一个国家的犯罪在自然领域或受个人的生物心理状况和自然环境的影响,在社会领域受经济、政治、行政和民事法律比受刑法典的影响要大得多"。[②] 对于刑罚为何对犯罪只是具有十分有限的效用,当代著名刑法社会学者大卫·加兰进一步指出,惩罚只是一种用于支援那些较可靠的社会机制的强制力,最多只能管理那些逸脱正当控制与整合网络的人。惩罚注定

---

① 参见〔美〕David Garland《控制的文化:当代社会的犯罪与社会秩序》,周盈成译,巨流图书有限公司,2006,第 266 页。
② 〔意〕恩里科·菲利:《犯罪社会学》,郭建安译,中国人民公安大学出版社,2004,第 216~217 页。

不会有重大的"成功",因为真正能导致服从——或导致犯罪与行为偏差——的条件位于刑罚制度的管辖之外。[1]

对于法律与其他社会控制机制的关系,博登海默指出,在有组织的社会的历史上,法律作为人际关系的调节器一直发挥着巨大的和决定性的作用,但在任何这样的社会中,仅仅依凭法律这一社会控制力量显然是不够的。[2] 刑罚只是一种专门的惩罚技术,作为一种国家垄断的合法暴力机制,它的主要功能在于满足人类与生俱来的报复欲望。作为一种规范存在,其主要功能在于证明和保障前刑法规范效力必须得到遵守维持。在这个意义上,刑法归根到底还是应处于保障法地位。

面对恐怖主义的巨大威胁和大量违法犯罪活动在移动互联网上的出现,传统的刑法处罚显得过于迟钝,在处罚技术方面也面临困境,该种情形下,国家立法采取积极治理态度,刑罚防线适当前移,应当是可以妥协性接受的。但国家将积极刑法思维扩张为刑事立法的基本指导思想,在刑法分则罪名体系中规模性采用,这种做法偏离了刑法的本性,是极其危险的做法。意图倚重刑罚实现有效社会治理的积极刑法立法观,势必催生大量象征性立法,同时它也可能削弱其他社会治理措施的有效性,最终导致现代社会治理对刑法的进一步依赖。

## 四 展望:未来我国刑法立法的方向

哲学家伯特兰·罗素在《西方的智慧》一书中这样写道:"从整体上看,人似乎是一种保守的动物。就发展速度而言,人类的技术能力超过了自己的政治智慧,直到今天,我们也没有从这种失衡中恢复过来。"[3] 眼下社会出现的种种社会问题,是人类自身局限性的体现,也是人类政治智慧与技术能力矛盾的产物,所以,社会问题的解决必要从改善社会结构着手。对于风险预防和违法犯罪治理,现代国家同样应遵循这样的思路。面

---

[1] 参见〔美〕David Garland《惩罚与现代社会》,刘宗为、黄煜文译,城邦文化事业股份有限公司,2006,第465页。

[2] 参见〔美〕E. 博登海默《法理学——法律哲学与法律方法》,邓正来译,中国政法大学出版社,1999,第357页。

[3] 〔英〕伯特兰·罗素:《西方的智慧》,伯庸译,电子工业出版社,2014,第295页。

## 第二章　理性的刑法立法观

对犯罪，即便国家采取先发制人的预防性措施，因无法触及和改变社会构造和犯罪成因，注定不会具有太大的实益。试图通过刑法预防风险，归根到底是刑罚乐观主义思维。法律是正义与善良之术，但法律作为规范体系和国家强力措施，并非总意味着善。具体到刑法而言，其制定适用是国家面对犯罪做出的一种"投鼠忌器"的不得已选择，具有与生俱来的悖论——以剥夺自由的方式来保障自由，以损害法益的形式去保护法益。所以，寄希望于刑法推动和引领社会发展，那是对刑法功能的不正确解读。

法律本质上是政治的产物，任何时代的刑法都不可能完全脱离政治和刑事政策的影响。而且，亦如罗克辛教授所言，"只有允许刑事政策的价值选择进入刑法体系中去，才是正确之道，因为只有这样，该价值选择的法律基础、明确性和可预见性，与体系之间和谐、对细节的影响，才不会倒退至肇始于李斯特形式——实证主义体系的结论那里。法律上的限制和合乎刑事政策的目的，这二者之间不应当互相冲突，而应该结合在一起。"① 刑法作为制度化的公共政策的一种，面对风险社会的种种危险，若不在场，也将是渎职和不妥当的。面对恐怖主义、信息网络等新型违法犯罪，国家注重刑法的积极预防，不失合理性，而且可以预测，随着国民安全需求的提升和社会危险、不确定因素的增加，未来社会对刑法积极参与社会治理的诉求会随之变得越来越强烈。刑法在现代社会治理体系中的地位与定位问题，也将随之变得越来越模糊不清。

法治国对刑事立法的要求是从宪法中推导出来的。民主法治社会，国家权力合法性的全部基础在于保障公民的权利与自由，一切法规范皆应朝着足以防堵公民权利遭受侵害之方向发展，而不是无目的扩张自己的领地。而且，刑罚不得已"恶"的秉性决定了国家应竭力把它的强制限定在最小的范围内并且不断寻求减少使用它的机会，而不是增加强制的机会并把它当作挽救一切道德败坏的药方。② "预防犯罪是刑法的基本目的，但是，该目的像其他任何社会目的一样，并非存在于真空中，它必须受到诸

---

① 〔德〕克劳斯·罗克辛：《刑事政策与刑法体系》，蔡桂生译，中国人民大学，2011，第15页。
② 参见〔英〕威廉·葛德文《政治正义论》（下卷），何慕李译，商务印书馆，1980，第141页。

多其他社会目的——主要是促进个人自由和实现正义——的制约。这些目的实现要求对犯罪预防加以规制。"① 从犯罪治理的策略看，预防犯罪行为的发生确实要比处罚已经发生的犯罪行为更有价值、更为重要。但犯罪预防有赖于一套有针对性的社会政策与措施，将预防犯罪的手段狭隘地定位为刑法，那是错误地理解了刑法在社会治理体系中的地位。正是在这个意义上，积极刑法立法观表现出了根本的局限性，不值得我们提倡。

（武汉大学法学院教授、博士生导师　何荣功）

---

① 〔美〕哈伯特·L. 帕克：《刑事制裁的界限》，梁根林等译，法律出版社，2008，第14页。

## 第三节　刑法修正中的象征主义倾向及其矫正

中国现代社会以来，伴随人权观念的勃兴，刑法谦抑、刑法有界开始成为法治国家刑法改革的导向，罪刑法定原则的广泛传播，使立法者对刑法的正当性给予了前所未有的关注，刑法界域得以不断清晰与明确，作为统治工具的刑法开始走下"神坛"，刑法立法中的实用主义倾向受到批判乃至否定。然而，在以中国金融刑法为代表的立法领域中，刑法立法却出现了一种新的异化现象，即为了达到安抚社会公众情绪之目的，立法逐步抛弃规范的实用性与可行性标准，刑法立法貌似"华丽"，但实践中并不存在可适用的机会[①]，由此形成了刑法立法中由立法的实体性扩张向形式性扩张的"象征主义"取向。刑法的象征主义造成了金融刑法的立法"冗余"，国家、社会乃至公民对刑法的新型崇尚与依赖，模糊了金融刑法法益判断的基准，降低了金融刑法应对金融风险的抗制能力，实有开展批判性反思之必要。

### 一　刑法立法修正中象征主义之兴起

#### （一）中国刑法立法空置之乱象

中国传统刑法工具主义经历了从服务于王权统治，到服务于政权与军事斗争，再到服务于阶级斗争需要，直至介入经济建设和社会秩序稳定的过程，尽管具体目的有所不同，但其实质核心并无区别，即刑法是在形式层面上实现国家统治的手段工具，刑法的应然目标价值并没有被作为实质层面的犯罪化的基本标准，显然，这与西方国家的工具主义是有着迥然区别的。然而，将规范的实用性作为判断立法必要性的依据，却是东方与西方刑法工具主义的共同交集所在。强调刑法作为统治工具的实用功能，一直是中国刑法立法所遵循的传统理念。但是，新近以来，中国刑法立法却

---

① 1999年至今的刑法修正中，金融刑法被修正或新增的罪名达20个，但新罪名中除妨害信用卡管理秩序罪等少数罪名被广泛适用外，相当一批新罪名在立法后即被束之高阁。

出现了不同于以往的一类新异象：刑法立法从无限扩张刑法的干预范围、加大刑罚的干预力度的实质性实用主义，开始向单纯安抚社会公众情绪转变的形式性政策主义转向，实用性不再是立法所首要考虑的问题，刑法立法中缺乏实际适用性的"空置化""僵尸化"条款开始不断增多。

这一现象在1997年刑法典颁行后在金融刑法的立法领域表现尤为突出。基于弥合时代发展与刑法需求的需要，中国相继颁布了1个单行刑法与9个刑法修正案，在单行刑法与第一、三、五、六、七、九6个刑法修正案中，增加或者修正金融犯罪的罪名分别为6个和15个，新增与修正罪名占全部金融犯罪罪名（38项）的55.3%。然而，部分新增或修正罪名在司法中却缺乏适用。据统计，2006~2010年，全国各级检察机关共受理移送起诉金融犯罪案件3万余件5万余人，其中，破坏金融管理秩序罪占37.47%，金融诈骗罪占62.53%，而信用卡诈骗罪一个罪名的受案数就占全部金融犯罪案件的38.8%。相比之下，部分金融犯罪罪名受案数极少，有22个罪名5年来受案总数不超过100件，有11个罪名受案数甚至不超过10件。① 上海市高级人民法院发布的《2010年度金融审判系列白皮书》指出，2010年上海法院共受理一审金融犯罪案件1165件，其中，信用卡诈骗犯罪案件占了绝大部分，共948件，其他金融犯罪行为也主要集中在伪造、运输、出售假币犯罪，伪造金融票证犯罪以及贷款诈骗、票据诈骗、保险诈骗犯罪等传统罪名上。② 2012年上海法院共受理金融犯罪案件2030件，涉及破坏金融管理秩序犯罪71件，金融诈骗犯罪1758件，扰乱市场秩序犯罪94件。在已结案件中，信用卡诈骗罪占全部金融犯罪的八成以上，其中恶意透支型信用卡诈骗罪占绝大多数。③ 而根据上海市检察院发布的《2016年度上海金融检察白皮书》，2016年，上海全市检察机关受理的金融犯罪案件涉及28个罪名，与2015年持平。就案件类型分布看，

---

① 参见王军、张晓津、李莹《金融犯罪态势与金融犯罪研究》，载中国检察学研究会金融检察专业委员会编《金融检察与金融安全》（首届中国金融检察论坛文集），上海交通大学出版社，2012，第285页。

② 彭少辉：《金融犯罪新罪名与司法适用的实证分析与理性反思》，《上海商学院学报》2011年第4期。

③ 参见上海法院网，http://shfy.chinacourt.org/article/detail/2014/04/id/1269529.shtml，2014年9月15日访问。

信用卡诈骗案件以占全部金融犯罪案件的61%而连续8年居金融犯罪案件首位，非法吸收公众存款罪案件上升至第二位，利用未公开信息交易案件等罪名位于前十名。上述数据表明，占全部金融犯罪五分之一的金融诈骗犯罪（有价证券诈骗除外）在司法中一直处于较为活跃的状态，而在破坏金融管理秩序罪的32项罪名中，除货币犯罪、伪造金融票证、非法吸收公众存款犯罪的司法适用较多外，其他罪名，包括由修正案新增或修正的罪名，如，背信运用受托财产罪、违法发放贷款罪、吸收客户资金不入账罪、违规出具金融票据罪等，则较少甚至从未被适用过。金融刑法急速扩张背景下所出现的司法消极适用或选择性适用现象，在公共安全犯罪、社会管理秩序犯罪等其他犯罪类型中也同样存在。刑法上空置罪名的增多，表明立法在延续传统刑法工具主义标签的同时，又陷入另一种不以立法的实际适用为特征的立法旋涡之中，对此，本文将之称为刑法立法的"象征主义"。

（二）象征主义之生成

**1. 象征主义之现象考查**

象征主义的产生与现代政治治理密切相关。作为不同于政治统治的概念，政治治理是20世纪末伴随现代治理理论而出现的一个概念。1989年在世界银行发表的面对非洲国家公共治理的危机报告中提出了"现代治理"的概念，后成为指导公共行政改革的一种理论基础。[①] 根据全球治理委员会的定义，治理是一个任何组织、公与私管理共同事务的各种方法的总和，是一个持续的过程，既包括有权迫使人们服从的正式制度和规则，也包括各种人们同意符合其利益的非正式的制度安排。治理有四个特征：治理不是一整套规则，也不是一种活动，而是一个过程；治理过程的基础不是控制，而是协调；治理既涉及公共部门，也包括私人部门；治理不是一种正式的制度，而是持续的互动。[②] 现代治理是在全球化背景下国家有效回应市民需求以及应对危机的产物，体现了政府与公民对公共生活的合作治理之原则。现代治理理论引发了政治领域内主体多元化、结构网络

---

① 张康之：《公共行政学》，经济科学出版社，2007，第346页。
② 彭前生：《应然政治逻辑中的政治治理》，《湖北社会科学》2011年第7期。

化、过程互动化和方式协调化的改革诉求，同时也影响到作为治理工具的刑法规范的生成路径，刑法立法具有了从传统的自上而下的政治统治工具向上下互动的政治治理工具转变的特征，尤其是公民意志在刑法立法中有了明显的体现，刑法立法成为国家与市民社会相互协商、妥协的结果。在政治治理理论影响下，刑法立法是否能发挥规制社会的实在效果，已经不再是立法者在发动立法程序时所首要关注的问题，或者，已经沦为立法的次要目的。相反，刑法规范的目的更多地被定位于期待国家与大众之间形成一定的合法与不法意识，以表示国家正在与某种不法行为进行积极斗争，安抚民意、稳定民心，减少政治国家与市民社会的对抗摩擦，减小社会危机带来的政治风险成为刑法立法的新功能，刑法作为政治治理工具的属性得以确立。

**2. 刑法象征主义之特征**

与传统的刑法实用主义相比，刑法象征主义具有以下一些新的变化。（1）刑法立法倾向的社会基础不同。传统刑法实用主义存在于法律专制时期，以是否有利于国家统治为立法标准；象征主义建立在法治基础上，以遵守形式意义上的罪刑法定原则为前提，以是否有利于国家政治治理为立法标准。（2）刑法立法所维护的目的不同。实用主义刑法崇尚"刑法万能"论，刑法被认为是国家治理的万灵妙药。立法者主观地认为通过刑罚恐吓可以达到国家治理的目的，而且加强刑罚惩处对于现实的犯罪治理具有实际效果。然而，在象征主义之下，社会结构的变化、民意的兴起与立法博弈模式的出现，使得立法目的逐步从实用主义向政策主义转化，刑法开始作为国家与社会之间博弈的砝码而存在，刑法的实用效果（法益保护）已经不再是立法者首要考虑的因素，是否具有安抚性的政治目的开始成立法者所要考虑的问题。（3）刑法导向的主体不同。在实用主义刑法倾向之下，作为国家管理社会的重要手段，刑法立法呈现单向性的特征，依赖于国家治理者的自发启动并以满足其内在需求为绝对主导，立法呈现自上而下的管制模式。在象征主义之下，公众获得了一定的社会话语权，一些影响较大的社会事件往往会引发公众对社会秩序与安全的担心，进而以公众舆论的强压方式引发刑法立法修正，中国刑法典中的危险驾驶罪、拒不支付劳动报酬罪、组织出卖人体器官罪等罪名的产生莫不是如此。面对汹涌澎湃的民意和刑法泛化的浪潮，刑事立法"受制于人"的"味道"越来越浓，刑事立法的独立性日渐削弱，刑法立法具有了多元主体平等协商的特点，不再单一地满足治理者的内在需求，同时也必须兼顾满足社会公众的内在需求，因而连带性地产生了安抚公众情绪的新价值。

## 二 刑法立法象征主义倾向之成因分析与理性批判

### （一）刑法立法象征主义倾向之成因

象征主义刑法是现代政治发展与市民社会兴起的必然结果，尤其是在国家转型阶段，作为刑法犯罪治理与政治压力的缓冲域，象征主义倾向更具有广泛的市场。具体而言，除了政治治理理论的影响之外，导致象征主义的主要原因体现在以下几个方面。

**1. 政治国家应对转型危机的能力不足**

社会转型（Social Transaction）发端于西欧国家的现代化过程，以经济市场化和政治民主化转型为内容。社会结构的裂变与重组是转型社会的重要特征，新旧体制转化过程中易引发社会动荡和秩序失衡。亨廷顿认为："现代性孕育着稳定，而现代化过程却滋生着动乱。"[①] 转型过程中经济和社会关系的重大结构性变迁产生了大量的经济和社会矛盾与冲突，这些矛盾与冲突即是转型危机。转型危机不能在经济领域和社会领域自我矫正，需要国家通过各种治理手段进行干预，构成对国家治理能力的挑战，若不能及时化解或有效控制转型危机，经过一定时间的积累，就可能转化为国家治理危机。[②] 西方国家在现代化转型中，都曾出现过严重的国家治理危机，如美国"进步主义时代"大规模的阶级冲突、1930年代经济大萧条以及1960年代以反核、同性恋和城市自治等为特征的"新社会运动"。为应对转型危机，西方国家纷纷加强了国家治理体制的转变和调整，如德国在1980年代加强了环境立法，完善社会福利保障制度，美国则围绕人权保障展开了死刑限制与废止的司法改革运动，形成了"重重轻轻"的刑事政

---

① 〔美〕塞缪尔·P. 亨廷顿：《变化社会中的政治秩序》，王冠华译，生活·读书·新知三联书店，1989，第38页。
② 徐湘林：《转型危机与国家治理：中国的经验》，《经济社会体制比较》2010年第5期。

策。另一些国家由于缺乏应对转型危机的处理能力而引发了更为严重的国家危机,如苏联1991年的解体。

作为"后发型"现代化的国家,中国同样存在类似的现代化转型过程。从1978年改革开放开始,中国步入经济体制改革阶段,在经历10多年早期摸索后,1992年中共十四大标志着中国正式进入市场经济转型发展阶段,市场规则渗透到经济、公共事业和社会生活领域,不仅带来了经济模式的转变,同时也造成了社会阶层分化、多元利益群体出现、民众观念转变等系列社会变化。然而,与西方国家百年来逐步推进的现代化转型所不同的是,中国经济转型过程是骤然的(尽管是以渐进方式展开),同时聚合了现代化与后现代化之特征,如混合过渡性、自觉建设性、经济先导性、政府调控性、跨越式发展性、文化裂变与整合交替性、发展模式创新性等等。① 因此,"中国式"转型危机兼具开放式和多元化之特征,不仅包括了现代化过程中的阶层分化、利益集团形成、民意兴起等问题,也包括了后现代化过程中的风险社会问题,即当转型中国国家现代化过程中国家本位开始让步于社会本位,身份社会开始向契约社会过渡时,市民社会与政治国家的对峙局面隐然若揭,而后现代化所隐含的风险因素进一步刺激民意对于安全的担忧,更容易激化对峙状态,形成极不稳定的社会状况,进而影响国家治理。近10年来频繁出现的上访、请愿、抗争以及其他类型的群体性事件,从根本上反映出社会公众对于行政执法、利益分配、权力监督、环境保护、社会安全所引发的转型危机的种种不满,形成了中国转型时期的独具特色的"新社会运动"。② 构建有效的社会安全保障体系、福利体系与纠纷解决体系,疏导社会内积压力,是国家应对转型危机的主要途径。作为最为严厉的最后保障法,刑法的频繁扩张将压缩国民的自由空间,增加社会内部的压力系数,并非国家应对转型危机的有效方式。对刑法积极扩张的肯定,简单地以增加罪名的方式来期望达到压制与控制转型危机的目的,却不考虑立法的实际效用,实质是国家应对转型危机经验与能力不足所致。

---

① 杨岚:《从文化视角看中国后发型现代化的新特征》,《理论与现代化》2003年第3期。
② 徐湘林:《转型危机与国家治理:中国的经验》,《经济社会体制比较》2010年第5期。

### 2. 国家对刑罚积极预防功能之过度推崇

回溯历史，无法否认，刑罚自产生之日起，就是一种重要的社会仪式，刑罚处罚的公开化对于公众心理具有暗示功能，刑罚符号在这种仪式中充当了国家与公众之间的信息传递媒介。涂尔干将惩罚描述为一种表达制度，通过刑罚仪式表达社会价值和既有道德，刑事制裁是社会集体良知对于违反道德秩序者的反应，透过刑罚的运作过程，社会价值被具体展现以及重建。① 范伯格注意到刑罚制裁是一种清楚而自觉传达的符号，法官与刑罚人员都清楚地意识到他们的言行往往会延伸到一般大众，并对众人构成象征意义。② 大卫·葛兰从文化角度提出惩罚的实践、制度与论述都能表意（signify），而它们所表达的意义远远超出了犯罪与惩罚的直接性，而涉及更为广泛且延伸的议题，刑罚是"文化展演"——将延伸意义传达给各阶层的社会大众。③ 刑罚符号的信息传递功能，是现代刑罚理论构建的基础，其中尤以积极预防理论为典型。雅各布斯（Günther Jakobs）在威尔兹尔（Welzel）、卢曼（Niklas Luhmann）研究的基础上，提出了现代刑罚积极预防功能的理论构建，认为"刑罚功能不再于威慑潜在犯罪人或让已经犯罪的人变得更好，而是在于维护社会大众对于法规范的信赖基础"。④ 该观点将刑法作为社会系统的子系统，通过对不法行为的及时否定，排除公众期待失望，巩固公众对法律的信赖，从而维系社会大系统的稳定性。这也正如福柯在《规训与惩罚》中所认为的，惩罚是一种政治策略，可以产生一系列积极效应，具有复杂的社会功能。⑤

1970年以来，在风险社会理论的影响下，刑罚的积极预防功能受到立法者的全面关注与高度重视，已经成为西方刑罚理论的主流观点。风险是

---

① 〔法〕埃米尔·涂尔干：《社会分工论》，渠东译，生活·读书·新知三联书店，2013，第40页。
② J. Feinberg, "Doing and Deserving", *Essays in the Theory of Responsibility*, Princeton: Princeton University Press, 1970, p. 95.
③ 〔美〕大卫·葛兰：《惩罚与现代社会》，刘宗为、黄煜文译，商周出版社，2006，第408页。
④ Günther Jakobs, Strafrecht, Allgemeiner Teil: die Grundlagen und die Zurechnungslehre, 2. Aufl., 1993, 1. Ab. Rn. 4.
⑤ 〔法〕福柯：《规训与惩罚》，刘北成、杨远缨译，生活·读书·新知三联书店，2007，第25页。

对现代化的一种反身性（reflexive）认识，由科技文明与人为因素衍生而来，技术风险、政治社会风险与经济风险等制度风险都是风险结构的组成部分。① 根据风险社会理论的分析路径，风险聚合所引发的灾难是人类前所未有的，而传统刑法的结果本位模式难以有效预防风险，于是公众比以往更为强烈地感受到了权益受到侵害之可能性，为避免政治国家与市民社会之间的激烈冲突，立法者须透过国家刑法立法及刑罚传递出一种信号，即，国家正在为抗制风险作出积极努力，以安抚公众的恐慌、紧张与不安情绪，稳定社会秩序。基于"中国式"转型危机的复杂性，刑法立法在抗制风险方面做出了种种努力，在环境污染、毒品滥用、有组织犯罪等风险社会领域出现了危险犯、行为犯等犯罪形态，刑罚规制范围持续扩张，形成了犯罪前置化的"预防型"立法模式。对此，不少学者已经从风险刑法角度，对刑法立法的盲目扩张进行了反思性批判。② 当然，抗制风险是立法工具化的一个侧面解释，而另一个侧面则是国家对刑罚积极预防功能的过度迷信。尽管刑罚的积极预防功能对于维系社会秩序具有重要意义，但其并非立足于刑法本体，不具有刑法本体功能价值，更多的是刑事政策的外部附加价值，过度推崇刑罚的积极预防功能，将导致刑法立法受公共情绪或民意的牵制，偏离刑法法益保护与人权保障的基本功能，产生毫无实际效果仅具现实观感的形式立法，从而引发立法正当性的质疑。

### 3. 立法机构对刑法法益的定位失当

法益，是指根据宪法的基本原则，由法所保护的、客观上可能受到侵害或者威胁的人的生活利益，其中由刑法所保护的人的生活利益，就是刑法上的法益。③ 法益保护并不会仅仅通过刑法得到实现，而必须通过全部法律制度的手段才能发挥作用，刑法对于法益保护仅具有辅助性，在使用

---

① 参见〔德〕乌尔里希·贝克：《世界风险社会》，吴英姿、孙淑敏译，南京大学出版社，2004，第 97~102 页。

② 劳东燕：《公共政策与风险社会的刑法》，《中国社会科学》2007 年第 3 期；陈兴良：《风险刑法与刑法风险：双重视角的考察》，《法商研究》2011 年第 4 期；刘艳红：《风险刑法理论不能动摇刑法谦抑主义》，《法商研究》2011 年第 4 期；于志刚：《风险刑法不可行》，《法商研究》2011 年第 4 期。

③ 张明楷：《刑法学》（第 3 版），法律出版社，2008，第 86 页。

非刑法惩罚就足以保障实现所追求的目的时，立法者就应当将其规定为违反秩序的行为。① 因此，立法机构在制定刑法时，应当坚持"最后手段原则"与"必要限度原则"，理性地界定刑法与前置法的边界。在法益理论发源地德国，也存在类似于象征性立法的争议。基于对立法正当性的反思，1970 年代瑞士、德国学者首先提出"象征性立法"问题。瑞士学者 Peter Noll 认为，"象征性立法"（Symbolishe Gesetzgebung）是立法者名义上宣称对立法效果负责，但实际并不愿或不能负责，尽管这样的立法缺乏实际效果，但立法者仍基于立法背后的动机而坚持立法，因为这些立法的目的本来就不是影响现实以促进社会的理性发展。② 德国学者 Krem 认为，象征立法的主要功能是作为一种"规范声明"，规范的目的只是期待国家与大众之间形成一定的合法与不法意识，实质上并不意图影响任何个人行为。③ 也即，立法目的本来就不是意图影响现实，立法者本身并不关心立法是否能发挥规制社会的实在效果。象征性立法在刑法立法中也有体现，如德国刑法第 130 条第 3 款规定的"煽动民众罪"，将"否认或粉饰纳粹时期实施的种族灭绝罪的"规定为犯罪，其立法的实在意义在于在政治上表达一个已改过自新的德国，不隐瞒或不回避希特勒时代的犯罪。④ 象征性立法被认为背离了刑法法益保护原则，而受到理论批判。罗克辛教授认为，象征性立法的目的在于某种政治性宣示或公共情绪安抚的功能，由于缺乏法益保护之功能，无法产生法益保护效果，难以适用于司法实践，仅有形式意义上的立法存在感。⑤

在中国经济转型阶段，国家应对转型危机能力的不足、公众情绪的不当影响、追求刑事政策效果等因素，都会导致刑法立法的法益定位失当。其中，更值得注意的是"部门利益"刑法化现象。行政部门利用其掌握的国家立法资源，在协助国家制定有关立法草案时，不适当地强调本部门的

---

① 〔德〕克劳斯·罗克辛：《德国刑法学总论》，王世洲译，法律出版社，2005，第 23 页。
② Peter Noll, "Symbolische Gesetzgebung", (1981) 100 Zeitschrift für Schweizerisches Recht (new edn) 353, 355–356.
③ Burkhald Krems, Grundfragen der Gesetzgebungslehre, 1979, S. 34.
④ 〔德〕克劳斯·罗克辛：《刑法的目的难道不是保护法益吗？》，樊文译，载陈兴良主编《刑事法评论》（第 19 卷），北京大学出版社，2006，第 155 页。
⑤ 〔德〕克劳斯·罗克辛：《德国刑法学总论》，王世洲译，法律出版社，2005，第 18 页。

权力和利益,力图通过立法来维护、巩固和扩大本部门的职权;同时尽可能地减轻和弱化本部门应当承担的责任与义务,即权力部门化、部门利益化和利益法规化。① 这种立法中的"部门利益"现象在刑法立法中也确有存在。以金融刑法为例,基于专业知识的限制与行业管理的特殊性,金融部门对金融刑法立法具有一定话语权,借此创建了"部门利益"的刑法输入通道。如,在刑法典中规定了擅自设立金融机构罪,伪造、变造、转让金融机构经营许可证、批准文件罪等专门保护金融机构的罪名。《刑法修正案(五)》起草过程中,金融主管部门考虑到运输、销售、购买伪造信用卡等行为在具体适用刑法时存在困难,建议增设妨害信用卡管理罪,以保护银行等金融机构和公众的利益②;在《刑法修正案(六)》起草过程中,银监会同有关部门提出增设骗取银行贷款、银行信用罪,违法处置不良资产罪等;证监会则提出对证券公司挪用客户保证金、上市公司大股东占款以及操纵市场行为等增加和修改罪名;保监会则希望将保险资金违规运用等也明确列入刑法的处罚范围。③ 部门利益的刑法化,导致大量行政不法行为被纳入刑法规制,混淆了行政法益与刑法法益之界限,降低了刑法法益的保护标准,导致前置法与刑法的管辖争夺,前置法在纠纷解决与执行上的便捷性又会造成后置刑法难以真正适用,进而形成立法空置现象。

(二) 刑法立法象征主义倾向之批判

刑法作为调整国家与民众关系的政策工具时,具有双面性。一方面,刑法立法能够满足社会欲求且能有效运行,立法的工具性与实用性高度统一的,这样的立法应当予以肯定与保留;但另一方面,刑法立法尽管满足社会欲求,却无视刑法的核心价值,不符合实质法治之要求,不能通过具体的操作手段而予以有效运行的,这样的立法必须给予批判与废弃。本文所指的象征主义倾向显然属于后者,其弊端具体体现为以下几点。

---

① 汪全胜:《行政部门立法利益倾向及其防范》,《中国行政管理》2002年第5期。
② 全国人大常委会法工委《关于〈中华人民共和国刑法修正案(五)(草案)〉的说明》。
③ 肖华东:《我国刑法不堪重负 金融犯罪促使刑法修改》,《东方瞭望周刊》2005年6月18日。

## 第二章 理性的刑法立法观

**1. 导致刑法立法的正当性欠缺**

刑法立法正当性的基础在于立法权的独立性和立法目的的正当性。在立法权的独立性方面，象征主义将刑法作为满足公众情绪的工具，是对刑事立法权独立性的轻视。在目的正当性方面，象征主义背离了法益保护与人权保障的刑法功能性目的。法益保护是立法正当性的评价标准，具有防止刑法体系不当扩张的体系批判机能，然而，在象征主义之下，刑法立法已经成为纯粹的规范声明，立法目的从显性的法益保护转向了规范背后的隐性目的，无论隐性目的是什么，都不再会是服务于法益保护，而当立法因为隐性目的的需要肆意扩张时，又会造成刑法干预的越界，侵害国民活动自由，贬损刑法的人权保障功能，最终导致刑法立法正当性基础不足。

**2. 导致刑法立法的无价值**

受制于公共政策而非法益保护之目的，象征主义下的刑法立法在实践中难以得到有效应用。尽管在形式上刑法立法能够突破传统刑法理论的限制，实现不正当的立法扩张，但仍可能受到更高层面的宪法约束，限于违宪审查之压力而无法适用。比如，德国在 2005 年修正了《集会法》，禁止新纳粹分子在特定场所集会，以打击反右翼极端分子，然而，德国《基本法》第 8 条规定了集会自由，使得这种立法新规定的实际适用范围比看上去要小得多，故而立法仅具有象征价值。[1] 当然，在中国语境下，象征主义下立法缺乏实用效果更多地体现为立法与司法在社会系统中的机制与功能差异。基于国家与市民社会的博弈关系，立法修正大量采用了前移刑法评价节点、降低行为量化因素、设置行为犯或抽象危险犯等方式，以确保民众能够获得主观的安全感受，同时造成了刑法与前置法之间界限模糊，行为的刑事违法性与非刑事违法性之间区分不明显。相比而言，刑事司法不以发挥刑罚符号的社会功能为目标，更多考虑的是刑事纠纷解决机制的实际效果。那些满足民众非理性情绪、偏离法益保护的刑法立法，在刑事司法适用中认定困难，并容易造成社会关系的紧张，不符合现代司法的纠纷解决观，故而不被司法所重视。法律能否用于司法裁判即作为法院适用

---

[1] C. Enders and R. Lange, "Symbolische Gesetzgebung im Versammlungsrecht?" (2006) JuristenZeitung, 105.

的标准，是判断法律有无价值的标志。缺乏可裁判性（可适用性）的法律仅仅是一些具有象征意义、宣示意义或叙述意义的法律，其即使不是完全无用的法律或"死的法律"（Dead Law），至少也是不符合法律之形式完整性和功能健全性之要求的法律，它们减损甚至歪曲了法律的本性。① 当刑法立法无法发挥实质的规制效果时，罪名的存在仅是徒具形式而已，实际浪费了立法资源，属于无价值的立法。

**3. 导致刑法立法谦抑性的贬损**

象征主义的产生与国家应对社会转型中的转型危机密切相关。基于克服转型危机对于政治国家的重要意义，只要国家对转型危机中可能产生的风险威胁达到一定的怀疑程度，刑事立法的运作逻辑应立即从"最后手段"转变为"手段优先"。这意味着，刑法立法者实质上并不关心刑事制裁本身，而是国家是否可以通过刑法实现全面的社会控制。当国家对违法行为的控制可以随意地在刑法预防与其他非刑事规范系统之间游走时，刑法的谦抑性受到严重破坏，刑法也将最终沦为政策法或社会管理法。

## 三　象征主义刑法倾向矫治与中国金融刑法之理性回归

尽管象征主义对于刑事立法的正当性具有严重危害，但往往以考虑民意或公众情绪的"正当化理由"面目出现，具有一定的迷惑性。在中国经济转型过程中，金融体系改革维系千家万户的正常生活，稳定民众对金融秩序与安全的信心，成为象征主义在金融刑法领域大行其道的重要原因。破除对象征主义的迷信，重新回归刑法立法理性主义，成为纠正当下中国金融刑法立法偏向的关键。

### （一）象征主义刑法立法倾向之矫治

象征主义的生成，在一定程度上是经济转型中市民社会与政治社会博弈的结果，反映了国家应对新时期转型危机的困惑与不足。基于象征主义的生成原因及其危害，应当通过以下途径对象征主义进行积极矫正。

（1）消除"刑法万能论"的残余观念，构建多元化的社会保障体系与

---

① 舒国滢：《法律原则适用的困境：方法论视角的四个追问》，《苏州大学学报》2005年第1期。

纠纷解决机制，提升国家治理能力。在转型社会中，犯罪的增长与扩散对于国家和公众都具有高度的敏感性，对犯罪的控制不当，容易引发更为严重的社会转型危机。然而，犯罪是一个社会学概念，恰如李斯特所言，"最好的社会政策就是最好的刑事政策"，犯罪治理应当立足于社会管理机制的不断完善与国家机体的健康运行，而非将理想仅仅寄托于刑法。因此，提升国家应对转型危机能力的关键在于建立健全前置法，构建有效的犯罪预防机制而非刑事惩治机制。

（2）破除刑罚迷信，合理定位刑罚积极预防功能的作用域，实现罪刑关系的理性化。刑罚的积极预防功能本身是一种刑罚政策，具有凝聚公众对法律信赖、加强社会团结的重要作用，尤其是在转型社会中更具有积极价值。然而，不同的犯罪具有不同的社会危害性，不同的犯罪对公众生活与社会秩序的影响也有不同，不加区分地全面推行刑罚的积极预防功能，必然导致刑法立法的目的功能被刑罚的政策功能所取代，刑法将全面成为实现社会管理政策的工具。因此，应当采取区分化理念，即对于严重侵害国家安全、公共安全或人身权利的犯罪，具有社会示范意义，有必要强调刑罚的积极预防功能，避免因立法公正性不足而引发更为严重的社会危机；至于经济秩序犯罪、社会管理秩序犯罪，则皆为法定犯，犯罪原因多为国家管理之要求，犯罪治理重点在于前置法的完善，强调后置法的积极预防功能，反而会破坏前后法在犯罪治理上的协调关系与基本界限，导致立法及司法适用的混乱，因此，不宜在此类犯罪中突出刑罚的积极预防功能。当然，部分已经涉及公共安全的犯罪除外，如作为经济犯罪的食品安全犯罪。

（3）明确刑法法益边界，消除"部门利益"立法的不当影响，构建一体化的犯罪治理模式。德国刑法理论认为，同为法益保护手段，刑法与其前置法的法益保护边界必须遵守比例原则。"国家如果采用了其他社会政策就能够甚至更为有效地保护一种确定的法益，但是却抓住了锋利的刑法之剑，那么这种做法就违反了禁止超过必要限度的原则。"[①] 同样，在中国刑法中，比例原则等同于刑法谦抑性所延伸出的"穷尽前置法原则"。如，

---

① 〔德〕克劳斯·罗克辛：《德国刑法学总论》，王世洲译，法律出版社，2005，第23页。

理性的经济刑法立法应在刑法与经济法律之间设置一定宽度的"安全槽",奉行"穷尽经济法律调整"的理念。① 对于逾越了刑法边界的不当立法,应当及时予以去罪化,消除"部门利益"立法的负面影响,理顺刑法体系,提升刑法立法的实用性。同时,加强行业部门、商业组织预防犯罪之社会责任,构建预防与惩治的一体化犯罪治理模式。

(二)金融刑法的理性回归

**1. 象征主义刑法立法倾向在金融刑法中的体现**

中国金融市场的体制构建始于 1995 年,这一年国家颁布了《商业银行法》《保险法》等金融法律法规,并通过了《关于惩治破坏金融秩序犯罪的决定》,其成为 1997 年刑法典中金融刑法的主要内容。在此之后,随着 1997 年东南亚金融危机的爆发,金融安全作为国家经济安全之重要保障被多次强调。十六大提出"优化金融资源配置,加强金融监管,防范和化解金融风险"目标,十七大提出,深化财税、金融等体制改革,完善宏观调控体系,推进金融体制改革,形成高效安全的现代金融体系。严厉打击金融犯罪,保障金融安全成为经济犯罪刑事立法政策的重要内容,导致金融刑法成为刑法修正最为活跃的领域。

如前文所述,金融刑法立法的推进以行业机构为主导,公众因为缺乏金融专业知识,难以提出立法意见,但这并不意味着立法者无须考虑公众情绪和期望。恰恰相反,金融作为国家经济组织体的"血液",与每个公民的生活都息息相关,经济转型期的金融安全直接关系到民心与社会秩序的稳定。东南亚金融危机导致的货币贬值、股市楼市崩盘、民众生活水平下降以及社会骚乱等严重危害已经为中国树立了金融风险的警示标杆。因此,立法者必须通过加强金融刑法立法的方式向公众传递国家在坚定不移地与金融违法犯罪做斗争的政策信号。然而,保护"部门利益"的立法理念又使得立法者更多关注刑罚的政策性效果,忽视金融刑法法益的正确定位,导致金融刑法与金融法规制范围与序位关系的模糊或错位,进而形成立法空置或选择性司法现象。如,在国家未颁布期货交易法律法规的情况

---

① 魏昌东:《风险控制与中国经济刑法立法原则转型》,《南京大学学报》(哲学·人文科学·社会科学版)2011 年第 6 期。

下，刑法立法却增设了期货犯罪，导致在立法修正后的一段时期内根本无法适用该罪名；擅自设立金融机构罪，伪造、变造、转让金融机构经营许可证、批准文件罪等完全可以通过行政手段调整的罪名，即使被规定在刑法中，也仍是作为手段罪名或轻罪名按照牵连犯或吸收犯理论被竞合，无法独立适用。

**2. 中国金融刑法立法的理性选择**

象征主义的根本性弊端在于对刑法法益的错误认定。保护金融法益是金融刑法立法的目的，是评价金融刑法立法正当性的关键标准。因此，破除新工具主义的迷信与蛊惑，确保金融刑法立法的正当化，必须坚持从政策性目的回归至法益目的，从刑罚目的回归至刑法目的，构建理性的金融刑法体系。

（1）金融刑法法益的合理定位

传统刑法理论将金融犯罪定位为秩序破坏型犯罪，国家对金融秩序管理的阶段性甚至临时性要求是导致金融刑法立法陷入非理性扩张的重要诱因。

然而，从金融犯罪所针对的对象——金融的本源来看，秩序管理并非金融犯罪所侵害的主要法益。现代金融的本质是经营活动的资本化过程，《新帕尔·格雷夫经济学大字典》将金融定义为资本市场的运营、资产的供给与定价，其基本内容包括有效率的市场、风险与收益、替代与套利、期权定价和公司金融。尽管在保障经济安全理念之下，国家必须对金融市场给予有效管理，但不能忽视金融市场的基础在于资本交易。金融立法、制度和政策设置的首要目的在于保护投资者的资本安全，其次才能上升为国家金融安全。换言之，金融安全与投资人的资本安全并非冲突概念，个人资本安全是金融安全的具体体现，金融安全是个人资本安全的外在保障。此外，现代金融市场中已经出现了金融行业的"脱媒化"现象，即资金的供给绕开商业银行的媒介体系，直接输送到需求方和融资者手里，形成资金的体外循环。① 中国移动、腾讯、阿里巴巴等商业组织以战略联盟和独立运营的方式承担金融和准金融的职能，商业银行作为主要金融中介

---

① 陈雪强：《浅议后金融时代我国金融犯罪的界定》，《犯罪研究》2012年第5期。

的重要地位在逐步降低。可以预见，随着安全技术的发展，金融交易将逐步摆脱对金融机构的依赖，金融犯罪的市场化特征将逐步趋于明显。对此，应当摆脱传统的金融管理型思维，从市场交易角度重新确立金融犯罪的法益定位，唯有如此，才能真正破除象征主义，实现金融刑法的理性回归。本文认为，金融刑法的法益具有复合性特征，主要法益是金融交易安全，次要法益是国家金融管理秩序。

（2）金融刑法立法的合理修正

基于法益保护理性主义的要求，在金融刑法立法修正中应采取如下修正思路：重视与加强交易型金融刑法立法，缩减秩序型金融刑法立法。

在立法体系上，正如有学者所倡导的，可考虑将金融诈骗罪的类罪名改为破坏金融交易秩序罪、吸收内幕交易罪等交易型犯罪，缩减管理型犯罪的范围。[1] 在具体罪名上，可考虑进行如下调整。一是将针对货币、有价证券等金融媒介物的犯罪归于一类，即针对金融支付工具的犯罪。一方面，此类犯罪已经具有了明显的自然犯特征，公众无须借助金融法规即可判断行为的违法性和可谴责性；另一方面，此类行为具有高度的经济危险性，伪造的货币可以随时流通而对公众财产利益以及公众对货币体系的信赖产生严重侵害，有必要单独予以规定。这里的有价证券属于广义上的有价证券，并非仅指国库券，还包括可流通的股票、债券、具有票面金额的旅行支票或类似的金融支付载体，其限制性条件在于可以在市场上直接流通。二是将欺诈类的金融犯罪单独归为一类，即金融欺诈罪。金融欺诈罪包括金融诈骗类犯罪，如各种借助金融工具实施的诈骗犯罪，也包括金融背信类犯罪，如内幕交易罪、背信运用受托财产罪等。这些犯罪既侵害到了投资人的资本安全，也违反了国家对于金融市场的秩序规范，国家基于经济风险的防范需要，可以适当提前介入时间，将部分严重威胁到经济安全的法定犯设置为行为犯或危险犯。三是将单纯的秩序不法且缺乏司法效用的行为非犯罪化。我国刑法典"破坏金融管理秩序罪"一节30余个罪名中有一些仅是对国家金融管理秩序的破坏，并未产生对金融资本安全的实际侵害或侵害危险程度不高，或仅是其他更为严重犯罪的竞合对象而无

---

[1] 刘远：《我国治理金融犯罪的政策选择及模式转换》，《中国刑事法杂志》2010年第7期。

法独立适用,不宜作为金融犯罪处理。具体包括:金融工作人员购买假币罪,擅自设立金融机构罪,伪造、变造、转让金融机构经营许可证、批准文件罪,伪造、变造国家有价证券罪,伪造、变造股票、公司、企业债券罪,擅自发行股票、公司、企业债券罪,违法发放贷款罪。此外,对于国库券类犯罪,电子式国库券的出现,使得伪造或利用伪造的国库券进行诈骗几乎不可能,科技发展导致行为的社会危害性降低或丧失,也应当予以非犯罪化。至于妨害信用卡管理秩序罪、非法吸收公众存款罪,也是典型的秩序不法,在司法中却有一定数量的适用,不属于象征主义立法,但仍属于刑法立法不当扩张,仍是传统刑法工具主义之产物,在此应当一并考虑给予非犯罪化。

(上海社会科学院刑法室主任、博士生导师　魏昌东)

## 第四节　风险社会与功能主义刑法立法观

从 1997 年新刑法典颁布至今，已过去整 20 年。在这 20 年中，刑法学研究的关注重心逐渐由立法论转向解释论，"立法不是被嘲笑的对象"成为学界主流的立场。如此一来，立法论的研究在一定程度上反而被边缘化了。所幸刑法修正的动作频繁，尤其是《刑法修正案（八）》与《刑法修正案（九）》的出台，因涉及众多条文的修改与增设，重新引发刑法学界对于立法论问题的关注。应该说，晚近以来有关刑法修正与立法论的研究已为数不少，这些研究对相关立法的解读与反思也达到相当的深度。不过，总体而言，此类研究要么是对某次立法修正的评述，要么集中于立法修正中所涉及的特定主题，比如网络犯罪、恐怖主义犯罪或是终身监禁等；对于 1997 年以来刑法立法修正的总体状况，则较少进行整体性的审视与考察。从立法论的角度而言，对 20 年来刑法修正的总体状况与可能存在的一些问题，做一次反思性总结无疑有其必要，也正当其时。这不仅有助于对我国刑法立法的基本走向有整体的把握，也有助于检讨其中存在的不足，推进立法朝科学化与理性化的方向发展。同时，由于解释论或法教义学只能在立法限定的框架之内来展开，刑法立法上的改进，对于解释论或法教义学的品质的提升也具有积极的意义。

众所周知，法律在社会之中运行，同时社会又是法律调控的对象。社会的变迁势必会对法律的发展提出新的要求；反过来，法律层面的变化也必然直接或间接反映的是社会变迁所带来的影响。尤其是立法上的变动，更是时代与社会环境的晴雨表。立法属于政治层面的活动，对于社会情势的变化，政治系统总是更为敏感，也会更快地做出反应。说到底，法律所关注的不是"曾经发生过什么事情"而是"现在正在发生什么事情"；而且，如果说法律随空间、时间、民族的不同而异，那么法律所关注的事实亦随之而变。① 20 年中，中国社会身不由己地蜕变为风险社会，立法机关在刑法领域的频频出手，有必要放在这样的社会变迁背景之下来理解。在

---

① 〔美〕克利福德·格尔茨：《地方知识》，杨德睿译，商务印书馆，2016，第 272 页。

第二章　理性的刑法立法观

法律日益理所当然地被当作实现社会目标的手段的今天，将社会变迁的维度整合其中，考虑复杂的社会因素，有助于对刑法上的立法变动做出相对客观的评价，而不是简单地持一味否定的态度。同时，这也能够在相当程度上限制法学固有的保守性所可能带来的消极影响。一个半世纪以前，德国学者基尔希曼就提出，"当其他学科以掌握或者引导新事物作为最重要的任务、作为终极目标时，法学却自外于政策，对新事物无能为力，这是法学的悲哀"①。今天，法学的保守性与调整对象的变动性之间的紧张关系，正以更加剧烈的形式呈现在人们的面前。要防止法学成为法律发展的绊脚石，便应当对作为调整对象的社会保持密切的关注。

基于此，本文第一部分对晚近20年我国刑事立法修正的总体情况做了经验性的考察与分析。第二部分立足于风险社会的背景，结合我国的立法修正情况，对刑法立法所面临的挑战与当前的立法应对举措及其后果进行总结。第三部分试图提出一种合乎风险规制需要的刑法立法观，并对这种立法观可能产生的风险及如何调控的问题展开论述。

## 一　我国刑法立法修正情况的经验考察与分析

从1997年新刑法典颁布至今，我国立法机关共出台3个决定②，9个修正案以及13个立法解释。其中，涉及实质性立法修正的立法文本，包括9个修正案与《关于惩治骗购外汇、逃汇和非法买卖外汇犯罪的决定》。通过这些立法文本，立法机关共新增39个立法条文③，对条文的改动共计

---

① 〔德〕尤里乌斯·冯·基尔希曼：《作为科学的法学的无价值性》，赵阳译，商务印书馆，2016，第58页。
② 分别为1998年12月29日《关于惩治骗购外汇、逃汇和非法买卖外汇犯罪的决定》、1999年10月30日《关于取缔邪教组织、防范和惩治邪教活动的决定》与2009年8月27日《关于维护互联网安全的决定》。
③ 其中，以"决定"的形式增设1条，即《关于惩治骗购外汇、逃汇和非法买卖外汇犯罪的决定》第1条增设的骗购外汇罪的规定。以刑法修正案的方式新增条文的具体情况为：（1）第一次刑法修正案增设1个，即第162条之一；（2）第三次刑法修正案增设2个，包括第120条之一与第291条之一；（3）第四次刑法修正案增设1个，即第244条之一；（4）第五次刑法修正案增设1个，即第177条之一；（5）第六次刑法修正案增设8个，包括第135条之一、第139条之一、第162条之一、第169条之一、第175条之一、第185条之一、第262条之一与第399条之一；（6）第七次刑法修正案增设3个，包括第253条之一、第262条之一与第388条之一；（7）第八次刑法修正案增设（转下页注）

129 次，涉及修改的条文共 116 条（除第 199 条与第 360 条第 2 款被删除之外，其余修改均涉及对条文内容的修正）。

新增的 39 个立法条文的分布为：总则 2 个；分则第二章 9 个，分则第三章 10 个，分则第四章 4 个，分则第五章 2 个，分则第六章 8 个，分则第八章 2 个，分则第九章 2 个。经历修改的 114 个条文的分布为：总则 20 个（其中第 50 条经历 2 次修正）；分则第二章 9 个（其中 120 条经历 2 次修正）；分则第三章 35 个（其中第 151 条与第 164 条分别经历 3 次修正，第 182 条、第 191 条、第 180 条分别经历 2 次修正）；分则第四章 8 个（其中第 239 条经历 2 次修正）；分则第五章 4 个；分则第六章 28 个（其中第 312 条、第 343 条与第 358 条分别经历 2 次修正），分则第七章 1 个，分则第八章 6 个，分则第九章 1 个，分则第十章 2 个。新增条文与对既有条文的修改主要围绕三方面的问题：一是扩大刑法的处罚范围，二是改变处罚的严厉程度，三是调整条文的明确性程度。

**1. 扩大刑法的处罚范围**

自 1997 年新刑法颁布至今，历次刑法修正未见有限缩刑法处罚范围的立法举措出台。①相反，立法机关借助以下五种方式大大扩张了刑法的处罚范围。

（1）增设新的罪名

立法机关通过立法修正新增罪名共计 52 个。②新增罪名的分布为：分则

---

（接上页注③）7 个，包括第 17 条之一、第 133 条之一、第 205 条之一、第 210 条之一、第 234 条之一、第 276 条之一与第 408 条之一；（8）第九次刑法修正案增设 15 个，包括第 37 条之一、第 120 条之二、第 120 条之三、第 120 条之四、第 120 条之五、第 120 条之六、第 260 条之一、第 280 条之一、第 284 条之一、第 286 条之一、第 287 条之一、第 287 条之二、第 307 条之一、第 308 条之一与第 390 条之一。

① 唯一删除的罪名是嫖宿幼女罪，但该罪的废除并没有改变刑法的处罚范围，而只是改变了适用的罪名而已。

② 新增罪名的具体情况为：(1)《关于惩治骗购外汇、逃汇和非法买卖外汇犯罪的决定》增设 1 个，即骗购外汇罪。(2) 第一次修正案增设 1 个，即第 162 之一隐匿、故意销毁会计凭证、会计账簿、财务会计报告罪。(3) 第三次修正案增设 3 个，包括第 120 条之一资助恐怖活动罪，第 291 条之一投放虚假危险物质罪与编造、故意传播虚假恐怖信息罪。(4) 第四次修正案增设 4 个，包括增设第 152 条第 2 款走私废物罪，第 244 条之一雇用童工从事危重劳动罪，第 399 条第 3 款增设执行判决、裁定失职罪与执行判决、裁定滥用职权罪。(5) 第五次修正案增设 2 个，即第 177 条之一妨害信用卡管理秩（转下页注）

第二章9个，分则第三章13个，分则第四章7个，分则第五章1个，分则第六章10个，分则第七章1个，分则第八章2个，分则第九章4个，等等。新增罪名集中分布在分则第二、三、四章与第六章，主要涉及恐怖主义犯罪、计算机与网络犯罪、金融犯罪以及违反公司、企业管理法规方面的犯罪等领域。

（2）扩张行为类型或行为对象的范围

通过扩张行为类型或行为对象的范围，立法机关对43个罪名的处罚范围做了调整。相关罪名的分布为：分则第一章1个①，分则第二章5个，分则第三章16个，分则第四章3个，分则第五章3个，分则第六章15个。涉及对行为类型与行为对象范围的扩张的罪名，集中分布在分则第三章、第六章与第二章中，尤其体现在金融犯罪、扰乱市场秩序犯罪、环境资源

---

（接上页注②）序罪与第369条第2款过失损坏武器装备、军事设施、军事通信罪。（6）第六次修正案增设9个，第135条之一大型群众性活动重大安全事故罪，第139条之一不报、谎报安全事故罪，第162条之二虚假破产罪，第169条之一背信损害上市公司利益罪，第175条之一骗取贷款、票据承兑、金融票证罪，第185条之一背信运用受托财产罪与违法运用资金罪；第262条之一组织残疾人、儿童乞讨罪，第399条之一枉法仲裁罪。（7）第七次修正案增设8个，第180条4款利用未公开信息交易罪；第224条之一组织、领导传销活动罪；第253条之一出售、非法提供公民个人信息罪与非法获取公民个人信息罪；第262条之二组织未成年人进行违反治安管理活动罪；第285条第2款的增设非法获取计算机信息系统数据、非法控制计算机信息系统罪与第3款提供侵入、非法控制计算机信息系统的程序、工具罪，第388条之一利用影响力受贿罪。（8）第八次修正案增设7个，包括第133条之一危险驾驶罪，第164条第2款对外国公职人员、国际公共组织官员行贿罪，第205条之一虚开发票罪，第210条之一持有伪造的发票罪，第234条之一组织出卖人体器官罪，第276条之一拒不支付劳动报酬罪与第408条之一食品监管渎职罪。（9）第九次修正案增设17个，包括第120条之二准备实施恐怖活动罪，第120条之三宣扬恐怖主义、极端主义、煽动实施恐怖活动罪，第120条之四利用极端主义破坏法律实施罪，第120条之五强制穿戴宣扬恐怖主义、极端主义服饰、标志罪，第120条之六非法持有宣扬恐怖主义、极端主义物品罪，第260条之一遗弃被监护、看护人罪，第280条之一使用虚假身份证件罪，第284条之一组织考试作弊罪，非法出售、提供试题、答案罪与替考罪，第286条之一拒不履行网络安全管理义务罪，第287条之一准备网络违法犯罪活动罪，第287条之二帮助网络犯罪活动罪，第290条之一第2款编造、故意传播虚假信息罪，第307条之一虚假诉讼罪，第308条之一泄露案件信息罪，第390条之一为利用影响力行贿罪。

① 1997年《刑法》原条文将第107条资助国家安全犯罪活动罪的对象限定为"境内组织或者个人"，《刑法修正案（八）》废除了这一限制，考虑到对本条的修订并非要删除对象要件，而是旨在将行为对象扩张至境内外的组织或者个人，故将该修正归入"扩张行为类型或行为对象的范围"的范畴。

犯罪等领域。

（3）扩张犯罪主体的范围

立法机关对犯罪主体范围进行扩张的罪名共计15个。① 扩张犯罪主体的范围既涉及将特殊主体改为一般主体的情况，也包括增设单位主体的情形。相关罪名的分布为：分则第二章2个，分则第三章5个，分则第四章2个，分则第六章6个。涉及对犯罪主体范围扩张的犯罪，以分则第三章与第六章的罪名居多。

（4）减少犯罪的构成要件要素

立法机关通过减少犯罪的构成要件要素而扩张处罚范围的罪名共计11个。② 相关罪名的分布为：分则第一章1个，分则第三章4个，分则第六章6个。此处所谓的减少犯罪构成要件要素，既包括直接删除某一构成要件要素的情形，比如，《刑法修正案（六）》分别删除了第182条原条文中的"获得不正当利益或者转嫁风险"的要件与第187条原条文中的"以牟利为目的"要件，从而使操纵证券、期货市场罪与吸收客户资金不入账罪的构成要件要素得以减少；也包括将实害犯改为危险犯或将具体危险犯改为抽象危险犯的情形，比如，《刑法修正案（八）》将第143条生产、销售不符合安全标准的食品罪与第338条污染环境罪从先前的侵害犯改为具体危险犯，还将第141条原条文中的"足以危害人体健康"的要件予以删除，从而使生产、销售假药罪由具体危险犯改为抽象危险犯。

---

① 这些罪名分别为：第190条逃汇罪，第185条挪用资金罪，第134条重大责任事故罪，第135条重大劳动安全事故罪，第163条非国家工作人员受贿罪，第164条第1款对非国家工作人员受贿罪，第186条违法发放贷款罪，第253条之一第1款出售、非法提供公民个人信息罪，第283条非法生产、销售间谍器材、窃听、窃照专用器材罪，第285条非法侵入计算机信息系统罪，非法获取计算机信息系统数据、非法控制计算机信息系统罪，以及提供侵入、非法控制计算机信息系统的程序、工具罪。

② 这些罪名分别为：第109条叛逃罪，第141条生产、销售假药罪，第143条生产、销售不符合安全标准的食品罪，第182条操纵证券、期货市场罪，第187条吸收客户资金不入账罪，第288条扰乱无线电通讯管理秩序罪，第309条扰乱法庭秩序罪，第337条妨害动植物防疫、检疫罪，第338条污染环境罪，第345条第1款盗伐林木罪以及第343条非法采矿罪。

(5) 作为入罪要件（或加重要件）的定量因素的扩张。

根据我国"定性+定量"的犯罪定义观，除定性要件之外，定量要件对于犯罪成立与否及其范围均有重要的影响，同时，它也可能影响加重构成的成立与否及其范围。从历年的修正情况来看，立法机关有时还通过对定量要素的调整来实现处罚范围的扩张。相关罪名共计10个，具体分布为：分则第三章2个，分则第六章5个，分则第八章2个，分则第十章1个。此类调整包括四种情形。一是将原条文中的结果要件改为"情节严重"或"情节特别严重"。对第188条违规出具金融票证罪、第343条非法采矿罪、第288条扰乱无线电通讯管理秩序罪的修改均属于此种情形。二是将原条文中的数额要件改为情节要件或增加情节要件的规定。立法对第350条非法生产、买卖、运输、走私制毒物品罪的修改，使该罪从数额犯变为情节犯；而对第383条贪污罪规定的修改，则使贪污罪与受贿罪从先前单纯的数额犯变为数额犯与情节犯的并举。三是增加"有其他严重情节"的规定。对第144条生产、销售有毒有害食品罪的修改便属于此种情形。四是将原条文中特定的行为加重类型调整为情节要件。对第358条组织卖淫罪、强迫卖淫罪与第433条战时造谣惑众罪的修改均属于此类。

除前述五种方式外，立法者还在个别场合采用一种特殊的方式，即将不予追究刑事责任的情节调整为从宽情节，进而扩张处罚的范围。第241条第6款的修改便属于此类情形，该款原规定为"收买被拐卖的妇女、儿童，按照被买妇女的意愿，不阻碍其返回原居住地的，对被买儿童没有虐待行为，不阻碍对其进行解救的，可以不追究刑事责任"，《刑法修正案（九）》修改为"收买被拐卖的妇女、儿童，对被买儿童没有虐待行为，不阻碍对其进行解救的，可以从轻处罚；按照被买妇女的意愿，不阻碍其返回原居住地的，可以从轻或者减轻处罚。"

**2. 处罚程度的从严与从宽**

在处罚程度的问题上，1997年以来的刑事立法修改表现出从严与从宽并举的态势。

一方面，历次刑法修改通过三种途径来提升处罚的严厉程度。

（1）加重个罪的刑罚处罚。通过立法修正，共有32个罪名处罚有所加重。① 这些罪名的分布为：分则第二章 2 个（第 120 条第 1 款组织、领导、参加恐怖活动组织罪的法定刑经历 2 次调整），分则第三章 11 个，第四章 2 个，第五章 1 个，第六章 12 个，第八章 4 个。

对个罪处罚的加重主要有五种形式。一是直接提高个罪的法定最高刑。这种情形最为多见，共有 17 个罪名涉及法定最高刑的提升。二是增加并处罚金或没收财产的规定。共有 12 个罪名增设了罚金刑，有 3 个罪名增设没收财产。三是增设从重处罚的规定，包括第 277 条妨害公务罪增设暴力袭警从重的规定，以及第 358 条组织卖淫罪与强迫卖淫罪增设组织、强迫未成年人卖淫从重处罚的规定。四是罚金刑由原先确定的额度改为无额度限定。第 144 条生产、销售有毒有害食品罪与第 170 条伪造货币罪，均经历了罚金数额由确定额度到无额度限定的修改。五是将原先适用较轻罪名的情形改为适用较重罪名，或将原先按一罪处罚的情形改为适用数罪并罚。在特殊情况下，立法者可能会综合运用前述五种形式中的多种，来达到加重个罪处罚的意图。比如对第 300 条组织、利用会道门、邪教组织、利用迷信破坏法律实施罪的修改，第 1 款涉及法定最高刑的提升与罚金刑的增设，第 2 款通过对"致人重伤"情形的增设，使原先按故意伤害罪处罚的情形转而适用本罪的加重构成，第 3 款则将犯有数种犯罪的情形从先前的按一罪处罚改为实行数罪并罚。

（2）刑罚适用规定上的从严。这主要通过对总则中刑罚条款的修改来体现。从晚近两次刑法修正的情况来看，对总则的修改涉及的是对刑罚制度的调整。这种调整表现为以下两点。一是从严适用刑罚制度，包括提高

---

① 包括第 120 条第 1 款组织、领导、参加恐怖活动组织罪，第 134 条强令违章作业罪，第 144 条生产、销售有毒有害食品罪，第 145 条，第 152 条第 2 款，第 164 条第 1 款对非国家工作人员受贿罪，第 170 条伪造货币罪，第 168 条国有公司、企业人员失职罪与国有公司、企业人员滥用职权罪，第 182 条操纵证券、期货市场罪，第 190 条逃汇罪，第 191 条洗钱罪，第 200 条，第 244 条强迫劳动罪，第 274 条敲诈勒索罪，第 277 条妨害公务罪，第 280 条，第 283 条非法生产、销售专用间谍器材、窃听、窃照专用器材罪，第 293 条寻衅滋事罪，第 294 条第 1 款组织、领导、参加黑社会性质组织罪，第 294 条包庇、纵容黑社会性质组织罪，第 300 条组织、利用会道门、邪教组织、利用迷信破坏法律实施罪，第 303 条开设赌场罪，第 313 条拒不执行判决、裁定罪，第 322 条偷越国（边）境罪，第 350 条非法生产、买卖、运输、走私制毒物品罪，第 358 条组织卖淫罪与强迫卖淫罪，第 395 条第 1 款巨额财产来源不明罪，第 391 条对单位行贿罪，第 392 条介绍贿赂罪，第 393 条单位行贿罪等。

死缓减刑后的刑期（第 50 条）与数罪并罚的总和刑期（第 69 条），扩张特别累犯的适用范围（第 66 条），对缓刑的适用进行限制（第 74 条与第 77 条），提高减刑后实际执行的刑期（第 78 条第 2 款）与假释所要求的实际执行刑期（第 81 条），删除犯罪后自首又有重大立功表现应减轻或者免除处罚的规定（第 68 条）。二是增加新的处罚类型，包括增设职业禁止令的规定（第 37 条之一），以及对被判处管制的犯罪分子可判处禁止令的规定（第 38 条第 2 款、第 4 款）。

（3）诉讼程序事项上的从严。第 246 条侮辱、诽谤罪增加公安机关提供取证协助的规定，以及第 260 条虐待罪对基本犯增加符合特定条件时未经告诉也可处理的规定，均体现对行为人刑事责任追究上的从严精神。

另一方面，刑法修改中也涉及一些从宽适用刑罚的情形。

此类情形包括以下几点。（1）对死刑（尤其是死刑立即执行）的限制适用，包括对 22 个罪名废除死刑，并增设死缓限制减刑制度，同时对贪污罪与受贿罪增加终身监禁的规定。① （2）针对老年人、未成年人等特定犯罪主体增加从宽处罚的规定。立法者增设第 17 条之一与第 49 条第 2 款，并对第 65 条、第 72 条和第 100 条规定进行修改，均是基于优恤老年人、怀孕妇女或保护未成年人的考虑。（3）第 67 条第 3 款增设坦白从宽的规定。（4）对极个别罪名的法定刑幅度做了从宽性的调整。这体现在绑架罪，组织、利用会道门、邪教组织、利用迷信破坏法律实施罪，贪污罪与受贿罪四个罪名上。（5）第 53 条对缴纳罚金有困难的被告人增加允许延期缴纳的规定。

两相对照可发现，历次的刑法修改大范围地加重了生刑，而体现从宽精神的情形，除了废除死刑罪名之外，仅限于特定的犯罪主体或极个别的罪名。基于此，对我国刑罚结构所呈现的变化恐怕不能简单得出趋于轻缓的结论。鉴于分则中共有 32 个罪名涉及法定刑的加重，总则中刑罚的适用

---

① 笔者倾向于认为，死缓限制减刑制度与贪污罪、受贿罪中终身监禁的增设，均是为了将本应判处死刑立即执行的情形分流出去一部分，转而适用死缓限制减刑或终身监禁。换言之，它们是作为限制死刑（尤其是死刑立即执行）的举措而存在的，故应归入从宽适用刑罚的范畴。对于死缓限制减刑的规范目的究竟何在，我国实务与学理上尚存在争议。参见劳东燕《死刑适用标准的体系化构造》，《法学研究》2015 年第 1 期。

也在一般意义上表现出从重的趋势,而废除死刑的相关罪名在实务中其实很少适用死刑,处罚上的从严,似乎更适宜被理解为当前我国刑罚政策的主基调。这意味着,就我国刑罚结构而言,死刑罪名众多所体现的"厉"的一面虽有所减缓,但自由刑与附加刑的大范围加重表明,断言我国刑罚结构从整体上走向轻缓为时过早。更准确地说,死刑罪名废除所代表的从宽,只是在一种象征意义上而言的。有论者在对《刑法修正案(八)》进行评析时,也曾得出类似的结论,认为该修正案表面看来已开始摆脱严刑思想的支配,但实际上仍延续了以往刑法修改的严刑轨迹,在做完"加减法"之后,就其对刑法的调整所得出的总体结论仍然是严刑。①

### 3. 法条的明确化与概括化

基于罪刑法定的考虑,刑法中的明确性要求同时包含罪状的明确与罚则的明确。通过立法修正,有13个罪名的法条呈现从明确向概括化方向发展的趋势,其中有12个罪名涉及罪状规定的概括化,有2个罪名涉及刑罚规定的概括化。② 具体分布为:分则第三章5个,分则第六章5个,分则第八章2个,分则第十章1个。立法者主要通过三种途径来实现概括化的调整。一是将原先的具体数额调整为一般的数额性要件。对第153条走私普通货物、物品罪与第201条逃税罪的修改属于此种情形。二是将原先的具体要件调整为抽象的情节性要件。例如,将第188条违规出具金融票证罪原文中"造成较大损失"与"造成重大损失"分别修改为"情节严重"与"情节特别严重";再如,将第358条组织卖淫罪与强迫卖淫罪,由原先明确列举五种加重量刑情节修改为"情节严重";另如,将第383条贪污罪中的具体数额改为"数额较大或者有其他较重情节"、"数额巨大或者有其他严重情节"与"数额特别巨大或者有其他特别严重情节"。三是将罚金刑的数额由具体的额度改为无额度限定。第144条生产、销售有毒、有害食品罪与第170条伪造货币罪的修改均属于此类。值得指出的是,前两种情形与前述定量因素的扩张相重合,第三种情形则与加重个罪的刑罚

---

① 参见邢馨宇、邱兴隆《刑法的修改:轨迹、应然与实然》,《法学研究》2011年第2期,第34页。
② 对第144条生产、销售有毒、有害食品罪的修改,既涉及罪状规定的概括化,也涉及刑罚规定的概括化。

处罚中对罚金刑的额度修改相对应。

与此同时，立法修正中有6个条款涉及向明确化方向调整。其中，总则条款4个，均涉及刑罚的具体适用问题[①]；分则条款2个，即第109条第2款（该款将"犯前款罪的"改为"叛逃境外或者在境外叛逃"）与第294条第5款（该款系将此前关于黑社会性质的组织定义的立法解释纳入而成）。不难发现，对总则4个条款的修改，明显是为了实现刑罚适用上的统一；而对分则2个条款的调整，仅涉及立法技术问题，对相关犯罪的可罚范围与处罚后果并无实质性的影响。

两相比较，从既有的立法修改情况来看，从明确向概括化方向发展的态势更为显著。从中可得出两个推论：一是罪刑法定中明确性要求所彰显的价值受到一定的贬抑；二是刑事立法对概括化的偏好，体现的是对灵活性或开放性的追求。应该说，在可预期的将来，这一态势不太可能出现逆转。在明确性与灵活性之间，我国刑事立法正悄然地出现由偏好明确性到偏好灵活性的转变。

综上可见，晚近20年以来刑事立法修正呈现三种明显的特点或态势：一是刑法处罚范围的不断扩张；二是处罚上的日趋从严；三是立法条款的概括化发展。那么，这三种态势究竟代表的是怎样的一种立法发展走向？其针对或者回应的是什么样的问题？这些态势的背后，是否潜含着一种共同的价值选择？这些问题无疑都值得做必要的探究。

## 二 风险社会中的刑法立法变迁：挑战与应对

随着全球化与风险社会的来临，我国面临日益严峻的安全问题。恐怖主义、环境污染、网络犯罪、食品与药品安全事故、金融风险等新型风险在生活世界的泛化，大大刺激了公众的安全神经，导致不安感在全社会迅速蔓延，也使得公众对安全产生了更高的诉求。这种不安感本身构成一种强大的社会现实，在政治层面对国家提出了积极介入与干预的要求，公众

---

[①] 具体包括：（1）第63条第1款增加数个量刑幅度的情形如何适用减轻处罚的规定；（2）第69条第2款增加数罪中判处有期徒刑和拘役，以及在判处有期徒刑或拘役的同时判处管制的情形，如何执行刑罚的规定；（3）第72条的修改对缓刑适用条件予以明确化；（4）第81条的修改将不得假释的范围予以明确化。

迫切期待国家运用包括刑法在内的手段来预防与管制风险。与此相应，"风险社会的规范议题不再是强调国家统治权力过度集中，或是自由如何分配等，而是聚焦在社会持续处于一种高度仰赖社会控制机制的氛围，亦即要求国家积极采取行动排除或降低风险（恐惧），或是实现安全保证之需求"。① 如何借助刑法的惩罚机制对风险社会中的安全问题做出必要的应对，成为立法者必须直面的问题。

（一）风险社会与刑法立法所面临之挑战

全球化与风险社会的来临，深刻地改变了社会运作的基本机制，刑法立法上因而面临重大的挑战。这种挑战乃是由社会内在结构的变迁所引发的，主要表现为三个方面。

其一，风险社会是一个高度分工、匿名化的社会，其中的安全问题是由社会的系统性运作而引发的，刑法立法上倘要合理而有效地进行解决，便不能只限于对导致危险现实化的最后一个环节进行治理，而是需要从源头开始，对每一个环节都进行必要的控制；同时，需要形成一种整体性的治理与规制策略，不能采取头痛医头、脚痛医脚的方法。

传统的刑法立法与司法，乃以知行合一的行为人形象作为归责的主体。因而，刑法关注的重心一般放在导致危险现实化的最后一个环节，通常只有在行为具有导致法益侵害结果的紧迫危险的时点，刑法才开始介入。然而，在风险社会中，知行合一的行为人形象为知行分离的行为人形象所取代，人与人之间的沟通与交往采取的是匿名化的行为模式，单个环节中的主体对于现实化的危害结果而言，往往缺乏足够的控制力，充其量仅仅存在微弱的关联性。最终出现的危害结果，往往是多重因素相互交织与共同作用之下的产物。因果作用过程的日益复杂化，与风险社会的两个特征有关②：一是非常紧密的工业化网络，导致高度复杂的因果交错关系，现实化的危害结果在很多情况下已不可能用单一的因果关系来进行解释；

---

① 古承宗：《风险社会与现代刑法的象征性》，《（台湾）科技法学评论》2013年第1期，第130页。

② 参见〔德〕许迺曼《从下层阶级刑法到上层阶级刑法》，陈志辉译，载许玉秀、陈志辉合编《不移不惑献身法与正义：许迺曼教授六秩寿辰》，台湾新学林出版股份有限公司，2006，第72~73页。

二是个人行为的因果关系被团体行为的因果关系所取代,也即个人与个人之间的接触被匿名的以及标准化的行为模式所取代。以食品的生产与销售为例,匿名制造人所制造出来的食品的销售,是经由大众分销方式,产品的连锁商品贩卖者卖给匿名的消费者,相应的因果链遗失在大众社会的匿名性之中。在此种情况下,倘若刑法立法上仍然遵循传统的归责机制,以结果犯的立法模式来进行应对,势必导致集体的不负责任现象的产生,刑法保护法益的任务也会在相当程度上落空。因而,从合理而有效地解决风险社会中的安全问题的角度而言,刑法立法上迫切需要转换思路,在一种整体性的治理与规制策略的指导之下,考虑如何从源头开始,对导致危险现实化的相应环节进行必要的控制,考虑构建新的归责机制,以避免集体的不负责任的现象的蔓延。

其二,风险社会中风险的不可避免性,导致刑法无法将消除风险作为自身的任务,而只能设法在风险现实化之前去规制与管控不可预的风险;然而,由于对风险的准确预测与评估存在巨大的困难,这使得刑法立法的预防机制在有效性上难以获得基本的保证。

只要承认风险不可避免且无法根除,它甚至构成当代社会运作的基本动力与机制,则刑法立法在正式决策之前势必需要解决一系列的问题,包括决定对哪些类型的风险进行规制与管控,甄别禁止的风险与容许的风险,考虑不同的主体之间如何进行风险分配与相应的归责安排等。这涉及对风险的预测与评估问题。然而,至少有三方面的因素导致对风险的准确预测与评估变得困难。一是区别于传统型风险和工业-福利国家型风险,风险社会中风险的特性主要表现为风险的全球化、风险的复杂性、风险的规模性、风险的不可感知性以及风险的不可逆转性①,这使得立法者客观上根本不可能获得关于各类风险的全面的、准确的知识。二是立法者在决策时所掌握的信息是有限的、不充分的,其对当下的风险状态的认知与真实的当下状态相比往往存在偏差,以此为基础来对风险进行预测与评估,准确性如何可想而知。尤其是,由于立法者做出的是指向未来的立法决

---

① 参见〔德〕格哈德·班塞《风险研究的缘由和目标》,陈霄、刘刚译,载刘刚编译《风险规制:德国的理论与实践》,法律出版社,2012,第22页。

策,而当下的风险状态在未来究竟会如何发展完全不确定,这无疑会进一步增加风险评估与决策上的误差。三是风险兼具客观性与建构性的特点,它既是一种客观的存在,又是文化与社会心理构建的产物,受文化与社会心理的影响,这样的因素本身无法做量化处理,这使得对风险的预测与评估难以依靠自然科学技术的方法来解决,而"必须要全面考虑经济、社会科学和心理学提出的问题及关联性,问题甚至还延伸到哲学尤其是伦理学领域"。① 对风险的预测与评估上的困难,势必影响刑法预防机制的有效发挥。因而,在风险社会的背景之下,倘若立法者想要借助刑法来规制与管控风险,必然需要直面如何理性地预测与评估风险,以便获得预期的预防效果的问题。

其三,风险社会运作的悖论在于,各类旨在预防风险现实化的举措或制度本身又会成为新的风险源。由此,刑法立法上需要直面这一悖论,对预防机制可能带来的风险进行反思性的控制。

风险社会中的风险来源不限于技术性风险,还包括制度性风险。预防刑法的出现本身是为了应对风险问题,为了更好地实现对风险的管控与预防。然而,在预防风险的过程中,它本身也正在或者已经成为新的风险源,源源不断地制造出新的风险。刑法的预防机制所制造的诸多风险之中,最为人关注的便是预防刑法本身蕴含着放松对国家刑罚权的约束,乃至弱化整个法治国保障的巨大风险。预防总是与无限制相联系,具有不确定性和难以捉摸的特性,具有与生俱来的"越早越好"的内在扩张逻辑。② 预防刑法为了应对安全问题,使未来看起来变得可控,正在让传统的自由秩序国家付出巨大的代价。正如德国学者指出的,预防性国家行为比制裁性国家行为更加广泛地逃脱了对国家权力的传统控制机制。预防性国家行为乃是为了避免人所不愿的发展趋势和事件,它的效果是前瞻的与概括的,这样一种面向未来且复杂的行为无法完全事先预知,只能有限地规定在普遍和抽象的规范中,从而使执法机关享有巨大的权力空间,并逃脱司法的控制。由此,预防性国家行为陷入一种两难境地。在其防范自由所遭

---

① 参见〔德〕格哈德·班塞《风险研究的缘由和目标》,陈霄、刘刚译,载刘刚编译《风险规制:德国的理论与实践》,法律出版社,2012,第24页。
② 转引自何荣功《预防刑法的扩张及其限度》,《法学研究》2017年第4期,第145页。

## 第二章 理性的刑法立法观

遇的个别危险的过程中，它也在整体上削弱了社会秩序的自由品质，同时，也在部分程度上侵蚀了民主与法治性的保障机制，而这些机制正是为了限制国家权力，保护个人自由而发展出来的。① 这样的危险在国家对抗恐怖主义犯罪的立法中表现得尤为明显。因为无论是个人还是机构，在面临极少出现的巨大危险（死亡危险）时，都倾向于采取不理智的回应，对于巨大危险的不理智回应有可能导致严重的间接损害，而自由权利和法治国保障的丧失恰恰是——正如美国的安全政策所证明的那样——这种间接损害的结果之一。② 由此可见，基于刑法所追求的预防效果可能存疑，而预防刑法本身又内在地蕴含弱化法治国保障的危险。在全球化与风险社会的背景之下，对于刑法理论的发展而言，我们不仅面临刑法领土边界与国际性的刑法融合问题，也面临刑法的功能边界问题。③

立足于中国的现实语境，刑法的预防机制所引发的悖论现象尤其需要引起重视。因为"复杂中国面临着共时性的多重（传统的、现代的与后现代的）安全威胁，刑法必须回应彼此间具有内在张力的多元价值诉求（自由、民生与安全）"。④ 在此点上，我国与欧美主要国家存在很大的不同，在我国，刑法需要同时承担与实现多个面向的任务。如梁根林教授所言，"从法治国到福利国再到安全国，欧美主要国家基本上是在自18世纪中后期至20世纪末21世纪初的二百多年间完成的。而这三个时代的问题与任务却共时性地出现在当代中国社会治理与社会控制的过程中，成为当代中国刑法不得不统筹兼顾、审慎回应的重大挑战，并且迫使当代中国刑法在尚未完全成型的自由刑法的基本面向之外，内生出民生刑法与安全刑法的新面向"。⑤ 在民生刑法与安全刑法的挤压之下，自由刑法的生存空间正变得日益逼仄。对于尚未完成自由刑法之任务（即对国家刑罚权的恣意进行

---

① 参见〔德〕迪特儿·格林《宪法视野下的预防问题》，刘刚译，载刘刚编译《风险规制：德国的理论与实践》，法律出版社，2012，第113~114页。
② 参见〔德〕乌尔里希·齐白《全球风险社会与信息社会中的刑法》，周遵友、江溯等译，中国法制出版社，2012，第197页。
③ 参见〔德〕乌尔里希·齐白《全球风险社会与信息社会中的刑法》，周遵友、江溯等译，中国法制出版社，2012，第2~4页。
④ 梁根林：《刑法修正：维度、策略、评价与反思》，《法学研究》2017年第1期，第52页。
⑤ 梁根林：《刑法修正：维度、策略、评价与反思》，《法学研究》2017年第1期，第53页。

有效的控制）的我国而言，在刑法立法上如何对刑法的功能边界进行限定的问题尤为显得迫切。

就我国而言，刑法立法上所面临的三个方面的挑战，因为缺乏成熟的立法先例作为借鉴，更是增加了立法应对上的难度。众所周知，我国现有的法律体系基本上是移植而来的，在面临新出现的社会问题而考虑立法应对时，通常都会借鉴国外较为成熟的立法经验。这无疑与长期以来推行的追仿型法治进路有关。由于把西方法治模式当作我国法治的摹本和示范，把西方法治的"今天"视为我国法治的"明天"，这种思维偏向与我国在法治创立阶段借用域外经验的客观需求结合于一体，形成了一种偏重于学习和借鉴西方法治理论和制度的追仿型法治进路。"追仿"体现于我国法治事业的诸多方面，包括法学理论、立法与司法制度及运作等，都无不深受其影响。[1] 刑法领域自然也是如此。然而，在风险社会的背景下，与安全相关的问题呈现共时性的特点，西方国家新近才出现的问题可能同时出现于我国，涉及网络犯罪、恐怖主义犯罪、侵犯个人信息犯罪等领域的问题便是如此。面对新出现的社会问题，如网络时代如何对个人信息进行保护，如何对网络服务提供者设定义务等，立法者或者根本没有他山之石可供借鉴，或者西方国家自己也只是处于探索阶段，并无相对成熟的立法成果。缺乏可供借鉴的立法先例，使得我国刑法立法不得不转而走自主型的路径，由于立法者需要摸着石头过河，相对于以往的情况，这一次刑法立法所面临的挑战无疑更具艰巨性。

（二）刑法立法之应对与立法变迁之后果

风险社会中，单是依靠传统的调控手段，显然已不足以应对新生的风险问题。随着国家所承担角色的变换，治理机制的转型被提上日程。如何才能既为技术的发展留下必要的空间，为技术创新营造有利的环境，又有效回应公众对安全的诉求，将风险限制在可控范围之内，成为当前社会治理中必须直面的重大命题。作为治理机制中重要的一环，刑法被要求对敏感的社会问题做出积极回应。这直接影响了对刑法的功能定位：刑法由一

---

[1] 参见顾培东《中国法治的自主型进路》，《法学研究》2010年第1期，第4页。

套注重于事后惩罚的谴责体系,而渐渐蜕变为一套偏好事前预防的危险管控体系,这便是所谓的预防刑法。"预防刑法以及由此催生的刑罚积极预防机能的空前强化,展示了现代刑法正在经历规范结构和机能上的综合调整。"①

刑法的关注重心从事后的惩罚转移至事前的预防,体现的正是国家对预防机制的使用与具体展开。就此而言,我国刑法立法上所经历的变迁,实际上是国家试图重塑治理机制的努力的一个重要环节。无论是处罚范围的不断扩张、处罚上的日趋从严,还是立法条款的概括化发展,都不过是立法者用以应对风险社会中刑法立法所面临之挑战的策略。类似的趋势也出现在德国的刑法发展中。希尔根多夫教授在评述1975~2005年德国的刑法发展时指出,德国30年的刑法立法呈现两大趋势:一是经由犯罪化和刑罚严厉化而进行的刑法扩张;二是通过去除明确和有约束力的规则而出现的刑法灵活化。② 这些策略的背后,体现的是一种控制性的思维。立法者无疑认为,社会系统运作中产生的混乱与失序是由于国家的控制不足所导致的,因而,为了缓解或消除这种混乱与失序,需要借助国家刑罚权的介入,用刑罚来坚决地予以打击。有论者提出,当前在我国刑事立法中,"控制论"主要发挥三方面主导作用:其一,充分发挥强制化功能,提升既有行为控制的强度;其二,不断扩张刑罚控制的范围,导致大量行为入罪化;其三,持续强化刑法自身控制机能,致使其工具化、象征性特征日趋凸显。③ 应该说,这样的见解是成立的。从对我国立法修正情况的经验考察来看,三种明显的态势,包括处罚范围的不断扩张、处罚上的日趋从严与立法条款的概括化发展,从刑事政策的价值取向来看,体现的都是从严控制的思维。

毫无疑问,风险社会中刑法功能上的重大调整,对立法产生了直接的、全面的影响,并带来多个方面的深远后果。立足于法律与社会之间相

---

① 何荣功:《预防刑法的扩张及其限度》,《法学研究》2017年第4期,第139页。
② 参见〔德〕埃里克·希尔根多夫《德国刑法学:从传统到现代》,江溯等译,北京大学出版社,2015,第25页。
③ 邵博文:《晚近我国刑事立法趋向评析——由〈刑法修正案(九)〉展开》,《法制与社会发展》2016年第5期,第133页。

互作用的关系的维度，由于这种社会结构的变迁呈现全球化的特征，或者说对于处于后工业阶段的社会具有共性的一面，各国在立法应对上也表现出一定的趋同态势。

首先，立法者所关注的犯罪议题发生了重要的变化，由此导致刑法所规制的犯罪类型的结构性变化。如果说传统刑法主要关注的是侵害个体法益的犯罪，那么，在风险社会的背景之下，立法者关注的重大议题日益地变成侵害集体法益的犯罪，尤其是那些可能严重危及或破坏社会系统的犯罪。如论者所言，"现代立法者关注的犯罪议题大幅转向风险可能引起社会系统崩解的危机，特别是一旦让风险造成实害结果的话，我们终将完全束手无策，或者必须花费难以估计的成本才能修复崩坏的社会系统，刑法理论体系因而顺势发展出另一条建构基础：'应受规范禁止者为具备破坏或是危及整个社会系统等能力的（危险）行为'，典型代表者为环境污染、毒品滥用、国际性组织犯罪、核能制品、为解决冲突而形成的特殊暴力形态"。① 立法者对犯罪议题关注上的重大转向，在我国晚近 20 年的刑法修正中得到清晰的反映。本文第一部分对立法修正情况的经验考察表明：20年来我国刑法立法修正的重心主要放在分则上，而分则之中，新增罪名与修改条文主要集中在分则第二章、第三章、第六章与第八章，尤其是分则第三章破坏社会主义市场经济秩序罪与第六章妨害社会管理秩序罪改动得最多也最为频繁。这些章节所涵盖的犯罪，无不涉及对集体法益的侵害。与此相对，立法者在传统的犯罪领域（尤其是财产犯罪方面），则基本上无所作为。哈塞默（Hassemer）基于德国的立法情况也指出，现在刑事法革新集中于刑法分则，其中心领域是环境、经济、资讯处理、毒品、税务、对外贸易，总而言之，就是"组织犯罪"，改革不在于刑罚威吓的收回，而在于其扩张或新增。② 这样的立法变革直接导致当代刑法所规制的犯罪类型的结构性变化。一个以自然犯为本体的刑法，于是逐渐为一个以法定犯为关注重心的刑法所取代。可以说，法定犯时代的到来，正是受这

---

① 古承宗：《风险社会与现代刑法的象征性》，《科技法学评论》2013 年第 1 期，第 130 ~ 131 页。
② 参见〔德〕Winfried Hassemer《现代刑法的特征与危机》，陈俊伟译，《月旦法学杂志》2012 年第 8 期，第 249 页。

样的立法转向所驱动。早在 2007 年，储槐植教授便呼吁"要正视法定犯时代的到来"。① 在今天，对于这种呼吁，无疑更为迫切地需要认真对待。

其次，由于刑法的功能不再定位于惩罚，而是定位于风险的规制，这势必影响刑法与其他法规范系统（尤其是行政法）之间的关系。传统的刑法体系强调事后的惩罚，预防则只是事后惩罚所带来的附随性的后果。因而，对刑法的定位明显区别于行政法，前者是一种针对有责之不法行为的惩罚法，而后者是一种预防性的秩序管制法。在传统上，刑法是作为社会防卫的最后一道防线而存在的，最后手段性要求内在地蕴含于作为惩罚法的刑法之中。然而，风险社会中对安全问题的高度关注，导致刑法不可避免地走向类似秩序管制的危险防御思维。这种思维弱化甚至抹消了刑法与其他法规范系统在性质上的重大差异。刑法的行为控制重心，由此而变得"可以在刑事预防与其他法规范系统（例如行政的秩序管制）两者之间任意游移"。② 正如齐白教授指出的，这种刑法性预防伴随而来的，不仅是所欲追求的安全保障，同样也还有对传统的刑法观念的根本性挑战：原本是处罚已经发生了的不法的刑法越发地致力于——这在传统上本来属于警察法的职责——防止将来的损害。因此，向预防的转化导致刑法远离其传统的目标和界限，致使刑法变成了普通安保法的一部分，并且可能使得刑法和警察法之间的界限在这一范围内变得模糊不清。③ 大量原本由行政法所规制的行为，经由立法层面的努力转而被纳入刑法规制的范围之内。相应地，刑法不再被视为社会防卫的最后防线，而是成为优先考虑与选择的手段，它与其他法规范系统一样，作为秩序管制机制中的重要组成部分而发挥预防性的作用。

不难发现，这样的趋势也极为明显地体现在我国 20 年来的刑法立法之中。如前所述，我国 20 年来的刑法立法修正，首要特点便是不断扩大刑法的处罚范围。这必然涉及行政权与司法权之间在权力配置上的此消彼长，并对既有"行政制裁—刑事制裁"的二元制裁体系产生重大的影响，改变

---

① 参见李运平《储槐植：要正视法定犯时代的到来》，《检察日报》2007 年 6 月 1 日第 3 版。
② 古承宗：《风险社会与现代刑法的象征性》，《科技法学评论》2013 年第 1 期，第 143 页。
③ 参见〔德〕乌尔里希·齐白《全球风险社会与信息社会中的刑法》，周遵友、江溯等译，中国法制出版社，2012，第 201 页。

行政制裁与刑事制裁之间的边界划定。通过降低入罪的门槛而扩大刑法的处罚范围的做法，本质上可归结为行政违法行为的犯罪化，行政处罚的范围相应有所收缩。基于我国行政权膨胀而司法权弱小的现实，而这样的权力配置模式并不利于对公民的人权保障的考虑，应该说，通过扩大刑法的处罚范围而改变行政权与司法权之间的关系，有其积极的一面。也正是在这种意义上，陈兴良教授认为改变司法权与行政权的关系是法治建设的应有之义，并对立法降低犯罪门槛的做法持肯定的态度，强调不能将刑法的这种扩张简单地诠释为刑法过度侵入社会治理。[①]

最后，刑法立法修正处于活性化的状态，传统刑法理论的一些基本准则或教义遭到或明或暗的突破或规避。不止是在我国，当前欧美诸国以及日本等国家，在刑法立法修正方面都表现得相当活跃，这显然与各国不约而同地将刑法当作规制与管控风险之重要工具的立场有关。总结各国刑法立法修正中的共性表现，至少可以得出这样四个重要的发现。

一是刑法立法出现从结果本位向行为本位的转变趋势，立法越来越多地将规制的对象放在具有危险性的行为之上，而不是等到侵害结果出现之后才予以惩罚。我国刑法立法修正中出现大量抽象危险犯的条文，佐征的正是这种转变。就此而言，抽象危险犯的崛起有其必然性，是刑法立法适应时代发展而做出的调适之举。由是之故，许迺曼教授认为，"激进地反对抽象危险犯，只会走进死胡同，只有完全一贯地避开死胡同，刑法学对于刑事立法现代化提供建构性贡献的去路才能没有障碍"。[②]

二是法益原则或危害性原则的功能发生重大蜕变，从早先的消极排除功能，即没有法益侵害或没有社会危害就不应当入罪，蜕变为积极地证立犯罪的功能，即只要有法益侵害或社会危害就有必要做入罪化的处理。[③]按德国学者哈塞默的说法，传统上被塑造作为对立法者不可引用某一法益保护的批评，变成对立法者的一种得就特定行为形式施予刑罚的要求。借

---

① 参见陈兴良《犯罪范围的扩张与刑罚结构的调整——〈刑法修正案（九）〉述评》，《法律科学》2016年第4期，第181~183页。
② 〔德〕许迺曼：《从下层阶级刑法到上层阶级刑法》，陈志辉译，载许玉秀、陈志辉合编《不移不惑献身法与正义：许迺曼教授六秩寿辰》，台湾新学林出版股份有限公司，2006，第75页。
③ 参见劳东燕《危险性原则的当代命运》，《中外法学》2008年第3期。

此法益保护原则在功能上彻底改变，由一种有限的处罚禁止（Bedingten Bestrafungsverbot）转化为一种处罚诫命（Bestrafungsgebot），由一种正确入罪化的消极标准转化为积极标准。① 晚近20年我国刑法立法修正所表现出来的特点之一，即处罚范围的不断扩张，无疑与法益原则（或危害性原则）的功能蜕变存在紧密的内在关联。

三是刑法的最后手段性与辅助性日益变得名不符实，传统上被视为最后防卫手段的刑法成为立法者优先选择的风险规制工具。从我国刑法立法修正所增设的犯罪中，包括恐怖主义犯罪、计算机与网络犯罪、金融犯罪以及违反公司、企业管理法规方面的犯罪等，可以明显地看到这一转变。

四是一些涉及刑事责任的实体性准则或原则被或明或暗地规避。比如，在以结果犯为中心的传统刑法中，因果关系对于定罪与处罚具有重要的意义，当代的刑法则借助危险犯的立法模式，使得对于因果关系的考察变得不再重要。再如，受德日刑法理论影响，我国在共犯问题上采取的是共犯从属性说，即共犯的可罚性，取决于正犯着手实行侵害法益的行为。然而，立法者有时会利用共犯正犯化的技术，以规避从属性说的要求，使得在正犯未着手实行侵害法益的行为或者无法查证相应的正犯行为时，仍能追究共犯的刑事责任。典型的例子便是《刑法修正案（九）》增设的第287条之二帮助网络犯罪活动罪，该条将网络犯罪活动的帮助行为拟制为正犯行为，以独立的犯罪构成来进行处罚。如此一来，"没有正犯的共犯"便同样可予以惩罚。

## 三 功能主义刑法立法观的确立与调控

面临风险社会所带来的挑战，尽管我国刑法立法上尝试做出应对，并为此做了诸多的探索与努力，但如何使预防刑法发挥所期待的功效，同时又能克服预防措施本身对于法治国保障机制的冲击，是刑法理论上亟待解决的问题。从根源上来看，风险社会的到来对刑法立法形成重大的挑战，与传统法律观念的续造没能跟上对自然力的绝对支配有关，"后者自工业

---

① 参见〔德〕Winfried Hassemer《现代刑法的特征与危机》，陈俊伟译，《月旦法学杂志》2012年第8期，第247~248页。

革命开始以来促成了技术与合理的社会规划,并且逐渐带来冲击其自身的。社会性实存的巨变;它要求,人类要藉伦理与法加强自我控制。然而,基于人类学的理由,人类伦理上的能力无法像他控制自然、规划社会的能力那样,成倍数增长与细致化"。①

可以确定的是,风险社会中刑法立法所面临之挑战,并非单纯将古典刑法理论的知识之水引入并灌溉到风险规制之田的问题。简单照搬古典刑法理论的立法观念于事无补,而只会加剧法学的保守性。既有的刑法理论追不上立法的步调,至少会带来两个方面的消极后果:一是刑法理论无法指导立法,反而成为法律发展的绊脚石;二是对于当前立法中可能存在的各种问题,刑法理论缺乏批判与应对的能力。正是基于此,许迺曼教授曾严厉批评法兰克福学派的保守立场,在他看来,"退回(而且没有精确重构)19 世纪以及 18 世纪,完全无法提供什么未来的愿景,而且在这里只会走入死胡同,这个走入死胡同的刑法理论,正好没有能力对于现今所主导的立法趋势采取必要的批判,并且因而只要这立法趋势常常被使用,就让立法者更为大胆地放手去做"。②

(一)功能主义刑法立法观的确立

无论人们愿不愿意接受,频繁的刑法立法修正已经变成无可避免的现实。与其手握 18、19 世纪的理论工具来展开无谓的批评,不如正视现实,在此基础上考虑如何尽量避免情绪立法、象征立法的现象,实现立法的科学化与理性化。为了使"法律家的法之形象始终(或明白或无意识地)与其时代的社会形象相符"③,风险社会中,有必要发展与构建一种全新的刑法立法观。这种刑法立法观立足于对现实社会问题的考量,而不是形而上学的单纯理性化的构想,追求发挥刑法立法的社会功能,注重对社会问题的积极回

---

① 〔德〕弗朗茨·维亚克尔:《近代私法史——以德意志的发展为考察重点》,陈爱娥、黄建辉译,上海三联书店,2006,第 583 页。
② 〔德〕许迺曼:《从下层阶级刑法到上层阶级刑法》,陈志辉译,载许玉秀、陈志辉合编《不移不惑献身法与正义——许迺曼教授六秩寿辰》,台湾新学林出版股份有限公司,2006,第 78 页。
③ 〔德〕弗朗茨·维亚克尔:《近代私法史——以德意志的发展为考察重点》,陈爱娥、黄建辉译,上海三联书店,2006,第 584 页。

应。由于认同法律是适应社会需要的产物的观念,因而,这样的立法观可称为功能主义的刑法立法观。① 功能主义的刑法立法观包含三个面向的内容。

1. 积极介入的立法导向

刑法需要承担起积极规制与管控风险的任务,在危险现实化之前即应考虑介入,不能等到实际侵害结果出现之后再消极地予以惩罚。这不仅意味着刑法干预的早期化,而且意味着刑法干预扩张至新的生活领域。干预起点的前置,直接导致入罪门槛的降低;而干预领域的扩张,则表明刑法之网覆盖更多的生活领域。受干预的早期化与干预领域扩张化的影响,在积极介入的立法导向之下,犯罪圈或者说刑法处罚范围会呈现不断扩大的态势。《刑法修正案(九)》一举增设4个涉及网络犯罪的罪名,表征的正是刑法对新兴领域的积极介入。正如梁根林教授在解读其中的帮助网络犯罪活动罪时指出的,"网络犯罪帮助行为的正犯化是中国刑法在风险刑法、安全刑法、预防刑法等积极刑法立法观的主导下,严密刑事法网、严格刑事责任,扩张刑罚处罚范围,减轻控方证明责任,以有效控制网络空间风险,加强网络秩序监管、保障网络安全的典型立法例"。②

2. 追求预防效果的立法导向

在古典刑法理论的框架下,预防效果并非立法者在考虑入罪化问题时所追求的目的,毋宁说,预防的效果是通过惩罚的施加而附随带来的。在风险社会的背景下,为了让刑法有效地承担起保护法益的任务,在考虑是否予以入罪时,立法者将刑事政策上的需罚性因素放在重要的位置,指向未来的预防效果成为入罪化立法的主导性目的。按哈塞默的说法,"预防过去在古典刑法中充其量只作为刑罚正义的一个附加目的,如今成为支配性的刑罚典范(Strafparadigma)"。③ 据此,预防的考虑不再局限于刑罚论,

---

① 功能主义是一个宽泛的概念。在当代比较法思想中,它至少表示两种不同但又相互关联的思想流派。第一个思想流派是与方法论相关,是比较法研究中最著名的研究工具之一;功能主义的第二个思想流派认为法律是适应社会需要的产物。参见〔法〕皮埃尔·勒格朗、〔英〕罗德里克·芒迪主编《比较法研究:传统与转型》,李晓辉译,北京大学出版社,2011,第90页。

② 梁根林:《传统犯罪网络化:归责障碍、刑法应对与教义限缩》,《法学》2017年第2期,第8~9页。

③ 〔德〕Winfried Hassemer:《现代刑法的特征与危机》,陈俊伟译,《月旦法学杂志》2012年第8期,第248页。

同时也交织融入犯罪论之中。《刑法修正案（八）》所增设的危险驾驶罪，非常明显地体现了立法者追求预防效果的立法导向。该罪出台前后，刑法理论界多有质疑之声，认为此类行为危害性较小，不适合以刑法来规制。不过，从近几年的实施情况来看，应该肯定危险驾驶罪的出台是一个相当成功的立法范例，完全实现了预期的预防效果。

### 3. 注重灵活回应的立法导向

根据古典主义的立法观，刑法典乃是理性建构与设计的产物，它强调明确性与严密性，认为严密的逻辑之网能够覆盖全部的生活世界，足以应对与犯罪相关的所有问题。这样一种立法观与社会学中的结构主义理论有异曲同工之妙，它以一套固定不变的结构，守株待兔地应对可能出现的社会问题。这样的一种应对方式显然根本无法符合风险社会的需求。外部环境的日益复杂化，使得守株待兔型的做法显得笨拙而捉襟见肘，根本无法对层出不穷的社会问题做出有针对性的反应。外部环境的复杂化要求刑法立法能够随时根据现实的变化与具体情况做出灵活的回应，形成一种类似于变形金刚型的立法观。按照这种立法观，刑法典不是一套封闭的体系，没有固定的本体结构，而是开放的、富于弹性的，其结构由刑法所被赋予的社会功能决定。灵活回应的立法导向要求放松刑法的明确性要求，以应对变化无常的纷扰。由是之故，立法者会倾向于采用弹性化的概念与条款，或者所引入的构成要件围绕具有足够解释空间的抽象的集体法益而展开。

功能主义的刑法立法观，作为一种整体性的治理与规制策略，有助于促进刑法有效地承担起法益保护的任务。在风险社会的背景下，推行功能主义的刑法立法观有其必然性。一则，它与近代以来对法律的基本定位紧密相关。从边沁以来，法律一直是作为谋求社会进步或者实现社会目标的工具而存在的，功能主义的刑法立法观显然与对法律的工具化定位存在内在的逻辑关联，前者是后者衍生与拓展的产物。二则，它与国家角色的重大转变有关。20世纪以来，国家承担的角色不再是消极的守夜人，而是社会事务的积极介入者。尤其是在风险社会中，个人自由与基本秩序的保障日益地仰赖国家所提供的保护，国家需要积极地承担起风险预防的任务。三则，它代表的是对安全问题进行积极应对的立场。风险社会中的安全问题为公众所高度关切,在民主制的社会中,立法者必然也必须要对民意及由此而形成的政治压力做出回应,不然,政府的执政将会面临正当性方面的质疑。四则,它能够为刑法教义学的更新与调整奠定良好的基础。功能主义的刑法立法观主张根据社会的现实需要积极地修改立法,这有助于在外部环境与刑法教义学体系之间形成良性的沟通机制,克服既有立法结构的不足或缺陷。如此一来,以现有立法为基础的整个刑法教义学体系也得以在稳定性与适应性之间保持必要的平衡。

(二) 功能主义刑法立法观的风险

从社会变迁的角度而言,功能主义的刑法立法观的确立有其积极意义,也是不得不接受的事实。然而,作为预防刑法之衍生物的功能主义刑法立法观,存在极强的侵略性的另一面,它很容易使刑法快速地走向扩张而转变为社会性的控制工具,从而与法治国的基本要求背道而驰。功能主义的立场注重刑法承担的社会功能,它与视法律为一套能带来特定效果的社会工具的实用工具主义之间,存在千丝万缕的联系。由于将功效当作判断法律应用成功与否的一般标准,功能主义具有与实用工具主义相类似的缺点:在价值理论的构建中,过多地考虑了对需求和利益的数量最大化的追求,没有给公正、权利以性质上的概念界定;强调法律的实用和技术方面,而忽略了其规范性的特征。[①] 功能主义的刑法立法观本身是基于防御风险的目的而产生的,但它的三个面向都可能产生或制造相应的风险。

首先,积极介入的立法导向可能导致社会治理过度依赖于刑法(或者说导致刑法的非理性扩张),使得象征性立法与情绪化立法的现象变得日益普遍。由于风险兼具客观性与建构性的特点,风险社会中的安全问题也不可避免地具有两面性:一方面,各类风险所引发的安全问题本身客观存在,并非出于想象或虚构;另一方面,由于对风险的认知与评估容易受主体的主观因素的影响,安全问题也是社会心理构造之下的产物。尤其是在高度信息化的社会中,对风险的恐惧或漠视具有高度的传染性,传递的过程经常也是一个不断重塑乃至扭曲的过程,因而,公众对于风险的认知与

---

① 参见〔美〕罗伯特·S. 萨莫斯《美国实用工具主义法学》,柯华庆译,中国法制出版社,2010,第294页。

评估可能并不切合实际,由此导致其对安全的诉求也不一定合乎理性。积极介入的立法导向要求在危险现实化之前,立法者该出手时就出手;但由于难以客观地判断何时该出手,而选择不作为又面临巨大的政治压力,立法者为安抚公众的不安感,往往容易陷入盲动主义的误区。所谓盲动主义,是指立法者在面对公众高度关注的社会问题时,会轻率地优先考虑以最为严厉的刑罚手段来应对,以便向公众表明重视或负责任的态度,审慎的不作为或其他较为温和的举措则往往被排除在外。这不可避免地会加剧过度依赖以刑法作为治理手段的倾向,导致刑法干预范围的非理性扩张,导致象征性立法与情绪化立法的日益普遍。在此种情况下,刑法是否真的能够有效地规制与防范风险变得不再重要,重要的是它的象征性的作用与效果,也即满足抽象的社会安全心理,抚平公众的愤怒情绪与社会舆论,让公众看到立法者已有所行动;同时,立法者借此强化社会成员的法信赖与忠诚。不难发现,"现代刑法之象征化现象,纯粹只是在于试图维系规范的有效性,而国家最终得以透过刑法进行全面的社会性控制"。[①] 这样的趋向在我国晚近的刑法立法中也表现得极为明显:"一方面,刑事规则的制定将恐惧情绪短期地、虚幻地压制下去,营造出一种安慰式的安全情绪,遮蔽了恐惧应有的不确定性特征,同时也将恐惧的可能性置换为确定无疑之事,以实现其他非降解恐惧情绪的目的和意图。另一方面,规制风险的刑事法也同样可以将自身遏制不住的扩张欲望,借以防控风险的名义,提供断裂意义上的安全保护,促使被治理的大多数更加依赖刑法的非理性扩张。"[②]

其次,追求预防效果的导向可能带来这样的问题,即不仅无法获得预期的预防效果,反而走向规制与防御的反面,酿生更多的风险。此处的风险不仅包括立法所欲规制的风险,也包括预防举措本身可能带来的风险。鉴于后一类风险在本文第二(一)部分已做过论述,在此主要就前一类风险做必要的展开。有效的预防需要建立在对既有的风险具有充分的信息,

---

[①] 古承宗:《风险社会与现代刑法的象征性》,《(台湾)科技法学评论》2013年第1期,第166页。

[②] 邵博文:《晚近我国刑事立法趋向评析——由〈刑法修正案(九)〉展开》,《法制与社会发展》2016年第5期,第140页。

并能准确预测相关风险在未来的发展轨迹的基础之上。然而，这样的要求完全超出了立法者的能力。正如论者所言，作为一个国家机构，立法机关在用比较的眼光看待风险问题方面非常欠缺。一个原因就是，立法者和其他人一样，受到认知偏见的制约。另一个原因就是立法者不得不迎合大众对立法的要求，这些要求或者源于认知偏见或者是由试图操纵立法以谋私利的有组织的团体提出的。① 由于对风险的预测与评估涉及的不可控因素太多，立法者总是只能在认知偏见的影响之下，在拥有不完整的信息时进行指向未来的立法决策，这必定影响预防效果的取得与实现。与此同时，预防的取向本身也会带来相应的问题。在美国学者孙斯坦看来，"'预防'的理念是在无意义地防止一组风险而忽略其他风险"，"仅仅当我们自己很盲目，并且只看到相关损害的一部分时，预防原则才能提供指导。在现实世界的争论中，不采取规制措施将会与预防原则相冲突，因为我们会受到可能发生的风险的影响。但是采取规制措施本身也可能会促使风险发生，这同样会和预防原则相冲突；处在规制和不规制之间的每一种可能方案也都是如此。因此预防原则，即使考虑其所有价值，至少在字面上是令人迷惑的。它禁止了所有能够设想的可能方案，包括不行动本身"。②

最后，注重灵活回应的立法导向可能弱化罪刑法定的形式性制约，从而危及法适用的客观性与统一性。注重灵活应对的立法导向会使立法者倾向于设置具有弹性的、模糊化的立法条文，为了实现这一点，在立法技术上会大量运用规范的构成要件要素、概括性条款或者引入抽象的集体法益等。如此一来，罪刑法定所构建的形式性制约势必有所弱化，明确性要求所保障的价值受到相应的贬抑。立法者事实上将弹性很大的裁量空间赋予了司法环节，鼓励法官根据立法所要实现的目的或结果来适用相关的立法条文，而不是严格地适用规则。让法官承担实现目的或达到某种结果的任务，等于是要求他设法解决价值与社会政策方面的难题，这样的任务显然比严格适用规则的要求更为复杂，也更容易受个体主观性的影响，从而使

---

① 〔美〕凯斯·R. 孙斯坦:《风险与理性——安全、法律与环境》，师帅译，中国政法大学出版社，2005，第138页。
② 〔美〕凯斯·R. 孙斯坦:《风险与理性——安全、法律与环境》，师帅译，中国政法大学出版社，2005，第128、126~127页。

裁判结果变得不确定。可见,"目的性"审判方法与"实用性"审判方法一样,在使司法判决关注结果、抛开法律规则、引入对非法律因素的考量、敦促法官对价值和政策以及未来可能的社会和经济后果作出复杂判决等方面具有相同效果;在这些方面,二者都减少了法官规则导向的裁判思维。① 这意味着,灵活应对的立法导向必然酿生裁判的主观性问题,对规则适用的客观性构成重大的威胁。

### (三) 功能主义刑法立法观的调控

刑法无疑必须要承担起风险社会下的风险抗制责任,避免社会系统崩坏的危机,同时,也必须避免与法治国刑法分道扬镳的极端的发展趋势,基于此,刑法理论的发展有必要兼具法治国与风险理性的双向特征。② 对于刑法而言,倘想要真正有效地、负责任地承担起风险规制的任务,便"既不能纵容其过分规制,而侵害自由、阻遏技术和经济的发展,甚至侵犯人权;又不能纵容其规制不作为,而让技术和经济一路'高歌猛进',最终促成风险变为真正不可逆转之巨大危害"。③ 鉴于功能主义的刑法立法观本身蕴含着相当的风险,有必要认真考虑对其的调控问题。功能主义的刑法立法观应当在法治与宪治的框架之内来运行。当然,"问题的关键并不在于是否允许国家积极地立法,而在于在此过程中如何对刑法的谦抑性、法益概念、刑罚目的、刑事实体法与程序法的关系等作出符合时代精神的理解,以及在未来刑法立法积极推进的同时,如何确保刑事法治的众多铁则不被蚕食"。④

对功能主义的刑法立法观进行调控,涉及的其实是犯罪化边界的控制问题。立足于有效性与合理性的双重视角,对功能主义刑法立法观的调控,有必要从三个方面来展开。

---

① 参见〔美〕布赖恩·Z.塔玛纳哈《法律工具主义:对法治的危害》,陈虎、杨洁译,北京大学出版社,2016,第325页。
② 参见古承宗《风险社会与现代刑法的象征性》,《(台湾)科技法学评论》2013年第1期。第158页。
③ 沈岿:"总序",载刘刚编译《风险规制:德国的理论与实践》,法律出版社,2012,第2页。
④ 周光权:《积极刑法立法观在中国的确立》,《法学研究》2016年第4期,第39页。

## 第二章 理性的刑法立法观

其一，刑法的立法修正应当建立在对风险进行科学预测与评估的基础之上。

考虑到风险的普遍性与资源的有限性，刑法不可能将所有类型的风险都纳入规制的范围，而只能选择其中危害最为严重且最适合运用刑法来进行规制的风险类型。这便涉及对风险如何进行预测与评估的问题。由于风险评估的过程"兼具认知和规范、描述和评价、科学和政治、交流和程序维度"①，除了所涉法益性质的重大性，可能影响的法益主体的范围及规模，危险现实化的客观概率、危害结果的可控性程度等客观因素之外，风险的预测与评估还容易受到人们的认知偏见、非理性反应或利益团体干预等因素的影响。比如，在2001年发生"9·11"事件之后，很多人因担心恐怖主义的袭击而放弃乘坐飞机，转而选择坐火车或机动车出行，但实际上，选择后两种交通工具出行的伤亡概率远比乘坐飞机要高。这意味着，人们的认知偏见与非理性反应可能会扭曲对风险的预测与评估结果。尤其是，倘若这种偏见与非理性反应构成汹涌的民意或强大的公众舆论，便极容易对立法者产生影响。可想而知，以扭曲的或者偏差甚大的预测与评估结果为基础的立法，不可能对相关风险进行有效的管控与规制。基于此，对风险的预测与评估应尽量依靠客观因素，最好能够委托专门的机构进行专业性的调查，借助于大数据展开理性的分析，并将分析结果适时地向公众发布与披露，争取公众的认同，以使相关的立法建立在对风险进行科学预测与评估的基础之上。与此同时，刑法立法者有必要确立这样的观念：一是风险只能规制而不可能消除，追求零风险或对风险的零容忍并非务实的态度；二是需要将有限的资源投入能发挥最佳预防效果的风险类型的规避与防御上；三是应当考虑在不同的群体之间如何分配风险才能起到最佳的预防效果。

其二，在考虑是否入罪及如何惩罚时，刑法立法应当从单纯的控制思维中走出来，在整合权利保障思维的基础上，进行全面的、综合性的利益衡量。

---

① 〔德〕格哈德·班塞：《风险研究的缘由和目标》，陈霄、刘刚译，载刘刚编译《风险规制：德国的理论与实践》，法律出版社，2012，第33页。

从晚近 20 年我国刑法立法修正的情况来看，尽管立法者在探索新的治理机制方面做出了一些努力，取得了一些成果，但总体上看仍没有摆脱传统的控制思维。在控制思维的主导之下，立法者将关注的重心完全放在安全与秩序的维持上，经常忘记安全与秩序本身并非刑法追求的终极目的，刑法的根本任务是要服务于个体的自由与幸福。相应地，但凡刑法介入某个领域，该领域便为国家权力所控制与主导，个人的自由空间变得极为逼仄。预防性的国家行为之所以引起广泛的关切与担忧，根源便在于此。正如美国学者所言，预防性国家的出现所引发的各种关切，与其说集中于对已知对象的可能的政治或歧视性的压迫，不如说最大的关切在于对"老大哥"式的国家的恐惧，也就是对"私人"生活进行前所未有地深入渗透的政府，在技术的发展使得国家收集公民数据与实施相应监控的能力大大提升的情况下，这样的关切变得更为确切与紧迫。① 由此可见，功能主义刑法立法观想要发挥积极的作用，便需要有一个相配套的制度框架，该制度框架能够保障法治国基本理念的实现。对于这样的制度框架而言，最重要的是要确立权利保障的思维。由权利保障的思维出发，为防止刑法纯粹以预防为导向，从而导致模糊刑法之界限的危险，譬如，预防性视角可能导致即便是针对纯粹的"思想犯罪"也可以采取安全措施，必须通过已经实施的不责的不法这一点对刑法的范围加以限制：刑法性的干预以过往存在的、可以归责于行为人并且有责地实施的不法犯罪行为为前提。② 以可责的不法之存在，来限制刑法的预防导向，不至于使刑事政策上的需罚性考虑完全凌驾于教义学层面的应罚性因素之上。即便在反恐领域，国家在限制与剥夺恐怖主义犯罪分子的自由或生命时，也仍需要遵守法治国为保障个体权利而设立的各种原则与制度。对此，我国论者中肯地指出，"预防性刑法在反恐领域的兴起本意在于预防恐怖活动的风险，以维护国家与社会安全，但如何避免预防性反恐立法对公民基本权利可能造成的损害，这

---

① See Carol S. Steiker, Forword, "The Limits of the Preventive State", in 88 *Journal of Criminal Law and Criminology* (1998), pp. 806 – 807.
② 〔德〕乌尔里希·齐白：《全球风险社会与信息社会中的刑法》，周遵友、江溯等译，中国法制出版社，2012，第 205 页。

是法治国不能回避的重大问题"。①

摆脱单纯的控制思维,除了考虑权利因素之外,还要求立法者对立法规制所涉及的各种利益进行全面的、综合性的权衡。在立法决策时,如果立法者片面地关注某一特定利益,并以此为基础进行立法,从长远来看,这样的立法必定得不偿失,甚至可能带来意想不到的消极后果。比如,在涉及对网络服务商的帮助行为进行惩罚时,立法者至少需要考虑以下利益类型,包括国家打击相关犯罪所取得的利益,网络服务商群体的利益、网络用户群体的利益以及整个互联网产业的利益等,并对各类利益进行审慎的评估与权衡。就《刑法修正案(九)》新增设的帮助网络犯罪活动罪的立法而言,很难说立法者对所涉各类利益进行过全面的、综合性的衡量。正如有论者质疑的那样,立法者似乎没有认真考虑过对中立帮助行为的惩罚与社会存续进步之间的关系,特别是相关立法在互联网领域中的后果和影响:类似的立法会不会给网络服务商赋予过重的、实际上也难以承担的审核和甄别的责任?会不会在网络服务商与用户之间滋生出一种相互监督甚至敌视的关系?要求企业履行网络警察的义务,这样一个社会分工的错位,最终会不会阻碍甚至窒息整个互联网行业的发展?②

其三,一元化的刑法典体系存在诸多的弊端,应当考虑采用多轨制的刑法立法模式,以缓解立法的稳定性与灵活性之间的紧张。

1997年刑法修正时,我国改变了之前的刑法典、单行立法与附属刑法三者并行的立法模式,转而采用一元化的刑法典体系。一元化的刑法典体系具有简便、易操作的优点,但是经过20年的运作,它的弊端也开始暴露出来。首先,它导致刑法典的不稳定。由于将变易性小的传统型犯罪与变易性大的法定犯同时规定在一部刑法典之中,而立法者为了回应社会变迁的需要,频繁地进行立法修改,严重冲击了刑法典所应有的稳定性。其次,它导致刑法典内部体系的混乱。刑法修正案的立法方式在修法时往往难以统筹兼顾,容易导致修改后的条文之间缺乏体系逻辑的一致性与规范内容的合目的性。尤其是,持续不断地进行修正,就如同对一件衣裳进行

---

① 何荣功:《"预防性"反恐刑事立法思考》,《中国法学》2016年第3期,第146页。
② 参见车浩《刑事立法的法教义学反思——基于〈刑法修正案(九)〉的分析》,《法学》2015年第10期,第13页。

不间断或大面积的裁剪缝补，必然有碍观瞻，使得修订后的刑法典满身补丁、肥大臃肿，内部体系逻辑混乱不堪。① 再次，它导致对法定犯的实务认定的偏差。法定犯往往以违反相关的行政法规或经济法规为前提，在认定这些犯罪时，必须要参照此类法规才能对其构成要件做出明确的界定。然而，在一元化的刑法典体系之下，实务人员易于忽略相关的行政法规或经济法规，由此而使得不少法定犯处罚的边界不明，导致司法中随意出入人罪的现象。非法经营罪与非法吸收公众存款罪便是典型的例子。最后，它导致整个刑法典与法治国刑法渐行渐远。在各类新型犯罪尤其是恐怖主义犯罪与有组织犯罪的冲击之下，考虑到传统的调控手段无法起到打击与预防的效果，立法者转而采用弱化法治国保障的立法举措来应对此类犯罪。由于这样的立法举措被置于统一的刑法典之中，整个刑法典于是与预防刑法、安全刑法、敌人刑法的这一端越来越接近，而与法治国刑法的距离则越来越远。

早在1997年刑法立法修正前后，张明楷教授便对一元化的刑法典体系的做法提出批评，而建议维持多轨制的立法模式。② 这样的见解在今天看来极富前瞻性。多轨制的立法模式有助于纠正一元化的刑法典体系的众多弊端。它能够很好地解决刑法典体系的稳定性与立法灵活应对之间的紧张问题，改善刑法典体系的内在逻辑性，克服对法定犯在实务认定中的偏差，并确保对新型犯罪的立法应对不至于全面地冲击法治国的保障。总的说来，多轨制的立法模式更能够适应复杂的外部环境与新的治理机制，为法定犯时代的到来做好必要的立法准备。正是基于此，梁根林教授提出，"应当反思刑法典单轨模式本身的利弊，总结1979年刑法时期刑法典、特别刑法与附属刑法三者并立立法模式的经验教训，借鉴其他法治国家的立法模式，构建适应我国当下犯罪控制与社会治理需要的刑法立法模式"。③ 诚如斯言，改采多轨制的立法模式，不仅是功能主义刑法立法观的内在要求，而且对于调控该立法观所可能产生的风险也大有益处。

（清华大学法学院教授、博士生导师　劳东燕）

---

① 参见梁根林《刑法修正：维度、策略、评价与反思》，《法学研究》2017年第1期，第61页。
② 参见张明楷《论修改立法应妥善处理的几个关系》，《中外法学》1997年第1期，第69页。
③ 梁根林：《刑法修正：维度、策略、评价与反思》，《法学研究》2017年第1期，第63页。

第二章　理性的刑法立法观

## 第五节　中国刑法上的免责机制反思

近年来，随着我国刑法的多次修订，一方面，现行刑法为充分保障公民的人身权利及其他国家、社会、公民个人权益，发挥了更为全面而良好的保障作用；另一方面，瑕不掩瑜，在此过程中，刑法的威权性与正义性之碰撞也时见发生。主要表现在：公民因不可避免的违法性认识错误而遭致合法不合理或合理不合法的刑法评价案件愈益多见。例如近年的内蒙古农民收购玉米遭致刑事指控案、天津大妈摆摊气枪打气球被刑事起诉案等等。

诸此问题表明，法典颁行之后，法学家们的确可能过于关注探究现行法而丧失了批判性，进而忽视了对传统法律、民间习惯法和外国法律的研究而轻忽了对正义之法的探索。① 由此可见，法学专家、法律事务工作者，在一如既往地探究现行法律基本规定的同时，还当一并检视并期寻解决刑法规范在运作中难免发生的规范与刑法正义、规范与社会公义的价值抵牾问题，以推促刑事法治的进步与发展。

### 一　从绝对的知法义务到特定禁止错误免责的境外立法变迁

众所周知，在自然犯居刑法主导地位的时代，自然犯之恶原本可以归属于罗马法上的"自体恶"（Malainse），即其恶性与生俱来、不待法律规定。因而但凡被刑法设置为犯罪的行为，莫不具有道德评价上的可非难性。换言之，凡国家刑法颁行为犯罪的行为，在世人眼中也是严重悖德的行为。有鉴于此，彼时，从规制刑事法治的国家、社会到每一循法的公民个人，"不知法"这一认知态度本身便具有道义上的可谴责性，换言之，"了解刑法的规定是每个公民的'绝对义务'"。② 与此同时，时至17、18世纪，人们还普遍认为制定法包括刑事法律可以尽善尽美、包罗万象地设

---

① 参见封丽霞《法典编纂论：一个比较法的视角》，清华大学出版社，2002，第260页。
② 〔意〕杜里奥·帕多瓦尼：《意大利刑法原理》，陈忠林译评，中国人民大学出版社，2004，第229页。

置一切犯罪行为，刑事法官因而"根本没有解释刑事法律的权利"，面对任何刑事案件，法官只需"进行三段论式的逻辑推理，大前提是一般法律，小前提是行为是否符合法律，结论是自由或者刑罚"即可。① 唯其如此，绝对的知法推定与不知法不免责，才一直是各国刑事立法或者司法践行的通行原则。

然而，随着社会政治经济制度的不断跃迁，特别是20世纪的产业革命引发的社会经济指数与经济规模的大幅跃升，各类经济犯罪包括治安行政犯罪均呈与经济发展指数成正比的增长趋势，随之而来的是，刑法颁行的行政犯罪在刑事法治中占比亦同步增长，这种境况下，人们方才发现，并非人人均有机会、有能力认知刑法预设的五花八门的犯罪规范。这是因为以下几点。

其一，各种行政法经济法规范繁多，使得若"每个自然人在自己行为之前都必须进行合法性思考的话，社会生活就一定会停顿下来"。② 因而世人并非绝对知法，而面对难以避免的法律认识错误，行为人也未必皆负有道义上的可谴责性。

其二，法有限、情无穷、事无限。因而刑事法律也根本不可能精准、确切、完整而具体地规制出所有侵害或者威胁到法益的行为范式、对象及其附随情景等。由是，法官办案的过程，并非机械地查询犯罪与刑罚的"对数表"，而是能动司法。实质上，法官办案时，免不了能动地去释定法律的价值取向、规范的文字含义以及案情与规范的符合性等等。因而，法官办案的过程既是"适用"法律的过程，也是"解释"法律的过程。进而，人们进一步地认识到，"既然刑事立法本身就是模糊的，且这种模糊性只有借助法官的解释才能确定；普通公民的不知法就可能与个人的努力是否足够无关。相应地，对法律的认识错误也就不一定应受谴责。因为完全可能存在这样的情况：行为人已经履行合理的注意义务，但仍然不知法或者对法做不同于法官解释的错误理解"。③

---

① 〔意〕贝卡利亚：《论犯罪与刑罚》，黄风译，中国大百科全书出版社，1993，第12页。
② 〔德〕克劳斯·罗克辛：《德国刑法总论》（第1卷），王世洲译，法律出版社，2005，第625页。
③ 劳东燕：《责任主义与违法性认识问题》，《中国法学》2008年第3期，第151页。

基于上述基本理念，倘若行为人的确基于不可避免的违法性认识错误，实施了客观上侵害或者威胁到刑法所保护法益的行为，则鉴于行为人的确欠缺责任主义原则所要求的可谴责性，进而，不少国家逐渐改变了既往的"不知法不免责"的绝对立场，例如《德国刑法典》第17条就明文规定："行为人行为时没有认识到其违法性，如该错误认识不可避免，则对其行为不负责任。"与此同时，同为大陆法系刑法体系的法国、奥地利、西班牙、韩国、中国台湾等国家和地区的刑法，均做出了类似于德国刑法的"不可避免的违法性认识错误，不负责任"的刑法规制。就连生效于1996年的我国澳门刑法典第16条也明文规定："行为时并未意识到事实之不法性，而该错误系不可谴责行为人者，其行为无罪过。"① 还有的国家如日本、瑞士等刑法虽然没有做出完全免责的刑法规制，但也通过刑法做出了减轻责任的规定，例如根据日本刑法第38条第3款的规定，"即使不知法律，也不能据此认为没有犯罪的故意，但可以根据情节减轻处罚"。

大陆法系国家中，唯一较为特殊的立法例是意大利刑法的相关规定。《意大利刑法典》一方面通过其第5条明文规定"任何人都不得以不知道刑法作为自己的抗辩事由"；另一方面，该条内容又为意大利宪法法院1988年第364号判决认定为部分违宪，理由是"不知法不得为抗辩理由"的规定不符合意大利宪法第27条第1款法定的罪过原则。由此可见，"在宪法法院做出上述判决之后，意大利刑法典第5条所规定的实际内容就变为除不可避免的情况之外，不知道刑法的规定不构成抗辩事由"。② 反过来说，就实质意义看，意大利刑法实际上仍然做出了对不可避免的法律认识错误可予免责的立法规定。

综上，随着绝对的知法推定原则的动摇以及刑法能精确规制天下所有犯行神话的破灭，刑事法官只能"被动司法"无权"能动释法"的刑法理念也发生了逆转性变化，进而，"不知法绝对不免责"的立法原则，也逐渐由"不可避免的违法性认识错误可以免责"的刑事立法例所取代。唯其如此，意大利刑法学家杜里奥·帕多瓦尼甚至宣称，承认违法性认识错误

---

① 当然，从澳门刑法典第16条规定的字面意义看，澳门刑法对不可避免的违法性认识错误，采取的不是阻却责任而是阻却其罪过（故意或者过失）的立场。
② 劳东燕：《责任主义与违法性认识问题》，《中国法学》2008年第3期，第154页。

可作为辩护理由，是一国刑法制度得以跻身当代最先进的刑法制度之列的表征。①

## 二 法与理相悖的刑法评价问题梳理

回过头来检视一下中国刑法就此问题的相关规定便可发现，迄今为止，我国刑事立法上采取的仍然是"不知法不免责的违法性认识必要说"的滞后刑事立法例。而这一立法逻辑表明，时至今日，作为国家法意的刑法在事实上奉行的仍是"了解所有刑法规范是每一公民的绝对义务"。唯其如此，1997年刑法以来，我国刑法虽然历经9次修订，可时至今日，我国刑法仍然未对不可避免的违法性认识错误，做出任何免责或减轻刑责的明文规定。

欧洲启蒙思想家卢梭曾经说过："使一个国家的体制得以巩固而持久的，就在于人们能够因事制宜，使法与自然关系协调一致，法只不过是在保障着、伴随着和矫正着自然关系而已。"故此，一方面，随着我国社会政治经济的高度发展，国家颁行的经济法及其他行政法规范愈来愈多，作为第二次法、补充法规范的刑法分则条文即犯罪种类也随之大幅度增加。这就意味着国人懂法知法的义务范围，也随之大幅度拓展。另一方面，如上所述，当今时代，绝对的知法推定已然难以彰显刑法的正义与公平。实践中，也时见不可避免的法律认识错误发生。于是，现实生活与法律规范的碰撞，就不可避免地导致公民因欠缺违法性认识的可能性而遭致刑事指控的案件愈来愈多——从内蒙古农民王力军贩卖玉米案、18岁的刘大蔚网购仿真枪被判无期案，到天津大妈摆摊、靠收取气枪打球费谋生被指控犯罪的案件等等，诸如此类的被提交刑法评价的案件，不但一再拷问着刑事法官的业务素质与司法良知，而且，也是能动的刑事司法面对被动的刑事立法的正义性与威权性的最直接、最普适的检验。结果恰恰是：正是由于我国刑事立法时至今日依然坚守"不知法概不免责"的原则，才导致了司法不断地挑战立法，从而导致了刑事司法时常遭致难以在坚守刑法实效

---

① 〔意〕杜里奥·帕多瓦尼：《意大利刑法原理》，陈忠林译评，中国人民大学出版社，2004，第230页。

性、威权性的同时，兼顾刑法的正义性。其主要表现为以下几点。

**1. 合法不合理的刑法评价**

典型案例如天津大妈摆摊气枪打气球谋生被刑事指控案。2016年8月，天津大妈赵春华从另一老伯手中盘来一套靠收取气枪打气球费用谋生的摊位及其设备。于是从是年8月到10月12日，赵春华一直在天津河北区李公祠大街亲水平台附近，摆设射击摊位谋生。10月12日赵春华被巡警抓获归案。当场查获：赵春华摊位上摆有的涉案枪形物9支及相关枪支配件、塑料弹。经天津市公安局物证鉴定中心鉴定，涉案9支枪形物中的6支玩具枪的动能大于1.8焦耳/平方厘米——符合2010年12月7日公安部《公安机关涉案枪支弹药性能鉴定工作规定》（以下简称《枪支鉴定规定》）对枪支的要求，属于能正常发射、以压缩气体为动力的枪支。12月27日，天津市河北区法院一审判决认为，赵春华违反国家对枪支的管理制度，非法持有枪支，情节严重，其行为已构成非法持有枪支罪，判处有期徒刑3年6个月。①

然而，此案一经判决，便惹起舆论大哗——无论是普通民众还是刑法学专家普遍大感不解：在公共场合摆摊玩具气枪打气球的行为，本属儿时便镶嵌于国人记忆之中的国内传统娱乐文化的组成部分，时至今日，公园、庙会及其他公共娱乐场所，仍然时见此类气枪"打靶"摊位在"合法"地运营着，这当中怎么可能牵涉"刑事违法"甚至刑事犯罪的问题呢？更何况，赵春华所使用的气枪及其摊位，乃是她两个月前才从另一摆摊老伯那儿买来的，别人能公开且"合法"地在此摆摊谋生，她赵春华又何尝不能呢？为此，可以毫不夸张地说，甭说已然年过五旬的摆摊大妈根本想不到其行为会牵涉"刑事违法性"问题，就连公安机关以外的多数法学专家，也不会去思考其间是否潜存"非法持有枪支"的严重问题，更不会去关注该玩具气枪是否存在"动能大于1.8焦耳/平方厘米"从而违反公安部2010年颁行的《枪支鉴定规定》的精尖专业问题。进而，既然一般人甚至法学专家们都难以辨识到其所持玩具气枪会产生"刑事违法性"问题，赵春华就更不能认识；既然她并不具有能认识到自己持有的枪形物

---

① 参见天津市河北区人民法院刑事判决书：(2016)津0105刑初442号。

是"动能大于 1.8 焦耳/平方厘米"的"枪支"的可能性，则其违法性认识错误在所难免，行为人之行为也就不具有刑法评价上的可谴责性。如此，刑法若仍然对其科罪处刑，便一方面失却了责任主义刑法的报应价值；另一方面，如此司法也会有悖于刑法的正义性。更何况，沿袭传统伦理习俗而为的行为，在沿用大陆法系犯罪论之行为无价值论者看来，此行为本属可以阻却违法的"社会相当性"行为，这就好比拳击手在拳击比赛中不慎击伤对方，因其行为符合社会相当性不会为罪一样。① 虽然笔者更认同结果无价值论的违法观，且更倾向于将诸此违法性认识错误归诸"有责性"阶段评价，但这里也不得不承认以此"社会相当性"缘由，来为欠缺伦理评价上之非难可能性的行为人"出罪"，在事实上也与"阻却责任说"殊途同归了。

古希腊哲学领袖亚里士多德曾经指出："法治应包含两重意义：已成立的法律获得普遍的服从，而大家所服从的法律又应该本身是制定得良好的法律。"② 可见，刑事司法要力求避免法与理的抵牾，及时检视并完善已然滞后的法律相当重要。须知，立法有缺口，不但会致在司法评价上遭致两难困境，也会给人留下司法在倒逼立法改革的印象。即如赵春华案，即使继后天津中院已然做出了相当人性化的判决，即通过其二审程序将赵春华案由判处 3 年 6 个月有期徒刑改判为 3 年有期徒刑、缓刑 3 年。③ 但该案仍然给世人留下了判决虽然适法，实质上还是挑战了刑事立法与司法之正义禀赋的反思之音。

**2. 合理不合法的评价**

典型案例如对某类因违法性认识错误抑或守法期待不能而涉嫌触犯刑律的嫌疑人，司法上竟采取了集体失语的"罔顾"做法。例如，2011 年 6 月始建的"弃婴岛"。"弃婴岛"又称"婴儿安全岛"，实际上是收容被遗弃婴儿的地方，设置目的是避免婴儿被遗弃后其身心再次受到外部不良环

---

① 社会相当性由德国学者威尔·泽尔首次提出。他主张：某一行为即便有其法益侵害性，但只要符合社会传统文化传承的伦理风习，就应当阻却其违法性。例如拳击手的拳击行为、外科医生的手术行为、摔跤手的行为等。参见〔德〕冈特·施特拉腾韦特、洛塔克·库伦《刑法总论 I——犯罪论》，杨萌译，法律出版社，2006，第 98～99 页。
② 〔古希腊〕亚里士多德：《政治学》，吴寿彭译，商务印书馆，1965，第 199 页。
③ 参见天津市第一中级人民法院刑事判决书：(2017) 津 01 刑终 41 号。

境的侵害，以提高弃婴的存活率，使其能够及时得到治疗和救助。据悉，截至2016年，我国的"弃婴岛"尚有32个，收容的弃婴已达1400多名。①

众所周知，"弃婴岛"一经设立，便遭致了肯定说与否定说的激烈意见交锋，但这毕竟属于有关"弃婴岛"之设立价值的另一议题，本节无意探究。本节想要探究的仅仅是：毋庸讳言，"弃婴岛"的设立，一方面救助了弃婴、尊重了生命；另一方面，其中也不排除个别情节恶劣的弃婴行为，已然涉嫌遗弃犯罪。而是否真的构成遗弃罪，本应通过司法审查裁断。然而，尽管我国《刑法》第261条所规定的遗弃罪并非刑法上的"亲告罪"，可数年来，我国司法上对诸如此类的或明或暗的弃婴行为，却基本选择了"自动噤声"不管的做法。而这当中，实际存在下述可予探讨的法律问题。

其一，不少弃婴父母，实出"守法期待不能"而不得不实施遗弃行为。可以想见，为数不少的遗弃孩子于"弃婴岛"的行为人，的确缘于家庭生计困难，且新生儿先天残疾抑或罹患先心病等，新生儿父母因而的确欠缺救治孩子的经济能力。因而，面对此类行为，漫道其本身并不构成《刑法》第261条规定的"情节恶劣"，就算其生父母将孩子遗弃到婴儿安全岛以外的其他地方，就算其客观行为真够得上"恶劣"，但因行为的确缘于欠缺守法期待可能性，则行为仍属刑法学理上的可阻却"有责性"的行为。

其二，由于违法性认识错误而实施该遗弃行为者。不能排除，某些来自偏远地区的弃婴父母，压根儿不知道我国刑法上还有遗弃犯罪的规定。因而，倘若此类父母仅仅出于不愿（而非无力）抚育先天残疾的儿女而遗弃自己新生儿的，则其行为虽然有悖德的一面，但仍属刑法学理上的因法律认识错误而实施该当犯罪构成要件的行为，虽然该错误未必"不可避免"，但按照上述刑法学理原则，起码可减轻责任。

其三，既无法律认识错误，又不发生守法期待不能的纯粹弃婴行为。还不能排除的是，遗弃儿女的人群中，也存在个别既有抚养能力，又知道

---

① 参见 http://www.rensheng2.com/1550000/1546688.shtml。

或有机会、有能力知道我国刑法对遗弃犯行规定的——行为人仅仅出于嫌弃"女婴"而遗弃自己的亲生女儿。①

综上分析可见，刑法评价上若对上述第三种行为也"噤声失语"，显然既不合理也不合法。但对上述第一种、第二种遗弃行为，无论是出于守法期待不能还是违法性认识错误，可以想见，既然我国的社会保障制度，特别是医疗保障制度尚不完善，国家对此显然负有救治不力之责。此外，既然国家颁行的刑事法制繁多，国民也难以普遍知晓每一刑法规条，进而，也就不能排除个别国民在行为时并不知道自己的行为违法。为此，当行为人出于法律认识错误实施了该当我国刑法分则构成要件行为时，刑法评价上针对诸此行为所采取的"集体噤声"之"不作为"虽有其合乎情理的一面，但是，鉴于迄今为止，我国刑法上仍然通行不知法不免责的原则，故若刑事司法上对上述第二种行为也都"集体噤声"的话，此一"不作为"之举便仍然有失于"无法可依"层面的"合法性"。质言之，此类"合理不合法"的评价，虽然顾全了刑法的正义性，却也挑战了刑法的威权性与实效性，仍然殊不可取。

## 三 免责制度阙如缘由评析

综上冲突关系，我国现行刑事立法在保障法与社会关系、法与公民基本认知的协调性方面时见抵牾。而在刑法观上，这种冲突关系则具体体现为责任主义刑法与功利主义刑法观的冲突。

刑法责任主义是建立在规范责任论基础上的归责原则。其要旨在于无责任则无刑罚。当然，这里所谓的责任，并不等同于我国传统刑法学上的"刑事责任"，而是就德国学者弗朗克率先提出的、相对于行为人所以实施违法行为的、伦理与道义上有无"可谴责性"（Schuld）的刑法评价而言的。这就意味着，在犯罪成立条件层面上，刑法责任主义原则限定了犯罪的成立范围，而非扩张犯罪的成立范围。这是因为，根据刑法的责任主义原则，在实施了违法行为的前提条件下，如果行为人根本没有而且不可能

---

① 当然，此类人等之法律认识错误并非不可避免，因而从理论上讲，对此类人等不能阻却其责任但可减轻其责任而已。

## 第二章 理性的刑法立法观

意识到自己行为的违法性,抑或行为人根本没有刑法上的罪过或守法期待可能性,则刑罚作为对行为之"恶"的"报应",将丧失其得以启动的"根据"。唯其如此,有学者也称责任主义原则坚守下的刑罚为报应刑或者责任刑。① 而从本质层面看,责任主义刑法的要旨正在于,它"反映了一种要求对刑罚的(一般和特殊)预防作用进行限制的需要。它代表的是一种与刑罚的预防功能相反,但在现代的自由民主制度中却居于不可侵犯地位的基本价值:对人的尊重"。②

功利主义的刑法观则不然。国外刑法史上,首次将功利与犯罪和刑罚联系起来述论的是贝卡利亚。贝卡利亚认为,社会人无不基于人性的"需要"而"趋利避害",社会因而"需要单独地研究根据共同需要及功利加以表述或设想的纯人类协约的产物"。③ 其关于"功利"的基本格言则是"最大多数人分享最大幸福"。④ 继后,英国法律改革运动的先驱与领袖边沁也在其代表作《道德与立法原理导论》一书中,全面地阐释了他的功利主义哲学蕴涵。进而,边沁在事实上将贝卡利亚的功利主义刑法观上升成了哲学上的方法论。正是基于此一方法论,功利主义(Utilitarianism)这一舶来概念才又被译作功用主义、乐享主义、效益主义等。我国出版的《辞海》则将其解释为"功利主义,亦译'功用主义'。指以实际功效或利益作为道德标准的伦理学说"。⑤ 由此可见,相对于刑法学而言,功利主义的主旨正在于,国家刑罚权的启动根据并不在刑罚对"恶"的"报应",而在刑法控制整个社会秩序与安全的"效益"需要。进而,功利主义发动刑罚的聚焦点则在于如何规制并运行刑法,才能最大限度地有利于犯罪预防,包括特殊预防与一般预防。由是,如果说报应刑是责任主义刑法的产物,预防刑则可谓功利主义刑法的产物。换言之,在功利主义论者的视界里,"惩罚是实现社会控制的手段,能促进社会利益的惩罚都是可欲的。

---

① 参见张明楷《责任主义与量刑原理——以点的理论为中心》,《法学研究》2010年第5期,第128页。
② 〔意〕杜里奥·帕多瓦尼:《意大利刑法原理》,陈忠林译评,中国人民大学出版社,2004年版,第155~156页。
③ 〔意〕贝卡利亚:《论犯罪与刑罚》,黄风译,中国大百科全书出版社,1993,第2页。
④ 〔意〕贝卡利亚:《论犯罪与刑罚》,黄风译,中国大百科全书出版社,1993,第5页。
⑤ 《辞海》(上),上海辞书出版社,1989,第1346页。

因而，只要行为带来客观的损害或者有造成损害的危险，无论行为人本身有无非难可能性，都应该加以惩罚"。①

综上可见，刑法责任主义与功利主义的冲突，实质上是国家刑罚权的限制与扩张的冲突，或者说是公民个体权利的维护与整体社会秩序控制的冲突。众所周知，刑法原本既是国家实行社会控制的有力工具，也是法治国家实现人权保障的大宪章。可见，如何衡平与协调二者之间的关系至关重要。而如上所述，迄今为止，我国在违法性认识错误上的相对滞后规定，导致了我国刑法关于阻却责任事由的规范一直处于阙如状态。而要实现上述协调与平衡，有必要系统反思导致此类免责机制失衡的主要缘由，以便在正本清源的基础上，补缺堵漏，促进国内刑事法治的进步与发展。

回溯 1979 年刑法、1997 年刑法以及从第一到第九次刑法修正案，这期间，我国既历经了经济体制的深层次改革，也历经了国家、社会关于人权理念的与时俱进的更新。中国刑法上死刑罪种设置的一再减少并限制适用，便是此类人权理念更新的最好脚注与说明。然而，毋庸讳言，国家经济的高速发展以及周边国际环境的险恶，使得国家通过刑罚来控制犯罪以维系社会稳定的需要也同步增长。故而，在现实存在巨大犯罪压力的情形下，在民众仍然将犯罪的防制与打压依赖于刑罚的背景中，在政府仍然将秩序的基本诉求诉诸刑罚的语境中，甚至仍然将犯罪视为绝对恶的法意观念下，刑事法治有时承受了不能承受之重，这种不能承受之重带来的后果之一，是它可能以漠视公民的权利自由为代价进行秩序的社会控制。②

由是，一定程度上，我们或可将此类免责机制长期阙如的缘由归结为法律实证主义对理性法治、伦理法治的绑架。按照法律实证主义的观点，法律的有效性和道德、公正无关。因而对于实证主义来说，"法是什么"仅仅依赖于"什么已经被制定"和"什么具有社会实效"。由此可见，法律实证主义视界里的法治包括刑事法治，只要是效益的、功利的便是可行的、必要的。如此一来，秩序始终高于权利的纯粹功利主义的刑法观难免阻滞整个刑事法治的进步与发展，则考求公民个体自由与权利保障的、限

---

① 劳东燕：《责任主义与违法性认识问题》，《中国法学》2008 年第 3 期，第 157 页。
② 参见蔡道通《刑事法治的基本立场——一种基本理念与研究方法的阐释》，《江苏社会科学》2004 年第 1 期，第 221 页。

制刑罚权扩张的刑法责任主义原则难免遭致立法瓶颈。

贝卡利亚在其不朽的名著《论犯罪与刑罚》中曾经指出,"安全愈是神圣不可侵犯,主权者所保护的国民的自由愈多,刑罚也就愈公正"。英国功利主义法学家边沁也曾指出:"刑罚的严厉程度应该只为实现其目标而绝对必需。所有超过于此的刑罚不仅是过分的恶,而且会制造大量的阻碍公正目标实现的坎坷。"① 诸此经典名言给我们的基本启示是:秩序与自由,就像刑法的功利主义与责任主义一样,并非绝对的二律背反,二者既相互冲突与制衡,也相互依存并促进。

即如上文提及的天津大妈赵春华案便是上述观点的最好说明。在公共场合摆摊以气枪"打靶"谋生,本是中国传统习俗文化的一部分,新中国成立几十年来,也未见国家公开地通过公权力来禁止过此类行为。特别是,若要通过禁止"动能大于1.8焦耳/平方厘米"的气枪来有效维护社会公共安全,国家理当通过基层民警抑或居委会等组织机构来遍晓公安部出台的《枪支鉴定规定》,以便在"言之有预"的基础上,逮捕并惩治确有刑法评价上非难可能性之犯罪分子。而对根本不可能认识到自己行为会违背《枪支鉴定规定》的赵春华以及同样难以认识到自己行为之违法性的王国其、刘大蔚等行为人而言,应当说,对其定罪,表面看来只是有悖于责任主义刑法的"报应性"而已,可深而究之便发现,此举其实也有悖于功利主义刑法的"预防性"。这是因为,对此类欠缺非难可能性的人科处刑罚,其实不但不能收到杀一儆百、稳定公共安全与社会秩序的效果,反会导致人心不服、舆情难捺,其效果反而可能危及社会的安定与团结。正是在此意义上,我们说刑法责任主义与功利主义不仅相互冲突与制衡,也是相互依存与促进的。

论及至此,人们不免质疑:责任主义刑法背后的正义性与功利主义刑法背后的效益性,仅仅是相互平衡、相互制约的关系吗?二者之间究竟何为优位?对此,美国学者乔治·弗莱彻(George Fletche)认为,"刑法目的的功利性并不影响对个人追究刑事责任时的报应主义立场。即使威慑是惩罚体系的总体目标,也不能随之得出必须用威慑作为决定谁该受惩罚的

---

① 〔英〕边沁:《立法理论:刑法典原理》,中国人民公安大学出版社,1993,第78页。

基础结论。因为前者涉及的是刑法体系本身的正当根据，后者则涉及如何使具体案件中刑事责任的分配显得正当化的问题"。[1] 本文认为，此说虽然有其分析问题上的独到性，却也有失于英美法系与大陆法系在刑法学理，特别是关于国家刑罚权启动根据论上的差异。这是因为，一方面，在大陆法系刑法学者的视界里，对侵害或者威胁到刑法所保护法益的、同时具有道义与规范评价上"非难可能性的"犯罪行为的"报应"，才是国家刑罚权得以启动的重要"根据"。唯其如此，德国刑法学家罗克辛教授才明确指出"法益是在以个人及其自由发展为目标进行建设的社会整体制度范围之内，有益于个人及其自由发展的，或者是有益于这个制度本身功能的一种现实或者目标设定"。[2] 另一方面，刑法目的的功利性，固然有其可能不致"影响"到对个人追究刑事责任时的报应立场的一面，但全然不影响吗？回答是否定的。事实是：以"功利"作为刑罚的"根本目的"，则一定会影响到刑罚的公正性与正义性。即置于刑法天平一端的功利主义砝码不得过重。质言之，责任主义与功利主义、自由与秩序天平砝码的衡平，并不简单地等同于两端砝码之半斤八两。因为从根本意义上看，虽然"绝大多数人分享最大幸福"的功利性，实际关涉多数民众的幸福与权益，但是，无论如何，国家所构建社会并"设法"的根本目的，并不是为国家而建国家、为社会而构建社会，而是功在每一个"人之为人者"的最大限度的自由的获享、权利的张扬及个人价值的实现。就此意义看，或者说从终极意义上讲，责任主义的刑法观理当优位于功利主义的刑法观。唯其如此，要达至契合刑法正义性的权利与秩序的衡平，刑罚就不得过剩。质言之，刑法的功利性必须始终内敛"在确保社会秩序安全的同时，能最大限度地确保自由的行使、权利的张扬"之限度内。即以最小的公民权利牺牲之代价换取最大限度的公共安全与公共利益的稳定，应为责任主义刑法观下评判刑法正义性得当把握的基本标尺。

另一方面，也有观点认为，迄今为止，我国之所以仍然沿用"不知法绝对不免责"的立法例，实与我国时至今日仍然沿用从苏联承继过来的平

---

[1] 劳东燕：《责任主义与违法性认识问题》，《中国法学》2008年第3期，第157页。
[2] 〔德〕克劳斯·罗克辛：《德国刑法总论》（第1卷），王世洲译，法律出版社，2005，第15页。

面而耦合的犯罪论体系有很大关系。无可讳言，迄今为止，我国的犯罪论体系似乎仍以传统的平面而耦合的犯罪论体系为"通说"。然而，近10多年来，在犯罪论体系问题上，其实已有为数不少的学者提出了形形色色的、破解传统的能入罪不能出罪的犯罪论体系藩篱的犯罪论体系新见解，包括借鉴或者沿用德国大陆法系犯罪论体系的各类主张等。当前，此类学术研究及其成果可谓如火如荼、成果空前。例如北京大学的陈兴良教授，早在近8年前就发表了题为《从刑事责任理论到责任主义——一个学术史的考察》① 一文。文中陈教授特别指出，1996年冯军教授的《刑事责任论》的出版，是我国从以犯罪构成为根据的刑事责任向以主观可谴责性为内容的责任主义转变的标志。

而目前我国刑法学中，尽管没有完全确立大陆法系三阶层的犯罪论体系，但责任主义思想已经在我国各种犯罪论体系中得以探究。例如张明楷教授在其出版的《刑法学》（第3版）中就将犯罪构成分为违法构成要件和责任构成要件。此外，2008年复旦大学出版社出版的《刑法学》、中国社会科学出版社出版的中国社会科学院研究生重点教材之一《刑法总论》等，都是按构成要件该当性、违法性、有责性来构建犯罪论体系的。② 如此等等，不一枚举。由此可见，当今中国刑法学术论坛上关于犯罪论理论体系的构建早已不是一家独大了。而且，退一步讲，即便承认传统的犯罪论体系仍然占据"统治"地位，可中国刑法学界的学者们却一直在此理论园地之中孜孜追求着责任主义刑法与功利主义刑法的衡平问题。而要研讨责任主义刑法，就无法脱逸对"不知法可否免责"问题的理论研讨，进而也无法摒弃有关对阻却责任事由的进一步探究。更何况，我国现行刑法中，其实早有"责任能力"的明文规定，虽然这里作为"责任要素"之一的责任能力绝非责任主义刑法中的"可谴责性"，但从刑法解释论的视角看，既然责任主义刑法所关注的责任要素之一在中国刑法中已经有所规定，进而，刑法又如何不能将"不可避免的法律错误"纳入"无可责性"

---

① 陈兴良：《从刑事责任理论到责任主义——一个学术史的考察》，《清华法学》2009年第2期，第7页。
② 参见陈兴良主编《刑法学》，复旦大学出版社，2008；屈学武《刑法总论》，中国社会科学出版社，2015。

之列，由刑法总则做出专门规定呢？当然，围绕此一议题，刑法学界也是聚讼纷纭、意见不一，本文将在后文专门研讨。

## 四 特别的阻却责任事由：不可避免的违法性认识错误

论及刑法上的阻却责任事由，众所周知，除违法性认识错误之外，刑法学上的阻却责任事由其实还包括守法期待不可能等。但时至今日，无论从国外立法例还是学界通说观点看，守法期待不能均被确认成"超法规"的阻却责任事由。有鉴于此，倘若我国要对此立法，将一无世界立法例可资借鉴，二因多年来我国秉持的多倚重刑罚而非经济的、文化的、道德的多项措施来预防、控制犯罪以稳定国家法秩序的刑事政策，凡此种种，都会使得"守法期待不可能"很难被转变成法定的阻却责任事由。据此，无论是本着循序渐进还是先易后难的原则，我国都难以做到将守法期待不能与禁止错误一体规制为法定免责事由。有鉴于此，本文在此所论及的、当下我国宜通过刑事立法加以构建的特别的"阻却责任事由"，仅限于不可避免的违法性认识错误。

（一）违法性认识错误在犯罪论体系中的法律地位

违法性认识错误又称禁止错误。理论上，这种法律错误包括消极的认识错误与积极的认识错误，或称消极的不知法律与积极的不知法律。前者是指消极地不认识自己的行为为法律所不许；后者是积极地误认为自己的行为为法律所许。①

在考察违法性认识错误问题之前，有必要先行梳理一下违法性认识错误在犯罪论体系中的法律地位问题。即违法性认识错误究属"故意要素"还是"责任要素"，这实际牵涉违法性认识错误之规定究属阻却故意还是阻却责任的问题。这一点，不仅学界争议颇多，就从各国、地区立法上的差异也可见端倪。例如从上文所举德国刑法第17条关于"行为人行为时没有认识到其违法性，如该错误认识不可避免，则对其行为不负责任"的规定可见，德国刑法这里的不负责任正是禁止错误可阻却"责任"之意。

---

① 参见许玉秀主编《新学林分科六法·刑法》，台湾新学林出版股份有限公司，2008，A-69页。

日本刑法第 38 条第 3 款的规定则为"即使不知法律，也不能据此认为没有犯罪的故意，但可以根据情节减轻处罚"。而我国澳门刑法典第 16 条的规定却是"行为时并未意识到事实之不法性，而该错误系不可谴责行为人者，其行为无罪过"。可见，德国刑法、日本刑法、我国澳门特区刑法分别采取的是禁止错误乃为阻却责任、（不能）阻却故意和阻却罪过（含故意与过失）的不同立场。尽管境外立法采取了多种立法例，但围绕此一议题，国内外刑法学界却一直争议不休。其间最有代表性的观点乃泾渭分明的"严格故意说"和独立的"责任说"。

"严格故意说"是指违法性认识乃属故意的要素。其基本"理论根据在于：明明具有违法性的意识，却仍然（竟然）实施了违法行为，因而有理由作为故意犯施以更重的谴责"，由是违法性意识的有无也就成了"区分故意与过失的分水岭"。[①] 申言之，根据此种观点，行为欠缺违法性认识则阻却故意，对同样的行为及其后果，刑法有其过失犯规定时，行为只能构成相应的过失犯。

"责任说"则主张，违法性认识是平行于故意与过失的独立的责任要素。由是，欠缺违法性认识可能性的场合，行为不能阻却故意，却可以作为独立的责任要素阻却责任。对此，日本有学者特别指出，故意为"应罪事实"，由检察官举证；而违法性认识错误属于日本刑诉法第 335 条第 2 款所规定的"妨碍犯罪成立的理由"，应由被告人自己举证，检察官只是在其不认可时才予以立证。[②] 此一观点的要旨在于，故意所认识的内容不同于违法性认识之内容，前者是对构成要件事实及其后果的认识，后者则为该事实是否违反有关刑事法规范。

至于中国刑法，无论是针对构成故意还是阻却故意或责任的有关规定，迄今为止，中国刑法典并未就有关违法性认识问题做出明文规定。尽管如此，围绕着违法性认识与故意的关系问题，我国刑法学界还是先后提出了违法性认识不要说、违法性认识必要说、违法性认识可能说和自然

---

① 〔日〕西田典之：《日本刑法总论》，刘明祥、王昭武译，中国人民大学出版社，2007，第 191~192 页。
② 〔日〕西田典之：《日本刑法总论》，刘明祥、王昭武译，中国人民大学出版社，2007，第 193 页。

犯、法定犯二分法说，即自然犯务须有其违法性认识、法定犯未必需要违法性认识，等等。

针对上述诸种不同意见，本文的主张是：从应然立场看，还是将诸此违法性认识错误归结为独立于罪过之外的消极的责任要素即阻却责任的要素比较好。尽管如此，本文其实更认同有学者提出的下述立场：违法性认识问题的关键不在于违法性认识的欠缺究竟阻却的是责任还是故意，而是在何种情况下不予追究行为人的刑事责任才既符合刑事政策的需要，又能兼顾责任主义的要求。因而学界实有必要将关注的重心放在此类制度的构建上，而不是始终围绕违法性认识在犯罪论体系中的位置问题坐而论道。①

（二）违法性认识错误与行为事实认识错误的界分

行为事实认识错误所阻却的乃为刑法上的罪过。罪过含故意与过失，但其中比较容易混淆的，还是阻却"故意"的行为事实认识错误与阻却"责任"的违法性认识错误。

一般而言，故意所认识的内容不同于违法性认识的内容，前者实为对有关构成要件事实的性质及其法益侵害后果的认识；后者则是行为人对其行为可能遭致的刑法评价的认识。例如，行为人 A 虽然知道我国刑法上特设了非法狩猎罪的规定，但是倘若 A 根本不知道其打猎的区域为禁猎区，因而在此狩猎者，则因其根本不知道刑法分则相关法条法定的"构成要件事实及其危害后果"，进而应阻却其"故意"犯的成立。在刑法有过失犯规定的情况下，A 只能构成相应的过失犯罪。但我国刑法并无此类过失犯罪，行为则因欠缺故意而该当"出罪"。相反，倘若行为人 A 连有关禁猎的相关法律规定都毫不知情，因而前往某禁猎区狩猎者，则属违法性认识错误，倘若 A 的确欠缺"知道"该刑法规定的可能性，则当阻却其责任；若其原本应当知道，但能够"认识"到该法律规定的可能性较小，则可减轻其刑事责任。然而，随着刑法典中行政犯罪的日益增多，现行刑法的构成要件规定也根据罪状规定的不同而呈现不同的样态。

**1. 对既含描述性又含规范性构成要件行为的错误性质区分**

实践中，此类既含有描述性构成行为又含规范性构成行为的构成要件

---

① 劳东燕：《责任主义与违法性认识问题》，《中国法学》2008 年第 3 期，第 166 页。

规定，时常出现二者相互交织、难以判断的情形。例如，我国《刑法》第222条关于虚假广告罪的规定是"广告主、广告经营者、广告发布者违反国家规定，利用广告对商品或者服务作虚假宣传，情节严重的"。可见我国《刑法》第222条的规定，就既含有规范性构成要件又含描述性构成要件。其中，行为人"违反国家规定"的行为，属于规范性构成要件；广告主、广告经营者、发布者等人"利用广告对商品或者服务作虚假宣传，情节严重"的行为属于《刑法》第222条法定的描述性要件。

进而，人们不难发现，对规范性构成要件规定的误解，会导致行为看来似乎也契合构成要件认识错误的特征，但由于其间牵涉对特定规范的法律评价发生认识错误的问题，因而通常情况下，此类情节其实仍应归结为法律认识错误。唯其如此，罗克辛教授才在其论著中明确指出"构成要件错误和禁止错误的区分，并不等于行为事实错误和法律错误的区分，因为即使在构成要件错误的场合，也可以出现法律错误"。①

详言之，规范性构成要件错误并不等于行为事实认识错误。恰恰相反，规范性构成要件错误其实包含以下两种错误形式：（1）行为事实认识错误；（2）违法性认识错误。区分的关键就在于其错误认识的对象是有关行政法规范，还是其他构成要件行为。这里不妨再以上述我国刑法上的虚假广告罪来说明。按照《中华人民共和国广告法》第9条的规定，广告不得使用"国家级""最高级""最佳"等用语。倘若行为人B出于对广告法第9条规定的茫然无知，竟然以"国家级"名义在广告上大肆吹嘘自己的产品。则此一构成要件错误，其实应属违法性认识错误。当然，一般而言，作为广告主理当具有此类法律认识的可能性，因而其错误认识并非不可避免，也就不发生阻却责任的问题，只是酌情可减轻责任而已。

然而，就此分析，还是有可能失之于分析问题的笼统与抽象，这里，不妨再借鉴德国学者金德霍伊泽尔的有关观点。按照金德霍伊泽尔的主张，如果行为人对该规范性要素的社会和法律意义完全没有认识，则属于对自己行为事实认识错误，从而阻却犯罪故意的成立。如果行为人主观上

---

① 〔德〕克劳斯·罗克辛：《德国最高法院判例·刑法总论》，何庆仁、蔡桂生译，中国人民大学出版社，2012，第98页。

对该要素本身的社会和法律意义有认识，仅对自己行为是否在规范性要素的涵摄范围之内发生了错误认识，则属于违法性认识错误，一般不影响故意的成立，只是在责任层面，需要考察"由涵摄错误而引起的禁止错误当时是否可以避免"。① 据此，我国学者孙国祥教授进一步解释说，"行为人在没有理解规范性要素法律与社会功能的情况下产生的错误，属于事实错误，反之，在理解了规范性要素的法律与社会功能后，产生的评价错误则是法律认识错误"。②

根据上述论断，我们不妨结合天津大妈赵春华案来进一步分析其错误性质。如上所述，在公共场合摆设气枪打气球的行为，本属符合社会传统习俗文化的"社会相当性行为"。因而，无论是一般国人还是赵春华本人，应当说，对规范意义上的"持枪"行为的危害性及其违法性质都知道。换言之，具备正常刑事责任能力的任何人（包括行为人）均知"持枪"行为既不符我国法律规范也不合有关社会规范。然而，无论是一般国人还是赵春华本人，却都不知道（且不大可能知道）其摆放在打气球摊位上的"娱乐游戏枪"竟然在我国刑法"规范性要素的涵摄范围之内"。可见赵春华的行为仍应属于法律认识错误。质言之，赵春华等是对公安部2010年颁行的《枪支鉴定规定》的确切内容欠缺认识可能性。而此类法律认识错误，在错误类型上又可谓"归类性错误"（Subsumtionsirrtum）。赵春华们不可能将自己使用的游戏玩具枪形物归类为《刑法》第128条禁止的"枪支"，是"因为外行人几乎从来不会成功地进行一种准确的法学上的归类"，所以"归类性错误的例子，即使在司法判例中也非常多"。③ 所以"在大多数情况下，归类性错误的确是禁止错误"。④

**2. 对空白刑法规范中含前置性行政法规范的认识错误性质区分**

众所周知，我国刑法除有叙明罪状规定外，还有空白罪状规定。空白

---

① 〔德〕乌尔斯·金德霍伊泽尔：《刑法总论教科书》（第6版），蔡桂生译，北京大学出版社，2015，第258页。
② 孙国祥：《违法性认识错误的不可避免性及其认定》，《中外法学》2016年第3期，第720页。
③ 〔德〕克劳斯·罗克辛：《德国刑法总论》（第1卷），王世洲译，法律出版社，2005，第317页。
④ 〔德〕克劳斯·罗克辛：《德国刑法总论》（第1卷），王世洲译，法律出版社，2005，第617页。

罪状又称参见罪状,是指根据刑法条文的规定,为要确定某一犯罪的基本构成特征,须参照其他非刑事法律或者法规中的相关规定的罪状模式。例如我国《刑法》第186条"违法发放贷款罪"的第一句话便是"银行或者其他金融机构的工作人员违反国家规定"发放贷款的。对此,刑法学人又称此类刑法规范为"前置性行政法规范"。

对此类前置性行政法规范之中涵定的违法性内容缺乏认识,是否应属法律认识错误,我国学界尚有争议。一说主张"'违反国家规定'是我国刑法空白罪状中的一种表述方式,是判断法定犯构成要件的参照依据,但含义不够明确,影响了对相关犯罪的司法认定。但仍主张:行为人缺乏对'违反国家规定'的违法性认识的,应阻却或减轻其刑事责任"①。二说主张将前置法规范的认识错误认定为行为事实认识错误。主要理由是,作为空白罪状的刑法规范大多是"人为性"的法规范,因而世人必须在对规范的内容有所认识之后,才会产生符合规范的要求,所以对"行政犯"而言,应以违法性意识作为认定其故意的前提。② 三说认为,在对前置法发生错误认识的情况下,简单地将其归类为事实错误,从而阻却行为之故意的话,会"失之过宽,虚置了刑法规范",同时混淆了法律认识错误与事实错误的界限。主张空白罪状中的行政法规范的禁止性规定与刑法禁止性规定具有一致性,只不过某种行为的性质"需要行政法规与刑法结合起来进行整体评价而已",因而"如果对行政法规不了解或者本身理解错误,应归属于法律认识错误而不是事实错误"。③

笔者原则上赞同上述第三种意见。这里只想强调的是,我国刑法分则中的某些空白罪状规定,从规范性质上看,应当说其"部分地"等同于德国刑法学理上的、含有规范性构成行为的刑法规范,只不过还有部分"规范构成行为"不是通过前置性行政立法,而是直接以叙明罪状的方式规制于分则条文之中的。而如上所述,对规范性构成要件,本文赞

---

① 刘德法、尤国富:《论空白罪状中的"违反国家规定"》,《法学杂志》2011年第1期,第15页。
② 参见顾小荣等《经济刑法总论比较研究》,上海社会科学院出版社,2008,第43页。
③ 孙国祥:《违法性认识错误的不可避免性及其认定》,《中外法学》2016年第3期,第722页。

同上文论及的、在行为人已然理解规范要素的法律与社会含义的情况下，对自己的行为是否属于相关法条参见的行政法规范涵摄的禁止性范围之内发生了错误认识的，应属法律认识错误。而且，多数情况下，行为人之所以发生错误认识，仍属上文论及的行为人对自己行为对象产生"归类性错误"。而"在认识归类性错误所涉及行为构成特征的社会意义时，这种归类性错误从来不排除故意。但是，在行为人根据一种错误的归类而认为自己的举止行为不是被禁止"之时，行为人便"建立了一种禁止性错误"。①

### （三）不可避免的违法性认识错误之认定

应当承认，在责任论层面，以"违法性认识可能性说"作为归责要素，如今已然形成国内外刑法学界普遍认可的通说观点。学界基本达成如下共识："违法性完全不要说"主导下的"不知法概不免责"之刑法立场，不免失之刑罚过苛且欠缺报应刑蕴涵的刑法正义性；而"违法性认识必要说"主导下的"欠缺违法性一概免责"之做法，又会导致刑罚失之过宽且会削减刑罚的预防刑价值。毕竟，知法守法乃每一公民应循的法律义务，除非行为人的确欠缺违法性认识的可能性。

所谓"违法性认识可能性"，是指行为人在实施该当构成要件行为时，在主观认识水平上能够认识到其行为已为刑法所禁止的盖然性。因而，这里的违法性认识对象原则上乃指刑事违法性。虽然如此，鉴于刑事法的受范对象不仅仅是刑法学专家或者刑事实务界人士，更包括广大公众。而面对洋洋数百条的刑事法条，一般民众很难从规范角度去悉数掌握，相对于行政犯罪而言，更是如此。由是，实践中，行为人只要能够概括性地知道自己的行为为刑法所禁止即可。至于刑法规条的具体规定，例如其行为是否具备可罚性、法定刑甚至处断刑怎样等，都不在该"违法性认识"的确定范围之列。唯其如此，所谓违法性认识"既不要求认识到可罚性，也不要求知道包含了禁止性规定的法条"，但"行为人必须知道，他的行为会招致（法院判决、警察机构的干预或者其他官方措施的）任意形式的国家

---

① 〔德〕克劳斯·罗克辛：《德国刑法总论》（第1卷），王世洲译，法律出版社，2005，第317页。

暴力的惩罚"。① 此外，所谓"违法性认识可能性"，还是就相对于行为人对自己行为是否违法有其概括的认识"机会"与"能力"而言的。也就是说，倘若行为人有认识机会与能力，则在猝发犯罪的场合，即便行为人真的未及斟酌考量进而对自己行为违法与否发生错误认识并实施了该当构成要件行为，因其实际具有违法性认识的"可能性"即违法性错误并非不可避免，则该行为不能阻却责任，唯有减轻责任的可能性而已。

接下来的问题是：如何判断行为人有无违法性认识的可能性。换言之，如何判定违法性认识错误不能避免？

众所周知，就实践领域看，刑法评价的主体显然是刑事法官，因而，是否"不能避免"本属司法领域的"规范评价"问题。但法官显然不能根据自己的认识能力来判定行为人是否发生"不能避免"的违法性认识错误。因为就一般意义看，刑事法官原本就有机会、有能力认识几乎所有刑事违法性问题，唯其如此，冈特教授曾特别指出，"违法性认识并不以法律技术上的评价为前提，它不是有意识地'反抗法律'，而只是'外行的评价'，认为法律规范可能不允许这样的行为"。② 显然，这里的"外行"是相对于法学特别是"刑法内行"而言的。因而，有关认识机会、认识能力原则上应相对于一般普通人而言。③

**1. 认识违法性之机会**

所谓违法性认识"机会"，是相对于去认识某项行为是否有悖于刑法规范的"意识启动性"而言的。如前所述，社会生活中的每一正常公民，无法在办每一桩事之前都先去省视一番自己的行为举止是否不法。于是，这当中便产生了何时何事方才需要检视自己行为之不法性的问题。因而，究其实质，这里所谓"机会"，实则牵涉行为人究竟应不应当专门去关注有关法律规范的"义务"问题。

---

① 〔德〕冈特·施特拉腾韦特、洛塔克·库伦：《刑法总论Ⅰ——犯罪论》，杨萌译，法律出版社，2006，第225～226页。
② 〔德〕冈特·施特拉腾韦特、洛塔克·库伦：《刑法总论Ⅰ——犯罪论》，杨萌译，法律出版社，2006，第225页。
③ 除非行为人本人刚好身为刑事实务工作者或是从事刑法教学、科研的学者等。但即使是法学专家，他/她也不可能对各部门法、行政法全都了解，因而他/她还必须是自己所涉猎的行为规范方面的"行家"。

对此，国内外刑事实务界、学术界先后发出过多种不同声音。试归类如下。（1）过严说。我国有学者在论及违法性认识错误不可避免的判断基准时，曾专门指陈，"在现代社会中，虽然无法期待每个人都成为法律专家（即使法律专家通常也只知道部分法律而已），但可以期待每个人都应当尽到法规范的注意义务"。① 德国联邦最高法院也曾在其判决中宣称公民"对自己正要做的一切，都应当意识到是否与在法律上应当做的原理保持一致"②。对此，德国学者罗克辛教授称其属于过于"严肃主义的要求"，并驳论道"每个自然人在自己行为之前都必须进行合法性思考的话，社会生活就一定会停顿下来。此外，从任何一种举止行为在一个自由的法律制度中都可能被禁止这一点出发来看问题，也是不正确的"。③（2）过宽说。此为德国"极端反对派"的观点，基本主张是"一个人如果不是至少现实地意识到，自己的行为可能是被禁止的，那么，他就是一个没有能力查对自己的行为是否可以适用特殊规范的人"。按照这种观点，公民至少需要发生不特定的（亦即不法）怀疑，才可能存在去查明规范的机会。④ 此一观点，又被罗克辛教授评价为失之过宽。在罗克辛教授看来，不法性怀疑原本就寓含着违法性认识的先决条件，既然如此，刑法又如何能将此类已然存在不法怀疑的人评价为发生"不可避免"的禁止错误者呢?⑤ 我国也有学者指斥此种观点会给行为人留下过大的人为禁止错误的空间。因为按照这种观点，对法律漠不关心的行为人只要宣称其"对自己的行为根本未产生任何合法性怀疑"，便可由于"不可避免的错误"而不承担责任。⑥（3）适中说。主要是罗克辛教授所代表的主张。基本观点是：检视自己行为是否适法的机会应当仅仅存在于下述三种场合。其一，对行为发生"不

---

① 孙国祥：《违法性认识错误的不可避免性及其认定》，《中外法学》2016年第3期，第708页。
② 《联邦最高法院刑事判例集》第2卷，第201页。
③〔德〕克劳斯·罗克辛：《德国刑法总论》（第1卷），王世洲译，法律出版社，2005，第625页。
④〔德〕克劳斯·罗克辛：《德国刑法总论》（第1卷），王世洲译，法律出版社，2005，第625页。
⑤〔德〕克劳斯·罗克辛：《德国刑法总论》（第1卷），王世洲译，法律出版社，2005，第625页。
⑥ 车浩：《法定犯时代的违法性认识错误》，《清华法学》2015年第4期，第38页。

法性怀疑的案件"。即上述"过宽说"涵括的检视范围。当行为人基于自己对法律知识的初步了解抑或经第三人提示，而对自己行将实施的行为不法性产生怀疑时，行为人便有义务立即反思自己的行为是否不法。其二，行为人清楚自己拟具从事的事项正好受制于某特殊法律所规范的领域之时。例如"一个想要开银行或者食品店的人"，抑或"一个想要驾驶重型卡车穿过市区的人"都知道或者应当知道诸此事项在法律上是有特殊规定的。则此种情况下，倘若行为人仍未查询或向有关专业人士咨询相关行业规范，而是径直实施了该当构成要件的行为，则该违法性认识错误显属可以避免。其三，行为人意识到自己的行为会给公众带来特定或不特定损害之时。① 按照罗克辛教授的观点，在上述三种机会都不存在时，没有认识到自己行为不法的行为人，就应当由于不可避免的禁止性错误而阻却责任。我国学者车浩教授所赞同者，也为上述第三种主张。②

对上述三种不同主张，本文较为赞同上述第三说即适中说的观点。理由如下。上述第一说的确失之刑罚过苛。特别是当下我国，随着社会经济制度的全方位改革与高科技的日新月异至大数据时代的到来，国家新颁行的行政法规也日益繁多。这当中，不乏不少并不当然"悖德"的行为被颁行为行政犯罪行为。反言之，在行为并不悖逆长期习俗文化、道德文化的场合，行为人也就不大可能先行审视自己的行为是否"不法"。由是，每一行为都要去审视一番行为是否"合法"的做法，的确失之刑罚过苛且不切实际。同时，这种要求在"可避免性标准的建构中完全不考虑现实中人们做出决定时的各种具体可能性时，它也就同时丧失了能够将刑法上值得宽宥的和不值得宽宥的错误加以区分的功能"。③ 诚如上文所举的赵春华案，包括四川青年刘大蔚案均是如此。因为无论是摆摊气枪打气球还是网购玩具仿真枪的行为，都不存在"悖德"的问题。进而，二人也不可能去考虑行为可能潜存一定"社会危害性"的问题。既然行为人并不怀疑自己的行为有害，他/她就不大可能启动自己的违法性查询意识，去逐一查询、

---

① 〔德〕克劳斯·罗克辛：《德国刑法总论》（第1卷），王世洲译，法律出版社，2005，第626页。
② 车浩：《法定犯时代的违法性认识错误》，《清华法学》2015年第4期，第38~41页。
③ 车浩：《法定犯时代的违法性认识错误》，《清华法学》2015年第4期，第37页。

咨询相关行政法律的具体规定。

而上述第二说也的确失之过宽。唯有对自己行为产生"不法怀疑"的人才有义务去关注自己行为是否不法的话，就会致使不少因为其行为特殊而受制于特殊法规调控的人，可以用自己没有产生"不法怀疑"的借口，而被刑法评价为发生了不可避免的法律认识错误，可免责。当然，这一过宽的机会标准，还同时漏掉了明知行为有一定社会危害性而未尽关注义务者。

综上，上述第三说即适中说，既避免了随时随地置任何人、任何事以不必要的法律关注义务，从而免致落入"绝对的知法推定"的窠臼；同时规避了免致应予产生有关法律关注义务、在有机会认识有关规范的情况下，因怠于关注而致法律认识错误者还被确认为"不可避免的禁止错误"。

值得强调的是，"适中说"所指的"损害"并不等同于我国《刑法》第14条明文规定的"危害社会的结果"。因为对该条所谓"危害社会的结果"，其实应当解读为刑法上的"法益损害"。倘若还要等到已知自己的行为会损害到刑法所保护法益之时，才产生查询刑法规定的义务的话，不免仍会失之于"应知"义务范围的过窄。因而这里之损害，其实应当包括：（1）低于刑法门槛的一般不法性损害；（2）仅属道德范畴的损害。这是因为"对违反道德的意识虽然不能替代不法意识，但使得禁止错误看起来是可以避免的"。①

例如，2011年5月6日下午14时30分，某甲因醉驾于高速而被交警查获，某甲因而可能遭致同年5月1日刚生效的《刑法修正案（八）》增设的危险驾驶罪的刑事指控。但事后查明：某甲早在2007年便因刑事犯罪被判有期徒刑4年。事发的头三天即2011年5月3日，某甲才刚刚刑满释放出狱。有鉴于此，这才刚刚生效6天的"醉驾入刑"规定，对某甲而言，很可能存在违法性认识错误的问题。但这一错误是否不可避免？倘若用上述"适中说"来判断，恐怕某甲仍然存在欠缺关注义务的问题。这是因为，任何一名开车上高速的司机，原本应当意识到醉驾"会给公众带来

---

① 〔德〕冈特·施特拉腾韦特、洛塔克·库伦：《刑法总论 I——犯罪论》，杨萌译，法律出版社，2006，第232页。

特定或不特定的损害"。据此，根据上述"适中说"，行为人应当基于这一"危害"意识而启动自己的对特定法律规范的专门"关注"义务。也就是说，尽管行为人对自己行为是否不法未曾产生任何怀疑，尽管行为人所从事的并非特殊的行业领域，但"醉驾"之危害，却是任何正常人都应当加以考量的。有鉴于此，某甲应属有"机会"、有义务认识相关法律规范者。换言之，刑法评价上应当确认某甲为有"违法性认识可能性"的人。既有此可能，禁止错误则可以避免。故而，本案中即便某甲真的没有认识，但因其原本可以避免该禁止错误发生，因而从责任论的角度看，某甲的行为不能阻却责任，只可减轻责任。

**2. 认识违法性的能力**

违法性认识能力是指行为人辨识自己行为是否不法的能力。要厘正此一议题，有必要先行说明下述问题。

第一，违法性认识机会与违法性认识能力的区别。二者的主要区别在于：违法性认识机会解决的是行为人"应否"关注与其行为相关的法律规范问题；而违法性认识能力解决的则是行为人"能否"正确关注相关法律规范的问题。简言之，前一项是"该不该"关注的问题；后一项是"能不能"关注的问题。据此，相对于"不可避免性"而言，"机会"乃属前提性问题。也就是说，倘若某行为人连关注自己行为是否不法的"机会"都没有抑或其并不当然该有，则下一问题，即行为人有无认识其行为是否不法的"能力"则无从谈起。因而，只要判定行为人欠缺"机会"，即若行为人并不负有该当特别关注某项刑法规范的义务，则其错误认识原则上可被评价为"不可避免"。

第二，违法性认识能力并不等同于行为人对自己所实施的"构成要件行为事实的认识能力"。二者的相同点是：都是针对特定人、特定事项的刑法评价。不同点是：前者认识的内容是自己的行为是否为法律规范所禁止；后者则是对自己行为的构成要件事实发生了错误认识。例如，早年曾经轰动一时的"天价葡萄案"即属后一种认知错误。2003 年 8 月，4 位民工连吃带偷摘了北京农林科学院林业果树研究所果园中的约 23 公斤葡萄。可该 4 人万万没有想到，该葡萄是葡萄研究园投资 40 万元、历经 10 年培育研制的科研新品种。本案，按一般人的理解，偷摘 20 多公斤葡萄的行为绝不可能达到《刑法》第264条所要求的"数额较大"的起刑点，顶多构成"治安违法"而已，4位民工当然也无此认识能力。但没有想到的是，北京市物价局价格认证中心早先做出的损失评估是：涉案的23.5公斤葡萄导致的直接经济损失是11220元。进而，4位民工的"馋嘴"行为就涉嫌盗窃犯罪了，国人因而戏称该案为"天价葡萄案"。当然，几位民工最终因涉案葡萄被重新估价为376元而未致刑事指控①，但实践中，并不能排除因为认识错误而致偷摘了真的"天价"葡萄之类的案件发生，倘若该葡萄当真价值万元以上，则几位民工的行为显属对该当构成要件的行为事实发生了错误认识。当然，该错误仍可阻却盗窃罪的"故意"，且盗窃罪并无"过失"犯规定，民工的行为因而仍然不构成犯罪，但这显属另一话题，这里恕不烦言。

而对违法性认识能力，上文曾经论及，原则上应当基于刑法"门外汉"的立场去审定行为人是否有能力去认识相关刑法绳禁的行为规范。既是外行，对其认识能力也就有必要从本人的主观努力谈起。鉴于国家"法秩序上总是要求国民为保持一致而不懈努力"，因而每一公民都"应当充分利用自己精神上的认识能力和伦理上的价值观念"，去使得自己的行为尽可能地与国家法秩序保持一致。②因而，对于每一位普通公民而言，要判定其在有其违法性认识机会的前提条件下，是否具备违法性的认识能力，需要通过下述两方面去逐一审视。其一，考察其内心是否经过真诚而充分的努力去研习与自己行为相关的法律规定、原则乃至相关法律规范的细节性规定。其二，审查其是否通过自己的主动咨询或被动获知，得到过相关机构、人员的规范性引导与帮助，从而合理地信赖自己的行为并不违背国家刑事法规范。

一般认为，作为一位外行人，虽然自己已然真诚努力，但仍然难以吃透某些专业性过强的行政犯罪规定，这种情况下，无论是通过主动咨询还

---

① 2004年1月5日，经有关部门重新评估，得出涉案标的价格仅为376元，几位涉案的民工因而被释放了出来。2005年2月21日，几位民工先后收到了北京市海淀区人民检察院制作的不起诉书。被传得沸沸扬扬的"天价葡萄案"这才终于尘埃落定。
② 参见〔德〕汉斯·海因里希·耶赛克、托马斯·魏根特《德国刑法教科书》（总论），徐久生译，中国法制出版社，2001，第548页。

是被动获知而获得的有关法律认知帮助，都是该本人在"充分地利用自己精神上的认识能力和伦理上的价值观念"去使自己的行为与国家法秩序保持一致的最好表征。有鉴于此，尽管行为人业已经过如此内外相结合的真诚努力，却仍然由于具有终局效力的先前判决的误导，或因公权力机构对既往行为之"容认"立场误导，或因法律本身存在规范太过繁杂、含混不清等问题，而致行为人发生违法性认识错误进而行为者，对此类行为人，刑法评价上可认定其为欠缺违法性认识能力，所发生的禁止错误，不可避免。

例如，2001年8月31日，海南某市某华侨农场下属的服务部经理郑××办理了《爆炸物品使用许可证》，并在2002~2003年，由服务部会计陈××找当地公安局某副局长批准，先后向该市民用爆破器材有限公司购买炸药等爆炸物9668公斤。此外，该服务部仓库内还存有2001年购买的炸药等爆炸物1423公斤。尔后，郑××在没有爆炸物品"销售"许可证的情况下，向该市某公安分局指定到该部购买爆炸物品的某华侨农场辖区有关石场及个人非法销售炸药10827公斤。对本案，郑××辩称，服务部原本就是当地公安分局确定的炸药代销单位。同时，服务部销售炸药在客观上也存在一个因果问题。因农牧发展公司的前身是供销科，供销科当时早有销售炸药的情况，销售许可证因以前没有，服务部接管后也就没有办。服务部也就按照过去的一贯做法操作并代销炸药。分析本案可见，本案行为人郑××，职业上应属国家有特殊法律规定的领域，因而其理所当然地具有"知法"的机会和义务，但在违法性认识能力上，他的认识能力的确受制于"公权力机构对既往行为容认"立场的误导，进而从学理上看，郑××的行为应属不能避免的禁止错误。

再看近年出现的王力军贩卖玉米案。2014年11月起，内蒙古农民以每斤0.94元的均价，跑村串户收购玉米，尔后其先用自己的玉米机脱米，继后再以每斤1.09元的均价，卖给粮油公司。后据巴彦淖尔市临河区公安局经侦大队调查，2014年11月4日至2015年3月11日，王力军共收购玉米40万斤，获利6000元。2016年，内蒙古巴彦淖尔市临河区法院判处王力军犯非法经营罪，处有期徒刑1年缓刑2年，并处罚金20000元，退缴非法获利6000元。

本文认为，对王力军的行为宜以"法律本身存在规范上的含混不清"来解读。诚然，收购粮食的行为，在我国应属特殊行业领域。进而王力军应属对其行为的违法性有认识"机会"者，换言之，他有义务去关注此一问题的法律属性。接下来便是审视其有无认识"能力"的问题了。应当说，对于王力军这样的农民劳动者而言，倘若有要收购就得"办证"或者"无需办证"这样简单明了的规定，那要认识其违法性很简单。但问题的关键在于，此次王力军违反的是出台于2004年的我国《粮食流通管理条例》（以下简称《条例》），而该《条例》已于2016年2月经国务院第666号令修订。修订过的《条例》第9条，将第1款中"取得粮食收购资格，并依照《中华人民共和国公司登记管理条例》等规定办理登记的经营者，方可从事粮食收购活动"，改成了"依照《中华人民共和国公司登记管理条例》等规定办理登记的经营者，取得粮食收购资格后，方可从事粮食收购活动"。

可见，旧《条例》第9条规范的是特定的经营者方可取得"粮食收购资格"；新《条例》规范的内容则为：依法登记的经营者，须"取得粮食收购资格后"方可从事粮食收购活动。对此，有专家认为，按照新《条例》的规定"非公司的个人（即非经营者）收购粮食并不限定一定要取得粮食收购资格，这是修法前后对个人收购粮食的限制条件的取消"。①

诚然，专家的看法并非有权解释。但其引发的问题思考是：如果连专家们都对某项法律规定解读不一，国民就更加难以预测其行为性质并有所遵循了。质言之，既然专家们都吃不准其行为是否违法，王力军这样的农民就更无"能力"正确地辨识自己行为的性质。有鉴于此，王力军确属欠缺违法性认识"能力"的行为人，行为因而可认定为不可避免的违法性认识错误。

当然，鉴于迄今为止，我国刑法上并无"不可避免的禁止错误可免责"的明文规定，故此，王力军案也是在判决生效之后，经由最高人民法院发出了再审指令，巴彦淖尔市中级人民法院重新再审的。该中院经审理认为，原审被告人王力军于2014年11月至2015年1月期间，没有办理粮

---

① 参见 https://www.xiancai8.com/news/280202，2017年11月20日访问。

食收购许可证及工商营业执照买卖玉米的事实清楚，其行为违反了当时的国家粮食流通管理有关规定，但尚未达到严重扰乱市场秩序的危害程度，不具备与《刑法》第225条规定的非法经营罪相当的社会危害性和刑事处罚的必要性，不构成非法经营罪。

可见，最终，王力军是通过适用《刑法》第13条的"但书"规定被无罪释放的。而案件本身留给世人的思考则是：同样的案情，倘若其收购的玉米数额较大、"客观危害"程度较重，现行刑法又将如何评价？

## 五 特定的阻却责任事由构建思考

上文已经论及，本文所谓特定的阻却责任事由，乃指不可避免的违法性认识错误。但在述论此一议题之前，有必要先行清正在以下关于禁止错误问题上的认识误区。

有一种观点认为，刑事责任能力中的辨认能力乃指"行为人对自己行为在刑法上的意义、性质、后果等的分辨识别能力"，可见"辨认能力本来就是针对行为事实及其违法性而言的，包括了行为事实的辨认能力和违法性的辨认能力"。因而我国刑法关于责任能力的规定表明，"在我国犯罪构成的理论中，违法性认识实质上已经作为责任要素包含在行为主体的责任能力之中了"，故而"如果行为人有正当理由能证明自己是由于不可避免的原因，确实无能力认识自己行为违法性的，可以考虑其属于无责任能力人、减轻责任能力人"。①

本文认为，上述观点显然混淆了刑法上的违法性认识能力与刑事责任能力的界限。应当说，此一观点之关注视点仅仅停留在二者之"局部"竞合点上了，却忽略了违法性认识能力与刑事责任能力的根本区别。

诚然，一个完全无刑事责任能力的人（实为经司法鉴定确认的、特定的精神病人），鉴于其业已丧失对任何事物、问题乃至自身行为性质的辨识能力，其理所当然地也不具备违法性认识能力。然而，一个具备完全刑事责任能力的人，在具体个案中，却不一定对其行为的"违法性"有认识

---

① 竹怀军、利子平：《"不知法不免责"原则价值的嬗变与选择——违法性错误理论与实践发展的比较考察及借鉴》，《比较法研究》2007年第5期，第102~103页。

能力。但这并不等于说，他/她就应当被界定为限制刑事责任能力人或无刑事责任能力的精神病人。例如，上文讨论到的，因欠缺违法性认识能力而发生禁止错误的行为人王力军，便是一位到达刑事责任年龄且精气神饱满的完全刑事责任能力人。

概言之，一个完全无刑事责任能力的人，至少从理论上讲，他/她对所有的刑事案件都欠缺认识能力，虽然其作案，原则上须再经由司法审查确认。因而，一个被界定为无刑事责任能力的人，对此间所实施的"所有犯罪"都无刑事责任可言。可见，（1）违法性的认识能力，是相对于特定人、特定事所引起的特定法益侵害后果（即个案）而言的；而刑事责任能力中的辨认能力，是相对于一般（而非个案）意义的特定人群（不能辨认或控制自己行为的精神病人）、一般意义的事所引起的所有刑事法益侵害或者威胁后果而言的。（2）欠缺违法性认识能力者只在个案行为是否"违法"这一点上发生错误认识；完全无刑事责任能力人则是什么都不能认识。即除违法性之外，他/她对自己行为的事实、后果、性质等，全都不能认识。（3）倘若一个人已属无刑事责任能力人，则于他/她而言，就不产生违法性认识"机会"问题，进而也就没必要再去审视其有无违法性认识"能力"的问题了。原因很简单，刑事法秩序不能企求一个无法辨认自己行为性质的精神病人还负有"关注"自己行为是否违法的义务。一句话，我国《刑法》第18条关于刑事责任能力的规定，与违法性认识能力是完全无关的两码事，因而，关于违法性错误，目前在我国刑法规范领域并无规定，仍属空白。

除上述认识误区之外，还有一种观点认为，"正义是社会制度的首要价值，司法良知是对正义这一合法良善价值的追求，是实现司法正义的内在支撑"；据此，"司法良知代表了法规范之外司法正义的实现路径，刑法底线代表了法规范之内司法正义的实现路径，二者分别从法规范的外部与内部共同发力，合力实现司法正义"。① 此一观点，就一般意义看，无可非议。因为"优秀的法官能拓展正义的疆域"这一至理名言，显然也应当并

---

① 参见刘艳红《司法无良知抑或刑法无底线——以"摆摊打气球案"入刑为视角的分析》，《东南大学学报》（哲学社会科学版）2017年第1期，第16页。

且能够普适于刑事司法领域。唯其如此，法官才能秉持起码的司法良知，才能在能动司法的基础上，确保刑法正义的实现。

然而，上述"立论"也有其瑕疵。表现在，司法良知必须建立在确有其"底线"规范的基础之上，而上文论及的司法良知所依赖的关于违法性认识错误之刑法"底线"规定，目前在我国仍属阙如。质言之，此类问题在立法"底线"规定上尚有缺口，则再有良知的法官也不能违背刑法本身的"底线规定"去司法。因为刑法原本就是相对固化的、冷冰冰的禁止性规范。何况，不惜突破"刑法底线"去办案，也会有损于刑法的实效性与威权性。有鉴于此，除非有"造法"权能的英美法系法官，起码就大陆法系法官而言，他/她针对任何个案的刑法评价，都难以悖逆刑法规范本身的规定去操作。唯其如此，我们才说天津法院针对摆摊大妈赵春华的判决是合法的，但不够合理。

贝卡利亚曾经指出，"对于犯罪最强有力的约束力量不是刑罚的严酷性，而是刑罚的不可避免性"，因为"仁慈是立法者的美德，而不是执法者的美德"。① 可以想见，贝卡利亚此言并非否认法官判案须秉持司法良知，而是刑罚的威慑力乃在于刑罚的不可避免。故而，当下在我国尚无不可避免的禁止错误规制的立法背景下，欲令法官基于司法良知而"法外施仁"的办案空间几乎没有。因为按法条一板一眼地办案手法加重刑主义的办案传统，在我国已沿袭多年。何况这样办案还可减少法官个人因办"错案"而被追究责任的风险，同时契合了我国众多司法实务人员的办案理念。因而，当下之中国，倘若立法上始终没有关于违法性认识错误的明确规制，则寄望于个案法官通过自由心证而令被告"免责"的可能性几乎没有。反之，倒是对确实发生了不可避免的禁止错误，通过证据上的"不能证成"的司法技术的运用，将被告之禁止错误评价为"可以避免"的可能性更大。这一点，不仅已通过赵春华案得到了印证，也为一定范围内的实证研究所证实。②

综上，本文的最后结论是：就当下中国立法与司法现状看，要一揽子

---

① 〔意〕贝卡利亚：《论犯罪与刑罚》，黄风译，中国大百科全书出版社，1993，第59页。
② 劳东燕：《责任主义与违法性认识问题》，《中国法学》2008年第3期，第165页。

地解决"不知法绝对不免责"带来的诸多"合法不合理"抑或个别"合理不合法"的刑法评价上的尴尬，进而解决刑法功利性与正义性的抵牾，则与其令法官基于司法良知而"法外施仁"，不如通过刑事立法——在刑法总则中对违法性认识错误，做出统一的阻却或减轻责任的规定。当然，如上所述，在立法层面，到底是做阻却责任还是阻却故意的规定，其实无关紧要——虽然多数国家采取的是禁止错误可阻却责任的立场，但日本刑事立法例、我国澳门特区立法例仍然采取的是阻却故意的规定，所以，具体怎样立法都是可以殊途同归的。

（中国社会科学院法学研究所研究员、博士生导师　屈学武）

# 第三章　历次刑法修正评估

## 第一节　刑法历次修正的成效与问题

1997年3月14日颁布、1997年10月1日施行的《中华人民共和国刑法》（以下简称"刑法"），至2017年已实施20周年。其间，除1998年12月29日《关于惩治骗购外汇、逃汇和非法买卖外汇的决定》（以下简称《决定》）仍沿袭以单行刑法的方式修正刑法外，之后9次修正均是以刑法修正案的方式，在不改变刑法条文编排顺序的前提下，对刑法进行了实质性修正。概而观之，这20年，刑法进行修正的次数之多、修改和增删的条文占刑法条文总数比例之大，在立法史上并不多见。刑法由全国人大常委会在短时间内进行了篇幅较大的修正，既体现了刑法立法对社会经济发展状况急剧变化的积极回应，也暴露出刑法立法理念与刑法应然定位之间存在偏差。本文拟对刑法颁行之后的历次修正的成效进行总结，对刑法修正程序的合法性进行检讨，并对今后刑法修正在实体和程序上应当坚持的方向提出建设性意见，以求教于方家。

### 一　刑法修正体现风险刑法特征

随着科学技术的迅速发展，人类生产生活乃至生存和发展面临着来自人类实践活动的各种延伸到全球范围的风险和危机的严重威胁，当今世界正从工业社会向人类对风险失去掌控的风险社会转变。[①] 以风险预防为导

---

[①] 参见陈晓明《风险社会之刑法应对》，《法学研究》2009年第6期。

向的"预防刑法"或曰"风险刑法",着眼于未来与安全,将立法目的定位为防范潜在的法益侵害危险,与传统刑法将法益侵害的实害结果作为追究刑事责任基础的立法导向有所区别。① 在风险预防理论的指引下,风险刑法相较传统刑法主要有以下变化:一是规则由规范责任论转向功能责任论;二是社会安全成为刑法保护的重要法益;三是法益保护前置化成为刑法发展的基本趋势。② 刑法历次修正中,风险预防理论逐渐被吸纳,越来越多的条文体现出风险刑法的特征。

(一) 刑法修正加强对公众安全领域的保障力度

刑法修正加强了对公共安全、经济安全、信息网络安全和环境安全的保障,积极应对社会经济迅速发展的时代出现的越来越多的人类难以把控的风险。科学技术的发展推动了生产力的革新,极大地改变了人们的生产和生活方式,也将人们推入一个各个领域存在未知风险的世界。为了发挥刑法保障人类安全的作用,立法者在不断以增设罪名、改变原有罪名的构成要件等方式扩大犯罪圈。在公共安全领域,恐怖主义犯罪罪名的增加是个具有代表性的实例。刑法颁行之初,其第120条仅规定了组织、领导、参加恐怖组织罪1个罪名,《刑法修正案(三)》在此基础上增加了资助恐怖活动罪,《刑法修正案(九)》又将资助恐怖活动罪修改为帮助恐怖活动罪,同时又增设了准备实施恐怖活动罪,宣扬恐怖主义、极端主义、煽动实施恐怖活动罪,利用极端主义破坏法律实施罪,强制穿戴宣扬恐怖主义、极端主义服饰、标志罪,非法持有宣扬恐怖主义、极端主义物品罪5个新罪。至此,恐怖主义犯罪不再局限于对恐怖组织的组织、领导和积极参加这类抽象化的行为,更大范围的与恐怖活动相关的帮助、准备实施、宣扬、煽动、强制他人实施甚至非法持有相关物品等前端行为和预备行为也被纳入刑法调整的范围,恐怖主义的犯罪圈日益扩大化、具体化。

在经济安全领域,刑法修正大大增强了保护力度。刑法修正体现对经济安全之保障,主要在于对社会主义市场经济秩序保护圈的严密化。一方

---

① 参见何荣功《预防刑法的扩张及其限度》,《法学研究》2017年第4期。
② 姜涛:《风险刑法的理论逻辑——兼及转型中国的路径选择》,《当代法学》2014年第1期。

面，多次刑法修正的宗旨均明确了对经济犯罪的打击和对经济管理秩序的保护，如《决定》的修法宗旨是"为了惩治骗购外汇、逃汇和非法买卖外汇的犯罪行为，维护国家外汇管理秩序"，《刑法修正案》的修法宗旨是"为了惩治破坏社会主义市场经济秩序的犯罪，保障社会主义现代化建设的顺利进行"，《刑法修正案（四）》则将"惩治破坏社会主义市场经济秩序"作为修法宗旨的一部分。另一方面，虽然《刑法修正案（五）》《刑法修正案（六）》《刑法修正案（七）》《刑法修正案（八）》《刑法修正案（九）》等未明确修法宗旨，但是从条文内容可以看出，上述刑法修正案对于刑法内容的修改和补充，涵盖了生产、销售伪劣商品罪，走私罪，妨害对公司、企业的管理秩序罪，破坏金融管理秩序罪，金融诈骗罪，危害税收征管罪以及扰乱市场秩序罪等经济犯罪的方方面面。以对妨害对公司、企业的管理秩序罪一节相关罪名的修改补充为例，刑法典中原本有12个条文对这类行为进行规制，《刑法修正案》《刑法修正案（六）》《刑法修正案（八）》《刑法修正案（九）》对其中的4个条文进行了共计6次修改，并增加了3个条文，可见立法者对于妨害对公司、企业管理秩序的行为的管控力度和范围增大，法律条文表述的规范化、明确化程度亦有所提高。例如，《刑法》第161条原先仅规制公司向股东和社会公众提供虚假或者隐瞒重要事实的财务会计报表并且严重损害股东或者其他人利益的行为。经过《刑法修正案（六）》的修正，本条文所指向的行为之适格主体有所增加（增加了公司这一组织形式之外的其他企业），同时将提供虚假财务会计报表构成犯罪者限定在依法负有披露义务的公司、企业范围内，表述更加规范。此外，对于财务会计报表以外的依法应当披露的信息，如果负有披露义务的公司、企业未依法进行披露且造成危害结果，亦构成犯罪，此为刑法修正后新增加的入罪行为类型。可见，刑法修正加强对经济安全的保障，从增设罪名、增加适格主体、增加入罪行为类型等多个层次入手，将市场经济高速发展中可能面临的未知风险降到最低。

在信息网络安全领域，刑法修正也从加强对个人信息、计算机信息系统及其数据的保护以及打击利用网络传播不法信息等多角度出发，防控互联网技术迅速发展的时代背景下难以在20年前为现行刑法典修订者所预见的风险。在个人信息保护方面，《刑法修正案（七）》出台后，增设了出售、非法提供公民个人信息罪和非法获取公民个人信息罪；《刑法修正案（九）》则对上述条文进行了修改，公民个人信息向他人出售或者非法提供的"源头"不再局限于原先法条所列举的违反国家规定的国家机关或者金融、电信、交通、教育、医疗等单位的工作人员，而是扩大到任何能够非法获得公民个人信息的主体。根据此后的司法解释，原来的两个罪名亦合二为一，改为更具概括性的侵犯公民个人信息罪。此外，量刑档次也由原先一档调整为二档，即增加了"情节特别严重"时对应的法定刑。可见，打击侵犯公民个人信息行为的刑事立法在两次刑法修正中，从罪名的无到有，再到行为主体、违反前置性法范围的扩大和量刑档次的增加，体现了立法者在当前互联网时代个人信息容易被侵犯的背景下，对公民个人信息保护力度的增大。在加强对计算机系统及其数据的保护上，《刑法修正案（七）》将刑法保护的计算机信息系统从国家事务、国防建设、尖端科学技术领域的计算机信息系统扩展到其他的计算机信息系统，虽然对其他计算机系统所实施的侵害行为要达到非法获取数据或者对其进行了控制的程度，而非一侵入即入罪，但是这仍意味着对计算机信息系统保护范围的扩大。在打击利用网络传播不法信息力度增大方面，则集中体现在《刑法修正案（九）》出台后增加的一系列罪名中，包括拒不履行信息网络安全管理义务罪、非法利用信息网络罪、帮助信息网络犯罪活动罪以及编造、故意传播虚假信息罪等。随着互联网的普及，不法信息的传播速度快、范围广，利用信息网络传授犯罪方法、传播虚假信息或其他不法信息，将比传统的口口相传、在特定人群范围内传播、以电话或短信点对点传播等方式的社会危害性更大，对于信息网络安全所产生的风险更加难以预期和控制，因此立法者以增设利用信息网络实施从事不法行为的犯罪、增设网络服务提供者的不作为犯罪、针对帮助行为单独设置罪名等方式，织密了刑事法网，积极防控信息网络安全方面的潜在风险。

在环境安全领域，历次刑法修正对破坏环境资源保护罪一节中相关条文修改的数量达6条，修改条文数占总条文数的五分之三，主要以将实害犯修改为危险犯、增加入罪行为类型、扩大入罪行为违反的前置性法范围、增加犯罪行为对象种类等方式，事实上将环境犯罪圈扩大化，以防范不法分子为图一己私利而给环境安全领域带来不可控风险。以《刑法修正案（八）》对《刑法》第 338 条的修正为例，修正后的条文将倾倒或处置有毒有害物质的场所由土地、水体、大气改为不再明文规定场所限制，将具有兜底性质的行为对象由"其他危险废物"改为"其他有害物质"，将构成犯罪的条件从"造成重大环境污染事故，致使公私财产遭受重大损失或者人身伤亡的严重后果"改为"严重污染环境"，相关司法解释亦将本条对应的罪名由"重大环境污染事故罪"改为"污染环境罪"。这样的修正，将实害犯改为具体危险犯，并且将犯罪行为的场所和对象进行了扩大，一方面，体现了在风险刑法理念下，对犯罪行为的处罚重点在于对违反禁止性行为规范本身的处罚，而不再局限于对危害结果之处罚①；另一方面，体现了立法者对于环境犯罪法益认知的变化，即由保护人类法益为导向转变为对自然法益独立地进行保护，"自然的自洁性利益"这一更能体现人类法益与自然法益具有一体性的法益，成为立法者加强环境安全保障的重心。②

（二）刑法修正以法益保护前置化的方式加大对风险的防控

"前置性法干预起点的基本策略是，改变结果本位的犯罪化立场，将法定犯罪既遂形态从结果犯降格为危险犯，甚至从具体危险犯降低为抽象危险犯。"③ 历次刑法修正正是通过帮助行为正犯化、预备行为实行化、由处罚实害犯为主到增加处罚危险犯的比例等法益保护前置化的方式，加大了对潜在风险的预防力度。

刑法修正中，将一些犯罪的帮助行为单独规定为一种犯罪，无论被提供帮助的犯罪是否真正实施，帮助行为都可以被独立地定罪量刑，因而这类将帮助行为正犯化的修正体现了对部分法益采取了前置化的保护方式。以恐怖主义犯罪为例，在现行刑法被修正前，组织、领导、积极参加恐怖活动组织的行为，是刑法打击的主要恐怖主义犯罪形式，但是《刑法修正案（三）》增加了《刑法》第 120 条之一，将为恐怖活动组织或实施恐怖活动的个人提供资助的个人或者单位纳入了刑法处罚的范围，帮助行为已

---

① 参见刘伟《刑法修正的基本动向及客观要求研究》，《政治与法律》2011 年第 5 期。
② 参见侯艳芳《污染环境罪疑难问题研究》，《法商研究》2017 年第 3 期。
③ 梁根林：《刑法修正：维度、策略、评价与反思》，《法学研究》2017 年第 1 期。

经可以成立独立的犯罪。《刑法修正案（九）》则进一步扩大了帮助犯独立构罪的范围：一方面，将资助行为入罪的范围在原先条文的基础上增加了资助恐怖活动培训的行为；另一方面，除了实施"筹集、提供经费、物资或者提供场所以及其他物质便利"这类具有物质帮助性质的资助行为外，将招募、运送人员这类帮助行为也纳入了规制范围。相类似地，在对组织卖淫罪的帮助犯处罚范围的明确化问题上，刑法修正亦做出了努力。刑法最初在第358条第3款规定了协助组织他人卖淫的行为构成刑事犯罪，但未对何种"协助"构成协助组织卖淫罪进行列举；《刑法修正案（八）》则以"列举+兜底"的模式对构成犯罪的协助行为进行了明确，既列举了两种典型的协助行为"为组织卖淫的人招募、运送人员"，又以"其他协助组织他人卖淫行为"进行兜底，体现了在帮助行为正犯化时，刑事立法向明确化方向发展的进步。

　　预备行为实行化的立法模式亦在刑法修正中有所体现。对于具有严重社会危害性的行为，不再以原先的犯罪行为实施完毕、发生一定的危害结果作为犯罪既遂的标准，而是行为人实施了原先被认为属于预备形态的准备行为，即可被评价为独立的犯罪，因而这种立法模式亦体现了法益保护前置化的特征。刑法修正在预备行为实行化的修法努力中，《刑法修正案（九）》对恐怖活动犯罪相关罪名的增加体现得最为明显。根据《刑法修正案（九）》增加的准备实施恐怖活动罪，将准备工具、组织或积极参加培训、与境外组织或人员联络以及进行策划或其他准备等实施恐怖活动的预备行为作为独立的犯罪，体现了预备行为实行化的立法特征。从整个恐怖活动的实施过程看，即使出于行为人自愿或者非自愿的原因停止在了上述准备行为阶段，也不能按照总则关于犯罪中止或者犯罪预备的规定，对行为人进行从宽处罚。

　　对生产、销售伪劣商品罪一节中相关罪名的构成要件的修正，体现了立法者对具有破坏社会主义市场中商品市场管理秩序和损害消费者生命健康的双重法益侵害性的行为打击力度的增加，力图以处罚具体危险犯甚至抽象危险犯的方式，将上述双重风险"扼杀"在转化为实际损害之前。《刑法修正案（四）》将《刑法》第145条生产、销售不符合标准的卫生器材罪的入罪门槛从"对人体健康造成严重危害"降低为"足以严重危害人体健康",本罪从实害犯转变为具体危险犯,开启了以刑法修正的方式对本节罪名法益保护前置化的大门。此后,《刑法修正案（八）》将第141条生产、销售假药罪入罪条件中"足以严重危害人体健康"表述的删除,表明本罪由具体危险犯转变为抽象危险犯,行为人实施生产、销售假药的行为即构成本罪。

## 二 刑法修正体现对人权保护力度的增强

刑法是法律体系中具有法益保护后盾性质、处罚手段最为严厉的法律,因此,一方面,刑法发挥着保护国家、集体和个人最为重要的法益不被犯罪分子不法侵害的作用;另一方面,刑法也保障犯罪分子的合法权益不被国家借助公权力的名义非法剥夺。刑法修正对人权保障力度的增加正是从保护公民个人法益和对犯罪分子体现一定的人道主义关怀两个角度进行的。

### （一）刑法修正强化了对公民个人权益的保障

风险刑法视域下,刑法的修正更多地体现了对公众安全法益的保障。有学者提出,我国刑法修正对社会利益保护过重而对个人利益保护较轻,导致刑法对个人利益与社会利益的保护存在失衡问题,且以对历次刑法修正社会利益保护条款和个人利益保护条款数量分布的对比统计,进一步证明上述观点。[①] 笔者认为上述观点有所偏颇。一方面,其过分关注了刑法修正中涉及的社会利益保护条款和个人利益保护条款的绝对数之对比,而忽视了修正前的刑法中有关社会利益保护条文与个人利益保护条文的基数本身存在的对比,没有考虑社会利益保护条款修正幅度与个人利益保护条款修正幅度这一相对数的对比。据笔者统计,历次刑法修正共对刑法分则第四章侵犯公民人身权利、民主权利罪增加了6个条文,修改了7个条文（其中包括对1个增加的条文的修改）；对第五章侵犯财产罪增加了1个条文,修改了3个条文；而在现行刑法颁布时,上述两章以保护个人法益为出发点的条文,总计只有45个,可见刑法修正对于这两章的修改幅度并不

---

① 参见彭辅顺《刑法修正的利益失衡问题：表征、原因与对策》,《兰州学刊》2016年第3期。

小。另一方面，上述观点将社会利益与个人利益对立起来，没有考虑到某种意义上所讲的社会利益与个人利益具有一致性，也没有考虑到有些归入刑法分则中社会法益保护章节的罪名，同时也直接保护个人的生命财产法益，而不仅仅是对经济或社会管理秩序等较为抽象的法益的保护。如《刑法修正案（七）》增加的《刑法》第224条之一，规定了组织、领导传销活动罪的犯罪构成，这一条文的增加虽然定位为扰乱市场秩序犯罪，但是被喻为"经济邪教"的传销活动明显也会侵犯参加者的财产权利，甚至部分传销组织还会以剥夺或者限制参加者人身自由的方式，胁迫其发展他人参加和骗取财物，参加者的人身权利也会受到严重侵害。可见，这类规定在保护社会利益章节中的条文，同时也在保护个人利益方面发挥着积极作用，并不能将保护社会利益与个人利益对立起来评价。

在针对个人法益的保护上，刑法修正体现出"民生刑法"的特征。在危害公共安全犯罪，生产、销售伪劣商品犯罪，妨害社会管理秩序犯罪等章节中，虽然这些犯罪所侵害的主要法益更偏重于较为抽象的社会法益，但其中仍有许多属于有被害人的犯罪，刑法修正对于这些有被害人的犯罪条文的修改和增加，同样体现了对个人法益的保护。例如，经《刑法修正案（八）》增加、《刑法修正案（九）》修改的《刑法》第133条之一，增设了危险驾驶罪，且该罪的选择性构成要件从"追逐竞驶，情节恶劣"和"在道路上醉酒驾驶机动车"共计2类，到在此基础上增加了"从事校车业务或者旅客运输，严重超过额定乘员载客，或者严重超过规定时速行驶""违反危险化学品安全管理规定运输危险化学品，危及公共安全的"，达到4种行为类型，刑法对于在道路上驾驶机动车危害不特定多数人生命健康安全的行为的规制范围在扩大，也意味着对个人生命健康权保护力度的增大。

而在上文中所述的以保护个人法益为主要出发点的刑法分则第四章、第五章中，相关条文的增加和修改，更是直接体现了对个人法益保护的重视。刑法修正直接体现加强对个人法益保护的方式，主要有以下几种。

一是以增加罪名的方式织密刑事法网，扩大保护个人法益的范围。经过修正，增加了组织出卖人体器官罪，雇佣童工从事危重劳动罪，侵犯公民个人信息罪（《刑法修正案（七）》中的罪名为出售、非法提供公民个人信息罪和非法获取公民个人信息罪），虐待被监护、看护人罪，组织残疾人、儿童乞讨罪，组织未成年人进行违反治安管理活动罪，拒不支付劳动报酬罪等。

二是通过修改原有罪名的构成要件，以扩大犯罪对象范围、扩大犯罪主体范围、增加选择性构成要件、帮助行为实行化等方式，加大对个人法益的保护。例如，强制猥亵、侮辱妇女罪改为强制猥亵、侮辱罪后强制猥亵的对象不再局限于妇女，侵犯公民个人信息罪中信息流出源头不再局限于《刑法修正案（七）》增加的《刑法》第253条之一中明确列举的单位工作人员，盗窃罪的选择性构成要件增加了入户盗窃、携带凶器盗窃、扒窃行为，抢夺罪和敲诈勒索罪的构成要件增加了多次实施抢夺或敲诈勒索行为这一模式，将明知他人实施强迫他人劳动的行为而为其招募、运送人员或者有其他协助强迫他人劳动行为等帮助行为明确作为犯罪来处理。这些对犯罪构成要件的修改，都实质上扩大了对侵害个人法益行为的刑事处罚范围。

三是以加重法定刑、增加量刑幅度或者降低从宽处罚的档次等方式，提高对侵害个人法益的行为的刑法打击力度。以敲诈勒索罪为例，《刑法修正案（八）》对其法条中原有的两个量刑档次分别增加了"并处或者单处罚金""并处罚金"这样的财产刑，并且增加了"数额特别巨大或者有其他特别严重情节"这一量刑档次，增大了实施敲诈勒索行为者的犯罪成本，提高了刑罚的威慑力。又如对于收买被拐卖的妇女、儿童罪中的量刑从宽情节，《刑法修正案（九）》将"收买被拐卖的妇女、儿童，按照被买妇女的意愿，不阻碍其返回原居住地的，对被买儿童没有虐待行为，不阻碍对其进行解救的，可以不追究刑事责任"修改为"收买被拐卖的妇女、儿童，对被买儿童没有虐待行为，不阻碍对其进行解救的，可以从轻处罚；按照被买妇女的意愿，不阻碍其返回原居住地的，可以从轻或者减轻处罚"，使得有收买被拐卖的妇女、儿童行为的犯罪分子，不再有被不追究刑事责任的可能性，加大了对收买行为本身的打击力度。

四是以增加自诉犯罪在起诉时公权力介入的例外情形，加大对被害人难以起诉或者难以举证时实施相关行为的犯罪分子进行刑罚处罚的可能性。《刑法修正案（九）》对通过信息网络实施侮辱、诽谤行为而被害人举证困难的情形,增加了人民法院可以要求公安机关协助被害人提供证据的规定;对于虐待罪,亦增加了可以提起公诉的例外情形的规定。

(二)刑法修正体现对犯罪分子的人道主义关怀

"犯罪圈的划定和刑罚的配置蕴含着秩序与自由的价值冲突,如果注重刑法社会秩序维持功能,则应当扩大犯罪圈和配备严厉的刑罚,将更多的社会危害行为纳入刑法规制范畴,提高刑罚的威慑力;如果注重刑法对自由的保障功能,则犯罪圈的缩小和刑罚的轻缓必然能给社会活动更多自由的空间。"① 秩序与自由都是刑法所保护的重要价值,两种价值的对立冲突,考验着立法者在刑事立法中平衡不同价值和利益的能力,以及通过刑事立法能否收到良好的社会效果的能力。当前,随着历次刑法修正,刑事法网不断被织密,犯罪圈明显扩大,刑法对秩序的保障和对被害人自由的保障得到加强。如果对被告人的自由不加保护,对特定的被告人群体不加特殊保护,那么不仅导致价值保护上的失衡,而且会带来负面的社会效应。刑法修正中,部分条文通过逐渐废除死刑、对未成年人犯罪和老年人犯罪给予特殊处遇等方式,体现着对犯罪分子的人道主义关怀,平衡着秩序与自由、被害人的自由与犯罪人的自由之间的关系。

党的十八届三中全会提出"推进国家治理体系和治理能力现代化",同时还提出,要"逐步减少适用死刑罪名"。在十八届三中全会精神的指引下,《刑法修正案(九)》继《刑法修正案(八)》首次取消13个非暴力犯罪的死刑后,进一步取消了9个罪名的死刑,使我国刑法中死刑的罪名由原先的68个减至46个。死刑罪名的不断减少,体现了当前逐步减少死刑适用的刑事政策对刑事立法修正的指引。"现阶段乃至今后相当长的一段时间内,我国立法机关要做的事情是在2004年《宪法修正案》所规定的'国家尊重和保障人权'的基础上,树立生命权属于我国宪法所保障的最基本'人权'的理念,充分领会和遵循宪法的人权精神,从保障人权特别是生命权出发,尽快修正刑法。"② 可见,逐步减少死刑罪名的数量,

---

① 聂慧苹:《刑事政策的刑法转化与限制——以我国刑事政策研究现状为视角》,《中国刑事法杂志》2014年第4期。
② 上官丕亮:《废除死刑的宪法学思考》,《法商研究》2007年第3期。

尊重人的生命权这一最基本的人权,更是现行宪法尊重和保障人权的本质要求。因此,刑法修正逐步从非暴力犯罪入手取消死刑罪名,体现了对犯罪分子生命权的尊重和人道关怀,是当前我国刑事政策在立法中的体现,更是宪法的内在要求。

刑法修正对未成年人犯罪和老年人犯罪的特殊处遇,亦体现了对特殊犯罪人群给予的特殊保护,立法者试图基于两类人群在生理上的特殊性而以一定的优待实现实质上的平等。刑法修正对上述两类犯罪人群的特殊处遇,集中体现在《刑法修正案(八)》对刑法总则的修改上。对未成年犯罪人,刑法修正对其增加的特殊保护体现在一定限度内免除前科报告义务和在宣告缓刑上的特别对待。《刑法修正案(八)》增加了以下内容作为《刑法》第 100 条第 2 款:"犯罪的时候不满十八周岁被判处五年有期徒刑以下刑罚的人,免除前款规定的报告义务。"配合 2012 年修正后的《刑事诉讼法》第 275 条所建立的犯罪记录封存制度,我国刑事立法的修正在未成年犯前科消灭制度上迈出了重要的两步,有利于罪刑较轻的未成年犯罪人的再社会化,体现人道主义关怀的同时亦有利于降低将来这些未成年犯罪人再次走上犯罪道路的可能性。《刑法修正案(八)》修改后的《刑法》第 72 条规定了在满足一定条件的情况下,对不满 18 周岁的犯罪分子应当宣告缓刑,这主要是出于减少短期监禁刑执行过程中其他犯罪人与未成年犯罪人"交叉感染"所带来的弊病的考虑。对于老年人犯罪,刑法修正所作出的努力主要体现在对 75 周岁以上的老年人限制死刑的适用和宣告缓刑的特别对待上。对老年人犯罪予以特殊优待,符合我国儒家传统敬老、尊老、矜老的人文思想,亦符合老年人生理机能和心理功能逐渐衰退和弱化导致老年人刑事责任能力下降的客观事实,且随着老年人身心机能的衰退,其再次犯罪的能力下降,对其处以过于严苛的刑罚并不能收到更好的预防再犯效果,因此,对实施犯罪行为的老年人给予特殊处遇,在体现人道主义关怀的同时亦存在其他方面的合理性。[①]

---

[①] 参见李芳晓《老年人犯罪从宽处罚的合理性探析》,《政法论坛》2011 年第 5 期。

### 三　刑法修正对于贪利型犯罪的刑罚设置趋于合理

贪利型犯罪主要包括经济犯罪、财产犯罪、贪污贿赂犯罪以及以贪利为目的而实施的部分妨害社会管理秩序的犯罪，行为人实施犯罪行为的出发点在于非法获取不正当的经济利益。① 对于贪利型犯罪的刑罚设置，如果仍坚持重自由刑而轻财产刑的观念，不让行为人付出足够多的经济成本，那么刑罚的威慑力将难以得到有效体现；如果仍然将死刑大范围地作为打击贪利型非暴力犯罪的重要手段，那么这样的刑罚设置将有违宪风险和不符合当前中央关于减少死刑罪名的刑事政策。刑法修正在针对贪利型犯罪财产刑的设置和死刑罪名的取消及慎用上，作出了一定的努力，经过不断修正后的刑法，在这类犯罪的刑罚设置上趋于合理。

在财产刑设置的优化上，刑法修正主要进行了以罚金刑为主的财产刑的增加和罚金刑数额规定的修改。例如，《刑法修正案（八）》对敲诈勒索罪的刑罚进行了修改，对于基本犯增加了"并处或者单处罚金"，对第一档情节加重犯增加了"并处罚金"，增设了一档"数额特别巨大或者有其他特别严重情节"的加重犯并且规定"并处罚金"。这样的刑罚设置，让敲诈勒索罪与其他具有相似性的财产犯罪如抢劫罪、盗窃罪、诈骗罪等在刑罚设置模式上保持了一致性，均以"自由刑+财产刑"为主要的刑罚设置模式，更具有合理性。再如，《刑法修正案（八）》对于生产、销售假药罪，生产、销售不符合卫生标准的食品罪以及生产、销售有毒、有害食品罪等严重侵害公众身体健康的食品药品生产类犯罪，其罚金刑均由以前以百分比和倍数规定上下限修改为笼统规定"并处罚金"，而与其他的生产、销售伪劣商品犯罪的罚金规定模式有所区分。有学者认为刑法修正后的抽象罚金制事实上提高了法定刑，加大了处罚力度，有违背刑法谦抑性原则之嫌。② 笔者不否认这种修改罚金刑的规定模式，以增大法官在判处罚金刑时的自由裁量权的方式事实上提高了罚金刑，但是并不能绝对地认为其违背刑法谦抑性。对于此类行为人以牟取不法经济利益为目的而通过犯罪行为的

---

① 参见杨宏《贪利型犯罪刑罚配置研究》，湖南师范大学 2015 年硕士学位论文，第 6 页。
② 参见王军明《刑法谦抑理念下的刑法修正问题研究》，《兰州学刊》2016 年第 4 期。

实施严重侵害了其他法益的贪利型犯罪，相比其他仅使被害人遭受财产损失的贪利型犯罪有着更严重的社会危害性，理应在加重量刑上有所体现，提高行为人实施此类特殊贪利型犯罪的经济成本，以体现刑罚的威慑力。

在贪利型犯罪的死刑罪名逐渐取消和死刑慎用上，刑法修正亦有所体现。例如，《刑法修正案（八）》取消了盗窃罪中适用死刑的情形，盗窃金融机构数额特别巨大和盗窃珍贵文物情节严重两种情况，不再适用死刑。再如，《刑法修正案（九）》对贪污罪和受贿罪的处罚规定进行了全面修改，原先的死刑适用条件是个人贪污或受贿数额在10万元以上且情节特别严重，且为绝对确定的法定刑，没有选择其他刑罚种类的余地；而修改后死刑的适用条件是贪污或受贿数额特别巨大并使国家和人民利益遭受特别重大损失，且不再是绝对确定的法定刑，其应当适用的主刑为无期徒刑或者死刑，这样的排序意味着死刑的适用顺位排在无期徒刑之后。上述两例，前者体现了对于非暴力且不侵害特定或不特定个人的生命、健康、身体等人身法益的贪利型犯罪，死刑的适用在逐渐减少，相关罪名中有关死刑的规定逐渐被修改删除；后者则体现了在当前尚未取消死刑的贪利型犯罪中，立法者以死刑适用条件提高和逐渐不再将死刑作为绝对确定的法定刑的方式，事实上提高了死刑适用的门槛，减少了死刑在司法实践中的实际适用。对纯粹的贪利型犯罪适用死刑缺乏"剥夺罪犯生命之死刑必须对应于剥夺他人生命之犯罪"的报应死刑论根据，亦不能对这类犯罪分子以判处死刑的方式来弥补其对社会财富的破坏，因此对这类无害他人生命健康的纯粹贪利型犯罪逐渐取消死刑的适用、在取消之前对死刑慎用，具有合理性。[①]

## 四 刑法修正的不足与改进对策

（一）刑法修正应当妥善处理回应社会舆论与坚守刑法谦抑性原则之间的关系

社会舆论对刑法修正的影响在近年来愈发明显。如关于《〈中华人民

---

[①] 参见黄书建《贪利型犯罪死刑问题的经济分析》，《石家庄师范专科学校学报》2004年第2期。

共和国刑法修正案（八）（草案）〉的说明》中有提到，"对一些社会危害严重，人民群众反响强烈，原来由行政管理手段或者民事手段调整的违法行为，建议规定为犯罪。主要是醉酒驾车、飙车等危险驾驶的犯罪，不支付劳动报酬的犯罪，非法买卖人体器官的犯罪等"。上述由社会舆论所引发的修法，在最终通过的《刑法修正案（八）》中均有所体现。《刑法修正案（九）》中关于收买被拐卖妇女、儿童罪中量刑情节的修改以及废除嫖宿幼女罪等，亦与社会舆论有着密切关系。①对此，有学者一针见血地指出，"在网络民意的形成和汇集极其情绪化和盲目化，网络民意极其容易被伪造和诱导的背景下，立法如何保持独立更需要慎重思考。网络民意具有短时间内'快速而来'和'快速消逝'的特点，盲从于网络民意的立法则是永久生效的。因此，在民意尤其是网络民意汹涌澎湃的压力下，单独地强调司法独立而不思索立法独立，造成的实际损害可能会更大和更为长久"。② 因此，刑法修正如果为社会舆论特别是网络舆论所"绑架"，很可能其表面上顺从了所谓的民意，但实质上更严重地损害了国民自由。在网络上发表各类偏激言论者，并不能在总体上代表民众整体的利益和观点：有的人可能无暇或者在经过理性思考前不愿意在网络上随意发声；网络上发表言论目前并非实名化进行，因而有的人在发表言论时可能存在跟风或者情绪化宣泄的情况；微博和微信朋友圈中转发他人观点操作简便，很多人可能在转发时并未经过审慎思考，只是作为打发时间的消遣手段随手转发；网络舆论容易受到诱导，所谓的民意容易为少数人操纵。因此，如果对于网络舆论所反馈出的所谓"民意"不加甄别地在刑法修正中采纳，或者认为不采纳则意味着对人民意志的无视，这样带有情绪性的刑法修正很容易出现对科学立法、审慎立法方向的偏离。

尽管在社会舆论的指引下，近年来刑法修正织密了刑事法网，扩大了刑法保护的社会关系范围，加强了法益保护的力度，但这并不意味着这一

---

① 参见桂田田《我国正式废除嫖宿幼女罪将视同奸淫从重处罚》，http://news.qq.com/a/20150830/004219.htm，2017年10月6日访问。另参见《刑法修正案九建议取消"嫖宿幼女罪" 收买被拐卖儿童者从重处罚 修改了考试作弊入刑的范围》，http://www.88148.com/News/2015062725527.html，2017年10月6日访问。

② 于志刚：《刑法修正何时休》，《法学》2011年第4期。

路径具有科学性。由刑法的谦抑性原则可以推导出紧缩性、补充性和经济性等派生原则，这便要求刑法具有限制机能，限制"刑罚之恶"的肆意扩张。① 笔者认为，在正确处理刑法修正回应社会舆论与坚持刑法谦抑性原则之间关系的问题上，有两点对策可以避免当前情绪性修法存在的问题。一是强化其他部门法对社会关系的保护力度，恪守刑法相对其他部门法的补充性。通过填补民商法和行政法在调整法律关系上存在的漏洞，最大限度地发挥这些部门法在立法层面惩处具有法益侵害性行为的功能，并且着力提高行政监管部门在市场经济迅猛发展、恐怖主义势力不断抬头和信息网络技术高速发展的时代背景下的监管水平和执法力度，尽可能地在刑法介入前对不法行为进行有效控制，避免刑法干预社会生活时的错位。二是通过对刑法条文作出符合社会经济发展现状的解释，避免对刑法条文的情绪性增设。创设新法和修改旧法都属于造法的范畴，情绪性地频繁修法会影响刑法的稳定性，不利于刑法得到民众的认同和遵守②，更容易以并不一定真实的"民意"的名义，过度干涉民众在社会生活中的自由。因此，如果不超出法律条文语意边界的合理释法能够解决一定程度上加强法益保护范围的问题，立法者不应当为所谓的民意所操纵而频繁修法。

## （二）全国人大与全国人大常委会修正刑法的权限应当明确划分

根据《宪法》第62条的规定，"制定和修改刑事、民事、国家机构的和其他的基本法律"属于全国人民代表大会的职权；根据《宪法》第67条的规定，全国人民代表大会常务委员会有权"在全国人民代表大会闭会期间，对全国人民代表大会制定的法律进行部分补充和修改，但是不得同该法律的基本原则相抵触"。而依照我国刑法修正的惯例，刑法这一基本法律的修法权通常由全国人大常委会行使，而全国人大在1997年对1979年刑法全面修订并重新公布后，便再未行使过修正刑法的职权。对于当前全国人大常委会对刑法修法权的行使是否存在违宪问题的解决，关键在于界定何为"部分"补充和修改，何为"法律的基本原则"。

对于如何判断何为可以由全国人大常委会进行的部分补充和修改，何

---

① 参见王军明《刑法谦抑理念下的刑法修正问题研究》，《兰州学刊》2016年第4期。
② 参见杨柳《释法抑或造法：由刑法历次修正引发的思考》，《中国法学》2015年第5期。

种情况下应当由全国人大进行修改,由于宪法解释的缺失,理论界亦难以给出明确而具体的判断标准。有学者给出的判断标准是"只要刑法的补充和修改达到了重大的程度,即便修法的条文数量没有超过刑法典总条文数的半数,也应该交由全国人民代表大会表决"①,可见,其所着眼的是一次刑法修正所涉及的内容是否符合"部分"的标准。另有学者对9个刑法修正案进行了统计学分析,认为"部分修正案对《刑法》条文的修改比例甚至已逾10%,《刑法修正案(九)》和《刑法修正案(八)》,其分别为11.76%和10.45%。更有甚者,由1999年12月至2015年8月十余年间,现行《刑法》在经历九次修改之后,其累计修改条款数已达167条之多,累计修改比例亦是达到36.95%之高",从部分修正案和所有修正案修正条数占刑法典条文总数比例两个角度看,其认为当前全国人大常委会的刑法修正已经超出"部分"补充和修改的幅度范围。② 也有学者对当前刑法分则条文会被全国人大常委会进行的刑法修正一个一个地慢慢加以替换充满担忧,认为这可能导致修正后的刑法分则逐渐建立起一个与现行刑法典发布时完全不同的条文和罪名体系。③ 笔者认为,以历次刑法修正条文总数相加占刑法典条文总数的比例为标准来判断刑法修正是否属于"部分",是缺乏合理性的。如果按照这一逻辑进行判断,是否在修正条文总数占比达到一定值时,之后的每一次修正的职权都应当由全国人大来行使呢?由过往刑法修正条文数量的累积决定之后的修改是否属于"部分",显然不具有合理性。而以修改内容是否重大来作为判断标准亦缺乏实际操作性,因而对于"重大的程度"本身并没有明确的判断标准。根源在于当前缺少对于宪法的权威解释。一次刑法修正案修改或增加的条文总数占刑法典条文总数的比例超过多少即不能认为是"部分",对于一次刑法修正涉及的内容涵盖多少个章节即不能认为是"部分",需要权力机关进行明确解释,否则,便给全国人大常委会滥用刑法修法权留下了合法的余地,不利于对刑法修正的民主性的真正保障。

---

① 赵秉志:《中国刑法最新修正宏观争议问题研讨》,《学术界》2017年第1期。
② 参见秦前红、刘怡达《全国人大常委会基本法律修改权之实证研究——以刑法修正案为样本的统计学分析》,《华东政法大学学报》2016年第4期。
③ 参见于志刚《刑法修正何时休》,《法学》2011年第4期。

对于何为全国人大常委会行使刑法修法权时不能抵触的刑法的基本原则，理论界存在不同的见解。有学者认为，"基本原则"既包括《刑法》典第3～5条明文规定的基本原则，也包括对立法和司法起着重要指引作用但未被明文规定的一些基本原则和共性制度。① 也有学者认为，刑法总则的规定均应属于刑法的基本原则范畴，不应由全国人大常委会行使修改刑法总则的职权。② 笔者认为，不应当将刑法基本原则与刑法总则混为一谈，而应将范围限定为总则中的原则性规定。一般来说，法律原则具有模糊性，其内容抽象而具有价值维度，因此适用时需要进行权衡或者衡量；而法律规则具有确定性，其内容具体而不具有价值维度，可以直接适用。③ 如果将刑法总则中有关管辖、犯罪、刑罚、刑罚的具体运用以及其他概念界定性的具体规定等可以在确定管辖、在定罪量刑时可以直接适用的刑法规则，等同于刑法原则甚至是刑法的基本原则，显然混淆了法律规则与法律原则的概念。以笔者陋见，《刑法》第1～5条确定的刑法的立法宗旨和立法任务、罪刑法定原则、适用刑法人人平等原则、罪责刑相适应原则，由罪刑法定原则引申出的《刑法》第12条所规定的适用刑法从旧兼从轻原则，以及《刑法》第101条规定的刑法总则的效力范围，应当归入刑法的基本原则范畴，不应由全国人大常委会对刑法进行补充和修改时，不可以对上述内容进行改变，亦不能使修正的内容与上述原则相抵触。

## 五　结论

近20年来，我国的刑法修正以全国人大常委会通过《决定》和9个刑法修正案的方式进行着，呈现诸多具有进步性的特点，同时也在实体上和程序上存在不足，有待改进。刑法修正加强了对公共安全、经济安全、信息网络安全和环境安全等公众安全领域的保障力度，通过帮助行为正犯化、预备行为实行化、由处罚实害犯为主到增加处罚危险犯的比例等法益保护前置化的方式加大对风险的防控，体现了刑法修正对风险刑法理论的

---

① 参见赵秉志《中国刑法最新修正宏观争议问题研讨》，《学术界》2017年第1期。
② 参见于志刚《刑法修正何时休》，《法学》2011年第4期。
③ 参见刘叶深《法律规则与法律原则：质的差别？》，《法学家》2009年第5期。

吸收。刑法修正亦体现了对人权保障的加强：一方面，刑法修正以加强对社会法益与个人法益相统一的相关罪名的增设和修改，以及对以保护个人法益为主要出发点的刑法分则相关章节条文的修改和增加，强化了对公民（被害人）个人权益的保障；另一方面，刑法修正以逐步取消死刑和增加对未成年人犯罪和老年人犯罪的特殊处遇的方式，体现对犯罪分子的人道主义关怀，使我国刑法向现代化、文明化方向发展。此外，刑法修正对于贪利型犯罪的刑罚设置趋于合理化，逐步取消对纯粹贪利型犯罪的死刑罪名以及在法定刑的设置上体现慎用死刑的特点，强化以罚金刑为代表的财产刑在增强刑罚威慑力方面的作用，体现了刑法修正对贪利型犯罪刑罚设置朝科学化方向发展。然而，我国的刑法修正也暴露出未能妥善处理、积极回应社会舆论与坚持刑法谦抑性之间关系的问题。对此，可以通过强化其他部门法在保护社会关系方面的作用、合理解释刑法等途径，对这一问题加以解决。当前，我国刑法修法权通常由全国人大常委会行使，存在违反宪法的风险，对"部分补充和修改"中"部分"的含义以及"法律的基本原则"所包含的内容，应当进行明确，以更好地划分全国人大与全国人大常委会刑法修正权的界限，避免全国人大常委会"违法立法"现象的出现。

（浙江大学光华法学院教授、博士生导师　叶良芳；浙江大学光华法学院硕士研究生　马路瑶）

第三章　历次刑法修正评估

## 第二节　历次刑法修正的实践效果

1999年12月25日，第九届全国人民代表大会常务委员会第十三次会议通过了中国历史上第一个刑法修正案，开创了我国以刑法修正案方式修正刑法之先河。迄今为止，我国已先后出台了9个刑法修正案。刑法修正案可以说基本上成为我国修补刑法的唯一模式。[①] 而今，当我们用历史的眼光对刑法修正案进行审视的时候，才发现我国的刑法修正案并非十全十美，不管是在刑事立法还是在司法上，修正案上有很多问题值得我们去深思。

### 一　我国刑法修正案的有效尝试

自新中国成立以来，我国的刑事立法都是以单行刑法和附属刑法的方式进行的。早在新中国成立之初的1951年和1952年，中央人民政府就曾颁布了《中华人民共和国惩治反革命条例》和《中华人民共和国惩治贪污条例》。1979年刑法颁布以后，一直到1997年新刑法颁布之前，我国一直是用单行刑法的方式对刑法进行补充与完善的。[②] 但是在1997年刑法颁布以后，我国仅颁布三个单行刑法，其余均用刑法修正案的方式进行。究其原因，主要是因为与单行刑法相比，刑法修正案对刑法的修正、补充与完善有着许多骄人的优点。

单行刑法是指由立法机关颁行的，在形式上独立于刑法典而在内容上又是专门规定犯罪、刑事责任以及刑法处罚的一切规范性文件。单行刑法的特点主要有三个方面。第一，单行刑法的立法主体是全国人大常委会，一般都是以决定或者补充规定的方式进行的，因此，在形式上是不同于刑

---

[①] 从1997年刑法颁布至今，我国共出台了3个单行刑法，即《全国人民代表大会常务委员会关于惩治骗购外汇、逃汇和非法买卖外汇犯罪的决定》、《全国人民代表大会常务委员会关于取缔邪教组织、防范和惩治邪教活动的决定》和《全国人民代表大会常务委员会关于维护互联网安全的决定》。

[②] 在此期间，我国共颁布了23个单行刑法，对1979年刑法的补充与完善起到了至关重要的作用。

法典的。第二，单行刑法内容主要是涉及刑法中的某个犯罪或者某一类犯罪，是就这些个罪或者类罪的犯罪构成与刑事处罚问题进行补充与完善，因此，在内容上也是不同于刑法典的。第三，正因为单行刑法是在形式与内容上均相对独立于刑法典的，所以，它具有特别法之性质，本着特别法优于普通法的基本原则，其在适用上是优先于刑法典的。综上，单行刑法与刑法典不具有内容上的替代关系和形式上的同一关系。①

刑法修正案虽然也是立法机关对刑法中的某些犯罪的犯罪构成与刑事处罚做出的修正与完善，但是与单行刑法相比，其独特之处在于以下几点。第一，修正案在内容上与刑法典是一种替代关系。刑法修正案是通过对刑法典的某些条文的增减来实现对刑法典的修补与完善的，它要么废除刑法典中的某些条文以使其失效，要么修改刑法中的某些条文以使其内容发生变化，要么在某一条内容下面增加新的条款，以增加新的罪行规范。但无论是哪一种修正方式，其所修正的内容均不独立于刑法典而存在，而是被刑法典所吸收，成为刑法典的一部分。因此，"刑法修正案的通过与实施的时间也是其他消亡的时间，换言之，刑法修正案一旦通过，就立即完成了它的历史使命，而被纳入于刑法典中，原刑法典的内容就被新的内容所取代"。② 第二，修正案与刑法典在形式上是一种同一关系。虽然修正案对刑法典的有关内容进行了修改，以修正案内容代替了刑法典的相关内容，但在形式上，被修改的刑法典的条款依然存在，亦即刑法修正案的修正并没有改变刑法典的条文总数，因此，在形式上与刑法典具有同一性。第三，正因为刑法修正案在内容和形式上与刑法典具有替代性与同一性，所以，在适用上并不存在法条竞合关系，而是直接适用修正过的刑法典的相关法条，避免了因法条竞合③而造成的司法实践中的某些障碍与难题。

大陆法系国家的刑法典的补充与完善，基本上都是采取刑法修正案的方式，而排除单行刑法方式的使用。德国和日本最为典型。"迄今为止，

---

① 黄京平、彭辅顺：《刑法修正案的若干思考》，《政法论丛》2004 年第 3 期。
② 张波：《论刑法修正案——兼谈刑事立法权之划分》，《刑事法杂志》2002 年第 4 期。
③ 法条竞合乃是因不同法律对同一种犯罪都进行规定而造成的一种法律适用上的问题。在现实司法实践中，往往会因为法律实施的时间、法定刑的轻重等因素而使法律的使用变得更为复杂。在我国，法条竞合就有"特别法优于普通法"和"重法优于轻法"两种解决原则。

日本刑法典已修改了13次。从修改的方式来看，都是直接在刑法典上增删或修改条文，而不是以单行刑法的方式对刑法典进行修改。"①

正因为刑法修正案相对于单行刑法而言有上述诸多优点与长处，而且也吸取了1997年之前的单行刑法与刑法典并存而带来的适用上的诸多问题之教训，1999年以来，我国基本上都是采取刑法修正案的方式对刑法典进行修改与完善，使得刑法修正案成为我国修正刑法的唯一行之有效的典型模式。从1999年12月25日起至今，我国共出台了9个刑法修正案，修正内容几乎遍及了刑法典关于普通刑事犯罪规定的所有领域，当然，经济犯罪的修正占有相当大的篇幅，对于我国刑法典因时而变、因势而变地与时俱进，对于有力地打击相关犯罪，都起到了相当大的作用。同时，《刑法修正案（八）》和《刑法修正案（九）》又进一步地将修正的内容触及刑罚部分，对于刑罚的幅度以及刑罚的执行、裁量等规定进行修正，尤其是大幅度地削减了死刑的规定，对于发挥刑法的人权保障机能具有重要的意义。

## 二 我国刑法修正案存在的问题

从1999年至今，我国已经出台了9个刑法修正案，刑法修正案在立法与司法中的实践也已走过了18个春秋，但是学术界关于刑法修正案的相关理论研究却稍显滞后。而今，反思我国刑法修正案的立法与司法，笔者认为，尚有诸多问题值得研究与探讨。既然刑法修正案已是我国修正刑法典的最主要途径，那么，我们就有必要对我国刑法修正案的某些问题进行深入探讨，以期更好地指导刑法修正案的立法与司法。

重新审视我国刑法修正案的产生与实践过程，笔者认为，我国的刑法修正案目前还存在以下几个问题。

（一）立法层面的问题

**1. 我国的刑法修正过于频繁**

自1997年刑法典颁布实施以来，至2015年，我国共对刑法进行了9

---

① 张明楷译《日本刑法典》，法律出版社，1998，第2页。

次修正。除 2000 年、2003 年、2004 年等少有的几个年份没有修正刑法之外，其余的年份基本上都出台了刑法修正案，其中，2001 年一年就出台了两个刑法修正案（《刑法修正案（二）》和《刑法修正案（三）》），而且两个刑法修正案发布的时间仅相差 4 个月，修正之频繁，令人咋舌。虽然这样频繁的修正与我国经济的高速发展和犯罪分子的犯罪手段、方法的不断翻新有关，但这也严重地损坏了刑法作为基本大法的严肃性和稳定性。相比之下，日本刑法颁布于 1907 年，但迄今为止才进行了 13 次修订，虽然有个别修正案出台的时间相隔较短，但绝大多数的修正案相隔时间非常长，有效地维护了刑法的稳定性和严肃性。[1] 而且，就个别刑法条文被修正的情况而言，被修正两次以上的条文就达 6 处之多。像我国这样频繁地对刑法进行修正，其实也暴露出了一些缺点，即刑法理论研究的滞后性和刑事立法的前瞻性的相对缺乏。

**2. 条款表述尚欠科学**

我国的刑法体系基本上是由编、章、节、条、款、项、段组成，刑法典对条、款、项进行严格区分，并配以一定的序号，便于引述方便，避免混淆。而我国刑法修正案的表述一般可以分为两种方式：其一，"将刑法的第××条改为……"；其二，"在刑法第××条后增加一条，作为第××条之一，……"。对于第一种情形，因为是在原法条上直接修改，不会引起法条顺序的变化，自不待言。但是对于第二种情形，若真按修正案的表述所言，在某条文后面增加一条，则可能就会引起整个刑法典条文顺序的变化，而变化后的刑法典也就不是现行刑法的 452 条，而是条文数量大量增加了。笔者认为，实际上立法者的原意并非增加新的条文，而是在原法条的基础上增加一款或者一项，以此来丰富某个犯罪的构成要件或者刑罚处罚，以此观之，则刑法修正案的表述就尚欠科学了。另外，我国的第一个刑法修正案并没有用"（一）"来表示，而后出台的刑法修正案却冠以"（二）""（三）"等字样，从整个的刑法体系上不能不说是违背一定的逻辑关系的。究其原因，有学者指出，主要是我国刑法学界受"重内容轻形

---

[1] 日本刑法历史上修订的时间分别为：1921 年、1941 年、1947 年、1953 年、1954 年、1958 年、1960 年、1964 年、1968 年、1980 年、1987 年、1991 年和 1995 年。参见〔日〕牧野英一《日本刑法通译》，陈承泽译，中国政法大学出版社，2003，第 3 页。

式"的学术思维定式的影响，强调对刑法内容的修改与完善，而对刑法修改的形式缺乏通盘考虑和体系上的思考。①

**3. 立法权限涉嫌违宪**

首先，刑法作为我国的一个基本大法，根据《立法法》的规定，必须由全国人民代表大会通过并颁布。1997年之前，我国基本上是采用单行刑法的方式对刑法进行修改、补充与完善的。但是单行刑法与刑法典之间是一种特别法与普通法的关系，单行刑法在内容上具有特别刑法的性质，它基本上是对刑法典中的已有事项进行重复规定，是对刑法典中原有问题的细化和补充，所以其内容在不违反刑法基本原则的情况下，可按照特别法优于普通法的原则予以适用。即便是有些内容有所违背，也可以按照上位法优于下位法的原则排除单行刑法的适用。单行刑法必须由全国人大常委会行使立法权，不仅是其自身在功能上附属于刑法典的需要，而且也是全国人大与全国人大常委会在刑事立法权上合宪性的要求。而刑法修正案是不同于单行刑法的一种通过对刑法典的某些条文直接增删而达到对刑法典修改与补充的有效方式，刑法修正案的内容对于刑法典的既有规定具有替代作用，而在形式上也不是独立于刑法典而存在的。但是我国刑法修正案的立法主体仍然是全国人大常委会，这样就会在刑法修正案与刑法典同属于普通法的级别但在效力上还必须得承认其上下位的关系上出现矛盾，因此，在刑法修正案的相关内容与刑法典相违背的时候，就会出现无法适用的尴尬局面。另外，从我国宪法对立法权限的规定来看，刑法修正案的立法也不应该属于全国人大常委会。我国《宪法》第62条明确规定，全国人大有权制定和修改基本法律。而《宪法》第67条则规定，全国人大常委会在全国人大闭会期间，有权对全国人大制定的法律进行修改与补充，但不得与法律的基本原则相违背。由此可见，基本法律的制定与修改权基本上是属于全国人大的，全国人大常委会仅是个例外，而且仅限于在全国人大闭会期间对基本法律进行修改与补充。"制定"、"修改"与"补充"三词之间的差别不仅体现在词义本身，而且也体现了三者在法律意义适用

---

① 左良凯：《试论我国刑法修正案的现状、问题与完善》，《广西政法管理干部学院学报》2007年第1期。

上的严格区分。

(二) 司法层面之问题

### 1. 法条援引之歧义

正如笔者上文所言，刑法修正案在对刑法典进行修正的时候，采取两种修正模式，即要么直接将原法条的规定进行修改，要么就是在原法条之后增加一条作为原法条内容之一。对于第一种模式，司法实践中在法条的援引上并不存在问题，但是对于第二种修正模式，在司法适用上如何援引法条就出现了不同的观点。第一种观点认为，刑法修正案无论是否重新公布刑法典，都仅仅是一个法律规定问题，从实定法的观念出发，都意味着刑法典的再次公布，以修正后的新面孔出现，修正案被同一化为刑法典，因而修正案无法作为判决依据的直接文本，刑法修正案只能在内容上被引用，而形式上不能作为判决书的依据而直接援引。[①] 第二种观点认为，原则上在法律文书中可直接引用刑法（增补）的条款序号，但应根据刑法增补后的不同情况有所区别，具体方法为：（1）直接引用刑法修正案和刑法典的相关条文；（2）直接引用增补后的刑法条款，刑法修正案已明确规定增加的内容为"刑法第×条之×的"或者"作为刑法第×条第×项的"，可以直接表述为"刑法第×条之×"或者"刑法第×条第×项"；（3）单独引用刑法修正案。[②] 第三种观点认为，在对修正案中增加新的条文和罪名或者对原刑法典条文进行部分修改的情况下，应当独立引用；但对于在原条文中增设新的款项的情况，应同时引用刑法修正案和相关的刑法条文。[③] 综上，对于刑法修正案颁布后，如何引用刑法修正案的相关条文，理论界和司法实践界仁者见仁，智者见智。好在 2007 年 4 月 9 日最高人民法院通过批复的形式对该问题进行了正式的统一规定。好在最高人民法院于 2012 年在《关于在裁判文书中如何表述修正前后刑法条文的批复》中指出，应当根据具体情况分别表述：（一）有关刑法条文在修订的刑法施

---

[①] 黄京平：《如何适用刑法修正规范》，《检察日报》2004 年 3 月 11 日第 3 版。

[②] 参见郭有评《法律文书中该如何引用刑法修正案——简论刑法文本问题》，《人民检察》2005 年第 8 期。

[③] 参见郭有评《法律文书中该如何引用刑法修正案——简论刑法文本问题》，《人民检察》2005 年第 8 期。

行后未经修正,或者经过修正,但引用的是现行有效条文,表述为"《中华人民共和国刑法》第××条";(二)有关刑法条文经过修正,引用修正前的条文,表述为"1997年修订的《中华人民共和国刑法》第××条";(三)有关刑法条文经两次以上修正,引用经修正且为最后一次修正前的条文,表述为"经××××年《中华人民共和国刑法修正案(×)》修正的《中华人民共和国刑法》第××条"。

2. **罪名的确定相对滞后**

我国的刑法典与其他大陆法系国家(如日本)的刑法典在立法模式上有所不同,其中的一个区别就在于我国的刑法典中并不直接确定罪名。在我国,罪名的确定是最高司法机关对刑法典条文直接概括的结果,所以,实践中就出现了刑法典的颁布与罪名的确定不一致的情形,从而使司法实践中产生了在罪名确定之前司法机关使用罪名相对混乱的尴尬局面。刑法修正案作为对刑法修正的一种方式,我国同样采用了不直接确定罪名的原有模式,而是将修正后的刑法罪名的确定任务直接交由最高司法机关,显然,也就出现了罪名确定的严重的滞后性。司法实践中,在新的罪名确定之前,当社会上出现需要适用刑法修正案进行判决的犯罪时,如果继续沿用以前的罪名,则可能名不副实,拟另用罪名,但于法无据,最终就会出现以新的刑法条款作为判决依据,而罪名仍是旧罪名的尴尬情况。①

### 三 我国刑法修正案之完善建议

既然我国刑法修正案在立法和司法上存在以上诸多问题,且既损害了我国刑法典作为基本大法的严肃性和稳定性,又给现实的司法实践带来了一定的障碍,那么,对修正案的立法与司法完善势在必行。

第一,刑法修正案的间隔时间应该适当增大,应留有单行刑法存在的空间。不能动辄就以修正案的方式对刑法进行修正,因为,修正刑法的过程其实就是一个重新制定法律的过程,过于频繁地修正刑法,势必会影响刑法典的稳定性和严肃性。但问题是,我国经济的高速发展,新的犯罪形

---

① 左良凯:《试论我国刑法修正案的现状、问题与完善》,《广西政法管理干部学院学报》2007年第1期。

式的不断出现,如果不及时补充与完善刑法典,又势必会放纵犯罪行为,对社会的发展与稳定不利。这一矛盾如何解决?上文中笔者说过,刑法修正案仅是一种行之有效的修补刑法的方式,但不是唯一的方式,更不是一种十全十美的方式。与刑法修正案相比,单行刑法并非一无是处。从20世纪90年代以前的补充刑法的历史来看,单行刑法也具有一些修正案所不具有的优点与长处,至少在保证刑法的稳定性与严肃性方面,刑法修正案是望尘莫及的。所以,笔者认为,当经济的发展导致犯罪的形式不断出新而刑法修正案又不能频繁出台时,不妨再采取单行刑法的方式对刑法典进行补充与完善,待单行刑法积累到一定的限度,而刑法典又不得不进行修正时,再对刑法典进行修正。这样,既保证了刑法典的稳定与严肃,又适应了打击不断出现的新型犯罪的需要。

第二,刑法修正案的立法权收归全国人大。如果想保证刑法修正案不至于频繁出台,那么将修正案的制定权收归全国人大,不仅是宪法的必然要求,而且也是切实可行的。综观前9个刑法修正案,其之所以出台频繁,主要是因为其制定主体是全国人大常委会。就拿《刑法修正案(二)》和《刑法修正案(三)》而言,其出台的时间仅相隔4个月,这是全国人大所不能实现的,只能由全国人大常委会来进行修正。而设想一下,如果我们能每隔5年或者更长的时间进行一次刑法的修正,那么全国人大完全可以作为修正案的制定主体。总之,不管从哪一方面,由全国人大来对刑法进行修正并制定与颁布刑法修正案,都是有法可依,有据可循的。

第三,在出台刑法修正案的同时直接确定罪名。一般来讲刑法条文内容的修改,往往会导致相应的犯罪罪名的改变。为了避免条文修正给司法适用造成的尴尬局面,有必要在条文修正的同时确定新的罪名。实践中也不是没有这样的立法例,如全国人大常委会《关于惩治骗购外汇、逃汇和非法买卖外汇犯罪的决定》中对刑法条文的修改就同时确定了新的罪名。这样做的好处是,一方面修正的法条简洁明了,便于查阅;另一方面消除了最高司法机关发布确定罪名的时间与修正案生效时间之间的时间间隔。

第四,采用更为科学的表述方式,必要时重新公布刑法典。我国修正刑法典的方式,尤其是增加条文的修正方式,不仅破坏了刑法典原有顺序的完整性,而且给司法实践中对法条的引用设置了障碍。因此,笔者建议，改变那种增加法条式的修正方式，即不要采用"在第 x 条后面增加一条，作为第 x 条之一"的表述方式，取而代之的应该是"在第 x 条中增加一款（项），作为第 x 条之一款（项）"的表达。笔者认为，该种表达方式将更加科学、更加明了、更加规范。其一，该种表达方式不会改变原法典的法条顺序，更不会破坏原法典的整体结构，有利于保持法典的稳定性和整体性；其二，该种表达方式将便于司法实践中对法条的援引，有利于消除刑法典条文与修正案条文援引之间的混乱局面；其三，从立法者的原意来看，修正案在原法条之后增加一项其实就是在原法条的犯罪规范的基础上补充与丰富原法条之罪的犯罪构成。其实，早在 1999 年 12 月 25 日出台的刑法修正案中就已经有过这样的立法例。[①]

当然，随着社会经济的不断发展，新的犯罪形式不断增加，如果修正案中所增加的条文不是对原法典中相关条文的内容的补充与丰富，而是增加新的罪名和犯罪构成，该种犯罪构成是原法典所不能包含的，则就要求立法机关不得不重新公布刑法典，以实现刑法的发展性与时代性。

## 四 结束语

刑法修正案是成文法国家修正和补充刑法的一种行之有效的方式，我国采取刑法修正案的方式对刑法典进行补充与完善，是我国立法技术的进步与成熟的表现。但我们也应该看到，刑法修正并非十全十美，也并非修正刑法的唯一方式。我们更应该关注的是刑法修正案的立法主体以及立法技术问题，以实现刑事立法与刑事司法的和谐统一。

（南京大学法学院副教授　杨辉忠）

---

[①] 1999 年 12 月 25 日的《刑法修正案》中的"八"的表述是："刑法第 225 条增加一项，作为第三项：……，原第三项改为第四项。"

## 第三节 融贯性视角下的刑法修正

1997年新刑法对1979年旧刑法进行了根本上、颠覆性的修订。我们可以从不同维度对这种颠覆性加以考察。如果从法律的融贯性维度来审视，1979年旧刑法不具有法律体系上的融贯性。① 1997年刑法典则立足于应对新情况、解决新问题，初步建立起一个相对具有融贯性的刑法体系。1997新刑法出台迄今已20年，这中间又经历了9次刑法修正。② 纵观9个修正案，在笔者看来，它们一方面继续对社会现实出现的新情况、新问题保持回应，另一方面，历次修正案中也促使刑法体系更加趋于融贯。也就是说，尽管历次修正案草案说明常常都强调，刑法的修订主要是由于新情况、新问题的出现，但是如何将解决新情况、新问题的立法新内容纳入已有的规则体系之中，势必要考虑其与整体的协调与融贯。另外，逐步消除既有刑法体系内容的不协调、不融贯之处，也是历次刑法修正案的重要任务。

那么，什么是融贯（Coherence）？Coherence在汉语里主要有两种译法：语言界的连贯和哲学界的融贯。在英语里，其基本意义就是"It takes two to cohere"，即连贯至少是两个及以上对象间的关系。正如斯波恩所言："连贯就是连接，连贯就是整合。"在斯波恩看来，连贯可以由下面一条原则来定义：只有当且仅当一个信念状态 $\beta$ 满足连贯的连贯原则时，这个信念状态 $\beta$ 才是连贯的。③ 而哲学上的融贯，西方法理学乃至哲学史都有对其广泛而深刻的讨论。简单地讲，西方哲学认为，必须在和一致性的对比中，才能够更好地理解融贯性的要求。哲学家邦俞尔（BonJour）描述了一

---

① 旧刑法的不融贯之处不胜枚举，其逻辑上的层次性、概念划分的合理性等等存在诸多问题。
② 9个刑法修正案，较1997年新刑法新增加刑法条文38条，修改条文105条，删掉条文1条。其中，条文修改3次的有1条，修改2次的有13条，新增条文又被修改1次的有3条。涉及总则条文新增或修改的有20条，涉及分则新增、修改或删除的有124条。目前我国刑法典共有（具有实际内容）条文489个。
③ 转引自杜世洪《脉络与连贯——话语理解的语言哲学研究》，人民出版社，2012，第65页。

个理想的融贯状态。如果满足下列条件，一个信念的体系就是一个奠基于论证的、融贯的体系：

（Ⅰ）它是逻辑上无矛盾的；

（Ⅱ）它拥有高度的无矛盾可能性；

（Ⅲ）它的组成信念彼此之间有着相当数量相互强烈逻辑蕴涵的关系；

（Ⅳ）只有少数无法说明的异常状况；

（Ⅴ）它提供了某种对世界相对稳定的理解方式，且此种理解方式能维持融贯性［意指，在一个相当长的时期内持续满足（Ⅰ）~（Ⅳ）的条件］；

（Ⅵ）它满足了观察的要求，亦即它必须包含一套法则，这套法则足以提供人们在合理范围内形成自发性的、多样性的认识信念，包括内省性的信念。[1]

西班牙学者 Leonor Moral Soriano 将融贯论在法学领域的运用，区分为法律体系的融贯与法律推理或法律论证中的融贯。[2] 其中，法律体系的融贯，关注的是如何把某一决定融入一个法律体系中，如何使其与法律体系中的所有内容融合在一起。

对于法律的融贯性，比利时法学家马克·范·胡克进一步指出："首先，融贯性意指一致性（consistency）或矛盾的不存在。不应当有不相兼容的规则；若有，它们应是很例外的情形。法律系统应当提供解决这种自相矛盾的方案，如通过解释。其次，'融贯性'还涉及法律系统要素之间的某些结构联系，亦即某种内在聚合性（internal cohesion）……这意味着法律规则必须相互支撑，至少在一定程度上如此。"[3] 据此，我们认为，透视刑法历次修正案的立法新内容，应深入透视上述法律系统要素之间的结构联系（内在聚合性），观察立法新内容是否与已有的规则体系相"融贯"

---

[1] 颜厥安：《规范、论证与行动——法认识论论文集》，台湾元照出版有限公司，2004，第96页。

[2] Leonor Moral Soriano, "A Modest Notion of Coherence in Legal Reasoning: A Model for the European Court of Justice," *Ratio Juris* 16, 2003, p.297. 转引自侯学勇《什么是有效的法律规范？——法学中的融贯论》，载陈金钊、谢晖主编《法律方法》（第8卷），山东人民出版社，2009，第358页。

[3] ［比］马克·范·胡克：《法律的沟通之维》，孙国东译，法律出版社，2008，第160页。

或者如何消除既有的不融贯的刑法规则。应当承认，法律系统要素之间的结构联系是复杂的，而这一融贯的标准，至少应当满足两个主要条件：一个是新的立法内容与已有的立法内容互不矛盾，即应当满足一致性的要求，另一个则是新的立法内容与已有规则体系之间的相互支持关系。一项新的立法内容如果能够获得这样一个融贯的规则体系的支持，它就是合理的。规则之间的融贯支持关系结合成一种网络结构，在此结构中，没有任何一个规则具有特殊的权威地位，任何一个规则均需要其他规则的支持。这里，一致性作为论证的评价标准要求预先存在一个大家公认且其内部无矛盾的规范体系。

刑法典中的各个规则并非简单堆积在一起，并非内部诸规范之间杂乱无章、没有位阶次序的"聚合体"，而是结构上有机整合的富有逻辑、具有层次的规则体系。刑法教义学更是着眼于将这些规则纳入一个融贯的体系。刑法典的结构有机性的要求之一就是要保持罪刑关系设置的协调性、均衡性。刑法的修订也是如此，它通过对刑法内容的增、改、删，逐步使刑法体系更加融贯。这与法律理论上的融贯性追求在精神意蕴上是契合的。"在现实生活的推理实践当中，对融贯性的追求只是一个进行局部信念修正的方法。通过指出一个理论的当前版本是不融贯的，我们就能够让该理论的持有者尝试去修正它，或者藉由删除其中的一些元素，或者藉由增加一些新的元素。通过这些改变所得到的结果，虽然永远不会是一个完全融贯的理论，但依然会是一个更加融贯的理论。"[1] 那么，我们为什么要去追求法律体系的融贯呢？因为，融贯传达了一种特定的善，其价值是不可否认的。不融贯的东西是不可理解的，因为它是自相矛盾的、零碎的，也是杂乱的。融贯的东西是可理解的，是有意义的，是表达良好的，各个部分契合在一起。[2]

那么融贯性的基础是什么呢？拉兹在其关于"建构的融贯性理论"的讨论中指出，任何一个融贯的理论，都要预设某些必须要融贯的东西，他将之称作"基础"。按照拉兹的理解，基础"为我们开始某个获得最大化

---

[1] 〔荷〕雅普·哈赫：《法律逻辑研究》，谢耘译，中国政法大学出版社，2015，第63页。
[2] 〔英〕约瑟夫·拉兹：《公共领域的伦理学》，葛四友主译，江苏人民出版社，2013，第327页。

融贯性的程序提供了出发点,而这一程序最终会导致我们对于原基础集合的抛弃"。拉兹以罗尔斯的"反思平衡"理论作为基础。简单讲,反思的平衡就是通过对一种正义观的反复比较、修正达到与社会流行的、人们所考虑的正义判断相接近的状态。

刑法历次修订,不少内容在笔者看来是针对既有刑法中不协调、不融贯的规定进行调整。本文并非逐条考察每个被修订的条文背后的立法理由,而是大致遵从"反思平衡"的思维方式,直观考察历次刑法修正案在促使刑法体系趋向融贯方面所呈现的特点。当然,这种直观考察未必有统一的标准,却可以折射出刑法体系融贯性的不同侧面。

## 一 不同类型的行为区别对待

容易获得人们认同的正义观就是:相同情况相同对待或处理。引申的正义观就是:不同的情形须加以区别对待。刑法修订有时就需要将不同行为类型加以区别对待,使刑法体系趋于融贯。2001年的《刑法修正案(三)》对1997年《刑法》原第120条作出了修订。1997年《刑法》原第120条条文为:"组织、领导和积极参加恐怖活动组织的,处三年以上十年以下有期徒刑;其他参加的,处三年以下有期徒刑、拘役或者管制。"在刑法体系中,积极参加行为在性质上与组织、领导行为有所不同,因此在评价上应有所区别。同理,《刑法修正案(八)》对《刑法》第294条的修订也是如此。《刑法》原第294条也是将积极参加行为与组织领导行为等量齐观,配置以同样的法定刑幅度。将积极参加行为从组织、领导行为中独立出来,配置以逊于后者的法定刑,更加实际地考量了有组织犯罪内部成员在犯罪中的不同地位和作用,更好地做到罪责刑相适应。

再如,2006年的《刑法修正案(六)》对《刑法》第134条加以修订,将强令违章冒险作业与一般重大责任事故罪区别开来,配置以轻重不同的法定刑。在此,立法者也注意到两种行为是存在程度上的轻重差别的。《刑法修正案(七)》对《刑法》第375条加以修订,将非法生产、买卖武装部队车辆号牌与非法生产、买卖武装部队制式服装区别开来。对于前者,《刑法修正案(七)》配置了更高的法定刑,同时增加了伪造、盗窃的行为方式。这同样反映出立法者视二者为不同类型的行为,处罚力度上不可等量齐观。

《刑法修正案（九）》对《刑法》第 358 条作出修订，删除原来的五项法定列举加重情形。其中，将"强奸后迫使卖淫"的情形从组织卖淫罪、强迫卖淫罪的情节加重犯设置模式中分解出来，采用数罪并罚的模式，使得单纯的组织卖淫、强迫卖淫行为不再配置死刑。因强奸罪的法定刑存在死刑，所以数罪并罚的情况下仍可适用死刑。这样的修订，使得本属不同类型的强奸行为与组织卖淫、强迫卖淫行为明确为数罪，不再将重罪的强奸作为组织卖淫罪、强迫卖淫罪的加重情节而糅合成一罪，使得罪间界限不够清晰。以上都反映出，刑法逐步迈向细致化，将不同类型、不同程度的行为加以区别对待，使刑法趋于融贯。

## 二　相同情况相同处理

如前所述，相同情况相同对待或处理就是正义观的应有内涵。《刑法修正案（九）》对《刑法》第 280 条加以修订。其中，将护照、社会保障卡、驾驶证等依法可以用于证明身份的证件与居民身份证等同视之，作为伪造、变造、买卖身份证件罪的犯罪对象。现实生活中，上述证件的确与居民身份证同样具有证明公民身份信息的功能，将上述行为增列进此罪之中，其实就是"相同情形相同处理"的正义观的反映。

随着社会观念的变迁，一些过去被认为不具有社会危害性的行为，开始被刑法所规制。于是，有些行为因刑法修订而获得了与既有犯罪行为同样处理的待遇。例如，1997 年刑法典并未将强制猥亵 14 周岁以上男子的行为规定为犯罪。这说明，以往的刑事政策之中，强制猥亵男子与强制猥亵妇女行为不可等量齐观。但是《刑法修正案（九）》对《刑法》第 237 条作出修订，将原条文中的"强制猥亵妇女"修改为"强制猥亵他人"。这说明，随着社会观念的变迁，刑事政策相应发生变化，两种情形在社会观念中已经被等量齐观，立法者将两种情形配置了同样的法定刑。当然，笔者在此仍有疑问，虽然强制猥亵男子值得入罪，但是否值得获得与强制猥亵妇女同样的法定刑？毕竟，在社会现实中，妇女作为弱势对象与男子有所不同。当然，司法裁量上会考虑这样的现实情形，但是立法上是否也该有一定程度上的区别，值得进一步思考。

《刑法修正案（九）》删除《刑法》第360条第2款的嫖宿幼女罪，也是基于"相同情况相同处理"的考量。毕竟，嫖宿不满14周岁幼女的行为与《刑法》第236条强奸罪中的奸淫不满14周岁幼女的行为，从逻辑上讲，没有什么区别。对同样的行为，规制以不同的罪名，在逻辑上存在悖论，因而也是不融贯的。所以，《刑法修正案（九）》删除嫖宿幼女罪，即是承认嫖宿幼女行为与奸淫幼女行为一道，均由强奸罪所规制。

### 三 举轻以明重的融贯

有时，举轻以明重的逻辑也有助于对刑法修订的融贯性作出说明。《刑法修正案（九）》增设《刑法》第260之一"虐待被监护、看护人罪"，新罪规定："对未成年人、老年人、患病的人、残疾人等负有监护、看护职责的人虐待被监护、看护的人，情节恶劣的，处三年以下有期徒刑或者拘役。"其法定最高刑超过了《刑法》第260条虐待罪的基本犯的法定最高刑。这从一定意义上说明，相较于第260条的虐待罪，第260条之一的虐待被监护、看护人罪是重罪。那么，连相对较轻的行为都已经入刑，相对较重的行为更应当入刑，而且只有后者入刑，刑法体系才更具有融贯性。

其实，举轻以明重的另一面就是由重而及轻。也就是说，有时重罪先入刑，而轻行为并未入刑。人们逐渐认识到，轻、重两种行为不应设定为无罪—有罪模式。而应设定为轻罪—重罪模式。例如，最初，虚开发票行为并未入刑，而虚开增值税专用发票行为已由1997年刑法典所规制，当时立法者认为二者轻重程度不同，故一个设定为有罪，一个设定为无罪。但是后来立法者逐渐认识到情节严重的虚开发票行为可以设置为较轻的罪，而不能一概认定为无罪。所以，《刑法修正案（八）》增设《刑法》第205之一的虚开发票罪，但配置以明显低于《刑法》第205条的虚开增值税专用发票、用于骗取出口退税、抵扣税款发票罪的法定刑，使得刑法罪名高低搭配，轻重有序，更加融贯。

同样，2005年的《刑法修正案（五）》对《刑法》第369条破坏武器装备、军事设施、军事通信罪做出修改，增设了一款，设定为"过失损坏武器装备、军事设施、军事通信罪"。可以说，其也是上述由重及轻的立法模式的体现。过失损坏武器装备、军事设施、军事通信，造成严重后果的，不再视为无罪。通过设置为过失型犯罪，使之与故意型犯罪轻重搭配，做到法网严密，在更好地维护国防利益的同时，也保持了刑法体系的融贯。

### 四 相似罪刑关系的平衡

相似罪刑关系的平衡，可以说是"相同情况相同对待"的正义观的派生。刑法中，不少犯罪之间具有某种罪刑关系上的平衡。那么，针对某种犯罪的立法内容，就可以推而广之到其他与此种犯罪相似的犯罪中。例如，1997年刑法典修订时在《刑法》第264条中设置了"多次盗窃"的定罪情节。那么，与盗窃罪性质和法定刑配置都近似的抢夺罪是否也应增设此情节？《刑法修正案（九）》给出了回答，在《刑法》第267条中增设"多次抢夺"作为定罪情节，使得近似的罪刑关系更加融贯。其实，《刑法修正案（八）》时已在第274条敲诈勒索罪中设置了同样的定罪情节"多次敲诈勒索"。而敲诈勒索罪与盗窃罪同样属于非法占有型的侵犯财产罪，二者基本犯的法定刑幅度配置也是一样的。这样的修订同样反映出相似罪刑关系之间立法内容上的平衡。

再如，1999年12月的《刑法修正案》对《刑法》原第168条罪状的修订，其实就是维护了该罪与刑法第九章渎职罪中滥用职权罪、玩忽职守罪的罪状表述之间的平衡。前者与后者只是主体不同，从行为类型上讲没有本质区别，因此罪状设定应保持一致，否则就缺乏行为类型划分上的融贯性。

另外，《刑法修正案（八）》对《刑法》第66条加以修订，将恐怖活动犯罪、黑社会性质组织犯罪与危害国家安全犯罪一道，增设为特别累犯的情形，体现出国家对特别严重的有组织犯罪秉持相同的刑事政策。

### 五 划分的融贯

逻辑学上，划分即一个类分为若干子类的思维过程。在划分中，被划分的类叫作划分的母项，划分得到的各子类叫作划分的子项。要正确地划分，就应遵守一定的规则，比方说，划分的子项外延必须互相排斥。所谓子项互相排斥，是指划分的各个子项之间应当是不相容关系，不允许是属种关系或交叉关系。违反这条规则就要犯"子项相容"的逻辑错误。例如，《刑法》原第358条规定有五项加重情节，其中第一项为"组织他人卖淫，情节严重的"这样的子项，规定十分模糊，如何理解情节严重？此处的情节严重是否有可能包括其他子项规定的情节？如果包括，就犯了"子项相容"的逻辑错误。最终，《刑法修正案（九）》删掉了五项法定列举，使之逻辑上更加顺畅。

《刑法》第263条将典型的抢劫罪的手段行为规定为暴力、胁迫和其他方法，按照划分的逻辑，其他方法就只能是暴力、胁迫以外的其他方法，同时又可与暴力、胁迫行为等量齐观，可以作为抢劫罪的手段行为。可是，这样的其他方法究竟是什么呢？德国刑法典中抢劫罪的手段行为只有暴力和胁迫，日本刑法典也是如此，只是多设定了一个昏醉强盗罪，即使用致人昏醉的手段劫取财物，并且法定刑配置较低。我国理论上通常认为其他方法可以包括致人昏醉，但此种行为是否可以和暴力、胁迫行为等量齐观，配置以同样的刑罚，值得进一步讨论。

## 六 法定刑衔接的融贯

有时，分则的刑法规定会出现莫名其妙的语义衔接，引人瞩目。例如，《刑法》原第433条战时造谣惑众罪。其基本犯的行为是战时造谣惑众，动摇军心。其第2款情节加重犯为"勾结敌人造谣惑众，动摇军心"，之后的规定是"情节特别严重的，可以判处死刑"。这第3个法定刑幅度规定在第2款之中，衔接在第2个法定刑幅度之后，那么，这个"情节特别严重"的情节加重犯的基本犯究竟是第1款罪，还是第2款第1个法定刑幅度？语义衔接上出现跳跃，进而缺乏融贯性。《刑法修正案（九）》对此作出修订，删掉第2款，并且重新设置情节加重犯的法定刑，确保从逻辑上对基本犯的认识足够清晰。

另一个学界都很熟悉的例子，那就是《刑法》第133条。第133条末段的"因逃逸致人死亡"理论上被认为是情节加重犯，但是其基本犯是什么呢？应该是前段的规定。可是，末段的法定刑为何衔接于中段这个情加重犯呢？这也是学界一直争论的话题。

## 七 去掉不必要的限定

为使法典所规制的内容聚焦于行为类型，有时去掉多余的行为主体或时间、地点状语，进而尽量简化法律用语也是符合融贯性的。而且，越是具体的表述，越不容易被司法人员查证，甚至出现法律漏洞。例如，《刑法修正案（六）》将《刑法》原第134条中的"工厂、矿山、林场、建筑企业或者其他企业、事业单位的职工……"删去，并调整了罪状表述。这样的修订，方便司法工作人员聚焦于行为类型的查证，而不是被所在单位的所有制性质和是否属于职工而劳神。

2002年12月施行的《刑法修正案（四）》对《刑法》第345条加以修订。原条文第3款规定，"以牟利为目的，在林区非法收购……"修正案删去了上述表述。这意味着，只要是非法收购、运输明知是盗伐、滥伐的林木，情节严重的，无论是否在林区收购，都要受到刑法追究。原有的地点状语的限定，反而导致法律的漏洞，是不必要的限定，应当去掉。

再如，《刑法修正案（八）》对《刑法》第338条的修订，其中之一就是删去原来的"向土地、水体、大气……"的表述，因为这样的列举已经限定了环境保护法上环境的概念，容易造成漏洞，不利于对环境的全面保护。

## 八 去除词语的模糊性

刑法文义的明确性是罪刑法定原则的客观要求，也是法律融贯性的要求。因为语义模糊的表述谈不上具有上下文之间的连贯性。

《刑法修正案（八）》将《刑法》第63条加以修订。《刑法》原63条为："犯罪分子具有本法规定的减轻处罚情节的，应当在法定刑以下判处刑罚。"可是，法定刑以下有多个幅度的如何适用这一规定，即如何理解"法定刑以下"，实践中认识不一。司法实践中有时在法定刑以下两个幅度内判处刑罚。修订后的第63条明确："应当在法定刑幅度的下一个量刑幅度内判处刑罚。"

1999年12月施行的《刑法修正案》对《刑法》原第174条中的其他金融机构作出了进一步明确，即包括证券交易所、期货交易所、证券公司、期货经纪公司、保险公司或者其他金融机构。这使法典用语更加明确。

再如，《刑法修正案（七）》将《刑法》第395条第1款修改为："国家工作人员的财产、支出明显超过合法收入，差额巨大的，可以责令该国家工作人员说明来源，不能说明来源的，差额部分以非法所得论，处五年以下有期徒刑或者拘役；差额特别巨大的，处五年以上十年以下有期徒刑。财产的差额部分予以追缴。"如果仔细比较修订前后的条文表述，可以看到，除了法定刑配置更重之外，罪状描述方面更加严谨、明确。

《刑法修正案（四）》对《刑法》第399条加以修订，其中一处修订，就是《刑法》原第399条第3款"司法工作人员贪赃枉法……"的表述被修订为"司法工作人员收受贿赂"。显然，贪赃枉法并非明确的法律用语，而"收受贿赂"较之"贪赃枉法"更加明确。

## 九　与其他部门法相融贯

刑法从性质上讲是保护法，其修订有时要受到前置法的影响。因为刑法要考虑与其他部门法的衔接。比如，《刑法修正案（四）》对《刑法》第344条加以修订，除修订罪状外，将"违反森林法的规定"修订为"违反国家规定"。这主要是《森林法》的规定已不能独自作为该条的前置法，其他法律法规，如《中华人民共和国野生植物保护条例》也成为该条的前置法，故修正案及时作出了调整。当然，有时刑法会先行一步，反过来影响其他部门法律法规的拟定。例如，2006年6月的《刑法修正案（六）》增设《刑法》第169条之一背信损害上市公司利益罪，其中六种背信损害上市公司利益行为的法定之项就影响到相关部门法。例如，2007年国务院法制办公布的《上市公司监督管理条例（征求意见稿）》第37条就是取材于《刑法》第169条之一。

## 十　总则与分则的融贯

刑法总则的修订有时要考虑与分则性规定的融贯。如《刑法修正案

（九）》增设第 37 条之一，其第 2 款规定："被禁止从事相关职业的人违反人民法院依照前款规定作出的决定的，由公安机关依法给予处罚；情节严重的，依照本法第三百一十三条的规定定罪处罚。"这表明，违反从业禁止规定的人可能受到拒不执行判决、裁定罪的追究。

  刑法分则的修订也要考虑与总则性规定的融贯。《刑法修正案（九）》对《刑法》第 260 条作出修订，其第 3 款增加了"……但被害人没有能力告诉，或者因受到强制、威吓无法告诉的除外"。这样的表述的增加其实与刑法总则第 98 条的规定相融贯。《刑法》第 98 条规定："如果被害人因受强制、威吓无法告诉的，人民检察院和被害人的近亲属也可以告诉。"

## 十一　死刑与罚金刑设置的融贯

  我们也可以从融贯性的维度审视死刑的逐步废除以及罚金刑的扩大适用。其实，死刑的废除是和死刑废除理论相融贯的。例如 2011 年出台的《刑法修正案（八）》取消了 13 个经济性非暴力犯罪的死刑。其后，《刑法修正案（九）》进一步减少适用死刑的罪名。对走私武器、弹药罪，走私核材料罪，走私假币罪，伪造货币罪，集资诈骗罪，组织卖淫罪，强迫卖淫罪，阻碍执行军事职务罪，战时造谣惑众罪等 9 个罪的刑罚规定作出调整，取消死刑（我国现有适用死刑的罪名 55 个，取消这 9 个后尚有 46 个）。

  一般来说，死刑的废除主要是围绕非暴力犯罪展开的。另外，针对贪利型犯罪，刑法也适当扩大了罚金刑的适用范围。同时，《刑法修正案（八）》《刑法修正案（九）》取消死刑的罪名，在实践中较少适用死刑，取消后最高还可以判处无期徒刑。对相关犯罪在取消死刑后通过加强执法，该严厉惩处的依法严厉惩处，可以做到整体惩处力度不减，如出现情节特别恶劣，符合数罪并罚或者其他有关犯罪规定的，还可依法判处更重的刑罚。这些都使刑法在大幅减少死刑罪名后仍能保持融贯。

## 十二　余论：引导不融贯的规定走向融贯

  《刑法》第 383 条第 4 款增设的所谓终身监禁规定，在笔者看来，是刑法修正带来的不融贯的一个例子。对此，笔者曾就其不融贯之处进行了详细探讨。① 拙文指出，终身监禁规定的不融贯之处在于：（1）造成刑罚轻重配置序位缺乏融贯性；（2）造成减刑的规定缺乏融贯性；（3）造成死缓的司法适用缺乏融贯性；（4）造成刑法总则和分则相互关系的融贯性被破坏；（5）与刑法逐步消除没有幅度的绝对法定刑倾向相悖。但是，在立法的现实情况之下，我们应思考如何引导不融贯的终身监禁规定走向融贯。

当前，学界对终身监禁的法律性质存在不同见解，代表性的观点主要有"中间刑说"、"与死缓有别的死刑执行方式说"以及"死缓执行方式说"。学界之所以对终身监禁的法律性质看法不一，很重要的一个原因就是此立法新内容是规定在刑法分则之中的，人们很想从总则的角度对之进行定位，也就是，如果立法者将此部分内容规定在总则中的话，人们就更容易一目了然地看清其法律性质。所以，笔者在此试图做一个还原论的考察，也就是试图回答，如果将终身监禁规定还原到总则中去的话，它将位于总则的哪一个部分或者哪一个条文之中。如果按照前述"中间刑说"来加以还原，终身监禁应属于死刑立即执行与死缓之间的过渡刑罚，从逻辑上它就既不属于前者也不属于后者，在刑法总则中就应独立于前者，也独立于后者。那等于在现行刑法总则中尚找不到其合适位置，是一个需要增设的全新的刑罚措施。如果按照"与死缓有别的死刑执行方式说"，同样，终身监禁虽属于死刑制度，但不再属于死缓的范畴，而是一个新的死刑执行方式，那么《刑法》第383条第4款规定的终身监禁应当还原到《刑法》第48条规定之中。因为《刑法》第48条的规定是关于死刑的条件、执行方式与核准程序的。可是，如果做这样的还原，《刑法》第48条的内容和终身监禁规定并不衔接，具有违和感。

我们认为，如果将《刑法》第383条第4款规定的终身监禁还原到刑法总则性规定之中，它应当被置于《刑法》第50条第2款之后作为第3款。这样设置的话，会毫无违和感。

---

① 陈劲阳：《贪污、受贿犯罪终身监禁规定妥当性反思》，载赵秉志主编《刑法论丛》第47卷，法律出版社，2016。

这是因为：《刑法》第383条第4款与《刑法》第50条第1款、第2款的句式、语法结构连贯统一。我们认为，刑法学者对刑法的考察应从注重"概念"转向"句子"。"语言学转向之后，情况发生了变化：句子现在占据了原来由概念所把持的中心地位。"①

语言学家莱因哈特认为，话语要在整体上连贯必须满足三个或三组条件：连接（相当于衔接）、一致以及相关。② 第一个条件是语句的组织上的要求。第二个条件是意义上的要求，要求不同语句之间围绕同一事态进行。第三个条件属于主题的要求。衔接是话语形式上的连接手段，包括"结构衔接""逻辑衔接"等。这些条件构成了语言文脉的连贯因子，法典适用的法律语言更是程式化的语言，将第383条第4款规定为《刑法》"第50条第3款"完全符合语言的文脉。

首先，《刑法》第383条第4款与《刑法》第50条第2款的句子组织结构是一样的。主语都是人民法院，谓语都是"根据犯罪情节等情况可以同时决定"，对象语针对的都是特殊犯罪类型的死缓犯。因此，将前者作为第50条第3款的话，确实没有违和感。其次，《刑法》第50条第1款是一个关于死缓犯的法律后果的一般性规定，第50条第2款则是对累犯及严重暴力犯罪等死缓犯的法律后果的特殊性规定，第50条第3款则是对重特大贪污受贿犯罪死缓犯的法律后果的特殊性规定，且上述后果内容上由轻至重排列，呈语义递进之势，这符合语句意义上的要求，即不同语句之间围绕同一事态展开。最后，这三款均是关于死缓犯的法律后果之规定，主题相关。

应当指出，死缓犯面临的法律后果，由过去单一考察死缓执行期间的表现，向考察死缓犯罪分子的犯罪情节拓展，这扩充了死缓的考察条件，同时丰富了死缓犯面临法律后果的层次性，根据不同类型犯罪及其相应情节设定法律后果，使我国死缓制度灵活适用于不同情况，发挥最大的刑罚威慑功能。

（1）明确终身监禁规定在总则中的位置，梳理其内在逻辑结构，方便

---

① 〔波〕耶日·施特尔马赫、巴尔托什·布罗泽克：《法律推理方法》，陈伟功译，中国政法大学出版社，2015，第85页。
② 杜世洪：《脉络与连贯——话语理解的语言哲学研究》，人民出版社，2012，第40页。

进一步准确地进行法律推理演绎。法律系统都有着自身内在的逻辑结构，它们通过一系列关于语形模型的规则来进行描述。我们必须考察法律的内在逻辑结构，关心法律结构上的类比，以此来建构甚至是检验演绎推理。正如比利时学者费耶特与默特论述的那样："请将我们自己限定在不同的法律系统之中，全都承认经典逻辑是潜在的形式逻辑。对这些系统进行比较，就会允许人们按照外延精确地推理，按照这些系统在于形结构上可能相似，从而精确地推理。"①

（2）为终身监禁的扩张适用打下基础。我国学界认为，终身监禁能引导死刑废除。"对原本应该判处死刑立即执行的特重大贪污受贿罪犯适用死缓并最终转化成终身监禁，有助于在司法实践中切实减少贪污受贿案件死刑立即执行的裁决。终身监禁制度在客观上能够确保死刑只适用于极少数罪行极其严重的贪污受贿犯罪分子。"② 也就是说，终身监禁起到了替代死刑立即执行的作用。发挥终身监禁的作用，仍是发挥死缓的功能，死缓制度最主要的一个意义就是它是死刑立即执行的替代措施。但是，终身监禁目前只适用于贪污受贿犯罪。实践中，贪污受贿的死刑在我国死刑中所占比例已经极为缩小。因此，将终身监禁仅适用于重特大贪污犯罪，其替代死刑的实际作用发挥有限。当前，学界亦有扩大适用终身监禁的声音。将终身监禁定位为总则的第50条第3款，可以超越分则具体犯罪的束缚，方便立法者增添新的犯罪选项。因此，明确终身监禁的法律性质，可以说为今后增设适用终身监禁规定的新罪名做准备。

（3）只有明确终身监禁的法律性质，才能更加看清楚我国终身监禁规定的本质特点在于它属于死缓同时宣告"不得减刑、假释"制度。也就是说，终身监禁这一规定的重点不在于终身监禁这样的字眼表述本身，重点在于"不得减刑、假释"。终身监禁反而让人产生它属于无期徒刑的联想。毋庸讳言，不得减刑的弊端在于它不再考察犯罪分子在执行期间的表现，违背传统的目的刑论，与减刑制度设立初衷相悖。"减刑制度是刑罚目的

---

① 〔以〕霍尔维茨：《法律与逻辑：法律论证的批判性说明》，陈锐译，中国政法大学出版社，2015，第111~112页。
② 赵秉志、商浩文：《论死刑改革视野下的终身监禁制度》，《华东政法大学学报》2017年第1期。

在刑罚执行中的体现。刑罚的执行侧重于特殊预防。……减刑制度的设立，也鼓励犯罪人积极改造，弃恶从善。由此可见，减刑制度可谓目的刑论的产物。"① 而"不得减刑"则是报应刑的产物。为保持目的性论、刑罚目的的一致性，应通过完善刑法中的特赦制度，给终身监禁罪犯以复归社会的希望。在德国，终身自由刑的执行目的也应符合刑罚执行的目的。刑罚的执行目的，正如德国《刑罚执行法》第2条第1款指出的那样，犯人应当能够"在将来负责任地生活，不再犯罪"。因此，德国联邦宪法法院判决也指出，终身自由刑是以维护人的尊严为前提条件的，使犯人怀有被释放、重新回到自由状态的希望。② 德国刑法典第57条a考虑到了这一前提条件，根据该条的规定，终身自由刑也同样可以被假释。德国联邦宪法法院承认假释是一项宪法权利。那么，在我国，是否也应作此讨论呢？值得反思。

（吉林大学法学院副教授　陈劲阳）

---

① 张明楷：《刑法学》（第4版），法律出版社，2011，第548页。
② 〔德〕汉斯·海因里希·耶赛克、托马斯·魏根特：《德国刑法教科书》，徐久生译，中国法制出版社，2001，第920页。

## 第四节　刑法修正中的规范缺陷

我国目前制定的9个刑法修正案，对完善我国刑事法网，打击犯罪和保障人权，无疑具有非常重要的意义。但是，亦须看到，这些刑法修正案存在很多的实体和形式上的缺陷。比如，《刑法修正案（九）》第120之六、《刑法修正案（五）》对信用卡诈骗罪的规定、《刑法修正案（九）》对第120条的修改、《刑法修正案（九）》对第170条的修改，等等，都很明显有悖于"最后手段原则"项下的"适当性"原则。其造成的最直接后果，就是导致"过度犯罪化"现象的发生。比如，《刑法修正案（八）》将危险驾驶行为入罪，且将其定义为抽象的危险犯，违反了适当性原则，结果有可能造成过度占用司法资源的倾向。比如，青岛市开发区近两年初步粗略统计，在整个刑事犯罪案件中，危险驾驶罪案件约占30%，这意味着当地的警力资源多用于该领域内的犯罪处理，这显然影响了警力资源的合理配置，当然，也人为地制造了更多的犯罪人。这些问题，由于早就引起了学界的重视，再加上本文篇幅所限，这里暂不予探讨。本文仅仅从形式的角度或者规范的角度，探讨9个刑法修正案的缺陷。需要指出的是，本文很多观点，可能与传统的看法有很大的不同，甚至有些会挑战当前的一些制度，希望能得到大家的批评指正。

本文主要从规则构成理论出发，结合当前的其他部门法（主要是宪法、民法、行政法和证据法）的规定，揭示刑法修正案的缺陷。本文观点形成的前提是：第一，宪法已经将立法权与司法权解构，司法权不能越位；第二，司法者是世俗中人，而非上帝，即其对已发生事实的认识，只能依据证据，而证据与被证明的对象须具有"同质性"，否则，进行的判断不属于"证明"的范畴；第三，刑法与民法的边界为"刑法旨在于惩罚，民法旨在定价"。故两者的证明标准和诉求存在明显的不同。此外，需要指出的是，本文的基本观点均源于前人的探讨，我们仅将前人的相关研究成果适用于现实的制度评价，不过，由于本文撰写得比较仓促，未将相关的注释一一列举出来。

就刑法规范而言，根据其指向的对象不同，可以区分为刑法原则与刑法规则。其中，根据阶层性的犯罪论体系，刑法规则即是刑法禁止，其是立法者向一般公民和法官发布的一种命令，意思发布者为立法者，其受众由两个群体构成：其一为一般公民；其二为法官（和其他法律人）。由于这两个群体存在一定的"隔音墙"，故同一法律条文，对两者的要求是不一样的，前者称为行为规范，需要遵守明确性原则，后者称为裁判规范，可以具有模糊性，尽管这可能导致刑法威权主义的滋生，但并不妨碍公民自由。从行为规范的角度看，立法者发布命令的真正意图能否得到受众的切实的执行，不仅受制于立法的正当性，而且还受制于立法者的语言能力以及受众的理解力（这两者是统一的）。由于存在"疑问时有利于被告人原则"，如果刑事立法不遵守法的形式要求，有可能产生三种不利的后果：其一，立法者的立法目的无法实现；其二，有可能造成法律适用的不统一，侵犯公民的自决权；其三，有可能造成司法权的扩张，进而扭曲其他的法律规定。我们认为，基于法律规则构成理论，从形式的角度看，刑法修正案在建构刑法禁止时，主要存在以下的缺陷。

## 一 "违法"或"不法"进入禁止：刑法自足性的丧失

不同于法律原则，作为法律规则，刑法禁止要实现其塑造公民行为的功能，必须要以通俗易懂的方式，告诉公民何种行为可以为，何种行为不可以为。因此，刑法禁止所使用的概念，应当指向特定的"事实"，这一点在学界几乎是共识。不同之处在于，这种事实除了描述性的事实之外，是否还应当包括价值事实？刚性的法律实证主义对此问题的回答是否定的，而柔性的法律实证主义则持肯定的态度。即使根据后者的观点，刑法禁止所指向的价值性事实，其也应有一个特点，即所谓的"价值"成分，应当与描述性的事实之间存在一定的寄生关系，或者说，其是描述性事实的衍生物或者属性，比如，"某雕塑很优美"中的"优美"，"淫秽物品"中的"淫秽"，都属于价值事实的范畴，其是一般人对"雕塑"或者物品性质的评价，换言之，人们仅凭借自己的生活经验，就能认定价值事实的存在与否，无须另外有意识地学习某种东西。

然而，我国刑法修正案就像原来的刑法典那样，在一定程度上并没有重视规则的这项诉求。据统计，从《刑法修正案》到《刑法修正案

(九)》,"非法"、"不法"以及"违法"等类似的词语共计出现41次,这还不包括"违反国家有关规定"之类表述的情况。比如,《刑法修正案(九)》第286条之一规定的拒不履行网络安全管理义务罪,有致使"违法信息大量传播"的记述。由于刑法典根本没有明确这种"法"的内容是什么,此则意味着该刑法禁止(规则)的内容是不完整的,需要其他的法律予以补正。道理很简单,对于"信息"而言,单纯地根据一般人的经验,是很难做出其"违法与否"判断的,除非其有明显的"加害性"的内容;再者,《宪法》第35条规定公民有言论、出版的自由,即宪法否定国家有给公民科处审查言论合法与否的权力,这样,对于一般的言论而言,公民没有义务,事实上,也没有能力判断特定的信息是否违法。再如,《刑法》第176条规定的"非法吸收公众存款罪",事实上所谓的"存款",是指当事人合意性的借贷,在一般情况下,是没有任何的"他害性的"(人们没有义务为银行的利益考虑),即"违反金融管理法规"不是存款的自身属性,所以,人们也很难基于自己的经验确定特定的"存款"是否具有不正当性。他们要做出否定性的评价,只能在规则的指向事实之外,寻求评价的规范标准,所以,这种做法有悖于规则的一般原则或者理论。这种立法现象的存在,会出现以下后果。

其一,使刑法失去自足性。一旦这种表述进入刑法禁止,则意味着刑法的实施是建立在其他法的基础之上的,或者说其他法适用是这种刑法禁止适用的前提,即刑法包含着其他的法。因此,这样的刑法禁止失去了自足性,这样为了实施刑法,还必须求助于其他的法律判断。需要注意的是,德国刑法中也有类似的条文,比如,德国刑法典第324(b)规定,"行为人违反行政法义务,将物质埋入或者让他人埋入或者排入土地之中,以危害他人、动物或者植物健康……的",而这里的"行政法义务",很明显就是指联邦德国《土地保护法》第二章的规定,即该义务明确具体。根据该法的规定,行为人违反这种义务,主要进行修复、赔偿,如果无法修复,其才要支付罚款。① 也就是说,这些义务的实施并没有公法上的保证措施,而刑法禁止恰恰就是为了弥补这项功能,也就是说,在进行土地立

---

① Development of Legal, Instituitional and Financial Framework of National Program.

法时，立法者已经将其与刑法捆绑在一起。

其二，有可能违反禁止双重危险原则。刑法包含着其他的法，则意味着刑法禁止指向的行为，存在两种处罚机制，即刑法处罚和其他法的处罚。如果其他法为民法，是没有问题的，毕竟，民法的目的在于"定价"，故其不存在禁止双重危险的问题。但是，当这种法为行政法，而该行政法又具有惩罚性的处罚时，则有可能违反双重危险原则。比如，行为人违反了行政法，发布了"违法信息"，行为人可能既会受到行政处罚，比如罚款或者拘留，也会受到刑事处罚，诸如监禁刑或者罚金，这显然有悖于禁止双重危险原则。此外，如果追究行为人的刑事责任，证明标准是排除合理性怀疑，即证明标准较高。当指控机关的证明达不到该标准时，行为人的行为不构成犯罪。但是，行为人有可能受到行政处罚，因为行政处罚的证明标准远远低于刑事处罚，这也违反禁止双重危险原则，毕竟我国的行政处罚通常具有惩罚性。这也是德国刑法学界对德国《反兴奋剂法》进行批评的主要理由之一，即如果将兴奋剂入罪，由于刑罚无法吸收反兴奋剂组织对违规运动员的处罚，再进行刑事处罚，则会违反禁止双重危险原则。

再如，《刑法修正案（九）》将《刑法》第300条修改为："组织、利用会道门、邪教组织或者利用迷信破坏国家法律、行政法规实施的，处三年以上七年以下有期徒刑，并处罚金；情节特别严重的，处七年以上有期徒刑或者无期徒刑，并处罚金或者没收财产；情节较轻的，处三年以下有期徒刑、拘役、管制或者剥夺政治权利，并处或者单处罚金。"行为人组织、利用会道门等邪教组织，破坏法律或者行政法的实施，如果破坏的法律为强行法，其自然会承担相应的不利后果，那么，在这种情况下，还有没有必要再追究其刑事责任？如果再追究其刑事责任，显然违反禁止双重危险原则。这就产生了一个问题，即刑法的处罚能否吸收行为人违反其他法的不利后果？答案显然是否定的，因为相对于其他法，刑法是最后的手段，即刑法具有辅助性，即面对其他处罚，刑法不具有独立性，所以，刑法没有能力吸收其他法的不利后果。这就意味着行为人因此会受到两种以上的处罚，即"破坏国家法律、行政法规实施"至少要评价两次以上，所以，这有悖于禁止双重危险原则。如前所述，德国刑法典中也曾出现了诸如"违反行政法上的义务"之类的表述，但在德国，这并不会违反禁止双重危险原则。理由很简单，在德国行政法中是没有惩罚性处罚措施的，行政违法的主要后果是损害赔偿，即属于民法的范畴，所以，其不适用禁止双重危险原则。① 比如，《德国联邦水法》第 22 条是有关责任的规定。但是，从其存在的两个条文来看，对于违法者，其后果只有一个，即进行损害赔偿，即根本不存在罚款或者拘留之类的惩罚性处罚，其虽然打着"行政法"的旗号，从法律后果上看，其实质为民法。

其三，违反公平原则。每个公民都有学习、了解刑法的义务，所以，刑法中存在"不知法不免责"原则。但是，公民却没有学习和了解其他法的义务。比如，对于民商法而言，其有大量而复杂的条文，即使是民商法方面的专家，也未必对其都了解，要求公民知道这些法律，实际上是要求公民放下自己的专业成为法律专家，这显然是不公平的。再者，公民不了解这种法律而出现了违法，最大后果是民事处罚，而不能是刑罚。如果将"非法"或者"违法"融入刑法禁止之中，则意味着用刑法督促公民去学习民法或者行政法，这显然是不公平的。

其四，如果将"非法"之类的概念用于刑法禁止，此则意味着在刑法中"非法"等是构成犯罪的构成要件要素。对于这种要素，如何用证据表述，也是一个无法解决的难题。就行政违法而言，其通常适用于"优势证据标准"，而刑法禁止适用的却是"排除合理怀疑标准"②，如果刑法包含着行政法的内容，那么，这种违法的认定应当适用何种证明标准则很难回答。再者，"违法"、"非法"以及"不法"等要素，很难评价为"规范的要素"，由于这种判断是特定的事实与法规范结合后而得出的一种结论，即属于法律适用的范畴，因此，很难用外行人平行评价标准进行确定。由此导致刑法禁止很难发挥行为规范的功能，将其完全变成了裁判规范，这显然否定了这种刑法禁止的指导性功能。

---

① 参见 Helmut Koziol Vanessa Wilcox，*Punitive Damages：Common Law and Civil Law Perspectives*，New York：verlag/wien，2009。该书介绍了美国、英国、德国、法国、意大利、西班牙、塞尔维亚等国家的行政处罚问题，认为它们属于民法的范畴。
② 世界反兴奋剂机构对此采用"舒服满意"的标准，其处于优势证据标准和排除合理怀疑标准之间，参见世界反兴奋剂条例第 3 条的规定。

其五，这种概念融入法中，有可能出现循环援引的问题。比如，《刑法修正案（八）》规定：违反国家规定，排放、倾倒或者处置有放射性的废物、含传染病病原体的废物、有毒物质或者其他有害物质，严重污染环境的……。我国《环境保护法》第 69 条规定，违反本法规定，构成犯罪的，依（刑）法追究刑事责任。这样，根据刑法，污染环境罪的认定依赖于《环境保护法》，而《环境保护法》规定，是否要追究污染环境罪，要依赖于刑法，即它们之间存在互相援引的问题。因此，对于刑法而言，该条应当表述为：未经许可，排放、倾倒或者处置放射性的……。

我国刑法理论通常将这种刑法禁止形式称为空白罪状，认为这是法律的授权或者一种立法形式，在不存在法定原则的前提下，这属于立法者自由裁量权的范畴，但是，当存在罪刑法定原则时，则意味着法的表达形式已经成为制约刑法效力的要素，其明确性的诉求则不再允许立法者这样做了，此时，就应当像约瑟夫·拉兹和哈特反复强调的那样，法律规则的内容不能包含法律，只能是社会事实，即可记述性的事实和价值事实。[1] 显然，刑法修正案在制定时忽视了规则的这些内在要求。

## 二 "观念的要素"进入刑法禁止：破坏了违法性判断所秉持的形式理性原则

刑法禁止所指向的应当是社会事实，而不能是法律，当然，也不应当是抽象的概念或者观念。但是，在我国刑法修正案中，刑法禁止中却出现了抽象的概念。比如，《刑法修正案（九）》第 126 条之六规定，"明知是宣扬恐怖主义、极端主义的图书、音频视频资料或者其他物品而非法持有，情节严重的，……"但是，何为"极端主义""恐怖主义"，刑法中或者其他法律中没有明确的判断标准。根据百度百科的解释，极端主义（Extremism）是"为了达到个人或者小部分人的某些目的，而不惜一切后果地采取极端的手段对公众或政治领导集团进行威胁。极端主义的定义是

---

[1] Joseph Raz, *Ethics in the Public Domain*, 1994：210. 拉兹从认识论的角度指出，法律的内容只能援引社会事实进行确定，不能诉诸任何的价值判断，第 211 页。

指人们往往片面地而非全面地看待事物或行为，同时往往在处理事物时会通过偏激的方式来解决"。显然，要判断某种资料的内容是否属于极端主义，需要进行实质的分析，即其无法被评价为可记述性的事实，也无法评价为价值事实，其表达的更多的是一种观念。但是，每个人的价值观可能是不同的，这就意味着，对于同一个资料，不同的人很容易得出不同的判断。因此，法官以主流社会的立场判断特定的资料所承载的思想，判断其是否属于极端主义抑或是恐怖主义，则需要从实质的角度，按照一定的抽象标准进行分析才能做出判断，即无法从语义学的角度，结合案件的事实和常识，根据形式逻辑进行判断。然而，根据当前的法律体系，对于犯罪的该当性（正当化事由和免责事由除外）是不允许法官从事这种实质判断的。

自普鲁士时期开始，德国法就一直认为，刑法禁止的适用，或者对犯罪该当性的判断，应当坚持形式分析原则，不得进行实质判断，这也是当代宪法将立法权与司法权解构后的必然结论。德国法院认为，法律是一个自治的、完整的、逻辑自洽的概念和规则体系。在这个体系中，能找到所有案件的解决方案。因此，法院在适用法律时，应当坚持形式主义，以已有的法律条文为前提，将其适用于具体的案件之中，不得根据常识进行成本和收益分析。[①] 倘若的确缺乏调整某种行为的规则，也没有问题，因为这完全可以根据已有的法律规则，从法律自身的逻辑和规则体系出发，推导出这种被立法者所遗漏掉的规则，这与在数学领域内，根据三角形的两个边长，推导出另外一个边的边长是完全一样的。[②] 但是，抽象的概念或者观念的出现，有可能破坏刑法的这种逻辑自洽性，造成刑法体系具有某种开放性，背离罪刑法定原则的诉求。

到了20世纪，韦伯进一步发展了这种理论。他将理性分成形式理性和实质理性，并认为，政府执法和法院司法都应当坚持形式理性，反对现实

---

[①] Mathias Reiman, "Nineteenth-Century German Legal Science", *B. C L. Rev.*, 1990, V. 31, p. 837; Moshe Cohen-EliyaIddo Porat, "American Balancing and German Proportionality: the Historical Origins", *Int J. Const Law*, 2010, V. 8（2）, pp. 263 – 286.

[②] Mathias W. Reimann, *Free Law School*, in *Encyclopedia of Law and Society*, David S. Clarck, ed., London: Sage Publications, Inc., 2007, p. 605.

主义和实用主义，不允许法官从个人权利的角度（即从实质上）审查法律的正当性。他认为，对于法律适用而言，形式分析有以下的优点。其一，有利于突出法律的权威，即法律一旦确立，就应当受到尊重，不得违反，否则违法行为人要承担不利的法律后果。① 其二，有利于限制政府的权力，并确保政府系统工作更为有效。② 法官在审查政府行为时，也应当进行形式审查，不得进行实质审查，否则，会使政府的工作背离法律形式，很容易出现法律执行的不统一性，造成法律适用的恣意性。形式审查不仅能确保行政行为的有效性，而且，还能纠正行政行为不正当的倾向以及社会各种不正当的关系对行政执法的影响。③ 其三，可以在更大程度上保护个人自由。形式理性与公民的自由是一对双胞胎，形式分析可以有效地限制国家的行为，因为其为国家的行为设置了明确的标准，确保个人有广泛的活动空间。④

后来，自由法学（Freirechtschule）在德国开始兴起，其对形式主义提出了严厉的批评。⑤ 自由法学的主要代表人物冯·耶林认为，法律的主要目的是通过平衡的方式解决利益冲突；法院的判决要具有创新性，其中，法官的性格起主要作用。⑥ 自由法学显然严重背离了德国重视形式的法学传统，但这种运动主要发生在私法领域内，对德国的公法实践并没有太大的影响。目前，德国法院仍然强调德国主流的形式主义思维，主要原因是，自由法学的思想不仅会对自由主义和民主制度构成实质威胁，而且，更重要的是，这还不利于发挥法官的专业技能，严重背离罪刑法定原则的

---

① 参见汪海燕《形式理性的误读、缺失与缺陷——以刑事诉讼为视角》，《法学研究》2006年第2期，第113~125页。
② Max Weiber, *On Charisma and the Institution Building: Selected Paper*, Chicago: Chicago Univerisity Press, 1968, pp. 81 – 125.
③ See David Beatty, *Human Rights and Judicial Review: A Comparative Perspective*, Leiden: Martinus Nijhoff Publishers, 1994, p. 16.
④ See Max Weber, *Diskussionerede Zu Dem Vortag Von h. Kantorowicz Rechtwissenschaft Und Soziologie*, Gesammelte Aufsatze Zur Soziologie Und Sozialpolitik, 1924, s. 477 – 481.
⑤ James Harget & Steohen Wallace, "The German Free Law Movement as the Source for American Legal Realism", 73 *Va. L. Rev.* 399 (1987).
⑥ 平野，敏彦, James E. Herget & Stephen Wallace, "The German Free Law Movement as the Source of American Legal Realism", 73 *Va. L. Rev.* 399 – 455 (1987), アメリカ法, 1989, 1988, p. 272 – 276.

诉求。正是由于重视法律形式，反对对法律进行实质判断，造成了法官只能根据现有的法律形式进行裁判，所以，司法活动特别是在公法领域内，除了正当化事由和免责事由，进行实质分析或者判断一直是法律的大忌。

根据我国《宪法》第62（3）条和第126条的规定，刑事法的立法权由全国人大及其常委会行使，法官只能依照法律规定进行审判，而法律又是通过语言表达出来的，所以，我国的法官审理刑事案件，或者适用刑法禁止，也应当进行形式判断，而不是实质判断。当然，对于私法而言，这种限制却是不存在的，理由很简单，私法公开承认习惯和诚信原则，主张结果的衡平性，故完全可以进行成本与收益分析。当然，刑法领域内的正当化事由和免责事由也可以进行实质分析，理由很简单，前者不受罪刑法定原则的影响，且被告人权利行使行为构成正当化事由之一[①]；后者是对行为人的伦理判断，而并非单纯的事实判断，所以，可以进行实质判断。[②]

除了以上原因外，这还是平等原则的要求。在立法阶段，一般认为刑法的效率最大，因为此时关注的重点是潜在被害人的利益和社会的秩序与稳定，而不涉及被告人的权利问题，所以，立法者很容易选择刑法控制加害行为。在司法适用阶段，平等原则要求法院统一适用法律，即法律一旦制定出来，不允许法官考虑被告人的特殊情况，从而造成实质分析丧失了现实基础。[③] 比如，尽管对于很多人而言，只要科处罚金刑就能制止加害行为（如盗窃），但是，对于一少部分人而言，罚金是没有预防能力的，此时，刑法只能放弃罚金刑，采用监禁刑，即以剥夺人身自由的方式表达对财产法益的保护。而这样的法律一旦生效，根据平等原则，其即刻对所有人发生效力，并不仅仅适用于后面的一小部分人。因此，对特定加害行为而言，即使从特殊预防的角度看，能得出行为无罪的结论，平等原则也是不允许的。这导致在司法阶段，实质判断成为法禁止条文适用的大忌。

---

[①] LGK? ln, Beschneidung, 2012, No. 151Ns169/11, NeueJuristischeWochenschrift (NJW), 2128 = LG, K? ln, Beschneidung, 2012, No. 151 Ns 169/11, Juristenzeitung (JZ), 805.

[②] Paul H. Robinson, "Rules of Conduct and Principles of Adjudication", 57 *The University of Chicago Review*, pp. 729–771 (1990).

[③] Hassemer, W., *Einführung in die Grundlagen des Strafsrechts*, 2nd ed., München: Beck., 1990, p. 316.

## 三 "故意"或者"明知"进入刑法禁止：与证据法的冲突

贝林格在1906年的《刑法原理》一书中，最早提出了刑法禁止之中不应当存在"故意"、"恶意"或者"明知"之类的概念，即应采用陈述事实的方式表达禁止。然而，在法学界，一般将故意、恶意或者明知视为犯罪的责任要素。事实上，除我国外，很多国家的法律却并不规定这些主观要素的含义是什么，主要原因是在不同的语境下，其往往有不同的含义。比如，在共同犯罪中，共犯的"故意"与实行犯的"故意"在内容上可能就不相同。对于教唆犯和帮助犯而言，"教唆"和"帮助"的语意，会使处于缺省状态的"故意"的语意含有"不良目的"（即违法性意识）等方面的内容。但对实行犯而言，其之故意的内容通常并不包含"不良目的"。① 也就是说，在大多数情况下，共犯与实行犯的故意的内容是不同的。罗宾逊曾解释说，刑法中的禁止分为主禁止与从禁止，由于后者离法益侵害之现实性和紧迫性较远，故其之要素"故意"语意中含有"违法性的认识"。② 那么，为什么在刑法禁止中，不应当存在这种要素呢？这既有哲学上的本体论根据，也有证据法上的规范根据。

（一）心理主义

根据我国《刑法》第14条和第15条的规定，故意与过失为某种客观现实（即心理态度）的符号或者简称。在这里，心理态度与物质一样，成了一种客观实在，这就是所谓的心理主义。从法制史的角度看，心理主义历史非常悠久，最早可以追溯到17世纪笛卡尔的古典二元论。笛卡尔认为，世界是由两个截然不同的领域组成的，即物质和心理。人的行为由于可以被他人所直接感知，故属于物质的范畴，受法律的规制，但心理却是

---

① Wayne R. Lafave & Austin W. Scott Jr., *Criminal Law* §6.4 (e) (5), p. 408 (2d ed. 1986).
② 刑法分则中绝大多数禁止都属于主禁止规范，其能独立适用；刑法总论中的禁止，如教唆禁止、不作为犯禁止、未遂禁止等，不能独立适用，只能借助主禁止规范才有法律意义，故其被称为从禁止规范。参见杨春然《论正当化事由与免责事由——兼论行为规范与裁判规范的解构》，《中国刑事法杂志》2015年第2期；Paul H. Robinson, "Rules of Conduct and Principles of Adjudication", *57 The University of Chicago Review*, pp. 729 – 771 (1990).

无形的，别人无法看到，其仅仅受制于自由意志，不受法律的约束。① 在德国，费尔巴哈继承了这种思想，最终导致心理主义的产生。其实，在哲学界，笛卡尔的二元论早已式微，非常令人感到奇怪的是，在法学界，其却一直受到青睐。不过，近些年来，法学界对其的批评也越来越多。② 因为从法律的角度看，心理主义存在如下缺陷。

首先，立法技术难以接受。心理主义必然导致二元论的产生，即身体与心理解构。二元论认为，他人的心理具有可知性，认识的根据是他人的行为（即身体的举动），因为心理是行为的原因。但是，"心理"与"行为"却是两个独立的存在。由于"心理"仅受自由意志支配，不受法律约束，所以，法律记述的仅仅是行为。立法者在立法时只能用陈述的方式，客观地记述行为事实。③ 按照这种观点，法律所记述的"行为"与"心理"是没有任何联系的，即法律仅仅记述"身体"的举动。但是，失去了心理的支撑，行为就变成了一种"无色无味的"的肌肉活动。单纯的肌肉活动是没有任何的社会意义的，因此，立法者无法记述其存在。比如，一个人"殴打"另一个人，如果不借助心理而单纯地通过肌肉运动进行描述，则成了"行为人举起手来，触到另一个人的身体"，这种表述是没有任何价值的，因为其既可以解释为"殴打"，也可以解释为"爱抚"。换言之，外在的举动与内在的原因（即所谓的心理）结合在一起，才能将殴打与爱抚区别开来。所以，赤裸裸地记述身体动作是没有意义的。④ 因此，根据心理主义，立法者很难通过语言记述所禁止的行为。

其次，即使能根据心理主义进行立法，证据法也是无法容忍其存在的。从认识论的角度看，心理主义主张，故意与过失记述的是一种客观的外在真实，即行为人行为时的想法或者心理态度。由于其有一个准科学的外观，所以，其具有简单易懂的优点。然而，这种立场的最大缺陷是其缺

---

① See Ron Shapira, "StructuralFlaws of the 'Willed Bodily Movement' Theory of Action", *Buff. Crim. L. Rev. 1998.* Vol. 1, p. 349.
② See Wolfram Hinzen, "Dualism and the Atoms of Thought", *J. Consciousness Studies 2006.* vol. 13, p. 25（2006）.
③ Ernst Beling, *Die Lehrevom Verbrechen*, Tu？bingen: Mohr Siebeck, 1906, s. 5 – 47.
④ W. T. Stace, *The Theory of Knowledge and Existence*, Conn: Greenwood Press, 1970, pp. 185 – 198.

乏可操作性，因为他人心理事实与外部的事实不同，前者本身不具有可直接感知性（Inaccessibility），除非行为人自身能感受，其他人是无法观察到的。① 特别在法律领域内，如果将行为人的心理作为一种客观实在，此则意味着，要认定特定的心理事实存在，则须用证据"证明"。但是，证据法无法容忍其存在，原因很简单，根据二元论的逻辑，"心理"与"物质"是两种不同的东西，或者说两者具有"质"的不同，因此，作为"物质"的证据，在科学的层面上，无论如何都不可能证明作为"意识"的心理。

最后，坚持心理主义有可能违背"不得强迫自证其罪"原则。行为人行为时的心理态度，只有行为人自己了解，因为其可以通过反省的方式进行认识。那么，他人要想获得这种心理态度，则只剩下一个路径，即行为人的"供述"。但是，这种做法存在以下问题。一则，比如行为故意违法，如果其比较诚实，如实供述自己的故意，则要面临严厉的处罚。即使按照相关规定减免处罚，其之处罚也会远远高于不承认故意所受到的处罚，即不承认自己故意，对行为人更为有利，这样，心理主义有鼓励行为人进行撒谎的嫌疑。二则，行为人出于自己利益最大化的考量，通常不会如实承认故意的存在，那么，要想使其"如实交代"，只能借助外在施予的压力，而这又必然违背"不得强迫自证其罪"原则。

正是心理主义存在上述问题，对于规范性文件中出现的"故意"与"过失"等用语的含义，学界产生了很大的分歧，其中具有代表性的是法律修辞说与规范主义说之争。②

（二）规范主义

法律修辞说认为，法条中出现的故意与过失仅具有修辞意义，没有实质性的价值。③

法律对故意与过失的特殊规定，实际上是将特定的行为事实和周围的环境看作故意或者过失的"表征"，即通过法律类推制度赋予故意与过失

---

① Kempf, Claudia. "LG Köln v. 7. 5. 2012 – 151 Ns 169/11. ZurRechtswidrigkeit der Beschneidung von KleinkindernausreligiösenGründen," Juristische Rundschau 2012. 10 （2012）: 434 – 439.

② Robinson P. H. , "Rules of Conduct and Principles of Adjudication," *University of Chicago Law Review*, 1990, 57 （3）: 729 – 771.

③ Wilhelm HENKE, *Einführung in die Grundlagen des Strafrechts*, Beck, 1990, s. 316.

以具体的含义。

　　法律类推制度在法律中经常可以看到，其存在的主要目的是解决举证负担分配或者举证难的问题。① 在现实中，法律类推有两种。其一，除非相反的事实被证明，否则，就得出一个正面的结论，比如刑法中的无罪推定原则：如果没有足够的证据证明被告人有罪，就推定其是无罪的。其二，特定的事实被证明之后，即推定其他的事实存在。换言之，如果事实A被证明后，就推定事实B存在。② 比如，在继承法中，不能证明几个被继承人何时死亡的，通常推定没有继承人的人先死；都有继承人的，推定长辈先死。不过，这种类推很容易出现有"罪"推定的现象。所以，对于第二种类推，刑法原则上对其持排斥的态度，其通常只能适用于民事案件。刑法中的故意与过失是否能适用于"有罪类推"呢？我们的答案是肯定的，理由是，故意和过失属于刑法中的典型的裁判规范的范畴。③ 尽管根据"故意"的双重地位理论，犯罪该当性中也存在"故意"，但是，这里故意仅仅是指其记述的要素，或者说，其是指行为人外在举动的社会意义或者社会危害性，其本身是在给行为人的行为定性，而并非行为人的"心理态度"，所以，这里的"故意"依附于行为，并不具有独立的"行为规范"的意义。因此，作为处罚根据的"故意"只能属于裁判规范的范畴。否则，将"故意"解读为行为规范的内容则是荒唐的！比如，如果将故意或者过失视为行为规范的内容，此则意味着，根据我国《刑法》第232条所规定的故意杀人禁止、第233条过失致人死亡禁止和第16条的规定，法律不容忍故意或者过失杀人，但是，却容忍意外杀人，这种结论无论如何都是无法让人接受的。如果把主观要素排除在外，这三条表述的行为规范是：禁止杀人，但是，如果意外致人死亡，法律可以豁免被告人，仅此而已。由于裁判规范大多表达的是国家的豁免权的范畴，所以，一方面，其本身有模糊性的特征，另一方面，由于其不涉及公民的自治权的问

---

① Dr. Chris Davies, "The 'Comfortable Satisfaction' Standard of Proof: Applied By the Court of Arbitration for Sport in Drug – Related Cases," *UNDALR*, 2012, vol. 14, pp. 5 – 46.
② Axon v. Axon 59 Clr 395（1937）.
③ 杨春然：《正当化事由与免责事由——兼论行为规范与裁判规范的解构》，《中国刑事法杂志》2015年第2期，第23~39页。

题,因此,对其进行"有罪推定"并不会妨碍公民的人身自由和行为的可预测性。

其次,刑法禁止中的故意与过失还包含规范的要素,对这种规范要素的判断,实际上是法官根据行为时的环境和行为特点,认定行为人对违法行为是否存在故意或者过失。这种判断在形式上具有类比推理的特点,即法官根据自己在相似情况下实施某种行为的心理,推导出行为人实施该行为背后的心理原因,但其并非真正的类比推理,主要理由有以下几点。一则,根据形式逻辑,类比推理其实就是归纳推理。归纳推理的结论要想可靠,必须建立在大量的肯定性的例证基础之上,且没有反例存在。然而,在现实中,法官面对的往往是某一具体的案件,并没有大量的类似案件进行参考,即缺乏归纳推理适用的前提。二则,故意与过失的认定,其实是从观察到的行为或者其他事实,推断出无法观察到的心理态度。由于心理本身具有不可观察性,这样,对于推论的前提而言,其是否正确,永远无法得到有效的证实,换言之,作为推理的前提,其本身就有可疑性。① 三则,即使以行为人坦白或者承认其有某种心理态度作为判断的前提,也是不成立的,因为坦白的表现形式为言词,而言词并不能构成获得他人心理态度的路径。再者,接受坦白同样需要进行这样的"类比推理"。② 四则,法官与行为人的经历、背景往往不同,他们与行为人本身缺乏相似性。总之,法官根据行为推导其心理仅具有类比推理的外观,但并不完全等同于类比推理,其结论的可靠性远远低于类比推理。

最后,也是最重要的,对故意和过失的认定,其实是法官根据环境,赋予特定行为以某种社会意义的过程。这种过程完全不同于科学实验,其更像是在评价一本书或者一件艺术作品。③ 由此得出的结论往往蕴含着"常识",或是"文明社会的需要"④,即其通常包含丰富的价值判断内容,而非纯粹的事实判断。因此,法律上的故意或者过失并不完全等同于行为

---

① H. L. Ho, "The Judicial Duty to Give Reasons", *Legal Stud.* 2000, Vol. 20.
② See Sir Alfred Denning, *The Road to Justice*, London: Stevens & Sons Limited, 1955, p. 29.
③ George P. Fletcher, *The Grammar of Criminal Law: American, Comparative, International*, Oxford: Oxford University Press, 2007, pp. 226 – 227.
④ See H. L. A. Hart, Negligence, "Mens Rea and Criminal Responsibility, in Punishment And Responsibility", *The University of Toronto Law Journal 1969*, vol. 19, pp. 642 – 653.

人的主观心理,其是特定行为在特定的结果和环境中所拥有的社会意义。所以,故意与无(重大)过失的认定,不是"证明"的结果,而是规范判断的结论,其核心旨在表达不同程度的过错,或者是社会意义。①

这种做法与霍姆斯和波斯纳所提出的用外在行为或者事实取代故意或者过失的观点是完全相同的,即故意与过失并非对心理态度所进行的语言描述,而是特定行为或者事实的代名词。② 在这里,故意与无(重大)过失的特殊规定与一般规定之间,是"烟"与"火"的关系,他们所指的都是一种客观存在。然而,从适用的角度看,他们都包含着立法者或者司法者的价值判断,并非单纯的事实分析,所以,其属于规范判断的范畴。这就是所谓的规范主义。

(三)"明知"或者"故意"进入刑法禁止的后果

我国学界根据《刑法》第 14 条的规定,一般认为故意或者明知有可能是犯罪的构成要件要素。刑法修正案继承了这种思想。比如,在这 9 个修正案中,"明知"共计出现了 19 次之多,"故意"也出现了 18 次。比如,《刑法修正案(九)》第 120 条之六规定,明知是宣扬恐怖主义、极端主义的图书、音频视频资料或者其他物品而非法持有,情节严重的,处三年以下有期徒刑、拘役或者管制,并处或者单处罚金。再比如,《刑法》第 312 条规定:明知是犯罪所得及其产生的收益而予以窝藏、转移、收购、代为销售或者以其他方法掩饰、隐瞒的,处三年以下有期徒刑、拘役或者管制,并处或者单处罚金;情节严重的,处三年以上七年以下有期徒刑,并处罚金。从语义学的角度看,根据这种立法模式,犯罪的故意就像犯罪后果、犯罪行为一样,具有犯罪构成要件要素的地位。但是,这种立法模式或者解读模式,是否能被现代法律理论所容忍,则是一个长期未引起我国学界重视的问题。

首先,这种立法模式会排斥"法律修辞说"的存在,赋予"故意"或者"明知"以法律要素的地位。就目前刑事立法而言,立法者通常对"故意"或者"明知"不做法律规定,而我国却不然,在《刑法》第 14 条明

---

① Keren Shapira-Ettinger 文。
② Posner, *The Problems of Jurisprudence*, Harvard: Harvard University Press, 1990, p.168.

确规定了犯罪故意的定义,且使用了"明知"的概念,这样一旦刑法禁止出现了"故意"或者"明知"之类的概念,其必然会指向行为人现实的心理态度,因此无法将其"修辞化"处理。

其次,无法将其修辞化处理,必然导致这些主观要素的实体化,然而,证据法却无法与之衔接。为了迎合现实的需要,只能通过"降低其证明标准"的方式进行处理,这有可能导致整个刑事案件证明标准的降低。需要注意的是,我国刑事诉讼法学界尚未完全认识到阶层性犯罪论体系的证据法价值,仍然沿袭传统的一元化的证明标准体系,忽视证明标准的层次性。这样,由于很难高标准地"证明"故意的存在,因此很容易连累其他犯罪构成要件要素在证明程度上的要求。

最后,这必然会导致重视被告人口供的现象发生,刑讯逼供和电视认罪的现象泛滥,理由很简单,因为了解被告人心理的人只有被告人本人,这样,口供就成了获得被告人心理态度的唯一路径,这是诱发刑讯逼供的原因之一。

特别是,一旦将其作为"事实"进行证明,或者说,如果用证据法表述其存在,其适用的结果往往会被评价为"过失",即适用结果与适用前提会发生矛盾。具言之,要证明行为人对实施的行为是故意的,则需要证明其对有关的事实是持明知的心理态度,但是,如果行为人否定这一点,证明的结果只能是:行为人应当知道其行为存在危害社会的结果,而行为人"不知"该结果的存在,显然,这属于"过失"的含义,而不是"故意"的含义。

需要注意的是,1998年的《罗马规约》第30条在制定过程中,经过激烈的讨论,引入的"明知"和"故意"的概念,但是,该条制定后,学者一直不断地质疑其正当性,特别是从证据法的角度质疑其合规范性。另外,还需要注意的一个现象是,2003年的《世界反兴奋剂条例》(被称为体育领域内的刑法)和2009年版的条例,都没有将故意作为一个影响处罚的要素对待,原因就是故意无法证明。而到了2015年版的条例,其却将兴奋剂处罚建立在故意和过失的基础之上,但是,该条例第10条明文规定了故意与过失的含义,即采用法律类推技术,将故意与过失客观化或者事实化,而不再提心理态度的问题。

## 四 与其他法律的冲突

除上述法条表述上的缺陷，很多刑法禁止与民法或者其他法的规定存在冲突。现在仅仅列举三例进行说明。

第一，《刑法修正案（五）》将第 196 条修改为："有下列情形之一，进行信用卡诈骗活动，数额较大的，处五年以下有期徒刑或者拘役，并处二万元以上二十万元以下罚金；数额巨大或者有其他严重情节的，处五年以上十年以下有期徒刑，并处五万元以上五十万元以下罚金；数额特别巨大或者有其他特别严重情节的，处十年以上有期徒刑或者无期徒刑，并处五万元以上五十万元以下罚金或者没收财产：……（四）恶意透支的。前款所称恶意透支，是指持卡人以非法占有为目的，超过规定限额或者规定期限透支，并且经发卡银行催收后仍不归还的行为。"

对于第（四）项而言，显然刑法是在保护债权，这不仅与合同法存在冲突，而且，还与《公民权利和政治权利国际公约》第 11 条存在冲突。当然，该条还存在可操作性方面的问题，即其严重受制于被害人的态度，这与公法的基本理念存在矛盾，违反了法益保护原则。

第二，《刑法修正案（七）》将《刑法》第 225 条第 3 项修改为："未经国家有关主管部门批准非法经营证券、期货、保险业务的，或者非法从事资金支付结算业务的。"但该条与民法以及证券法对该方面的规制产生冲突，当行为人违反了法律的规定，可以从民法或者行政法的角度来处罚，而没有必要上升到惩罚措施最严厉的刑法。

第三，《刑法修正案（九）》在《刑法》第 246 条（侮辱罪与诽谤罪）中增加一款作为第 3 款："通过信息网络实施第一款规定的行为，被害人向人民法院告诉，但提供证据确有困难的，人民法院可以要求公安机关提供协助。"在整个司法审判过程中，公安机关主要在侦查阶段负责刑事侦查，且本条所述罪名是亲告罪，公安机关与法院在程序上没有直接的关系。而且法院是审判机关，审判机关直接向行政机关发布命令的根据是什么？显然缺乏组织法上的根据。而且，公安机关这种协助的权利，公安机关的职责中也没有类似的规定，因此该条规定违反了宪法、组织法的规定。

## 五 有限的救济

现代法律制度将立法权与司法权解构,造成立法者享有立法权,即其有权制定"蠢法"甚至是"恶法"。但是,这种制度也赋予司法机关按照宪法的分工审判案件的权利。不过,面对刑法修正案出现的以上问题,聪明的司法机关不应当背离宪法的规定,评价甚至指责立法的不足,而是应当巧妙借助立法机关制定的其他合理的法律,通过一定的形式逻辑,化解上述问题。

### (一) 借助民事权利,压缩犯罪圈

根据传统的三阶层犯罪论体系,刑法禁止是犯罪该当性的语言形式,如果行为人的行为符合犯罪的该当性,比如,行为人买卖票据,触犯了《刑法》第225条的规定,但是,行为人的行为并不能评价为犯罪,因为还需要进行违法性判断。众所周知,在违法性判断中,权利行使是正当化事由。这样,行为人买卖票据的行为是《票据法》授权的行为,除非存在偷税行为。这种"授权"性的规定,可以压缩《刑法》第225条的适用范围。由于刑法禁止的规定和票据法的规定都是立法者的立法,因此,以立法者制定的其他法律修正刑法禁止的适用范围,并不是"越权"行为,也不是对立法者的不尊重。

### (二) 用证据理论修正刑法禁止中出现的主观要素

对刑法禁止中出现的"明知"或者"故意"等概念,在司法实践中,有两种不同的做法:其一,德国法院将其视为法律修辞,即没有实在意义;其二,将其等同于其所修饰行为的意义(美国法院)。因此,我们认为,应当模糊掉其在《刑法》第14条的意义。当然,这并不是说,在处罚行为时不考虑"故意"与"过失",而是借助行为人实施加害行为的"可谴责性",认定行为人的行为是故意还是过失。具言之,行为人自己实施的加害行为具有较高的可谴责性时,评价为故意;可谴责性较低时,则应当评价为过失,甚至是意外事故。采用德国法院或者美国法院的做法,将其视为法律修辞或者缺乏实在意义,即其并非法定的实质要素,而是一种语言习惯,其之含义旨在它们修辞的对象,即加害行为。

## （三）将"违法""不法"或者其他抽象的概念视为规范的要素

不同于德国刑法第 11 条，我国刑法对于"违法"和"不法"等概念并没有进行定义，这为重构这些概念的含义留下了可能。因此，我们认为，如果法条中出现"违法"或者"非法"之类的条款，可以将其翻译为"不正当"等法律修辞，即行为人实施了特定行为时，只有从规范的角度看，行为人主观上具有明显的"恶意"时，才能成就"不法"或者"违法"的条件；否则，则视为中性行为看待。

## 六 结语

传统理论认为，惩戒性禁止规范是不能以主观要素为基础进行构建的，因为这种要素要么缺乏可知性，很难为证据法所容忍，要么缺乏明确性，为罪刑法定原则所排斥。[1] 刑法禁止所记述的是国家对特定行为的态度，而不是对某种观念的立场，因此，其对应的应当是事实性的行为，或言之，其必须是以语言为载体的客观事实。如果在立法时，忽视刑法的这项形式诉求，刑法的边界必然出现恣意性。特别是，由于这种禁止很难通过"证据法"复原立法者所表达的"事实"，这极有可能造成刑法禁止的滥用，危及公民的自由，从而背离十八届四中全会所倡导的"依法治国"精神。

［中国石油大学（华东）法律系教授　杨春然］

---

[1] SHAPIRA-ETTINGER K., "The Conundrum of Mental States: Substantive Rules and Evidence Combined", *Cardozo Law Review*, 2007, 28: 2577-2596.

# 第四章 刑法立法模式辨析

## 第一节 当代中国刑法法典化检讨

### 一 刑法立法单一法典化：现象透视与问题导入

新中国刑法立法经历了数十年的沧桑变换，逐渐形成了具有特色的道路选择。1997年刑法的通过是我国刑法立法史上的转折点。它不仅接受了现代化的立法理念，而且在立法形式上继承和深化了法典化的道路。1999年12月25日全国人大常委会通过了《刑法修正案》，对1997年刑法典内容进行了修改完善。这是刑法立法史上的大事件，因为刑法修正案（以下简称"刑修"）似乎已经成为当代立法机关修改刑法时采用的唯一形式，俨然标志着今后刑法修改的唯一途径就是刑法修正案。这种立法方式强化了我国刑法立法法典化的色彩，标志着我国"以刑法典为单一形式的大一统的刑法格局"的形成。[①] 据此，笔者认为，我国刑法立法步入了单一法典化的道路。

1997年刑法迄今已经经过了20年，在20年以来刑法法典化的背后，有三组重要数据提醒我们关注当前的单一法典化中存在的问题：一是立法周期短；二是立法修正的范围过于广泛；三是新增罪名较多。鉴于此，一些学者呼吁立法机关应当停止造法运动。[②] 停止立法显然是不可行的，因为社会的

---

① 刘之雄：《单一法典化的刑法立法模式反思》，《中南民族大学学报》（人文社会科学版）2009年第1期。
② 杨柳：《释法抑或造法：由刑法历次修正引发的思考》，《中国法学》2015年第5期。

发展必然促使刑法不断更新完善，一方面刑法立法不能停止，另一方面又要有效保全以法典为中心的刑法体系之完整。在此背景下，值得思考的问题显然是刑法立法应当采取何种路径或形式。基于对这个问题的思考，本文将研究法典化背后的范式，以及这种范式所衍生的其他刑法立法问题，并根据对这些问题的分析提出刑法立法在路径上和技术上应该加以改进的方案。

## 二 法典化的范式依赖及其批判

### （一）法典化路径的理论范式

在大陆法系国家或者地区，虽然刑法形式（或刑法渊源）并不限于刑法典，但法典作为一种主要的立法方式，具有悠久的历史传统、深厚的理论根基及政治土壤。

第一，法典在人类历史上有着悠久的历史。人类社会在其历史长河中经历了几次法典化运动，在每次法典化运动的背后，都存在某种特殊的时代需要和创作冲动。最早期的法典化运动发生在奴隶制早期，当时的人们为了追求法律恒定，创造了诸如《十二铜表法》这类法典，从而有效地瓦解了祭司们对于法律的垄断。

第二，欧洲大陆的唯理主义理性观助长了近代法典化运动。近代法典化主要出现在大陆法系而不是英美法系，是因为中世纪时期的欧洲大陆人，受教会法汇编思想的影响，特别是历经启蒙运动的洗礼后，人们相信凭借理性可以建构完美法律。加之当时在欧洲大陆盛行唯理主义理性观，这导致了理性与罗马法传统的结合，近代的法典编撰就是它们的产物。随着法学的繁荣，接受罗马法传统的大陆法系日趋坚定了法典化的观念，走上了法典化的道路。[①]

第三，法典被赋予了反封建的符号意义。为了抵制封建社会法官的司法擅断，立法、行政、司法分权的思想渐入人心，创设完美的法典不仅成为当时的一种政治理想，也成为践行反封建的一个手段。人类社会亦由此迎来了现代意义上的法典化时代。

---

① 董茂云：《法典法，判例法与中国的法典化道路》，《比较法研究》1997年第4期。

在启蒙运动的背景下，欧洲很快产生了两部现代意义上的刑法典，即1803年奥地利刑法典和1810年法国刑法典。这两部刑法典都是以人的绝对理性为逻辑根据的。尤其是1810年法国刑法典，对当时法国、周边国家及法国殖民地国家和地区的刑法立法产生了重大影响。① 这种影响也经由日本刑法、德国刑法波及近代中国的刑法立法。

　　今天，在现代化和全球化浪潮中，西方法典化的法治思路依然受到我国刑法立法的推崇，是因为这种立法方式暗合了中国刑法立法的历史传统和现实需要：首先，中国古代并不乏类似立法典籍，具有与大陆法系极为相似的立法传统，借助于复兴传统法律文化的呼吁之声，法典化活动也易于得到较为普遍的承认和效仿；其次，西方国家的强大经济实力和辉煌文明的确有令人向往之处，它导致东方的现代化和法治化总体上还处于对西方法治版本进行复制或摹写的阶段；再次，在西方的法治模型成为我国当前主要的法律理想图景的背景下，法典因是一种法治的象征或者符号，也是一种极其重要的治理手段，"法典和法典编纂更是治国和治法的重要途径"②，所以容易受到关注，也便于学习。正因如此，我国有学者坦承："当代中国刑事立法的单一法典化努力，一定程度上也是大陆法系传统的法治思想和形式理性精神影响的结果。"③

　　如果要把握未来立法的趋势，就要重视如下观点："中国既要借鉴国外，特别是与中国法律传统相近的大陆法系国家立法的成功经验，走刑法法典化的道路，又要结合中国自身的文化传统和法律需求，立足于法典的价值，逐步推进刑法的法典化。"④ 这种将法典化作为我国刑法立法唯一选择的观点毫不令人意外，因为大多数刑法学者都强烈地意识到，"中国现代法治的历史，实际上也是一部伴随着刑法法典化的历史"⑤，刑法典可以其客观的存在作为中国法治进步的最好证明。

---

① 当时西班牙、葡萄牙分别于1848年、1852年仿效法国刑法典，制定了本国刑法；而比利时、荷兰等国当时是法国的属国，适用法国当时的刑法。参见刁荣华《刑法学说与案例研究》，台湾汉林出版社，1976，第38页以下。
② 周旺生：《法典在制度文明中的地位》，《法学论坛》2002年第4期。
③ 杨柳：《释法抑或造法：由刑法历次修正引发的思考》，《中国法学》2015年第5期。
④ 赵秉志：《当代中国刑法法典化研究》，《法学研究》2014年第6期。
⑤ 赵秉志：《当代中国刑法法典化研究》，《法学研究》2014年第6期。

### (二) 单一法典化范式之批判

"现代性范式"支配着中国刑法学的发展,也为中国刑法法典化提供了一幅"西方法律理想图景"。① "现代性范式"为法典化提供了这样一个理论假设:人具有高度的科学理性,人可以借由这种理性发现真理、创设完美世界。这种范式促使"随同19世纪精神科学实际发展而出现的精神科学逻辑上的自我思考完全受自然科学的模式所支配"。② 也终于成就了法典在法律体系中的权威性。但是,这种引导法典化运动的理论范式本身具有先天缺陷。

第一,科学理性的立法思维并不符合现代科学常识。自20世纪60年代开始,后现代主义者基于对科学进行的全面反思和批判,指出科学的目标不是追求科学真理,而是追求科学的实用性、解释的有效性,以及理论与实际的适合度。③ 这不仅要求法律人以理性的方式对待和处理立法和司法中的不理性问题,如利益博弈、冲动性立法等,而且还应当正确对待经验、习惯和常识在法律科学中的地位。我国国土面积大,社会文化、经济发展状况高度不一致,社会的殊异性应当成为立法考虑的问题,而大一统的立法选择无疑无助于解决这一社会难题。

第二,科学理性的立法思维具有局限性,因此难以用单一立法方式实现刑法现实的合理性。在20世纪70年代出现的哲学转向中,很多哲学家放弃了对世界"真理"的研究,转为关注"合理性问题"。而合理的相对性也是其中的重要成就。基于这种成就,我们不得不承认,人类凭借自己的理性能力永远无法创设出包罗万象、"垂范永久"的法典。一部法典好与不好,完美不完美具有很大的历史相对性,在此意义上,盲目致力于编纂法典的理性根据已然不复存在。据此我们可以得出如下两个结论:首先,不能认为单一法典化形式是最佳立法方案,其他立法形式应当得到重视;其次,不能认为单一法典方式最能回应刑法的社会需求。一些超法规的因素,

---

① 邓正来:《中国法学向何处去——建构"中国法律理想图景"时代的论纲》,商务印书馆,2006,第112页。
② 〔德〕汉斯·格奥尔格·加达默尔:《真理与方法——哲学诠释学的基本特征》(上),洪汉鼎译,上海译文出版社,1999,第3页。
③ 张之沧:《对科学研究中的经验主义批判》,《求是学刊》2002年第4期。

如法治的习惯问题、需求问题等,自然也就应当得到承认和关注。

第三,科学理性的立法思维具有局限性,故此应关注司法与立法之间的互动关系。科学理性的立法思维塑造了畸形的"立法—司法"的对立关系。法典化的思维使法学在很长一段时期里陷入了"完满体系的演绎思维"中,并认为这样的思维才是科学的。根据这种思维,我们需要重新塑造司法和立法之间的互动和延续关系。立法的明确性有赖于司法的打磨和精细化处理,因此立法应尊重司法虚造法律的功能,否则就会出现方向上的问题。从总体上看,当前立法与司法呈恶性循环之象,许多本来可以通过司法解决的问题,最终却不得不需要经由刑法的宣告才得以解决。随着社会分工不断细化,各种工种之间的性质界限越来越难以界定,对此,是否今后还需要并且可能基于业务增加一些需要刑法特别提示的保护对象?

## 三 单一法典化导致的体系性问题

法典化思维范式存在先天不足,导致我们在刑法修改中存在诸多问题,首先就是其导致的两重体系性问题。

### (一) 单一法典化导致的外部体系问题

当前行、刑不衔接问题在我国较为严重,这个问题既有执法体制方面的原因,也有法条规制范围不一致的原因。但是,这个问题与单一法典化也有很大的关系,因为只采用刑法典放弃附属刑法,人为割裂了刑法与其他法律之间的联系,容易造成刑法典规范与附属刑法规范不衔接的问题。仅仅对《建筑法》和《刑法》相关规定进行考察就可以一窥豹斑。我国《建筑法》多个条款规定了建设单位、建筑设计、施工、监理单位对于建筑工程质量安全所应承担刑事责任的情形[①],但建筑法的这些规定在刑法

---

① 这些规定包括:(1) 工程监理单位与建设单位或者建筑施工企业串通,弄虚作假、降低工程质量的(第69条第1款);(2) 建筑施工企业违反本法规定,对建筑安全事故隐患不采取措施予以消除的;以及建筑施工企业的管理人员违章指挥、强令职工冒险作业,因而发生重大伤亡事故或者造成其他严重后果的(第71条);(3) 建设单位违反本法规定,要求建筑设计单位或者建筑施工企业违反建筑工程质量、安全标准,降低工程质量的(第72条);(4) 建筑设计单位不按照建筑工程质量、安全标准进行设计的(第73条);(5) 建筑施工企业在施工中偷工减料,使用不合格的建筑材料、建筑构配件和设备,或者有其他不按照工程设计图纸或者施工技术标准施工的行为的(第74条)。

分则中并未得到全部确认。如建设单位违反规定，要求建筑设计单位或者建筑施工企业违反建筑工程质量、安全标准，降低工程质量，构成犯罪的，依法应追究刑事责任的，在刑法中很难找到相应的犯罪和刑罚规定；再如工程监理单位与建设单位或者建筑施工企业串通，弄虚作假，降低工程质量的，只有在"造成重大安全事故"后才承担刑事责任。而当特定的后果没有发生时，就不能追究相关人员的刑事责任了。此外，从刑法规范的目的看，《刑法》第134条、第135条、第137条等条文是为了保护建筑工程的安全问题，而质量不是其保护目的。但建筑工程的安全和质量是不同的，建筑质量达标，可以说它在某种意义上是安全的，而建筑工程安全并不意味着其质量完全合格。可是刑法学界很多学者认为建筑工程不属于《刑法》第140条规制的对象，并称如果将建筑工程纳入《刑法》第140条的规制范围之内，将导致罪刑不均衡问题。①

这种法律之间的不衔接问题并不仅仅存在于上述两个法律之间，在很多行政法与刑法之间都有类似问题。这样一来，刑法负担过重的现象就很明显，附属刑法进一步被虚化，最终导致了所谓的行政法和刑法不衔接问题。行政法和刑罚不衔接问题不仅发生在执法环节，在立法环节也有表现，那就是行政法规定的应当追究刑事责任的规定在刑法典中得不到明确规制和体现。

(二) 单一法典化导致的内部体系问题

单一法典化还因为技术路线选择的固有缺陷导致内部体系近乎崩溃。这点在我国刑修中已经不断表现出来，法典内在体系的完整性遭到冲击，条文衔接与刑罚均衡性出现冲突与矛盾。如《刑法》第161条和第162条规制的事务可分别归为提供虚假财务文书和转移或者制作虚假财务报表妨害清算，刑法修正之后的第162条之一和第162条之二规制的事务分别为拒绝提供财务文书和转移或者制作虚假财务报表逃避债务，从事项上看，第161条和第162条之二相关，第162条和第162条之二相关，如果根据公司法或者会计法的规定，公司转移财产必须编制虚假的财务文书，那么

---

① 郭立新：《论生产、销售伪劣产品罪的几个争议问题》，《法学评论》2001年第1期。

从形式上看,第 162 条与第 162 条之二规定的事务不过是在第 161 条的基础上增加了主观要件。可是,令人费解的是,为何刑法典将联系密切的事项加以分割规定,另外,提供虚假财务文书比拒绝提供财务文书的处罚要重的法理并不明确。

刑法完整性受到连续冲击,弱化了刑法典的权威性。法典虽然不是衡量法治的重要标志,但是必须承认的是,一旦将法典置于法治的中心地位,那么法典就具备了作为法治重要标志的核心条件。为了确保法治的连续性和可预见性,此时就应当重点考虑维持法典的稳定性。

当前有学者认为,单一法典化立法模式具有如下优点:第一,灵活性、及时性和针对性;第二,便于人们知法;第三,维护刑法典的完整性、连续性和稳定性;第四,有现成经验借鉴。① 笔者认为这种论断是经不起推敲的。首先,从现实情况看,当前我国刑法修正周期短,涉及面广,相关立法数据已经说明了这一点。其次,从理论上看,上述说法明显自相矛盾,因为它一方面说当前的立法方式具有灵活性、及时性和针对性,另一方面说它有利于维系刑法典的完整性、连续性和稳定性。再次,我们不能否定刑法典的稳定性(含连续性)和完整性(也可理解为体系性),非但如此,为了法治的发达,还应当努力维系法典的稳定性和完整性。如法典本身是不稳定的,朝令夕改,那么它的权威性就难以得到社会的体认。当前刑法立法的一个严重问题正在于,法典的稳定性和完整性都受到明显的破坏。从第一部刑法修正案到第九部刑法修正案,刑法修正案共修改法典条文上百条次,新增法条将近 40 条,接近 1997 年刑法的十分之一。这组数据是惊人的。如果说刑法条文修改多达上百条次,何来刑法典稳定之说,刑法典新增条文将近 40 条,可见,当前的刑法修正已经造成对刑法典多频次、大范围修改的事实,我们很难说刑法典现在就有完整性、稳定性和连续性。

综上所述,当前单一的法典化道路并不是明智、理性或者科学的选择。我们应当破除有关法典在法治建设中具有巨大作用的幻象。法典已经

---

① 汪斌、姚龙兵:《论我国刑法渊源》,《安徽大学学报》(哲学社会科学版)2014 年第 2 期。

不再成为法治中的唯一标志。特别是在现阶段，司法能动性比立法具有法治发展序列上的优先性，要引导法官有效地弥补法的漏洞和滞后性，尽可能地改变法律形式上的不合理，修正刑法条文过于理性、缺乏现实性等一系列问题。①

### 四 多样化：未来刑法立法的形式选择

由于单一法典化是现代中国刑法立法若干问题中的核心之所在，所以要破除单一法典化的立法方式，使刑法立法表达方式呈现多样化。

#### （一）多样化表达方式的法理根基

多样化表达方式是由刑法在法律体系中的地位所决定的。我国法律体系可划分为七个主要的法律部门：宪法及宪法相关法、民法商法、行政法、经济法、社会法、刑法、诉讼与非诉讼法。② 显然，刑法是一个重要的法律部门，它和民法商法、经济法、社会法等部门法具有同等重要的地位。但是，刑法又不是一个简单的部门法，犹如宪法和其他法律的关系一样，刑法和其他法律之间也并不是简单的并列关系。刑法是一个与其他部门法有广泛关联的部门法。刑法具有的保护范围广泛的法律属性，清楚地表明刑法的特殊之处，这种关系甚至也体现在刑法对宪制的坚强维护上，也体现为刑法对于其他法律规定的有效保障。刑法是立法的重要项目，但不是优先项目。现代刑法的宽容精神③，要求刑法务必被作为预防犯罪的"最后手段"，应在尽可能小的范围内运用刑法。应当从两个方向进行把握。一是刑法的前置法是否完善。在没有前置法的情况下贸然启动刑法，无法保证刑法规范目的和规范内容的明确，也无法真正做到刑罚适用符合比例原则。二是前置法是否得到了有效贯彻和执行。在法治建设中，我们遇到的真正问题或者棘手问题往往不是缺乏法律根据，而是法律没有得到遵守和执行。以危险驾驶罪为例，现在有一种观点认为，危险驾驶罪的立法表明刑法的威慑效果远远比其他法律明显。但笔者认为，发案数变化背

---

① 严存生：《对法典和法典化的几点哲理思考》，《北方法学》2008年第1期。
② 张文显主编《法理学》，高等教育出版社、北京大学出版社，2012，第83页。
③ 〔日〕大谷实：《刑法讲义总论》，成文堂，1996，第6页。

后的一个可能原因是，醉酒驾驶很容易入刑，一旦因醉酒驾驶而被定罪处罚，很多人又将因此而不能从事一定业务活动，如不能担任公务员、教师、律师等。与其说是刑法震慑了醉酒驾驶，倒不如说是从业禁止震慑了醉酒驾驶。如果这个判断是真实的，那么就可以考虑刑法立法的必要性以及刑法规定的自由刑的必要性等问题。

（二）多样化的表达方式的现实基础

首先，应看到多样化表达方式的选择符合世界法律版图发展的如下态势。第一，法典并不是唯一有效的法治符号或者象征。法律人永远面对这样的一个问题：如何协调法律的抽象性和个案的具体性。我们都知道，大陆法系法官倾向于从抽象的法律条文中涵摄具体的个案，但是，英美法系奉行的是判例法，而不是法典。霍姆斯所说的"一般命题不能决定具体案件"[①] 反映出两大法系之间的区别。第二，世界法律发展的趋势也表明，法典不是我们追求的唯一方式。在法律体系的世界版图上，存在成文法与判例法两大板块。判例法实践所展示的魅力已经充分表明它是一种重要的法治方式和表现形式，判例法和成文法一样也具有国民预测可能性。在很多场合，国民预测可能性并不取决于行为前是否存在明文的法律规定，而是取决于行为前法院对相同或类似行为的处理结论。[②]

其次，刑法法典化运动的内在逻辑和刑法基本理论也有很大差别。刑法主要有三种表现形式，这些法律形式应当说各有利弊，彼此之间无法互相替代，只能相互补充。大陆法系国家和地区的刑法表现形式就是这个结论的最好证明。其一，在瞬息万变的时代背景下，维护刑法典的稳定是法治发达国家刑法立法的首要特征。一般而言，除非有重大的政治事件，如政权变化，法治发达的大陆法系国家轻易不会修改刑法典。如现行德国联邦刑法典是基于二战后德国统一的政治形势而产生的，二战后意大利刑法典基于"它反映了当时的科学成就"的原因而在二战后保全下来，日本现行刑法典制定于1907年，迄今已经超过百年。在这些国家，刑法的发展主

---

① 转引自〔英〕P. S. 阿蒂亚《英国法中的实用主义与理论》，刘承韪、刘毅译，清华大学出版社，2008，第24页。
② 张明楷：《法治、罪刑法定与刑事判例法》，《法学》2000年第6期。

要是经由对附属刑法或者单行刑法的发展来实现的。所以，刑法立法要着眼于尽可能维系刑法典本身的稳定性，最大限度减少立法对法典形式和内容的破坏。其二，单行刑法和附属刑法具有刑法典所不具有的优势，如下文将论述的，单行刑法能解决刑法发展中的时效性问题，附属刑法能有效缓解刑法的衔接性问题，并且它们在解决相关问题的同时可以维系刑法典体系的基本稳定。

最后，多样化表现形式的选择与我国法治建设中的一些经验和做法具有方向上的一致性。如果对法制建设进行通盘考虑，它显然有优于单一法典化的实践基础。第一，司法解释在我国司法实践中起到了切实有效的指导作用。司法解释可能存在这样那样的问题，但许多重要问题并不是不能解决的。例如，减少司法解释的频率，明确司法解释的事项，恰当处理司法解释和法官解释之间的界限等，相信司法解释机制的完善有助于减缓立法压力。第二，我国司法改革中一个重要方案是加强最高人民法院的指导案例建设。案例指导制度和司法解释，都在实际上产生了补充刑法典的作用。① 可以说，指导性案例制度是在我国立法体系中无法接受判例法的背景下的一种立法尝试。② 总之，无论是司法解释体制还是指导性案例制度，哪怕是作为一种司法造法的机制，并不是无中生有的现象，其实用性和合理性值得进一步研究而不是简单否定。

（三）多样化表现形式的优势

在单一法典化思路的支配下，历数单行刑法和附属刑法的优点和缺点并不难。显而易见，单行刑法和附属刑法的问题主要在于内容分散，不便于掌握和学习③，另外它们的立法随意性大，容易对法典造成冲击。④ 但是，单行刑法和附属刑法也有一些功能是刑法典所不具有的。

其一，将对刑法典的稳定性的冲击控制在最低限度。稳定性是刑法修正过程中必须始终考量的向度，但当前的刑法修正起因于紧急的或者一时

---

① 周光权：《刑事案例指导制度：难题与前景》，《中外法学》2013年第3期。
② 严存生：《对法典和法典化的几点哲理思考》，《北方法学》2008年第1期。
③ 王晓楠：《论我国刑修方式之利弊》，http://www.law-lib.com/lw/lw_view.asp? no =8608，2008年9月17日访问。
④ 赵秉志、赫兴旺：《论特别刑法和刑法典的修改》，《中国法学》1996年第4期。

之需的情形不少见。比如《刑法修正案（二）》《刑法修正案（三）》中增列的"传染病病原体"和"恐怖活动犯罪"，《刑法修正案（四）》中增列的第244条之一、《刑法修正案（六）》中所涉及的生产安全的条文，都与突发事件有关联，其中有些应当通过完善法典的方式来修改，但是有些是否有必要借助于修正法典来实现，则是值得商讨的。以安全生产的有关问题为例，在笔者看来，其中的一些矛盾并不是长期的和根本性的，因此，没有必要修改刑法典，如果采用单行规定或者附属刑法的方式，就可以在不肢解法典的基础上达到相关目的。

其二，对由于社会变革而提出的迫切需要作出迅速反应。对于刑法典的修正，不仅要考虑到条文适应社会现实需要的时空界限，还要顾虑刑法规范体系之间的完整性，因此刑修工作必须十分慎重，这势必影响刑法应对社会紧急事务的时效性。而特别刑法对此顾虑较少，有效发挥刑法积极干预社会的作用，在此后因时因势而费时也不至于再次伤及法典的完整性。

其三，有效协调刑法和其他部门法律之间的关系。刑法是社会秩序的最后屏障，对于特定的、不具有普遍社会意义的事务，与其由刑法典加以规制，还不如由专门法律以附属刑法条文的方式加以规定，从立法和司法两个层面上减少刑法和其他部门法律规范之间的脱节现象。

上述情况说明，法典化本身具有一定的社会现实基础，但是若以极端的方式推广这种立法模式，甚至否定单行刑法和附属刑法，则是不明智的选择。

## 五 刑法立法多样化的基本思路

选择多样化的刑法表现形式，就是要改变单一法典化的路径，重视单行刑法和附属刑法的建设。但是，刑法作为一个较为封闭的体系，其内部协调性和系统性必须得到重视，以往存在于刑法典和单行刑法、附属刑法之间的问题应当得到妥善解决。因此，有必要确立以刑法典为中心，以单行刑法为例外，以附属刑法为补充的立法、修法思路。

### （一）以刑法典为中心

在进行立法规划和选择时，必须始终将刑法典的稳定性作为重要的考虑因素，将刑法条文的长效性和时效性作为关键评价指标。

第一，改变现行刑法修正案中存在的某些条文长效性不理想的现状。长效性是衡量刑法典是否稳定的一个要素，它表明刑法条文是否具有一定的前瞻性。

为此，立法评估要全面，立法计划要周延，最大限度避免反复修正、不能一步到位的问题。我国历次刑法修正的主题相对比较集中，比如第一次刑修主要涉及金融秩序，第二次专涉环境资源保护，第三次主要涉及公共安全，第五次涉及金融秩序、金融诈骗和危害国防利益的行为，第四次和第六次涉及点较散，但大体上都涉及公共安全、产品质量、公司和金融秩序管理和环境保护，而第七次涉及的内容也与此相同或者相关联，第八次刑法修正在分则部分主要涉及经济犯罪和妨害社会管理秩序的犯罪，第九次在分则部分主要涉及贪污贿赂、妨害社会管理秩序、人身安全、公民信息。可见，公共安全、经济秩序和职务廉洁等内容是刑法修正的重中之重。如果仔细分析，我们还可以发现，除了个别修正案之外，其他的修正内容基本上都关系到维护经济秩序的健康和可持续发展，即便贿赂的规定也不例外。① 相同规定在 10 年时间内反复达数次。

要避免短期内对个别条文多次修改。从第一次刑法修正案至今，已经有 14 个条文先后被修正 2 次或 2 次以上，其中第 151 条先后 3 次被修改，第 199 条被先改后废。这种做法是不可取的。如以第 191 条为例予以分析。该条以较为具体的方式规定了洗钱罪的构成要素，在修订之前，就有学者直陈该罪上游犯罪的范围过于狭隘，不利于发挥刑法预防犯罪的功能，但是，这些意见没有被立法所采纳。不久之后，这个问题就暴露出来，以至于立法机关不得不于 2001 年扩大洗钱罪的上游犯罪，将恐怖犯罪列为其上游犯罪。然而，当时刑法学界已经有很多学者主张将贪污贿赂等犯罪也增列为洗钱罪的上游犯罪，这个意见却没有得到重视，以至于刑法打击贪腐犯罪时十分被动。为了扭转这种情形，2006 年的刑法修正才增列贪污贿赂犯罪、破坏金融管理秩序犯罪、金融诈骗犯罪为洗钱罪的上游犯罪。但是，在一些学者看来，考虑到我国现在所面临的国际形势和今后要担当的

---

① 有关论述可以参见于志刚《刑法修正何时休》，《法学》2011 年第 4 期。

国际责任，该修正依然是不到位的，因为在《联合国反腐败公约》中，洗钱罪的上游犯罪已经扩大至所有的犯罪。再如 2011 年《刑法修正案（八）》增设了危险驾驶罪，对于该罪是否有立法必要，学界本来存在很大争议，但是，《刑法修正案（九）》并没有留意这些意见，反而增加了一些新的内容。退一步说，就算危险驾驶罪的确有立法必要，为什么不能在第一次立法的时候一步到位，而要在不到 5 年之后又重新修改呢？我们注意到，事实上有些学者对于该罪的规制范围提出了一些比较现实的建议，主张应将毒驾以及其他一些危险驾驶的情形纳入规制范围。这些意见在本次立法修正时是否得到了详细论证？不久的将来是否还需要对这个条文进行"增容"呢？刑法修正面和点的长效性不足问题犹如我国当前城市建设中反复通过破坏性方案进行道路维护一样，这表明相关工作缺乏明确的目的指导和系统的规划，简言之，立法缺乏前瞻性的考虑。

第二，同时也要改善刑法修正的时效性不充分的状况。刑法的时效性关系着刑法条文颁布后是否能发挥实际规制功能。时效性可通过一些具体的情形反映出来，如条文在司法中被适用的次数与时效性呈正向关系，而该条文的可替代性与之呈反向关系。通常而言，适用次数越多说明时效性越强，适用次数越少说明时效性越弱；同时，条文的可替代性越强说明该条文的时效性越弱。在立法中，要注意解决如下四个问题。

首先，减少个别"沉睡条款"。有些刑法条文出台后，并没有在司法实践中得到广泛采用，从而形成了所谓的"沉睡条款"。"沉睡条款"是衡量刑法时效性的一个重要标准。对此问题要一分为二地分析。有些特殊犯罪，如危害国家安全的犯罪，在司法实践中本身并不多见，所以相关条文的适用次数少，但这并不等意味着该条文的时效性差，因为它们的可替代性不大。但是，有些犯罪并不多发且具有可替代性，可以用其他手段规制，就不需要由刑法规制。在现行刑法立法中，有些条文出台后并没有得到运用，相关问题多是经由其他途径解决的。这样一来有些条文最终就无可避免地沦为"沉睡条款"，它们是谈不上时效性的。

其次，减少差异性不明显的立法。一些条文在内容设计上区别不大，新增规制内容无法替代原来内容，原规制范围反而可以吸收新增内容，那么这样的条文的时效性就比较弱。典型的修改如对巨额财产来源不明罪的

## 第四章 刑法立法模式辨析

修正。由于1997年刑法典对于该罪的刑罚偏轻，以至于该罪非但没有充分发挥打击贪污贿赂犯罪的功效，反而被诟病为"贪官的避风港"或者"贪官的护身符"。这迫使立法机关不得不考虑提高该罪的刑罚幅度。《刑法修正案（七）》将其最高刑罚幅度规定为"5年以上10年以下有期徒刑"。这样的修改似乎"加重了对这类犯罪的惩处，在量刑上又与贪污贿赂犯罪有所差别"。[①] 其实不然，新规定和原来的规定相比，不过在"100步和50步之间"，因为在立法中区别巨额财产来源不明罪与贪污贿赂罪，固然有一定道理，但是，针对我国贪污贿赂犯罪的严重情形和惩治这类犯罪的社会要求，比照有关国家的立法先例，我们不仅有理由在立法中设立该罪，而且有理由为该罪确立和贪污罪、受贿罪一样严重的刑罚。[②] 如果修改立法时不能显示个中的差异，就难以获得时效性，也就无法实现设置本罪的立法目的。

再次，减少宣示性立法规定。最突出的宣示性条文莫过于废止了死刑的分则条文，因为这些犯罪在司法实践中基本上不适用死刑。《刑法修正案（九）》从字面上扩大了《刑法》第290条第1款的保护范围，在保护对象中增加了"医疗"，按照有些学者的观点，就是将"医闹"以一种间接的方式涵盖进来。那么该条文是否有必要将"医疗"明确增列为保护对象呢？从理论上看，旧法虽然没有明文规定"医疗"，但并不意味着医疗秩序排除在本条第1款之外。因为将"医疗"解释到"工作"中没有太多的问题，即便将其理解为"营业"也并非完全不行；退一步说，医疗行为是一个综合行为，在很多情况下，医疗行为包含着教学行为与科研行为，所以退一步，就算不能用工作、生产、营业包容，也不排除教学、科研行为中的医疗行为。所以，按照旧法可以对包含"医闹"在内的扰乱医疗秩序的行为进行惩罚。再退一步，就算旧法不包括医疗，但是在处理类似问题时，有关机关还可以运用寻衅滋事罪、故意伤害罪或故意毁坏财物罪、妨害公务罪等刑法规定作为参考项目。这类修改应该说在最近几次是比较

---

① 国家立法机关有关人士关于刑修（七）的草案说明。
② 就如有的学者所说："以贪污受贿给'来源不明的巨额财产'入罪，肯定冤枉不了贪官"。童大焕：《刑法应废止巨额财产来源不明罪》，http://news.ifeng.com/opinion/200808/0826_23_746690.shtml，2008年9月17日访问。

多见的，所以应该引起重视。

最后，减少修正性实行犯的规定。晚近的几次修正案多次将帮助行为单独立法进行正犯化处理，或者将预备行为实行化，达到正犯化处理的效果。如《刑法修正案（九）》对《刑法》第120条之一和第120条之二的修改，充分表明了这两种做法。一是第120条之一中，将"为恐怖活动组织、实施恐怖活动或者恐怖活动培训招募、运送人员的"按照第1款的规定处罚。二是在第120条之二中，单独立法处理如下几种行为：（1）为实施恐怖活动准备凶器、危险物品或者其他工具的；（2）组织恐怖活动培训或者积极参加恐怖活动培训的；（3）为实施恐怖活动与境外恐怖活动组织或者人员联络的；（4）为实施恐怖活动进行策划或者其他准备的。按照刑法原理，上述行为属于恐怖活动的帮助行为或预备行为，可以根据预备犯或者帮助犯的有关规定进行处理。立法不过是限定了处理幅度，减少了处理过程中可能遇到的争议，实际效果并不明显。

上述问题并非孤立存在的，它们彼此之间有着某种内在的联系。但是，在笔者看来，其中，单一的刑法法典化形式是当前刑法修正中全部问题的核心和关键所在。首先，法典是大陆法系国家法治建设的重要标志，由此可能派生出刑法立法形式的路径依赖问题，即在法典与其他刑法表达形式之间如何取舍。其次，单一法典化造成刑法典自身负载过重的事实，毕竟社会的发展会不断提出修法需求，单一法典化最终只能通过对刑法典内容的不断调整来完成，自然就会出现刑法法典修改频次多、范围大的问题。再次，单一法典化无法避免功利化的立法驱动与理想的立法构想之间的矛盾，加之刑法典本身属于一个极为特殊的法律部门，它既具有内在系统的封闭性，也具有外部系统的开放性，所以，一方面我们希望刑法典系统能有效维护自身的稳定性，而另一方面，它不断受到外在社会压力驱动，需要不断做结构性调整，这种情形下很难保证刑法典修正过程中目标定位的明确性和规划的系统性，从而无可避免地导致刑法典条文的时效性和长效性严重不足的问题。

（二）协调刑法典和单行刑法之间的关系

应该承认，在我国和世界其他国家和地区，单行刑法都曾经发挥了巨大的作用。在公元前149年,古尔潘尼斯·披梭颁布了一个制定法,该法名为"古尔潘尼斯亚贪污律",适用于有关盗用金钱的案件。它被梅因誉为"真正的犯罪法"。① 新中国成立之后,当时作为打击各类犯罪根据的就是各种单行刑法。1979年之后,为了迅速适应社会形势的发展变化,满足时代的需求,很多有效的刑法规范也是以单行刑法的形式表现的。可惜单行刑法的好景不再。1998年之后,它似乎被打入"冷宫"。这种做法明显忽视了单行刑法可取的一面。

刑法着眼于维护法益,但是,有些法益具有特殊属性,其独立性比较强,因此不适合由普通刑法调整。军事刑法在这个方面具有较为悠久的历史传统。② 在德国,类似的单行刑法也比较多。③ 依笔者之见,单行刑法有如下几点好处:一是能针对特殊、急迫事件进行刑法规制,减少因立法仓促导致的法典不稳定情况;二是能针对特殊工作的需要,克服刑法典不能解决的一些问题;三是单行刑法规定可为刑法典积累经验。军事刑法之所以具有很强的单独性,是因为其所管辖之人、规制之事具有特殊性,这使得它可以摆脱对刑法典的依附。相反,将军事刑法置于普通刑法之中,就会导致刑法典的普通性稀释了军事刑法的特殊性,或者军事刑法的特殊性扭曲了刑法的普通性。除此之外,随着社会的发展,有些特殊群体也需要专门的立法予以规则,最典型的就是未成年人刑法。今天,关于未成年人刑法立法方案有多种思路,但是从专门化、专业化的发展趋势考量的话,未成年人刑法似乎应当走单行刑法之路。限于篇幅,笔者将另行讨论这个问题。

(三) 协调刑法典与附属刑法的关系

如果说刑法立法时机的选择体现了刑法价值理性的思考,那么接下来还需在刑法体系中对立法方案进行经济理性的分析。

经济理性分析并非一个必然的视角,却是一个很重要的视角。它可以

---

① 〔英〕梅因:《古代法》,沈景一译,商务印书馆,1959,第216页。
② 〔意〕杜里奥·帕多瓦尼:《意大利刑法学原理》,法律出版社,1998,第11页。
③ 〔德〕汉斯·海因里希·耶塞克、托马斯·魏根特:《德国刑法教科书》,徐久生译,中国法制出版社,2001,第136页。

改变立法方式的纯经验性质，使得立法获得经济性和可取性的论据。经济性是一个经济学上的概念，意指如何把有限的资源（收入）分配在各种商品的生产（消费）上以获得最大限度的利润（满足）。经济性分析在立法和司法中具有特殊意义。20世纪60年代，美国一些学者才开始将经济分析全面运用于法律制度之中，包括宪法、法理、民法、刑法、程序法以及惩罚的理论和实践领域，并因此形成了法律经济学。显然，这种分析是十分有意义的。它将立法视为一个生产过程，并根据经济学原理考虑立法资源的配置及其效益，在视角上是非常独到的；同时，经济性分析可以克服经验上的盲动倾向，有助于提高立法者的素质，有助于完善立法技术。简言之，刑法立法经济性原则主要是指在刑事立法中，立法者应对有限的资源加以配置，争取以最少的成本实现惩治和预防犯罪的最大效益目标。[①]经济性原则对于刑法立法具有重要指导意义。首先，经济性原则是刑法谦抑原则的一个重要向度。[②] 正如某些学者所说，刑事立法变革史的本质就是人追求、争取更多的刑法效益的奋斗史。[③] 刑事立法必须以这样的方式去思考这样的目标：立法者如何通过投入一定量的时间、人力、物力、财力设置刑法规范，使该规范在现实生活中发挥最大的作用，并达到其以最小代价换取最大可能的社会和平与和谐的目的。其次，刑法立法的经济原则可以借助多重现实因素考量刑法立法。如立法程序启动、立法调研和文本编纂、法典完善等程序性支出，以及犯罪化立法所导致的后续性成本支出，如犯罪（罪犯）增加、刑罚成本开销增加以及监狱建设和维护费用和司法警察的工资收入。

有些学者认为单一法典化方式有助于我们对刑法条文的理解，这个观点也是无据可查的，原因是以下几点。第一，刑法具有保障法的属性，刑法对其他法律进行保证的必然性和有效性要求刑法的适用必须和其他法律的要求相契合。如果刑法和其他法律不能契合，就会削弱其他法律的适用，刑法也有滥用之嫌。所以在刑法与其他法律的衔接方面，还需要考虑两点：一是刑法条文和其他法律条文之间必须具有衔接性，若缺乏衔接

---

① 参见李希慧主编《中国刑事立法研究》，人民日报出版社，2005，第152页。
② 参见陈兴良《刑法的价值构造》，中国人民大学出版社，1998，第353页。
③ 陈正云：《刑法的精神》，中国方正出版社，1999，第112页。

## 第四章 刑法立法模式辨析

性,则表明法律系统存在漏洞,法治出现危机;二是刑法适用中对于特定概念的理解,必须保持和其他法律规定的一致,如果理解有偏差,就意味着刑法保护方向出现偏差,刑法的保护目的就无从实现。例如,如果我们无法区别增值税专用发票,就难以将虚开增值税专用发票的行为和其他涉税犯罪或者诈骗犯罪区别开。第二,仅仅追求刑法的易于理解性,就难以兼顾刑法理解的准确性。因为一旦脱离其他法律文本的限制,刑法解释就容易望文生义,或者简单地照搬照套,最终使得相关解释无从把握。这种情形并非虚构,在我国司法实践中还是有例可查的。1995 年《票据法》颁布后,增设了金融票据诈骗犯罪,如伪造、变造票据罪。当时刑法学界关于伪造、变造金融票据的行为的理解就明显和票据法的规定有出入。故此当时不乏这样的观点:盗窃尚未签名的金融票据的行为可构成盗窃罪。[①]但是根据票据法有关规定,票据的伪造包括两种情况:一是伪造发票人的签名或盗盖印章的发票;二是假借他人名义而进行发票以外的行为,如背书签名的伪造、承兑签名的伪造等。票据变造是指无票据记载事项变更权的人,以实施票据行为为目的,对票据上除签章以外的记载事项,如时间和数额进行变更,从而使票据权利义务关系内容发生改变的行为。显然刑法人和经济法人在理解上的差异来自刑法规定和票据法规定的分离。

分离还反映在行政法、经济法对刑法的诉求得不到刑法立法的回应上。行政法和刑法缺乏衔接性导致了立法资源的浪费。从理论上看,第一,刑法典是不可能通过简单的囊括方式将行政法规一一归并进来的。因为这样一来,刑法典条文很可能多达成千上万条。这已然是一种立法表述上的浪费。第二,如果刑法典可以再次明文约定其他法律已经申明的内容,这就存在二次立法及开销问题。因为在制定前置法的时候有开销,后来又将前置法内容规定为刑法的时候,势必需要进行新的调研、审查,人力、物力都需要重新支出。而这种开销完全是可以避免的。开销支出后,法律条文之间却存在漏洞,那简直就是划不来的,因为后期投入基本上失败了。事实上,漏洞往往不是人为的,很难避免。笔者认为,解决这个问题的最简单思路有两条:一是在行政法立法时,赋予附属刑法规范真实的

---

① 周道鸾、张军主编《刑法罪名精释》,人民法院出版社,1998,第 271 页。

效力；二是在刑法立法时，对附属刑法的内容进行总结和归类，将共性的内容以法典方式确定下来，后面的立法可以直接确定违反相关规定构成犯罪追究刑事责任的刑法条款。有学者担心行政法规定繁多，如果采取充实附属刑法的方式将增加司法人员的审查困难。① 笔者认为这种担心是多余的。即便没有附属刑法规定，司法人员为了准确适用刑法，也往往会在行政法中寻求相关规定的规范目的，所以司法人员的审查内容并没有实际增加。恰恰相反，它有助于促进司法人员准确理解法律条文。② 放弃附属刑法立法不仅造成二次立法资源上的浪费，而且同样造成了刑法典就一个条文多次修正的严重浪费现象。这个问题已经引起了很多学者的异议。③

## 六 结语

我国自1998年之后，偏好以刑法修正案方式完善刑法典，实际上停止了单行刑法和附属刑法的立法。刑法立法明显受到一种单一法典化的立法思维定式之限制。这种思维所产生的问题可以从多个维度得到证明。而问题的背后反映了我国刑法立法理论研究的严重不足④，当然，这也显示出立法话语权垄断对立法实践的明显制约与误导。但是，法治发达国家的刑法典都相对比较稳定，并不是因为法典完美无缺，这表明法典发达并不是判断一个国家法治发达的标准表征。据此我们应当意识到，当前立法路径依赖是存在问题的。如果这个问题得不到重视和解决，我国刑事法治道路势必会遭遇不可预测的陷阱。

（中南财经政法大学刑事司法学院教授、博士生导师 童德华）

---

① 高铭暄、吕华红：《论刑法修正案对刑法典的修订》，《河南省政法管理干部学院学报》2009年第1期。
② 在20世纪90年代中期，很多刑法学者依据对伪造货币罪的理解解释伪造票据，和《票据法》中的伪造票据全然不同。这个现象说明，适用和理解行政法对于刑法适用十分必要。
③ 参见国家立法机关有关人士关于《刑法修正案（七）（草案）》的说明。
④ 但从研究文献上可以发现，关于新法典研究的论文十分少，与民法界关于民法典如火如荼的研究呈很大反差。

## 第二节　我国刑法立法模式的重构

党的十八届四中全会提出了"建设中国特色社会主义法治体系"的重大命题，强调法治体系建设必须坚持科学立法、民主立法。刑法立法在刑事法治体系乃至整个法治体系的建设中承担着不可替代的基础性作用，因此要充分认识到刑法立法模式的重要性。在我国的刑法改革中，应当坚持民主性、科学性、创新性和审慎性的新思维[1]，而对刑法立法模式的改革也概莫能外。

### 一　回眸：我国刑法立法模式的演进过程

（一）1979 年刑法典颁行前的刑法立法模式

新中国成立后至 1979 年第一部刑法典颁行前的 30 年间，我国的刑法立法采取的是单行刑法的立法模式。所谓单行刑法，是指国家以决定、规定、补充规定、条例等名称颁布的，规定某一类犯罪及刑罚或者刑法的某一事项的法律。这一时期的我国单行刑法立法文件共有 14 个，可以分为三类[2]：第一类，规定具体犯罪的单行刑法立法文件，如中央人民政府在新中国成立初期分别于 1951 年 2 月 21 日和 1952 年 4 月 21 日公布的《中华人民共和国惩治反革命条例》与《中华人民共和国惩治贪污条例》以及中央人民政府政务院于 1951 年 4 月 19 日公布施行的《妨害国家货币治罪暂行条例》；第二类，规定特定刑事程序和刑罚执行问题的单行刑法立法文件，如全国人民代表大会于 1957 年 7 月 15 日通过的《关于死刑案件由最高人民法院判决或者核准的决议》和全国人大常委会于 1956 年 4 月 25 日通过的《关于处理在押日本侵略中国战争中战争犯罪分子的决定》；第三类，对特定犯罪人予以特赦的刑法立法文件，如全国人大常委会于 1975 年

---

[1] 参见赵秉志、袁彬《中国刑法立法改革的新思维——以〈刑法修正案（九）〉为中心》，《法学》2015 年第 10 期，第 17～23 页。
[2] 参见高铭暄、赵秉志《新中国刑法立法文献资料总览》（上），中国人民公安大学出版社，1998，第 99～135 页。

3月17日通过的《关于特赦释放全部在押战争罪犯的决定》。

在颁行上述单行刑法的同时,国家也着手进行刑法的法典化工作。新中国成立之后,中央人民政府就开始组织专家起草刑法典,至1957年已经草拟出相对较为成熟的刑法典草案第22稿。① 1954年,我国第一部宪法问世后,作为国家立法机关的全国人民代表大会及其常务委员会也继续推进刑法典草案的拟定和修改工作,至1963年,拟出了当时具有代表性并成为此后1979年刑法典主要基础的刑法典草案第33稿。② 然而,这一时期,我国刑法典却没有最终面世,这与新中国成立初期政治经济形势不稳定,其后政治运动不断使立法工作受到严重冲击密切相关。因此,这一时期我国刑法的立法模式仍然是单行刑法立法模式,而前述的各个单行刑法立法文件则是当时我国刑法和刑事司法实践的主要法律依据。

(二) 1979年刑法典至1997年刑法典之间的刑法立法模式

"文革"结束后,国家开始重新重视刑法立法工作。在前述1963年刑法典草案第33稿的基础上,结合新的历史时期的一些新情况、新经验,全国人大常委会法制工作委员会启动了刑法典草拟工作,不断完善后定稿,并于1979年7月1日在第五届全国人民代表大会第二次会议上通过,同年7月6日正式公布,并于1980年1月1日起正式施行。1979年刑法典是新中国第一部刑法典,是我国刑法立法取得的重大成就,但是1979年刑法典的颁行并没有确立单轨制的刑法立法模式,其后出现的新情况迅速打破了单一刑法典的刑法体系。

首先,在全国人大常委会的立法计划之内,同时为满足应对现实情况的需要,1981年6月10日,全国人大常委会通过了《中华人民共和国惩治军人违反职责罪暂行条例》这一部特别刑法(同时也是一部单行刑法),作为对1979年刑法典的补充;随后,随着经济社会形势的变化,犯罪率在80年代初期骤然提高,国家开始对犯罪开展"严打"活动,全国人大常委会于1982~1983年,相继通过了《关于严惩严重破坏经济的罪犯的决

---

① 参见赵秉志《当代中国刑法法典化研究》,《法学研究》2014年第6期,第182页。
② 参见赵秉志《我国内地特别刑法立法之演变及其对澳门特区的启示》,《政法论丛》2014年第2期,第67~68页。

定》、《关于严惩严重危害社会治安的犯罪分子的决定》和《关于迅速审判严重危害社会治安的犯罪分子的程序的决定》等具有单行刑法性质的决定，从而开启了1979年刑法典之后的单行刑法立法模式。在1979年刑法典生效至1997年刑法典颁行之间的17年间，为适应经济社会的不断发展，我国立法机关先后通过了25部单行刑法；与此同时，我国立法机关在107部非刑事法律（主要是行政法律、经济法律）中配置了附属刑法规范。①由此可见，1979年刑法典至1997年刑法典之间的刑法立法模式，是一种"刑法典+单行刑法+附属刑法"三结合的刑法立法模式。

（三）1997年刑法典以降的刑法立法模式

1997年刑法典颁行前，我国刑法的立法模式采"刑法典+单行刑法+附属刑法"三结合的刑法立法模式，25部单行刑法与107部非刑事法律中的附属刑法规范已经使1979年刑法典面目全非，理论界与实务界要求制定统一的、全面的、系统的刑法典的呼声日益高涨。20世纪80年代末，全国人大常委会将全面修订刑法典的工作列入计划，经过9年的调查、研究、草拟等工作，在整合上述单行刑法和附属刑法规范的基础上，1997年3月14日，第八届全国人民代表大会第五次会议审议并通过了新修订的刑法典，并于同年10月1日起施行。1997年刑法典结束了此前十多年刑法规范分散凌乱的状态，是一部统一的、比较全面、比较系统、比较科学的刑法典，对人权保障和打击犯罪起到了较好的作用，同时也初步确立了我国刑法立法的单轨制立法模式，即单一刑法典的立法模式。

但单轨制立法模式并不是没有遇到挑战。1998年12月29日，全国人大常委会通过了《关于惩治骗购外汇、逃汇和非法买卖外汇犯罪的决定》这一部单行刑法，作为对1997年刑法典的首次修正。而我国第一次采用刑法修正案的模式修改刑法是第九届全国人大常委会第十次会议于1999年12月25日通过的《中华人民共和国刑法修正案》。在会上，国务院提出的两项单行刑法修改方案即《关于惩治违反会计法犯罪的决定（草案）》和《关于惩治期货犯罪的决定（草案）》并没有获得通过，国家立法机关在接

---

① 参见高铭暄《中华人民共和国刑法的孕育诞生和发展完善》，北京大学出版社，2012，第3页。

受专家建议的基础上,认为以刑法修正案的形式修改刑法更为适宜。① 这也标志着立法机关开始放弃单行刑法立法模式。此外,2009年8月27日,全国人大常委会通过了《关于修改部分法律的决定》,将《中华人民共和国计量法》等多部非刑事法律中"依照刑法第×条的规定"和"比照刑法第×条的规定"统一修改为"依照刑法有关规定",这实际上已虚置了附属刑法的作用,这也表明了国家立法机关对附属刑法立法模式的放弃。自1999年通过第一个刑法修正案后,我国刑法的修正至今完全采用的是刑法修正案的修改模式。尽管全国人大常委会还通过了《关于取缔邪教组织、防范和惩治邪教活动的决定》(1999年10月30日)、《关于维护互联网安全的决定》(2000年12月28日)、《关于加强反恐怖工作有关问题的决定》(2011年10月29日)和《关于特赦部分服刑罪犯的决定》(2015年8月29日)等几个具有单行刑法或者特别刑法形式的决定,但是因为没有明确的罪刑规范,这些不属于严格意义上的单行刑法或特别刑法,同时也没有起到修正现行刑法的效果,因此并没有影响"刑法典+刑法修正案"单轨制立法模式的确立。

## 二 反思:现行刑法立法模式的利弊分析

### (一) 单轨制立法模式的优势

单轨制立法模式,尤其是单一法典式刑法立法模式起源于大陆法系近代以来的法典编纂运动,1810年《法国刑法典》与1871年《德国刑法典》是其典型代表。内容完备、形式统一、逻辑自足是法典编纂追求的三大目标。② 在我国刑事立法模式从"刑法典+单行刑法+附属刑法"三结合的刑法立法模式转变为"刑法典+刑法修正案"单轨制立法模式的过程中,我国的刑法规范也由分散立法转变为单一法典。在刑法法典化过程中,立法部门、实务部门与广大刑法专家、学者付出了巨大的努力,使我

---

① 参见黄太云《中华人民共和国刑法修正案的理解与适用》,《刑事审判参考》(第1辑),法律出版社,2000,第73页。
② 参见戴玉忠、刘明祥《和谐社会语境下刑法机制的协调》,中国检察出版社,2008,第39页。

国零乱的刑法体系逐步转变为一个形式统一、内容相对完备的刑法体系。"刑法典+刑法修正案"单轨制立法模式相较于此前的"刑法典+单行刑法+附属刑法"三结合的刑法立法模式有其明显优势，主要体现为以下几个方面。

1. **有利于体现法治思想和形式理性**

通过法典化将此前零散的刑法规范整合为一部相对完整、统一的成文法典，可以更好地固定法治成果，以明确的标准来保障人权和控制犯罪。同时，用刑法修正案的方式来修改刑法，可以将刑法修正案的内容直接纳入刑法典，同时可以不打乱刑法典的条文顺序，从而有利于维护刑法典的完整性、连续性与稳定性，有利于法治的统一，同时也可以体现刑法规范的形式理性。[①]

2. **有利于刑事司法人员正确适用法律**

一部统一的刑法典，也有利于降低刑事侦查人员、刑事检察人员、刑事审判人员"找法"的成本。在此前"三结合"的刑法立法模式下，刑法典规范、单行刑法规范、附属刑法规范交织并存于刑法体系中，由此带来一罪名同时适用刑法典、单行刑法、附属刑法的法律适用方面的难题。而采用统一刑法典，既便利于刑事司法工作，也有利于通过正确适用法律来保障犯罪嫌疑人权益。

3. **有利于广大人民群众学习与遵守法律**

国家制定一部统一的、完整的刑法典，不仅是绝大部分刑法人的梦想和追求，更是人民群众的期盼和需要。[②] 通过"统一完备的刑法典"，能够使人民群众更方便地去学习刑法，了解行为规范，明确罪与非罪的界限，从而有利于人民群众自觉守法，同时保障人民群众的自由。

4. **有利于法学理论的发展**

国内外的综合型刑法学著作，尤其是各类型的刑法教科书，大多数是参照刑法典总分则体系分作刑法学总论和刑法学分论加以论述的。法学理论的发展可以促进法律的完善与发展，而法律的完善尤其是其形式逻辑的

---

[①] 参见郭泽强《从立法技术层面看刑法修正案》，《法学》2011年第4期，第20页。
[②] 参见王汉斌就《中华人民共和国刑法（修订草案）》所作的说明。

自足，也有利于法学理论结构的合理分布。通过完整的刑法典，尤其是刑法分则的合理排列，也有利于刑法学理论著作有条理、有逻辑地论述相关问题，不至于在单行刑法和附属刑法庞杂的情况下"有选择性地"忽略部分理论问题尤其是相关各罪的理论问题。

### （二）单轨制立法模式的劣势

"刑法典+刑法修正案"单轨制立法模式在取代"刑法典+单行刑法+附属刑法"三结合的刑法立法模式的过程中，充分体现了其优势。但是，随着1997年刑法施行20年来社会形势的不断变化，在刑法典不断修正的过程中，单一刑法典的立法模式和刑法修正案的单轨修法模式的劣势也在逐步凸显，主要体现在以下几个方面。

**1. 刻意维护刑法典形式统一造成刑法修正案层出不穷**

如前所述，以刑法修正案的方式来修改刑法，有利于维护刑法典的形式统一。然而，既要应对新类型的犯罪、保护新类型的法益，又要维护刑法典的形式统一，只能通过不断推出刑法修正案来修正刑法。自1997年刑法颁行以来，不到20年，该刑法典已被1个单行刑法和9个刑法修正案进行了10次修正。刑法典修正频率高，并且修正幅度大（体现在修正条文多、总分则皆被修正），既造成司法适用上的不便，也不利于人民群众学习遵守刑法，同时也造成学术资源的严重浪费（如刑法学教材和论著因刑法修正案的频繁推出而过频改版）。对此，部分学者提出"释法中心主义"取代"立法中心主义"[①]，虽然不失为一种解决方式，但终究只是权宜之计，不能从根本上解决刑法典频繁修正的问题。

**2. 刑法典逻辑结构被破坏**

值得注意的是，以刑法修正案的方式来修改刑法，虽然可以一定程度上维护刑法典的形式统一，但是在可以维持条文顺序的情况下，刑法典"章节条款项"各个层级与同一层级之间的逻辑结构被打乱。如现在新增的刑法法条，大多只能依据"相似原则"，在比较类似的条文之后以"第

---

① 参见肖中华《刑事法治的希望不在修正而在解释》，《法治研究》2016年第2期，第50~51页；参见杨柳文《释法抑或造法：由刑法历次修正引发的思考》，《中国法学》2015年第5期，第303页。

几条之几"的形式出现。严格地说,这是否符合《立法法》对法律篇章结构的规定尚且值得讨论。这种将法条强行纳入的方式,既不利于刑法典的形式美感(又如《刑法》第 199 条被删去后没有新条文补入造成"开天窗"的法条空缺现象),又不利于体现刑法典的整体逻辑性,条文排列显得突兀,破坏了最初排列时的逻辑结构,使得刑法典的逻辑自足成为奢望。

### 3. 不利于对新型犯罪行为的规制

新型犯罪行为,例如恐怖活动犯罪和网络犯罪,都是随着经济、政治和社会形势的变化而出现的新类型的犯罪。而 1997 年刑法典分别将这两类犯罪设置在刑法分则第二章"危害公共安全罪"和第六章第一节"扰乱公共秩序罪"中,本身是否合体系就值得深思,同时如此设置也难以做到规定周详。因此,即便通过刑法修正案对其进行了较大幅度的修改,仍然不尽如人意,不利于对这些新类型犯罪的规制。与此同时,随着恐怖活动犯罪和网络犯罪自身的不断发展,刑法修正案的滞后性也不利于加强对这些新类型犯罪的防控。

### 4. 不利于对专门犯罪行为的规制

所谓专门犯罪,是指那些涉及复杂的社会关系领域,表现形式复杂、行为类型众多,需要通过专门的刑事立法对其作详尽、周密的系统化规定的犯罪类型。[①] 经济犯罪领域中的金融犯罪就是这样一类犯罪。尽管 1997 年刑法典在第三章第四节"破坏金融管理秩序罪"与第五节"金融诈骗罪"中集中规定了金融犯罪,并且经过了刑法修正案的多次修改,但是规制效果依然有限。此外,随着金融创新的不断发展,此类犯罪会愈加专门化与多样化,仅仅靠在刑法典框架内部分章节规定和刑法修正案修法的立法模式,难以应对此类不断变化发展的专门犯罪。

## 三 对策:现行单轨制立法模式的积极扬弃

通过回顾我国刑法立法模式的历史演变,并对现行单轨制刑法立法模

---

① 参见刘之雄《单一法典化的刑法立法模式反思》,《中南民族大学学报》(人文社会科学版)2009 年第 1 期,第 109 页。

式作正反两方面的分析,可以得出结论:对现行单轨制立法模式的积极扬弃是改革我国刑法立法模式的必由之路。扬弃,为哲学名词,德语 aufheben 的意译,音译为"奥伏赫变",意指事物在新陈代谢过程中,发扬旧事物中的积极因素,抛弃旧事物中的消极因素。① 扬弃是继承和发扬旧事物内部积极、合理的因素,是抛弃和否定旧事物内部消极的、丧失必然性的因素,是发扬与抛弃的统一。对现行单轨制立法模式的积极扬弃,就是指发扬现行刑法立法模式的积极因素,克服其消极因素,在继承的基础上革新。而对现行单轨制立法模式的积极扬弃要充分注意"目的"、"手段"、"底线"和"模式"四个方面的问题。

(一) 保持刑法典的稳定性是目的

对现行单轨制立法模式的积极扬弃首先应当注意保持刑法典的稳定性。拥有一部相对完备、相对稳定的刑法典对于刑事司法实践、人民学法守法、刑法理论研究都有颇多益处。在保持刑法典的稳定性这一方面,现行的"刑法典+刑法修正案"单轨制立法模式在不打乱刑法典的条文顺序和维护刑法典的完整性、连续性与稳定性上有其优越性,应予继续发扬。同时应当注意到,刑法典过于肥大与庞杂和"刑律统类"式的心理是导致刑法修正案频出的重要原因,因此,对这一不利于保持刑法典稳定性的因素应予革除。

(二) 对特别刑法的适当接纳是手段

要保证刑法典的稳定性,就应当对刑法典进行"减肥",将随经济、政治和社会形势不断变化发展的新类型犯罪,涉及复杂的社会关系领域、表现形式复杂、行为类型众多的专门犯罪和本身在立法理念上和适用上具有特殊性的犯罪从刑法典中剔除出来,具体问题具体分析,以特别刑法加以规制。如《日本刑法典》尽管近年来出现刑事立法活性化的趋向,但在总体上保持稳定,一定程度上就是因为日本除了刑法典,还由立法机关针对特定犯罪制定了许多单行刑法,如关于防止暴力团员的不当行为的法律(针对黑社会组织犯罪),处罚有关儿童卖淫、儿童色情

---

① 《现代汉语词典》,商务印书馆,2012,第1505页。

等行为及保护儿童的法律（针对涉儿童型性犯罪），关于规制实施无差别大量杀人行为的团体的法律（针对恐怖活动犯罪），关于防止配偶的暴力和保护被害人的法律（针对家庭暴力犯罪）等[1]，从而既可以从容应对变化发展的犯罪形势，又可以保持刑法典的相对稳定。同时应当注意，对特别刑法这一形式的运用要适当，在立法上要坚持有权机关审慎立法的态度，以免出现 20 世纪 80 年代单行刑法层出不穷进而破坏刑法体系稳定的局面。

（三）对附属刑法的排斥是底线

有观点认为，对现行刑法立法模式的改造要充分发挥附属刑法的作用[2]，本文殊难赞同。尽管附属刑法规范有与非刑事法律联系密切、便于认定犯罪等优点，但是附属刑法规范零散、"找法"成本较大、不利于人民群众掌握等弊端显而易见；而且，行政法的扩张性，很容易导致犯罪圈不适当扩大，使广大人民群众处于"不教而诛"和"动辄得咎"的不利境地（这在附属刑法过于膨胀的诸多西方国家中已经成为现实），不利于社会主义法治的推进。同时，总结历史经验不难看出，我国 20 世纪八九十年代刑法规范体系的混乱，很大程度上与单行刑法，特别是存在于非刑事法律中的附属刑法不适当扩张关系密切。因此，总体而言，附属刑法立法模式弊大于利，在对现行刑法立法模式的改造中应予排斥。

（四）"相对稳定的刑法典 + 相对灵活的特别刑法"是理想模式

通过对刑法立法模式改革"目的""手段""底线"的审视，不难得出结论：对现行单轨制立法模式积极扬弃的理想模式是"相对稳定的刑法典 + 相对灵活的特别刑法"创新型的二元制刑法立法模式。"相对稳定的刑法典"，是指刑法典包含的犯罪应该主要是刑事犯和经过长期刑事立法与司法实践确定下来的相对稳定的行政犯，并通过有严格程序和时间限制的刑法修正案来修改刑法典的刑法立法模式；"相对灵活的特别刑法"，是指将新类型犯罪、专门犯罪（特别是不断变化发展的行政犯）、特殊性质

---

[1] 参见张明楷译《日本刑法典》，法律出版社，2006，第 4~5 页。
[2] 参见利子平《我国附属刑法与刑法典衔接模式的反思与重构》，《法治研究》2014 年第 1 期，第 46 页。

犯罪分门别类用特别刑法加以规制，并根据变化发展的现实状况，在遵守法定程序的前提下，相对灵活地进行修改的刑法立法模式。通过这两种刑法立法模式的有机结合，可以兼顾刑法典的稳定和回应社会现实的双重需求。

## 四 重构：刑法立法创新模式的具体展开

要具体建构"相对稳定的刑法典＋相对灵活的特别刑法"这一刑法立法创新模式，就应该做好"刑法典的清理与现代化改造"、"刑法典与特别刑法的关系"和"拟制定特别刑法的法律部门"这三个重大课题，这样才能使新的二元制刑法立法模式得到具体应用与贯彻。

### （一）刑法典的清理与现代化改造

要保持刑法典的相对稳定，首先需刑法典自身内容适当、形式统一和逻辑自足。而现行的 1997 年刑法典，就目前形势而言，在这些方面已经存在重大缺陷。有观点认为，1997 年刑法典已经进入其生命周期的末期，应当适时全面修订 1997 年刑法典。[①] 此种观点确有其道理。从晚近几次刑法修正来看，《刑法修正案（八）》共 50 条，《刑法修正案（九）》共 52 条，不光大量增添、修改、删除了分则部分的内容，同时也对总则部分作了较大幅度的修改，其刑法修正的幅度呈越来越大的趋势，直接动摇了 1997 年刑法典的根基。从如此大幅度的修改也可以看出 1997 年刑法典在对现实的适应上已"力不从心"，对其全面修订应该逐步提上日程。而考虑到未来新刑法典的稳定，应当从起草开始就充分注意对刑法规范的清理和现代化改造，以使未来新刑法典包含的刑法规范有适当的弹性，从而适应变化发展的经济、政治、社会形势。

### （二）刑法典与特别刑法的关系

在贯彻二元制刑法立法模式的过程中，应当注意处理好"相对稳定的刑法典"和"相对灵活的特别刑法"二者之间的关系，坚持"刑法典

---

[①] 参见梁根林《刑法修正：维度、策略、评价与反思》，《法学研究》2017 年第 1 期，第 61 页。

是原则，特别刑法是例外"。其一，要充分重视刑法典尤其是刑法典总则的统率作用，除军事刑法、反恐怖主义刑法等少数特例，不应当与刑法典发生抵触，即便是特例情况下与刑法典有冲突，也应明确规定此时的法律适用规则。其二，要把握运用特别刑法这一刑法立法模式的适度性，要减少用特别刑法，非必要不得采用这一刑法立法模式，谨防出现此前单行刑法和今后特别刑法泛滥的局面。毕竟特别刑法立法模式对刑法体系的统一和完整是有影响的。其三，对于在立法实践与司法实践中已经相对完善的特别刑法，可以考虑将其通过转化为专章专节的方式再度纳入刑法典。

(三) 拟制定特别刑法的法律部门

根据刑法内部各法律部门的特殊性，可以考虑对军事刑法、反恐怖主义刑法与反分裂国家刑法、网络犯罪刑法和经济犯罪刑法制定特别刑法。

1. 军事刑法

军事刑法单独于刑法典立法是大多数国家和地区刑法的惯常做法。我国 1981 年通过的《中华人民共和国惩治军人违反职责罪暂行条例》就是独立于 1979 年刑法典而存在的，不过在 1997 年刑法典中，该条例的内容加上武器装备类犯罪的规定一并纳入了刑法典第十章"军人违反职责罪"中。这样的设置显然是为了维护刑法典的统一。但是军事刑法有"军法从严"的特点，与刑法总则颇有冲突，如取消管制刑的适用。[①] 同时军事刑法"死刑罪名多"且这些罪名的死刑似乎不应该随意删减，而这样一来又不利于我国刑法典中死刑罪名的进一步削减。因此，可以考虑参照国内外立法例，对军事刑法单独立法，这也是军事法学界近年来普遍的看法。[②]

2. 反恐怖主义刑法与反分裂国家刑法

自 20 世纪 80 年代末以来，我国边疆部分地区恐怖主义与分裂主义势力日渐猖獗。进入 21 世纪，尤其是美国"9·11"事件后，国际恐怖主义

---

① 参见顾炜程《论军事刑法的单独立法》，《学理论》2015 年第 6 期，第 151 页。
② 参见李旭《军事刑法并入刑法典之利弊分析》，《中共银川市委党校学报》2011 年第 2 期，第 96 页；参见蔺春来、郭玉梅《制定独立的军事刑法是军事刑法发展的最佳选择》，《西安政治学院学报》2006 年第 2 期，第 59 页。

势力抬头,各国纷纷开始加强反恐怖主义立法工作。一国的刑事立法模式与该国面临的国内外形势以及由此选择的刑事政策密切相关。① 而我国当前面临的反恐形势与反分裂形势相当紧张,应当尽快制定反恐怖主义特别刑法与反分裂国家特别刑法以打击恐怖主义和分裂主义犯罪,震慑恐怖主义与分裂主义势力。例如在反恐怖主义刑法中就可以转化我国加入的反恐怖主义国际或地区公约的内容,从而明确对"恐怖主义"的认定、打击恐怖主义司法管辖权的规定、恐怖主义犯罪的范围及各种恐怖主义犯罪的罪刑规范。②

### 3. 网络犯罪刑法

网络犯罪,作为一种新兴的犯罪类型,在高度信息化条件下的移动互联网时代,显得尤其引人注目。就网络犯罪而言,一些新兴的危害行为入罪,不仅仅是通过刑法修正案中增加或修改数个条文的方式就能够得到合理规制的。因此,可以考虑以特别刑法的方式对网络犯罪中各种危害行为做梳理,批量化入罪,成批设置罪名,从实体和程序两方面实现对危害行为的规制和对新类型法益的保护。③ 从域外经验来看,采用特别刑法或者专章立法的立法模式,更有利于相关打击网络犯罪公约的内化,从而使网络犯罪得到更加系统的规制。④

### 4. 经济犯罪刑法

如上文所述,以金融犯罪为代表的经济犯罪,涉及社会关系领域广,表现形式复杂,行为类型众多。因此,要对其实施有效规制,需要通过专门的刑事立法对其作系统化规定。而且,我国处于社会转型期,经济社会形势变化快,因此经济犯罪的现实状况变化也较快,尤其是"互联网+"经济模式普遍渗入经济行业各领域后,带来的现实问题更加复杂多变。从历次刑法修正对1997年刑法典第三章的修改频率就不难看出这一点。由此可见,经济刑法的多变是影响刑法典稳定的重要因素。因此,对经济刑法

---

① 参见柳忠卫《刑法立法模式的刑事政策考察》,《现代法学》2010年第3期,第50页。
② 参见王娜、杨诏斌《走向法治的吉尔吉斯斯坦》,法律出版社,2017,第157~169页。
③ 参见于志刚《刑法修正何时休》,《法学》2011年第4期,第11页。
④ 参见皮勇《论欧洲刑事法一体化背景下的德国网络犯罪立法》,《中外法学》2011年第5期,第1060页。

单独立法，既有利于保持刑法典的相对稳定，又有利于及时灵活调整经济刑事立法，规制经济犯罪领域中的新类型危害行为，保障社会主义市场经济的持续健康发展。

（武汉大学法学院教授、博士生导师　莫洪宪；武汉大学法学院刑法学博士研究生　杨诏斌）

## 第三节　刑法"三元立法机制"之提倡

所谓刑法立法模式，简言之，就是指立法机关在刑法立法过程中采用的方法。选择什么样的立法模式，影响着刑法发展方向的科学化，关系着刑法治理社会的效果，决定着刑法公平正义的最终实现。关于刑法立法模式，理论上存在以下几种不同的意见。第一种观点认为，"集中性、统一性的刑事立法模式并不现实，中国应由刑法典、单行刑法、附属刑法、轻犯罪法分别规定不同性质的犯罪"。① 第二种观点认为，"我国应建立刑法典、特别刑法和刑法修正案相结合的刑法立法模式"。② 第三种观点认为，"在刑法典之外，制定统一的轻犯罪法典，但不再制定单行刑法和附属刑法的思路，对于未来中国而言似乎更可取"。③ 第四种观点认为，"统一法典化，未必是刑法立法模式的最优选择，但就目前法制现状而言，应该是问题最少的选择"。④ 那么，我国当下的刑法立法模式到底存在哪些问题，何以在理论上存在众多的争议？哪一种立法模式才真正适应法治发展的需求？故本文就这一问题展开论述，并求教于学界各位同仁。

### 一　刑法立法模式的现状

就目前我国的刑法立法模式而言，虽然存在刑法典、刑法修正案、单行刑法和附属刑法四种表现形式，但本质上属于"法典化"的一元立法模式⑤，具体表现在以下几个方面。

#### （一）刑法典"一家独大"

回眸历史，在1979年刑法实施阶段，我国的刑法立法可谓"百花齐

---

① 张明楷：《刑事立法的发展方向》，《中国法学》2006年第4期。
② 柳忠卫：《刑法立法模式的刑事政策考察》，《现代法学》2010年第5期。
③ 周光权：《转型时期刑法立法的思路与方法》，《中国社会科学》2016年第3期。
④ 时延安：《刑法立法模式的选择及对犯罪圈扩张的控制》，《法学杂志》2013年第4期。
⑤ 刘之雄：《单一法典化的刑法立法模式反思》，《中南民族大学学报》（人文社会科学版）2009年第1期；利子平：《我国附属刑法与刑法典衔接模式的反思与重构》，《法治研究》2014年第1期；童德华：《当代刑法法典化批判》，《法学评论》2017年第4期。

放"——以刑法典为统率,兼有25部单行刑法以及130多部行政法规中的附属刑法。随着立法机关高举"制定统一、完备的刑法典"的鲜明旗帜,终于在1997年完成了对旧刑法的全面修订,废除了以往所有的单行刑法,凡是涉及刑事责任的规范都一律纳入刑法典,至此,"大一统"的法典化格局初步形成。与此同时,在1997刑法典实施的20年时间里,立法机关又不断地以修正案的方式对刑法典予以扩充,使刑法典条文内容、罪名数量不断增加,几乎规制了政治、经济、文化、民生发展的所有领域,至此,"大一统"的法典化格局进一步升级为刑法典的"独角戏"。展望未来,如若延续目前的刑法修正案模式①,刑法典"一家独大"的局面必将越发明显,刑法典的"雪球"将会越滚越大。更有学者大胆预测,"刑法法典化更加适合中国社会发展的需要,将成为未来刑法立法坚定不移的发展方向"。②

(二)修正案"零敲碎打"

自1999年《刑法修正案》颁布以来,截止到2015年11月,已经先后颁布了9个修正案,若包括1998年12月28日的《全国人民代表大会常务委员会关于惩治骗购外汇、逃汇和非法买卖外汇犯罪的决定》,目前实际共有10次修正。这一情况的出现,乃是目前"大一统"法典化立法模式使然。③ 对于这种以修正案形式的立法,学界褒贬不一:有观点认为,死守刑法修正案作为唯一刑法修改模式的理由已经不再充分,必要性也值得怀疑④;相反的观点则认为,刑法修正案是除全面修订刑法典之外唯一科学的修法方式。⑤

笔者认为,修正案的立法模式绝非科学立法的应然选择。从形式上看,1999~2015年短短16年时间,就通过了9个修正案,平均不到两年就要对刑法典进行"小修小补"或"大修大补",甚至最短的间隔期不到

---

① 每一次修正案都将修正的内容纳入原先的刑法典,必然导致刑法典内容不断增加,规制范围不断增大。
② 赵秉志:《当代中国刑法典法典化研究》,《法学研究》2014年第6期。
③ 黄明儒:《论刑法的修改形式》,《法学论坛》2011年第5期。
④ 于志刚:《刑法修正何时休》,《法学》2011年第4期。
⑤ 赵秉志:《当代中国刑法典法典化研究》,《法学研究》2014年第6期。

4个月,照此发展速度,"刑法修正案(十)"也近在咫尺,甚至某一天可能发展到"刑法修正案(二十)"。这样频繁的修改,一定程度上破坏了法典的稳定性,法典稳定性的丧失必然导致国民自由难以保障,而国民自由一旦难以贯彻,甚至可能动摇"罪刑法定"的立法根基。尤其是"朝令夕改"的刑事法律总给人一种不安全感,甚至产生对法治环境的不信任,抑或对法律的不信仰。从内容上看,几乎每一次修正案的颁布都是被动地回应社会的需求,呈现"碎片化"的修改。例如,《刑法修正案(三)》的颁布明显是受美国2001年"9·11"事件的影响,立法者感到以刑法规制恐怖主义,维护国内稳定已经刻不容缓;《刑法修正案(九)》新增的"危险驾驶罪"类型以及"组织考试作弊罪""非法利用信息网络罪"也基本上是回应民意的需求,而不是对社会客观需求真实的、系统的反应。

(三)单行刑法"名存实亡"

如上所述,从形式上讲,唯一存在的单行刑法就是1998年规定的《关于惩治骗购外汇、逃汇和非法买卖外汇犯罪的决定》(以下简称"决定")[①],此后均以修正案的形式对刑法典作修改,可以说,单行刑法的模式已经实际退出了我国刑法的历史舞台。实事求是地讲,即便现存唯一的单行刑法,该"决定"中除个别内容也被刑法典吸收外,其他内容在司法审判中的运用也是少之又少。关键在于,该"决定"只有第1条的内容创设了骗购外汇罪,剩余条文要么规定了"依照刑法第××条处罚",要么不涉及刑罚处罚。因此,以"骗购外汇"为关键词,在中国裁判文书网中检索到的134份一审判决书,实际以该"决定"第1条判处骗购外汇罪的只有两份,超过90%的案件,被告人均以非法经营罪论处。[②] 可以想象,这种趋势很可能会一直延续下去,这也难怪有学者称此"决定"为"沉睡"条款,笔者倒觉得,不如称其为"死亡"条款更加形象。

---

① 尽管也有人认为,1999年通过的《关于取缔邪教组织、防范和惩治邪教活动的决定》与2000年通过的《关于维护互联网安全的决定》也属于单行刑法,但笔者认为,上述两个规定既没有对刑法典形成补充或修改,也没有创设新的罪名,不符合单行刑法的一般定义,故本文将其排除在外。

② 以上数据来源于中国裁判文书网,2017年9月23日访问。

### (四) 附属刑法"形同虚设"

目前，学界对附属刑法的主流定义是"非刑事法律中的刑事责任条款"。① 因此，在经济、行政等部分法规中规定的"构成犯罪的，依法追究刑事责任"就是附属刑法的主要表现形式。② 据此，大部分刑法教科书也都认为这就是我国的附属刑法。但也有不少学者提出质疑，他们给出的理由不外乎是，"这种既不规定罪名，也不设置法定刑，而只是依照刑法典的内容追究刑事责任的方式，充其量只是起到一种指引或宣示的作用，故只能称之为附属刑事责任条款，不是真正意义的附属刑法"。③ 另外，也有学者曾经指出，"我国的附属刑法本质上'附而不属'"④，即依附于刑法但不属于刑法。

笔者同样认为，我国的"附属刑法"并非实质意义上的附属刑法。所谓实质上的附属刑法，不仅要求在经济、行政等部分法规中规定具体的罪状，而且还应当设置明确的法定刑。恰恰相反，我国的"附属刑法"既无罪状亦无法定刑，这也难怪有国外学者宣称，"现阶段的中国，所有的刑罚法规都集中在刑法典中，而在法典之外则几乎看不见，因此，在中国不存在日本所谓的行政刑法（附属刑法）"。⑤ 同时，笔者还认为，我国的"附属刑法"甚至也不是形式意义上的附属刑法。尽管有学者曾言，"我国的附属刑法具备形式意义上的'附属'，因其至少规定了'依照'、'比照'刑法处罚的意思"。⑥ 然而，如果刑法典对某些行为并未做规定⑦，那

---

① 高铭暄、马克昌主编《刑法学》（第7版），北京大学出版社、高等教育出版社，2015，第7页。
② 理论上，附属刑法的表现形式细分为：宣告式、对照式、依照式。其中宣告式最为常见。
③ 吴情树：《附属刑法规范的理性分析与现实选择》，《福建警察学院学报》2008年第5期；吴允锋：《非刑事法律规范中的刑事责任条款性质研究》，《华东政法大学学报》2009年第2期；柳忠卫：《刑法立法模式的刑事政策考察》，《现代法学》2010年第5期。
④ 储槐植教授于2016年6月18日在中国社科院召开的"网络犯罪的刑事立法与刑事司法前言问题"研讨会上提出我国附属刑法的"附而不属"。
⑤ 〔日〕西原春夫：《日本刑法与中国刑法的本质差别》，黎宏译，《刑法评论》（第7辑），法律出版社，2005，第123页。
⑥ 王琪：《附属刑法及其利弊分析》，《暨南学报》（哲学社会科学版）2017年第1期。
⑦ 如《铁路法》第63条规定，对首要分子和骨干分子依照刑法有关规定追究刑事责任，但刑法典中并无"骨干分子"的规定。

么，这种依附式的规定则成为一纸空文，形同虚设。

## 二 现行立法模式的局限性

单一"法典化"的立法模式虽然在追求形式的统一性和维护内容的完备性方面具有独特的价值，但纵观全球，也没有哪个国家仅仅依靠一部刑法典就能囊括所有犯罪，何况是幅员辽阔、人口众多、各行各业各地条件千差万别的中国。与此同时，社会生活日益变迁，犯罪形式随之瞬息万变，试图以"法典化"模式规制各种犯罪，在体系和内容上均有不可避免的局限性。主要表现在以下方面。

（一）体系上的局限性

"法典化"的立法模式在体系上的局限性主要有两个方面：外部体系不协调和内部体系有冲突。

**1. 外部体系不协调**

我国刑法"既定性又定量"的构罪标准，导致在实践中行政执法与刑事司法不能有效衔接，导致这一现象的根本原因在于"法典化"的立法模式——舍弃附属刑法，唯刑法典"独尊"，人为地割裂刑法与经济、行政等部门法律法规之间的必然联系与对接关系。

以《铁路法》为例，该法第五章用10个条文规定了依法追究刑事责任的情形，但仔细分析这些条文，有些规定难以在刑法中得到明确。如第60条规定："违反本法规定，携带危险品进站上车或以非危险品品名托运危险品，导致发生重大事故的，依照刑法有关规定追究刑事责任。"与之相关的罪名有两个——非法运输危险物质罪和非法携带危险物品危及公共安全罪。但是，"携带危险品进站上车"据此被认定为"运输危险品"，恐怕难以让人信服；认定为"非法携带危险品危及公共安全罪"恐怕也不妥当，因为第60条的规定是"导致重大事故的，追究刑事责任"，而本罪强调的是"危及公共安全"，将"导致重大事故"等同于"危及公共安全"有偷换概念之嫌。又如第61条规定，"故意损毁、移动铁路行车信号装置，依法追究刑事责任"，与之相关的罪名是破坏交通设施罪，但刑法将该罪的破坏对象规定为"轨道、桥梁、隧道、公路、机场、航道、灯塔和标志",那么"信号装置"应当如何认定,恐怕成为司法实践的难题;此外,破坏交通设施罪要求"足以产生倾覆危险",而第61条并无上述规定,如何在司法中做好衔接,恐怕又得大费周折。再如第71条规定:"铁路职工玩忽职守、违反规章制度造成铁路运营事故的,滥用职权、利用办理运输业务之便利谋取私利的,情节严重、构成犯罪的,依照刑法规定追究刑事责任。"从总体上看,倘若依据本条追究刑事责任,在理论上必须同时满足"情节严重"和"构成犯罪"两个条件,但事实上,有些行为"情节严重"但未必"构成犯罪"[1],同样的,"构成犯罪"也许"情节并不严重"[2]。从具体情形上看,当"玩忽职守造成铁路运营事故,并构成犯罪的",那么触犯的罪名是玩忽职守罪,还是铁路运营安全事故罪?当"滥用职权谋取私利,并构成犯罪的",到底是构成滥用职权罪还是贪污罪,或者说应当数罪并罚?这种法律之间不协调的现象,不仅仅在《铁路法》与《刑法》之间存在,诸如《反垄断法》[3]等法律中都有与《刑法》失调的问题。如此一来,刑法的负担就会不断加重,刑事裁判权会不断集中,附属刑法的地位会被不断边缘化,行政法与刑法脱节的现象则不可避免。显然,这种外部体系不协调的现象应引起密切关注。

**2. 内部体系有冲突**

"法典化"立法模式的局限性不仅表现在《刑法》与其他法律法规外部体系上的不协调,刑法典内部自身体系的冲突也在加剧,尤其是随着不断增加的修正案而逐渐显露,这些冲突既表现在罪名设置上,也表现在刑罚设置方面。

例如,《刑法》第134条和第138条规制的事项可总结为生产、生活中的安全注意义务和教育机构责任人在事故发生后的补救、上报义务,刑法修正之后的第135条之一和第139条之一规制的事项分别为大型群众性活动的安全注意义务和一般单位责任人在事故发生后的上报义务。从具体内容上看,修正后的第135条之一和第139条之一均与第134条和第138

---

[1] 如玩忽职守造成经济损失20万元,此情节虽然严重,但未达到玩忽职守罪的构罪标准。
[2] 如贪污罪的构罪标准是数额加情节,因此情节较轻但数额较大的同样构成本罪。
[3] 如《反垄断法》第52条规定的内容,难以认定为妨害公务罪,也不宜认定为妨害司法类犯罪。

条密切相关,大型群众性活动可视为社会生活的一部分,或者说是具有特殊内容的社会生活,完全可以作为第134条下的第2款内容;第139条之一规定的内容也是从第138条规定的特殊主体上报义务中抽象出的一般主体上报义务,完全可以将后者作为前者的特殊规定。但是,令人疑惑的是,刑法典却将两种密切联系的事项分别规定在4个不同的条文中。再如,《刑法修正案(九)》将贪污的构罪数额修改为3万元,比较普遍的理由是:随着经济的发展,公民的收入增加,因此入罪的数额也应当相应的增加。① 但显然,这样的理由是站不住脚的,因为这无法解释为什么盗窃、诈骗等普通侵财案件的入罪数额并未随着经济的增长而增长。而根据贪污罪的条文表述:"国家工作人员利用职务便利,侵吞、窃取、骗取或者以其他手段非法占有公共财物的,是贪污罪。"由此可见,贪污罪本质上是特殊主体的侵财犯罪。但是,在刑罚的处罚上却存在悖论:当国家工作人员利用职务便利窃取3万元财物时,被处以3年以下有期徒刑或者拘役;当普通公民盗窃3万元财物时,却被处以3年以上10年以下有期徒刑。难道"国家工作人员"的特殊身份可以成为行为人减轻处罚的根据,抑或降低其犯罪的期待可能性?这些恐怕都是立法者在"法典化"立法模式驱动下不自觉忽视的。显然,这种状况绝对不能再继续泛滥下去。

(二) 内容上的局限性

"法典化"的立法模式在内容上同样有不可避免的局限性,即难以规制复杂领域犯罪,同时在规制新型领域犯罪方面又容易疏漏。

**1. 复杂领域难规制**

笔者所称复杂领域,是指涉及复杂的社会关系或具有复杂的行为方式或对象,导致刑法典在表述上也显得冗长复杂,但存在某些共同特征的罪名。"法典化"的立法模式之所以难以规制上述复杂领域的犯罪,一方面在于,法典以追求稳定和统一为目标,而复杂的行为方式或行为对象往往导致复杂的犯罪类型难以规制或分散,并且变化多端,仅仅靠一部刑法典在理论上不可能规制所有的犯罪及其类型,更不要说比罪名更为复杂的法

---

① 万春等:《〈关于办理贪污贿赂刑事案件适用法律若干问题的解释〉的理解和适用》,《人民检察》2016年第10期。

定刑；另一方面，这些复杂类型的犯罪也具有某些共同特征，比较典型的是黑社会性质组织的犯罪，如刑法典第 294 条中列举了四种共同的犯罪特征，且不说这些特征在表述上占据了刑法典多大的文字空间，违背法典力求简短的目标，这些列举的特征是否已经齐备，是否还存在其他特征，都是刑法典在事实上难以一应俱全的。

具体而言，笔者所称复杂领域的犯罪除上述黑社会性质组织犯罪外，还包括毒品犯罪、恐怖活动犯罪和走私犯罪。首先，这几类犯罪所涉及的社会关系较为复杂：从社会关系主体上看，现实中主要呈现以集中组织为基础的群体性关系；从社会关系的内容上看，基本上都涉及经济关系、政治关系，甚至可能涉及宗教关系；从社会关系的形态上看，主要以动态关系为主，即包括模仿、合作、竞争、冲突、强制。其次，这几类犯罪所涉及的行为方式或对象也较为复杂：毒品犯罪包括走私、贩卖、运输、制造、持有、包庇、窝藏、转移等 17 种行为方式；恐怖犯罪包括组织、领导、参加、帮助、准备、宣扬等 10 种行为方式；走私犯罪包括武器、弹药、核材料、假币等 11 种行为对象。最后，这几类犯罪在罪名的表述上都显得格外冗长，占据大量的文字空间，仅以走私、贩卖、运输、制造毒品罪为例，立法者"短短"的四百余字显然意犹未尽，又规定了若干"会议纪要"、"意见"和"解释"。如果把这些冗长的文字或解释放进相关行政法中予以阐述或规定，一方面能避免刑法典的过于冗长以至于在司法操作上容易导致的漏洞，另一方面也更加有利于与行政法中行政处罚的有效对接，从而使两法更加协调。

**2. 新型领域易疏漏**

笔者所称新型领域，是指随着社会发展的日新月异，出现的新型危害社会的犯罪行为，并且这些行为不在刑法典原有的罪名框架内。其中最为常见的就是依托于网络而实施的犯罪，并且随着信息技术的不断发展，这些犯罪已经渗透到人们经济、政治、文化生活的各个领域，防不胜防。

"法典化"的立法模式之所以难以规制上述新型领域的犯罪，原因在于以下几点。（1）从立法技术上讲，将新型领域的犯罪统统纳入刑法典是不现实的，因为这些犯罪会随着社会的变迁还可能发生变化，即便当下属于新领域的犯罪，未来也可能只是普通的犯罪，反之亦然。（2）从立法理念上讲，我国"法典化"的立法模式深受大陆法系法治思想和形式理性的影响，试图制定内容完备、形式统一的刑法典。① 因此，即便出现新领域的犯罪，固守的立法理念也会驱使立法者从既有的规定中寻求惩罚的依据。（3）任何法律大都具有先天的滞后性，即便在立法之初，立法者具有一定程度的前瞻性，但社会的发展速度与进程立法者是难以全面把控的，最终法律文本极有可能仍然落后于社会发展，况且"法典化"的模式始终以追求稳定为目标，这会使法的滞后性显得更加突出。

尽管目前仍有学者推崇"法典化"的一元立法模式，并列举了该模式的优势：第一，灵活性、及时性和针对性；第二，便于人们知法；第三，维护刑法典的完整性、连续性和稳定性。② 但是，这些理由却难以让人完全信服：上述第一点和第三点理由明显自相矛盾，要想保持法典的稳定性，怎么又会容忍对法典及时的、有针对性的修改呢？这显然难以统一。虽然这些学者进一步指出，以修正案形式将修改的内容纳入刑法典中就能保持稳定性，但笔者仍不予认同。在笔者看来，修正案"零敲碎打"的频繁修改，不正是刑法典稳定性差的突出表现吗？第二点理由认为，"法典化"便于人们知法，笔者虽不反对，但这并非"法典化"独有的或者唯一的优势。总之，笔者认为，当下中国"法典化"的立法模式，由于其体系与内容的诸多局限性，已经步入生命的终期，尤其是随着我国市场经济的深入及"法定犯时代"的到来③，多元立法模式必然成为未来刑法立法的大趋势。

## 三 "三元制"立法模式的重构

"法典化"的一元立法模式存在体系与内容上不可避免的局限性，为了追求形式上具有稳定性，内容上具有科学性的立法目标，我们必须"破旧立新"，构建符合历史发展潮流的立法模式。

---

① 刘之雄：《单一法典化的刑法立法模式反思》，《中南民族大学学报》（人文社会科学版）2009年第1期。
② 汪斌、姚龙兵：《论我国刑法渊源》，《安徽大学学报》（哲学社会科学版）2014年第2期。
③ 李晓明：《刷单抄信行为系典型法定犯》，《法制日报》2017年6月27日第7版。

## 第四章　刑法立法模式辨析

### （一）重构模式的选择："二元制"抑或"三元制"

目前，大部分学者都已经注意到"法典化"一元模式的诸多弊端，并且提出重构立法模式的口号，但在重构模式的选择上存在较大分歧，除本文开篇时提到的几种立法模式以外，占据主流地位的主要有以下两种。第一种观点认为，我国应当构建"二元制"的立法模式，但在"二元制"内部仍有分歧，有的学者主张构建刑法与行政刑法并立的双轨制模式[①]；有的学者主张以刑法典为核心，再制定一部轻犯罪法，并把单行刑法和附属刑法的内容囊括到轻犯罪法中[②]；还有的学者主张建立刑法典与特别刑法相结合的立法模式。[③] 第二种观点认为，我国未来应当构建"三元制"刑法立法模式，即以刑法典为核心，协调发展单行刑法和附属刑法。[④] 当然，还有一种相对保守的观点，即认为"我国究竟应实行'二元制'的立法机制还是'三元制'的立法机制还有待进一步思考"。[⑤]

笔者认为，"二元制"立法模式在体系与内容上并不周严，都有值得商榷之处。首先，主张刑法与行政刑法并立的学者，在体系上忽略了那些难以纳入行政刑法中的犯罪，毕竟在我国，行政刑法规制的犯罪圈主要是指违反经济、行政等部门法律法规的经济犯罪和行政犯罪，但仍有许多犯罪并不以违反经济法或行政法为前提；同时，将这些犯罪纳入刑法典又有诸多不适，例如上文提到的复杂领域犯罪和新型领域犯罪，因此会产生处罚上的空隙。其次，主张刑法与轻罪法并立的学者，并未对轻罪法的范围予以明确，只是笼统地认为"不再制定单行刑法和附属刑法，并基本把单行刑法和附属刑法的内容囊括进来"[⑥]，且不说轻罪法是否可以等同于单行刑法和附属刑法，即便是被囊括的单行刑法和附属刑法的内容，是否一定属于轻罪法的范畴，这些都有待于上述学者进一步回答。最后，关于"轻

---

[①] 梁根林：《刑法修正：维度、策略、评价与反思》，《法学研究》2017年第1期；何群：《论我国刑法立法的科学化发展》，《学术论坛》2016年第9期。
[②] 周光权：《转型时期刑法立法的思路与方法》，《中国社会科学》2016年第3期。
[③] 刘之雄：《单一法典化的刑法立法模式反思》，《中南民族大学学报》（人文社会科学版）2009年第1期。
[④] 童德华：《当代刑法法典化批判》，《法学评论》2017年第4期。
[⑤] 李晓明：《论刑法与行政刑法的并立》，《法学杂志》2017年第2期。
[⑥] 周光权：《转型时期刑法立法的思路与方法》，《中国社会科学》2016年第3期。

罪"本身的定义也是值得考究的,有学者主张,法定最高刑为3年以下有期徒刑或拘役的为轻罪①,也有学者主张,应当以法定刑5年有期徒刑作为犯罪轻重的划分标准。② 因此,采用不同的标准认定"轻罪",对于最终形成的轻罪法的内容也有重大区别③,而目前,有些属于"轻罪"的罪名在附属刑法中并无涉及,如非法搜查罪、侵犯通信自由罪等;相反,有些在附属刑法中涉及的罪名,最低刑期就是3年或5年以上,如违反《禁毒法》的规定,触犯强迫他人吸毒罪的,处3年以上10年以下有期徒刑,又如,违反《沿海船舶边防治安管理规定》,触犯毒品类犯罪的,最低可判处5年以上有期徒刑。由此可见,"二元制"的立法模式在体系与内容上既有交叉也有错位,因此不具有理论上的可能性与实践中的可行性。

另外,刑法典与特别刑法相结合的模式,在笔者看来本质上属于"三元制"的立法模式,因为在我国,所谓的特别刑法,一般就是指单行刑法和附属刑法,但需要注意的是,"三元制"立法模式下的单行刑法和附属刑法应赋予其新的内涵,否则将重走旧刑法实施阶段的老路。

### (二)"三元制"立法模式的具体展开

根据上文所述,"法典化"的"一元"模式存在体系与内容上的局限性,而"二元制"立法模式也存在体系与内容上的交叉与错位,故而笔者主张"三元制"立法模式,即刑法典、单行刑法与附属刑法三者并立,从而形成我国未来刑法稳定而实用的立法体系。

**1. 刑法典的立法原则与范围**

刑法典作为一国刑事立法的核心,也是最具权威性的象征。因此,法典的制定过程往往耗费大量的人力、物力和财力,断不可轻易修改。这就决定,在立法之初应当秉持审慎的态度,力求法典具有长期的确定性与稳

---

① 王志祥、韩雪:《我国刑法典的轻罪化改造》,《苏州大学学报》(哲学社会科学版)2015年第1期。
② 郑丽萍:《轻罪重罪之法定界分》,《中国法学》2013年第2期。
③ 王志祥、韩雪:《我国刑法典的轻罪化改造》,《苏州大学学报》(哲学社会科学版)2015年第1期。据统计,如果以3年有期徒刑为限界定轻罪,涉及的罪名占总罪名数的19.73%,如果以5年有期徒刑为限界定轻罪,涉及的罪名占总罪名数的27.49%。两者之间约有8%的浮动,涉及的罪名将近40种。

定性。确定性原则要求刑法典规定的行为主体、行为方式和法律后果应当明确,否则法典的权威必受损害,所谓"刑不可知,则威不可测",不无道理。稳定性原则要求刑法典规定的内容在长时间内保持稳固、不变动,只有稳定的立法才是权威的立法。

依据这两项原则,上文提及的复杂领域或新型领域的犯罪均应当在以后的刑法典中排除。同时,回顾过往修正案的内容可以发现,修改最为频繁且涉及内容最多的领域集中在恐怖活动犯罪、破坏经济秩序犯罪、妨害社会管理秩序犯罪以及贪污受贿犯罪,许多罪名在十几年间反反复复被修改了数次。仔细分析这些犯罪,通常都与社会发展密切联系,也随着社会的变迁而变化,同时立法者也认为,如果不及时修改,则无法跟上社会前进的步伐。当然,这些犯罪也或多或少地表现出复杂的行为类型或涉及新型的犯罪领域,因此并不符合刑法典确定性与稳定性的立法原则。所以,未来刑法典的立法范围在保留刑法总则内容不变以外,应剔除刑法分则破坏社会主义市场经济秩序罪、妨害社会管理秩序罪和贪污贿赂罪三章罪名以及《刑法修正案(九)》新增的恐怖主义活动犯罪。不过,也有学者主张,军事刑法和少年刑法也需要采取单行刑法的立法方式[①],即言下之意是,将军事犯罪和少年犯罪的内容也从现行刑法典中分离出去,但笔者难以赞成此观点。就军事犯罪而言,其主要涉及现行刑法典第十章"军人违反职责罪",这些犯罪行为主体明确、行为方式固定,并不违背刑法典确定性的立法原则,故保留在刑法典中并无不妥;同时,这些犯罪的发生还必须具备特殊的背景,即发生全国或局部战乱,但依据中国"以和为贵"的民族传统以及和平发展的治国道路,相信在相当长的时间内都不可能发生此类犯罪,因此立法的稳定性也能长时间的保持,故亦无修改的必要。就少年犯罪而言,由于其并非一类犯罪,具体罪名又涉及刑法总则有关未成年人的规定,依据目前的立法技术难以从刑法典中分离出来,虽然模仿德国而制定少年刑法可以一定程度地实现少年犯罪与刑法典的分离,并且具有更好的规制和保护未成年人的效果,但这相当于针对未成年人这一特殊群体,专门制定与之配套的刑罚与罪名,那么老年人、孕妇这些特殊群

---

① 张明楷:《刑事立法的发展方向》,《中国法学》2006年第4期。

体是不是也配套制定老年刑法、孕妇刑法？如此一来，立法成本就显得太高了，况且刑法总则关于未成年人等特殊群体的规定相对合理，并无"另立山头"的必要。因此，我们主张从现在刑法典中分离单行刑法虽然可行，但也一定要慎之又慎，否则不仅会大大破坏现有的基本稳定和成型的法律体系，而且未必起到十分良性的立法效果，因此单行刑法重在未来在新的独立立法领域制定。

### 2. 单行刑法的立法原则和范围

单行刑法作为刑法典的补充，尤其针对复杂领域或新型领域的犯罪必须予以明确规定，故应当具备针对性、协调性和时效性。针对性原则要求单行刑法在规制某些犯罪时能根据特殊的历史时期，在特定的刑事政策指导下，处以特定的刑罚。例如，在2004年的"严打"时期，针对黑社会团伙，我们以"从严惩治"为政策指导，对黑社会性质组织犯罪予以了严惩；又如近10年一直倡导的"反腐倡廉"建设，其旨在惩办贪污贿赂犯罪。协调性原则要求单行刑法在规制某些犯罪时既要保持与刑法典的立法理念一致，同时还要避免与刑法典内容的重复。时效性原则要求单行刑法在规制某些犯罪时能够最大限度地预测其走势，而当这些犯罪发生新变化时又能及时作出调整。

依据上述三项原则，黑社会性质犯罪、恐怖主义活动犯罪、毒品犯罪、走私犯罪和贪污贿赂犯罪都适合由单行刑法规定，即制定类似于"关于惩治黑社会性质犯罪的决定""关于惩治恐怖主义活动犯罪的决定"等的规定。一方面，这些犯罪都属于从原刑法典中剔除的部分，因此将其规定在单行刑法中不会与刑法典产生内容的重合或交叉；另一方面，这些犯罪并不以违反经济或行政法规为前提，本身也不宜规定在附属刑法中，因此规定在单行刑法中可避免遗漏，而且自成系统，与其他法域不易混淆。此外，有学者主张，将在我国生效的国际条约所规定的比较复杂的犯罪也纳入单行刑法。① 笔者认为，这些犯罪中的一部分已经在刑法典中予以明确，如劫持航空器罪、劫持船只罪，而且比较成熟和稳定，不宜轻易变动；即使没有在刑法典中规定的如灭绝种族罪、海盗罪，也可依照与我国

---

① 张明楷：《刑事立法的发展方向》，《中国法学》2006年第4期。

缔结的国际条约规定并结合刑法管辖原则予以处理，因此并无再规定单行刑法的必要。

### 3. 附属刑法的立法原则与范围

附属刑法一方面是作为刑法典的补充，另一方面更是为了保障经济、行政等部门法规的有效实施，故应当具备独立性与依附性。独立性原则要求附属刑法具有独立地位，尽可能避免与刑法典的混同，既便于公民知晓，也方便司法人员适用。具体而言，将上文所述的从刑法典中剔除的第三章"破坏社会主义市场经济罪"和第六章"妨害社会管理秩序罪"重新合并，形成独立或单一的"行政刑法"（部分已经纳入单行刑法的自然排除在外）。因为这两章内容的犯罪都以违反经济法或行政法为前提，如若不予独立，容易导致当前"附属刑法"模式下经济法或行政法与刑法典的失调；同时，经济犯罪与行政犯罪不同于普通的人身、财产犯罪，制定独立或单一的"行政刑法"在刑罚措施上具有更多的创新，并且也不会与刑法总则的规定冲突。① 依附性原则要求经济法、行政法在涉及追究刑事责任时能做到有效"依附"于"行政刑法"，不存在体系的失调与冲突。具体而言，应当以"行政刑法"为依据，在相关的经济法、行政法中规定具体的罪名、罪状和法定刑。例如，可作如下表述，"构成犯罪的，依据行政刑法第××条××罪判处××年有期徒刑"。当然，可能"行政刑法"无法囊括所有在经济法或行政法中规定的行为类型，因此需要适时的补充与完善，但这并不关乎刑法典的稳定性，只是"行政刑法"内部的小修小补问题。

因此，根据笔者主张的"三元制"立法模式，刑法典规定的内容包括总则以及分则中关于公民人身、财产安全以及具有长期稳定性的犯罪；单行刑法规定复杂领域或新型领域的犯罪，如黑社会性质组织犯罪、毒品犯罪等；附属刑法一方面包括独立或单一的《行政刑法》，即主要规制经济犯罪和行政犯罪，同时在经济法、行政法中对涉及刑事处罚的规定，应当明确罪状和法定刑。

---

① 尽管《刑法》第101条规定了"其他法律有特别规定的除外"，但笔者认为，这种做法不仅可能触及立法权限的问题，而且也不如"行政刑法"规定得更加明确、直接、有效。

## 四 余论：刑罚之外轻罪体系的补充

刑法的立法模式既是一个重大的刑法理论问题，又与刑法实践问题密不可分；既涉及刑法本身，也关系到经济、行政法规中刑事制裁的内容。"三元制"的立法模式固然可以解决刑法之内的"罪责关系"，但对于刑法之外的规制则显得束手束脚，甚至难以形成有效处罚机制。尤其在2013年劳动教养被废止之后，关于刑法之外的行政处罚中的人身自由罚（收容教育、教养等）性质的讨论及其存在的合理性更加突出。[①] 故而笔者主张，在刑罚之外构建轻罪体系，这个体系与上文有些学者提出的"二元制"立法模式中的"轻罪法"概念并不相同。[②] 具体而言，该"轻罪体系"包括了"三元制"体系下附属刑法中暂未达到刑事处罚程度的违法行为，以及《治安管理处罚法》与《刑法》调整的对象发生竞合的行为。当然，刑罚之外的轻罪体系是否一定存在理论上的合理性以及实践中的可操作性，也还有待于进一步思考与论证，在此提出这一问题，也是从侧面进一步推动"三元制"立法模式的科学化。

（苏州大学王健法学院教授、博士生导师　李晓明；苏州大学王健法学院博士研究生　徐翕明）

---

[①] 李晓明：《论刑法与行政刑法的并立》，《法学杂志》2017年第2期。
[②] 这些学者的"轻罪法"概念依然停留在刑法之中，但这样的建构存在体系与内容的交叉与错位，这一点在前文已经作出明确阐释。

## 第四节 反恐刑法的立法模式刍议

恐怖主义对全球安全带来了威胁，反恐怖主义斗争进行到今天，取得了一定的效果，但是就全球之反恐形势而言，依然存在有效性不足、人权保护力度不够、打击范围扩大等问题。刑法在反恐斗争中起重要作用，如何既保持刑法的谦抑性，又积极回应当今的反恐斗争形势，亦即反恐刑法应当采取何种模式，成为重要的理论与实践议题。就国内而言，存在三种观点：一是通过刑法修正案，对反恐刑法全面法典化，适时全面修订现行刑法①；二是全面修改刑法典，反恐刑法单列一章或者一节②；三是通过制定特别刑法，将相关的行政性防范监控规范、程序性侦查追诉规范与实体性刑事归责规范三位一体纳入一部法律，制定出综合性的反恐怖主义（刑）法。③ 鉴于刑法修正案以个别修正、局部改进为基本形式，以被动回应、应急立法为基本特征，修法时往往难以统筹兼顾，容易导致修改后的

---

① 国家社会科学基金项目"新疆兵地多元文化与犯罪预防关系研究"（13BFX053）成果之一。赵秉志教授认为，刑法修正案是除全面修订刑法典之外唯一科学的修法方式，也是一种审慎而适当的局部修法的方式。参见赵秉志《当代中国刑法法典化研究》，《法学研究》2014年第6期，第188页。

② 刘守芬教授建议：由于恐怖主义性质的犯罪分散在我国刑法的主要章节中，与法国的情况有类似处，故可考虑引入法国的立法模式。具体设想：在"危害公共安全罪"中专设一节，或者在刑法分则中专设一章，对恐怖主义组织的概念予以明确界定，规定恐怖主义犯罪的概念、成立条件、刑事处罚等问题。同时单独制定"反恐怖主义犯罪法"，重申恐怖主义犯罪的概念，明确我国反恐主义的法律与组织基础及国际合作等特殊的程序性事项。参见刘守芬、李瑞生《纷争与平衡——推动中国反恐立法的两点思考》，载赵秉志主编《中国反恐立法专论》，中国人民公安大学出版社，2007，第91页。

③ 梁根林教授指出，较之于通过刑法修正案对刑法典进行修修补补，将所有罪刑规范统一纳入法典的刑法单轨模式，在特定情况下例外地保留特别刑法，无疑是更为明智的选择，当今世界许多国家的刑事立法也多有先例可循。特别是，鉴于我国当下面临恐怖主义、极端主义、分裂主义犯罪的重大威胁，例外地采纳特别刑法的立法方式，一方面，完全可以根据这些犯罪不法与罪责内涵、程度的特殊性，具体、明确且更有针对性地制定具有"敌人刑法"性质的相关罪刑规范，避免在刑法典单轨模式下，刑法修正案将相关罪刑规范统一纳入法典所导致的体系逻辑与目的功能的双重龃龉；另一方面，又可以将相关的行政性防范监控规范、程序性侦查追诉规范与实体性刑事归责规范三位一体纳入一部法律，制定出综合性的反恐怖主义（刑）法与反国家分裂（刑）法。这样的综合性法律亦可归入广义的行政刑法范畴。参见梁根林《刑法修正：维度、策略、评价与反思》，《法学研究》2017年第1期，第63页。

条文之间缺乏体系逻辑的一致性与规范内容的合目的性①，而制定综合性的反恐怖主义刑法会淡化刑法在反恐中的重要作用，且与已经制定并实施不久的反恐怖主义法相抵触，笔者主张反恐刑法应当单行，这既有反恐的实践根据又有刑法学理论的根据与支持。

## 一 反恐有效性的需要

合理的刑法结构是有效惩治和预防犯罪的重心，而我国现行刑法结构存在严重的问题："一是刑法典中规定的犯罪大约相当于西方国家刑法典中规定的重罪，而没有将治安处罚这类类似于西方国家的轻罪、违警罪纳入其中，同时，保安处分措施也没有系统化；二是刑事法律之外的其他行政或经济法律不能直接确立罪名和刑罚，这种定罪量刑单轨制模式无法适应当今法定犯大增的社会形势的需要。"② 单行刑法是国家（在我国是全国人民代表大会常务委员会）以决定、规定、补充规定、条例等名称颁布的法律，是普通刑法之外，就特别之时间、地点，特别身份之人或特定之犯罪所制定的刑法。③ 我国颁行1979年刑法后曾制定并实施了20余个单行刑法，1997年刑法后也颁行过单行刑法④，这些单行刑法为我国社会的刑事法治理贡献了力量，但1997年后刑法修正案成为刑法立法的常态，单行刑法大有退出历史舞台的趋势。单行刑法规定某一类犯罪及其刑事责任或者刑法的某一事项，适用范围不如普通刑法广泛，但优先于普通刑法适用，普通刑法的一般原则规定除法律另有规定的以外，仍适用于单行刑法。"相较于刑法典乃至刑法修正案，以全国人大常委会决定等形式体现

---

① 参见梁根林《刑法修正：维度、策略、评价与反思》，《法学研究》2017年第1期，第61页。
② 刘仁文：《关于调整我国刑法结构的思考》，《法商研究》2007年第5期，第36页。
③ 有学者对单行刑法的特征进行了总结，认为单行刑法具有四个特征：独立性、补充性、针对性、灵活性。参见邹易材《单行刑法概念研究》，《广西警察学院学报》2017年第3期，第16页以下。此外，也有学者对单行刑法的立法技术进行了研究，参见张波《关于单行刑法的立法技术的历史考察和展望》，《安徽大学法律评论》2007年第2期，第238页以下。
④ 有的认为有1个，即《关于惩治骗购外汇、逃汇和非法买卖外汇犯罪的决定》，也有的认为是3个，即还包括《关于取缔邪教组织、防范和惩治邪教活动的决定》和《关于维护互联网安全的决定》，但后两个由于没有罪刑规范，一般不认为是单行刑法。

的单行刑法在立、改、废的速度与成本方面具有优势。更为重要的是，以决定形式体现的特别刑法，具有'自纠错'机能，即在我国尚不具备违宪审查机制的前提下，通过全国人大常委会自身制定立法解释的形式，在可能的范围内纠正特别刑法可能存在的漏洞与不足，起到事半功倍的效果。"① 单行刑法具有普通刑法的共性特征，又具有自己的针对性和灵活性，如果用之得当，则会促进我国刑法结构的优化，有利于实现刑事立法的科学化与民主化。就反恐单行刑法而言，其必要性体现在以下几个方面。

（一）可以从技术角度有效遏制恐怖主义犯罪根本目的的实现

学者指出，从法律发展的历史看，人类法律文明的进步不只是法律观念上的进步，同样也是法律技术上的进步；而法律技术的进步则是法律观念进步的必然要求和反映。作为行为评价标准和行为指引规范的法律，只有通过语言、概念、逻辑等技术要素的支持才能成为可行的制度规范。"法律的种种目的，以及内含于目的之中的法律的正当性，都必须通过一定的技术手段才能实现。而包括刑法规范在内的法律规范，其实就是立法者将统治阶级的道德原则和政治思想在制度上加以体现的一种技术。如果把法律看成是人类自我控制的技术，那么刑法就是关于惩罚的制度技术。"②

恐怖主义，是指通过暴力、破坏、恐吓等手段，制造社会恐慌、危害公共安全、侵犯人身财产，或者胁迫国家机关、国际组织，以实现其政治、意识形态等目的的主张和行为。③ 其中，制造恐怖气氛、扩散恐惧心理是恐怖活动所要达致的效果之一。中国学者李湛军认为，恐惧性和心理

---

① 李立丰：《特别刑法及其存在之合理性》，《暨南学报》（哲学社会科学版）2017年第1期，第76页。
② 周少华：《刑法理性与规范技术——刑法功能的发生机理》，中国法制出版社，2007，引言。
③ 2015年12月27日第十二届全国人民代表大会常务委员会第十八次会议通过的《中华人民共和国反恐怖主义法》第3条的规定。恐怖主义也可以简单地定义为强制性恐吓，或者更全面地定义为系统地使用暗杀、伤害和破坏，或者通过威胁使用上述手段，以制造恐怖气氛，宣传某种事业，以及强迫更多的人服从于它的目标。〔英〕戴维·米勒、韦农·波格丹诺主编《布莱克维尔政治学百科全书》，邓正来等译，中国政法大学出版社，2002，第811页。

性是恐怖主义一个突出的特征，恐怖分子试图利用恐怖事件引起的恐怖气氛给对手造成巨大的心理压力，进而使对手在精神上受到打击，以形成一种有利于恐怖分子讨价还价的可变动性环境。① 恐怖主义犯罪中恐怖分子追求的根本目的与效果是制造社会恐怖。"不仅要更多的人亡，而且要更多的人看。"这是恐怖主义的目的之一，这种方式对人的心理造成巨大伤害。有关资料显示，遭受恐怖袭击时，受惊吓的人数为受伤害人数的10倍以上甚至百倍千倍。经历残酷灾难的梦魇后，人们失去亲朋好友，人身安全受到威胁，长期生活在恐怖的阴影中，造成严重的心理伤害。由此可见，在反恐斗争中，如何瓦解恐怖分子的斗志、巩固己方的心理防线十分重要。

"恐怖主义者通过制造一系列骇人听闻的事件引起了全世界的关注。他们对机场、铁路设施、民间盛大节日、军事设施以及跨国公司办公大楼投放炸弹，突然袭击，他们暗杀社会名流，劫持飞机、海轮。有时，他们也实施'给养犯罪'，例如抢劫银行，偷盗武器、证件和汽车等。"② 可以说，恐怖分子追求的社会效果就是社会恐怖。社会恐怖在近年来有新的表现。第一，科技迅猛发展使得恐怖主义犯罪手段愈发"先进"，呈现复杂化和多样性，且犯罪更加容易得逞。以先进科学技术辅助的绑架、暗杀、劫机、人体炸弹、汽车炸弹等暴力行为强烈震撼人们的心灵，使人产生极度恐惧的心理。由于这些暴力行为杀伤力强，破坏力大，往往造成重大人员伤亡和财产的严重损失，对一般民众的安全心理底线构成冲击，造成恐慌状态，生活秩序失常。第二，非暴力恐怖活动如利用互联网制造恐怖活动的增加，也会对社会造成强烈心理恐慌。由于网络技术的普及以及其在人们生活中所发挥的重要作用，这类非暴力恐怖活动所产生的恐怖影响往往不逊于通过暴力造成有形伤亡后果所引起的人们心理的恐惧。第三，恐怖分子为了实现其目的，往往制造爆炸恐怖、生化恐怖、放射恐怖、杀人恐怖等事件，通过对象征性目标的攻击扩散恐惧气氛，造成社会严重混

---

① 李湛军：《恐怖主义与国际治理》，中国经济出版社，2006，第26页。
② 〔德〕汉斯·约阿希姆·施奈德：《犯罪学》，吴鑫涛等译，中国人民公安大学出版社、国际文化出版公司，1990，第950页。在国际上，据统计，仅从二战结束到20世纪90年代初，全世界已有100余位各国政要、军界要员、宗教领袖、政治组织领导人遭到谋杀。具体参见姚法昌等编著《震惊世界的政治谋杀案》，世界知识出版社，1992，附录部分。

乱，使所有社会成员都陷于恐怖氛围之中，成为社会恐怖的受害者。

社会恐怖的最终后果是人类社会生活秩序的严重失常。而这恰恰是恐怖分子追求的社会效果，也是恐怖主义犯罪严重社会危害性的集中体现。将恐怖主义犯罪纳入刑法典，虽然达到了罪刑法定的效果，但也同时触发人们的不安全感与某种程度的"恐惧感"，把恐怖主义犯罪分子追求的效果"法典化"，于无形之中帮助了恐怖分子，而以单行刑法的形式集中规定恐怖主义犯罪的罪名及其处罚则可以避免这一点，可以有效遏制恐怖主义犯罪目的的实现。

（二）适应恐怖主义犯罪行为多样性的需要

恐怖主义，被称为"21世纪的政治瘟疫""政治艾滋病"，与人类环境恶化和资源枯竭共同称为世界三大危害。2001年9月11日，4架美国飞机被恐怖分子劫持，其中两架撞向了纽约世贸中心双塔，一架撞向了美国国防部五角大楼，另一架则坠毁在宾夕法尼亚的密林中，由此造成了举世震惊的"9·11"恐怖袭击事件，3201条生命随烟尘飘散……早期恐怖主义犯罪手段较为单一，主要包括暗杀、绑架、劫持人质、劫持航空器等。20世纪90年代以来，随着世界经济政治形势的发展，科学技术的进步和互联网的普及，恐怖主义的发展出现了一些值得关注的特点和趋势：恐怖活动全球化、恐怖组织军事化、恐怖分子职业化、恐怖势力合流化、恐怖动机复杂化，恐怖主义使用的手段由传统的绑架、劫持人质与暗杀等方式发展到使用爆炸、袭击、劫持、生化武器和网络恐怖以及它们的组合等。国际恐怖组织积极谋求利用核、化学、生物大规模杀伤性武器或类似材料来制造高恐怖效应的恐怖活动。"伊斯兰国"恐怖组织在恐怖主义犯罪中施用了化学武器，将来核物质被恐怖主义犯罪分子利用也不是没有可能性。例如，巴基斯坦核武器是否会落入恐怖分子手中已经引起国际社会尤其是美国的严重担忧，一名驻阿富汗的美国情报官员说："我们制定了在局面失控的情况下确保巴基斯坦核武器安全的计划。这是美军联合特种作战司令部驻阿部队的第二项主要任务。"①

---

① 《美媒称若巴基斯坦局面失控美国接管巴核武库》，《环球时报》2009年5月15日。

## (三) 对恐怖主义犯罪侵害法益的复合性作出理性回应的需要

"对于安全、自由地保障所有个人人权和公民权的社会生活所必要的，或者对于建立在此目标上的国家制度的运转所必要的现实存在或者目的设定就是法益。在此应该指出现实存在和目的设定的区别在于，对于立法者来说，法益并不必然地像人的生命一样是预先给定的，也是可以通过立法者创设的，就像税收的权利所展现的属性。"①《2016 年全球恐怖主义指数报告》在 2012 年版报告的基础上，进一步研究了恐怖主义的成因。报告认为在宗教激进主义之外，恐怖主义的成因还包括：民族矛盾、种族矛盾、国家间的暴力冲突、侵犯人权、有组织犯罪、薄弱的政治体制、法制不健全以及教育缺失等。②恐怖主义犯罪原因的多样性，在一定程度上可以折射出恐怖主义犯罪侵害法益的复合性与复杂性。

恐怖主义犯罪侵害法益的复合性与复杂性，也可以从恐怖主义犯罪攻击对象的不特定性中得到说明。从反恐实践来看，恐怖主义犯罪侵犯的往往是个人法益与国家法益、公共法益的复合法益。这在国际和国内两个方面的案例已层出不穷。针对无辜平民一次死伤百人以上的恐怖事件已遍布世界各地，例如 1988 年 12 月 21 日的洛克比空难使 30 多个国家的 270 人丧生；1995 年 4 月，美国俄克拉荷马城发生汽车爆炸事件，联邦办公大楼被炸毁，168 人死亡③；1998 年 8 月 7 日，美国驻肯尼亚和坦桑尼亚大使馆门前发生汽车爆炸事件，造成 224 人死亡，数千人受伤④；2001 年美国"9·11"事件炸毁世贸大厦双塔造成 3000 多无辜的人死亡；2002 年 10 月 12 日午夜的印度尼西亚巴厘岛爆炸案，造成 202 人死亡，323 人受伤，死伤者大多是外国游客⑤；2002 年 10 月 23 日，50 名车臣恐怖分子闯入莫斯科东南区轴承厂文化宫，将看音乐剧的 700 多名观众、100 多名演员和文化宫的工作人员扣为人质，企图胁迫政府从车臣撤军，该事件造成 119 名

---

① 〔德〕克劳斯·罗克辛：《刑法的任务不是法益保护吗？》，樊文译，载陈兴良主编《刑事法评论》（第 19 卷），北京大学出版社，2007，第 152 页。
② 马愿：《2016 年全球恐怖主义指数报告》，《国际研究参考》2017 年第 3 期，第 42 页。
③ 钱七虎主编《反爆炸恐怖安全对策》，科学出版社，2005，第 320、329 页。
④ 赵秉志主编《惩治恐怖主义犯罪理论与立法》，中国人民大学出版社，2005，第 12 页。
⑤ 钱七虎主编《反爆炸恐怖安全对策》，科学出版社，2005，第 342 页。

人质死亡①；2003年8月29日，伊拉克圣城纳杰夫阿里清真寺外发生汽车炸弹爆炸事件，至少126人死亡，140人受伤；2004年3月11日，恐怖分子于早间上班高峰时段在4列发自或途经埃纳雷斯堡驶往马德里市中心的火车上放置了13个分别装有10千克左右炸药的背包，炸死202人，1500多人受伤。②在国内，据不完全统计，1990～2001年，"东突"恐怖势力在我国新疆境内制造了至少200余起恐怖暴力事件，造成各民族群众、基层干部、宗教人士等162人死亡，440多人受伤。③2016年12月20日，据报道，当地时间周一晚间，一辆货车冲入德国柏林市西部城区繁华地带的一个圣诞市场的人行道，造成12人死亡；2017年7月14日，法国南部海滨城市尼斯也曾发生卡车冲撞人群的袭击事件，造成至少84人死亡，202人受伤；德国东南部巴伐利亚州2017年接连发生了维尔茨堡火车袭击案、慕尼黑枪击案、安斯巴赫爆炸案等恐怖或暴力袭击事件，当地安全形势骤然紧张。2017年8月19日，据报道，芬兰西南部城市图尔库（Turku）市中心两个地点早些时候连续发生持刀伤人事件，并导致多人伤亡——当地时间18日下午，图尔库市中心两个地点连续发生持刀伤人事件，造成2人死亡，8人受伤，8名伤者中有6名女性和2名男性，年龄最小的15岁，最年长的67岁；2017年8月17日联合国秘书长古特雷斯发表声明，谴责发生在西班牙第二大城市巴塞罗那的恐怖主义袭击事件——2017年8月17日，在巴塞罗那市中心，恐怖分子驾车闯上人行道，造成13人死亡。④

## 二 反恐人权保障的需要

面对恐怖主义的威胁，各国纷纷出台了一些应急性的反恐刑事法律，加大了对恐怖主义犯罪的惩治力度。预防和制止恐怖主义对于任何一个政府而言都是极其重要的任务，为确保其成功，采取一些必要的干预措施（如对电话实施监听和对电脑实施秘密侵入），将刑法介入的时间提前（如不管是否有犯罪活动，只要组织、领导和积极参加恐怖组织就是犯罪），

---

① 戴凤秀：《防恐怖战略与对策》，当代中国出版社，2003，第469页。
② 钱七虎主编《反爆炸恐怖安全对策》，科学出版社，2005，第342、357页。
③ 国务院新闻办公室：《"东突"恐怖势力难脱罪责》，《人民日报》2002年1月21日。
④ http://www.un.org/victimsofterrorism/zh/node/3236，2017年9月15日访问。

有一定的正当性，但与此同时，也必须看到，在反恐斗争中，并非所有的方式都是合理的，还应坚持法治和人权的底线。人们不愿生活在恐怖活动的阴影中，也同样不愿生活在个人隐私等基本权利受到严重威胁和侵害的恐怖中。①

（一）反恐单行刑法是保障人权的最佳法律形式

学者指出，反恐涉及众多法律领域，如警察法、情报法、军事法、金融法、移民法、电信法、刑法、刑事诉讼法和国际法等。综观那些反恐经验积累较多的国家，可以发现，刑法在其反恐内容中所占的比例其实很小。②但是，刑法是诸多反恐法律中保障人权最有力的手段，因为刑法有自己的基本原则和严格的构成要件理论，刑罚裁量也有其严格的要求，并通过严格的刑事诉讼法加以实施，不仅可以保障被告人的程序性权利，更能依法保护其实体权利。所以德国学者齐白通过对警察法、情报法以及移民法等反恐中对人权保护力度的分析，也得出了类似的结论。齐白教授指出，《德国刑法典》第66条以下所规定的保安监禁措施不仅要求至少具备相应的犯罪行为，而且——正如联邦宪法法院诸多判例所表明的那样——要求必须存在严格的、行为人将会实施严重犯罪行为的预期。此外，如果相关规定只是为了针对恐怖主义罪犯，而不以预防严重刑事犯罪为前提的话，恐怕也同样难以与《欧洲人权公约》相协调。因此可以确定：除了受国际人道主义法严格限制的武装冲突、警察法中同样被严格限制的短期预防性措施以及刑法典中所规定的矫正与安保处分之外，目前只有通过刑法才能在反恐领域实现预防性的监禁。因此，立法者并不在刑法之外寻求针对潜在恐怖分子的监禁措施无疑是正确的。③

由于单行刑法具有刑法规范所固有的规范、保护、保障等功能，作为一种特别刑法，它又具有有别于刑法典的独特作用，即修改补充功能、创

---

① 刘仁文主编《刑事法治视野下的社会稳定与反恐》，社会科学文献出版社，2013，前言第2页。
② 刘仁文主编《刑事法治视野下的社会稳定与反恐》，社会科学文献出版社，2013，前言第3页。
③ 〔德〕齐白：《全球风险社会与信息社会中的刑法：二十一世纪刑法模式的转换》，周遵友、江溯等译，中国法制出版社，2011，第203~204页。

制功能、解释功能、分合功能,还具有适应性强、灵便及时、针对性强的优点①,反恐单行刑法不仅可以根据中国乃至世界反恐形势,在单行刑法中设置全新的刑法规范以及时回应反恐需要,而且可以保持刑法典主要作为司法法的稳定性,为刑法典增添活力,强化刑法调控机能,切实维护国家安全、社会安全,有效保护公民的合法权益。此外,反恐单行刑法还可以把刑法典及刑法修正案中关于恐怖主义犯罪的已有规定予以重申或者用更加明确、更加具体的规定予以细则化,更好地实现罪刑法定等刑法的基本原则,更加有效地保障人权,因而是保障人权的最佳方式。

(二)反恐单行刑法排斥"敌人刑法"观念

德国有学者认为,恐怖分子是"根本性地偏离的犯罪者,对于具有人格之人所应为之行为不给予保证,因此,他不能被当作一个市民予以对待,他是个必须用战争征讨的敌人"。"在市民刑法之中,刑罚众所周知的功能是在进行否定;于敌人刑法,则是危险的排除。"②"与实质刑法相同,就消除恐怖分子的危险性,所适用的敌人刑事诉讼程序规定亦最为严厉,如封锁其与外界的联系,亦即剥夺受拘禁者与其辩护人接触的可能性,以避免他人生命、身体或自由的危险。"③笔者认为此种观点容易导致反恐中人权保护的弱化,实践中发生的个别国家为了反恐而秘密转移嫌犯,甚至刑及无辜的做法,严重违反了联合国反对酷刑的规定。就刑事诉讼程序而言,在确保罪犯基本诉讼权利的同时,为了避免进一步侵害的发生,就恐怖分子的人身危险性予以特别关注是有其合理性的。但是,同恐怖主义犯罪作斗争的重点,在程序方面,是加快该类犯罪的侦破,以尽快消除民众的恐怖心理,使社会生活正常秩序得以恢复,而不是不择手段、违反法律规定地去反恐。就我国现有的刑事程序而言,主要的问题是打击恐怖主义犯罪的效率之提升。

---

① 郝兴旺:《我国单行刑法的若干基本理论问题研析》,《法学家》1994年第4期,第39页以下。
② 〔德〕雅格布斯:《市民刑法与敌人刑法》,徐育安译,载许玉秀主编《刑事法之基础与界限——洪福增教授纪念专辑》,学林文化事业有限公司,2003,第15页。
③ 〔德〕雅格布斯:《市民刑法与敌人刑法》,徐育安译,载许玉秀主编《刑事法之基础与界限——洪福增教授纪念专辑》,学林文化事业有限公司,2003,第38页。

实际上，关于"敌人刑法"的提法，在德国也遭到了一些学者的质疑与反对，例如齐白教授认为，新近定义的、分别以"敌人刑法"或者"战争法"的形式发展起来的法学理论，概念都不太确定，不能成为刑法的指导思想。通过对法律体系及其人权保障的必要的综合考察可以认为，如果一方面凭借宽泛的、免受处罚的"私人领域"限制刑法的适用，另一方面却同时为了满足现实的安全需求而为"敌人刑法"或者"以战争法为导向的预防法"创设不确定的许可条件的话，其实并无裨益。① 由此，反恐单行刑法绝对排斥"敌人刑法"观念。

（三）反恐单行刑法可以最大限度保障人权

根据国际人权法和人道主义法以及《保护人人不受酷刑和其他残忍、不人道或者有辱人格待遇或处罚宣言》《囚犯待遇最低限度标准规则》《执法人员行为守则》等国际法律文件，恐怖主义分子的基本权利，特别是诉讼权利不受侵犯，不得任意逮捕、非法羁押或者超期羁押，免受酷刑、不人道和有辱人格的处罚，享有公开公正有效的司法审判权利（包括上诉权、申诉权等）。在联合国第56届会议上，印度代表提出，目前需要处理一个不平衡现象，即在不重视恐怖主义个人或团伙的侵权行为的同时，过分强调保护恐怖分子的人权，忽视了受恐怖分子严重侵害的其他人的人权。② 我国学者对此指出："重视恐怖主义分子严重侵害他人的人权的最好方式是通过法律手段对恐怖分子给予应有的惩罚；相反，由于人们对恐怖主义犯罪的深恶痛绝和其他人类情感因素的交织，在实践中恐怖主义分子几乎享受不到什么基本权利，从而使惩治恐怖主义犯罪又走向另一极端。"③

为了避免这一不利局面在中国出现，中国的反恐刑法必须固守人权保

---

① 〔德〕齐白：《全球风险社会与信息社会中的刑法：二十一世纪刑法模式的转换》，周遵友、江溯等译，中国法制出版社，2011，第204页。
② 联合国大会第56届会议秘书长《关于人权与恐怖主义的报告》，2001年7月17日，A/56/190。转引自王秀梅《惩治恐怖主义犯罪中维护公共秩序与尊重人权的平衡》，《法学评论》2006年第2期，第60页。
③ 王秀梅：《惩治恐怖主义犯罪中维护公共秩序与尊重人权的平衡》，《法学评论》2006年第2期，第61页。

障基本原则。由于反恐单行刑法是针对反恐怖主义犯罪特定事项的法律，较之于普通刑法，具有更强的专业性和较高的灵活性以及要求更高、更有效率的司法理念，加之其实施必须坚持普通刑法总则的指导，可以形成自己精致的规制系统。反恐单行刑法与普通刑法互相配合，共同发挥对恐怖主义犯罪的惩治和预防作用，实现社会刑事法治理的科学化，对保护恐怖主义犯罪人的人权起到双重保障作用，当然也从另一个侧面更有效地保护善良人的人权。

### 三 宽严相济刑事政策的需要

刑事政策是一种重要的国家政策，而关于刑事政策的界定，理论上存在极大的分歧，正像储槐植教授所指出的："至今几乎所有关于刑事政策的著述，找不到两个完全相同的刑事政策定义。"[①] 通说认为，刑事政策"是党为了指导国家创制与实施刑事法律的活动而制定的政策，是国家机关为进行刑事法律的活动而制定的政策，是国家机关进行刑事立法与司法等项活动所遵循的准则"。[②] 笔者认为，刑事政策是权力知识在预防和控制犯罪中的运用，这种权力知识的主体主要是国家，但又不局限于国家，还包括社会组织、群体以及个人，其运作不仅仅限于国家及社会权力的交互作用，而且还涵摄其他主体间的操控与被操控、规训与被规训。

宽严相济政策源自惩办与宽大相结合政策，宽严相济是惩办与宽大相结合政策强调的中心内容。宽和严密切结合，有宽有严，是对立统一、不可分割的两个方面。宽严相济的精神需要从三个方面理解。[③] 一是惩办与宽大不可偏废，既不能"宽大无边"，也不能"镇压无边"，忽视惩办与宽大其中任何一方面的倾向都是错误的。只讲宽大不讲惩办，只讲联合不讲斗争是右的倾向，必然使犯罪分子受不到应有的打击。二是宽中有严，严中有宽。宽和严是相对的，除两者相对而言以外，所谓"宽"也不是绝对

---

① 储槐植：《刑事政策：犯罪学的重点研究对象和司法实践的基本指导思想》，《福建公安高等专科学校学报》，1999年第5期。
② 周振想：《论刑事政策》，《中国人民大学学报》1990年第1期；又见周振想《当代中国的罪与罚》，中国人民公安大学出版社，1999，第38页。
③ 肖扬主编《中国刑事政策和策略问题》，法律出版社，1996，第73~74页。

的宽，所谓"严"也不是绝对的严。在我们讲严或惩办的时候，不能不考虑应当重罚的犯罪分子可能有从轻处罚的情节，从而轻判；在我们讲宽或宽大的时候，不能不考虑可能轻罚的犯罪分子可能有从重处罚的情节，从而重判。三是宽和严有张有弛，根据整个社会政治经济形势及同犯罪作斗争的形势变化，或者根据有效揭露、打击犯罪的策略需要，以及适应党和国家中心工作变化的需要，在一定时期较强调惩办，在一定时期又较强调宽大，符合实际地掌握宽严的节奏和范围。宽和严在时间上的前后交替，是客观实际决定的，又是政策的灵活性的表现。

宽严相济刑事政策不仅是一个刑法问题，而且也是一个刑事诉讼法问题。宽严相济刑事政策只是刑事政策中的一种，它主要体现的是对犯罪的惩治政策。宽严相济之"宽"的确切含义应当是轻缓，"严"是指严格或者严厉，严厉主要是指判处较重刑罚，当然是指该重则重，而不是指不该重而重，当然也不是刑罚过重。"济"是指救济、协调与结合之意。① 以上揭示了宽严相济刑事政策的丰富蕴涵。不管刑事司法实践和理论如何发展，刑罚的惩罚性本质不会改变，只是在报应和预防的关系中，何者占据主导地位的问题。谢瑞智博士对此有深刻的体会，他认为："报应与特别预防两者如何调和，确实是刑事政策上极其困难之课题。如吾人过度强调报应刑罚，势将使受刑人之改善与矫治无以发挥其功能；反之，如全然置报应刑之作用于不顾，仅以'近代'之美名将自由刑之焦点汇集于改善与教育之时，将导致若干'无法改善'之习惯犯罪人经常奔走于社会与'学校监狱'之间，使人民对刑罚丧失畏惧，最后即真正之犯罪人无以摒弃于社会之外，致破坏社会之安定性也。"② 由此，刑事政策必须有宽有严，应当辩证地认识其宽严相济性。

从历史的角度看，宽严相济刑事政策有其特定的语境。第二次世界大战后，世界各国的刑事政策朝着所谓"宽松的刑事政策"和"严厉的刑事政策"两个不同的方向发展。储槐植教授对西方二百多年刑事司法制度资料做了研究，认为在西方世界范围和较长历史时期的时空条件下，犯罪的

---

① 陈兴良：《宽严相济刑事政策研究》，《法学杂志》2006年第1期，第17~25页；2006年第2期，第24~29页。
② 谢瑞智：《犯罪学与刑事政策》，文笙书局，2002，第209页。

数量和质量稳步上升,而对犯罪的反应——刑罚却波浪式地趋向下降,由此得出了西方刑法的"趋轻规律"。① 但是,第二次世界大战后,经济发达国家普遍出现犯罪高涨现象,面对犯罪压力,采取"轻轻重重"的刑事政策,对一些轻微罪行予以非罪化或非监禁刑化,20世纪末推行的恢复性司法也属于此列;另外,对严重犯罪则采取严厉政策,突出反映在有组织犯罪方面。有组织犯罪对社会秩序和公共安全造成严重威胁,也对传统刑法构成了严重挑战。20世纪90年代美国出现了所谓的正当程序反革命,其实质是出于对严重犯罪严密法网的社会需要。②

宽严相济刑事政策是我国基本的刑事政策,具有适用范围的广泛性特点。由于反恐涉及基本人权的保护,宽严相济刑事政策要求制定反恐刑法时必须做到惩办与宽大不可偏废;宽中有严,严中有宽;宽和严有张有弛,根据社会治安与反恐斗争形势决定不同的恐怖主义犯罪及犯罪人的处罚。宽严相济刑事政策对我国反恐单行刑法的导向性蕴涵可从"严"和"宽"两个层面来理解:在刑事立法上,宽严相济政策之"严",指严密刑事法网,并保留严厉的刑种,但对其适用范围严格加以限制;宽严相济政策之"宽",是指对过分严厉的刑种予以大幅度削减,调整部分刑种的刑期,并适应社会发展的需要增加适当的刑种,扩大非监禁刑的适用范畴。但是对于恐怖主义犯罪而言,宽严相济刑事政策并不意味着"宽"和"严"两者齐头并进、不分轻重。"宽"和"严"是矛盾的两个方面,处于主、次或次、主的地位。所以在我国当下,"严"应该是矛盾的主要方面,这里的"严"体现为刑事法网的严密和法定刑相对提高,其在宽严相济刑事政策中占有重要地位;严密的法网和严格的刑种与刑罚幅度可以起到有效的刑罚预防犯罪的作用。

## 四　防止反恐扩大化的需要(预防性刑法问题)

现在出现了对反恐扩大化的担心。《刑法修正案(九)》颁布以后,学者总结预备行为实行化的两大模式为针对特定重罪领域的所有预备行为的

---

① 储槐植:《刑事一体化与关系刑法论》,北京大学出版社,1997,第217页。
② 储槐植:《再说刑事一体化》,《法学》2004年第3期,第74~80页。

实行化和针对所有违法犯罪的特定网络预备行为的实行化。① 也有学者进一步分析了中国预防性犯罪化的实践轨迹与规范图谱，即"从司法上未遂入罪化到立法上预备实行化；从打击为自己预备的行为到打击为他人预备的行为；从打击为犯罪预备的行为到打击为所有违法犯罪预备的行为"。② 刘艳红教授把我国的恐怖主义犯罪立法归属为"象征性立法"，立法者只是为了单纯满足社会期待，通过不断修改刑法宣示国家已经着手采取相对应的行动来抗制风险，并逐步将公众所认为的风险纳入象征性立法的法规范体系之中；我国现行的恐怖主义犯罪罪名入罪门槛低，处罚范围扩大，刑罚惩处严厉；恐怖犯罪刑事立法虽然活跃，但是实质效果欠佳；伴随几十年国际社会反恐立法的是频发甚至愈演愈烈的恐怖犯罪袭击，这从另一个角度表明了刑事法治手段反恐可能难以达到预期的实质效果；恐怖犯罪立法最突出地反映了我国立法者严厉打击恐怖犯罪的姿态，最充分发挥了象征性立法的安抚功能。③ 刘艳红教授甚至提出"刑法，理应从属于西方的权利逻辑，赋予公民最大的自由，而不是妥协于源自新中国成立以来即形成的打击犯罪之需要从而盲目地扩大犯罪圈"，进而主张我国应该停止犯罪化的刑事立法。④

这种对预防性刑法的扩张会侵害公民自由的担心，在国外也存在。例如多年以来，法兰克福的刑法学者沃尔夫冈·瑙克（Wolfgang Naucke）一直属于德国刑法发展的最敏锐的观察者和批判者，他认为德国刑法典背离了古典自由主义的、旨在保护个人权利的刑法模式，而总是延伸到新的领域，如环境、毒品、有组织犯罪、恐怖主义、高科技犯罪和产品责任。事实上，这种观察是正确的：德国刑法并非在谦抑，而是在不断向外扩展。⑤

---

① 车浩：《刑事立法的法教义学反思——基于〈刑法修正案（九）〉的分析》，《法学》2015年第10期，第11页。
② 参见郭旨龙《预防性犯罪化的中国语境》，《法律科学》（西北政法大学学报）2017年第2期，第144~145页。
③ 参见刘艳红《象征性立法对刑法功能的损害——二十年中国刑事立法总评》，《政治与法律》2017年第3期，第35页以下。
④ 参见刘艳红《我国应该停止犯罪化的刑事立法》，《法学》2011年第11期，第108页以下。
⑤ 〔德〕埃里克·希尔根多夫：《德国刑法学：从传统到现代》，江溯、黄笑岩等译，北京大学出版社，2015，第24~25页。

## 第四章 刑法立法模式辨析

埃里克·希尔根多夫分析这一趋势的原因时指出,"政治已经发现刑法是一种打击犯罪的廉价和非常具有象征性的手段。现在,刑法不仅仅是立法者最后的手段,而且首要的甚至在不少情况中是唯一的手段。对媒体和公众而言,引入新犯罪行为和强化刑罚幅度是奏效的,却没有什么成本。……通过刑法措施,政治可以营造一种积极性的印象,而不必承认它找不到解决问题的有效方法"。① 然而,在评价这种发展时,不应该轻率地陷入一种片面批判的立场,并信誓旦旦地保证"古典自由主义刑法"的优点,事实上,纯粹的古典自由主义刑法从来没有存在过。同样必须考虑的是,在经历了多次备受争议的修改之后,当今的刑法远比 30 年前更加符合时代精神。这首先体现在,现行法律的规定不仅高度适应社会伦理的发展,也高度符合数据处理、信息传递等方面的技术进步水平。②

事实上,中国现在需要的是犯罪化而不是非犯罪化,只不过中国的犯罪化必须谨慎为之,特别是在反恐刑法立法方面,因为中国人向来廉耻感很重,畏惧"犯罪"的污名。正如周光权教授所分析的,在刑法观念逐步转向功能主义、刑法与政策考虑紧密关联的今天,刑法的谦抑性并不反对及时增设一定数量的新罪;刑罚早期化与转型中国的发展存在内在联系;积极刑法立法观的确立有其社会基础,也更符合时代精神;未来中国的刑法立法从技术层面需要考虑进行相当规模的犯罪化,但处罚不能轻易由轻改重。③

但是,毕竟恐怖主义只是极少数,一个社会发生恐怖主义犯罪也不是常态,若因反恐造成人人自危,则得不偿失。④ 中国是法制统一的国家,制定的法律适用范围绝大多数是全国适用,但实际上只适用于特定地区、特定时间、特定人群(譬如军人)的刑法客观上是存在的。反恐单行刑法可以针对我国恐怖主义犯罪多发地的实际情况制定相关罪名,司法实践中

---

① 〔德〕埃里克·希尔根多夫:《德国刑法学:从传统到现代》,江溯、黄笑岩等译,北京大学出版社,2015,第 39 页。
② 〔德〕埃里克·希尔根多夫:《德国刑法学:从传统到现代》,江溯、黄笑岩等译,北京大学出版社,2015,第 24~25 页。
③ 周光权:《积极刑法立法观在中国的确立》,《法学研究》2016 年第 4 期,第 23 页以下。
④ 刘仁文主编《刑事法治视野下的社会稳定与反恐》,社会科学文献出版社,2013,前言第 2 页。

主要适用于恐怖主义犯罪发生地,既可以避免社会公众产生不良连锁反应,也可以使得学者对中国的反恐形势有更科学与深入的理解,促进反恐刑事立法的科学化。

## 五 反恐单行刑法之构建原则

反恐单行刑法之构建应当遵守普通刑法的基本原则,并针对恐怖主义犯罪的特点,从打击和预防恐怖主义犯罪等角度切入,体现单行刑法的特殊性与优越性。

### (一)保障人权原则

美国在反恐行动中所使用的战争法使得其在国际武装冲突中可以监禁敌方士兵,并且可以在特定情况下出于安全保障考虑羁押平民。即使在针对非国际性武装冲突的法律中也存在可以剥夺他人自由的规定。这样一种——一开始是国际的而后是国内的——国际人道主义法意义上的武装冲突就存在于阿富汗战场。但是,《日内瓦公约》却并不允许将这种冲突扩展为一种毫无时间和空间限制的针对世界恐怖主义和所有恐怖分子的"战争"。美国重新定义了"非战斗人员",并且认为其不受国际人道主义法的保护。但是,这种对国际人道主义法的美国式解读也是不妥当的。警察法——与情报法一样——虽然在监视和调查潜在行为人方面具有重要作用,但是,以预防风险为目标的警察法却不能为存在抽象或者具体危险的场合——亦包括长时间的——的监禁措施提供依据:根据德国各州警察法的规定,只有当存在具体的紧迫危险时,才可以适用管束措施,而且在很多联邦州,相应管束措施的期限不得长于2周。倘若管束超过相应的期限,或者像英国立法者所采用的模式那样延长警察法中的其他自由限制措施的期限,则将违反《欧洲人权公约》第5条的规定。[①] 英国在反恐中错杀巴西籍无辜青年以及美国反恐秘密转移嫌犯等违反人权保障的事例引起了全世界的关注。这就向国际社会的反恐实践提出一个重要问题,即如何在有效惩治恐怖主义犯罪的同时,充分保护好人权。惩治恐怖主义犯罪中容易

---

① 〔德〕齐白:《全球风险社会与信息社会中的刑法:二十一世纪刑法模式的转换》,周遵友、江溯等译,中国法制出版社,2011,第201页。

侵犯人权主要来自三个方面：一是"报复式"的反恐战争；二是不加区别的反恐经济制裁；三是反恐的国际、国内司法实践。

人权是人类社会最高形式和最具普遍性的权利。为了确保法律体系的导向点确实是具体的人，从18世纪后期开始，人权被理解为一种约束性的权利，如美国1791年《人权法案》和法国1789年《人权宣言》。1948年《世界人权宣言》第1条规定："人人生而自由，在尊严和权利上一律平等。他们赋有理性和良心，并应以兄弟关系的精神相对待。"现代国家普遍重视和保障人权，一方面是基于"人是目的而非手段"的政治哲学，另一方面更直接源于对不受限制的国家权力的恐惧。在与恐怖主义的斗争中，如果以牺牲民众的自由甚至生命为代价，那就与反对恐怖主义的做法相去甚远，抑或说与恐怖分子的做法相去不远。正如以色列战争专家克莱威尔德所言："在打击恐怖主义的同时，你便成了恐怖主义者。"① 美国为了打击阿富汗塔利班政权和本·拉登基地组织的恐怖主义犯罪行为，对阿富汗部分地区和伊拉克发动了战争，战争本身的暴力性，导致了大量无辜平民的生命和财产损失，以致在美国国内和国际社会引起不同看法。所以，通过司法途径打击恐怖主义犯罪成为国际社会的最佳选择。

司法的关键是程序，打击恐怖主义犯罪的程序属于司法的程序，不能因为强调其特殊性，而无视其一般程序价值，也就是说打击恐怖主义犯罪的司法程序也必须体现社会公平和正义的要求。法律程序本身是否体现了正义的要求，不仅在于它能否产生好的结果，关键在于是否使受程序影响的人受到了应有的待遇。程序正义的标准是"自然正义原则"和"正当法律程序原则"②。在惩治恐怖主义犯罪的实践中之所以会发生严重侵犯人权的现象，根本原因就在于有关国家的反恐立法或者司法忽视了人权的保

---

① Phe Econmomesp：《新恐怖主义》，《现代外国哲学社会科学文摘》1999年第3期，第25页。
② "自然正义"是一项十分古老的程序公正标准，其理论基础是传统的自然法理论。这一原则早在古罗马时代和中世纪即已被人们所接受，成为自然法、万民法和神判法的基本内容。"自然正义"有两项基本要求：任何人不得做自己案件的法官（nemo judex in parte sua）；应当听取双方当事人的意见（audi alterm partem）。"正当法律程序"是美国联邦宪法所确立的一项基本原则。该法第五修正案规定："非经正当法律程序，不得剥夺任何人的生命、自由或财产。"第十四修正案对各州也提出了相同的要求。正当法律程序可分为两大类，即"实体性正当权利"（substantive due process）和"程序性正当程序"（procedural due process）。以上均参见陈瑞华《刑事审判原理论》，北京大学出版社，2003，第49～50页。

护,漠视了程序正义。为此,在打击恐怖主义犯罪的斗争中,司法机关的独立价值应当予以充分保障,避免冤枉无辜,造成新的"恐怖主义"。打击恐怖主义犯罪中人权的保护,在实体法方面,强调罪刑法定原则的保障作用十分重要。反恐中的罪刑法定主要是罪由法定,只有法律明文规定为恐怖主义犯罪的,才能定性为恐怖主义犯罪,不能因为反恐需要而出现以"欲加之罪,何患无辞""腹诽""莫须有"等为特征的任意定罪现象。恐怖主义犯罪的刑罚亦必须有明确的法律规定,不允许法外施刑。此外,罪刑法定原则的其他限制作用也应当予以保证。由以上分析可以看出,为了避免实践中侵犯人权现象的发生,关键是建立和完善反恐的法律规定,罪刑法定原则和司法独立价值原则在反恐立法和司法中必须予以坚持。

### (二) 刑法谦抑原则 (最后手段原则)

刑法的谦抑性,又称刑法的经济性或者节俭性,是指立法者应当力求以最小的支出——少用甚至不用刑罚(而用其他刑罚替代措施),获取最大的社会效益——有效地预防和抗制犯罪。刑法的谦抑性表现在:对于某种危害社会的行为,国家只有在运用民事的、行政的法律手段和措施,仍不足以抗制时,才能运用刑法的方法,亦即通过刑事立法将其规定为犯罪,处以一定的刑罚,并进而通过相应的刑事司法活动加以解决。因此,运用刑法手段解决社会冲突,应当具备以下两个条件:其一,危害行为必须具有相当严重程度的社会危害性;其二,作为对危害行为的反应,刑罚应当具有无可避免性。[1]

刑法谦抑性原则是法律作用有限性的必然,一方面,刑法的效力很有限;另一方面,刑罚有时产生负效益或零效益,亦即"刑罚作为抗制犯罪的法律手段,也与药品具有同样的现象,它必然地对于社会及个体具有某种程度的不良副作用"。[2] 边沁认为"不应运用刑罚的条件可归为四类,当刑罚是:(1)滥用;(2)无效;(3)过伤;(4)太昂贵之时"。[3] 梁根林

---

[1] 陈兴良:《刑法哲学》(修订第 2 版),中国政法大学出版社,2000,第 7~8 页。
[2] 王建今等:《现代刑法的基本问题》,台湾汉林出版社,1981,第 151 页。
[3] 〔英〕边沁:《立法理论——刑法典原理》,中国人民公安大学出版社,1993,第 73~79 页。

教授认为：位于现代刑事法律科学与现代刑事政策核心的，就是以刑法干预的正当性考虑与刑法干预的谦抑性思想为基础的"道德→第一次法→第二次法"的犯罪化作业过滤原理，其要求对特定行为的犯罪化作业必须经过道德制约，再者是第一次法制约，最后才是第二次法制约的三重审查与过滤机制，这样才能最终合理地确定犯罪化的范围与边界。[1]

刑法是国家保护法益的最严厉的制度，刑法手段只能作为"最后的手段"予以启用，刑法在使用上与其他国家手段相对立，基本上属于辅助性方式。最后手段原则的理论基础在于自由主义理论，即刑法是法律领域中国家对公民最严厉的侵犯形式，只有在其他所有手段都无可指望之时方可动用。"如果立法者在动用刑法手段的时候，不曾事先确定其他法益保护的可能性效果已然不佳，便会违背最后手段原则，从而招致惩罚性立法的非难。"[2] 反恐单行刑法也必须满足"最后手段原则"，即国家只有在其他所有手段都失败或不具威胁性的情况下，才可以将刑罚作为反恐的最后手段启用。反恐单行刑法的制定必须遵守刑法谦抑原则。根据"道德→第一次法→第二次法"的犯罪化作业过滤原理，反恐单行刑法在决定是否将特定种类行为犯罪化并赋予刑事制裁的法律效果时，应当渐次考量道德规范体系、民商法、行政法等第一次法规范体系以及刑事法作为第二次法规范体系对该行为调整的必要性、可能性与有效性。只有当道德规范体系以及第一次法规范体系无法有效予以调整，并且符合第二次法调整的要求时，该特定行为才可以列入反恐单行刑法的范围，赋予刑罚制裁的法律效果。

（三）法益衡量原则

无法益保护，就无刑法，换言之，倘无法益受到侵害或危险，则无刑罚的必要性。[3] 国家是人民利益的保护者，国家一切活动的目的，都是保护和增进人民的利益。用刑法来防止犯罪，是因为犯罪侵害或威胁了法益，不是因为它违反了伦理道德。所以，刑法的目的是保护法益，犯罪的

---

[1] 梁根林：《刑事法网：扩张与限缩》，法律出版社，2005，第34页。
[2] 〔德〕埃里克·希尔根多夫：《德国刑法学：从传统到现代》，江溯、黄笑岩等译，北京大学出版社，2015，第228页。
[3] 陈志龙：《法益与刑事立法》，台湾大学丛书编辑委员会，1992，第13页。

本质、违法性的实质就是侵害或者威胁法益。刑事立法、刑法理论与司法实践都必须牢牢把握这一点。① 立法者设定一项新的刑事法规时，只有提出对应法益，才能检验该法规对法益的保护是否合理和必要。这就既为立法者提供了自我控制，又保证了外部控制（主要通过刑法学进行）。人们可将此称作法益理论的理性功能。②

恐怖主义在现代风险社会中引发了新型的复杂的危险，行为人完全可以利用其对手的合法基础设施实施恐怖袭击；汽油、化肥、化学原料、飞机、计算机网络以及其他日常用品都可能被用作进行非对称性对抗的武器；恐怖活动的策划和实施也往往比较容易而且难以预知。人们也认识到了这些新型的风险，并且对犯罪有着与客观安全形势不符的恐惧，这就致使其同时对安全保障有了更高的诉求。这一事实促进了新的刑事立法，并且使得对自由的保障基于对安全的需求有所弱化。在这种新型危险出现、民众对于安全保障的需求日益提升、为了取悦选民就必须满足其对安全保障之期许的背景下，立法者在制定旨在维护安全的法律法规时也必须避免犯下（尽管是出于最善良的目的）导致对法治国的损害甚至从维护安全中获益处的错误。所以对于那些为防止恐怖活动而严重干涉基本权利的措施，必须通过在维护安全和保障自由两大利益之间进行谨慎权衡的方式评估其后果。③ 为此，建议在反恐单行刑法立法中，将相关罪名的立法风险前置进行评估，充分并全面评估该罪名的相关立法机会和风险等影响因子，以便有科学根据地进行法益衡量，作出科学合理的立法决断。

（四）人类尊严限制的预防性原则

反恐单行刑法是为了有效预防恐怖主义犯罪而产生的，其不仅需要将已经产生危害后果的行为规定为犯罪，还需要针对恐怖主义犯罪产生的原因规定相应的行为犯、危险犯、帮助犯、预备犯，把刑法打击触角前移，将刑法法益保护前置，这就是所谓的"预防性原则"（或曰"预防性刑

---

① 张明楷：《法益初论》，中国政法大学出版社，2000，第3页。
② 〔德〕埃里克·希尔根多夫：《德国刑法学：从传统到现代》，江溯、黄笑岩等译，北京大学出版社，2015，第234页。
③ 〔德〕齐白：《全球风险社会与信息社会中的刑法：二十一世纪刑法模式的转换》，周遵友、江溯等译，中国法制出版社，2011，第197~198页。

法")。这里的帮助犯与预备犯不是刑法总则意义上的,而是刑法分则个罪意义上的,目的是针对恐怖主义犯罪的实际情况扩大其处罚范围,加重其处罚力度。实际上,《刑法修正案(九)》对恐怖主义犯罪罪名的设置与修改已经体现了这一要求。这一原则在西方国家的反恐立法中已经得到体现,例如在德国,在通过设立新的刑法规定而开展犯罪化的同时,刑法还不断扩展到法益受到真正侵害之前的阶段提前干预。其手段除了增加未遂的可罚性之外,首先是设立抽象危险犯。对于抽象危险犯,不一定要像具体危险犯那样出现法益的事实上可以确定的具体危险,相反,行为人实施了一个在立法者看来具有一般危险性的行为就足够了。[①]

预防性原则如果无限制扩张,不仅会产生刑法的不明确性,而且容易将一般意义上的日常生活行为作为犯罪行为处罚,进而不适当地扩大刑罚范围,公民、社会、国家都要为其所害。所以必须对预防性原则进行限制,也就是反恐刑事立法特别是单行反恐刑法立法必须要有一个限度。笔者认为,"人类尊严"可以作为这个限度的标准。"人类尊严"是主体权利的总和,包括享受适当生活水准、免受酷刑的自由、自决权、私生活受保护的权利、思想和良心上的完整、法律面前人人平等的权利及最低程度尊重的权利,国家对其中任何一项权利的侵犯都是不受容许的,人类尊严的概念替立法者划定了一条最外围的界线。[②]主体性权利的"人类尊严"应该成为反恐单行刑法预防性原则的限制。

## 六 反恐单行刑法内容之建议

### (一) 反恐单行刑法外国法之借鉴

我国现行刑法中,恐怖主义犯罪散见于刑法分则危害公共安全罪以及刑法修正案当中,容易引起恐怖主义犯罪与普通刑事犯罪的混淆,会导致刑罚处罚不能实现个别化,不能有效保护法益特别是国家法益。我

---

[①] 〔德〕埃里克·希尔根多夫:《德国刑法学:从传统到现代》,江溯、黄笑岩等译,北京大学出版社,2015,第27页。
[②] 〔德〕埃里克·希尔根多夫:《德国刑法学:从传统到现代》,江溯、黄笑岩等译,北京大学出版社,2015,第230页。

国反恐单行刑法尚无先例,虽然我国刑法典和刑法修正案规定了一些恐怖主义犯罪的罪名,但部分罪名欠缺科学性和严谨性,且尚有部分行为没有入罪,故关于恐怖主义犯罪相关罪名的立法,应当学习借鉴外国的合理经验,其中法国和俄罗斯的恐怖主义犯罪罪名界定与刑罚处罚等最值得参考。

法国的反恐立法采取了刑法典和专门立法相结合的方式:法国1992年通过、1994年3月1日生效的现行刑法典在第四卷危害民族、国家及公共安宁罪中,以第二编(法国刑法典第421-1条)专门规定了恐怖活动罪。刑法典第421-1条:下列犯罪,在其同以严重扰乱公共秩序为目的,采取恐吓手段或者恐怖手段进行的单独个人或集体攻击行为相联系时,构成恐怖活动罪:杀人、伤害、绑架、盗窃、勒索、破坏等等。第421-2条还规定,在空气中、地面、地下或水里,其中包括在领海水域,施放足以危及人、畜健康或自然环境之物质的行为,如其与以严重扰乱公共秩序为目的采用恐吓或恐怖手段进行的单独个人或集体性侵犯行为相关联,亦构成恐怖活动罪。第421-3条、第421-4条则分别确立了恐怖活动罪轻重不同的刑罚,最高可判处无期徒刑并科500万法郎罚金。法国刑法典还就恐怖活动罪的犯罪停止形态、共同犯罪形态、外国人犯罪、法人犯罪等问题做了特别的规定。在刑法典之外,法国颁布了专门的反恐怖法。

《俄罗斯联邦刑法典》分则规定了两个恐怖主义组织罪名,分别是"组织、参加恐怖主义集团罪"与"组织、参加恐怖主义组织的活动罪"。《俄罗斯联邦刑法典》第205-4条规定:组织和领导恐怖主义集团(即为实施恐怖主义活动或者为准备或实施本刑法典第205-1条、第205-2条、第206条、第208条、第211条、第220条、第221条、第278条、第279条和第360条规定的某一个或某几个犯罪或者为宣传、辩护和支持恐怖主义而实施其他犯罪而事前联合起来的人员的稳定团体)以及领导恐怖主义集体的所属部分和纳入此集团框架的分支机构的,处15年以上20年以下剥夺自由并处1年以上2年以下限制自由,并处100万卢布以下或者相当于被判刑人5年以下工资和其他收入的罚金或不并处;或剥夺终身自由。参加恐怖主义集团的,处5年以上10年以下剥夺自由并处 50 万卢布以下或相当于被判刑人 3 年以下工资或其他收入的罚金或不并处。《俄罗斯联邦刑法典》第 205 - 5 条规定：组织被俄罗斯联邦立法认定为恐怖主义性质的组织的，处 15 年以上 20 年以下剥夺自由并处 1 年以上 2 年以下限制自由，并处 100 万卢布以下或者相当于被判刑人 5 年以下工资和其他收入的罚金或不并处；或剥夺终身自由。参加被俄罗斯联邦立法认定为恐怖主义性质的组织的活动的，处 5 年以上 10 年以下剥夺自由并处 50 万卢布以下或相当于被判刑人 3 年以下工资或其他收入的罚金或不并处。[①]

（二）我国反恐单行刑法内容之建构

我国刑法主要是市民刑法，但也不乏所谓"敌人刑法"的类似规定，加之我国现有恐怖主义性质的犯罪被分散规定在分则各章节中，不方便适用，所以必须予以适当修改。具体设想，以单行刑法形式。

其一，总则性的规定，即明确规定恐怖主义和极端主义的概念；明确恐怖主义犯罪的范围；对恐怖主义犯罪的停止形态、共同犯罪问题、外国人犯罪、单位犯罪等问题做出特别规定。

其二，针对恐怖主义犯罪行为的罪名。

实施恐怖活动罪，即起因于恐怖主义的犯罪动机，在恐怖主义犯罪目的支配下实施的犯罪，具体行为类型包括：（1）爆炸；（2）放火；（3）故意杀人（包括暗杀）；（4）绑架；（5）抢劫；（6）放射性物质犯罪；（7）传染病病原体物质犯罪；（8）腐蚀性物质犯罪；（9）核辐射物质犯罪；（10）其他危险物质犯罪；（11）劫持交通工具犯罪；（12）网络恐怖主义犯罪；等等。到现在为止，司法实践中对恐怖主义的此类犯罪分别依照刑法的相关罪名定罪处罚，如定放火罪、故意杀人罪、抢劫罪等，是所谓的"特殊案件普通化处理"，一是出于刑法没有明确规定，二是为了避免造成不良影响，但是这种处理方法的弊端在于隐瞒了这些犯罪的"恐怖主义"本质，不利于科学研究，也不利于贯彻宽严相济的刑事政策，更不利于充分发挥刑罚的一般预防作用。

---

[①] 参见沃晓静《中俄恐怖主义组织犯罪比较》，《国家检察官学院学报》2016 年第 5 期，第 70 页。

其三，针对恐怖主义犯罪行为之关联罪的罪名。

组织、领导、参加恐怖组织罪；帮助恐怖活动罪；准备实施恐怖活动罪；非法侵入核场所罪；拒绝提供间谍犯罪、恐怖主义犯罪、极端主义犯罪证据罪；非法获取用于恐怖活动犯罪的信息罪。

其四，针对铲除恐怖主义犯罪土壤（原因）的罪名。

中国暴力恐怖犯罪事件的发生绝非偶然，有着深刻的国际背景和历史原因，是域内外多重复杂因素交织作用的结果，正如习近平同志指出的，暴力恐怖犯罪"境外有种子、境内有土壤、网上有市场"。① 所以必须铲除恐怖主义犯罪的"土壤"，其中最重要的土壤就是宗教极端主义。这方面的罪名主要有宣扬恐怖主义、极端主义、煽动实施恐怖活动罪；利用极端主义破坏法律实施罪；强制穿戴宣扬恐怖主义、极端主义物品罪；非法持有宣扬恐怖主义、极端主义物品罪。

其五，针对各种恐怖主义犯罪设置宽严有度的法定刑。

刑罚体系的合理构建包括刑种设置和刑度配置两个方面的问题，其中刑种设置是刑罚体系合理构建的前提性条件，需要予以足够的重视。所谓刑种设置结构，系指刑法规定的刑罚种类的组合形式，也就是刑法典对刑种的取舍以及对刑种的排列顺序和比例。对于恐怖主义犯罪而言，我国刑法典规定的五种主刑、四种附加刑都可以适用。但对危害严重的恐怖主义犯罪应当规定较重的法定刑。外国刑法中严重犯罪的自由刑比我国重得多，以无期徒刑等剥夺自由刑而论，其严厉性程度虽因各国刑罚现状的不同而有所差异，但与犯罪的性质相均衡则是大的趋势。澳大利亚维多利亚州存在自然生命的终身自由刑，是一种无假释的无期徒刑，受刑人必须终身服刑直至死亡，主要适用于叛国、谋杀、暴力海盗等犯罪。② 美国伊利诺伊州犯罪法，对罪与刑的等级规定如下。（1）谋杀罪——死刑，或者40年至80年徒刑。（2）特级重罪——6年至30年徒刑，加重情节为30年至60年徒刑；一级重罪——4年至15年徒刑，加重情节为15年至30年徒刑；二级重罪——3年至7年徒刑，加重情节为5年至10年徒刑；三级重

---

① 习近平同志在第二次中央新疆工作座谈会上的讲话，2014年5月28日。
② 陈兴良：《刑法适用总论》（下卷），法律出版社，1999，第187~188页。

罪——2年至5年徒刑，加重情节为5年至10年徒刑；四级重罪——1年至3年徒刑，加重情节为3年至6年徒刑。（3）轻罪：一级轻罪——1年以下徒刑；二级轻罪——6个月以下徒刑；三级轻罪——30天以下监禁。（4）微罪——只能判处罚金。① 一般说来，世界各国的剥夺自由刑绝大多数不再是实际的关押终身，而是经过一段时间的监禁以后最终都能复归社会。但是对于造成严重后果并且顽固不化的、人身危险性极大的恐怖主义犯罪人可以考虑规定不得假释的终身监禁刑。对于恐怖主义关联罪以及消除犯罪原因意义上的预备犯、帮助犯、抽象危险犯则建议规定轻的自由刑或者同时规定非监禁刑、财产刑等。

其六，确定或重申恐怖主义犯罪定罪量刑的原则。

严格依法办案原则。坚持以事实为依据，以法律为准绳，全面审查犯罪嫌疑人、被告人的犯罪动机、主观目的、客观行为和危害后果，正确把握罪与非罪、此罪与彼罪、一罪与数罪的界限。严格依照法定程序，及时、全面收集、固定证据。对造成重大人员伤亡和财产损失，严重危害国家安全、公共安全、社会稳定和民族团结的重特大、敏感案件，坚持分工负责、互相配合、互相制约的刑事诉讼基本原则，做到既准确、及时固定证据、查明事实，又讲求办案效率。

宽严相济、区别对待原则。对犯罪嫌疑人、被告人的处理，要结合主观恶性大小、行为危害程度以及在案件中所起的作用等因素，切实做到区别对待。对组织、策划、实施暴力恐怖、宗教极端违法犯罪活动的首要分子、骨干成员、罪行重大者，以及曾因实施暴力恐怖、宗教极端违法犯罪活动受到行政、刑事处罚或者免予刑事处罚又实施暴力恐怖、宗教极端犯罪活动的，依法从重处罚。对具有自首、立功等法定从宽处罚情节的，依法从宽处罚。对情节较轻、危害不大、未造成严重后果，且认罪悔罪的初犯、偶犯，受裹胁蒙蔽参与犯罪、在犯罪中作用较小，以及其他犯罪情节轻微不需要判处刑罚的，可以依法免予刑事处罚。

执行宗教、民族政策原则。要严格区分宗教极端违法犯罪与正常宗教活动的区别，严格执行党和国家的宗教、民族政策，保护正常宗教活动，

---

① 储槐植：《刑事一体化与关系刑法论》，北京大学出版社，1997，第146页。

维护民族团结，严禁歧视信教群众和少数民族群众，严禁干涉公民信仰宗教和不信仰宗教的自由，尊重犯罪嫌疑人、被告人的人格尊严、宗教信仰和民族习俗。

其七，明确规定我国缔结或者参加的国际条约或区域性反恐条约的法律地位。

目前国际社会有关反恐的公约有20多个，例如防止和惩治恐怖主义公约（1937年11月16日）（日内瓦）；关于在航空器内的犯罪和其他某些行为的公约；关于制止非法劫持航空器的公约；关于制止危害民用航空安全的非法行为的公约；关于防止和惩处侵害应受国际保护人员包括外交代表的罪行的公约；反对劫持人质国际公约；核材料实物保护公约；制止危及海上航行安全非法行为公约；制止危及大陆架固定平台安全非法行为议定书；在可塑性炸药中添加识别标志以便侦测的公约；制止恐怖主义爆炸的国际公约；制止向恐怖主义提供资助的国际公约；制止核恐怖主义行为国际公约；关于国际恐怖主义的全面公约草案；打击恐怖主义、分裂主义和极端主义上海公约；欧洲制止恐怖主义公约；美洲国家组织防止和惩治以侵害人身和勒索为形式的具有国际意义的恐怖主义行为的公约；美洲国家反恐怖主义公约；阿拉伯国家联盟制止恐怖主义公约；伊斯兰会议组织关于打击国际恐怖主义的公约；独立国家联合体成员国打击恐怖主义合作公约；南亚区域合作组织制止恐怖主义公约；东盟打击恐怖主义公约；非统组织防止和打击恐怖主义公约；等等。

在反恐单行刑法中列明我国缔结或者参加的反恐公约及其法律地位，并规定处理与国内法的规则，以加强我国相关法律与国际接轨，实现打击恐怖主义犯罪的全面国际合作。反恐国际公约的价值主要是通过国内法来实现的，反恐国际公约只有在国内层面上真正发挥作用，才能发挥其国际反恐的积极作用。所以明确规定我国缔结或者参加的国际条约或区域性反恐条约的法律地位是非常重要的。

## 七 结语

为了有效惩治和预防恐怖主义犯罪，我国反恐刑法应当单行。采用反恐单行刑法，不仅是反恐有效性的需要，也是反恐人权保障、宽严相济刑事政策以及防止反恐扩大的需要,笔者希冀通过对反恐单行刑法构建原则的阐释与反恐单行刑法内容的建议,推动我国反恐刑事立法的科学化与合理化。

(青岛大学法学院教授 李瑞生)

# 第五章 刑法立法扩张省思

## 第一节 刑法修正与刑事立法扩张

### 一 立体刑法学在刑法修正案中的扩张

立体刑法学给我们展现了刑法的横向扩张，但是随着时代的变迁、社会文明的进步发展，从纵向角度看立体刑法学也在变动发展，刑法学与其他部门法的关系也呈现一种动态的矛盾统一关系，本文就以历次刑法修正案的历史进程为对象分析立体刑法学的动态发展与矛盾统一关系，并以立体刑法学为进路反观刑法修正案的得与失。

目前学界虽然把刑法作为公法，但其实对刑法的属性一直有争议，某种程度上说刑法既兼公法又兼私法，也有学者把它的性质独立在公法和私法之外，比如，耶林认为，刑法具有多样性，应该是与公法和私法并列的第三种法。① 因为它调整除了公法关系还有民商等私法关系解决不了的难题，所以它是调整对象最为广泛的法学学科，具有与其他部门法、法理学、法哲学等终极对话的天然属性。尤其我国古代的法律史学就是一部刑法学史，在漫长的人类社会发展历史中其他部门法学如何从刑法学中脱胎发展、成长成熟，它们如何与刑法学学科展开博弈，以及将来又会发生什么样的交集，都是我们永远无法穷尽的命题。刑法学与其他部门法学从混沌为一，到精致分科独立，再到交叉互补统一，分分合合将是历史发展的

---

① 〔德〕鲁道夫·冯·耶林：《为权利而斗争》，胡宝海译，中国法制出版社，2004，第51~53页。

趋势，也是法治文明进步的要求。从此种意义上来说，立体刑法学的研究视角开启了法学开放研究的时代。

从 1997 年刑法实施至今不到 20 年的时间里，我国刑法已经修改了九次，平均每两年一次，修改条文数达 162 条，占整个刑法条文数的 35.8%，修改的规模之大，频率之高都是世界其他国家所难以见到的。通过对历次刑法修正案的分析，我们可以看出刑法向其他部门法的扩张之势，为立体刑法学的研究以及科学立法、修法提供了参考。

(一) 立法内容

**1. 刑法与治安管理处罚法**

历次刑法修正案不断根据新出现的社会问题，及时把某些严重的治安管理处罚行为、行政违法行为等上升到刑法保护的范围，及时控制这些行为演变为更加严重的刑事暴力犯罪，并通过犯罪化的行为规范引导来提高公民的法治意识，引领社会规范。历次刑法修正案涉及的治安管理处罚法上升为刑法立法例主要有以下内容。

(1)《刑法修正案（八）》在《刑法》第 133 条交通肇事罪之后增加一条作为第 133 条之一。醉酒驾驶、追逐竞驶、飙车等原来由治安管理处罚法制裁的危险驾驶行为规定为犯罪，有效遏制了近期因为醉驾、飙车等而发生的老百姓深恶痛绝的恶性事件，使得行为人在实施此类行为时想想行为的后果，这样大大减少了交通事故的发生，有效保护了人们的生命健康。《刑法修正案（九）》进一步修改《刑法》第 133 条之一，又把超载超速驾驶、非法运输危险化学物品等危险驾驶行为等都纳入刑事犯罪，超速驾车原本是生活中发生频率很高的行为，已经成为生活习惯的一部分，酒后驾车某种程度上也跟中国的节日传统紧密相关，但是自从纳入刑法罪名后，大大改变了公民的认识，提高了其自觉守法的意识，达到了行政法、治安管理处罚法所达不到的效果，利于公民形成良好的生活习惯。

(2)《刑法修正案（六）》在《刑法》第 262 条后增加一条作为第 262 条之一。针对发达城市中激增的流浪乞讨人员现象，行为人组成团伙帮派，暴力组织、胁迫残疾人、未成年人乞讨牟利，损害残疾人、未成年人的合法权益，扰乱社会秩序，严重扰乱社会治安。将这种行为入罪，采用刑罚手段来制裁乞讨行为，有利于遏制此类犯罪的猖獗势头，从而保护未成年人和残疾人的合法权益。

(3)《刑法修正案（七）》也在《刑法》第262条之一后新增第262条之二，把对组织未成年人盗窃、诈骗、抢夺、敲诈勒索等违反治安管理活动的组织者的处罚由行政处罚上升为刑事处罚，可以加重对组织者的处罚和威慑，更好地保护未成年人不被教唆利用从事违法行为，充分运用了刑法和治安管理处罚法的衔接和互补，能取得良好的社会效果。

(4)《刑法修正案（四）》在《刑法》第244条后增加"之一"，在没有采用限制人身自由的方式下，只要雇用了未满16周岁的童工从事危重劳动也是违反劳动法的行为，刑法出于保护未成年人的身心健康的目的，把此类行为规定为刑事犯罪，可以加强对未成年人的劳动保护，规范劳动力市场。

#### 2. 民生刑法体现刑法对民法的保障

随着经济社会的发展，刑法还将民法范围内新出现的合同违约、有关新型监护权的违法行为等纳入刑法的保护范畴。

(1)《刑法修正案（八）》在《刑法》第267条增加拒不支付劳动报酬罪作为第267条之一，把有能力支付而不支付，或者故意转移、藏匿财产不支付劳动报酬等故意拖欠劳动工资不想支付的违约行为规定为罪，有效打击了当时社会上出现的拖欠农民工工资的不良社会现象和风潮，保护了农民工的合法权益，在当时大批农民工外出打工的背景下，刑法为保护农民工、解决社会民生问题和稳定社会秩序发挥了重要的作用，民法、合同法、劳动法无力解决的问题就这样通过刑法得到有效的解决。

(2)《刑法修正案（九）》在《刑法》第260条后增加了虐待被监护人罪作为第260条之一，把具有法定监护职责的人虐待未成年人、老年人、患病的人、残疾人等被监护人、看护人的行为纳入刑法，除了原有的家庭成员虐待的情形外，针对社会上新出现的保姆虐待孩子、老人等事件做出积极回应，规范劳动服务市场，保护弱势群体的合法利益。

#### 3. 安全刑法体现刑法与国家安全法、国际法的衔接

为了更好地与国家安全法、间谍法等衔接，有效打击叛逃、叛离以及间谍行为，保护国家安全，《刑法修正案（八）》将《刑法》第109条叛

逃罪进一步修正，把国家机关工作人员擅自离岗，叛逃境外或者在境外叛逃的行为直接规定为叛逃罪，不需要原来刑法条文"危害国家安全的"危害事实证明，由危险犯变为了行为犯，更加严密了刑事法网，也符合司法实际，擅自叛逃到境外的行为就是具有非法目的的，避免了原来条文取证难的实际情况。

**4. 刑法修正案需要与刑事诉讼法对应**

《刑法修正案（八）》在《刑法》第 38 条中增加了第 2 款有关禁止令的规定，第 3 款规定对判处管制的犯罪分子实行社区矫正，第 4 款规定了禁止令的执行机关和参照法律。《刑法修正案（九）》在《刑法》第 37 条后增加了有关职业禁止的规定作为第 37 条之一。新增加的禁止令、社区矫正和职业禁止都是刑法刑罚论部分的新制度，都具有保安处分的性质，与刑罚制度一起共同构成我国的刑罚与保安处分的二元制刑事制裁模式。那么相应地，也需要刑事诉讼法做出相应的程序增设与改变以适应刑法的改变。另外，刑法修正案增设的大量轻微罪名也带来刑事诉讼案件的激增，也需要刑事诉讼法作出相应的改革调整。刑事诉讼的认罪认罚从宽制度改革，以及简易诉讼程序等及时适应了处理大量轻罪案件的需求。

**5. 刑法向经济法、商法的扩张**

（1）打击间接走私行为。《刑法修正案（四）》对《刑法》第 155 条进行修改，在直接从走私人那里收购国家禁止走私进口物品的或者走私进口物品数额较大的，或者运输、贩卖、收购我国禁止进出口或者限制进出口的货物数额较大而没有合法证明的行为入罪的基础上进一步扩大非法的领域范围，除了包括内海、领海之外，还有"界河""界湖"，全面打击间接走私行为。

（2）打击妨害信用卡管理的行为。《刑法修正案（五）》在《刑法》第 177 条之后增加妨害信用卡管理罪作为第 177 条之一。将伪造信用卡的各种非法持有、运输、骗领、出售、购买、为他人提供等行为入罪，并将窃取、收买、非法提供他人信用卡资料的行为也入罪处理。随着信用卡的使用和推广，规范信用卡管理也是刻不容缓的任务，在巨大的非法利益驱动面前，使用刑法有效震慑才能更好地保护公民的财产，规范金融市场。

（3）提高操纵证券、期货市场罪的法定刑。《刑法修正案（六）》将

《刑法》第182条进一步修改，增加了"情节特别严重的"，"处五年以上十年以下有期徒刑，并处罚金"，同时"并处罚金"不再有上限。对操纵证券、期货市场的行为加重处罚。

（4）将违规不披露重要信息罪的行为扩大到除财会报告之外的其他重要信息的行为。《刑法修正案（六）》将《刑法》第161条进一步修改，增加了"对依法应当披露的其他重要信息不按照规定披露，严重损害股东或者其他人利益，或者有其他严重情节的"的行为，进一步规范了公司管理秩序的重大行为。

**6. 行政刑法发展趋势**

（1）《刑法修正案（九）》在《刑法》第284条之后增加了"组织作弊罪""代替他人考试罪"等罪名，把教育行政法规难以控制的考试作弊行为纳入刑法规制，属于标准的行政刑法立法例。对于考试作弊行为处以刑法处罚，是否涉嫌过度使用刑法，学界还有争议。

（2）对公民个人信息安全的保护。《刑法修正案（七）》在《刑法》第253条之后增加"出售、非法提供公民个人信息罪"作为第253条之一。《刑法修正案（九）》又进一步修改此罪，把特殊主体扩大为一般主体，并且增加了更高的法定刑幅度，由"三年以下"的刑度又增加为"三年以上七年以下"法定刑幅度。在网络安全法、个人信息保护法出台之前，充分发挥刑法保护公民个人信息权、保障公民财产权的作用。

（3）对证件类犯罪增加罚金刑的规定。《刑法修正案（九）》修改《刑法》第280条，增加了并处罚金刑的刑罚规定。然后在《刑法》第280条后增加使用、盗用伪造证件罪作为第280条之一。对在依照国家规定应当提供身份证明的活动中，使用伪造、变造的身份证件或者盗用他人相关证明身份的证件的行为追究刑事责任，处拘役或者管制，并处或者单处罚金。此罪也属轻微犯罪，并且也是较少规定单处罚金刑的罪名，集中体现了刑法对行政管理秩序的预防、引导作用。

**（二）立法技术**

**1. 刑事立法以刑事政策为导向**

自从1979年我国刑法确定"惩办与宽大相结合的政策"以来，我国刑法一直努力改变"厉而不严"的重刑化特点。但是《刑法修正案》到《刑法修正案（五）》都是新增或者修正法定最高刑为3年以上的罪名，没能体现出轻罪化的趋势。从《刑法修正案（六）》开始才出现了更多的轻微罪名，而且《刑法修正案（九）》大规模地增加或修正了17个轻微犯罪的罪名，主要是行政刑法的罪名，体现了刑法"严而不厉"的刑事政策。此外，《刑法修正案（八）》取消了13个死刑罪名，《刑法修正案（九）》取消了9个死刑罪名，更好地减缓了刑法过于"严厉"的形象。

除了对分则罪名更加严密和轻刑化处理，从《刑法修正案（八）》开始对刑罚总论部分也增加了不少非刑罚制裁方法和减轻处罚的规定。《刑法修正案（八）》规定了已满75周岁的人犯罪从轻、减轻处罚的规定，并且不适用死刑；还增加了"社区矫正"的非刑罚处理方式；规定了"禁止令"等。《刑法修正案（九）》则增加了"职业禁止"的非刑罚处理方式。

刑事政策是刑事立法的指导，是刑事立法的思想和灵魂。在吸纳刑事政策思想的基础上，解释和发现法律条文之间的联系和脉络，呼应和印证其法律思想，从而形成协调的刑法教义学体系，就是当前刑事政策发展的方向[①]，通过刑法修正案我们可以更多地发现，刑法修正案正努力打破刑事政策与刑法立法及教义学的"李斯特鸿沟"，而朝着刑事政策指引的方向发展，进一步体现了宽严相济、严而不厉的刑法发展趋势。

**2. 刑法向其他部门法扩充而呈现轻微罪化**

轻罪，是犯罪分层制度的一个概念。世界很多国家都划分了重罪、轻罪、违警罪等轻重不同的犯罪分类层次，主要以有期自由刑的刑期长短来划分。根据我国的刑罚情况，所谓轻罪应当指法定最高刑为3年以下有期徒刑的犯罪；微罪指法定最高刑为拘役、管制或者罚金的犯罪。

通过整理对比历次刑法修正案，我们可以发现，随着刑法不断向其他部门法扩张，轻罪从无到有、从少到多不断增加，尤其是新增加的由其他部门法升级为犯罪的罪名，体现了立体刑法学扩张的处理结果。通观9个刑法修正案，《刑法修正案（六）》开始修改第一个法定最高刑为3年有期徒刑的犯罪——《刑法》第161条"违规披露、不披露重要信息罪"，处

---

① 车浩：《刑事立法的法教义学反思》，《法学》2015年第10期。

"3年以下有期徒刑或者拘役,并处或者单处2万元以上20万元以下罚金"。《刑法修正案(七)》新增《刑法》第253条之一的"出售、非法提供公民个人信息罪",修改《刑法》第337条的"妨害动植物防疫、检疫罪",修改《刑法》第375条第2款的"非法生产、买卖武装部队制式服装罪",同时让第3款"伪造、盗窃、买卖、非法提供、非法使用武装部队专用标志罪"独立出来。《刑法修正案(八)》新增《刑法》第133条之一的"危险驾驶罪"。到了《刑法修正案(九)》则新增或者修正轻微罪名达23个:(1)《刑法》第120条之五的"强制他人穿着、佩戴宣扬恐怖主义、极端主义服饰、标志罪";(2)新增《刑法》第120条之六的"非法持有宣扬恐怖主义、极端主义物品罪";(3)修改了《刑法》第133条之一的"危险驾驶罪";(4)修改了《刑法》第277条的妨害公务罪;(5)修改了《刑法》第280条第2款的伪造公司、企业、事业单位、人民团体印章罪;(6)新增《刑法》第280条之一的使用伪造、变造、盗用他人身份证明证件罪;(7)新增《刑法》第284条之一的代替考试罪;(8)修改《刑法》第285条的"非法侵入计算机信息系统罪";(9)新增《刑法》第286条之一的不履行信息网络安全管理义务罪;(10)新增《刑法》第287条之一的设立违法犯罪活动网站、通讯群组、发布违法犯罪信息罪;(11)新增《刑法》第287条之二的为利用信息网络犯罪提供帮助罪;(12)新增《刑法》第290条第3款的多次扰乱国家机关工作秩序罪;(13)新增《刑法》第290条第4款的多次组织、资助他人非法聚集罪;(14)修改《刑法》第302条的盗窃、侮辱、故意毁坏尸体、尸骨、骨灰罪;(15)新增《刑法》第308条之一的泄露不公开审理案件信息罪;(16)新增《刑法》第308条之一的公开披露、报道不公开审理案件信息罪;(17)修改《刑法》第309条的扰乱法庭秩序罪;(18)修改《刑法》第311条的拒不提供间谍犯罪、恐怖主义、极端主义犯罪证据罪;(19)修改《刑法》第322条的偷越国边境罪;(20)为参加恐怖活动组织、接受恐怖活动培训或者实施恐怖活动而偷越国边境罪(法定刑为1年以上3年以下有期徒刑,并处罚金);(21)新增《刑法》第390条之一的对有影响力者行贿罪;(22)修改《刑法》第391条第1款的行贿罪;(23)修改《刑法》第392条第2款的介绍贿赂罪。

从《刑法修正案（六）》到《刑法修正案（九）》，共计修正轻微犯罪29个，其中23个都是新增为犯罪或者修正为轻微罪的罪名，另外有3个是增加"并处罚金刑"，另外一个是对《刑法》第322条的修改，将法定最高刑由原来的1年有期徒刑提高到3年有期徒刑。所以，整体趋势就是犯罪轻微罪化，甚至出现了不含有期徒刑的轻微犯罪，如《刑法修正案（八）》新增危险驾驶罪不含有期徒刑，《刑法修正案（九）》又修改危险驾驶罪条款，并新增了使用伪造、变造、盗用他人身份证明证件罪以及代替考试罪等都不包含有期徒刑的罪名。这29个轻微罪名主要集中在刑法与其他部门法互相进退的领地，如3个罪名包括"危险驾驶罪"等罪名，属于分则第二章危害公共安全罪，其中"危险驾驶罪"把原属于治安管理处罚或者交通法规等行政法规管理的违法行为上升为刑法上的轻微罪名，适应了社会车辆迅速增多、交通事故频繁发生的社会现实，有利于预防交通肇事罪，起到了很好的引导社会安全驾驶的作用。还有3个罪名属于分则第四章侵犯公民人身权利、民主权利罪，包括"购买、非法提供公民个人信息罪"，从《刑法修正案（七）》到《刑法修正案（九）》，公民个人信息权作为新型权利也上升到了刑法保护的层面，并通过逐步修正得到更加全面的保护。最多的是新增或修改的17个刑法分则第六章妨害社会管理秩序罪的罪名，包括"代替考试罪""伪造公司、企业、事业单位、人民团体印章罪""使用伪造、变造、盗用他人身份证明证件罪""非法侵入计算机信息系统罪""不履行信息网络安全管理义务罪""扰乱法庭秩序罪"等罪名，主要涉及的是证件管理秩序、考试管理秩序、信息网络管理秩序、司法管理秩序等行政管理类罪名，体现了刑法对行政法管理秩序的行为引导和程序保障，体现了明显的行政刑法轻罪化的发展趋势。

唯一例外的是，"强制他人穿着、佩戴宣扬恐怖主义、极端主义服饰、标志罪""非法持有宣扬恐怖主义、极端主义物品罪"虽然属于轻罪，但是国家严惩恐怖主义重刑化政策的衍化结果，恐怖主义犯罪涉及国家安全法等法律重地，涉及国家安全法的罪名都是重刑化，不仅如此，对恐怖主义的打击都尽量前置化，设置了诸如资助恐怖活动罪等，所以这两个罪虽然是轻罪，但是体现了全面、提早打击恐怖主义的预防思想。强制他人穿着、佩戴恐怖主义等服饰和标志的行为，非法持有相关物品的行为都上升为刑事犯罪，让恐怖主义活动寸步难行。

**3. 刑事立法前置化、拟制化处理**

《刑法修正案（九）》为了打击恐怖主义、极端主义，将资助恐怖培训，招募、运送恐怖活动人员以及准备实施恐怖活动的行为等帮助行为、预备行为都拟制为实行行为，以全面从严反恐、反极端主义。《刑法修正案（九）》还新增了帮助网络活动罪，将更多网络犯罪语境下出现的中立的帮助行为单独处理，也解决了网络环境更为隐蔽、收集证据更加困难的司法难题。

这些预备犯实行行为化、共犯正犯化的拟制处理技术是否就意味着共犯、预备犯自身具有了社会危害性，能看作共犯、预备犯的独立化吗？这种立法技术体现了预防性刑法的理念，但是预防性刑法的设置一定要遵循"最后手段性"和"谦抑性"原则。只有当其他部门法无法规制相关不法行为的时候，作为最后保障法的刑法才能"救济"，预防性刑法只能作为特别和补充："预防性正义不能替代报应性正义，否则刑法将完全成为国家权力的傀儡，所形成的将是更大的危险与不安。"[①] 意大利刑法近年来也呈现这样一种态势："面对有组织犯罪的威胁，刑法的重点由侧重于就已然造成的侵害科加'处罚'的传统逐渐转变为'预防'对作为整体的人民或社会造成进一步的损害。"[②] 英国和意大利所依据的理论有所不同，英国是从风险社会的角度进行界定，而意大利则体现为对雅各布斯"敌人刑法"的广泛讨论。但是两国学者都认为应当遵守经典的刑法被动反应模式，克制拟制实行行为的界限，对于尚未造成法益侵害或没有造成法益侵害危险的行为作犯罪化处理，要谨防国家以维护安全的名义而对人身自由做出不合理的限制，要追求社会安全与人身自由之间的平衡。

个人认为，某种程度上，刑法与其他部门法的关系就体现了控制个人自由的手段和社会管理秩序之间的关系，二者应该对立统一。如果没有社

---

[①] 冀莹：《"英国预防性刑事司法"评介与启示——现代刑法安全保障诉求的高涨与规制》，《政治与法律》2014年第9期。

[②] 〔意〕弗朗西斯科·维加诺：《意大利反恐斗争与预备行为犯罪化》，吴沈括译，《法学评论》2015年第5期，第87~88页。

会秩序保障，个人自由也失去了意义；但是如果过分强调社会秩序而侵犯了个人自由，这也违背了现代刑法价值观的要求。

**4. 制裁手段更为多元，非刑罚手段更为丰富**

《刑法修正案（八）》新增了"社区矫正"和"禁止令"。"禁止令"是可以对判处管制和缓刑的罪犯在其社区矫正期间"禁止从事特定活动，进入特定区域、场所，接触特定的人"，它的执行特点就是在管制执行和缓刑考验期内，可谓是刑罚执行中的"保安处分"。①

《刑法修正案（九）》新增了"职业禁止""终身监禁"。《刑法修正案（九）》增加"职业禁止"作为《刑法》第37条之一，"因利用职业便利实施犯罪，或者实施违背职业要求的特定义务的犯罪被判处刑罚的，人民法院可以根据犯罪情况和预防再犯罪的需要，禁止其自刑罚执行完毕之日或者假释之日起从事相关职业，期限为三年至五年"。"职业禁止"制度在刑罚执行完毕或者假释之日起实施，针对滥用职业或者行业的犯罪进行处罚，防止具有从事此类职业具有再犯危险性的人在一定时期内或者终身从事此类职业。外国刑法也将职业禁止作为保安处分，避免判刑人继续实施犯罪行为，保护公众和具体的居民免受犯罪行为的侵害。②

由此，可以得出我国刑法不仅有刑罚执行中的保安处分措施"禁止令"，还有刑罚执行后的"职业禁止"；不止有作为刑罚后果的保安处分措施，还有不构成犯罪的非刑罚保安措施，如精神病强制医疗等。保安处分措施和刑罚共同构成我国二元刑事制裁体系。

**（三）修法的面向和性格**

**1. 由被动变得更加积极主动**

刑法的历次修正案越来越多地体现出刑法更加积极主动参与社会管理的特征。刑法改变以往都是等到其他部门法无法规制而出现了侵犯公民人身权利、民主权利和财产权利等严重后果才加以刑事处罚的传统，更加积

---

① 魏东：《〈刑法修正案（九）〉之五读五问》，《法治研究》2016年第2期。
② 邓楚开：《修正案九透露出的刑法发展大趋势——刑法修正案（九）整体性解读》，正义网法律博客，http://dengchukai.fyfz.cn/b/867706，2015年10月1日访问，转引自魏东《〈刑法修正案（九）〉之五读五问》，《法治研究》2016年第2期，第63页。

极地向其他部门法扩张"地盘",把更多行政法规、治安管理法规、教育法规、劳动法规、商法、经济法等难以处理的棘手问题"接盘"过来,主动积极解决社会管理重大难题,通过刑罚的威慑功能引领社会规范,使人们考虑到刑法定罪处罚的严重结果而回避某些高风险行为,更好地防止出现严重危害社会的损失和结果,刑法表现出了引导、管理社会的功能和特性。

### 2. 行为人刑法面向的思辨

《刑法修正案(九)》中规定,如果行为人多次实施抢夺,即使是数额较小,也以抢夺罪论处。网络服务提供者如果拒不履行信息网络安全管理义务,监管部门责令改正而拒不改正的,构成犯罪。于是就有学者将刑法修正案中出现的"多次""经行政处罚后仍不改正"之类的行政不法行为规定为犯罪,在行政处罚无效后,只能寻求作为第二条保障线的刑法的补充规制。而刑法之所以处罚此类本该行政处罚的行为,是因为它对行政处罚的拒绝态度,正如恩格斯所说:"蔑视社会秩序的最明显最极端的表现就是犯罪。"这样连续的行政违法行为升级为犯罪就有了刑罚处罚的伦理正当性,接过了行政规制的"接力棒"。正是因为如此,这种立法被视为"行为人刑法"。

多次违法入罪虽然体现了犯罪人主观上惯犯的人身危险性,有行为人刑法的主观责任,但是不可否认的是多次违法表明了法益多次遭受侵犯,其在社会危害性总量上也已经与犯罪相同,从客观危害性上来讲也已经符合入罪的条件,这种把"多次违法行为"打包处理的做法也符合客观司法实际,代表了行政法等部门法规制的无效,需要刑法来保障。

### 3. 轻罪与重罪相结合,刑法结构更有层次

9个刑法修正案的立法,除了从无到有、从少到多新增或者修正了不少行政刑法的轻微罪名外,历次修正案还不断加重某些特殊罪名的刑罚,呈现轻重相结合的刑法结构。如上所述,行政刑法的大量增加既是严密、周全刑法制裁体系的要求,也是行政法无力、行政权让渡刑法司法权的表现。除了立体刑法学扩张的轻刑化趋势,它也在个别领域表达了更为严格的刑事追求。

历次刑法修正案突出了刑法在两个方面的严厉取向。一是针对恐怖主

义犯罪,《刑法修正案(三)》《刑法修正案(九)》两次大规模修订,扩大、严密刑事处罚面,加重刑事处罚。(1)《刑法修正案(三)》在《刑法》第 120 条组织、领导恐怖活动组织罪中增加了 10 年以上的法定刑档次,并在原刑法条文只区分了组织领导者与其他参加者之外,又增加了积极参加者的量刑档次;《刑法修正案(九)》进一步增加了并处没收财产、并处罚金的规定,进一步加重了法定刑。(2)《刑法修正案(三)》新增加了资助恐怖活动组织或者个人罪作为第 120 条之一,《刑法修正案(九)》在此基础上,又增加了资助培训或者组织培训、运送培训人员的情节。(3)《刑法修正案(九)》进一步将恐怖活动犯罪的预备行为、培训行为、联络行为、策划行为等准备行为入罪作为第 120 条之二,把组织恐怖活动罪的预备行为、帮助行为甚至关联行为都拟制为实行行为规定为罪,形成了全方位严密打击恐怖主义的犯罪体系。(4)《刑法修正案(九)》新增制作、散发宣扬恐怖主义、极端主义的图书、音频视频资料或者其他物品罪,煽动恐怖活动罪作为第 120 条之三,新增用极端主义煽动、胁迫群众破坏国家法律制度罪作为第 120 条之四,新增暴力、胁迫他人穿着、佩戴宣扬恐怖主义、极端主义服饰、标志罪作为第 120 条之五,新增非法持有恐怖主义、极端主义图书、视频资料罪作为第 120 条之六。二是针对腐败犯罪,国家予以严厉打击。历次刑法修正案体现了我国逐步加强反腐败斗争的过程。《刑法修正案(四)》修正《刑法》第 399 条,新增加了执行判决、裁定滥用职权罪,《刑法修正案(六)》新增非法仲裁罪作为《刑法》第 399 条之一,《刑法修正案(七)》新增了国家工作人员近亲属、关系密切的人受贿罪,离职国家工作人员受贿罪作为刑法第 388 条之一,并修改了《刑法》第 395 条第 1 款巨额财产来源不明罪,在原来刑罚基础上增加 5 年以上 10 年以下有期徒刑的法定刑。《刑法修正案(九)》进一步加重了《刑法》第 383 条贪污受贿罪的量刑,除了按照贪污数额还增加了具体情节的参照标准,并且增加了适用死刑以及终身监禁制度。对《刑法》第 390 条行贿罪增加并处罚金的规定,又在其后增加向国家工作人员近亲属、关系密切的人以及离职国家工作人员行贿罪作为第 390 条之一。并在《刑法》第 391 条第 1 款、第 392 条第 1 款、第 393 条增加并处罚金刑。

历次刑法修正案不仅新增了重罪,同时也有轻罪的设置,轻重结合,更加体现了我国刑法结构的层次。不过不管是轻罪还是重罪,都要严守刑法的界限,力戒情绪性立法,避免造成过重或者过泛的犯罪化处理。

**4. 宽严相济,角色体现由严厉的父亲转向慈祥的母亲**

《刑法修正案(八)》和《刑法修正案(九)》增加了社区矫正、禁止令、职业禁止等非刑罚保安处分措施,在原来我国刑罚一元主义重刑的基础上,形成了保安处分和刑罚并行的二元刑事制裁体制。这显示了我国刑罚轻缓化、更为人道的改革趋势,即使是横空出世的终身监禁制度作为死刑的替代措施也体现了我国刑法减少死刑适用的努力。

逐步减少死刑罪名。《刑法修正案(八)》取消了13个罪名的死刑规定,《刑法修正案(九)》又取消了9个,刑法修正案的立法趋势是逐步减少死刑的适用,刑法由原来的"厉而不严"逐渐朝"严而不厉"的方向转变。刑法这一严厉的父亲形象也体现了慈祥母亲的一面。

## 二 刑法修正案中刑事立法的扩张规律

刑法学的理论研究,20世纪八九十年代盛行理论研究,而对司法实践疏于关注。最近十多年来,刑法的理论研究范式转为解释论,而刑法理论又显得相对沉默。以历次刑法修正案为例,其每次出台前后都有批判的声音,但是贯穿整个修正案的理论研究却不多,对刑法立法的理念和技术的总结和归纳并不具有持续性和贯穿性。经过9个修正案,如何有效总结和归纳刑法立法的经验和规律,是我们亟须完成的任务。笔者从立体刑法学的研究进路总结刑法修正案扩张的总体线索和规律。

### (一) 刑法对社会现实问题的关注和回应

历次刑法修正案既反映了刑法保障国家安全、社会公共安全、公民人身财产安全的根本,深化细化了反恐类犯罪、危险驾驶罪等公共安全类犯罪,以及新增了公民个人信息保护等信息安全类犯罪等,又反映了刑法对于短期内社会重大问题的关注与回应,更具有了社会关切的敏感性。无论是"拒不支付劳动报酬罪",还是"代替他人考试罪""滥用他人身份证件罪""虐待被监护人、被监管人罪"等都体现了刑法对社会热点问题的关注和回应,当合同法、劳动法、教育管理法、交通管理法、民法等部门法律在严重的社会恶性事件面前捉襟见肘的时候,唯有刑法才能起到重拳威慑的作用,以强制力和威慑力极力扭转不良的社会现象。

(二) 立体刑法学的相互制约及平衡关系

历次刑法修正案反映了刑法对于社会重大问题的关注,当社会出现重大疑难问题,其他部门法的调整手段效果有限,需要刑法积极介入时,"接手"了更多原属于其他部门法调控范围的行为,刑法就更多地承担了向其他部门法积极扩张的角色,与其他部门法之间有了更多的交叉和博弈。如文中第一部分所述,刑法介入了很多其他部门法难以管控但又没有传统刑法要求"严重社会危害性"的行为,如危险驾驶、故意拖欠农民工工资、代替他人考试等所谓的抽象危险犯或者行为犯等,由此也出现了更多的轻微罪名,危险驾驶罪的最高刑为拘役,使用伪造、变造的身份证罪可以单处罚金等。因为这类安全刑法、行政刑法的罪名重在刑法的威慑和预防功能,所以处刑也相应较轻,不同于传统的报应刑法和重刑主义,由此也出现了不同于传统结果刑法的立法理念,和由此不同的理念带来的不同立法倾向和立法技术,如预备行为实行行为化、帮助行为正犯化等拟制实行行为的立法技术。

预防性刑法理念带来前置性立法技术的适用和轻微罪名的增加,而更多轻微罪名的增加,又需要刑罚的轻缓化和保安处分措施的设置。《刑法修正案(八)》和《刑法修正案(九)》增设了社区矫正、禁止令、职业禁止等保安处分性措施,由此带来刑罚结构和刑罚制度的变化。而刑罚制度又与行刑学、刑事诉讼法学直接关联,也带来这些部门法的相应变革。如危险驾驶罪的设置带来轻罪数量的激增,给法院带来巨大的办案压力,于是就促进了认罪认罚从宽处理程序和简易诉讼程序的改革方案出台。另外刑事罪名的轻重层次区分和刑罚结构的宽严相济也为劳动教养法废除打下了良好的制度基础,原属于劳动教养范围的案件也分流到刑法或者治安管理处罚法的范围,这也促进了刑法与治安管理处罚法等其他部门法各自任务和分工的区分与界定(见图5-1-1)。

"长久以来,无论是注释法学还是理论法学取得的进步,从历史、大

```
（刑法对抽象危险行为的介入）轻微罪名的设置和增加
                    ⇓
社会问题刑法    刑法与部门法
   的扩张    ⇒   的区分      ⇔
                         ⇓
                    刑罚的轻缓化和保安处分措施
```

**图 5-1-1　刑法与相邻部门法的分工**

社会、大法学的排列角度来看，大都存在视域过窄或方法单一的问题"①，封闭于刑法学一门学科的研究会造成刑法与其他部门法自说自话甚至矛盾，如我国证券法由于"证券"定义的缺陷，一些符合实践需求的民间创新融资形式如合法利用投资合同、集合计划等证券形式融资的行为却被当作非法集资行为加以处理，甚至被判处非法吸收公众存款罪或集资诈骗罪②，这就是由部门法之间的隔阂造成的。如今刑事立法呈现的犯罪圈扩张，立法技术中的前置性立法、拟制实行行为等也暴露出刑法教义学一言堂的实践困境。多年前储槐植教授提出的"在刑法之外研究刑法"③的理论命题尤其适应今天社会转型的现实，所以刑法学的研究更需要打破学科壁垒，从立体刑法学的角度来研究整个法学领域，乃至从哲学、社会学、政治学、经济学等领域获得滋养，最终实现传统刑法体系的平衡和结构性调整。

立体刑法学思维本身就是刑事立法辩证思维、联系思维、系统思维的综合体现，在各种关系中需要刑法平衡处理关系。正如学者指出的，"如果一部法律要有较强的生命力，则立法者事先就必须对有待规范的生活关系、对即将制定的规范所要加入的那个规范的整体、对即将制定的这一部分规范必然施加于其他规范领域的影响进行仔细思考和权衡"。④刑法学作为其他部门法的保障法、补充法，尤其担负着平衡各个部门法的关键作用。从立体思维出发，平衡各种部门法之间的关系，也是平衡各种社会群体的利益关系的需要，刑法作为各个部门法的第二条保障线更需要平衡各

---

① 王作富、田红杰：《中国刑法学研究应当注意的几个基本问题》，《法商研究》2003 年第 3 期。
② 夏小雄、赵希：《刑法与商法关系的理论思辨和体系构造》，《北京工业大学学报》2017 年第 5 期。
③ 储槐植：《刑事一体化论要》，北京大学出版社，2007，第 123 页。
④ 〔德〕卡尔·拉伦茨：《论作为科学的法学的不可缺性——1966 年 4 月 20 日在柏林法学会的演讲》，赵阳译，《比较法研究》2005 年第 3 期。

个部门法的关系。

## 三 立体刑法学扩张的边界

### (一) 传统报应性刑法

刑法既要做其他部门法的第二条保障线，同时，刑法也要积极引导、培养社会规范。刑法与其他部门法是以规范对象、规范手段的不同来分类的，如果说其他部门法主要针对某一部分的生活现实，以合同、行政处罚等更平和的手段来规范，而刑法则是其他部门法的第二条保障线，当其他部门法无法规制时，刑法以其更加严厉的刑法制裁手段强制解决，充分发挥刑法强大的威慑功能以取得更有效的预防效果。德国著名刑法学家罗克辛教授认为，"刑法是社会政策的最后手段，只有在其他解决社会问题的手段不起作用的情况下才能允许被使用"。[1] 正是因为刑法的强制性、严酷性、有效性以及最后手段性，才把它作为最后的手段和防线，也正是因为刑法制裁手段的严酷性，所以一般情况下只有当出现严重的社会危害后果、用其他部门法不足以惩戒的时候才适用刑法予以惩罚，所以刑法一般表现出滞后性、谦抑性，非常谨慎地对那些造成严重危害结果的人适用限制或者剥夺人身自由的刑罚或者并处罚金等，以免造成对公民人身权、自由权的侵犯。我们可以称这个意义上的刑法为报应性刑法、结果刑法。也正是因为过去我国刑法一般都是秉持刑法的这种严重危害后果的报应或者防范概念，所以我国的刑法的罪名多是要求"情节严重""数额较大""造成严重后果"等情节、数额、结果等严重的情况才起刑，处罚也都是以人身自由刑为起点，罚金刑都是在人身自由刑的后面"附加"而不能单独适用，更不用说非刑罚处分措施的保安处分（在《刑法修正案（八）》之前根本没有，这也有其背景原因），呈现明显的重罪重刑化，此时的刑法都是在治安管理处罚法、行政法规等无法规制、发生了更为严重的结果时才进行刑事处罚，以期与造成的严重结果相对应，体现报应刑法的理念。以交通肇事罪为例，只有在犯罪嫌疑人承担事故同等或者主要责任情

---

[1] 〔德〕克劳斯·罗克辛：《德国刑法学总论》，王世洲译，法律出版社，2005，第23页。

况下,至少造成1人以上重伤或者死亡的严重结果才构成交通肇事罪。

(二) 现代预防性刑法

随着科技的进步和文明的发展,更多的科技发明在带给人们进步和方便的同时,也带来了更巨大、更复杂的风险。比如社会私家车辆的急速增多、网络发展带来的对公民信息安全的威胁等。作为第一防线的其他部门法,如交通管理法、治安管理处罚法、行政法等在急剧的社会变革面前显得无力招架。激增的车辆带来激增的醉酒驾驶造成的各种事故和刑事危害后果,如果不加以严厉惩治,后果将十分严重。于是就有了《刑法修正案(八)》将醉酒驾驶、追逐竞驶、飙车等原来由治安管理处罚法制裁的危险驾驶行为规定为犯罪,有效遏制了近期因为醉驾、飙车等而发生的老百姓深恶痛绝的恶性事件,有效保护了人们的生命健康。公民个人信息安全的保护则体现了刑法先行。网络高科技的发展使得网络购物、百度定位导航等大大方便了人们的生活,但同时飞速发展的高科技也带来了不规范的信息操作,试图牟取暴利的犯罪团伙在巨大的利益驱动下以身试法,采用各种手段非法收集公民个人信息实施诈骗和敲诈勒索等,出于及时扼杀犯罪的需要,《刑法修正案(七)》及时新增了"购买、非法提供公民个人信息罪"等,《刑法修正案(九)》又及时予以修正,把犯罪主体由特殊扩大到一般,以适应社会现实对保护公民个人信息的需要等。

醉酒驾驶行为犯罪可谓是抽象的危险犯,在其他部门法无力保护的情况下,随着刑法修正案设置更多的抽象危险犯,把更多司空见惯的危险行为入罪惩罚引起了大家的思考:在其他部门法保护不能的情况下,刑法是否可以把尚未造成严重结果的行为入罪而设置更多的行为犯、抽象的危险犯?所谓犯罪包括三个特征:刑事违法性、社会危害性、应受刑事处罚性。刑事违法性是形式特征,社会危害性和应受刑事处罚性则是实质特征。社会危害性"从主客观方面反映了犯罪的社会危害,体现了刑罚的正当性;应受刑事处罚性要求惩治犯罪必须符合刑罚目的,关注刑罚的实际社会后果,强调刑罚的功利性、效益性"。[①] 如果没有直接的社会危害后果,

---

① 吴林生:《刑法修正案(九)草案的得失及修改建议》,《中国刑事法杂志》2015年第1期。

## 第五章 刑法立法扩张省思

在只具有潜在社会危害性、其他部门法无力保护只能求诸最后手段——刑法——的情况下可否犯罪化？

根据边沁的立法原理，可以总结出行为入罪的价值追求应当是以下内容。(1) 效益价值。有效性，指通过刑法的设置和运行，即刑法立法的鉴别作用，刑罚宣告与执行的威吓和改造罪犯的作用，从而预防和减少犯罪。[1] 有效性原则的要求，对无判断能力和意志能力的人无效，传统习惯强大的惯性使得刑法约束力抵消，无法预见或者不可控的原因导致刑法无效。[2] 有利性，指通过最小的社会资源耗费获得最大的控制犯罪的效果。在同样控制犯罪效果的情况下，代价越小的刑罚越符合效益价值的规定。有利性对刑法的要求：刑法所剥夺的权益的价值不低于犯罪所侵犯法益的价值；刑法的消极效果要低于积极效果；刑法的运行经济成本不能过高。必要性，刑法使用刑罚这种最为严厉的手段，不到万不得已一般不会动用刑法手段。刑法的代价包括刑法所剥夺的犯罪人的权益，因为作为社会成员的犯罪人的权益也是社会福祉的一部分。刑法自身手段带来的不利后果，正如德国刑法学家李斯特所说："刑罚是双刃剑，它通过损害法益来保护法益。"必要性原则要求以下行为无须刑法规制：无害甚至有益的行为，道德禁忌强的行为，民事、行政等其他手段可以制裁的行为，发生频率极低的行为。节俭性，在同样控制犯罪效果的情况下，代价越小的刑罚越符合效益价值的规定。节俭性原则要求刑法重罪重罚、轻罪轻罚，避免过高的司法经济成本。(2) 公正价值。等价性，要求重罪重罚、轻罪轻罚，罪责刑相适应。平等性，法律面前人人平等。对犯罪的宽容性。[3] 奖赏性，对犯罪人不同改造后果的不同处理。(3) 人道性。不得剥夺犯罪人的基本权利，要保障犯罪人的基本待遇。

由以上原则可以推导出，刑法在其他部门法保护不能的情况下，将虽

---

[1] 邱兴隆：《刑罚功能论》，《法学研究》1998年第6期。
[2] 边沁指出，"对不知法者、非故意行为者、因错误判断或不可抗力而无辜干坏事者所适用之刑，都是无效的"。〔英〕边沁：《道德与立法原理导论》，时殷弘译，商务印书馆，2016，第373页。
[3] 怜悯当是宽容的题中之义，正如英国学者菲利普·本所指出的一样，"怜悯不是正义的对立面，也不是正义的一种替代品：它是缓和正义的一种方式"。邱兴隆：《刑罚根据论》，法律出版社，2000，第75页。

无直接社会危害后果但是潜在危险很大的不良违法行为规定为罪，正是从刑法必要性和效益性原则出发的。将醉酒驾驶等存在很大交通事故风险的行为规定为犯罪，可以弥补行政法规无力的情况，用定罪处罚的方式更加有效地控制此类风险行为演变为交通肇事罪。反过来讲，把没有直接造成社会危害的行为规定为抽象危险犯进行刑事处罚是否违反公正原则、侵犯人权？对于危险驾驶罪，《刑法修正案（八）》和《刑法修正案（九）》规定"处拘役，并处罚金"，处较轻的刑罚和罚金，其成为我国典型的不含有期徒刑的轻微罪类型，既能发挥刑法定罪处罚的威慑功能有效抑制此类危险行为，又能与危险行为相适应处以较轻的刑罚，合乎公正原则的要求。所以，将其他部门法规制都达不到相应的效果、无法控制恶性事件发生的高风险、高概率行为规定为抽象危险犯，让刑法发挥"更加严厉的刑法制裁手段强制解决、充分发挥刑法强大的威慑功能取得更有效的预防效果"，也同样体现了刑法的强制性、严厉威慑性、有效性和最后手段性，因为针对的是高风险、高概率的潜在危险行为，刑法表现出了预防性、积极引领性，有效地强制高风险行为的发生，积极引领、培养人们形成良好的行为规范和习惯。我们可以称这个意义上的刑法为预防性刑法、行为刑法。日本学者小野清一郎指出，"报应和预防并不是二律背反，而应该在共同道义的基础上予以综合"。[1] 在德国，不少有影响力的学者也承认，应罚性和需罚性的行为是犯罪的实体，要判断一行为是否可以入刑，除了考察行为是否有刑事违法性、有责性以外，还要评价行为的需罚性，应当将判处刑罚的社会效果纳入是否入刑的综合考量中。[2] 所以，在其他部门法不能有效规制某种高风险的行为而只能借由刑法来强制实施时，历次刑法修正案中就增加了更多的抽象危险犯、预备犯、帮助犯等轻罪规定，并辅之以社区矫正、禁止令、职业禁止等非刑罚的保安处分措施，以及更多的适用并处罚金乃至单处罚金刑等刑法结构的调整变革。

（三）未来发展趋势

德国和日本都是大刑法观，一般都是行为犯直接入罪即"立法定罪，

---

[1] 〔日〕中山研一：《刑法的基本思想》，姜伟等译，国际文化出版公司，1988，第47页。
[2] 〔德〕克劳斯·罗克辛：《刑事政策与刑法体系》，蔡桂生译，中国人民大学出版社，2011，第70页；许玉秀：《当代刑法思潮》，中国民主法制出版社，2005，第146~147页。

司法定量"的构造,犯罪门槛很低,如只要有盗窃行为就是犯罪。而我国则是小刑法观即"立法定罪+定量"的结构,入罪门槛较高,一般需要"情节严重"或者"造成严重后果"的才构成刑事犯罪。随着社会的发展,建议我国也进一步降低入罪门槛,充分发挥刑法的预防、威慑作用,当然这也是刑法补充其他部门法的历史发展趋势。当然也有学者提出不同的改革措施,如推动我国治安拘留处罚措施的司法化改革。[①] 这是否会让行政权司法化舍近求远,让程序更为复杂？司法权和行政权原本就属于不同性质的手段,司法追求程序和公正,行政追求贯彻和效率,让行政权再走司法程序难道不是让简单问题更加复杂化？行政权司法化跟德国警察法一样兜兜转转又回到起点,回到违警罪、轻罪、重罪区分的轨道上来,所以,对我国来讲,在区分刑法和治安管理处罚法二元体制的基础下,会有更多的行政法入罪的轻罪化现象,这既是未来趋势,同时我们也要严格秉持谨慎入刑的根本原则。

## 四 评析修正案的得与失

### (一) 刑法要坚持最后手段性,保持谦抑性原则

刑法无论是对传统结果犯还是对抽象危险犯都要坚持最后的手段性、坚持谦抑性原则,首先都要用其他部门法来解决,在其他部门法解决不能的情况下才能求诸刑法,以阻止高风险、抑制恶性事件发生,动用刑法手段也是为了引导社会规范、提高公民法治意识,以期取得良好的社会效果。

《刑法修正案（八）》新增了危险驾驶罪,把醉酒驾驶、追逐竞驶行为等交通管理法规无法有效遏制的高风险行为入罪,《刑法修正案（九）》又在此罪上新加入了两种行为,将超载超速驾驶、装载危险化学物品驾驶等行为入罪予以严厉打击,充分发挥了刑法的威慑功能,有效遏止了醉酒驾驶现象,引导人们形成喝酒不开车的良好习惯,起到了引导、培养社会规范的效果。

---

[①] 魏东：《刑事政策原理》,中国社会科学出版社,2015,第156~157页。

但是刑法修正案也把一些原可以用行政法规解决的问题过度用了刑法手段来解决。如《刑法修正案（九）》新增了"代替考试罪""组织考试作弊罪"等，因为考试是为了获得上学、获奖、获得好工作等资格，要打击此类行为只要在发现此类违法行为后撤销其获得的一切益处，严禁他再次考试的资格就能抑制此类违法行为，在行政法或者其他规章制度可以管控的情况下就不能过度使用刑法手段，不能因为某些求学、获奖的需求就动用剥夺人身权利的刑事犯罪手段，这不符合处理刑法与其他部门法之间关系的准则。

## （二）刑法的解释要采取实质解释

刑法修正案增加的抽象危险犯，预备行为实行行为化、帮助行为正犯化等拟制实行行为的立法技术等的适用，带来犯罪圈的扩大化。如危险驾驶罪，如果只要醉酒驾车都一律入刑也会造成一些不公平的现象，一些偶然原因等造成的酒精含量过高也可能会入罪，所以还是要具体问题具体分析，根据对法益的实际侵害来决定是否定罪处刑，对抽象危险犯的法条解释要采取实质解释。

同样地，对于拟制实行行为的立法技术也要采取实质解释。学界曾对帮助信息网络犯罪活动罪展开讨论，对于中立的网络帮助行为是否一律入罪？于是也出现了形式帮助犯、实质帮助犯，形式预备犯、实质预备犯等的概念，强调具体分析对法益侵犯的实质作为判断的出发点。所以，面对刑法修正案凸显的刑事扩张立法倾向和技术，要强调实质解释方法。

## （三）实行行为的类型化要兼顾体系性

实行行为的类型化要兼顾体系性，行为的分类要尽量采取统一的标准，遵循统一均衡原则，以免刑法罪名与部门法之间以及刑法条文内部出现矛盾与不协调的现象。

有学者统计过这样的现实案例，甲和乙同样是容留卖淫行为，在不同的城市不同的地区处理情况也完全不同。甲被 A 区法院判为容留卖淫罪处 5 年有期徒刑，乙被 B 区公安局依治安管理处罚法处以 15 日拘留、5000 元行政罚款，结果完全不同。因为《治安管理处罚法》第 67 条与《刑法》第 359 条对引诱、容留、介绍卖淫罪的表述完全一样，但是处理差别巨大。

根据《刑法》第359条的规定，情节严重的处5年以上有期徒刑；而根据《治安管理处罚法》第67条的规定，情节严重的处10日以上15日以下拘留，可以并处5000元以下罚款。刑法和治安管理处罚法规定出现深度竞合，没能明确区分不同的梯度、做到无缝衔接。[①] 立法的类型化环节出现问题就造成刑法条文与部门法条文之间出现不协调和矛盾的现象。所以要明确，实行行为的类型化入罪处理要兼顾刑法与部门法的区分和衔接，兼顾体系平衡。

刑法内部也要保持统一，注重体系思维。《刑法修正案（九）》为了严惩贪污罪、受贿罪等，由原来单纯参考数额标准改为抽象的情节犯、情节加重犯，可以更全面地把造成严重结果、多次犯罪等事实都涵盖进去，立法更加科学、全面。但是职务侵占罪、非国家工作人员受贿罪、挪用资金罪等仍然以数额为单一的定罪量刑标准，并不能对情节严重的情况进行处罚。毕竟，如果说对国家工作人员贪污受贿造成严重损失的情况尚有玩忽职守罪，滥用职权罪，国有公司、企业事业工作人员失职罪等加以规制来填补漏洞，而非国家工作人员的滥用职权、玩忽职守行为并没有法律规定，想填补此处处罚漏洞也不可能。

拟制实行行为也要有平衡性思维。拟制实行行为要控制为有可能造成重大的社会危害后果、严重危及公共安全的类型，对于拟制实行行为、实行行为前置化的立法技术一定要严格论证、谨慎处理。坚持适度犯罪化，避免过度犯罪化或者非犯罪化的极端现象。适度犯罪化既能充分发挥刑法的法益保护机能，又能平衡人权保障功能。

（中国社会科学院法学研究所博士研究生　陈宁）

---

[①] 刘仁文：《立体刑法学：回顾与展望》，《北京工业大学学报》2017年第5期。

## 第二节 犯罪圈扩张的思考

社会发展决定犯罪发展,犯罪发展决定刑法发展。[①] 伴随着传统社会向现代社会的转型,犯罪作为一种客观的社会存在,经历着从无到有,再从有到无的循环更新,其内部构成要素也发生着各种各样的变化。在这一过程中,人们对犯罪的认识不断精细化,其中既涉及在理论层面逐渐构建起对犯罪的整体认知,例如犯罪的现象、方式、手段、后果、类型等等,也包括在实践层面尝试采取多元化的措施予以应对。刑法作为治理犯罪的最后手段,通过调整犯罪体系和刑罚体系,以积极或消极的姿态来发挥惩罚犯罪和保障人权的机能。犯罪圈,是刑法所划定的需要追究刑事责任的危害性行为的范围。犯罪圈的设定、扩张或限缩,表面上是立法者对犯罪进行价值判断和主观确认的选择,而实质上则是国家刑罚权和公民自由权相互博弈的结果。在罪刑法定原则的指导下,犯罪圈发挥着罪与非罪的区分作用。只有先确定刑法中的犯罪范围,才能依据刑法对现实的犯罪现象进行规制,才能确保刑法在惩罚犯罪的同时不对公民自由进行过度的压缩。

犯罪化与犯罪圈并不是等同的概念。犯罪化是立法者对危害性行为给予否定评价进而将其纳入刑法调整范围的过程。犯罪圈是刑法经过犯罪化和非犯罪化处理之后呈现的犯罪范围。犯罪化和非犯罪化之间并不存在此消彼长、不可调和的矛盾。实际上,二者完全可以统一在刑事立法的进程中。在某一阶段,立法者可以根据现实情况同时进行犯罪化和非犯罪化的立法处理。这样,犯罪化就并不必然导致犯罪圈的扩张,而非犯罪化也并不必然引起犯罪圈的限缩。当然,犯罪圈的扩张说明,犯罪化在刑事立法中是占据主导地位的。就我国而言,未来是否坚持犯罪圈的扩张,坚持犯罪化的主导方向,首先应以现实需要为根据,根据现实情况来界定犯罪圈的范围,以满足规制犯罪的社会需求;同时,犯罪圈的调整还应当严格遵循刑事政策和刑法谦抑性原则,保证刑法体系内部的协调稳定,以及与其

---

① 储槐植:《刑事一体化论要》,北京大学出版社,2007,第229页。

他非刑法规范的恰当衔接。结合我国晚近刑事立法和司法实践、目前犯罪的整体情势以及社会主流价值取向，坚持犯罪化的主导地位，坚持犯罪圈的扩张，应当是刑事立法的未来趋势。

## 一　犯罪圈的扩张：立法路径与司法路径的考察

自1979年《中华人民共和国刑法》（以下简称《刑法》）颁布到2015年8月29日《中华人民共和国刑法修正案（九）》（以下简称《刑法修正案（九）》）的正式通过，我国刑法历经了36年的刑事立法化过程，至今已形成了由1部452条的刑法典、1部单行刑法及9部刑法修正案组成的刑法体系。刑事立法的过程既涉及犯罪化，也涉及非犯罪化。与1979年《刑法》设立129种犯罪相比，《刑法修正案（九）》通过后我国刑法所规定的犯罪已经多达468种，罪名以3.65倍速度扩张，远远超过非犯罪化的速度。这说明，在36年的立法进程中，刑法选择以扩张犯罪圈的方式积极地对社会中的犯罪现象进行规制。犯罪现象是动态的，刑法设定的犯罪圈也会根据现实需要而处于动态的调整中。通过犯罪化，将某些危害性行为设定为犯罪而纳入刑法的规制范围，一方面能够为刑法的积极介入提供前提和空间，发挥刑法在法益保护方面的独特性优势；另一方面，将需要追究刑事责任的行为严格框定在犯罪圈内，将刑法的触角约束在法定范围之内，能避免刑法的肆意扩张对公民的自由造成不当侵犯。此乃犯罪化凭借其自身价值和积极效能在刑事立法中占据主导地位的原因。坚持犯罪化的主导地位所造成的直接结果，必定是犯罪圈的不断扩张。从我国晚近刑事立法和司法实践来看，犯罪圈的扩张主要沿着立法和司法这两条路径进行扩张。

（一）犯罪圈扩张的立法路径

从我国1979年之后的刑事立法实践来看，刑事立法对犯罪圈的扩张主要采取两种方式：一是增设新罪，将原先不构成犯罪的行为规定为犯罪；二是改造旧罪的构成要件，通过降低入罪门槛而扩大犯罪范围。前一种方式是对罪名体系的充实，以增加罪名数量的方式来扩展犯罪圈；而第二种方式不涉及对罪名体系的触动，而是通过修改个罪的构成要件来增加犯罪的总体数量。这两种犯罪化方式在立法上都会实现犯罪圈扩张的效果。

### 1. 增设新罪

伴随着类推制度退出历史舞台，为了有效惩治日趋多发性、复杂化、新型化的危害行为，刑法通过增设新的罪名，扩张刑法的处罚范围，以保护合法权益。这也是刑事立法犯罪化的主要方式。从历次通过的刑法修正案来看，市场经济、公共安全、金融秩序、社会管理秩序、安全责任事故、网络空间等涉及国家经济命脉和公民人身财产等领域的危害性行为，是刑法重点打击和防范的对象。例如，1999年12月25日全国人大常委会通过的《中华人民共和国刑法修正案》增设了隐匿、故意销毁会计凭证、会计账簿、财务会计报告罪，国有事业单位人员失职罪，国有事业单位人员滥用职权罪等新罪。2005年2月28日全国人大常委会通过的《中华人民共和国刑法修正案（五）》增设了妨害信用卡管理罪，窃取、收买、非法提供信用卡信息罪，过失损坏武器装备、军事设施、军事通信罪等新罪。在宽严相济刑事政策的推动下，2006年6月29日全国人大常委会通过的《中华人民共和国刑法修正案（六）》（以下简称《刑法修正案（六）》）及其后的3部刑法修正案增设新罪的数量有了大幅度提升，这具体表现为要么在新形势下将新型的危害行为予以犯罪化，或者将一些原属于《中华人民共和国治安管理处罚法》（以下简称《治安管理处罚法》）调整范围的不法行为改造或升格为犯罪，以此严密刑事法网，扩大刑法的规制范围。例如，《刑法修正案（六）》增设了强令违章冒险作业罪，组织残疾人、儿童乞讨罪，开设赌场罪等11种犯罪。2009年2月28日全国人大常委会通过的《中华人民共和国刑法修正案（七）》也将实践中具有多发性但尚未予以犯罪化的危害行为予以入罪，其中涉及利用未公开信息交易罪，组织、领导传销活动罪，非法获取公民个人信息罪，组织未成年人进行违反治安管理活动罪等10种犯罪。2011年2月25日全国人大常委会通过的《中华人民共和国刑法修正案（八）》（以下简称《刑法修正案（八）》）增设了危险驾驶罪、组织出卖人体器官罪、虚开发票罪、持有伪造的发票罪、拒不支付劳动报酬罪等7种犯罪。而2015年8月29日全国人大常委会通过的《中华人民共和国刑法修正案（九）》（以下简称《刑法修正案（九）》）对刑事立法的修订则是1997年刑法典通过之后立法机关进行的最大规模的犯罪化修订，其中共涉及恐怖主义犯罪、考试作弊犯罪、网络犯罪等三个领域的 20 种新罪。由此可见，1997 年刑法典通过之后，历经 10 次对刑法典的修正，刑事法网由粗疏向细密不断发展，犯罪圈得以不断扩张。

#### 2. 改造旧罪的构成要件

这具体是指通过改造旧罪的构成要件，例如扩大犯罪主体范围、扩展犯罪行为方式、扩充犯罪对象范围以及降低或取消定罪数额、犯罪后果、犯罪情节等等入罪门槛，增加犯罪数量。第一，扩大犯罪主体范围。例如，《刑法修正案（九）》将非法出售、提供公民个人信息犯罪的主体由国家机关或者金融、电信、交通、教育、医疗等单位及其工作人员扩展为一般的自然人主体或单位。第二，扩展犯罪行为方式。例如，2001 年 12 月 29 日全国人大常委会通过的《中华人民共和国刑法修正案（三）》（以下简称《刑法修正案（三）》）将"非法买卖、运输核材料罪"修改为"非法制造、买卖、运输、储存危险物质罪"。《刑法修正案（九）》对危险驾驶罪增设了两种行为方式：从事校车业务或者旅客运输，严重超过额定乘员载客，或者严重超过规定时速行驶的；违反危险化学品安全管理规定运输危险化学品，危及公共安全的。第三，扩充犯罪对象范围。例如，2002 年 12 月 28 日全国人大常委会通过的《中华人民共和国刑法修正案（四）》（以下简称《刑法修正案（四）》）扩大了走私废物行为的对象范围，并将《刑法》第 334 条的保护对象由珍贵树木扩大至国家重点保护的其他植物。第四，降低犯罪的入罪门槛。例如，《刑法修正案（九）》针对 1997 年《刑法》第 288 条关于扰乱无线电通讯管理秩序罪的规定，删除了"经责令停止使用而拒不停止使用"这一构成要件要素，并且将"造成严重后果"改为"情节严重"，从而扩大了该罪的处罚范围。

和谐社会的构建实质上是一个刑事法如何介入国民生活的问题，是一个如何合理界定刑法圈和如何配置刑罚量的问题。① 在刑事立法犯罪化的过程中，有选择性地将应当追究刑事责任的危害性行为入罪化，严密刑事

---

① 熊永明：《犯罪圈的界定及其关系处理》，《河南财经政法大学学报》2007 年第 5 期，第 34 页。

法网,扩大刑法规制范围,是建设刑事法治国家的必然要求。然而,犯罪化的推进并不排斥非犯罪化,二者都是使犯罪圈的调整趋向合理化的重要手段。在特定时期,非犯罪化也是相当必要的。对于某些现实中不再发生、社会危害性显著降低、人们容忍度上升或者不具有刑罚适应性和适用性的行为,应当将其除罪化,以保证刑法体系的科学和协调,时刻注重刑罚的谨慎和克制,避免过密的法网束缚住社会前进的脚步或者给公民的自由发展带来沉重包袱。"当某种行为的恶的程度没有达到需要通过刑法规制的程度,或因为社会的变迁而使人们对其恶的判断发生改变的情形,或动用刑法还是有失公允的时候,刑法就应当进行明智的立法或司法的非犯罪化处理,或者进行处罚上的非犯罪化处置。"① 虽然犯罪化是迄今为止刑事立法的主导方向,但立法机关也同时对某些原有犯罪进行了非犯罪化处置。非犯罪化的立法实践主要包括两种情形。一是删除了关于市场经济体制下已经不再发生或不具有危害性的犯罪的规定。例如,1997年《刑法》修订时,删除了原先只有在计划经济体制下才具有处罚空间的伪造、倒卖计划供应票证罪的规定。二是将原有犯罪的行为方式进行分解,对部分行为作非罪化处理,对部分行为则通过设置新罪名的方式予以保留。例如,1997年《刑法》将流氓罪分解为强制猥亵、侮辱妇女罪,猥亵儿童罪,寻衅滋事罪,聚众斗殴罪等具体罪名,将原先包含的玩弄女性、勾引外国人乱搞两性关系等社会危害性明显降低的行为予以非犯罪化。犯罪化和非犯罪化皆是立法机关顺应犯罪情势,对司法实践需求进行回应的结果,不过在不同时期和不同情势下立法机关对其中的一方有所侧重而已。

(二) 犯罪圈扩张的司法路径

与通过严格的法定程序修改刑法进行犯罪化不同,司法实践通过扩张解释的方式采取更为灵活的犯罪化处置,在实际中也产生了犯罪圈扩张的效果。"相对立法变化明显以扩大犯罪圈为特征的趋势来说,司法解释对犯罪圈的变化则同时表现为扩张和限制两个方面。"② 这说明,司法层面同

---

① 蔡通道:《刑事法治的基本立场》,北京大学出版社,2008,第88页。
② 张绍谦:《从刑罚特性看犯罪圈的界限》,《河南财经政法大学学报》2007年第5期,第19页。

时注重犯罪化和非犯罪化处置。司法层面的犯罪化作业主要表现为司法机关颁布相关司法解释，扩大某些犯罪构成要件要素的外延，或者对诸如涉案金额、追诉标准、起刑数额、定罪数额等犯罪门槛进行"量"的解释，扩大刑法对不法行为的适用范围和适用力度。就前者而言，例如，2001年4月9日最高人民法院、最高人民检察院公布的《关于办理生产、销售伪劣商品刑事案件具体应用法律若干问题的解释》第6条第4款将购买、使用不符合标准的医疗器械、医用卫生材料的行为，解释为销售不符合标准的医用器材。就后者而言，例如，2004年12月8日最高人民法院、最高人民检察院公布的《关于办理侵犯知识产权刑事案件具体应用法律若干问题的解释》对假冒注册商标罪、销售假冒注册商标的商品罪和非法制造、销售非法制造的注册商标标识罪的非法经营起刑数额标准进行了调整，将2001年4月18日最高人民检察院和公安部联合发布的《关于经济犯罪案件追诉标准的规定》分别确立的非法经营数额标准10万元和20万元统一降低到5万元，这与我国加大知识产权法律保护力度、完善知识产权保护的实践需要是密切相关的。此外，司法实践中对财产性或贪利性犯罪，例如盗窃罪、抢夺罪等等，在追诉标准方面采取了二元化模式。例如，2013年4月2日最高人民法院、最高人民检察院公布的《关于办理盗窃刑事案件适用法律若干问题的解释》第1条将盗窃数额在1000元至3000元以上认定为《刑法》第264条规定的"数额较大"。但其第2条规定，具有下列情形之一的，"数额较大"的标准可以按照前条规定标准的50%确定：（1）曾因盗窃受过刑事处罚的；（2）一年内曾因盗窃受过行政处罚的；（3）组织、控制未成年人盗窃的；（4）自然灾害、事故灾害、社会安全事件等突发事件期间，在事件发生地盗窃的；（5）盗窃残疾人、孤寡老人、丧失劳动能力人的财物的；（6）在医院盗窃病人或者其亲友财物的；（7）盗窃救灾、抢险、防汛、优抚、扶贫、移民、救济款物的；（8）因盗窃造成严重后果的。这种二元化的入罪标准，实际上是一种扩张解释，将犯罪数额和犯罪情节进行了综合考虑，避免陷入以往单纯唯数额论而导致的对某些达不到数额标准但危害严重的行为只能予以放任的尴尬境地。同时，司法层面也在实行非犯罪化，即通过提高某些犯罪的定罪数额来限制犯罪圈的扩张，将定罪数额以下的危害行为排除出刑法的处罚范围。例如,《刑法修正案(九)》颁布之后,贪污、受贿犯罪的定罪标准虽然修改为"数额+情节"的概括模式,但后续出台的相关司法解释再次提高了定罪数额,将定罪数额之下的贪污受贿行为排除出刑法的处罚范围。

通过司法路径来扩张犯罪圈,在很大程度上能够扩大刑法的"入罪"机制,推动犯罪化的刑事立法进程。但同时也要看到,在实用主义思想指导下的司法犯罪化,一旦操作不当,很可能造成"过度"和"非理性"的犯罪化,继而使公民时刻生活在对刑罚的担忧和恐惧之中,而不得不自动放弃个人自由。这种可能存在的"隐性剥夺"正是罪刑法定原则的坚定维护者强烈反对司法犯罪化的主要原因。例如,"无论是进行犯罪化还是非犯罪化,其主体只限于立法机关。主张司法机关对法律已经规定为犯罪的行为也可通过'不予认定为犯罪'之手段进行非犯罪化的观点,是不符合法制要求的"。①"犯罪化应当是一个审慎的举措,只能够通过立法途径进行,换言之,犯罪化的主体具有唯一性,仅限于国家的立法机关,除此之外的任何机关和个人都无权进行犯罪化操作。"② 否定司法层面的犯罪化,就必须否定司法层面上的非犯罪化。然而,这种观点其实是将罪刑法定原则与司法解释完全对立起来。罪刑法定原则禁止类推解释,但并不禁止合理的扩张解释。现行刑法中罪刑法定原则的核心含义是:法无明文规定不为罪,法无明文规定不处罚。即犯罪和处罚必须要有明确的法律根据,否则不得对行为人进行刑法意义上的否定性评价和有责性非难。从字面上看,罪刑法定同时具有"有罪,处罚"和"无罪,不处罚"两种指导意义,但在我国刑法语境下,罪刑法定原则更具有"无罪,不处罚"的价值指向,是作为禁止性规范的刑法在发挥刑法机能时给予犯罪人的关怀。这种关怀不仅体现在立法机关力求划定出一个明确、稳定、合理的犯罪圈,避免法律文本的模糊性、抽象性和不确定性;而且还要求司法机关严格按照法律文本进行实践操作,避免事实的认定错误和刑法的适用错误。法律适用的前提是解释法律。司法机关在适用刑法时并不是机械地将条文和事实进行比对,而是充分发挥司法能动性,以尽可能寻找法律和事实的契合

---

① 赵秉志:《刑法修改中的宏观问题研讨》,《法学研究》1996年第3期,第118页。
② 郭理蓉:《宽严相济视野下的犯罪化与非犯罪化——从最高人民检察院〈不起诉标准〉谈起》,《河北法学》2008年第4期,第112页。

点。因此，当立法作为原则性"入罪"机制没有或不能明确犯罪圈的边界时，司法活动就有必要通过合理、合法的各种方式来弥补这种缺陷。当然，这种司法上的犯罪化也不应当超出罪刑法定严格限定的范围，不能超出条文本身可扩展的外延。这正如有学者所说的，"在犯罪化问题上，虽然应该而且必须以立法的方式为原则性机制，但仅有立法上的犯罪化不够时，通过刑法司法的规范性扩张性解释来进行犯罪化也是可能并且可行的"。①

## 二 犯罪圈扩张的正当性

我国刑法中的犯罪圈的扩张是否具有正当性？对此，学者间的观点并不一致。有学者认为，"我国刑事立法仍然在工具主义的轨道上前行，国权刑法的观念仍然深深地根植在立法者的脑海中，民权刑法的观念离我们仍然很遥远。我国应该停止犯罪化的刑事立法"。②"'过度刑法化'是我国当前社会治理中的一种病态现象，反映在立法、司法和思维多个层面。我们必须反对刑法对刑事政策的过度干预，强调刑法的司法法属性。要积极提倡刑法参与社会治理的最小化。"③ 与反对犯罪化的刑事立法方向不同，有观点认为不仅应当肯定中国当前刑事立法的犯罪化成果，而且支持将犯罪化作为未来中国刑事立法的发展方向。例如，"无论如何，从长远发展来看，犯罪范围的扩张将是一个持续的立法过程。这是法治发展的必然后果"。④ "当前，我国仍处于社会转型时期，经济发展、社会分化都处于快速变动的阶段，同时出现较多的新问题和新矛盾，而刑法规范仍比较粗疏，对众多新滋生的危害社会的行为难以及时予以规制。我国刑法在未来的发展仍然应当以坚持犯罪化为主。"⑤ "在当前的犯罪形势和刑法立法

---

① 钊作俊、刘蓓蕾：《犯罪化与非犯罪化论纲》，《中国刑事法杂志》2005年第5期，第6页。
② 刘艳红：《我国应该停止犯罪化的刑事立法》，《法学》2011年第11期，第109页。
③ 何荣功：《社会治理"过度刑法化"的法哲学批判》，《中外法学》2015年第2期，第523页。
④ 陈兴良：《犯罪范围的扩张与刑罚结构的调整——〈刑法修正案（九）述评〉》，《法律科学》2016年第4期，第183页。
⑤ 卢建平、刘传稿：《法治语境下犯罪化的未来趋势》，《政治与法律》2017年第4期，第37页。

状况下,《刑法修正案(九)》的犯罪化具备基本的合理性,而且也将是今后相当长一段时期内我国刑法立法的必然趋势。"①

如前所述,犯罪化具有相对性,犯罪化和非犯罪化都体现了刑事立法嬗变、发展的规律。立法机关应当以具体的现实需要为依据,综合考虑多项因素之后对司法实践给予最适当的回应。在1997年《刑法》颁行之后,刑事立法的犯罪化已经走过将近20年的历程,其发展也由最初的尝试性调整发展到今天的主导性趋势,对犯罪圈、犯罪数量、刑罚结构乃至刑事法治都产生了深远影响。就未来是否有必要坚持刑事立法的犯罪化、继续扩张犯罪圈而言,笔者认为,刑事立法是立法机关根据国家意志和价值取向对具有社会危害性的行为的主观认识和筛选过程;基于客观主义的刑法立场,最终仍要以行为的性质和客观后果作为评价标准。一类危害性行为是否应当被纳入刑法规制范围,不仅要对行为的社会危害性进行评价,还要考虑将刑法作为惩罚工具是否有必要性。虽然上述反对刑事立法继续予以犯罪化的观点可能有一定的道理,但立足于现行刑法的实践经验和世界刑法的改革方向,从如何有效应对犯罪现象变迁带来的挑战出发,未来刑法仍应当以犯罪圈扩张的方式积极介入社会生活,以发挥刑法本身的机能来维护合法权益不受侵犯。

(一)犯罪圈的扩张是刑法结构由"厉而不严"转变为"严而不厉"的必然要求

刑法结构是犯罪和刑罚在刑法体系中综合配置的状态。"刑法结构问题实质上是刑法的调控范围和调控强度的问题。前者是指刑法介入社会生活的范围;后者是立法者和司法者为了获得合理的刑法效益所投入的刑罚。"② 刑法结构影响刑法机能的发挥。通常认为,刑法主要具有社会保护和人权保障两大机能,因此,不同刑法结构下刑法机能的侧重点可能有所不同。按照储槐植教授的观点,以罪刑配置为标准可以分为四种刑法结构:(1)又严又厉;(2)不严不厉;(3)严而不厉;(4)厉而不严。前

---

① 赵秉志:《中国刑法最新修正宏观争议问题研讨》,《学术界》2017年第1期,第9页。
② 刘仁文、张永红:《刑法第13条但书与刑法结构——以系统论为视角》,《法学家》2002年第6期,第44页。

两种不可能同时发挥刑法的保护社会和保障人权的双重功能,当代各国均不存在此类刑法结构。而我国刑法,即使是1997年修订后的刑法,基本上仍属于"厉而不严"的刑法结构。我国刑法结构改革的方向应从"厉而不严"向"严而不厉"转变。① 这是因为,"厉而不严"的刑法结构本身具有功能性缺陷:法网不严和刑罚严苛。这不仅无法实现对犯罪的有效控制和预防,还可能因为追求重刑主义而忽视人权保障。"严而不厉"的刑法结构,同时兼顾法网严密和刑罚轻缓,能够更好地发挥刑法保护社会和保障人权的机能,因而成为世界各国公认的比较理想的立法模式,这也是德日等大陆法系国家采取的基本刑法结构。在"严而不厉"的刑法结构下,犯罪门槛较低,法网设置严密,大量轻微犯罪行为被纳入罪名体系;此外,法定刑的配置不再追求严苛和重罚,而是整体趋于轻缓化,维持刑罚总量和犯罪危害之间的均衡状态。

那么,我国现行刑法是否真的如前所述,属于"厉而不严"的刑法结构,且应当朝"严而不厉"的刑法结构方向改革呢?对此,如果答案是肯定的,那么犯罪圈的扩张是否能够实现这种立法模式的转变呢?

1997年《刑法》修订之初,受西方非犯罪化思潮的影响和立法技术的局限,刑法设定了较高的犯罪门槛,通过第13条"但书"在犯罪成立条件中引入定量因素,将大量社会危害性较小的违法行为排除出刑法的处罚范围,从而形成了与实际犯罪圈相比较小的犯罪圈。这样小犯罪圈的刑法结构"固然能够与起到集中有限资源以严厉打击严重犯罪的效果,但也带来了刑罚过于严厉、刑法干预严重滞后,以及行政权膨胀、司法保障不足等弊端"。② 这种小犯罪圈的刑法结构实质上就是"厉而不严"的刑法结构,主要体现出"重罪重刑"的特点。具体来说,我国刑法结构之"厉",表现为现行刑法的法定刑配置具有明显的重刑主义特征。从法定刑刑种来看,死刑和自由刑占主导的刑罚结构并未随着历次立法修订而有所动摇,死刑罪名虽然逐步削减导致数量下降,但总体仍然过多,且由于死刑保留派的强烈反对,未来废除死刑的改革也会面临许多阻力。另外,在刑法分

---

① 储槐植:《议论刑法现代化》,《中外法学》2000年第5期,第584页。
② 卢建平:《犯罪分层及其意义》,《法学研究》2008年第3期,第147页。

则中，所有犯罪都配置了自由刑。从法定刑档次划分来看，个罪法定刑档次的划分相对粗疏，同一法定刑跨越幅度较大，并没有仿效西方国家进一步根据犯罪的危害程度细化法定刑档次，而是由司法机关在法定刑幅度内进行裁量适用。这样一来，同一犯罪不同行为方式的危害性，就并不能很好地通过配置的法定刑体现出来，甚至可能出现危害程度较轻的犯罪行为在同一法定刑幅度内被处以较重刑罚的情况。而刑法结构之"不严"，则相当明显，主要表现为三种情形：一是罪名体系不严密；二是罪状设计粗疏；三是犯罪门槛较高。三者都是造成犯罪圈较为狭窄的原因。就罪名体系不严密而言，其是指对于一些具有社会危害性且应当追究刑事责任的轻微危害行为不入罪，而是交由行政机关予以处罚，导致刑法设置的罪名的数量相当有限。第二种情形，是指个罪的罪状设计不周延，那些本应符合个罪犯罪构成的行为却因某个"要素"的缺失或不匹配而被抹除犯罪性质，从而逃脱刑事法网的制裁。例如，受贿罪中的贿赂仅限于财物和财产性利益；就非财产性利益诸如性贿赂、子女留学旅游等而言，司法实践中通常将其排除出贿赂的范围。而对于第三种情形，一般是指刑法分则为某些犯罪附加了诸如"数额较大""情节恶劣""后果严重"等条件作为犯罪门槛；若不具备这些条件，在司法实践中将不认定为犯罪。

这种"厉而不严"的刑法结构也会给后续的刑事立法和司法活动带来一系列问题。立法活动不仅要基于现实，更要"高于现实"，不仅应满足现阶段打击犯罪的实践需要，还应尽可能地对犯罪在未来一段时期内可能发生的各种变化作出有效的反应。刑法条文不仅要给予公民预测可能性，使他们能够规划和约束自己的行为，从而确保社会生活的稳定性，还应当基于现实对犯罪现象的变迁进行提前预测，将对犯罪的预期反映在刑法条文中，防止刑法的朝令夕改对法律秩序和社会秩序造成不可控的冲击。要尝试弥补粗疏的刑法结构导致的弊端，除了重新构建一种完全不同的"细密"型的刑法结构之外，只能通过增设新罪或者对原有个罪进行修修补补的方式来填补漏洞。前者成本太高，而且可能会引起刑法体系整体的颠覆，因而后者就成为立法机关在面对复杂多变的犯罪现象时，能够采取的唯一补救措施。这也是在1997年《刑法》通过之后的20余年的刑事立法进程中颁布9部刑法修正案，罪名体系迅速扩张的主要原因。就刑事司法而言,粗疏的刑法结构会必然导致立法的不明确,而在诸多涉及罪与非罪或罪轻罪重等问题上,司法机关只能尽可能地去解读法律,而不能"创制"法律。因此,在实践中,司法机关既有可能因为秉持谨慎小心的态度而不当地缩小刑法的适用范围,导致该入罪的行为得不到应有的刑事处罚,也有可能过度解释法律,违反罪刑法定原则,将不构成犯罪的行为按照犯罪处理。这两种做法都无法实现刑法适用的公平和公正。除此之外,这种小犯罪圈的刑法结构,并不能较好地实现行政处罚和刑事处罚的等比例衔接。粗疏的刑法结构采取的是"小犯罪圈+严厉刑罚"的处罚模式,对于小犯罪圈之外的行政违法行为,只能给予轻缓于刑事处罚的否定性评价和惩罚。但实际情况是,通过行政手段来追究行为人的"刑事责任"或者对某些轻微犯罪行为配置超量刑罚的情况并不少见,行政处罚和刑事处罚的处罚力度并没有从根本上实现从轻缓到严厉的阶梯式过渡。因此,这种"厉而不严"的刑法结构已经不能适应司法实践的需要,已经难以为继,必须从刑法结构本身进行改革,推动其向"严而不厉"的立法模式转变。

那么,犯罪圈的扩张能否担此重任呢?笔者认为,答案是肯定的。刑法结构的改革从形式上看是将"厉而不严"转向"严而不厉",在立法操作上是对罪刑模式的大调整,革除原先实行的"重罪重刑"结构,再予以配置"轻罪轻刑"结构。而犯罪圈的扩张,一方面能够根据犯罪现象的变迁将未来可能发生的应当追究刑事责任的行为予以犯罪化,充实罪名体系,继续发挥刑法保护社会和保障人权的机能;另一方面,犯罪圈的扩张能够将逃逸在刑事法网之外,具有长期和普遍社会危害性的行为纳入刑法规制范围,避免刑法调整的真空过多和机能不足。可见,犯罪圈的扩张是严密刑事法网的必要手段。但是,"犯罪化并不意味着国家刑罚资源投入总量的增加,而是以刑罚资源总量的稳定投入为背景的,这是因为,这里的'犯罪化'相对应的是'轻刑化',是通过刑罚的确定性来保证刑法的威慑效用的"。[①] 伴随着大量原先分流给行政程序的轻微犯罪行为进入刑法

---

① 付立庆:《"刑法危机"的症结何在——就犯罪圈、刑罚量问题的些许感想》,《云南大学学报》2007年第5期,第65页。

处罚范围,刑事立法也必然会对原先的重刑结构进行改革,对扩充的轻罪配置与其社会危害性相当的刑罚,确保罪责刑相适应原则的贯彻。与犯罪圈的扩张相对应,就刑罚结构的改革而言,要对法定刑刑种进行改造,重新调整轻罪刑种和重罪刑种在刑罚结构中的适用比例,缩小死刑和长期自由刑的适用范围,扩大短期自由刑和附加刑的适用空间,同时也尝试对轻罪适用非刑罚处罚措施进行规制。在轻刑化改造的协同下,犯罪圈的扩张并不会导致"又严又厉"的刑法结构,反而会推动一个"橄榄球"式的刑法结构的形成,犯罪量和刑罚量将会维持在均衡状态。因此,犯罪圈的扩张是刑法结构由"厉而不严"向"严而不厉"转变的必然要求,而且犯罪圈的扩张能够实现这种立法模式的转变。

### (二)犯罪圈的扩张是劳动教养退出历史舞台后弥补处罚漏洞的必要举措

一般认为,劳动教养制度废除之前,"治安管理处罚—劳动教养—刑罚"是遏制违法犯罪行为的三级制裁体制。在三级制裁体系中,刑罚作为最严厉手段,以刑事法律为依据,对纳入犯罪圈内具有严重社会危害性的犯罪行为进行惩罚;治安管理处罚以《治安管理处罚法》为支撑,主要适用于违反行政法律法规的行为;对于一些轻微犯罪行为和严重的行政违法行为,则通过劳动教养进行处理。可见,劳动教养的伦理非难和惩罚力度介于治安管理处罚和刑罚之间。对于违法犯罪行为,三者从表面上搭建起轻重有序、结构合理的制裁机制。然而,这种三级制裁体系在实践中的效果却并不理想,不仅三种制裁手段之间互有僭越,而且适用对象也有相当程度的重合。尤其是劳动教养,其适用主体、程序、对象等方面存在的诸多不合理之处,导致其本应作为治安处罚和刑罚之间调和剂的立场已经偏离,成为一只随时能冲破"牢笼"而侵犯公民自由的"野兽"。"劳动教养经常表现为一种警察权力的膨胀,向上以行政权篡夺司法权的危险之举损害刑法的谦抑性适用,向下以行政权的异化为导向挤压治安处罚的合理性。"[①] 具体而言,劳动教养存在诸多自身无法克服的弊端。首先,劳动教

---

① 梅传强:《论"后劳教时代"我国轻罪制度的构建》,《现代法学》2014年第2期,第31页。

养的定位不清,可能导致权力混乱。根据行为的危害程度和违法程度不同,我国采取对行政违法行为和刑事违法行为分别进行规制的二元立法模式。违法行为要么被分流给行政机关,要么进入刑事诉讼程序。可以这么说,违法行为的处罚权只掌控在行政机关和司法机关手中。就劳动教养的介入而言,如果作为衔接治安处罚和刑罚的黏合剂,其适用对象要么是严重的行政违法行为,要么是轻微的犯罪行为(情节轻微不够或不需要刑事处罚的)。这就导致劳动教养在权力配置和适用对象上都可能与治安处罚或者刑罚发生竞合或交叉关系。劳动教养的决定主体是公安机关。警察权的干预必定会对治安处罚权和刑罚权造成僭越,从而导致国家权力分配的混乱。其次,劳动教养从实体和程序上都缺乏正当性。劳动教养乃至强制隔离戒毒、收容教养、收容教育等等,都涉及对行为人人身自由的限制或剥夺,在未经司法程序公正审判的情况下将行为人予以羁押,既损害了权力行使的正当性,也否定了行为人寻求司法救济的权利。从实体上来看,劳动教养可以施以1至3年的限制人身自由的处罚,必要时还可以延长1年,在惩罚力度上已经明显超过拘役、管制和短期自由刑。这些劳动教养涉及的行为在性质上通常被认定为"刑法边缘行为",即指那些从本质上看具有犯罪的性质,但由于情节轻微不需要予以刑事处罚的行为。[①]然而,在罪刑法定原则的约束下,这些刑法边缘行为只能被排除出犯罪圈,在缺乏正当程序的情况下受到超过行为本身应当承担的处罚的惩罚。正是基于劳动教养存在的诸多弊端,以及对国家权力和公民权利带来的威胁,要求废止劳动教养制度的呼声日趋强烈。及至2013年12月28日,全国人大常委会通过《关于废止有关劳动教养法律规定的决定》,宣告劳动教养被正式废止。这标志着历经了半个多世纪的劳动教养制度终于退出历史舞台,我国开始进入"后劳动教养时代"。

在"后劳动教养时代",要讨论的问题是:在不动摇二元化立法模式的前提下,如何通过权力结构的调整,来重新搭建起对违法犯罪行为的制裁体系。对此,专门构建起一套完整的轻罪制度,根据罪行的轻重设置与

---

[①] 王志祥、韩雪:《我国刑法典的轻罪化改造》,《苏州大学学报》(哲学社会科学版)2015年第1期,第96页。

之相称的惩罚程序和措施,是目前刑法学界提倡的主流观点。但针对轻罪制度的立法选择,学者间的观点并不一致。第一种观点认为,应跳出现有刑法典的框架,单独设置"轻罪法",就轻罪进行实体和程序的规定,将其与普通刑事案件区别开来。例如,张明楷教授认为,"我国应当建立轻罪制度,可以通过立法,制定《轻犯罪法》,将违反治安管理处罚法、劳动教养法的相关危害行为纳入《轻犯罪法》中"。① 该观点在实际立法活动中并没有得到回应,目前仍处于理论探讨阶段。第二种观点主张制订一部"违法行为矫治法",将劳动教养涉及的违法行为纳入其中单独处理,由此替代劳动教养制度。② 虽然该设想曾进入立法机关的视野,被多次讨论研究并列入立法规划,甚至法律草案的起草准备也已经做好,但最终因为劳动教养制度的废止而半途夭折。第三种观点主张在现有的刑法制度框架内,借鉴国外犯罪分层的立法模式,实行轻罪和重罪划分的犯罪结构。③ 主要做法是将劳动教养废除之后分流出来的轻微犯罪行为纳入刑法典,结合刑法中原有的一些程度较轻的犯罪,进行整合之后在刑法体系内部建立起一套轻罪体系,使犯罪体系呈现从轻到重的阶梯形过渡。笔者认为,在我国现行刑法体系下,第三种观点具有相当的合理性和可行性。首先,劳动教养制度的废除,实际上一并消除了治安管理处罚和刑罚之间模糊不清的中间地带,为治安管理处罚和刑罚之间的严密衔接提供了更好的契机。将劳动教养规制对象中的行政违法行为和轻微犯罪行为分别分流给行政程序和刑事程序,根据行为的违法和危害程度分别配置相应的处罚措施,既能够维持我国行政处罚和刑事处罚并行的二元制裁体制,还能保证行为人的权利和自由不受非法限制或剥夺。除此之外,无论是将劳动教养的规制对象全部分流给行政程序,还是全部分流给刑事程序,都会引发行政处罚和刑事处罚之间的混乱,进而导致违法犯罪行为制裁体系的失衡与失效。其次,通过将刑法边缘行为纳入刑法规制范围,并构建起一套完整的轻罪制

---

① 张明楷:《犯罪定义与犯罪化》,《法学研究》2008年第3期,第145页。
② 参见鲁嘉微《邵名正教授谈〈违法行为矫治法〉》,《中国司法》2007年第5期,第43页;张亚平〈〈违法行为矫治法〉之性质解读》,《江苏警官学院学报》2008年第1期,第19页;《我国劳教制度面临变革,将制订违法行为矫治法》,新浪新闻,http://news.sina.com.cn/c/2005-03-02/01125237374s.shtml,2017年6月5日访问。
③ 参见蒋晗华《法治理念下轻罪制度探析》,《河北法学》2015年第6期,第158页。

度，有利于促进刑法结构的完善以及刑事制裁体系内部的协调。这是因为，"重罪重刑"的刑法结构因其诸多弊端而饱受诟病，且与世界轻刑化的潮流相背离，不利于充分发挥刑法保护社会和保障人权的机能。通过在刑法体系内部构建起与重罪相对应的轻罪体系，并配置与轻罪的罪质和罪量相当的刑罚，使犯罪量和刑罚量的配置更加合理化，在内就可以实现刑事法律制度本身的完整性，在外就可以使行政处罚和刑事处罚之间的过渡更加协调。

基于上述分析，刑法边缘行为的犯罪化，应当是劳动教养退出历史舞台后弥补处罚漏洞的必要举措。扩张犯罪圈，严密刑事法网，既能将长期游离在刑法边缘的轻微犯罪行为纳入刑法规制范围，实现刑法对犯罪行为处罚的同一性和权威性，弥补刑事处罚的真空。同时，还能保证行为人通过正当程序得到公正的审判结果，将行为人的合法权利置于刑事法律的有效保护之下。此外，劳动教养制度废除之后，将其规制对象按照性质和危害程度进行分流，有利于弥补三级制裁体制断层之后出现的处罚漏洞。正如有观点认为，"在劳动教养废除后，若将这些原本可以适用劳动教养的行为一律给予治安处罚，则会产生制裁力度不足、效果不好的问题，而将其中部分情节严重的行为入罪不失为一种较好的解决方法。而且这对弥补原有刑法规定不足、严密刑事法律具有重要意义"。[①] "为填补治安管理处罚与刑罚处罚之间'断档'，适当扩张刑罚的治理范围，对过去应予劳教的行为适度分流入罪，已是必然。"[②] 从新近颁布的刑法修正案来看，刑法边缘化行为犯罪化的趋势逐渐凸显，这与劳动教养制度的废除有很大关联。可以这么说，这种犯罪化在本质上是对劳动教养制度的批判性承接。公安部2002年出台的《公安机关办理劳动教养案件规定》第9条第（4）项规定：制造恐怖气氛、造成公众心理恐慌、危害公共安全，组织、利用会道门、邪教组织、利用迷信破坏国家法律实施，聚众斗殴，寻衅滋事，煽动闹事，强买强卖，欺行霸市，或者称霸一方、为非作恶、欺压群众、恶习较深、扰乱社会治安秩序，尚不够刑事处罚的。第（5）项规定：无

---

① 刘志伟：《〈刑法修正案（九）〉的犯罪化立法问题》，《华东政法大学学报》2016年第2期，第24页。
② 喻海松：《刑法的扩张——〈刑法修正案（九）〉及新近刑法立法解释司法适用解读》，人民法院出版社，2015，第12页。

理取闹、扰乱生产秩序、工作秩序、教学科研秩序或者生活秩序，且拒绝、阻碍国家机关工作人员依法执行职务，未使用暴力、威胁方法的。上述两项规定所涉及的行为涉嫌轻微犯罪，不够刑事处罚但需要以劳动教养进行处罚。《刑法修正案（九）》增加恐怖活动犯罪的类型，修改组织、利用会道门、邪教组织、利用迷信破坏国家法律实施罪，增设扰乱国家机关工作秩序罪，等等，都是刑事立法通过犯罪圈的适度扩张来做好劳动教养被废除后的法律衔接工作的具体体现。因此，犯罪圈的扩张是劳动教养被废除之后刑事立法活动的必然趋势。

### （三）犯罪圈的扩张是强化刑法对法益保护的客观要求

伴随着犯罪情势、社会环境和人们价值观念的转变，坚持罪责主义原则的传统刑法由于对法益保护的"后置化"，已经无法满足人们对法益保护更高层次的需求，而社会安全也因为各种难以预测的因素而处于随时可被摧毁或破坏的危险之中。因此，法益保护的"前置化"成为现代刑法不同于传统刑法的价值取向之一。就法益保护的"前置化"而言，不少学者认为，这是风险社会下传统罪责主义向现代危险主义妥协的结果。因为风险社会的到来，传统刑法在责任追究上的滞后和漏洞使其已经无法有效应对各种风险，传统刑法范式的失效意味着现代刑法在风险控制中必须变被动为主动，构建起一套以风险防范为核心和以社会安全为重心的风险刑法范式，通过控制风险来实现对法益的提前保护。例如，"在风险社会的逻辑支配下，一种新的刑事法律体系和一种新的刑法理论应当而且必须建立，风险社会呼唤并促成风险刑法的诞生"。[①] "刑法已经从传统的后卫地带走向了前沿地带，通过惩治行为人行为所带来的风险来实现对法益更为前置的保护，这便是'风险刑法'。"[②] "风险规制不再退缩在实害的范围内，而将以主动出击的方式，对风险制造要素进行事前的规制和调整，以达到风险预防的目的。"[③] 然而，也有学者对风险社会及风险刑法理论采取

---

[①] 陈晓明：《风险社会之刑法应对》，《法学研究》2009年第6期，第54页。
[②] 王拓：《风险刑法：风险社会下传统刑法的必要补充》，《检察日报》2010年4月26日。
[③] 程岩：《风险规制的刑法理性重构——以风险社会理论为基础》，《中外法学》2011年第1期，第124页。

质疑或者反对的态度。例如，"风险刑法理论导致刑法的处罚范围不断扩大；使得传统的罪责刑法发生了转变；以防范风险为目标，因而将任何有碍人类安全的行为都视为不法行为；主张大幅度压缩公民自由的空间以求得社会的安全，人权被悄悄地搁置在一边。而且，风险刑法理论无法明确回答什么是'风险'以及什么是'安全'"。[①] "'风险社会'理论所要解决的是如何在民主的体制下控制这些社会风险，而不是通过扩张与公民基本权利相对的国家权力来解决这一问题。不断递增的社会风险不能作为风险刑法的现实基础。"[②]

从上述观点来看，在我国是否进入风险社会、风险社会能否为风险刑法提供理论和现实支撑、风险社会中的风险是否等同于风险刑法中的风险、风险刑法能否替代传统刑法发挥法益保护前置的机能等这些涉及刑法范式构建的重大问题方面还是存在较大争议的。在对作为舶来品的风险社会理论没有形成明确认知和统一定论的情况下，我们不能贸然将其作为对风险进行刑法控制的正当性根据。但这些学理讨论至少为我们提供了一个有价值的预示，即法益保护的前置是现代刑法改革的终极目标之一。不可忽视，社会转型带来的各种风险是客观存在的，这些风险既包括原发于传统社会，但由于新技术的应用而激发其潜在危险的风险，也包括新技术的变革给现代社会带来的一系列新型风险。但即使在以风险防范为需求的风险刑法范式下，这些风险的本质特征也没有改变，仍然是难以预测、后果不确定的，危险性较大。刑法范式的构建和转型只是为了更好地控制风险，而不能从更根本上改变风险。抛开刑法学界对风险社会中"风险"的各种主观评价和概念阐述，笔者认为，"风险"本质上是对犯罪现象变迁的一种映照。社会现实在不断变更，犯罪手段也在不断翻新，"犯罪手段以我们难以预估的方式出现，不仅是在形式上发生变化，而且以专门性、技术性等加以武装，使得犯罪以难以识别的现象层出不穷地出现在现实生活中"。[③] 可见，犯罪现象内部发生的各种异变，已经能以超出人类预想的方

---

① 刘艳红：《"风险刑法"理论不能动摇刑法谦抑主义》，《法商研究》2011年第4期，第26~28页。
② 孙万怀：《风险刑法的现实风险与控制》，《法律科学》2013年第6期，第132页。
③ 向准：《犯罪现象的变迁对我国刑法的挑战》，《研究生法学》2015年第1期，第22页。

式对传统的犯罪概念和刑罚体系造成冲击,刑法对此必须主动出击,通过调整自身积极应对犯罪现象的挑战。同样地,社会变迁导致犯罪变迁,社会变迁也同样会引起法益的变迁。法益的概念已经超出个人法益的范畴,从个人法益逐步扩张到特定风险领域的集体法益,但是,为了避免法益概念过于抽象化和无限扩大化,集体法益的外延应当限制在与社会安全或公民生命财产安全紧密相关的领域之内。"现代刑法承认保护超个人法益,但是超个人法益只有在能够还原为个人法益的场合,才能进行刑事规制。"[①] 与个人法益相比,集体法益因其涉及对象和范围的不特定性,一旦受到侵害,其产生的危害后果不仅是难以预测的,同时也是难以承受的。因此,在涉及诸如恐怖活动犯罪、环境犯罪、毒品犯罪、黑社会组织犯罪、计算机犯罪等风险领域的集体法益方面,大多数国家通常采取刑法提前介入的方式来预先控制法益侵害行为,即在实害出现的前阶段就动用刑罚来预防危险向现实的转化,更确切地说,就是将预备犯、未遂犯、行为犯、违反特定禁令的不作为犯等规定为独立的犯罪,在犯罪实害的前阶段就构造出独立的犯罪构成要件类型。例如,就恐怖活动犯罪而言,德国早在 1979 年通过刑法修订增设第 129a 条,将为恐怖组织招募成员或为其宣传规定为单独的犯罪,由此在恐怖主义犯罪的准备阶段就予以实体法上的介入。2009 年通过的《追诉严重危害国家利益暴力行为的预备行为法》是恐怖主义预备行为犯罪化的又一体现,其中就涉及严重危害国家利益暴力行为的预备行为犯罪化。

犯罪的本质是侵犯法益。刑法作为惩治犯罪的天然工具,就其本质而言也是法益保护法,这是近现代刑法理论界的共识。法益保护机能的发挥,无非是通过国家刑罚权的积极行使,将具有法益侵害危险的行为约束在一定范围之内,确保法益处于相对稳定和安全的状态。无论是个人法益,还是能够还原为个人法益的集体法益,作为刑法的保护对象,若处于风险行为招致的威胁之下,刑法就有必要采取相应措施予以积极应对。但是,国家刑罚权的发动须以法益侵害行为的存在为前提,刑罚处罚范围的划定必须以行为对法益的侵害程度为依据。从国际刑事立法实践来看,对集体法益的侵害行为趋向于"打早""打小",因为这些行为即使处于教

---

[①] 姚贝、王拓:《法益保护前置化问题研究》,《中国刑事法杂志》2012 年第 1 期,第 30 页。

唆、预备或未遂等阶段，都蕴含着将抽象危险转化为现实侵害的极大可能性，并据此可推测行为人具有较强的主观恶性和人身危险性，若不及时预防和控制，造成的实害后果将是难以估量的。将具有法益侵害的抽象危险行为纳入刑法调整的范围，实际上是刑法通过提前刑罚处罚的阶段来控制风险的转化，因此，处罚抽象危险犯成为法益保护前置化的主要手段。在法益保护原则指导下，为了积极回应犯罪变迁的挑战和法益概念的延伸，刑事立法能够采取的应对方式，就是将刑罚处罚的阶段从实害犯向危险犯过渡，将具有抽象危险的行为予以犯罪化，以此对法益进行更周延的保护。"我国刑法的犯罪化实质上就是刑法保护的法益范围越来越大，而其理论依据无疑就是法益保护原则。"① 那么，就法益保护的前置化而言，其结果必然就是犯罪圈的扩张。这一趋势在近年刑法修正活动中也可以得到体现。例如，《刑法修正案（八）》在对原重大环境污染事故罪规定的修改中，将属于个人法益范畴的"公私财产"或者"人身伤亡"修改为集体法益范畴的"环境"；在对生产、销售假药罪规定的修改中，删除"足以严重危害人体健康的"这一构成要素，将该罪上升为抽象危险犯。《刑法修正案（九）》对恐怖活动的外围行为，例如预备行为、帮助行为等予以实行行为化，将网络犯罪活动帮助行为犯罪化等等，都是现代刑法在风险面前，通过犯罪圈的积极扩张来发挥法益保护机能的具体体现。当然，"刑事立法在实行犯罪化时，必须考虑：将哪些法益侵害行为实行犯罪化，能够有效地预防犯罪和保护法益；处罚何种危害行为，有利于防止该危害行为以及其他相关危害行为。概言之，要特别注重犯罪化的有效性，避免无效的犯罪化"。② 此乃刑事立法在对法益侵害行为犯罪化时需要注意的问题，与本文讨论的内容不存在很大关联，在此不多作赘述。

（四）犯罪圈的扩张是获得国民的刑法认同、提升民众规范意识的必要途径

刑法既是裁判规范，也是行为规范。前者是指司法机关只能按照刑法

---

① 苏永生：《论我国刑法中的法益保护原则——1997年〈中华人民共和国刑法〉第3条新解》，《法商研究》2014年第1期，第99页。
② 张明楷：《刑事立法的发展方向》，《中国法学》2006年第4期，第23页。

的规定对犯罪行为人定罪和量刑，不能超越刑法规定或滥用司法裁量权进行裁判。通过约束司法机关的司法权来保障犯罪嫌疑人、被告人的人权，防止刑罚权的肆意发动，此乃罪刑法定原则的基本意蕴。而后者则指刑法作为禁止性规范，将刑法禁止的行为和违反禁止性规定的处罚予以明示，警告公民不要实施刑法禁止的行为，否则将承担刑罚的苛责。这是通过约束公民的行为来保证刑法所保护的法益不受犯罪行为的侵害，此乃法益保护原则的基本要求。可见，行为规范的指引作用与法益保护是紧密联系的，前者是手段，后者是目的。在当下社会转型剧烈，秩序不甚稳定，各种矛盾丛生的背景下，人们对事物的看法以及秉持的道德观念千差万别，对他人行为和自我行为的认知和价值判断也存在较大差异。就盗窃行为而言，曾经"夜不闭户，路不拾遗"的现象，如今已极为少见，为了维持社会秩序的稳定和保障公私财产的安全，《治安管理处罚法》和《刑法》根据盗窃行为的违法程度和危害后果分别加以明文规定。这是因为，盗窃行为的发生具有普遍性和相当危害性，将其仅规定为行政违法行为难以实现有效的控制和预防，行为人承担的惩罚与行为造成的危害后果并不合理、相称。当实施盗窃行为带来的利益超过行为成本时，禁止性规范在行为人和其他公众心中的地位便会下降，甚至变得可有可无了，因为违法行为人不会因规范的执行而受到应有的处罚，而善良无辜的公民则并没有因规范的适用而得到应有的保护。如此一来，行为人和其他公众的内心都无法建立起对规范的尊重，自然也不会受到规范意识的指导而约束越轨行为的发生。但是，如果《刑法》将盗窃规定为应当追究刑事责任的犯罪行为，并配置相当的刑罚，那么盗窃就与犯罪和刑罚联系在一起，这种立法的明示有利于国民规范意识的形成。因为正是知晓了盗窃的性质和确定性后果，国民才会自觉地规划和约束自己的行为，从内心训练出对刑法规范的忠诚和遵从。如果这样的刑法规范能够取得普遍的公众认同，每个公民都能按照刑法规范的要求行事，信仰刑法规范的适用能够保持社会稳定和法益安全，那么刑法规范也能借此发挥出规范的、积极的一般预防功能。

可见，公众的认同是刑法发挥行为规范的指引作用，保持有效性的根本条件。那么，刑法规范如何取得公众认同呢？有学者认为，"如果刑事立法条文能够起到让人们知法、懂法，从而达到遏制犯罪动机作用的话，也是依赖于这些法条中所蕴含的相应刑事法律规范中的刑事'制裁'要素"。① 笔者认为，该观点具有一定的合理性，指出了犯罪最终要受到刑罚制裁是刑法作为行为规范，指引公众知法、懂法、守法的必要条件，强调刑罚的确定性对潜在犯罪的遏制作用。但是，犯罪与刑罚并非等同的概念。按照现行刑法的规定，犯罪的后果包括刑罚处罚、非刑罚处罚和免于刑事处罚等三种。犯罪是对越轨行为的刑法评价，刑罚处罚只是犯罪的反应之一。刑罚因其惩罚的确定和严厉对公民形成威慑，强制公众建立起对刑法规范的遵从而远离犯罪行为。但不可忽视的是，与犯罪行为相当的非刑罚处罚或者其他处置手段也能起到同样的作用。并且，纯粹强调刑罚是行为人实施犯罪的必然后果，来引导公民按照刑法规范行事，很有可能陷入刑法工具主义的误区，认为刑罚越严厉越能遏制犯罪。因此，从根本上说，首先要将某个行为规定为犯罪，然后配置与其危害性相称的处置措施，才是发挥刑法规范指引作用的前提。周光权教授认为，"公众的刑法认同包括对'生活利益的重要性'和'规范有效性'的认同两个方面，其最终表现在结局合理、对行为过程的妥当评价两点上。结局合理在刑法上表现为：对一些特别重要的法益，事实上或最终必须得到保护，人们愿意看到正义得到伸张，邪恶得到惩治的结果。对行为过程的妥当评价在刑法上表现为：评价犯罪必须考虑过程性因素，即行为人行为实施过程本身（样态、手段、动机等）是否符合国民一般的规范理念或道德观念，不符合规范要求的行为极容易被宣告为犯罪"。② 简单地说，公众对刑法的认同包括两个方面：一是犯罪圈的划定，即犯罪圈内的行为按照公众的理解是应当且必须规定为犯罪的行为，犯罪圈的大小要符合普遍的规范理念或道德观念；二是刑罚权的配置，即犯罪行为人承担的刑罚应当与犯罪造成的后果相称，刑法要同时成为犯罪人和善良人的"大宪章"。那么，公众对刑法的认同标准是什么呢？有学者认为，"支撑刑法公众认同的标准是包含着常识、常理、常情的社会共识。不仅法定之刑应承载社会共识，而且

---

① 张绍谦：《从刑罚特性看犯罪圈的界限》，《河南财经政法大学学报》2007年第5期，第24页。
② 周光权：《也论刑法的公众认同》，《中国法学》2003年第1期，第118~119页。

法定之罪要先承载社会共识"。① "只有刑法本身是科学的，值得被信任的，才能激起社会大众主动将刑法规范作为自己行动准则的愿望，刑法认同才能真正落到实处。因此，科学立法是认同刑法的基本前提。"② 去粗取精，社会共识就是指社会主流思想对犯罪行为的性质以及其后果的普遍看法，这种看法根植于社会公众对刑法规范的信仰和尊重。而科学立法就是将这种普遍看法融入刑事立法活动中，保证刑法条文能够继续承载社会公众的信仰和尊重。如果不能吸纳社会共识或者背离社会共识，制定出来的刑法规范不仅是失效的，同时也无法获得社会公众的信任。

在中国的刑法实践中，受"法不责众"思想的长期盛行、司法资源的有限和分配不均以及刑法谦抑性原则的影响，许多严重的行政违法行为和轻微犯罪行为并没有被纳入刑法规制的范围。与西方国家采取的大犯罪圈模式不同，我国刑法通过立法的"定性+定量"的模式将大量的刑法边缘行为和普通的行政违法行为排除在犯罪圈之外，由此形成了较小的犯罪圈。这些被排除出犯罪圈的刑法边缘行为和普通的行政违法行为一并分流给行政机关予以处置。暂且不考虑行政处置的效果如何，按照正常逻辑来讲，这些行为如果进入行政程序，应当由行政机关根据行政法规的相关规定给予相应的行政处罚，给予刑罚处罚或其他任何处置都是违反法治的。但在实践操作中，一种"反法治的呼声"却正是推动行政法规和刑事法律修改的主要原因。这种"反法治的呼声"源于两个方面：一方面是社会公众对原先纳入行政法规调整范围内的某些行为的容忍度不断降低，认为这些行为已经对社会安全和个人法益造成严重的威胁，应当突破行政法规的框架将其当作犯罪处理，危险驾驶行为的入罪就是生动例证；另一方面，在缺少法律和程序的约束下，行政机关对于部分调整对象施加的行政处罚明显超过了其本应承担的"量"，行政相对人的权利和自由处于被肆意剥夺或限制的危险之中，行政处罚权对刑罚权的僭越引发了社会公众的诉求——立法必须进行"拨乱反正"，禁止"法外有罪"或"法外有刑"，

---

① 马荣春：《共识刑法观：刑法公众认同的基础》，《东方法学》2014年第5期，第26、36页。
② 黄明儒、王振华：《规范意识强化：也论刑法的公众认同》，《法律科学》2017年第1期，第55页。

明晰权力及其规制对象的范围。可见,"反法治的呼声"的核心就是扩大犯罪圈,将应该入罪的行为犯罪化,去除行政权的过分司法化。其作为一种社会共识,是公众就犯罪圈运行实践的效果所达成的普遍看法,必须反映到刑事立法活动中,成为指导刑事立法的现实依据,由此制定出来的刑法规范才能取得公众的信任,公众才能基于对刑法规范的认同而自觉遵从规范的要求予以行事。因此,犯罪圈的扩张是获得国民的刑法认同、提升民众规范意识的必要途径。

此外,还有学者提出,"适当增加对轻微犯罪的刑事干预,从而有利于控制和制止人们在当今社会生活中无视道德观念的'底线运作',减少现实生活中存在着的把违法行为'合法化'的倾向"①。而在立法设置的定量因素限制下,犯罪圈的限缩导致大量违法行为被排除出犯罪圈,继而给社会公众造成这样一种暗示:只要实施的行为不满足刑法规范设定的"量"的条件,那么就不是犯罪,因而也就不用受到刑法评价或承担刑罚苛责。在这种暗示下,人们可能选择实施在"量"之下的轻微犯罪行为,积"小恶"成"大恶"。然而,这些轻微犯罪行为并没有得到刑罚的处置。这就是"与西方国家相比,我国的犯罪率似乎并不高,但国民总感觉治安很差的重要原因之一"。②久而久之,社会公众将逐渐丧失对刑法规定的尊重感,完全按照个人意志和价值判断行事,社会秩序和法益安全也就岌岌可危。"在现代社会,法规范是人们正常交往的根据,每一个社会成员都有权利期待其他社会成员根据法规范去行动,如果这种期待落空了,那么,错误就不在于怀抱这种期待的人,而在于使这种期待失望的人。"③因此,立法机关应当通过调整犯罪圈给予社会成员足够的期待。只有这样,公众才会从内心深处真正建立起对刑法规范的信任和尊重,刑法规范才能真正成为公众行事的指南针。

## 三 对犯罪圈扩张的限制

如上所述,我国刑法通过犯罪圈的扩张来积极回应司法实践的需要具

---

① 刘强:《我国适当扩大犯罪圈的必要性及思路》,《青少年犯罪问题》2014年第5期,第28页。
② 张明楷:《犯罪定义与犯罪化》,《法学研究》2008年第3期,第144页。
③ 冯军:《刑法中的责任原则》,《中外法学》2012年第1期,第51页。

有正当性和合理性，但这并不意味着犯罪圈的扩张没有边界。犯罪圈的扩张会导致刑法对社会介入的力度越来越大，这意味着公民自由活动的空间不断被压缩。作为最严厉也是最需要谨慎适用的治理手段，刑法不可能将其触角延伸到社会的每个角落，否则将出现公民的合法权益不仅没有得到刑法保护，反而受到不当侵犯的本末倒置现象，同时社会经济的发展也可能因为过密的刑事法网受到约束而逐渐丧失活力。这也是刑法谦抑性原则的基本意蕴，即刑法对社会的干预必须是最后的、补充性的和不完整的。但是，我们不能机械地理解谦抑性原则。在不同的时期和情势下，作为刑事立法的指导原则，谦抑性原则蕴含的指导意义是不同的，无论在社会秩序稳定的情形下强调刑法的自由保障机能，缩小犯罪圈，还是在社会秩序紊乱的状况下追求刑法的法益保护机能，扩张犯罪圈，刑法调整范围的缩小或扩大皆以维护社会安全和公民自由为价值导向的。可见，刑法谦抑性原则并不是一味地排斥犯罪圈的扩张，排斥刑法加大对社会的干预力度，而是在上述价值导向的指引下，形成一个大小适度的犯罪圈来保持刑法对社会干预的最好状态。犯罪圈的过大或过小都不利于刑法发挥法益保护和自由保障机能。因此，对犯罪圈的扩张应当有所限制。

客观而言，在犯罪圈大小问题上，我国刑法划定的犯罪圈要远小于西方国家设置的犯罪圈。西方国家通常采取立法定性司法定量的模式，普遍取消犯罪门槛，将具有社会危害性并应当受到处罚的行为统一纳入刑法的调整范围，然后在犯罪体系内部进行轻罪和重罪的划分，而且轻罪和重罪的处罚决定一般都由司法机关按照刑事诉讼程序作出。在重罪方面，我国刑法与西方刑法没有太大差异，都将具有严重社会危害性的行为规定为犯罪进行处罚，但在轻罪方面则有较大差别。在现行刑法采取立法定性又定量的模式下，罪量因素的引入导致严重行政违法行为和轻微犯罪行为被排除出犯罪圈。对轻罪所涉及的危害行为，大量地由行政机关按照行政程序给予行政处罚。如前所述，轻罪制度的欠缺导致行政权对司法权的僭越，公民的权利和自由没有司法救济的保障，因此，通过犯罪圈的扩张来弥补轻罪在犯罪体系中的数量的不足，以及发挥刑法的自由保障机能，就显得尤为必要。但接下来的问题是，犯罪圈的扩张是否要突破罪量因素的限制？对此，有学者认为，采取立法定性又定量的模式对犯罪范围进行界定,最严重的问题是对刑法明确性原则的破坏。首先,罪量因素的存在,决定罪与非罪的数量标准由司法解释决定,这意味着司法权对立法权的侵犯,在法治原则上的合理性存在疑问。其次,刑法罪量因素的"数额""情节"等的界定是由司法机关通过司法解释作出的,即司法机关行使了一般意义上的刑事立法权,即决定行为罪与非罪上的独断权。最后,由立法机关确定罪与非罪的行为标准,司法机关行使处罚与否的裁量权,也能够促进刑罚一般预防功能的实现,只有在行为性质明确的刑法规范下,一般预防才能更有效地实现。① 还有学者认为,"'量'的不明确性直接导致行为性质在行政违法与犯罪之间无规则的变动,这恰好是人权保障机制的天敌。此外,'定量'犯罪界定标准导致的司法实践混乱已然对我国法治建设形成直接的冲突和破坏"。② 基于上述理由,这些观点主张在刑事立法规定的犯罪构成中取消罪量因素的限制,而完全采用定性的犯罪界定原则。比如,有学者指出,为了解决二元制治理模式产生的弊端,可以考虑将我国《治安管理处罚法》中的盗窃行为全部纳入刑法,以盗窃罪予以处置,尝试建立一元制的盗窃罪治理模式,此举可以大大提升犯罪治理的法治化。③

笔者认为,这些观点确实指出了现行刑法采取立法定性又定量模式存在的弊端,但仅仅因为这些弊端就否定此种立法模式的存在必要性,或者主张另行采纳西方国家的立法定性司法定量模式的做法,是否合理呢?这些观点在指责现行立法模式的同时,并未论证西方的立法模式以何种优势克服上述弊端,也未论证我国是否具有移植西方立法模式的土壤。因此,在这些问题没有弄清楚之前,贸然否定现行立法定量又定性的模式,未免显得过于武断。

与上述主张采取立法定性司法定量模式的观点相反,笔者认为,结合我国的社会状况和法治程度,现行刑法应当继续坚持立法定量又定性的立

---

① 高长见:《轻罪制度研究》,中国政法大学出版社,2012,第96~97页。
② 陆岸:《犯罪的边界——我国轻罪制度的立法思考》,《河北法学》2012年第7期,第173页。
③ 卢建平、刘传稿:《法治语境下盗窃罪治理模式探究——基于犯罪统计的分析》,《现代法学》2017年第3期,第93页。

法模式,犯罪圈的扩张仍然不能突破罪量因素的限制。首先,我国不适宜采取西方国家"小国法治"的治理模式。西方国家普遍面积小、人口少、经济相对均衡、法治意识较强等等,这些条件决定西方国家更容易实行统一管理和建成法治国家。在"小国法治"治理模式之下,规则意识具有相当的普遍性,人与人之间更信仰规则而非人情,人们更信赖用规则来构建稳定的社会秩序,依靠规则来保障个人的权利和自由。因此,任何违反规则造成损害的行为都是可进行伦理非难的,都应当用另外更强有力的规则进行约束。在这种伦理观念极强的社会中,刑法作为强有力的约束工具,自然会吸纳人们秉持的道德价值观。人们对危害行为的容忍度越低,那么刑法设置的犯罪门槛就越低。在规则意识和道德观念极强的西方国家,人们不允许危害行为的发生,更不容忍危害行为逍遥法外,那么采取立法定性的模式界定犯罪范围也就不足为奇了。与西方国家相比,中国的地理条件、人口状况、经济发展、民主程度、法治意识等综合状况有很大的不同。在这样的条件下,要实行统一的管理本身已经具有相当的难度,法治国家的建成更是任重而道远。"法不责众"思想长期盛行,人们的规则意识并不强烈,对法律的信仰更是浅薄。对于危害行为,人们更自觉地寻求法律之外的社会控制机制来处理,而并非自发地向法律传达内心的诉求。在这样的本土资源上生长出来的法治,必然是浅层次的、小范围的、不激烈的。当然,并不是说这种"法治"不会再进步,而是说在未来的一段或较长时期内,它都不会有很大的提高。因此,中国要实行的是"大国法治",现阶段是难以将所有危害行为规定为犯罪进行处罚的。而且,地广人多的本土环境,与司法资源的有限性已经形成了较为强烈的矛盾,刑罚资源的过多倾斜意味着国家在其他方面资源投入的减少,不利于社会的平衡发展。这样看来,西方国家实行"小国法治"对犯罪采取的立法定性模式,并不适合中国的本土语境。客观地说,中国刑法不应当也不能容纳所有可伦理非难的危害行为,因而"定量"因素的引入实质就是刑法对危害行为的筛选和过滤。其次,上述观点所指摘的弊端是可克服的,而非无法修补的。虽然刑事立法采用的罪量因素,例如"数额较大""情节恶劣""后果严重"等,具有相当的模糊性和抽象性,无论是刑法总则还是分则都没有提供可参考的阐释标准,因此司法解释的出台是相当必要的。但把司法解释认定为"司法权对立法权的侵犯",则是非常牵强且不合理的。刑事立法和刑事司法本就是紧密联系的,刑事一体化的思想也是为刑法学界所认可的,立法指导司法,司法反作用于立法,本来就是相辅相成的,何来"侵犯"一说?这种说法还间接否定了目前出台的所有司法解释的合法性。而且,在罪与非罪的问题上,司法机关并没有掌握独断权。"对比单纯定性分析模式中的司法定量,我国通过司法解释的方式对不明确的定量因素进行解释,是对综合型定量因素弹性与不确定性的限制,对于司法者而言,对综合性定量因素的限制,就是对其裁量权的限制,而非单纯地依靠司法者之自由裁量权限制犯罪的范围。"[①] 笔者赞同这一观点。即使采用立法定性司法定量的立法模式,"定量"因素也是无法回避的,只不过相比于立法阶段而言无非是将定量延后到了司法阶段。司法机关同样要对行为的社会危害性进行"量"的判断。在立法没有对"罪量"进行"模糊性"规定的情况下,司法机关全凭自由裁量来判断行为是否构成犯罪进行处罚,这才是将罪与非罪的"独断权"交到了司法机关手上。而且,在西方国家,许多立法定性为犯罪的危害行为在司法裁量过程中是能够通过各种制度例如暂缓起诉、辩诉交易等等进行非犯罪化处置的。在缺乏立法定量的限制性规定下,由司法裁量来决定罪与非罪的标准,这难道不更是对人权保障的一种威胁吗?再次,正如某些学者所提出的看法一样,立法定性又定量的立法模式,是基础性、结构性的法律安排。对该立法模式的任何改动,都会产生牵一发而动全身的法律效果和连环反应。[②] 取消该立法模式,是对刑法结构和刑事制裁领域的一场颠覆性的改革,其不仅会引起刑法体系的重构,还会对与刑法相衔接的其他部门法造成波及性的影响,不仅改革的成本和周期巨大,而且改革效果也是难以预料的。最后,取消定量因素,并不利于刑法对法益的保护。仿效西方采取完全定性的立法模式,虽然能使刑法的覆盖范围更大,刑罚的适用对象更广,客观上的确会预防许多社会越轨行为的发生,但其司法实践的效果是否满足法益保护的要求呢?即使在采取完全定性模式的西方国家,司法机关也并非将所

---

[①] 何立荣:《中国刑法发展辩证研究》,中国政法大学出版社,2013,第97页。
[②] 李怀胜:《刑法二元化立法模式的现状评估及改造方向——兼对当前刑事立法重刑化倾向的检讨》,《法律适用》2016年第6期,第30页。

有符合犯罪条件的危害行为进行刑事审判并处以刑罚，而是通过自由裁量对行为危害性的"量"进行判断后，分流给各种程序处置。很多情况下，在司法成本和司法效益之间进行权衡之后，司法机关迫于无奈会选择将部分犯罪行为予以放纵。例如，在没有定量因素的立法模式下，盗窃1元钱和盗窃10万元钱在性质上没有差别，都是具有危害性并受到刑事追究的犯罪行为。对于盗窃10万元的行为，司法机关通过刑事程序来恢复被损害的法益和社会秩序，能够维持国民对规范的信仰和尊重。但对于盗窃1元钱的行为，运用刑事程序来追究责任恐怕并非司法机关的理性选择，因为司法资源的有限性决定了其只能用于对付具有较大或严重社会危害性的犯罪，因而这样危害性轻微甚至不值一提的盗窃行为，无论运用刑罚资源还是其他非刑罚资源来进行规制，都并非理性行为。那么，在类似于盗窃1元钱等行为，将其入罪却不能进行刑事处置，刑罚的确定性和严厉性都没有实现的情况下，如何对行为人形成真正的威慑呢？迫于无奈被予以放纵的行为人自然也就有恃无恐。因此，这种立法模式并没有实现刑法对轻微犯罪行为的有效打击和预防，反而可能放纵该类行为。以下以危险驾驶行为和考试作弊行为的犯罪化为例作进一步的说明。

危险驾驶行为的入罪化，是贯穿《刑法修正案（八）》和《刑法修正案（九）》的起草、审议通过到颁行全过程的争议性话题。不少观点认为危险驾驶罪的增设，对我国二元化立法模式形成了冲击，违法行为犯罪化抹杀了行政不法和刑事不法之间的边界。例如，"危险驾驶罪的增设，彻底打破了'违法'和'犯罪'的分水岭，或者说模糊了两者的界限，模糊了传统意义上的行政处罚与刑法的边界，将原本属于'违法'的行为人为地、强行提升为'犯罪'而遭受刑事制裁，或者说，'以大炮打苍蝇'的架势，将原本具有'不得已而为之'性质的、作为最后性制裁力量的刑事制裁和干预，挪用而进入一般的治安处罚领域加以常态使用，破坏了固有的二元制立法体系，是一个极其危险的信号"。[①]"违法相对性理论的崩溃，刑事立法的前置，导致大量的不具有损害性的前提行为入罪。因为客观行为的结果属性本应是行政取缔，故客观行为确定性不够，罪名会演变成为

---

① 于志刚：《刑法修正何时休》，《法学》2011年第4期，第12页。

一个填不满的黑洞。危险驾驶入罪和修改的过程表现得最为突出。"①

笔者认为,仅仅因为危险驾驶行为的入罪,就认为动摇了刑法二元制立法模式,未免有点过于夸张。不过,我国对醉驾行为所采取的一元化制裁模式也的确值得引起重视。按照《刑法修正案(八)》第22条的规定,就"在道路上醉酒驾驶机动车的"行为的犯罪化而言,从罪状的表述中,刑事立法并没有设置任何情节或者后果的"量"的犯罪门槛,这似乎意味着在道路上醉酒驾驶机动车的所有行为都是犯罪,而且应被处以"拘役和罚金"。但在司法实践中,对于醉驾行为,是否一律不考虑"量"的因素将其予以犯罪化呢?

在2011年5月11日召开的全国法院刑事审判工作座谈会上,时任最高人民法院副院长的张军同志指出:"各地法院应当慎重稳妥地追究醉驾的刑事责任,不应仅从文意理解《刑法修正案(八)》的规定,认为只要达到醉酒标准驾驶机动车的就一律构成刑事犯罪,而要与修改后的道路交通安全法相衔接,情节轻微的可不入罪。"② 也就是说,《刑法修正案(八)》虽然没有为醉驾行为的入罪设置"后果严重或情节恶劣"的门槛,但司法机关也应当援引《刑法》第13条"但书"的规定,将情节轻微的醉驾行为予以除罪化,而且,要与道路交通安全法的相关规定衔接,防止本应被判处行政处罚的醉驾行为被直接认定为犯罪。在张军副院长提出"醉驾不必一律入罪"之后,公安部首先就醉驾案侦查的问题称,在《刑法修正案(八)》和修改后的《道路交通安全法》施行后,公安部门对经核实属于醉酒驾驶机动车的一律予以刑事立案。时任最高人民检察院新闻发言人、办公厅主任的白泉民表示,醉驾案件只要事实清楚、证据充分,检察院一律起诉。③ 至此,公检法三大机关对醉驾的态度和立场已经相当明确。为了保证刑法的统一适用,消除三大机关对办理醉驾案件的分歧和疑虑,三大机关于2013年12月18日联合出台了《关于办理醉酒驾驶机动

---

① 孙万怀:《违法相对性理论的崩溃——对刑法前置化立法倾向的一种批判》,《政治与法律》2016年第3期,第15页。
② 《最高法副院长解读"醉驾入刑":追究刑责应慎重》,新华网,http://news.xinhuanet.com/legal/2011-05/11/c_121401275.htm,2017年6月6日访问。
③ 谢莉葳:《"醉驾入刑"尺度宽严引热议》,中国消费网,http://www.ccn.com.cn/car/yaowen/2011/0527/359308.html,2017年6月6日访问。

车刑事案件适用法律若干问题的意见》，其第1条就规定："在道路上驾驶机动车，血液酒精含量达到80毫克/100毫升以上的，属于醉酒驾驶机动车，依照刑法第一百三十三条之一第一款的规定，以危险驾驶罪定罪处罚。"按照此规定，只要是构成醉驾的危险驾驶行为，就必须按照《刑法》第133条的规定认定为危险驾驶罪并处以刑罚。这表现出在"醉驾是否一律入罪"的问题上最高人民法院向公安部和最高人民检察院立场的倾斜和妥协，之前所谓的"醉驾不必一律入罪"的说法受到了否定。不过，最高人民法院发布的《关于常见犯罪的量刑指导意见（二）（试行）》（2017年5月1日起试行）又体现出对"醉驾不必一律入罪"立场的重新接纳。根据该意见的规定，对于醉酒驾驶机动车的被告人，应当综合考虑被告人的醉酒程度、机动车类型、车辆行驶道路、行车速度、是否造成实际损害以及认罪悔罪等情况，准确定罪量刑。对于情节显著轻微危害不大的，不予定罪处罚；犯罪情节轻微不需要判处刑罚的，可以免予刑事处罚。

笔者认为，危险驾驶罪属于危害公共安全罪。一方面，驾驶具有危险性，才能构成危险驾驶行为；另一方面，这种危险驾驶行为的危险性，要足够危害到公共安全才能被定罪处罚。《刑法》第13条"但书"的精神不仅体现在明确规定定量因素的犯罪的犯罪构成中，同样也适用于没有明确设置定量因素的犯罪。因此，刑法分则第133条的适用必然离不开《刑法》第13条"但书"的制约。如果醉驾行为的危险不足以危害公共安全，就应当排除出犯罪圈。依据最高人民法院近期发布的最新量刑指导意见，危险驾驶行为的罪与非罪，最终仍是由行为的性质和危害程度共同决定的，具备定量因素仍然是危险驾驶行为构成犯罪的必要条件。

当然，联系修正后的《道路交通安全法》第91条的规定，公安部和最高人民检察院在"醉驾是否一律入罪"的问题上所持的"醉驾一律入罪"的立场也确有其法律依据。2011年2月25日全国人大常委会通过的《刑法修正案（八）》第22条将在道路上醉酒驾驶机动车的行为纳入危险驾驶罪的处罚范围。为配合这一立法修订，2011年4月22日全国人大常委会通过的《关于修改〈道路交通安全法〉的决定》对醉驾的法律责任进行了修正。修正前的《道路交通安全法》第91条规定，醉酒后驾驶机动车的，由公安机关交通管理部门约束至酒醒，处15日以下拘留和暂扣3个月以上 6 个月以下机动车驾驶证，并处 500 元以上 2000 元以下罚款；醉酒后驾驶营运机动车的，由公安机关交通管理部门约束至酒醒，处 15 日以下拘留和暂扣 6 个月机动车驾驶证，并处 2000 元罚款；1 年内有醉酒后驾驶机动车的行为，被处罚 2 次以上的，吊销机动车驾驶证，5 年内不得驾驶营运机动车。而修正后的《道路交通安全法》第 91 条则规定，醉酒驾驶机动车的，由公安机关交通管理部门约束至酒醒，吊销机动车驾驶证，依法追究刑事责任，且 5 年内不得重新取得机动车驾驶证；醉酒驾驶营运机动车的，由公安机关交通管理部门约束至酒醒，吊销机动车驾驶证，依法追究刑事责任，且 10 年内不得重新取得机动车驾驶证，重新取得机动车驾驶证后，不得驾驶营运机动车；醉酒驾驶机动车发生重大交通事故，构成犯罪的，依法追究刑事责任，并由公安机关交通管理部门吊销机动车驾驶证，终生不得重新取得机动车驾驶证。

通过对以上修正前后的规定加以对比，不难发现，为与《刑法修正案（八）》第 22 条将醉驾纳入危险驾驶罪处罚范围的规定相衔接，修正后的第 91 条删去了对醉酒后驾驶机动车的行为人处以拘留和罚款的规定，而改为一律追究刑事责任。这样，公安部和最高人民检察院在"醉驾是否一律入罪"的问题上所持的"醉驾一律入罪"的立场就有了明确的法律依据。同时，将暂扣机动车驾驶证的处罚改为吊销机动车驾驶证，且 5 年内或 10 年内甚至终生不得重新取得机动车驾驶证。应当说，对醉驾者规定吊销其驾驶执照，并区分情况规定一定期限乃至终身的禁驾，这是对《刑法修正案（八）》中关于危险驾驶罪的法定刑规定的发展，能够弥补《刑法》在对危险驾驶罪的惩治方面资格刑缺失的缺陷，有利于使《刑法》与《道路交通安全法》在惩治和预防醉驾行为方面形成合力，强化对醉驾的防治效果。但是，修正后的《道路交通安全法》第 91 条规定对醉驾不分情节轻重一概追究刑事责任，是值得认真推敲的。

一方面，在醉驾入刑之前，通常只有在醉驾行为造成实际损害发生的情况下刑法才能够予以介入。由此，刑法在一定程度上就变成了"马后炮"。而一旦醉驾行为尚未造成实际损害，则通常只能够根据《道路交通安全法》第 91 条的规定给予一定的行政处罚。这样，对醉驾行为就谈不上予以有效的惩治，对潜在的醉驾违法者就不足以形成强有力的震慑。因此,在《刑法修正案(八)》通过之前,以刑事手段对尚未造成实际损害的醉驾行为加以规制,已成为广大民众的强烈愿望。《刑法修正案(八)》第22条和修正后的《道路交通安全法》第91条规定了醉驾的刑事责任,这是对广大民众严惩醉驾呼声的回应。

另一方面,与世界上绝大多数的国家对违法行为的处罚所采取的单一制裁模式不同,我国在对违法行为的处罚上采取的是多元制裁模式。在单一制裁模式之下,一种违法行为要么属于刑法的制裁对象,要么属于刑法以外的其他部门法的制裁对象,而不存在同一种违法行为基于社会危害程度的不同而被分别纳入刑法和刑法以外的其他部门法处罚范围的现象。

而在多元制裁模式之下,一种违法行为基于其不同的社会危害程度而会被分别纳入刑法和刑法以外的其他部门法的处罚范围,能够以刑事手段予以规制的只能是那些在社会危害性方面达到严重程度的违法行为。比如,我国1997年《刑法》和《治安管理处罚法》分别对介绍卖淫的行为规定了刑事制裁和行政制裁。尽管在这两部法律中对介绍卖淫的行为采取的都是"介绍他人卖淫的"这样的表述,而都没有情节上的要求,但不能由此认为纳入这两部法律处罚范围的介绍卖淫行为在社会危害程度上是可以相提并论的。显然,能够纳入《刑法》处罚范围的只能是具有严重社会危害性的介绍卖淫行为。

同理,只有那些具有严重社会危害性的醉驾行为才能够纳入危险驾驶罪的处罚范围。而对于那些在社会危害性上尚未达到严重程度的醉驾行为,则仍然应当为其保留适用行政制裁的余地。修正后的《道路交通安全法》第91条除将暂扣机动车驾驶证的处罚改为吊销机动车驾驶证外,还应当为醉驾者保留处以拘留和罚款的规定。这样,在醉驾行为因情节显著轻微危害不大而不构成危险驾驶罪的情况下,对于醉驾者便可以顺理成章地根据《道路交通安全法》第91条的规定对行为人处以拘留和罚款的行政处罚。因此,修正后的《道路交通安全法》第91条因没有为拘留和罚款预留适用的余地而显得过于严苛。这样看来,对醉驾不分情节轻重一概追究刑事责任的规定因不符合我国在对违法行为的处罚上所采取的多元制裁模式而并非妥当的。由此可见,修正后的《道路交通安全法》第91条在对民意严惩醉驾呼声的回应方面显得过了头,由此在科学性方面则大打折扣。对醉驾行为恢复处以拘留和罚款的规定，应当是我国未来醉驾立法的必然趋势。

值得强调的是，《刑法修正案（九）》中考试作弊等违法行为的犯罪化，就没有突破罪量因素的限制。具体而言，为配合2015年8月29日《刑法修正案（九）》对组织考试作弊等违法行为所采取的犯罪化举措，根据2015年12月27日第十二届全国人民代表大会常务委员会第十八次会议《关于修改〈中华人民共和国教育法〉的决定》第二次修正后的《中华人民共和国教育法》第79条规定："考生在国家教育考试中有下列行为之一的，由组织考试的教育考试机构工作人员在考试现场采取必要措施予以制止并终止其继续参加考试；组织考试的教育考试机构可以取消其相关考试资格或者考试成绩；情节严重的，由教育行政部门责令停止参加相关国家教育考试一年以上三年以下；构成违反治安管理行为的，由公安机关依法给予治安管理处罚；构成犯罪的，依法追究刑事责任：（一）非法获取考试试题或者答案的；（二）携带或者使用考试作弊器材、资料的；（三）抄袭他人答案的；（四）让他人代替自己参加考试的；（五）其他以不正当手段获得考试成绩的作弊行为。"据此，考试作弊的行为并未如醉驾那样一律被予以犯罪化，《刑法修正案（九）》中被规定为犯罪的考试作弊等行为的犯罪构成仍然蕴含着定量因素的要求。

总而言之，行政违法行为的入罪化，并没有或不应当抹杀行政处罚和刑罚处罚之间的边界，行政不法和刑事不法二元制的立法模式也并没有受到根本性的冲击，刑法所采纳的立法定性又定量的模式在犯罪圈扩张的过程中仍然可以继续发挥正常的功能。

## 四 余论

犯罪圈的扩张是未来刑事立法的基本趋势，即犯罪化在刑事立法中应占据主导地位。刑事立法要处理好犯罪化与非犯罪化的关系，使犯罪圈的扩张始终适应现实情况的需要。同时，刑事立法犯罪化也不能忽视刑罚配置的问题，即通过刑罚结构改革，使总体刑罚量的配置和个罪刑罚量配置都处于均衡的状态。这对保持罪和刑的谦抑尤为必要。对于某些发生率极低或不再发生、社会危害性显著轻微、人们容忍度提升的犯罪，应当及时予以出罪,从而使犯罪圈更加合理、有效,例如,《公司法》取消注册资本数额限制之后,在市场经济制度下基本上丧失存续基础的虚报注册资本罪、虚假出资罪、抽逃出资罪等罪名的处罚范围就应该受到严格限制。然而,在《刑法修正案(九)》通过之后,也出现了与犯罪圈扩张背离的现象,那就是贪污受贿犯罪数额的提高。

相对于大陆法系多数国家对贪污受贿罪没有数额或情节限制的立法体例,《刑法修正案(九)》为贪污受贿犯罪设置了数额或情节方面的入罪门槛和法定刑升格条件。无论是非法占有型的贪污罪,还是非法交易型的受贿罪,犯罪数额既是刑事立法设定的犯罪构成要素,也是刑事司法判断的定罪量刑标准。犯罪数额的设置和调整,直接关系到贪污受贿行为的罪与非罪,以及罪轻罪重的问题。从贪污受贿定罪数额的立法实践来看,贪污受贿犯罪的定罪数额标准主要经历了两个变化:一方面,由绝对的数额标准变更为"概括数额+情节"的定罪量刑模式;另一方面,贪污受贿犯罪的定罪数额调整一直呈现上升趋势,呈现"1000元—2000元—5000元—3万元"的上升变化过程。贪污受贿犯罪作为典型的数额犯,犯罪数额的调整直接关系到其处罚范围的扩张或限缩。

笔者认为,2016年4月18日最高人民法院、最高人民检察院联合公布的《关于办理贪污贿赂刑事案件适用法律若干问题的解释》(以下简称《解释》)对犯罪数额的提高,与犯罪圈扩张的趋势是背离的。一方面,提高犯罪数额导致犯罪圈的限缩,不符合"零容忍"反腐政策的基本要求。近年来,中国腐败犯罪的发生率相当高。从刑事制裁来看,这并非因为刑事处罚力度不够,而是因为腐败犯罪处罚的概率较小而无法遏制犯罪人的机会主义心理。"零容忍"反腐政策强调"有案必查、有腐必反",基于对腐败犯罪从严的立场,主张严密腐败犯罪的刑事法网,提高犯罪机会成本和处罚风险,以此降低潜在犯罪人的利益期待。降低犯罪数额,扩大刑法对贪污犯罪行为的处罚范围,防止"破窗现象"带来的连环效应,才是回应司法实践需求的有效对策。当然,坚持"零容忍"反腐政策并非要求将所有贪污受贿行为一律入罪化,犯罪数额的下调依然要坚持刑法的谦抑性原则和《刑法》第13条"但书"的制约。另一方面,提高贪污罪的犯罪数额与盗窃罪、诈骗罪的入罪门槛之间会产生严重的不协调。不同于单纯的贪利性或财产性犯罪,贪污罪具有贪利性和腐败性,同时侵犯了财产所有权和公职行为的廉洁性。因此,贪污罪的社会危害性不能单纯用犯罪数额的经济价值来衡量。2013 年最高人民法院、最高人民检察院联合发布的《关于办理盗窃刑事案件适用法律若干问题的解释》将盗窃罪的入罪数额标准提高到 1000 元到 3000 元。可以说,盗窃罪的数额标准在不断提高,但一直处于贪污受贿罪的数额标准之下。将贪污罪的定罪数额提升至 3 万元,可能导致现实中出现这样的情形:国家工作人员利用职务便利窃取了 2000 元的公共财产,但因达不到定罪数额标准被免予刑事处罚或当作行政违法行为处理;而普通人盗窃了 2000 元财产,构成盗窃罪受到刑事处罚。同样是非法窃取他人财产,同样是 2000 元的犯罪数额,普通人和国家工作人员受到的评价和处罚有很大的差别。显然,与单纯的盗窃行为相比,贪污罪侵犯的法益要更为严重;刑事立法为后者确立远远高于前者的入罪门槛,并不具有合理性。加大对贪污贿赂犯罪的打击力度,应是未来刑法改革的重点方向之一,因而其定罪数额的调整应当顺应犯罪圈扩张的趋势而降低,而非提高。因而,《解释》对贪污受贿犯罪入罪数额的提高,是对犯罪圈扩张趋势的背离。

(北京师范大学刑事法律科学研究院教授、博士生导师王志祥;四川省乐山市人民检察院检察官 刘婷)

## 第三节　我国犯罪圈的合理限定

自1997年《刑法》颁布之后，短短10余年时间，我国已经颁布了1个单行刑法和9个刑法修正案，刑法修正的频繁程度不仅古今中国刑法立法史上绝无仅有，而且在有据可查的世界刑法立法史上恐也无出其右。纵观我国刑法立法发展的整个过程，犯罪化一直是主要方向。随着我国刑法理念与时俱进地发展，犯罪圈扩张是合理且必要的。然而犯罪圈的扩张本身就蕴含着侵犯公民自由权利的危险，因此在坚持扩大犯罪圈的同时要适度且慎重，避免过度犯罪化。频繁犯罪化的刑事造法本质上是刑法工具思维和刑法功能泛化的体现，对之应保持警惕并予以限制。

### 一　我国犯罪圈扩张的背景分析

我国之所以进行犯罪圈的扩张，并非立法者心血来潮的一时之举，也不是国家权力的膨胀，而是根据社会发展的新形势对刑法功能、刑法理念的与时俱进的解读和转变，同时也是对我国具体国情变化的及时应对。

（一）刑法立法指导思想的转变

**1. 法治国家平衡司法权与行政权的要求**

限制行政权、扩张司法权有利于提高国家法治水平。犯罪圈的扩张体现了司法权与行政权的博弈，是国家公权力配置的逐步调整。"在某种意义上来说，一个国家的刑事法治的水平程度和警察权的大小是成反比的。"[1] 相比于行政权（警察权）来说，司法程序能更好地保障犯罪人的人权，体现公平正义。在治安管理处罚中，公安机关单方面对行为人作出处罚，既是运动员又当裁判员，其本身较之于其他权力更具有扩张性和侵犯性。而在刑事诉讼过程中，在对行为人进行处罚时，法院作为第三方居中审判，同时给予行为人辩护、上诉的权利，两审终审制度以及再审制度都能更好维护行为人的各项合法权利的行使，这是人权保障的重要体现。

---

[1] 陈兴良：《当代中国的刑法理念》，《国家检察官学院学报》2008年第3期。

"随着限制和剥夺公民人身权利的行政性处罚刑事化,犯罪范围必将逐渐扩张,这是法治发展的必然后果。"① 我国刑法修正过程中降低入罪门槛,扩张犯罪圈的趋势正是建设法治国家进行司法权的扩张和行政权的限缩之要求,体现了程序正义和人权保障。

**2. 消极刑法立法观向积极刑法立法观的转变**

在社会发展变化的过程中,我国社会治理模式由传统的社会管理演变为现代意义的社会治理,刑法理念也随之转变。传统刑法观在新的社会形势下遭受冲击,只有对其进行反思与修正,才能继续适应社会的变化。

(1) 传统刑法观下社会契约论的时代解读

传统刑法观以个人让渡权利形成国家刑罚权的社会契约论为前提,注重强调个人自由,约束立法者。在此基础上,出于自由主义和维护个人权利的考虑,让渡的权利越小越好。在这一思想的指导下,刑法立法应最小限度地干预公民生活,重视权利保障。然而任何权利的自由都是有边界的,没有限制的自由就不再是自由。在社会转型时期的背景下,忽视社会现实的变动,抑制刑法的灵活反应,并不利于刑法功能的实现。实际上"公民在订立社会契约时已经概括地允诺,立法者针对未来社会面临新的风险的场合,有权对新出现的风险进行辨识和评估,将某种可能受到侵害的新型利益积极地确定为刑法要保护的法益"。② 因此,现代社会在科技发达,网络快速发展并迅速普及,恐怖主义、极端主义事件频发等社会环境下,将新的法益纳入刑法保护范围,是时代赋予社会契约论的应有之意。

(2) 刑法观由结果本位向行为本位的转变

传统刑法观认为不法行为具有客观性,要求大多数犯罪行为必须是产生实害结果的才可以动用刑罚,对危险犯的设置是排斥的。然而在这种情况下,被损害法益的恢复可能性并不高甚至是不能恢复的。从我国现阶段的社会发展状态来看,仅仅注重实害结果的法益保护已经不能及时跟进并适应社会发展。"为了能够让刑法真正实现保护法益的效果,最有效的方式是让刑法作用于未来的、尚未发生的事件。"③ 例如修改环境污染罪,将

---

① 陈兴良:《犯罪范围的扩张与刑罚结构的调整》,《法律科学》2016年第4期。
② 周光权:《积极刑法立法观在中国的确立》,《法学研究》2016年第4期。
③ 蔡圣伟:《刑法问题研究(一)》,台湾元照出版公司,2008,第80页。

其由结果犯改变为行为犯,当然也通过司法解释对"严重污染环境"的情形做出了规定,并没有无边无际地扩张。同时《刑法修正案(九)》中增设恐怖主义、极端主义的多个罪名,进行早期干预,都凸显了行为本位。

### 3. 刑法结构由"厉而不严"向"严而不厉"的转变

(1) 我国目前"厉而不严"的刑法结构存在弊端

"多数经济发达国家和法治水平较高国家的刑法大体上可归属于'严而不厉'的结构类型,而我国当前的刑法结构基本上算是'厉而不严'"。[1] 之所以说我国刑法结构是"厉而不严",主要因为我国犯罪圈较小,犯罪的本质特征是严重的社会危害性,因而成立犯罪的条件或者说门槛较高,基于法不责众的思想,刑法的打击面和打击深度都不足,此为"不严"。我国刑罚主要以监禁刑为主,死刑罪名仍然较多,罚金刑或者刑罚的替代措施较少,部分罪名罪与刑并不相适,此为"厉"。这样的刑法结构存在严重的弊端,由于犯罪圈过小,刑事法网稀疏,导致一些具有刑罚可罚性的危害行为或者新型的犯罪行为无法得到有效的打击,犯罪分子逃脱法网的概率较大,对于落入法网的犯罪分子来说,如果不能罪刑相适应也是对其的不公正。

(2) 刑法结构由"厉而不严"向"严而不厉"的转变是更为合理的选择

优化刑法结构能够促进刑法功能的有效发挥,我国刑法结构由"厉而不严"向"严而不厉"的方向转变是更为合理的选择。我国刑法基于保障公民权利自由的出发点,设置了内缩性的犯罪圈,但由于其不能适应实践中不断变化的复杂形势又要保持一定的稳定性,往往通过司法解释进行补充,司法解释在一定程度上具有了刑法立法的效果,但程序上却没有立法严谨。一些危害社会的行为通过司法解释被纳入犯罪的行列,与此相比,通过严格的刑法立法模式将其入罪更为合理。"严密的法网、确定的追诉和适度的刑罚能够有效地堵塞犯罪分子逃脱惩罚的机会,造成强大的心理威慑效应,为一般预防和特殊预防功能的实现提供现实可行的基础。"[2] 因

---

[1] 储槐植:《再说刑事一体化》,《法学》2004年第3期。
[2] 梁根林:《刑事法网:扩张与限缩》,法律出版社,2005,第162页。

此，应当严密刑事法网，从横向上增设不同种类的新罪，从纵向上进一步细化罪名，增加犯罪的行为方式，促进刑法结构向"严而不厉"进行调整。

(二) 我国社会现实背景

我国刑法开宗明义地指出立法目的，指明我国在治理犯罪的过程中要结合社会实际情况和具体经验。因此，在对刑法进行修正或者修订时，考虑其所处的社会现实情况是必须的，我国进行犯罪圈的扩张是与我国社会实际情况相适应的。

**1. 我国处于社会转型的关键时期**

转型时期社会治理难度加大，需要规范秩序的衔接。"社会转型会带来犯罪率升高的趋势，这主要是因为旧的规范失效了，但新的规范尚未充分建构起来，由此导致了'失范'现象。"① 因此，在社会转型时期注意规范秩序的衔接是很重要的，当危害行为无法使用民事或行政手段有效打击的情况下，必须积极地运用刑法予以规制，这是应对转型时期社会矛盾突出的重要手段，是刑法不可回避的现实任务。

社会转型时期非正式社会控制被削弱。在传统社会，刑法在某些违法领域作用的缺失可以通过特定组织或传统价值观念的约束来弥补。然而，"社会转型意味着旧有的非正式社会控制将可能失去它存在的基础，旧有的生存之道不能适应多变的世道，旧秩序正在被瓦解，而此时，如果国家法律等正式制度不能有效介入社会并弥补社会转型带来的非正式社会控制不足的困境，社会转型将面临巨大危险"。② 因此，刑法在必要时对社会失序进行规制，强化道德底线，为人们树立正确的行为标准是符合社会现实发展需求的。

**2. 风险社会的来临**

全球化时代的发展使我国不可避免地面临风险社会带来的挑战。"风险社会是指在全球化发展背景下，由于人类实践所导致的全球性风险占据

---

① 〔法〕埃米尔·涂尔干：《社会分工论》，渠东译，三联书店，2000，第366页。
② 王启梁：《作为生存之道的非正式社会控制》，《山东大学学报》（哲学社会科学版）2010年第5期。

主导地位的社会发展阶段，在这样的社会里，各种全球性风险对人类的生存和发展带来了严重的威胁。"① 在西方大多数国家经过长时期的工业社会高度发展后，由工业社会引发的弊端也显现出来，出现了具有人为性、不可控性的风险并蔓延至全世界多个国家。风险社会是对现代世界所处的发展状态的一种描述，是一种客观存在的状态，这里的风险具有人为性、来源的不确定性、危害结果的广泛性和不可控性。

风险社会理论能否引入在我国刑法学界众说纷纭。然而无论我国是否具有风险社会理论体系的建构基础，都不能否认风险社会的这种状态对我国社会产生的影响。以新型风险为规制对象的刑法面临的首要任务"其核心并不完全在于刑法干预风险的早晚，而在于刑法是否未能干预风险，事实上，风险的出现并变成危险或实害并不必然可怕，可怕的是由风险产生的危险或实害一直没有被制度性地否认，以使风险有累积为重大危险或实害的可能"。② 因此，面对我国承受着全球风险社会的现状，刑法修正所关注的都是重点领域，例如恐怖主义、极端主义犯罪。刑法新增的罪名也有限，并没有导致刑法过度干预的情况，相反，这些领域中的罪行是需要刑法积极介入的。

### 3. 劳动教养制度的废除

劳动教养制度是我国曾经特有的社会制度，却在发展过程中出现严重的弊病。因此，全国人大常委会于2013年12月28日通过《关于废止有关劳动教养法律规定的决定》，彻底废除了劳动教养制度。那么随之引发的问题就是曾经的劳动教养对象应当如何分流。由此也导致我国对违法犯罪行为制裁机制的转变，即由原来的三级制裁机制转化为二级制裁机制。劳动教养废除前，违法犯罪行为的制裁机制分为三级，分别为治安管理处罚、劳动教养和刑罚。劳教废除后，针对违法犯罪行为的制裁机制由三级转为两级，分别为治安管理处罚和刑罚。

在尊重我国现在的行政制裁与刑事制裁二元制模式的前提下，对于劳教对象的行为可做如下处理。其一，将危害性相对较重的违法行为纳入刑

---

① 卢建平：《风险社会的刑事政策与刑法》，《法学论坛》2011年第4期。
② 高铭暄、李彦峰：《风险社会下刑法的合理定位》，《人民检察》2016年第12~13期。

法中,作为犯罪行为处理。可通过刑法修正案方式或司法解释①方式加以修改。其二,相对轻微的违法行为可以纳入治安管理处罚法中,给予治安管理处罚。如何界定轻重要考虑多种因素,没有固定明确的标准,是一个更多地蕴含多重因素的价值评价的过程。

## 二 我国最新刑事立法体现的犯罪圈扩张现状

近年来,我国刑法的修正体现了我国犯罪圈逐年扩张的情形。《刑法修正案(八)》增设危险驾驶罪,将恶意欠薪这种严重的民事纠纷纳入刑法,缓解社会突出矛盾。《刑法修正案(九)》结合社会现实背景,大规模增加新罪名,明显地体现出我国犯罪圈扩张的现状和未来趋势,我国刑法中的罪名总数达到468个,也由此引发了学者的担忧和争议。

(一)增设新罪

增设新罪是以往的刑法修正中常见的现象,也是犯罪圈扩张的直接体现,而《刑法修正案(九)》共增加了20个新罪名,增加幅度非常明显,大部分罪名主要涉及三个领域:网络犯罪领域、暴恐犯罪和诚信犯罪领域。以网络犯罪领域增设的新罪为例,我国刑法已经规定了相关的计算机犯罪,对利用计算机系统进行的犯罪进行打击。但在网络技术迅猛发展的情况下,犯罪行为在网络犯罪领域发生异化,刑法不得不深化对网络犯罪的认识,增设了多个网络犯罪的相关罪名。网络因素的介入使帮助行为在整个犯罪链条中成为核心,逐渐具有独立性。网络犯罪的门槛也不再是高要求的技术型,转而逐渐平民化,推动了网络犯罪愈演愈烈。针对网络犯罪的特殊性,"通过'共犯行为正犯化'的途径,将一部分共犯加以独立化,使共犯摆脱对于正犯的定罪量刑的依附关系,应当成为刑事立法应对网络共同犯罪现实挑战的最佳回应方式"。②因此,增设帮助信息网络犯

---

① 笔者并不赞同采用司法解释的方式将轻罪行为纳入刑法,然而司法实践中已经有类似做法。例如2013年"两高"发布《关于办理盗窃刑事案件适用法律若干问题的解释》和《关于办理寻衅滋事刑事案件适用法律若干问题的解释》,这两个最新司法解释将不属于轻微犯罪的行为纳入治安管理处罚的范畴,将轻微刑事犯罪行为纳入刑法范畴。
② 于志刚:《论共同犯罪的网络异化》,《人民论坛》2010年第29期。

活动罪,对网络犯罪的一些帮助行为进行比较全面的规制,是刑法应对网络犯罪的新问题和新态势做出的符合时代要求的修改。

(二) 刑法介入早期化

**1. 扩大危险犯规定的罪名范围**

我国刑事立法原来已经有危险犯的规定,但是现有新的刑事立法不再拘泥于法益的实害结果,也不再局限于具体危险犯,开始注重法益的抽象危险,刑法的功能从事后处罚转向事前预防。例如危险驾驶罪的设立,《刑法修正案(九)》在该罪的基础上增加了两种行为方式,将校车、旅客运输严重超载或严重超速,违规运输危险化学品的行为规定为犯罪。由于这些行为有导致危害结果的高度危险性,因此对其的刑法规制提前,不仅能更好地规制这类行为,最重要的是降低了由此引发交通事故的危险,增强了社会公共秩序的安全性,保障了公民的生命财产安全。

**2. 预备行为实行化**

恐怖主义、极端主义犯罪具有严重的社会危害性,其经常采取残忍的手段对不特定人群发起攻击,具有反人类特性,同时灌输反社会反人类的思想,加剧与社会主流价值观念的冲突。因此通过刑法对这类恐怖主义、极端主义犯罪行为进行前置性打击是必要的。《刑法修正案(九)》将暴恐犯罪中一些典型的预备行为直接规定为独立犯罪,例如准备工具、组织或参加恐怖活动培训等预备行为实行化,同时增设了持有型、煽动型犯罪,对异端思想的传播进行控制,防患于未然,对这一特殊的犯罪领域进行前置性打击。这表明了我国对恐怖主义、极端主义犯罪坚决打击的态度,同时也是与国际反恐立法接轨的体现。我国刑事立法呈现一种新的立法现象,即预备行为实行化。

对于这种立法方式,笔者持审慎态度,预备行为实行化仅限于特定领域,不宜扩大,否则会违背刑法社会防卫法的功能。德国当代刑法学家罗克辛教授曾经说到,"法益保护并不会仅仅通过刑法得到实现,而必须通过全部法律制度的手段才能发挥作用。在全部手段中,刑法甚至只是应当最后予以考虑的保护手段,也就是说,只有在其他解决社会问题的手段——例如民事起诉,警察或者工商管理规定,非刑事惩罚,等等——不起作用的情况下，它才能允许被使用"。①

（三）扩大原有罪名的入罪范围

**1. 增加行为方式**

《刑法修正案（九）》对抢夺罪进行修改，增加了多次抢夺的方式；对扰乱法庭秩序罪进行修改，将该罪的行为方式由两种增加至四种，将侮辱、诽谤、威胁司法工作人员或者诉讼参与人，不听法庭制止，严重扰乱法庭秩序的行为以及毁坏法庭设施，抢夺、损毁诉讼文书、证据等扰乱法庭秩序的行为规定为犯罪，以保障司法秩序的有序进行，维护法庭尊严。将扰乱医疗场所秩序的行为加入聚众扰乱社会秩序罪的行为方式中，保护正常的医疗秩序。

**2. 降低入罪门槛**

具体体现为以下几点。其一，《刑法修正案（九）》取消了非法获取公民个人信息罪中"情节严重"的入罪标准。网络技术的发展，导致个人信息泄露的情况屡屡发生，甚至造成严重的财产损失，倒卖个人信息的行为也屡禁不止，加强对个人信息的保护势在必行。其二，将强制猥亵、侮辱妇女罪中的"妇女"修改为"他人"，包括了成年男性，对人们的性自由权进行更全面的保护。

**3. 扩大处罚范围**

由于要严厉打击收买被拐卖妇女、儿童犯罪的现象，解决这一严重的社会问题，《刑法修正案（九）》中取消了原来该罪第6款中的"可以不追究刑事责任"的规定，废除这一免责事由，意味着即使按照被买妇女的意愿，不阻碍其返回原居住地，对被买儿童没有虐待行为，不阻碍对其进行解救，也是构成犯罪的，必须要追究其刑事责任，扩大了处罚范围。

由此可见，在社会问题增多，社会矛盾突出的情况下，刑法将扩宽管控范围，降低入罪门槛，增加构成犯罪的行为方式甚至进行早期化介入，来适应社会的变化，加强社会治理力度，这不仅是为了维护社会秩序正常有序运行，也是为了人们更好地行使自己的权利。

---

① 〔德〕克劳斯·罗克辛：《德国刑法学总论》（第1卷），王世洲译，法律出版社，2005，第23页。

## 三 我国犯罪圈扩张可能引发的弊端

### (一) 立法上的弊端

#### 1. 容易导致罪名虚置

我国刑法中存在一些适用率很低的罪名,例如故意延误投递邮件罪,笔者在中国裁判文书网和北大法律信息网中对此罪进行检索,均没有找到相关案例,虽然不能说完全没有适用该罪的案件,但可以说这个罪的适用相当罕见,有虚置之嫌。罪名一旦设立,虽然不能说成立这一罪名的案件越多越好,但是也在一定程度上导致了刑法罪名体系的冗杂。

犯罪圈扩张过程中可能会出现增设的新罪名适用率低下的情况。由于社会爆发的几起恶性事件,加之被媒体放大,民众要求对此入刑的呼声强烈,在舆论施压的情况下可能会导致立法机关在没有仔细审慎考虑刑法罪名体系后增加新罪名。有学者指出:"过度增设罪名会加大刑法条款日趋膨胀的风险,忽略了刑法协调,扩张了刑法处罚范围,抑止了刑法解释功能的发挥,容易导致立法虚置的状况,增大了刑法学习和司法适用的难度。"① 在没有进行完善的实证调研,分析数据时就增设新罪,会出现适用一时或者基本上很少适用的情况,成为一纸空文,浪费刑事立法资源。

#### 2. 与治安管理处罚法界限不明

对于违法犯罪行为,我国现在采用的是二元制制裁机制。按照违法行为的危害程度,分别用治安管理处罚法和刑法进行制裁,分别适用治安管理处罚和刑罚。未来犯罪圈扩张除了对新型犯罪或新兴权利的规制,还需要将一些危害性增大的行政违法行为入刑,更多轻罪入刑,意味着犯罪行为的社会危害性标准降低,因此二者之间易产生适用界限不明、不能有效衔接的问题。

现有立法中存在《治安管理处罚法》和《刑法》有效衔接的情形。例如非法种植毒品原植物的行为,种植罂粟以 500 株为分界点划分违法行为和犯罪行为。适用标准明确,界限分明。对于此类违法行为适用治安管理

---

① 熊永明:《我国罪名建言热潮之隐忧及其批判》,《法学评论》2015 年第 6 期。

处罚还是刑罚一目了然，基本不存在什么问题。然而实践中更多的是很多界限不明的规定，例如刑法规定的非法搜查罪、非法侵入住宅罪，将非法强行闯入他人住宅，或者经要求退出而无理由拒不退出他人住宅的行为；非法搜查他人身体的行为规定为犯罪，而《治安管理处罚法》第40条中也规定有"非法限制他人人身自由、非法侵入他人住宅或者非法搜查他人身体的"的情形。不难发现，二者之间法条表述有相同之处，这就会导致这种行为的性质在违法行为与犯罪行为之间游走。这种界限不明的情况只能依照法官的自由裁量权进行判断，根据的标准亦是不明确的社会危害性程度，可能会出现同一行为定性不同的情况。一念之差就是是否构成犯罪接受刑罚的性质之别，造成司法适用的困境。

（二）司法实践中的困境

**1. 增加司法成本**

一方面我国的司法资源较为紧缺，犯罪圈扩张会增加司法成本，二者的矛盾必然会被激化。"中国有三千多个法院，以法官为主体的从业人员近30万人，近来每年处理的案件已超过千万件，这是一个即使以中国的标准来讲也算相当庞大的组织系统。"[①] 我国每年的财政支出分不同的领域，在总资源有限的前提下，投入司法活动的人力物力也是有限的。同时，司法资源没有进行合理配置也是导致资源紧张的原因之一。犯罪复杂多样，基于此产生的刑事案件也是千差万别，存在不同性质的案件或者同一性质但情节程度不同的案件，证据是否充分，被告人是否积极认罪等因素在不同的案件中都有差别。因此，在总资源有限的情况下，犯罪圈的扩张会导致刑事案件增多，针对情况多样的众多刑事案件，千篇一律地适用普通程序或者简易程序，则会导致那些事实清楚、证据充分的轻微的刑事案件占用过多的刑事司法资源，进而使得投入到严重复杂的案件中的资源较少，资源的不合理配置加剧了资源紧缺与犯罪增多的矛盾，并且影响司法公正。如果不进行繁简分流，对日趋增多的轻微刑事案件依旧适用简易程序，已经不能很好地解决资源有限性和犯罪数量上升的矛盾了。

---

① 王亚新：《司法成本与司法效率——中国法院的财政保障与法官激励》，《法学家》2010年第4期。

另一方面，犯罪圈扩张会导致罪犯人数急剧上升，而我国目前又是以监禁刑为主的刑罚体系，看守所、监狱的压力会继续增大。监狱管理中考核制度的不完善，不同性质、不同程度的犯人会产生交叉感染现象，不利于轻微刑事案件犯罪人改过自新，复归社会困难。

### 2. 产生犯罪人标签的消极影响

犯罪圈扩张可能增加罪犯数量，而动用刑罚，改造罪犯，最终是为了让其回归社会。犯罪人标签效应的存在，使犯罪人无法很好地回归社会，在罪犯数量增加的情况下，容易造成社会不稳定。

犯罪人标签效应是指犯罪人受到的规范性和非规范性评价，主要来自相关制度和社会道德上的不利评价。犯罪人在为自己的行为付出刑罚给予的代价后，要继续承担来自其他制度和社会的非规范性不利评价以及由此带来的压力。不仅在情感上不被民众接受，受到歧视，而且原有的工作不能继续，例如有的公务员因为酒驾受到刑事处罚，那么就要被开除公职。同时，在重新就业的过程中又受到限制，丧失与一般人公平竞争的机会，很多工作单位不愿招录有前科的人。因此，这将会导致这部分人面临巨大的生活压力，这种影响甚至会是终生性的。那么就会有一部分人不堪重负，甚至重新犯罪，使得刑罚效果大打折扣。

### 3. 引发前科株连效应

所谓前科株连效应是指"由于犯罪人的犯罪记录导致其近亲属和其他家庭成员基于法律法规的规定而受到规范性的株连评价，进而导致特定的权利遭到限制、特定的资格遭到剥夺的情况"。[①] 前科株连的存在有一定的道理，我国延续的政审制度以及出于共同安全利益的考虑，不能忽视家庭伦理对人的潜移默化的影响，"近朱者赤，近墨者黑"的思想具有一定合理性。

然而，本应由犯罪人独立承担的不利法律后果，却延伸到犯罪人的近亲属和其他家庭成员，使他们的权利受到限制和牵连。这种牵连不仅是规范性的，也体现在非规范性的不利评价的延伸上。前科株连不仅可能破坏犯罪人的家庭关系，也是对其近亲属和其他家庭成员的合法权利的侵犯。

---

① 于志刚：《前科株连效应的刑法学思考》，《法学研究》2011年第1期。

在犯罪圈扩张的趋势下，为了促进犯罪人回归，维护社会稳定，对于大多数已经为自己的犯罪行为付出了应有的代价的犯罪人员来说，需要有一个合理的措施来解决他们永远不能摆脱的耻辱和污名。这样既是对人权的尊重和维护，也能够在一定程度上维护社会安定。

## 四 我国犯罪圈适度扩张的合理限定

### （一）应当坚持刑法谦抑性原则

**1. 警惕情绪性立法**

"刑事领域中的情绪性立法应是指，立法机关在刑事法律修正的过程中，因受一定规模的情绪化民意或舆论的影响，而非理性、妥协性地增设、修改或删除刑事法律条文的行为。"① 自媒体的发达，民意通过各种渠道反映到立法机关，参与立法，刑法立法过程中民主立法得到很好的体现。然而，民意或舆论更多的是基于一种感性的需要，是对某些行为的感性评价。因此面对增设罪名的呼声要保持理性，不能因舆论施压而在没有实证研究、社会调查、分析刑法原有罪名体系的情况下增设罪名，应对行为的社会危害性进行分析，对入罪后是否能达到防治的目的进行论证，避免刑法过度干预社会生活，警惕情绪性立法，提高立法质量。

**2. 避免过度的道德性立法**

我国目前存在违反道德的行为入刑的现象，是多种因素推动的结果。例如刑法对考试作弊、虚假诉讼、使用虚假身份证等基于社会诚信缺失而导致的行为进行犯罪化，由此也引发了不少学者的反对，可以看出刑法与道德的关系或者界限问题依然是刑法立法过程中要重视的。

刑法对道德的干涉存在侵犯公民自由权利的高度危险，因此道德入刑应当慎之又慎，避免过度的道德性立法。首先，这种道德应当是为了维护社会正常有序运行而必需的基本的道德。这种道德的缺失不仅是对公民个人生活有危害，同时对社会各项秩序的运行也产生阻碍。其次，这种道德不是停留在思想观念层面的，而是要求其外化为外部行为。只有在违背某

---

① 刘宪权：《刑事立法应力戒情绪——以〈刑法修正案（九）〉为视角》，《法学评论》2016年第1期。

种道德要求后必然会导致不法行为的发生,或者会侵害他人的利益和社会利益的情况下,刑法才能干预这种道德。

(二) 应当注重提高刑法立法技术

**1. 提高立法逻辑性**

在刑法立法过程中,无论是新增罪名还是部分修改,或是删除罪名都应系统化考虑刑法原有的罪名体系,保持逻辑统一协调。首先,同一罪名的不同行为方式之间要逻辑统一,避免冲突。例如新增的拒不履行信息网络安全管理义务罪中规定的其中两种情形,"致使违法信息大量传播的"和"致使刑事案件证据灭失,情节严重的"存在矛盾,网络服务商为了消除或减少违法信息的大量传播,最有效的方法就是删除相关信息,但是删除了这些违法信息就可能会导致与此相关的刑事案件中证据的灭失,网络服务商会左右为难,从而无法很好地实现立法目的。

其次,不同罪名之间要协调。例如刑法废除了嫖宿幼女罪,本意是解决卖淫幼女污名化问题,并且强化对儿童利益的保护,那么如果严格按照立法意图和法律条文适用的话,任何与幼女发生性关系的行为都应评价为强奸行为。但是在修正时却没有废除引诱幼女卖淫罪,一方面这一罪名仍然有承认卖淫幼女的身份之嫌,另一方面根据修法逻辑,引诱幼女向他人卖淫的行为应该是强奸罪的帮助行为,应认定为强奸罪的共犯,但在现在的罪名体系下,却是以引诱幼女卖淫罪定罪处罚。若将这种行为严格按照强奸罪的共犯论处,那么引诱幼女卖淫罪就处于虚置状态。因此,在修正刑法时应当注意立法的逻辑性,在扩张犯罪圈、增设新罪的时避免罪名体系的内部矛盾。

**2. 进行犯罪分层**

我国小犯罪圈的模式,虽然有利于将有限的司法资源集中起来,严厉打击严重犯罪,却也存在法网稀疏、刑法干预滞后、刑罚过于严厉、司法保障不足的弊端。而未来刑法增设的更多的是轻罪行为,那么在刑事立法上进行犯罪分层就很有必要。将犯罪分层通过立法确定后,既可以为刑事政策中"宽"和"严"提供较为明确的适用对象,也可以促进司法资源的合理配置,实现繁简分流,减轻司法资源紧缺所带来的压力。因此,在进行犯罪圈扩张的同时可对我国刑法进行犯罪分层。借鉴国外经验可以发现，我国《治安管理处罚法》已经规定了危害性较小的违法行为。因此，可采用二分法模式将我国刑法中规定的犯罪分为轻罪与重罪两个层次。同时，应当全面完善轻罪制度，完善实体法的规定和程序上的单独设计，以更好地体现刑法"防卫社会，保障人权"的立法目的。

**3. 犯罪圈扩张与非犯罪化并不矛盾**

犯罪圈在扩张的同时，并不反对将个别行为进行出罪。犯罪化与非犯罪化本就是刑法的一体两面，一些犯罪行为的社会危害性，会随着社会制度、人们价值观念等因素的变化而有所提升或者下降，因此在当下我国进行犯罪圈扩张的同时，也可以对个别行为进行出罪或者对刑法罪名进行修改，限制入罪范围。

例如聚众淫乱罪是一种无被害人犯罪。无被害人犯罪也是曾经西方非犯罪化的主要领域之一。在开放多元的社会环境下，我国公民的性观念得到更新和解放，但同时我国有悠久的性保守的历史传统，因此在一定程度上，短期内完全废除聚众淫乱罪缺乏可行性。因此，在立法上可以对聚众淫乱罪进行限制，当事人基于自愿秘密实施的性行为，是权利的自由支配，没有超过限度，不应受到刑法的干预；只有聚众以不特定人或者多数人可以发现的方式实施淫乱行为的，才会对社会善良风俗造成侵犯，是可以纳入刑法规制范围的。

**（三）应当完善相关配套的制度**

**1. 完善刑事速裁程序**

2014年全国人大常委会决定在我国部分地区开展刑事速裁的试点工作。刑事案件速裁程序主要适用于事实清楚、证据充分、被告人自愿认罪、当事人对适用法律没有争议的危险驾驶、交通肇事、盗窃、诈骗、抢夺、伤害、寻衅滋事等情节较轻，依法可能判处1年以下有期徒刑、拘役、管制，或者依法单处罚金的案件。由于该程序正处于试点阶段，程序本身的精简化不够成熟细致，加之我国地区差异大，犯罪形势复杂，因此在提高诉讼效率的同时也伴随着权利得不到保障的危险。"截至2016年6月30日，各地确定试点基层法院217个，适用刑事速裁程序审结案件52540件

54572人，占试点法院同期判处一年有期徒刑以下刑罚案件的35.88%，占同期全部刑事案件的18.48%。"① 运用刑事速裁程序深化繁简分流改革，这在很大程度上提高了司法效率，节约并合理配置了司法资源。

根据各地区试点阶段的不同成果，可以发现该程序制度有很多需要完善的地方。例如适用速裁程序的案件范围过窄，仅限于可能判处1年有期徒刑以下的案件，不能很好地实现案件分流。对我国刑事速裁程序的适用范围可以增加至3年或者5年有期徒刑以下；再例如，被告人申请不公开审理的理由之信息安全，如何界定信息安全应进一步明确，否则可能成为司法恣意的切入口。完善刑事速裁程序，可以优化我国刑事诉讼体系，配之以不起诉制度等，在面对未来犯罪圈扩张带来的压力时很大程度上便能有效应对。

**2. 优化刑罚适用方式**

首先，未来犯罪圈扩张将增设更多的轻罪，刑罚轻缓化是必然选择。我国的刑罚体系目前还是以自由刑为中心，并且在刑罚配置上多为徒刑、拘役这样的监禁刑，财产刑和资格刑作为附加刑，很少有独立适用的情况，往往与自由刑相匹配，这很大程度上削减了财产刑和资格刑的优势。因此，犯罪圈的适度扩张应逐渐改变以自由刑为中心的刑罚体制，扩大独立适用罚金刑、资格刑的范围，尤其是针对一些贪利性的和利用职务资格便利的轻罪。例如新增的使用虚假身份证件、盗用身份证件罪，配置的是拘役或者管制，并处或者单处罚金这样的轻缓刑罚，在未来的刑事立法中应进一步贯彻。

其次，在进行刑罚体制自身调整的同时，也应完善与刑罚相衔接的制度建设。《刑法修正案（八）》通过立法确认了我国的社区矫正制度，社区矫正作为一种非监禁刑的刑罚执行方式，对促进犯罪人回归社会具有重要意义，并且减缓了看守所、监狱的压力。然而"我国现行刑事法所规定的社区矫正制度，在立法上存在某些权益把握上的失衡，施行环节也时处左右为难的困境"。② 人们对犯罪人的鄙视、害怕导致公众参与度不高。所需

---

① 蔡长春：《刑事速裁程序试点两年办案质效双升》，人民网，http://legal.people.com.cn/n1/2016/0905/c42510-28690491.htm，2017年3月15日访问。
② 屈学武：《中国社区矫正制度设计及其践行思考》，《中国刑事法杂志》2013年第10期。

人力财力资源不足，责任划分不明确使得制度落实困难。只有实现其与管制、宣告缓刑、裁定假释、暂予监外执行的有效衔接，才能更好地促进犯罪人回归社会。

### 3. 建立前科消灭制度

我国在 2012 年进行刑事诉讼法修改时规定了未成年人的前科封存制度，《刑法修正案（八）》中免除了未成年人的前科报告义务。这为建设系统的前科消灭制度进行了初步的探索，在我国，由于前科的标签效应和株连效应使犯罪人及其近亲属和其他家庭成员受到权利限制，不利于其回归社会，也易导致家庭关系矛盾，不利于社会稳定，尤其是在犯罪圈扩张的情况下，因此建立合适的前科消灭制度是必要的。正如于志刚教授所言："未来体系化的前科消灭制度的构建，应当是同时关注规范性评价和非规范性评价的消灭。"[①] 首先，考虑到前科的存在对于防止犯罪人再犯具有一定效果，因此不能直接取消犯罪记录，而是在刑罚执行完毕后设置一个合理的期限，在这个期限内可以查询到行为人真实犯罪记录情况，超过该期限则终止查询。其次，对已经过了查询期限的"犯罪记录"进行隐私保护。任何个人或者机关、用人单位不应肆意披露或者传播行为人曾经的犯罪事实，否则作为侵权行为处理。这样的制度构建可以同时消除规范性评价和非规范性评价，使犯罪人成为正常的人，促进其回归社会，保障其合法权益。

（河南大学法学院教授　刘霜；新密市法院法官　刘怡乐）

---

① 于志刚：《前科消灭制度司法探索模式的批判性反思》，《法学评论》2013 年第 3 期。

## 第四节 刑法修正中的犯罪化与谦抑主义之贯彻

第二次世界大战之后,承载着自由、民主、人权等思想的刑法谦抑主义逐渐成为西方各国(特别是大陆法系国家)刑事立法和司法的基本理念或原则。其中,刑法谦抑主义所重点强调的"刑法的最后手段性""严格限制处罚范围"等内容,更是成为这些国家一种基本的刑法立场。在我国,刑法谦抑主义不仅获得了学界的广泛认同,而且在刑事立法上还得到了积极贯彻,其主要表现就是在犯罪成立方面设置"定量"因素,从而将大量的违法行为排除在犯罪圈之外。然而,1997 年刑法典颁布之后,我国的 9 次刑法修正却明显表现出了犯罪化的趋向,特别是在最近的《修八》和《修九》中①,还出现了犯罪门槛降低的趋势,许多原属治安违法或行政违法的行为,均被纳入了犯罪圈,由此也就在学界引发了较大争议。许多学者认为,这种刑法修正违背了刑法谦抑主义,不利于保障公民的自由和人权,属于社会治理的"过度刑法化",因此应该停止这种犯罪化的刑事立法。② 也有一些学者对此持不同见解,认为,我国在今后相当长的一段时期内仍应当坚持犯罪化的立法趋向,而不是非犯罪化。③

那么,我国近年来的刑法修正是否违背了刑法谦抑主义?我国未来的刑法立法趋向到底是犯罪化还是非犯罪化?在当代中国,我们应当如何去认识和把握刑法谦抑主义?这些无疑都是事关我国刑事法治建设未来走向的重大问题。本文紧密结合当前全面推进法治中国建设的社会背景,对此展开深入探讨。

---

① 为了表述上的方便,下文对这 9 部刑法修正案均采用《修一》《修二》等简称,依此类推。
② 参见刘艳红《我国应该停止犯罪化的刑事立法》,《法学》2011 年第 11 期;何荣功《社会治理"过度刑法化"的法哲学批判》,《中外法学》2015 年第 2 期;石聚航《刑法谦抑性是如何被搁浅的?——基于定罪实践的反思性观察》,《法制与社会发展》2014 年第 1 期。
③ 参见张明楷《犯罪定义与犯罪化》,《法学研究》2008 年第 3 期;冯军《犯罪化的思考》,《法学研究》2008 年第 3 期;何庆仁《犯罪化的整体思考》,载陈兴良主编《刑事法评论》(第 23 卷),北京大学出版社,2008,第 506~525 页。

## 一　我国历次刑法修正的犯罪化趋向及学界的批判

自1997年《刑法》实施以来，我国共进行了9次刑法修正，虽然历次刑法修正所涉及的内容不同，但一个共同的特点就是对相关的危害行为或违法行为进行犯罪化处理，由此也就导致了我国犯罪圈的急剧扩张。同时，由于这种犯罪化的刑法修正趋向在形式上背离了刑法谦抑主义所倡导的最后手段性原则，因而也招致了学界有关学者的批判。

（一）从《修一》到《修七》：犯罪圈的横向拓展

尽管我国9次刑法修正的共同特点是进行犯罪化，但其具体表现形式却并不完全相同。从1999年的《修一》到2009年的《修七》，其犯罪化的主要表现形式就是将之前存在规制疏漏的同类违法行为或者新出现的一些严重危害行为予以犯罪化。由于这种犯罪化大体上坚持了犯罪的严重社会危害性特征，并且也为之配置或沿用了较重的法定刑，所以可将这种犯罪化形式基本概括为犯罪圈的横向拓展。

具体来讲，从《修一》到《修七》，其犯罪化的实现方式主要表现为如下两个方面。

一是增设了许多新罪。在这7个刑法修正案中，立法机关大致增设了30余种新罪，如隐匿、故意销毁会计凭证、会计账簿、财务会计报告罪，资助恐怖活动罪，投放虚假危险物质罪，走私废物罪，非法收购、运输、加工、出售国家重点保护植物、国家重点保护植物制品罪，妨害信用卡管理罪，过失损坏武器装备、军事设施、军事通信罪，大型群众性活动重大安全事故罪，骗取贷款、票据承兑、金融票证罪，开设赌场罪，利用未公开信息交易罪，组织、领导传销活动罪，非法获取计算机信息系统数据、非法控制计算机信息系统罪，利用影响力受贿罪，等等。由于这些犯罪的社会危害性均较为严重，所以立法机关还为其配置了最高为3年至15年有期徒刑的较重法定刑。

二是通过增加行为对象、拓展行为类型、取消限制条件等方式扩大了一些犯罪的规制范围。例如，《修一》将泄露期货交易内幕信息、编造并传播期货交易虚假信息、诱骗投资者买卖期货合约、操纵期货市场等行为纳入了相关犯罪的规制范围;《修二》将《刑法》第 342 条的规制范围从"耕地"拓展至"耕地、林地等农用地";《修三》将"投毒"行为拓展至"投放毒害性、放射性、传染病病原体等物质",并将洗钱罪上游犯罪的范围扩展至恐怖活动犯罪;《修四》在非法收购盗伐、滥伐林木罪中增加了运输行为,并取消了原罪状中"以牟利为目的"和"在林区"的限制条件;《修五》将"使用以虚假的身份证明骗领的信用卡"的行为纳入了信用卡诈骗罪的规制范围;《修六》将洗钱罪的上游犯罪进一步拓展至贪污贿赂犯罪、破坏金融管理秩序犯罪和金融诈骗犯罪;《修七》在内幕交易、泄露内幕信息罪的罪状中增加了"明示、暗示他人从事上述交易活动"的行为;等等。

(二)从《修八》到《修九》:犯罪圈的纵向延伸

2011 年的《修八》和 2015 年的《修九》对我国《刑法》进行了全面修正,不仅修正了分则,而且还修正了总则,因而产生了广泛的社会影响。在对分则的修正方面,其主要特征依然是进行犯罪化,但在犯罪化的具体表现形式上却与之前的 7 个刑法修正案有所不同。其中,最为显著的差别就是,《修八》和《修九》不仅对之前存在规制疏漏的一些严重违法行为作了补充规定①,而且还降低了犯罪门槛,将许多原属治安违法、行政违法甚至民事违法的行为,也都进行了犯罪化处理。由此,如果说从《修一》到《修七》,其犯罪化的主要形式是犯罪圈的横向拓展;那么,从《修八》到《修九》,其犯罪化的显著特征就是犯罪圈的纵向延伸,即犯罪化的触角已经延伸到了原来的治安或行政违法甚至民事违法领域。

具体来讲,《修八》在犯罪圈的纵向延伸方面主要表现为如下内容。(1)增设危险驾驶罪,将情节恶劣的驾驶机动车追逐竞驶行为和醉酒驾驶机动车的行为进行了犯罪化处理。这两种行为之前都属典型的交通违法行为,如果并未产生严重的交通事故或者尚未达到足以严重危害公共安全的

---

① 例如,《修八》对虚开发票罪,组织出卖人体器官罪,对外国公职人员、国际公共组织官员行贿罪等罪名的增设,对强迫交易罪、寻衅滋事罪等犯罪所进行的罪状拓展;《修九》对准备实施恐怖活动罪、利用极端主义破坏法律制度实施罪、虚假诉讼罪、对有影响力的人行贿罪等罪名的增设,对资助恐怖活动罪、扰乱法庭秩序罪等犯罪所进行的罪状拓展,对非法生产、运输制毒物品行为的增加规定;等等。

程度，一般都是由公安交管部门进行行政处罚。（2）修正盗窃罪，将未达数额较大标准的"入户盗窃"、"携带凶器盗窃"和"扒窃"三种盗窃行为进行了犯罪化处理。在《修八》之前，除"多次盗窃"外，其他的盗窃行为均需达到数额较大的标准才能构成盗窃罪，否则只需进行治安处罚。（3）增设拒不支付劳动报酬罪，将符合一定条件的拒不支付劳动报酬的行为进行了犯罪化处理。这类行为原属于民事上的违法或违约行为，之前都是以民事追索、民事起诉或政府干预等非刑事手段解决，而《修八》则将其直接规定为犯罪，从而也就使犯罪化的触角延伸到了民事违法领域。

《修九》在犯罪圈的纵向延伸方面主要表现为如下内容。（1）将许多原属治安违法的行为进行了犯罪化处理。例如，强制猥亵男童之外的男性的行为，未达数额较大标准的多次抢夺行为，买卖居民身份证和伪造、变造、买卖护照、社会保障卡、驾驶证的行为，使用虚假身份证件、盗用他人身份证件的行为，多次扰乱国家机关工作秩序的行为，等等。这些行为原来都属于治安违法行为，应当依照《治安管理处罚法》予以治安处罚。[①]而《修九》通过增设新罪名或扩展原有犯罪罪状的方式，都对其进行了犯罪化处理。[②]（2）将一些原属行政违法或违纪的行为进行了犯罪化处理。《修九》在这一方面的集中表现就是将一些考试作弊行为进行了犯罪化处理，即在《刑法》第284条后增设了3个罪名：组织考试作弊罪，非法出售、提供试题、答案罪和代替考试罪。在《修九》之前，对于这些行为，如果不构成招收公务员、学生徇私舞弊罪等相关犯罪，则一般都是对有关人员进行行政或纪律处分。（3）将一些治安或行政性法律缺乏明确规定的行为直接进行了犯罪化处理。例如，《修九》第7条中规定的强制他人在公共场所穿着、佩戴宣扬恐怖主义、极端主义服饰、标志的行为；第28条规定的网络服务提供者不履行信息网络安全管理义务，从而造成严重后果的行为；第29条规定的利用信息网络实施的一些违法行为；等等。这些行为原本都具有治安违法或行政违法的性质，且社会危害性也并不十分严重，但由于是近年来所出现的一些新情况或新问题，因而相关的治安或行

---

[①] 在劳动教养制度废止之前，对其中的一些违法行为，在必要时还可进行劳动教养。
[②] 这些行为构成犯罪，有的还需要具备"情节严重"或"严重扰乱社会秩序"等条件。

政性法律还并未明确规定罚则。而《修九》则直接对其进行了犯罪化处理。

(三) 学界对刑法修正犯罪化趋向的批判

由于我国历次刑法修正一直坚持犯罪化的趋向,因而也招致了学界一些学者的批判。尽管这些批判从不同的角度展开,但核心都是认为这种犯罪化趋向违反了刑法谦抑主义,属于"刑法工具主义"或者"社会治理的过度刑法化"。

例如,有论者明确指出,历次刑法修正的犯罪化趋向体现了我国刑事立法仍然在工具主义的轨道上前行。在中国这一大且不发达国家的现实之下,将众多轻微的纠纷一律交给司法机关处理,不但不具有可操作性,而且也不利于维护社会的长久稳定。由此,考虑到当下我国的实际国情,考虑到现行刑法实施后10多年从未停歇的犯罪化进程,应当在坚持刑法谦抑性原则的前提下,停止刑法调控范围的扩张,不考虑轻罪的入刑化,拒绝进一步的犯罪化。[①] 同时,该论者还指出,即使是基于"风险刑法"理论,也不能动摇刑法谦抑主义。因为"风险刑法"理论不仅会导致刑法的处罚范围不断扩大,而且,以防范风险为目标,将任何有碍人类安全的行为都视为不法行为,也会使传统的罪责刑法发生转变,进而导致刑罚处罚的不确定性。所以,"风险刑法"理论本身"是反法治的",并不能据此而违背刑法谦抑主义的基本精神。[②]

也有论者从社会治理的角度对我国历次刑法修正的犯罪化趋向展开了批判,认为我国当前属于社会治理的"过度刑法化"。该论者指出,这一现象在刑事立法方面的主要表现就是:(1) 刑法之手不适当地伸向民事经济领域,导致调整对象的过度化,如骗取贷款罪和拒不支付劳动报酬罪的增设等;(2) 立法技术失当,引起刑法范围的过度化,如危险犯和行为犯的大量出现、兜底条款的滥用等;(3) 国家不适当地将刑法作为"社会管理法"看待,导致了调整对象的过度化,如对一些治安或行政违法行为的犯罪化等等。据此,该论者认为,我国近年来的刑事立法显然违反了"刑

---

① 参见刘艳红《我国应该停止犯罪化的刑事立法》,《法学》2011年第11期。
② 参见刘艳红《"风险刑法"理论不能动摇刑法谦抑主义》,《法商研究》2011年第4期。

法最小化"或"刑法谦抑主义"的基本精神,属于社会治理的"过度刑法化",因而必然形成对公民权利和自由的压缩或产生其他一些负面效果。①

还有论者在肯定刑法谦抑主义的基础上指出,我国近年来的刑事立法无视犯罪构成定量因素的总则性规定,增设了一些无罪量的罪名,以及对一些原属行政不法的行为强行进行犯罪化,从而导致了刑法谦抑性的"搁浅"。并认为,"以牺牲刑法谦抑性为代价的刑事法治现代化的路径在方向上可能是一种务虚的法治理念。因为这种规则供给由于可能在公众的常识、常理及常情之间形成抵牾而终究无法为人们提供合理的诱导性机制,反倒会形成背离社会生活本来面目的规则推崇与机械执法的扭曲景象,而这显然不是常态的法治现象"。②此外,还有其他一些论者也表达了大致相似的意见,其核心都是认为我国刑法修正的犯罪化趋向在一定程度上背离了刑法谦抑主义,或者说是背离了"刑法最后手段性"的基本理念。

## 二 刑法谦抑主义的传统立场及其在我国的适应性问题

虽然一些学者基于刑法谦抑主义对我国刑法修正的犯罪化趋向展开了批判,但仍有许多学者对其进行了肯定。由此,我们必须要对刑法谦抑主义的传统立场及其在我国的适应性问题展开深入的探讨和反思。

(一) 刑法谦抑主义的传统立场:"入罪谦抑"

刑法谦抑主义的基本精神最早可溯源至罗马法中的"法律不理微事"理念,但其真正得以形成和发展,则是在西方进入资本主义时期以后。在17、18世纪,随着资本主义生产关系的确立,启蒙思想家们所倡导的自由、民主、人权等思想开始进入社会生活的各个领域,在刑法方面的主要表现就是旗帜鲜明地反对酷刑和刑罚的滥用,孟德斯鸠、卢梭、贝卡利亚、边沁等思想家和刑法学家都是这一理念的积极倡导者。但是,这一时期还并未形成完整的刑法谦抑主义思想,对其所展开的系统表达是二战之后的事情。

---

① 参见何荣功《社会治理"过度刑法化"的法哲学批判》,《中外法学》2015年第2期。
② 参见石聚航《刑法谦抑性是如何被"搁浅"的?——基于定罪实践的反思性观察》,《法制与社会发展》2014年第1期。

刑法谦抑主义思想的完整提出，最早见于日本。"'二战'之后，在民主主义和自由主义思潮的影响下，日本刑法理论开始反省战前的国家主义、权威主义的刑法观，认识到保障人权和尊严的重要性。"① 由此，也就逐渐催生了刑法谦抑主义思想。一般认为，在日本，最早提出"谦抑主义"用语的是宫本英侑博士。宫本英侑曾经述及，刑法"不以一切违法行为为处罚的原因，仅限制种类与范围，所以专以适于科处的特殊的反规范的性情为征表的违法行为为处罚的原因。予谓刑法之如斯态度名为刑法的谦抑主义"。② 而对刑法谦抑主义做出较为系统的阐述的则是平野龙一教授。平野龙一从自由主义的立场出发指出，日本社会的近代化尚未完成，过分强调安全要求可能会再现新派的悲剧，打开治安刑法的大门，故对此应保持警惕。据此，平野龙一提出了刑法的补充性、谦抑性和断片性特征："即使行为侵害了他人的生活利益，或者使之陷入了危险之中，也并不是必须立刻发动刑法。应该尽可能地通过其他社会统治手段处理。可以说，在其他社会统治手段不充分，或者其他社会统治手段过分强烈，有必要取代之之际，才应该发动刑罚。这即是刑法的补充性或谦抑性。因此，成为刑法对象的行为，从根本上将是断片性的存在。"③

此后，小暮得雄、内藤谦、大谷实等教授也纷纷对刑法谦抑主义展开了论述，并逐渐形成了以刑法的补充性、断片性（或不完全性）和宽容性为基本内容的刑法谦抑主义理论。例如，大谷实教授就对刑法谦抑主义做出了如下总结："所谓谦抑原则是指，刑法不应将所有的违法行为都作为其对象，而应将不得已才使用刑罚的场合作为其对象的原则。正如所谓'最好的社会政策就是最好的刑事政策'（李斯特语）一样，仅靠刑法手段是不能抑制犯罪的。而且，刑罚是剥夺人的生命、自由、财产的极为残酷的制裁，因此，只应看作为防止犯罪的'最后手段（ultima ratio）'（刑法的补充性）。刑罚规制不应渗透到生活领域的每一个角落，只应控制在维持社会秩序所必需的最小限度之内（刑法的不完全性）。另外，即便行为人实施了犯罪，但如果不是为了保护法益而迫不得已的话，就应该基于宽

---

① 熊永明、胡祥福：《刑法谦抑性研究》，群众出版社，2007，第49页。
② 参见马克昌《我国刑法也应以谦抑为原则》，《云南大学学报》（法学版）2008年第5期。
③ 参见周振杰《日本刑法思想史研究》，中国法制出版社，2013，第268页。

容精神,尽量不动用刑罚(刑法的宽容性)。这样,谦抑原则是以刑法的补充性、不完全性和宽容性为内容的刑事立法和刑法解释的原理。"①

欧洲国家也同样肯定了刑法的谦抑主义,但其一般将这一原则称为刑法的"辅助性"原则。例如,德国刑法学者罗克辛在谈到刑法对法益保护的"辅助性"时即指出:"法益保护并不会仅仅通过刑法得到实现,而必须通过全部法律制度的手段才能发挥作用。在全部手段中,刑法甚至只是应当最后予以考虑的保护手段,也就是说,只有在其他解决社会问题的手段——例如民事起诉,警察或者工商管理规定,非刑事惩罚,等等——不起作用的情况下,它才能允许被使用。人们因此称刑罚是'社会政策的最后手段',并且将其任务定义为辅助性的法益保护。"② 意大利刑法学者帕多瓦尼也指出:"鉴于很多现代国家(特别是意大利)的法律制度中,都存在立法者滥用立法权的现象,最新的刑事政策倾向于认为,为了能理性地防止在刑法方面滥用立法权,必须对实际上是否有必要规定刑事制裁进行评估,或者说必须坚持人们所说的'(刑法)辅助性原则'(il principio di sussidiarietà)(这个原则的内容为,不是在不用刑事措施就不足以有效地处罚和预防某种行为时,就不允许对该行为规定刑事制裁)。"③

由上可见,西方各国在阐述刑法谦抑主义时,重点强调的就是刑法的最后手段性,即刑事制裁只能作为维持社会秩序和保护法益的最后手段来使用。由于刑事制裁是以将某种法益侵害行为予以犯罪化为基本前提的,所以,对于这一立场,也可将其称为"入罪谦抑"。④ 随着刑法谦抑主义在世界范围内的传播,这一基本理念也就成为刑法谦抑主义的传统立场。

(二)"入罪谦抑"在我国的适应性问题

刑法谦抑主义传入我国之后,其所倡导的"刑法最后手段性"或"入

---

① 〔日〕大谷实:《刑法讲义总论》(新版第2版),黎宏译,中国人民大学出版社,2008,第8页。
② 〔德〕克劳斯·罗克辛:《德国刑法学总论》(第1卷),王世洲译,法律出版社,2005,第23页。
③ 〔意〕杜里奥·帕多瓦尼:《意大利刑法学原理》(注评版),陈忠林译评,中国人民大学出版社,2004,第5页。
④ 尽管日本刑法学者在阐述刑法谦抑主义时也谈到了刑罚运用的宽容性,但其所重点强调的显然不是这一方面的内容。

罪谦抑"的基本立场也得到了学界的广泛认同。而强调"入罪谦抑",必然会在一定程度上反对犯罪化或者过度犯罪化,所以,基于这一立场对我国刑法修正的犯罪化趋向展开批判,也就不足为奇了。然而,尽管面对诸多非议,我国刑法修正的犯罪化趋向却并未动摇,甚至还出现了犯罪门槛的降低趋势。在此情况下,我们不得不对刑法谦抑主义传统立场在我国的适应性进行深刻反思,即倡导或强调"入罪谦抑"在当下中国是否真的适宜。

### 1. 倡导"入罪谦抑"不应忽视犯罪体系的中西差异

刑法谦抑主义源于日本,后被西方国家普遍接受,其根本原因就在于这些国家的犯罪体系均较为庞大,刑法介入社会生活的范围都十分广阔,故需特别强调入罪的谦抑性,以尽可能地减少过度犯罪化的弊端。但是,我国的犯罪体系与西方国家存在显著差异。西方国家在犯罪成立标准方面多采取"立法定性,司法定量"的模式,即刑法并不从危害行为的严重程度上限制其入罪范围,对于一些十分轻微的违法行为,是否要予以刑事制裁,一般交由司法机关决定。而我国刑法在犯罪成立标准方面采取的则是"定性+定量"的模式,即只有具有严重社会危害性的行为才会被纳入刑事制裁的范围,其他较轻的违法行为一般都予以治安处罚或行政处罚。由此也就导致西方国家的犯罪圈比我国要大得多。例如,根据日本刑法的规定,窃取他人财物的,构成盗窃罪;欺骗他人使之交付财物的,构成诈骗罪。[①]而在我国,除"多次盗窃"、"入户盗窃"、"携带凶器盗窃"和"扒窃"没有数额上的要求外,构成其他形式的盗窃罪和诈骗罪均须达到一定的犯罪数额,否则只能进行治安处罚。又如,在法国,故意破坏、毁坏或者损坏属于他人的财产,即使仅造成轻微损害的,也构成犯罪,只不过属于违警罪。[②]而在我国,这一行为充其量属于治安违法。

另外,西方国家除在刑法典中集中规定犯罪行为外,在一些单行刑法或附属刑法中也设置了大量的罪刑规范,而且其中的一些犯罪行为还要比刑法典中规定的罪行轻得多。比如,在日本的《轻犯罪法》中,下列行为

---

[①] 参见《日本刑法典》(第2版),张明楷译,法律出版社,2006,第89、91页。
[②] 参见《法国新刑法典》,罗结珍译,中国法制出版社,2005,第230页。

均属于轻罪的范围：生活无着落，到处流浪的；无正当理由，放出显然有加害人畜习性的狗或其他禽兽的；在大庭广众之下，以令人恶心的方法暴露臀部、大腿或身体其他部位的；在街道、公园或其他公共场所吐痰或者大小便的；等等。① 而在我国，这些行为可能还不足以进行治安处罚。

由此可见，相较于西方国家，我国的犯罪圈本已十分狭窄，刑法在规范社会生活方面明显还处于紧缩状态，在此情况下，我国对待刑法谦抑主义显然不能与西方国家相提并论。对此，正如张明楷教授所言：在国外，刑法的处罚范围相当广，特别是行政刑法的处罚范围广，故有实行"非犯罪化"的必要。而同西方国家相比，我国刑法已经将犯罪限定在最小的范围，危害性不很严重的行为都由其他法律处理，这充分反映了刑法谦抑性的合理性要求。因此，在我国主张"非犯罪化"，既不现实，也不妥当。②

**2. 过度强调"入罪谦抑"未必有利于保障人权**

在现代国家，法治是国家治理的基本方式，而"确认和保障权利是法治的真谛，尊重和保障人权是国家治理的精髓所在，也是国家现代性的根本体现"。③ 当前，我国正处在全面推进法治建设的伟大征程中，这也就决定了，各项制度建设必须要以有效保障人权为依归。从根本上讲，强调"入罪谦抑"也是为了有效保障人权，但是，过度强调和贯彻"入罪谦抑"却未必有利于实现这一目的。因为，对于大量严重的违法行为，不将其纳入刑法的制裁范围，并不意味着不对其进行任何处罚，而是要将其交由行政机关进行处罚或制裁。但是，由行政机关进行处罚或制裁所存在的一个重大问题就是，行政机关的处罚权力往往难以受到有效的监督和制约，因而极易导致权力的滥用。特别是在赋予行政机关对人身自由的处罚权力时，这种权力的滥用常常会产生难以弥补的后果。在这一方面，我国的劳动教养制度已经带来了深刻的教训。

尽管劳动教养制度的产生有其特殊的政治和历史背景，但从另一个角度来讲，也并不能否认其是我国过度强调和贯彻"入罪谦抑"的结果。在

---

① 参见《［日本］轻犯罪法》，郭布、罗润麒译，《环球法律评论》1979年第6期。
② 参见张明楷《论刑法的谦抑性》，《法商研究》1995年第4期。
③ 张文显：《法治与国家治理现代化》，《中国法学》2014年第4期。

劳动教养制度废止之前,对于一些严重的违法行为,如果仅靠治安处罚并不足以有效惩治,刑法一般也不予以犯罪化,而是对行为人进行劳动教养,期限为1年至3年,必要时还可延长1年。这一举措虽然体现了入罪上的谦抑性,但在实践中也产生诸多不良后果。一方面,劳动教养与某些刑事处罚在内在逻辑上的颠倒,导致实践中出现了一系列不正常的现象。例如,在有些共同犯罪案件中,主犯被判处了缓刑,从犯反而被劳动教养1年以上;在一些盗窃案件中,盗窃一两千元,刑期仅为几个月,而盗窃几百元钱,却要被劳教2年至3年。① 这些现象的出现不仅违反了法律的公平公正原则,而且也很难说是符合人权保障要求的。另一方面,对公安机关的劳教决定权缺乏有效的监督和制约,而且也没有公开公正的程序保障,导致劳教被滥用的情况十分严重。在实践中,一个公安局长大笔一挥,往往就可以决定对十几甚至几十个人进行劳教。甚至,在维稳压力的驱使下,劳教还成为地方政府打击上访人员的重要手段。这些现象显然更加违反了法治原则和人权保障的基本要求。

在现代人权体系中,人身自由权被赋予了崇高的地位,对人身自由采取的强制措施和处罚一般都要通过司法程序进行。原因就在于,人身自由并不像财产那样,在被错误剥夺后还可以通过赔偿、补偿等救济手段加以恢复,自由如同生命,一旦失去,是不可能再行逆转的,所以,对人身自由的剥夺,必须要慎重处理。也正是在此意义上,博登海默指出,"监禁在任何地方都是作为一种刑事制裁手段而加以使用的"。② 意即,对人身自由的剥夺必须要通过公开公正的刑事司法程序进行,并允许被告人抗辩和申诉。这也就意味着,只有将那些有必要进行人身自由罚的违法行为尽可能地纳入刑法的规制范围才有可能。"当那些原本仅受到行政法律法规规制的行为人,进入到刑事审判序列的时候,他们的人权同时也获得了更多的、更为可靠的刑事法上的保障。"③ 而且,"由成文刑法将值得处罚的危

---

① 参见中国社会科学院法学研究所课题组《中国的劳动教养制度基础研究报告》,载陈泽宪主编《劳教制度的前世今生与后续改革》,中国民主法制出版社,2014,第13页。
② 〔美〕E. 博登海默:《法理学:法律哲学与法律方法》,邓正来译,中国政法大学出版社,2004,第298页。
③ 张凌、孟永恒:《犯罪化扩张论要》,载赵国玲等主编《中国犯罪学年会论文集》(2011年度),中国人民公安大学出版社,2011,第572~573页。

害行为规定为犯罪,就意味着由法院根据实体刑法与法定程序作出判决,这便遵循了法治的要求"。① 否则,如果将大量需要进行人身自由罚的违法行为依然交由行政机关制裁,由于我国的行政权力目前还十分强势且缺乏有效的监督,因而并不利于充分保障人权。

就此来看,我国废止劳教制度,以及《修八》和《修九》对诸多治安或行政违法行为进行犯罪化处理,虽然在一定程度上扩大了犯罪圈,但无疑也体现了人权保障的基本要求。

### 3. 过度强调"入罪谦抑"也不利于法治社会的规则建构

2014年10月,党的十八届四中全会做出了全面推进依法治国的重大战略决策,并指出,"全面推进依法治国,总目标是建设中国特色社会主义法治体系,建设社会主义法治国家"。② 由此也就决定了,我国的各项制度建设必须要在这一总体目标要求之下来思考和展开。当前,尽管对何谓"法治"还存在不同的理解,但是,有一点是获得大家广泛认同的,即"法治乃规则之治",或者说,"法治是使人的行为服从规则治理的事业"。当然,这里的"规则"必须是一种符合正义原则和人类理性要求的良善规则。对此,正如亚里士多德所言:"法治应包含两重意义:已成立的法律获得普遍的服从,而大家所服从的法律又应该本身是制订得良好的法律。"③ 美国法学家伯尔曼也说过:"法律必须被信仰,否则它将形同虚设。"④ 一个社会无规则或规则得不到应有的信仰与服从,就不可能形成稳定的社会秩序,进而也就不可能实现法治。所以,法治是否实现,一个重要的评价指标就是,"一个法律和法治过程是否有效的构建了一种社会关系,是否形成了较为良性的社会秩序"。⑤

所有的法律都意图通过其制定和实施来形成社会规则,但是,法律的效力毕竟有强弱之分,因而其在塑造规则和稳定秩序方面的效果也必然会存在差异。"不法行为即使刑法不予干涉,其他法律也是可以评价的,可

---

① 张明楷:《日本刑法的发展及其启示》,《当代法学》2006年第1期。
② 参见《中共中央关于全面推进依法治国若干重大问题的决定》,《人民日报》2014年10月29日第1版。
③ 〔古希腊〕亚里士多德:《政治学》,吴寿彭译,商务印书馆,1965,第199页。
④ 〔美〕伯尔曼:《法律与宗教》,梁治平译,商务印书馆,2012,第7页。
⑤ 关保英:《法治体系形成指标的法理研究》,《中国法学》2015年第5期。

是只有刑法的评价可以将其上升为犯罪行为,并赋予其最强烈的否定色彩";所以,"刑法是共同体规范体系的根基,如果应予发动刑法而不发动,不仅不应当冠之以'谦抑'的美名,反而要受到渎职的严厉指责"。①在我国,由于犯罪的成立存在"定量"因素的限制,因此许多人就认为,轻微的违法不是犯罪,抓住了无非就是批评教育或"罚几个钱",是"无所谓"的事。进而也就导致,"大错不犯,小错不断"的人在我国社会中普遍存在。同西方国家相比,我国的犯罪率似乎并不高,但群众依然感到社会治安混乱,人身和财产安全不能得到有效的保障,其根本原因就是通过其他法律建立和维持的社会规则未能得到严格的遵守。也正是基于此,储槐植教授明确指出:"由于刑事法网不严密,犯罪概念、犯罪构成有一个定量限制,达不到规定的量,那么就不构成罪,导致道德底线失守,这是个重大的问题。"②

在当代中国,由道德缺失和规则失守所导致的各种违法行为已成为构建法治社会的严重障碍,民事、行政法律法规在应对这一现象方面也已明显捉襟见肘,因此迫切需要运用刑法的手段来有效保护法益和强化社会规则。而且,在实践中,这一做法也已经有了明显的效果,其集中表现就是"醉驾"入刑的规范效应。在"醉驾"入刑之前,醉酒驾车是一种行政违法行为。尽管公安交管机关在一定时期内也加强了对"酒驾"和"醉驾"行为的查处与打击力度,但是,其效果并不理想。而在"醉驾"入刑之后,"酒驾"和"醉驾"行为立即出现了大幅度的下降。例如,公安部2013年5月的统计数据显示,"醉驾"入刑生效实施2年来,全国公安机关共查处酒后驾驶87.1万起,同比下降39.3%;其中,醉酒驾驶机动车12.2万起,同比下降了42.7%。③而且,更为重要的是,随着"醉驾"入刑的生效实施,"喝酒不开车、开车不喝酒"的观念已经逐渐深入人心,并成为一项获得普遍认可和遵循的社会规则。

这说明,适当地、平稳地、有效地实现刑法的压制功能,使得刑法发

---

① 何庆仁:《犯罪化的整体思考》,载陈兴良主编《刑事法评论》(第23卷),北京大学出版社,2008年,第507页。
② 储槐植:《走向刑法的现代化》,《井冈山大学学报》(社会科学版)2014年第4期。
③ 参见《醉驾入刑两周年治理酒驾取得显著成效》,《人民公安报》2013年5月2日第1版。

展了那个"构成道德的力量",通过此等"构成道德的力量",使得全体公民对法秩序的权威性确信无疑,从而也就实现了相应的预防效果。① 正是基于刑法这种良好的规制效果,《修九》不仅扩大了危险驾驶罪的规制范围②,而且还将许多其他的治安或行政违法行为也都进行了犯罪化处理,以期刑法能够在更为广阔的领域发挥其规则建构效应。

## 三 刑法谦抑主义的正确认识及我国的合理贯彻

应当承认,刑法谦抑主义的基本精神是值得肯定的。但是,每个国家毕竟存在不同的国情和相关的罪刑体系,因此在贯彻刑法谦抑主义的基本立场和具体方式方面也应当有所不同。我国之所以在看待犯罪化的问题上出现了观点差异,在很大程度上便是因为缺乏对刑法谦抑主义以及各国具体情况的准确认识。基于此,只有先正确地认识这些问题,才能实现对刑法谦抑主义的合理贯彻。

### (一) 刑法谦抑主义的正确认识

从字面意思来看,所谓"谦抑",即谦让、抑制之意。刑法谦抑主义,也就是指刑法应当坚持一种保守和克制的立场。刑法谦抑主义之所以被作为现代刑法的基本理念或原则,不外乎以下两个方面的原因。一方面,在现代社会,尽可能地扩大公民的自由和权利是社会治理的基本目标,而刑法作为一种典型的强制法,其适用的范围越广,无疑意味着公民所享有的自由空间就越小,所以,为了尽可能地扩大公民的自由和权利,刑法应尽量限缩其调控范围。另一方面,刑罚作为一种以剥夺受刑人的财产、自由乃至生命为主要内容的制裁手段,其本身也并不是可喜的。适用刑罚不仅需要耗费相当的社会成本,而且对受刑人本人及其亲属,也均会带来诸多负面效果。"所以,无论在刑事立法上或刑事司法上,均须遵行慎刑原则,

---

① 参见〔德〕汉斯·海因里希·耶赛克、托马斯·魏根特《德国刑法教科书》,徐久生译,中国法制出版社,2001,第5页。
② 《修九》将如下两种危险驾驶行为也纳入了危险驾驶罪的规制范围:"从事校车业务或者旅客运输,严重超过额定乘员载客,或者严重超过规定时速行驶的";"违反危险化学品安全管理规定运输危险化学品,危及公共安全的"。

抱着相当审慎用刑的态度,使用这一个并不完美的法律手段。"① 由是观之,刑法谦抑主义实际上同时包含了"入罪谦抑"与"刑罚谦抑"两个方面的内容,即不论是入罪还是用刑,都应当保持一种节制的态度,否则就会对公民的基本人权造成不必要的侵害。

在刑法谦抑主义的基本立场上,西方国家之所以重点强调"入罪谦抑"这一方面的内容,主要就是由于经过近代以来启蒙主义思想的洗礼以及各项反酷刑运动的开展,其刑罚的严厉性已显著降低,因而并不需要特别强调"刑罚谦抑"的问题。而我国则与其有所不同,我国自古以来就存在重刑主义的传统,且时至今日也并未发生根本性的改变,所以,如何有效降低刑罚的严厉性,在我国仍然是一个重要问题。基于此,刑法谦抑主义思想传入我国之后,我国一些学者在对其进行阐述时,往往会对上述两个方面的内容同时予以强调。例如,张明楷教授在阐述平野龙一的刑法谦抑主义思想时就指出,"平野龙一关于刑法谦抑性的主张,只谈了一个意思:能够采取其他手段充分抑止违法行为和保护法益时,就不要将其规定为犯罪。即他只谈了对处罚范围的'抑制',没有谈对处罚程度的'抑制',这是因为日本刑法在后一个问题上不存在什么问题";而如果"结合我国的实际情况,谈谦抑性,应包括处罚范围与处罚程度两个方面"。据此,张明楷教授认为,"刑法的谦抑性,是指刑法应依据一定的规则控制处罚范围与处罚程度,即凡是适用其他法律足以抑止某种违法行为、足以保护合法权益时,就不要将其规定为犯罪;凡是适用较轻的制裁方法足以抑止某种犯罪行为、足以保护合法权益时,就不要规定较重的制裁方法"。② 陈兴良教授也指出,"刑法的谦抑性,是指立法者应当力求以最小的支出——少用甚至不用刑罚(而用其他刑罚替代措施),获取最大的社会效益——有效地预防和控制犯罪"。并认为,刑法谦抑主义的基本内容就是刑法的紧缩性、补充性和经济性。而这里的"经济性",重点强调的就是刑罚运用上的节俭性,即"能少用就少用"。③

由此可见,刑法谦抑主义并不仅仅是指"入罪谦抑",而是同时包含

---

① 林山田:《刑法通论》,北京大学出版社,2012,第51页。
② 参见张明楷《论刑法的谦抑性》,《法商研究》1995年第4期。
③ 参见陈兴良《刑法谦抑的价值蕴含》,《现代法学》1996年第3期。

着"刑罚谦抑"的内容。只不过,由于西方国家的刑罚已经较为轻缓,所以其在传统立场上往往更加强调前者。而我国的刑罚却仍然比较苛厉,因此,我国在理解和贯彻刑法谦抑主义时,并不应忽视后者的基本要求。

(二)刑法谦抑主义立场的重心转换:从"入罪谦抑"到"刑罚谦抑"

刑法谦抑主义所蕴含的保障公民的自由和权利、防止和减少刑罚弊端等基本精神是值得肯定的,但是,"面对永无止境的变化着的社会实践和千差万别的各国国情,各国刑法在实现谦抑性的过程中必然表现出不同的个性和不一的步伐"。① 在西方国家,其犯罪圈十分庞大,但刑罚在总体上却不重,因而其在基本立场上更加强调的是"入罪谦抑"或刑法的最后手段性。而我国却与之相反,犯罪圈较为狭窄,但刑罚却比较苛厉,所以,沿用西方立场来看待和解决我国的刑事法治问题,就会产生一系列的悖论。对此,上文已进行了一定的说明。

另外,"犯罪圈在客观范围上的扩大,在社会发展与进步过程中,已经成为一种无法抗拒的发展趋势。农耕社会的生产方式,通过现代工业化、信息化、城镇化,日益转变并发展成为生产集约化的各种新模式。新的社会生产方式以及个人新的社会存在方式,在使个人获得空前自由的同时,也使个人形成了对国家的空前依赖。如果国家不能为个人提供前所未有的广泛保护,个人在社会上就必然要单独面对前所未有的广泛侵害,不仅有直接来自他人的人身攻击,而且更有那些在环境、食品、电脑、银行、证券、交通等方面发生的侵害。个人是无法独立地保护自己免受这些侵害的,或者说,社会的发展使得个人需要国家不断地扩大对自己的保护范围。社会发展的规律,成为刑法不断扩张的客观基础"。② 在我国,随着市场经济的发展和社会转型的加快,经济、金融、网络、环境等领域的新式危害行为不断涌现,由交通、科技、生物技术等导致的社会风险也在持

---

① 肖扬宇:《从"刑法谦抑"到"刑法前移"——我国刑事立法的活性化趋势探析》,《上海公安高等专科学校学报》2012年第5期。
② 〔德〕克劳斯·罗克辛:《德国刑法学总论》(第2卷),王世洲等译,法律出版社,2013,第3页"刑法保护是最高等级的法律保护——主译者序"。

续增加，对此都需要运用刑法进行有效应对。① 所以，有学者明确指出："我国在《刑法》立法层面上的非犯罪化空间不大，甚至就目前我国犯罪圈的划定范围来看，相当长时间内刑法立法的重心不应是非犯罪化而应是犯罪化，因为我国《刑法》当前的实际保护范围与《刑法》调控社会的应然需要相比，可能还存在着相当的距离。"② 笔者赞同这一见解。尽管刑法谦抑主义的基本精神我国仍需坚持，但就目前来看，所应重点强调的却并不是"入罪谦抑"，而是"刑罚谦抑"。

储槐植教授把自古至今的刑罚结构大致分为四种：一是以生命刑和身体刑为中心；二是以生命刑和自由刑为中心；三是以自由刑为中心；四是以自由刑和财产刑为中心。并认为，以生命刑和身体刑为中心的刑罚结构已经成为历史，以生命刑和自由刑为中心在当今世界属重刑结构，以自由刑和财产刑为中心为轻刑结构。③ 按照这一标准来划分，我国当前的刑罚结构基本还属于以生命刑和自由刑为中心的重刑结构。④ 同时，由于我国自由刑的运用是以监禁刑为主体，自由刑的开放化或社会化程度较低，所以也有学者将其称为"以自由刑为中心、以死刑为重要刑罚方法的封闭性重刑刑罚结构"。⑤ 这种刑罚结构的形成，一方面是缘于我国重刑主义的刑罚传统；另一方面则是因为我国的犯罪成立标准较高，罪行总体较重，所以刑罚也相对比较严厉。

当前，重刑主义的弊端已经受到了广泛诟病，我国的刑事政策也已经从"严打"转向了"宽严相济"。而且，从构建和谐社会的高度出发，一个国家、一个政府也不可能通过建造大量监狱来治理社会，更不应当用死刑这种极端的方法来维护统治。⑥ 因此，我国的这种重刑结构已明显不符

---

① 关于"风险刑法"理论是否合理，仍可继续展开讨论；但是，现代社会所面临的各种社会风险在持续增加，却是一个不争的事实。
② 黄京平：《宽严相济刑事政策的时代含义及实现方式》，《法学杂志》2006年第4期。
③ 参见储槐植《刑事一体化论要》，北京大学出版社，2007，第54页。
④ 尽管《修八》和《修九》削减了22个罪名的死刑配置，但我国配置有死刑的罪名仍有46个，约占罪名总数的1/10；自由刑在全部犯罪中的配置率则是100%。同时，近年来罚金刑的配置率虽略有提升，但单处罚金的适用依然比较有限。所以，我国目前的刑罚结构大体上仍是以死刑和自由刑为中心。
⑤ 参见梁根林《刑罚结构论》，北京大学出版社，1998，第152页。
⑥ 参见袁登明《迈向正义的惩罚之路——怎么看刑罚结构调整》，《人民法院报》2012年6月18日第2版。

合社会发展的要求。另外，近年来，随着犯罪门槛的降低，较轻或轻微的犯罪在全部刑事案件中所占的比例也开始显著上升。例如，《修八》生效实施后，2012年仅危险驾驶案件就增加5.3万件，盗窃案件增加3.2万件，这两类案件的增长数占全部刑案增长数的56.19%。同时，无视交通规则的危害交通安全犯罪、因打架斗殴造成的轻伤害犯罪以及因社会管理和个人防范不严而造成的盗窃犯罪，几乎占了全部刑事案件的一半。①2015年，《修九》又进一步将大量的治安或行政违法行为进行了犯罪化处理。可以预见，将来的轻罪规模势必要大大超过重罪。然而，从我国当前的刑罚运用情况来看，不论是刑罚的配置、适用还是执行，以监禁刑为主导的重刑主义倾向依然未能得到根本改观，由此也就导致在罪刑关系方面呈现了轻罪重刑的结构性悖论。鉴于此，"在我国当下的状况下，进一步践行刑法谦抑性原则最为迫切的需要便是进一步削减刑罚的量，这种削减既包括立法上的法定刑的逐渐降低，也包括司法裁量中轻刑化趋势的落实，更有刑罚执行过程中非监禁刑、各种刑罚替代措施的运用"。②

（三）刑法入罪标准的降低与明确

在贯彻刑法谦抑主义方面，实现从"入罪谦抑"到"刑罚谦抑"的重心转换，实际上也就是指，要在刑法结构上完成从"厉而不严"到"严而不厉"的范式转型。其中，"严"即是指刑事法网的严密化，而"不厉"则是指刑罚的轻缓化。但是，在此需要注意的是，实现刑事法网的严密化，也并不意味着可以不受约束地进行犯罪化。例如，一些学者认为，应当参照西方国家的刑法体系，将相关的治安或行政违法行为都进行犯罪化处理，并在区分轻罪和重罪的基础上建构起大刑法体系。③尽管应当承认，这些建议在一定意义上是符合法治原则和人权保障要求的。然而，我国毕竟拥有13多亿人口，而且当下正处于社会转型期，各种违法犯罪层出不穷、数量浩繁，如果将其全部纳入刑法，通过司法程序定罪处刑，则司法

---

① 参见胡云腾《"数说"刑案》，《人民法院报》2013年3月6日第5版。
② 储槐植、何群：《刑法谦抑性实践理性辨析》，《苏州大学学报》（哲学社会科学版）2016年第3期。
③ 参见刘仁文《关于调整我国刑法结构的思考》，《法商研究》2007年第5期；张明楷《犯罪定义与犯罪化》，《法学研究》2008年第3期。

机关能否有效承受，首先就是一个不得不面对的重大难题。由此，虽然我国需要通过犯罪化来保障人权和实现法治，但制裁效率的问题也必须要考虑；否则，一旦司法机关陷入刑事案件的汪洋大海之中，人权保障和法治意识将无从谈起。

基于此，笔者认为，我国"刑罚+行政处罚"的双层次制裁模式目前仍需保留，以便借用行政处罚的高效性来适度分解司法机关的压力。但是，考虑到行政处罚毕竟存在人权保障不足的缺陷，对其处罚权力也必须要进行一定的限制。具体做法就是将行政拘留这种处罚措施纳入刑罚体系，并通过提高行政拘留的刑期上限，将其合并在拘役刑之内。由此也就基本实现了"对人身自由的剥夺或限制必须通过司法程序裁决"这一国际社会的通行做法。在此基础上，我们就可以人身自由罚为标准来为刑法的犯罪化划定界限，即"如果对某种危害行为有必要适用人身自由罚进行制裁，则应将其划入犯罪范围，由法院通过司法程序予以裁处；反之，则可将其划入行政违法范围，由行政机关通过行政程序予以裁处"。①

此外，对于一些严重违反民事秩序的不法行为，也同样可以进行犯罪化处理。刑法不仅是行政性法律的保障法，而且也是民事性法律的保障法，因此，当相关的民事违法行为严重到一定程度，进而对整体性的法规范或法秩序产生较大影响时，刑法就必须予以调整。在这一方面，虐待、遗弃、侵占、拒不支付劳动报酬等行为就是适例。同时，对民事违法行为的犯罪化，也必须要以"有必要适用人身自由罚"为标准，对那些尚不足以进行人身自由罚的民事违法行为，还是要交由民事法律来规制。

当然，采取这一做法也不可避免地会造成刑事处罚范围的扩大化，并带来司法压力增加、短期监禁刑弊端和前科效应扩大化等方面的问题。笔者认为，对此可采取如下几个方面的措施加以解决：第一，将全部犯罪划分为重罪与轻罪两类，并在刑事政策上予以区别对待；第二，为轻罪增加配置管制、社区服务、罚金等非监禁性选科刑种，以有效避免短期监禁刑的弊端；第三，为轻罪设置便捷、高效的特别简易程序，以有效提高刑事诉讼效率；第四，为轻罪建立前科消灭制度，以有效缓解前科负面效果。

---

① 敦宁：《论行政拘留入刑》，《内蒙古社会科学》（汉文版）2015年第1期。

## 四 结语

倡导刑法谦抑主义的最终目的是有效保障公民的自由和权利，其实现方式包括"入罪谦抑"和"刑罚谦抑"两个方面。但是，对此必须要予以理性看待。一方面，由于西方国家与我国的犯罪体系存在较大差异，在违法犯罪制裁领域存在的问题也并不相同，因此，在贯彻刑法谦抑主义的基本立场或定位方面，亦不应要求完全一致。另一方面，刑法谦抑主义也并不是一概反对犯罪化，其反对的只是不必要的犯罪化或过度的犯罪化。在实践中，尽管一些西方国家的犯罪圈已十分庞大，但其近年来的刑事立法或刑法修正也同样体现出了犯罪化的倾向。例如，日本近年来的刑事立法就明显呈现了刑事处罚的扩大化、早期化和重罚化趋势。① 法国近年来也在刑法典和相关的附属刑法中增设了许多新罪名，并扩大了法人和未成年人的刑事责任范围。② 德国1998年1月26日颁布的《第六次刑法改革法》也对刑法分则的条文进行了大量修改，新规定了很多未遂犯、预备犯和危险犯。③ 这表明，在思想自由、价值多元且潜在危险不断增加的现代社会，即使是西方的法治发达国家，也依然需要通过不断扩大犯罪圈来维持社会秩序和防范社会风险。而在我国这样一个法治还不够发达、社会秩序也尚欠稳定的国度，却要求继续恪守刑法的紧缩性，其合理性的成分又有多少呢？在行政处罚权力还难以受到有效制约的状况之下，这一做法真的有利于保障公民的自由和权利吗？笔者对此持怀疑态度。

事实上，"刑法既是普通公民的大宪章，也是犯罪人的大宪章"，这一结论在现代社会已基本形成共识。基于此，犯罪化并不必然导致对公民自由和权利的侵犯，相反，需要运用刑法的时候而仍然保持"谦抑"，才会侵犯全体公民的基本人权。"但是，选择犯罪化的目的，是通过严密法网来强化人们的规范意识，而不是用严厉的刑罚来处罚轻罪。"④ 考虑到我国

---

① 参见黎宏《日本刑事立法犯罪化与重刑化研究》，《人民检察》2014年第21期。
② 参见〔法〕雅克·博里康、朱琳编著《法国当代刑事政策研究及借鉴》，中国人民公安大学出版社，2011，第287~290页。
③ 参见冯军《和谐社会与刑事立法》，《南昌大学学报》（人文社会科学版）2007年第2期。
④ 冯军：《犯罪化的思考》，《法学研究》2008年第3期。

严厉的刑罚结构以及重刑主义的刑罚运用传统，在进行必要犯罪化的过程中，必须要从立法、司法和执行层面努力追求刑罚的轻缓化，特别是轻罪刑罚的轻缓化，亦即有效实现刑罚的谦抑性。换句话说，也就是在刑法结构上要实现从"厉而不严"到"严而不厉"的转变。这才是我国贯彻刑法谦抑主义的合理选择。

（河北大学政法学院副教授　敦宁）

## 第五节 我国刑法中的终身监禁

### 一 终身监禁制度的历史沿革

(一) 终身监禁制度的演变

终身监禁，意即终身地剥夺犯罪人的人身自由，将犯罪人终身关押在监狱的刑罚执行方式。终身监禁从其种类上而言，可以分为可以减刑、假释的终身监禁和不可减刑、假释的终身监禁，在此论述终身监禁的演变是将两者全部涵盖在内。

**1. 终身监禁制度的国内演变**

从我国的历史上来看，我国历史上并没有"终身监禁"这个术语，但是我国历史上主要是以自由刑来进行规定和演变的。从我国古代的规定来看，早在我国的三皇五帝时代，我国原始社会初期并没有真正意义上的刑罚，只是一些驱逐和鞭笞刑罚，目的在于警醒那些违反社会规则的人，而并非实质意义上的惩罚。之后在我国《尚书·舜典》中记载"流宥五刑"，通过判处流刑来取代生命刑，这意味着在我国古代有关于人身自由刑的最早记载。在周朝，我国的刑罚体系形成了墨、劓、剕、宫、大辟五种刑罚种类。随着我国古代的封建刑罚制度的逐渐完善，城市的不断发展，自由刑逐渐出现了萌芽，到了秦朝出现了一些复作、城旦舂、鬼薪、白粲等具有一些类似于剥夺、限制人身自由性质的刑罚。真正将限制人身自由的刑罚纳入刑罚体系之中的是在南北朝时期，如我国古代北周刑律中就规定了杖、鞭、徒、流、死这五种刑罚种类，这就使限制、剥夺人身自由的刑罚正式进入主刑的刑罚体系当中。从隋唐时期开始进行延续并创立了笞、杖、徒、流、死的刑罚体系，但是此时我国的徒刑仅仅有着确定的刑期，没有出现真正意义上的终身自由刑。我国历史上具有真正意义上的终身自由刑其实是源于1911年清政府颁布的《大清新刑律》。在《大清新刑律》当中，终身自由刑作为一个独立的刑罚种类被正式地规定下来，并且形成了"死刑、无期徒刑、有期徒刑、拘役、罚金、褫夺公权、没收"这样的刑罚体系。但是从实际的规定和执行的情况来看，其中的无期徒刑也并非真正意义上的"终身监禁"。因为《大清新刑律》同时规定：受徒刑之执行而有悛悔实据者，无期徒刑逾十年后，有期徒刑逾二分之一后，由监督官申达法部，得许假释出狱。这也就意味着无期徒刑在适用当中其实并不是真正的终身进行监禁，而是执行10年的监禁刑就可以通过假释获得出狱的机会。这时的无期徒刑实际上是从日本传入中国的，属于舶来品。由于此时的无期徒刑对假释制度进行了吸纳，所以我国现代意义的无期徒刑从产生之初就包含有浓重的教育性功能，因此惩罚性功能大大降低。从中华人民共和国成立以后，在我国刑法正式颁布之前，我国政府就陆续颁布了一些全国性的刑事法规，但是由于此时国家没有制定系统、完备的刑法典，除了几个有关刑事法规对于刑罚作出了一些规定之外，其余的刑事法规并没有真正提及。因此在当时的司法实践当中，各地人民法院在刑罚种类和刑罚执行方式上出现了普遍比较混乱的现象。1979年《刑法》颁布之后，我国确立了较为系统的刑法体系，无期徒刑正式被规定为基本刑罚种类，同时也规定了与其配套的减刑和假释制度。2015年我国《刑法修正案（九）》规定了将《刑法》第383条增加一款，"犯第一款罪，有三项规定情形被判处死刑缓期执行的，人民法院根据犯罪情节等情况可以同时决定在其死刑缓期执行二年期满依法减为无期徒刑后，终身监禁，不得减刑、假释"。《刑法修正案（九）》的颁布，意味着终身监禁制度在我国得到首次确认，终身监禁制度意味着绝对剥夺人身自由的无期徒刑在我国刑罚体系中的确立。

**2. 终身监禁制度的域外演变**

从国外终身监禁刑的发展来看，在国外的刑罚发展历史上，关于终身监禁刑罚的记载十分稀少。在早期日耳曼法当中，出现了类似剥夺人身自由的刑罚，如撒利克法典中规定，如果自由姑娘自愿跟随奴隶，那么应被剥夺自由。还有古希腊法中规定的有期徒刑和无期徒刑，但是这些并不是真正意义上的终身监禁刑罚。11世纪的罗马教皇格利高里在1231年的《绝罚敕谕》中，明确规定对补赎的异端分子的判决为终身监禁。[①] 伴随着

---

① 何勤华、夏菲：《西方刑法史》，北京大学出版社，2006，第88、96、139页。

启蒙运动的展开,启蒙思想家将启蒙思想大力传播,现代启蒙思想逐步在欧洲大陆散布开来,这些理论和思想旨在反对中世纪黑暗的封建统治,反映在刑法领域就是反对刑罚擅断和残酷地打压人权。在启蒙时期之前,刑罚擅断和残酷给人们带来了巨大的灾难,然而启蒙思想家逐渐将平等、博爱、自由的思想深入人心,个人权利和尊严逐步受到重视,人道刑法逐步确立起来。刑法的罪刑法定原则、罪责刑相适应原则等等,不断地被提出,并且在立法过程中反复地被贯彻实施,此外在刑罚方面,出现了废除和反对死刑的呼声。在这样的潮流之下,终身监禁作为一种替代死刑的措施被一些启蒙思想家提出,如贝卡利亚、边沁等,提出希望在废除死刑的同时,以一种不剥夺人的生命而予以监禁剥夺自由的方式来使犯罪人无法再进行犯罪的主张。从欧洲大陆早期的规定来看,有不少的国家都规定了终身监禁刑。德国1871年颁布的《德国刑法典》第14条规定,惩役被分为无期或有期。第二次世界大战以后,西德在社会条件并不成熟的情况下,于1949年匆匆忙忙地废除了死刑,在废除死刑以后,终身自由刑成为最严厉的刑罚方法。[①] 除德国之外,英国对于终身监禁刑也有相应的规定,如在1965年英国的议会两院就一致同意,废除死刑以强制性的终身监禁予以代替。在俄罗斯,其实早期的俄罗斯并没有终身监禁的刑罚种类,如在1922年苏俄颁布的世界上第一部社会主义性质的《苏维埃刑法典》中,虽然法典规定了十余种刑罚,但是由于立法者因终身自由刑与改造和教育犯罪人的刑罚目的相悖,所以对终身自由刑持的是一种否定的态度,因此在这部社会主义性质的法典中并没有规定终身剥夺自由的刑罚。在1963年苏俄刑法典中曾规定过具有终身剥夺人身自由性质的终身苦役刑,但是其具有刑期的不可分割性,似乎更像西方早期的终身苦役监禁,因此并不具有现代终身监禁刑的本质特征。在苏联解体后,俄罗斯于1996年颁布了新的刑法典,即《俄罗斯联邦刑法典》,新刑法在原有的苏俄刑法典的基础上重新调整刑罚体系和种类,废除了流放、放逐等刑种,增设了一些新的刑种,如强制性义务劳动、限制自由、拘役和终身剥夺自由等。至此,终身剥夺人身自由的刑罚正式成为俄罗斯的刑罚种类之一。

---

① 陈兴良主编《刑种通论》,中国人民大学出版社,2007,第182页。

## (二) 终身监禁制度的域外规定

在终身监禁制度的具体适用上,不同的国家可能有不同的规定,并且各个国家对于终身监禁制度所持的态度也有较大的差异。但是从当前相关国家适用终身监禁制度的发展趋势来看,一般是将终身监禁刑用于那些严重的危害人身安全的犯罪和危害国家的犯罪当中。

在俄罗斯,其联邦刑法典就规定了终身监禁刑,如侵害国务活动罪、种族灭绝罪等,这些罪名具备严重的法益侵害性,这些罪名的刑罚当中也包括死刑。在欧洲的一些国家当中,如德国的刑法中的预备侵略战争罪、叛国罪、谋杀罪、性侵儿童罪(致人死亡)、情节特别严重的故意杀人罪等等罪名的刑罚中就规定了终身监禁刑。意大利刑法中规定的就更加繁多,例如公民持武器反对意大利国家、使意大利发生战争、政治或军事间谍活动、利用国家秘密、侵害共和国总统、杀人罪等,这些犯罪也极具法益侵害性。日本刑法中的终身监禁刑,其实是分为两个部分,即无期惩役和无期禁锢(无期禁锢针对的是政治犯罪)。如日本刑法对内乱罪的首谋者、外患援助罪、强制猥亵等致死伤、杀人罪等都配置了终身监禁刑。

作为英美法系典型代表之一的英国,就规定了许多终身监禁刑罚。诸如叛国罪、海盗罪、劫持航空器罪、谋杀罪、绑架罪、毁灭儿童罪、强奸和鸡奸罪等等。除此之外,作为部分州废除死刑的美国,终身监禁就得以广泛的适用。一些州对于严重的暴力犯罪仍然采取死刑的态度,一些州就以终身监禁作为最严重的刑罚来代替死刑。在针对暴力犯罪之外,如美国的俄克拉荷马州,因为毒品犯罪而被判处终身监禁的就占到三成。

从终身监禁的不同国家的规定来看,这些国家的终身监禁刑罚主要规定并适用于危害国家安全的犯罪、军事犯罪以及严重侵害社会公共安全的犯罪和严重的危害人身安全的犯罪当中。对于一些纯粹的经济犯罪规定终身监禁刑罚的却很少,并且在规定了终身监禁刑罚的国家,终身监禁刑往往与死刑并列或者是在一定程度上作为该国家最为严厉的刑罚种类而存在,这充分说明这些国家总体上对于终身监禁的严厉性是认同的并且有些国家确实是将终身监禁作为一种死刑替代措施。

### （三）中外终身监禁的多维比较

就国内外不同国家对于终身监禁制度的规定而言，终身监禁适用的范围和适用的条件存在差异。一些国家只是将终身监禁适用于针对人身的暴力犯罪，一些国家不仅仅将终身监禁制度适用于人身暴力犯罪，也将其适用于具有严重的法益侵害性的犯罪当中。以美国为例，美国的终身监禁制度的适用率并非一直很高。虽然美国的终身监禁制度与世界其他国家的终身监禁制度一样，也适用于一些严重的人身暴力犯罪，但是美国的终身监禁制度最为主要的还是适用于毒品犯罪。美国联邦司法部的数据显示，自从美国20世纪80年代开始严厉打击毒品犯罪之后，美国的终身监禁制度的适用率便大大增加了。1986年美国的联邦监狱只有36名终身监禁的囚犯，至1991年美国联邦监狱的终身监禁囚犯共计43名，其中就有34名囚犯是因为毒品犯罪，但是短短两年之后的1993年美国因为毒品犯罪被判处终身监禁刑的就有186人。从1991年到2014年总共有5431名罪犯被判处终身监禁，其中的3482人就因毒品犯罪被判处终身监禁，占到总数的六成多。但是纵观美国从20世纪80年代至目前的终身监禁的适用情况，其与美国的国家政策存在十分密切的关系。从20世纪80年代开始，美国的刑事政策一直是以打击毒品犯罪为主的，甚至在一定程度上超出了打击暴力犯罪和性犯罪的程度，也就是在这几十年之间，造成的结果就是美国在终身监禁的适用上毒品犯罪的适用率远比针对人身犯罪和性犯罪要高。但是美国前总统奥巴马上台伊始，美国的刑事政策就更加地偏向针对暴力犯罪和性犯罪，这个时期美国更加强调的是对暴力犯罪和特别针对儿童的性侵行为犯罪的打击。反映在终身监禁制度上，2014年对暴力犯罪和性犯罪适用终身监禁的数量首次超过适用于毒品犯罪的数量。

在我国，《刑法修正案（九）》以来，已经判处了4例终身监禁刑罚的案件，分别是"云南省原省委书记白恩培案件"、"国家能源局煤炭司原副司长魏鹏远案件"、"黑龙江龙煤矿业控股集团有限责任公司物资供应分公司原副总经理于铁义案件"和"天津市政协原副主席、公安局原局长武长顺案件"。而且适用对象仅限于重特大贪污贿赂犯罪，显示出的法律后果是十分严厉的，社会效果和民众反映良好。

从各国的现实司法实践中来看，终身监禁制度的适用，一方面与各国的社会政策和刑事政策存在较大的关系，另一方面也反映出了一个共性问题就是终身监禁制度的适用与犯罪所侵害的法益存在紧密的关系，这种关系反映出这类犯罪对于当前整体的国家安全和社会安全存在重大危害。但各国刑法对于适用终身监禁的对象和范围存在明显的差异。

## 二 终身监禁制度的理论探讨

### （一）终身监禁制度的"中国"概念

终身监禁，也可以称为终身自由刑，即永久剥夺犯罪人的人身自由的刑罚，即将罪犯在监狱中关押至死。关于终身监禁制度的概念，各个国家的表述并不一样，比如无期徒刑、终身监禁、无期禁锢、终身拘禁、终身苦役等。[①] 从现有的国内外关于终身监禁制度的规定来看，对于终身监禁有以下几个分类。关于能否进行减刑、假释，可以分为可以减刑、假释的终身监禁和不能减刑、假释的终身监禁。美国联邦军事法庭和37个保留死刑的州大都规定了不得假释的终身监禁制度，仅新墨西哥州没有规定；在12个没有规定死刑的州中，有11个州和哥伦比亚特区都规定了不得假释的终身监禁，仅阿拉斯加州没有规定。[②] 按照服刑期间是否强制劳动，分为强制劳动的终身监禁制度和不强制劳动的终身监禁制度。在全球的大多数国家当中，犯罪人被判处刑罚予以监禁，在服刑期间一般都要强制其劳动来接受改造和教育，但是在一些国家当中，对于犯罪人有些没有被强制劳动。如上所述，在日本，其终身监禁分为无期禁锢和无期惩役。其中无期禁锢主要是适用于政治犯罪、官员犯罪，是一种不参加劳动的终身自由刑。而在受惩役的场合，犯人要被科处"从事规定的劳动"。[③]

我国《刑法修正案（九）》在《刑法》第383条增加一款，"犯第一款罪，有三项规定情形被判处死刑缓期执行的，人民法院根据犯罪情节等情况可以同时决定在其死刑缓期执行二年期满依法减为无期徒刑后，终身

---

① 马克昌主编《刑罚通论》，武汉大学出版社，2006，第126页。
② 张新甦：《终身自由刑替代死刑制度研究》，吉林大学2013年博士学位论文。
③ 〔日〕山口厚：《刑法总论》（第2版），付立庆译，中国人民大学出版社，2011，第395页。

监禁，不得减刑、假释"。这是我国刑法明文规定的终身监禁制度的概念，其意味着我国的终身监禁制度是不得减刑、假释的终身监禁，也意味着我国的终身监禁制度是在法院宣告判决，判处犯罪人死刑缓期2年执行依法减为无期徒刑时终身监禁。在这一点上也说明了我国的终身监禁与无期徒刑的区别。首先，无期徒刑与终身监禁刑一样，本质上也是剥夺人身自由的一种刑罚方式，但是无期徒刑是我国刑法明文规定的五大主刑（管制、拘役、有期徒刑、无期徒刑和死刑）之一，而我国的终身监禁制度依附于无期徒刑，其类似于死刑缓期两年执行与死刑的关系一样，终身监禁制度实际上是无期徒刑的一种具体执行方式。其次，我国的无期徒刑，可以进行减刑、假释，如我国的《刑法》第78条规定的减刑和第81条规定的假释，我国刑法明文规定了无期徒刑适用减刑和假释制度，但是我国的终身监禁制度却因刑法分则的具体规定而不得减刑和假释。最后，我国的终身监禁制度由于刑法条文的另外规定，其适用的范围仅仅局限于重特大贪污贿赂犯罪，而无期徒刑的适用范围却不局限于此。

（二）刑罚目的折中论的展开

1. 刑罚目的论的理论探讨

在刑法理论上，刑罚的目的是指国家从制定刑罚种类，对犯罪人刑罚的裁量和最终对刑罚的执行所要追求的效果。关于刑罚的目的，在西方刑法学说上存在两大分野，也就是刑罚报应主义和刑罚预防主义（包括一般预防与特殊预防）的对立。刑罚目的的报应说可追溯到古代希腊时期的哲学家毕达哥拉斯，他认为刑罚除了对犯罪的单纯报应外，别无其他目的。[1] 刑事古典学派的代表人物康德、黑格尔是刑罚报应论的坚决拥护者。康德根据自己的自由意志学说和道德法则，认为刑罚只能是对犯罪行为所造成的危害进行报复的方法，此外不能有任何其他的目的要求。[2] 在此基础上，康德认为刑罚的报复应当采取等量报复，因为人生来平等，每个人都具有相同的自由意志，因此每个人都正当地享有人权。这反映在法律上就是法律面前人人平等，所以在受害人遭受到犯罪人的侵犯时，其权利的受损应

---

[1] 杨春洗主编《刑法基础论》，北京大学出版社，1999，第143~144页。
[2] 马克昌主编《近代西方刑法学说史》，中国人民公安大学出版社，2008，第118页。

当以犯罪人的权利来进行等价弥补,只有这样才是公平和正义的。"犯罪的扬弃是报复。"① 黑格尔也认为刑罚应当进行等量的报复。刑罚预防论(包括一般预防与特殊预防),又可以称为刑罚的功利论,是指通过对犯罪人的刑罚的实施从而能够保护社会秩序和防止犯罪发生的理论。刑罚的预防论可以一直追溯到刑法理论的起源时期,例如柏拉图和霍布斯都曾阐述了刑罚的预防作用。此外贝卡利亚也对刑罚的预防作出过阐述。"刑罚的目的既不是要摧残折磨一个感知者,也不是要消除业已犯下的罪行。"刑罚的目的仅仅在于:阻止罪犯再重新侵害公民,并规诫其他人不要重蹈覆辙。② 贝卡利亚在此阐述的就是刑罚的预防理论,他认为刑罚的主要目的就是通过刑罚的实施使得社会上的其他人不再从事犯罪行为。刑罚的预防理论最为典型的代表就是著名的刑法学家费尔巴哈和刑事社会学派的李斯特。费尔巴哈通过心理强制说,认为刑罚就是国家为了打击犯罪人从而对于社会一般人造成一种心理上的威吓。所以刑罚所发挥的更大作用就是通过心理强制来达到阻止犯罪的发生。刑罚预防论根据其内容的不同分为一般预防与特殊预防,前者以社会上的一般人作为对象,通过对犯罪人实施刑罚,从而威慑社会上的不稳定分子,达到防止犯罪现象发生的目的;后者是借助刑罚的惩罚、教育和矫正功能从而更好地预防犯罪人重新犯罪,其与一般预防的差异就在于其更多的是预防犯罪人本人再次进行犯罪。

在以上刑罚报应论和刑罚预防论两种刑罚目的论之外,又催生了一种新的刑罚理论,即刑罚折中论,也可以称为刑罚综合论,它克服了刑罚报应论和刑罚预防论的不足,吸纳了两者的合理内涵,从而可以指导刑罚的适用以获得最大的收益。刑罚的综合理论,并不是简单地将两个彼此独立的理论思想进行相加,而是想方设法调和这两种理论中的刑罚目的,尽可能地减消刑罚报应论和预防论的矛盾冲突。关于贯彻刑罚折中论一个现实的立法例就是《德意志帝国刑法典》,该刑法典的一个主体思想就是"通过公正的报应实现一般预防目的"。在一定程度上,刑罚的折中论认为刑罚并不是为了处罚犯罪而处罚,其本质上是为了保护社会的秩序从而避免

---

① 〔德〕黑格尔:《法哲学原理》,范扬、张企泰译,商务印书馆,1961,第104页。
② 〔意〕贝卡利亚:《论犯罪与刑罚》,黄风译,北京大学出版社,2008,第29页。

受到未来犯罪行为的侵害，这才是制定刑罚和实施刑罚的真正动因。正是因为折中论同时吸收了报应论和预防论的合理之处，摒弃了二者的不足，不仅实现了公平正义的要求，而且更好地兼顾了个人权利和社会利益的保护，因而更加容易被人接受。

我们赞成刑罚的目的应当是刑罚折中论。首先，刑罚的报应论，过分地强调了犯罪与刑罚的对应关系，其核心在于国家应当动用刑罚权将被害人受到的损害等量地反制于犯罪人身上，这就忽略了刑罚适用的个别化问题。因为每个案件的情节、每个犯罪人的情况是不一样的，在罪刑法定的前提下，难以保持真正的罚当其罪，这也是报应论一个无法克服的弊端。其次，反对刑罚报应论的另一个原因便是，刑罚是国家制定的，其根本在于通过刑罚的实施获得最终的法律效果——维护国家的安全和维持社会的秩序。但是报应论的出发点却是在竭力保持犯罪与刑罚之间的平衡，与国家动用刑罚权的本质目的存在偏差。再次，针对刑罚的预防论，它强调通过刑罚的制定和实施来阻止将来犯罪的发生，在这一过程中，不免会出现刑罚的残酷性，从而导致重者更重、轻者偏重的局面。虽然在现实当中，刑罚的威慑效果确实体现出来了，但是刑罚的投入却会过量，这样反而会出现难以服众的现象。最后，刑罚的折中论（刑罚综合理论）却可以很好地解决以上问题。刑罚的折中论认为，刑罚不再是单纯地为了处罚犯罪人而处罚，而是以保护国家和整个社会的秩序不被将来发生的犯罪所侵犯为根本，并通过对犯罪人实施刑罚而最终得到这样的法律效果。所以，刑罚的折中论，不仅立足于犯罪与刑罚之间的基本平衡关系，也会更加关注通过刑罚的合理配置和灵活运用，能够最大化地减少犯罪的发生，维护整个社会秩序的稳定。

**2. 终身监禁的正当化依据——刑罚折中论**

通过以上对于刑罚目的的梳理，笔者认为，在坚持刑罚折中论的基础上，就可以得出我国终身监禁制度存在的正当性和合理性。我国《刑法》第61条规定："对于犯罪分子决定刑罚的时候，应当根据犯罪的事实、犯罪的性质、情节和对于社会的危害程度，依照本法的有关规定判处。"我国刑法这一关于量刑原则的规定，其实就是在表达我国刑法在刑罚目的上坚持的是刑罚折中论的观点。终身监禁制度也是完全符合刑罚目的折中论的旨意的。

首先,我国的终身监禁制度适用的对象局限于重特大贪污受贿犯罪的犯罪分子。这类主体,因其身份的特殊性,造成的犯罪后果是极其严重的。量刑的标尺并不是罪犯的感觉,而是他对社会的危害,一个人受到的优待越多,他的犯罪行为造成的公共危害也就越大。[①] 贝卡利亚在论述贵族犯罪与社会一般人犯罪的差异时,他认识到具备身份的受到社会瞩目的人犯与社会上一般人所犯同样的罪,前者的危害后果要更加严重。我们认为,贪污受贿犯罪是身份犯,正是这样的身份,才使得社会危害性大大增强。以中国终身监禁第一人"白恩培"为例。其涉嫌的罪名包括受贿罪、巨额财产来源不明罪,其中受贿罪的涉案金额就高达2.47亿元。可想而知,这类统管地方大权的官员,受贿的数额竟然如此之高,其社会危害性也就不言而喻了。政府官员尤其是高级领导干部,本应当秉持为人民服务的宗旨,廉洁奉公,他们却把人民赋予的权力作为满足私利的工具,徇私舞弊,巧取豪夺,为所欲为,严重伤害人民群众与党和政府的血肉关系,其社会危害性是灾难性的。所以,《刑法修正案(九)》将重特大贪贿犯罪人规定为终身监禁适用的对象,并予以严惩是适当的。

其次,从终身监禁制度适用的实质条件上来说,我国的终身监禁是在人民法院宣判被告人死刑缓期执行时同时宣告在死刑缓期执行2年期满减为无期徒刑后,终身监禁。这也就意味着,犯罪人本应当被判处死刑,由于犯罪人的主观认罪态度较好或者存在其他一些从宽处罚的情节,依法可以获得刑罚的宽恕。从我国现有的司法解释的规定来看,贪污贿赂犯罪的数额在300万元以上的,即为数额特别巨大,可以被判处10年以上有期徒刑、无期徒刑或者死刑。从现实司法实践中来看,现有的4例被判处终身监禁的犯罪人受贿涉案金额分别为2.47亿元、2.11亿元、3.06亿元和3.62亿元。而且这只是受贿的涉案金额,还不包括其他罪名的涉案金额,那么依据我国刑法的规定和司法解释,对于这样的贪腐分子,是可以判处死刑立即执行的。但是因为在具体案件中,犯罪人存在认罪态度较好,积极退赃和坦白、立功,积极检举揭发他人犯罪线索等情节,法院综合案件

---

[①] 〔意〕贝卡利亚:《论犯罪与刑罚》,黄风译,北京大学出版社,2008,第51页。

的情况判处死缓并决定终身监禁。从这一点上，针对犯罪人的不同情节从而判处相应的刑罚，其实也是在实现刑罚个别化，符合罪责刑相适应的原则，也避免在无期徒刑执行过程中出现因减刑而服刑期较短的现象，这符合刑罚折中论的要求。

最后，从现有的社会效果来看，终身监禁制度的实施在一定程度上可以遏制重特大贪污贿赂犯罪发生。我国的终身监禁制度从制定到适用的过程中，其实是褒贬不一的。有人认为终身监禁能够有效地惩处贪官、"大老虎"，使其"牢底坐穿"。也有人认为，终身监禁制度让罪犯在监狱中度过余生，过于严厉。其中，主要的反对理由之一是认为终身监禁不符合以预防为中心的刑罚目的理论，针对贪污贿赂犯罪的终身监禁在特殊预防上毫无意义，因为贪污受贿入狱的国家工作人员被褫夺公职、仕途终结而无再犯能力。[①] 我们认为，从终身监禁的实际服刑时间方面考虑，将犯罪人一辈子关在牢狱中，使其不能因减刑、假释而提前回归社会，在刑罚的特殊预防上是没有意义的，因为只要剥夺了公职的犯罪人就没有了再犯可能性，也就是说终身监禁相比于剥夺公权来说是过度的。但是要从这些犯罪的程度上来综合考虑，首先这些贪贿犯罪的性质是"重特大"，依法本应当被判处死刑立即执行，但是基于我国当前少杀慎杀的刑事政策，从生命刑变为自由刑，这已经体现了对犯罪人的宽恕。如果所有的身份犯都从实现特殊预防的角度来考虑，那么只需要剥夺其相应的犯罪资本就能实现最终的目的的话，刑罚就可能形同虚设。刑罚折中论是以一般预防为基础的，并不是仅仅针对犯罪人本人的特殊预防。并且从现有的社会效果来看，不能否认，终身监禁确实是一种严厉的刑罚执行方式，终身监禁的实施也确实可能使得严重的贪污贿赂犯罪发生率降低，避免一些重特大犯罪的贪官通过不恰当地减刑的方式躲避本应执行的严重刑罚，也可以有效地保护国家和社会利益，使得社会的风气得到有效的改善，政府的公信力得到较大的提升。从减少这类犯罪的客观效果来说，终身监禁的适用是符合刑罚折中理论要求的。

---

① 车浩：《刑事立法的教义学反思——基于〈刑法修正案（九）〉的分析》，《法学》2015年第10期。

### 3. 刑法原则的展开

从我国的终身监禁制度规定开始，终身监禁制度就受到了很多的质疑，不少的学者认为终身监禁制度的确立并没有体现我国刑法逐渐宽缓化的趋势，反而更加向着严刑峻法的方向迈进。我们认为，我国终身监禁制度的设立是符合我国刑法的基本原则的，其设立符合我国刑法所要求的基本精神。刑法的基本原则，是指刑法的本身所具有的，贯穿于刑法始终，必须得到普遍遵循的具有全局性、根本性的准则。① 也就是说，刑法的基本原则是刑法的核心，刑法的规范、适用和执行都应当体现。无论是刑法新增加的罪名，还是新设立的刑罚制度，其是否具备科学性的判断标准，不但看其是否符合一个国家的国情和犯罪态势，还要看其是否符合一个国家刑法的基本原则。我国的终身监禁制度，从制定到执行虽饱受争议，但是这项制度是符合我国刑法的基本原则要求的，以下来进行分析。

（1）罪刑法定原则

罪刑法定原则，是我国刑法的基本原则，也是国家刑事法治的基本要求。其含义最为经典的表述就是"法无明文规定不为罪"，"法无明文规定不处罚"。罪刑法定原则的确立能够防止罪刑擅断现象的发生，能够在合理界定犯罪的基础上最大限度地保障公民的人身自由。我国《刑法》第3条规定："法律明文规定为犯罪行为的，依照法律定罪处罚；法律没有明文规定文犯罪行为的，不得定罪处罚。"因而从我国刑法规定的罪刑法定原则的内容上来看，罪刑法定原则包括两个方面的内容：形式侧面和实质侧面。我国罪刑法定原则的形式侧面包括：法律主义、禁止事后法、禁止类推解释、禁止不定期刑。从罪刑法定原则的实质侧面来说，其包括两个方面的内容即刑法的明确性原则和刑罚规范内容的正确性。其中，刑罚规范内容的正确性，是指国家制定刑罚规范要适当，要求犯罪与刑罚之间存在一种适当的平衡，包括禁止处罚不当罚的行为和禁止不均衡、残酷的刑罚。禁止不均衡、残酷的刑罚，就是指国家在制定刑罚时，要尽量地做到针对不同犯罪的惩罚力度要和某种刑罚的严酷性保持一种适当关系，不能重罪轻判，轻罪重判。其实这一方面的内容也属于罪责刑相适应原则，以

---

① 张明楷：《刑法学》（第4版），法律出版社，2011，第48页。

下会进行详细论述。

那么我国的终身监禁制度是否符合罪刑法定原则的要求呢？从我国终身监禁制度的产生来看，2015年8月29日《中华人民共和国刑法修正案（九）》第44条规定的终身监禁，是由我国全国人大常委会审议通过的。我国《立法法》第7条第1款明确规定：全国人民代表大会和全国人民代表大会常务委员会行使国家立法权。终身监禁的产生是具备法律基础的。所以，终身监禁制度从刑法规范的制定程序上来说，是符合罪刑法定原则关于法律主义的要求的。其次，终身监禁制度规定于我国的《刑法》第383条，也就是关于贪污罪和受贿罪的处罚规则中，从其所处的法律条文来看，属于我国的刑法分则条文。那么终身监禁制度的出现是否破坏了我国刑法总则关于刑罚体系的规定？应当强调的是，这种措施不是一个新的刑种，它的对象只是针对贪污受贿被判处死缓的犯罪分子在具体执行中的一个特殊的措施。① 这是全国人大常委会法工委刑法室副主任在新闻发布会上的解释，也代表了我国立法机关的权威解释，所以终身监禁制度并未改变我国刑法总则关于我国刑罚体系的规定，是在我国刑法规范确定的刑罚体系的基础上，对死缓2年执行和无期徒刑执行过程中的具体执行方式。最后，从刑法的解释方法的基础——文义解释而言，终身监禁制度也是符合我国刑法规范的规定的。我国刑法明确规定了我国刑罚体系包括主刑和附加刑，其中主刑包括：死刑、无期徒刑、有期徒刑、拘役、管制。我国刑法规范也规定了刑罚执行的具体方式和具体制度措施，包括量刑、累犯、减刑、假释、自首和立功等。我国的终身监禁制度，其实是在死缓执行减为执行无期徒刑时，不得减刑、假释，也就是无期徒刑一直执行而不再执行减刑、假释，所以终身监禁并没有超出现有无期徒刑的语意射程，也没有超出国民的预测可能性。所以我国的终身监禁制度是符合罪刑法定原则要求的。

（2）罪责刑相适应原则

罪责行相适应原则，是指犯罪人所犯的罪行、应当承担的刑事责任要

---

① 《臧铁伟：终身监禁不是新刑种适用于重特大贪污受贿犯罪》，人大新闻网，http://npc.people.com.cn/n/2015/0829/c14576-27531201.html，2017年9月9日访问。

与法院判处犯罪人实际承担的刑罚相适应。在具体分析犯罪人的罪行轻重以及刑事责任大小的过程中,要充分地考虑各种因素,比如不仅要看犯罪人的犯罪行为本身社会危害性的大小,而且也要看犯罪人本人的主观恶性的程度;不仅要看犯罪人的人身危险性的程度,也要注意犯罪行为的起因、经过等各个方面所体现的特征来进行综合分析,从而最终确定适用与其相当的刑罚。我国《刑法》第5条规定:刑罚的轻重,应当与犯罪分子所犯罪行和承担的刑事责任相适应。我国的罪责刑相适应原则,是从刑法的罪刑相适应原则演变而来的。严格上来说,罪刑相适应原则最早起源于原始社会时期,例如原始社会时期的"以牙还牙,以血还血"的社会现象。罪刑相适应原则真正成为刑法的基本原则,是在启蒙时期。其产生的背景就是针对中世纪的黑暗封建统治、刑罚擅断的现实状况,启蒙思想家们强调罚当其罪,反对刑罚的残酷。孟德斯鸠主张罪与刑之间应当有适当的比例,刑罚的轻重应当协调,对于不同的犯罪刑罚一定要有所区别。刑事古典学派也反对封建刑法的重刑主义,极力地倡导罪刑相适应原则。由于这个时期的罪刑相适应原则是建立在以报应论为核心的刑罚观念上的,所以产生的结果就是罪刑相适应原则过于机械地强调刑罚与犯罪客观行为和客观结果的适当。随着刑法理论的不断发展,行为人中心论和人身危险性等理论的提出,使得传统的罪刑相适应原则受到了调整。于是罪刑相适应原则,不再单纯地重视犯罪行为和结果与刑罚的机械对应,而是不仅重视客观行为、结果与刑罚的合理对应,也重视行为人的主观恶性和人身危险性与刑罚的合理对应。

  我国的终身监禁制度,如上所述,在设立之初就饱受争议,有不少的学者认为,我国的终身监禁制度的设立实际上违反了刑法罪责刑相适应原则的要求,在刑法理论上无法进行解释,其论证的观点为以下几点。首先,对于贪污贿赂犯罪而言,其没有"限制"减刑所适用的罪名("被判处死刑缓期执行的累犯以及因故意杀人、强奸、抢劫、绑架、放火、爆炸、投放危险物质或者有组织的暴力性犯罪被判处死刑缓期执行的犯罪分子")的社会危害性大。在均被判处死刑缓期执行的情况下,如果把对贪污受贿犯罪终身监禁的理由归结为其罪责比杀人、强奸、抢劫、绑架、放火、爆炸等暴力性犯罪更深重,至少在常理上难以令人信服。其次,终身监禁制度针对贪污贿赂犯罪在特殊预防上毫无意义。最后，认为设立终身监禁制度，却仍然保持着贪污贿赂的死刑（立即执行），这种立法没有看出减少死刑、延长生刑的同步性，反而在"死刑过重"的基础上又增加了"生刑过重"。① 此外，还有学者认为，终身监禁制度违反罪责刑相适应原则。其评判意见有如下几点。首先，对于非暴力犯罪施行终身监禁有违罪刑相适应原则。再次，我国刑法总则中有关于减刑、假释的规定，这些规定适用于刑法分则的规定，意即适用的对象没有区分，而终身监禁却剥夺了贪污受贿罪犯的减刑、假释权利。最后，《刑法修正案（九）》设立的终身监禁制度很大程度上是因"受迫"于某些民众严惩贪污受贿犯罪的呼声而作出的欠妥当的情绪性立法规定。②

我们认为，上述观点在有其论证角度上有一定道理，但从我国刑法的整体规范分析，这些批评的观点也显得不够全面、客观。首先，从我国的终身监禁制度与我国的限制减刑制度的适用对象上，前者适用的是"重特大"的贪污贿赂犯罪，后者适用的是"被判处死缓的累犯、故意杀人、强奸、抢劫、绑架、放火、爆炸等暴力性犯罪"。从这两者的适用对象上而言，它们都具备极其严重的社会危害性，一个是针对国家法益、社会法益和个人法益造成的侵害，另一个在一定程度上更多的是对于社会法益和个人法益造成的侵害。这两个制度所适用的罪名在一定程度上，并非在同一个前提之下的，所以以此来认为前者的罪责比后者的罪责重在常理上无法令人信服，我们认为这是不适当的，因为没有一个统一的标准去进行衡量，并且常理是什么这是一个极其含糊的措辞。但是从当前的社会环境出发，综合全局因素考虑，这些"重特大"贪污贿赂犯罪所造成的危害后果是远远大于这些限制减刑的犯罪所造成的危害后果的。"衡量犯罪的唯一和真正的标尺是对国家造成的损害。"③ 这是贝卡利亚在其著作中的经典论述，也就是说犯罪对于社会的危害才是最

---

① 参见车浩《刑事立法的教义学反思——基于〈刑法修正案（九）〉的分析》，《法学》2015年第10期。
② 参见刘宪权《刑事立法应力戒情绪——以〈刑法修正案（九）〉为视角》，《法学评论》（双月刊）2016年第1期。
③ 〔意〕贝卡利亚：《论犯罪与刑罚》，黄风译，北京大学出版社，2008，第20页。

为重要的。从危害后果上来说，这些"重特大"贪污贿赂犯罪的危害后果是大于限制减刑中暴力犯罪的危害后果的。其次，从实然的角度来说，当前我国的贪污腐败犯罪的高发生率、高危害度已经众人皆知。据不完全统计，自十八大以来已有133名省部军级官员被查（数据截至2015年11月19日）。从时间上看，十八大至2013年底落马的省部级官员有19人，2014年落马的省部级官员有39人，2015年落马的省部级官员有31人，军队共有43人。从级别上看，落马的高官大部分为副省部级，占总数的86%。其中：周永康为正国级落马高官；副国级高官有4人，分别为苏荣（全国政协原副主席）、令计划（全国政协原副主席、中央统战部原部长）、徐才厚（中央政治局原委员、中央军委原副主席）、郭伯雄（中央政治局原委员、中央军委原副主席）；正部级10人。① 并且在2015年末，随着北京市委原副书记吕锡文的落马，我国实现了省级、自治区和直辖市行政区划（除香港、澳门、台湾之外）查处腐败案件的"全覆盖"。这些数据充分地说明当前我国社会腐败问题的严重性，我国反腐败工作的形势已经处在紧急关头，国家必须大力惩治这类犯罪现象，否则对整个国家的长治久安和社会的稳定发展都会产生巨大的影响。从现实司法实践的状况来看，制止这些重特大贪污受贿犯罪是十分必要的，并且职务犯罪当中一个重要的特性就是牵连性，查办一个腐败案件经常会牵扯出众多关系链条，往往会在一个地区或行业形成塌方式、断崖式的腐败犯罪局面，这就更加显现出职务犯罪危害后果的严重性。从另一个角度来说，这些贪污贿赂的高官，在级别和社会地位上相当高，他们往往掌握着国家的重要党政军司法大权，所以在进行职务犯罪活动时，其社会危害的广度和深度远比一般公民犯罪的社会危害性大。伴随着职务犯罪本身的严重危害性和当前我国司法实践中出现的众多"大老虎"，进行有效的刑罚规制是合理的。终身监禁制度的产生，并不是受制于某些民众对于严厉打击贪污贿赂犯罪的情绪性立法，而是现实社会的迫切需要。最后，终身监禁制度对于打击当前社会环境下的贪污贿赂犯罪具有重要的积极意义，符合罪责刑相适应

---

① 中国搜索：《十八大后三年来落马省部军级官员名单一览》，http://law.chinaso.com/detail/20151119/1000200032711721447900804807368926_1.html，2017年9月10日访问。

原则的要求。

(三) 终身监禁制度与我国的刑事政策的探讨

**1. 刑事政策的理论探讨**

刑罚目的是刑事政策的出发点，是刑事政策赖以存在的根据。① 一个国家奉行什么样的刑事政策，在很大程度上也要考虑刑罚的目的，并借助刑事政策在刑法的适用过程中来实现刑罚目的。刑事政策，最初是来源于费尔巴哈，费尔巴哈在论述刑事立法的过程中提到刑事政策，认为刑事政策的内容仅仅限于犯罪的惩治措施，但是并没有对刑事政策作出一个明确的定义。之后刑事政策学派的代表人物——李斯特，就提出"最好的社会政策，就是最好的刑事政策"。李斯特认为，犯罪现象的发生与社会因素有着极大的关系，社会状态存在改善的可能，所以李斯特十分重视刑事政策，他认为将刑法与刑事政策统一起来，充分发挥刑事政策在教育改造犯罪和保卫社会中的作用，才能最大化地预防和制止犯罪。李斯特从犯罪人人身的反社会性的角度出发，将犯人分为偶犯和惯犯，其中惯犯又分为能够改造和不能改造两种。偶犯再犯的可能性较小；能够改善的惯犯，具有先天性或者后天性的犯罪倾向，应处以自由刑，并进行教育改造，使其复归社会；对于不能改造的惯犯，因其复归社会几乎不可能，所以需要采取与社会永久隔离的措施。与费尔巴哈仅仅关注刑罚措施不同，李斯特提出在预防犯罪基础上，刑事政策就是国家借助于刑罚以及与之相关的机构来与犯罪作斗争、建立在以对犯罪的原因以及刑罚效果进行科学研究基础上的原则的总和。在此之后刑事政策逐步发展，但是对于刑事政策的概念还没有一个一致的意见。关于刑事政策的概念，我国不同的学者对其也有不同的意见。我国著名的刑法大家马克昌老师认为，我国的刑事政策是指"中国共产党和人民民主政权，为了预防犯罪，减少犯罪，以至消灭犯罪，以马列主义、毛泽东思想为指导，根据我国的国情和一定时期的形势，制定的与犯罪进行有效斗争的指导方针和对策"。② 何秉松教授认为刑事政策是"国家基于预防犯罪、控制犯罪以保障自由、维护秩序、

---

① 徐久生：《刑罚目的及其实现》，中国方正出版社，2011，第27页。
② 马克昌主编《中国形势政策学》，武汉大学出版社，1992，第5页。

实现正义的目的而制定、实施的准则、策略、方针、计划以及具体措施的总称"。①储槐植教授认为,刑事政策是有效地与犯罪作斗争的方略。针对以上学者对于刑事政策概念的不同理解,也基于笔者所采取的刑罚目的综合论,笔者认为刑事政策在制定的过程中必然要体现刑罚的预防和对犯罪的控制作用,所以刑事政策应当是国家基于当前社会的犯罪原因和犯罪形势,运用刑罚措施来有效惩治和预防犯罪的各种策略、措施、方法的总和。

从我国刑事政策的演变过程来看,其经历了由惩办与宽大相结合、"严打"、宽严相济的三个发展过程,可以说我国的刑事政策反映着我们党和国家带领广大人民群众与不同时期的犯罪作斗争的现实状况。1983年8月开始,我国先后开展过三次大规模的"严打"战役。"严打"政策一方面在事实上虽然惩治了犯罪,但是并没有使犯罪率降低反而上升,在另一方面出现的负面价值例如程序上的偏差以及片面忽略宽大政策的适用,使得党和国家越发重视当前刑事政策的正确性。2004年9月,中国共产党在十六届四中全会上提出构建社会主义和谐社会的命题,党在许多领域都进行了工作思路的调整,此时刑事活动不再单纯是打击犯罪的手段,而是维护国家安全、社会秩序、公民权利的重要武器,是社会公平正义的最后保障。在此背景之下,2005年12月5日,罗干同志在全国政法工作会议上首次提出要注重贯彻落实"宽严相济"的刑事政策,希望以此来改变之前我国刑事司法过于强调打击犯罪、刑罚适用程度高和重刑化的趋势。从宽严相济的刑事政策与之前的惩治与宽大的刑事政策的关系上来说,不同的学者有不同的意见,但是笔者认为两者存在紧密的联系,但是也存在一些不同,具体不再阐述。宽严相济的刑事政策,"宽"主要是体现为对于犯罪情节轻微或者依法具有从轻、减轻、免除刑罚处罚情节的,要依法从宽处罚,即使犯罪人触犯的是最为严重的刑事犯罪,如果有以上情节也应当依法从轻或者减轻处罚;"严"主要体现在对于某些特别严重的犯罪以及人身危险性极大的犯罪分子(如惯犯、累犯)等,应当依法严惩,充分发挥刑罚的作用,来维护国家的长治久安、社会的和谐发展和个人的

---

① 何秉松主编《刑事政策学》,群众出版社,2002,第39页。

合法权益。

**2. 终身监禁制度与我国刑事政策的联系**

从我国的刑事政策的变化来看,我国的刑事政策是根据我国当前社会的发展变化而不断进行调整和变化的。从我国的历史经验来看,我国刑法与刑事政策的关系是逐步向着科学、合理的趋势迈进。一方面,刑事政策的科学合理有助于我国刑事立法活动的正确性。一个国家奉行什么样的刑事政策,与当前社会的方方面面息息相关,因而刑事政策的选择,往往取决于当前国家权力机关的意志。也就是说刑事政策作为政策的一种,其实是政治的集中体现。从另一方面来说,通过刑事立法活动的正确实施又能极大地体现我国刑事政策的科学性、合理性。这是因为,政策往往具有先导性,法律具有滞后性,在我国当前社会飞速发展的过程中,社会关系变得日益复杂,社会状况也变得日新月异,所以必然会出现一些法律的漏洞,在这一过程中,要发挥刑事政策的先导性来弥补现有法律的不足,然后通过科学合理的立法,积极做出回应,才能真正地适应社会生活的变革,从而符合刑事政策的要求。

正如德国著名刑法学家李斯特关于刑事政策的经典论述:"最好的社会政策,就是最好的刑事政策。"从我国终身监禁制度产生和适用的过程看,终身监禁制度是符合当前我国刑事政策的要求的,其并不是民众要求严惩贪污贿赂犯罪的情绪性立法。理由如下。

首先,终身监禁制度的设立,符合我国当前的政治需要。如上文所述,刑事政策和刑事立法活动,从根本上都是为了满足当前政治统治的需要。从十八大以来,党和政府对腐败问题不断加大打击力度。在2012年11月15日,十八届中央政治局常委与中外记者见面会上,习近平总书记强调"新形势下,我们党面临着许多严峻挑战,党内存在着许多亟待解决的问题。尤其是一些党员干部中发生的贪污腐败、脱离群众、形式主义、官僚主义等问题,必须下大气力解决。全党必须警醒起来。打铁还需自身硬"。2012年11月17日,习近平总书记在十八届中共中央政治局第一次集体学习时发表重要讲话:"反对腐败、建设廉洁政治,始终是我们党一贯坚持的鲜明政治立场。……大量事实告诉我们,腐败问题越演越烈,最终必然会亡党亡国。……对一切违反党纪国法的行为,都必须严惩不贷,决不能手软。"① 并且从现实司法实践中的数据来看，贪污腐败犯罪已经十分猖獗。根据 2016 年度最高人民法院的工作报告：审判蒋洁敏等 15 起重大职务犯罪案件，对腐败犯罪始终保持高压态势。各级法院审查贪污贿赂等犯罪案件 3.4 万件 4.9 万人，被告人原为厅局级以上干部的 134 人。加大对行贿犯罪惩处力度，判处罪犯 2495 人。② 党员干部的腐败是我国当前社会面临的一个重大问题，遏制和减少腐败发生已经成为当前党和国家各项工作的重中之重，党和国家的众多政策和行政规定就是要解决我国目前日益严重的贪污腐败现象，因而终身监禁制度的制定是将我国政策法律化，体现我国刑事法律对我国反腐败各项政策的积极回应。

其次，终身监禁制度的设立，也是符合我国"宽严相济"的刑事政策的。终身监禁制度的设立，旨在打击当前我国社会中的"重特大"贪污贿赂犯罪。从此次《刑法修正案（九）》的具体规定来看，一方面，在贪污贿赂犯罪的具体定罪标准上，改变了之前的贪污贿赂犯罪单纯的数额定罪标准，代之以现在的情节加数额的定罪量刑模式，并且从 2016 年"两高"发布的《关于办理贪污贿赂刑事案件适用法律若干问题的解释》看，虽然现在的定罪数额已经比之前的定罪数额提高了很多，但在具有其他法定较重情节的情形下，即使达不到法定的数额，也可以入罪。所以，仅就入罪数额起点看，贪污贿赂等职务犯罪的入罪门槛提高了，缩小了犯罪圈，将原本构罪的一些行为交由党政纪处理，体现了刑法对贪污贿赂犯罪行为惩治的宽缓化。另一方面，此次终身监禁制度的设立，虽然对被判处死缓减为无期徒刑之后的重特大贪贿犯罪分子，终身监禁，不得减刑、假释，似乎体现出了无期徒刑执行上"严"的一面，但从终身监禁实际替代死刑适用、限制死刑角度看，也体现了刑罚"宽"的一面。所以终身监禁制度不仅体现了"宽"，从死刑减为生刑；而且也体现了"严"，不得减刑和假释，意即"牢底坐穿"。所以，从整体上来说，终身监禁制度是符合我国宽严相济的刑事政策的要求的。

---

① 《十八大以来习近平谈反腐倡廉建设》，人民网，http://fanfu.people.com.cn/n/2014/0106/c64371-24030032.html，2017 年 9 月 11 日访问。
② 《两会授权发布：最高人民法院工作报告》，新华社，http://news.xinhuanet.com/2016-03/20/c_1118384470.htm，2017 年 9 月 11 日访问。

## 三 终身监禁制度的中国化道路

### (一) 终身监禁制度与我国的刑罚体系的关系

#### 1. 终身监禁制度与我国的死刑制度

(1) 终身监禁制度的定位

被称为反腐利器的终身监禁,只有对其有一个准确的定位,才能够最大限度地发挥惩处腐败犯罪的作用,终身监禁制度从我国《刑法修正案(九)》正式规定以来,就面临许多的争议。其中的一个争议就在于终身监禁制度到底是一种无期徒刑,还是一种事实上的死刑。一种理论观点认为,根据我国刑法的规定,从文义解释的角度来说,终身监禁制度无疑属于无期徒刑的范围。终身监禁,是我国刑法规定的无期徒刑应然的属性和可能的后果;结合法定的刑罚执行制度,从实际执行的状况看,我国刑法中的无期徒刑,分为未终身监禁的无期徒刑与终身监禁的无期徒刑。[①] 另一种理论观点认为,我国的终身监禁制度是不能减刑和假释的,这就意味着和判处死刑立即执行没有区别,两者只是时间问题。从《刑法修正案(九)》关于终身监禁制度的规定来看,虽然在结局上是一种可能终身剥夺犯罪分子人身自由的自由刑,但是从本质上看其属于死刑,是一种与现有的死缓有别的死刑执行方式。其从以下几点进行了论述:首先,终身监禁是在判处贪污、受贿罪时下达的,而不是在死缓执行之后再下达的;其次,终身监禁是一种新的死缓执行方式,而不是一般的死缓执行方式和死缓的限制减刑;最后,从立法理由来看,终身监禁是死缓的执行方式。[②] 我们认为,我国的终身监禁制度应当属于无期徒刑,而不属于死刑范畴。理由如下。首先,从死刑与终身监禁制度的实际执行效果上,死刑是剥夺生命权的行为,而终身监禁是一种长期的剥夺人身自由权的行为,从两者适用的最本质的区别上,终身监禁应当属于生刑。其次,从刑法的解释立场上,文义解释应当是优先的,只有文义解释的结论明显地违背公平正义等原则时,才应当考虑其他的解释方法。那么我国刑法规定的刑罚种类

---

[①] 黄京平:《终身监禁的法律定位与司法适用》,《北京联合大学学报》2015年第4期。
[②] 参见黎宏《终身监禁的法律性质及适用》,《法商研究》2016年第3期。

中，规定了有期徒刑和无期徒刑，也就是一个是有刑罚执行期限的时间，一个是刑罚无限期执行的时间。我国奉行的是"宽严相济"的刑事政策，所以长久以来伴随着减刑、假释刑罚执行制度的存在，我国的无期徒刑在事实上是"有期"的，这也就导致我国生刑较轻的刑罚执行后果。所以从文义解释的角度来说，无期徒刑本来就包含着有减刑、假释的无期徒刑和不得减刑、假释的无期徒刑。再次，终身监禁是依附于无期徒刑存在的，并不属于我国死刑的法定范围。我国终身监禁制度是在判处贪污贿赂犯罪时同时规定死缓减为无期徒刑之后，终身监禁。其意味着，我国的终身监禁制度是在死缓2年期间执行之后，减为无期徒刑时才会出现终身监禁。在此之外还存在两种情况，即在死缓2年期间，因故意犯罪被判处死刑立即执行和在死缓2年期间，因重大立功表现而减为有期徒刑。所以从死缓的结果来说，终身监禁并非死缓或者死刑的当然执行方式，所以其并不属于死刑的范畴。最后，终身监禁本质上属于无期徒刑，但是其并不属于我国的刑罚体系中的刑罚种类之一，其只是属于我国刑罚的具体执行方式。这也就是说，我国的终身监禁制度的适用只存在一个法定情形，即必须属于因贪污贿赂犯罪被判处《刑法》第50条第1款（判处死刑缓期执行的，在死刑缓期执行期间，如果没有故意犯罪，2年期满后，减为无期徒刑）的情形。总之，终身监禁应当属于无期徒刑的一种执行方式，是刑法总则规定的无期徒刑例外的一种刑法分则条文的特殊规定，是对特定犯罪对象在判决时一并宣判的法律后果。

（2）终身监禁制度与我国死刑改革的趋势

纵观世界各国的刑罚史，终身监禁的产生和发展都与死刑存在十分密切的联系，终身监禁作为生刑中最为严厉的刑罚，其往往被作为死刑与生刑之间的过渡刑罚。在当今社会，废除死刑已经成为世界潮流，那么作为生刑中的极刑，终身监禁制度无疑会发挥更大的作用。死刑，就是剥夺人的生命权的刑罚，作为世界上最为古老的刑罚，其在人类的历史上一直是被作为最严酷的刑罚的。从世界各国历史发展的进程中来看，死刑是随着社会时代的变迁而不断变化的。在封建时期，由于封建统治的刑罚擅断加之重刑至上的刑罚思想，死刑一直被大量适用以此来满足维护封建统治的需要。随着人类文明的不断发展和进步，死刑越来越受到质疑，生命权逐步被视为一种固有的权利，在任何时候都不能被剥夺。如著名的刑法学家贝卡利亚在其经典著作《论犯罪与刑罚》中就论述了死刑是不必要的。在此之后，废除死刑的思想就逐步传播开来。废除死刑的观点是从死刑的本质和适用的后果上来分析的。首先，死刑的存在是原始社会时期刑罚报应论的体现。以牙还牙，以血还血，杀人偿命，这是典型的报仇心态的体现，也是刑罚等害报复观念的体现。其次，废除死刑的学者认为死刑是违背人道主义的，是对人权的侵犯。因为人道主义奉行的一个观念就是生命至上，生命应当被敬畏，所以国家动用死刑这种刑罚权是不合理的。再次，国家动用死刑这种刑罚权，是逃避责任的体现。因为国家有义务去维护社会的安全和每个公民的合法权益。死刑的执行，说明国家在一定程度上未做到预防犯罪和制止犯罪造成的结果，因而是逃避责任的体现。最后，死刑是一种最为严酷的刑罚，一旦执行不可逆转，而国家执行死刑所依据的法院判决却不能保证没有冤假错案的出现。毫无疑问以上关于废除死刑的论证是有道理的，但是支持死刑也存在一些积极的意义。首先，如果认为废除死刑是人道的，那么对于被害人来说，自己的生命被剥夺了，犯罪人却没有得到应有的惩处，因此却又是不人道的。其次，从刑罚的预防论来说，执行死刑对于犯罪人和潜在的犯罪人都具有极大的威慑力，因而死刑的执行也是能够实现刑罚的预防论的。再次，根据犯罪与刑罚的对应关系，如果没有死刑的适用，造成的一个困境就是最为严重的犯罪和较为严重的犯罪都执行了同样的生刑，因而没有真正地体现出罪刑相适应原则。最后，死刑的判决和生刑的判决一样，都会存在冤假错案，都不会完全准确。生命被剥夺了不能挽回，已经执行的自由也同样是不能挽回的，并且在司法过程中通过谨慎地执行会极大地降低错案的发生率。从坚持死刑和废除死刑的不同论断上我们可以看出，两者确实有各自的道理。从当前世界各国的刑罚改革的趋势上来说，不可否认的是死刑废除已经成为一个大的趋势。那么作为生刑中最为严重的刑罚——终身监禁，是不是一种有效的死刑替代措施呢？

所谓死刑的替代措施，是指基于限制死刑适用的目的，对于立法上特定性质的犯罪，司法中特殊情况下的罪犯，不适用死刑立即执行，而代之以其他刑罚处罚方法。① 从世界范围废除死刑的国家来看，废除死刑之后

---

① 高铭暄：《略论中国刑法中的死刑替代措施》，《河北法学》2008年第2期。

的替代措施无外乎两种。一种是采取终身监禁（也可以称为无期徒刑、终身自由刑），例如意大利、德国、丹麦等国家。这些国家当对于终身监禁的规定仍然存在不同，比如意大利的刑法典就规定，被判处无期徒刑的犯罪人必须服刑够26年才可以适用假释制度；而德国的终身监禁就规定服刑够15年就可以适用假释制度。另一种就是直接规定为长期的有期徒刑，例如西班牙刑法的规定，西班牙刑法废除了死刑和终身监禁，只保留了有期徒刑。在当前我国社会，采取何种死刑替代措施不同的学者对此存在不同的看法。如有的学者就明确提出不必适用终身监禁刑。张明楷教授认为，死刑的废止不需要终身刑替代。其理由如下：首先，终身刑导致犯人没有任何希望，没有达到目的的可能，因而严重侵害了犯人的人格尊重；其次，在当今社会，完全有比终身刑更好的办法（可以减刑、假释的无期徒刑），设立终身刑完全是增加更重的恶，不是进步；再次，认为赞成死刑和终身刑的社会民众不能成为我国刑事立法的根据；最后，从全世界废除死刑的国家来看，都没有终身刑的存在。如有的学者认为，我国的死刑替代措施应是25年不得假释或者减刑后服刑期不得少于25年的无期徒刑。① 也有的学者认为，终身监禁制度应当成为我国死刑的替代措施。如将绝对的无期徒刑作为我国死刑的替代措施，循序渐进，有利于简便立法，符合我国刑事立法的基本规律。②

我们认为，在当前世界废除死刑的潮流下结合我国社会的现实状况，终身监禁应当成为有效的替代死刑的措施。首先，以有期徒刑直接代替死刑的做法，在当前社会无法实现。如果将最为严重的犯罪废除死刑之后代之以有期徒刑，那么可能造成的一个后果就是，最为严重的犯罪适用有期徒刑而较为严重的犯罪却适用无期徒刑，这会造成刑罚体系的错乱，也在一定程度上违反了罪责刑相适应原则的要求。其次，以我国刑法当前规定的无期徒刑来代替的做法，不能够实现刑罚所应具有的目的。我国刑法明文规定了无期徒刑是我国的刑罚种类之一，但是无期徒刑在实际执行过程中，如果存在认真遵守监规，接受教育改造或者有立功表现等，可以减

---

① 李希慧：《论死刑的替代措施》，《河北法学》2008年第2期。
② 袁彬：《我国民众死刑替代观念的实证分析——兼论我国死刑替代措施的立法选择》，《刑法论丛》2009年第4期。

刑，并且在实际刑期执行13年以上，可以进行假释。无期徒刑一旦被减为有期徒刑，再次减刑、假释适用与有期徒刑减刑、假释同样的制度，无期徒刑只是具有宣告意义，实际执行使它失去本身固有的性质。① 再次，从终身监禁刑罚本身来看，终身监禁具备刑罚的延续性，能够解决我国当前死刑过重、生刑较轻的现实局面。对人类心灵发生较大影响的，不是刑罚的强烈性，而是刑罚的延续性。有人说，终身苦役同死刑一样也是痛苦的，所以，它也同样是残酷的。笔者认为：如果把苦役的受苦时间加在一起，甚至是有过之而无不及。② 我们认为生命权至高无上，在废除死刑的前提下，如果要与死刑的刑罚效果相适应，那么终身监禁一定是一种适当的选择。最后，终身监禁刑能够有效地体现我国"少杀、慎杀"的刑事政策。在当前我国逐步废除死刑的趋势之下，为了确保国家刑罚的惩罚性和威慑性，终身监禁刑可以完全满足，并且由死刑逐步向生刑的转变，体现了我国当前的刑事政策。综上所述，本文所要表达的主要思路就是，在我国逐步废除死刑的趋势之下，应当先将死刑变为生刑，再由最严厉的生刑向较为严厉的生刑过渡。并且终身监禁制度在未来的短期时间内，能够有效地充当替代死刑的措施，随着社会文明程度的不断进步，终身监禁刑也将会被更加轻缓化的有期徒刑所取代。

**2. 终身监禁制度与我国的限制减刑的联系**

与终身监禁制度一样，限制减刑也是我国刑法规定的在刑罚执行过程中的刑罚执行方式。我国《刑法》第50条第2款规定：对被判处死刑缓期执行的累犯以及因故意杀人、强奸、抢劫、绑架、放火、爆炸、投放危险物质或者有组织的暴力性犯罪被判处死刑缓期执行的犯罪分子，人民法院根据犯罪情节等情况可以同时决定对其限制减刑。终身监禁制度与限制减刑，都体现出我国刑法希望通过限制生刑的实际执行来增强生刑的威慑力，以有效地预防犯罪分子重新犯罪。所以两者存在紧密的联系。首先，终身监禁制度适用于非暴力犯罪，限制减刑制度适用人身危险性较大或者严重的暴力犯罪。通过这两个措施能够有效地将打击暴力犯罪和非暴力犯

---

① 陈兴良主编《刑种通论》，中国人民大学出版社，2007，第156页。
② 〔意〕贝卡利亚：《论犯罪与刑罚》，黄风译，北京大学出版社，2008，第66、68页。

罪统一起来,从而通过合理地适用刑罚最大化地打击犯罪和预防犯罪。其次,从二者的法律规定来看,限制减刑制度和终身监禁制度都是依赖于死刑缓期执行和无期徒刑,所以并不属于我国刑罚体系当中的一种,都是一种刑罚具体执行过程中的措施,也可以说是一种特殊的刑罚方式。再次,终身监禁制度意味着无期徒刑不得减刑、假释,而限制减刑意味着犯罪人因死缓执行期满减为无期徒刑,其最低服刑期限不能少于25年,如果死缓执行期满减为25年有期徒刑,最低服刑期限不得少于20年。所以综合两者刑罚的具体执行期限,终身监禁和限制减刑能够有效地改善我国刑罚"死刑过重,生刑偏轻"的局面,使得我国刑罚体系逐步趋向合理。最后,从终身监禁制度与限制减刑的区别来说有两点。一方面两种制度的适用对象不同。前者适用的犯罪对象是"重特大"贪污贿赂犯罪,而后者适用的是严重的暴力性犯罪(故意杀人、强奸、抢劫等)或者人身危险性大的罪犯(累犯)。另一方面从我国法律规定和立法实践中可以看出,两者的侧重点有所区别。如我国法律规定,终身监禁适用于数额特别巨大,并使国家和人民利益遭受特别重大损失的贪污贿赂犯罪分子。这表明我国的终身监禁制度更加侧重贪污贿赂犯罪给国家社会带来的损失,并且终身监禁制度更多的是强调刑罚的一般预防作用。而限制减刑,在强调这些犯罪给社会带来严重危害性的同时,更多地强调的是犯罪人的人身危险性。限制减刑的根据是被告人已实施犯罪的情节以及由犯罪事实所表现出的被告人人身危险性程度,是对未来再犯可能性的预测。① 所以限制减刑的侧重点更多的是"人身危险性"和"再犯可能性",在刑罚执行过程中实现刑罚的特殊预防的目的。

(二)终身监禁制度的中国价值

终身监禁制度在我国的确立,尽管仍然存在较大的争议,而且我国的终身监禁制度与一些废除死刑而以终身监禁刑作为替代措施的国家存在不同,但是不可否认的是,在当前我国社会的这个特殊阶段,终身监禁制度可以在打击腐败犯罪和预防犯罪方面发挥积极作用,也真正体现了我们党

---

① 刘德法:《论我国刑法中的限制减刑》,《政法论丛》2012年第1期。

和国家坚决治理腐败问题的决心，这一举措具有多重积极意义。

首先终身监禁制度，彰显了我国坚决反腐倡廉的鲜明立场，具有浓厚的政治色彩。十八大以来，中央不断出台多项规定，整治政治风气，严厉打击腐败犯罪和查处违法违纪分子，从当前的社会来看，反腐工作已经初见成效。在这一过程中，查处的众多高级官员，遍布全国各个省份地区，反映出当前我国腐败问题的严重性。习近平总书记也多次发表反腐倡廉的重要讲话，"我们党严肃查处一些党员干部包括高级干部严重违纪问题的坚强决心和鲜明态度，向全党全社会表明，我们所说的不论什么人，不论其职务多高，只要触犯了党纪国法，都要受到严肃追究和严厉惩处，绝不是一句空话。要坚持老虎、苍蝇一起打"。[①] 这段话反映出我们党将把法律作为治国理政的一个重要手段，我国刑法在此方面的积极回应，就因应了国家大力开展反腐的工作重心和当前社会腐败问题的严重态势，增设终身监禁制度，强化对腐败的积极预防。

其次终身监禁制度，有利于改善我国的刑罚结构。在我国长期的司法实践中，我国刑罚在实际执行中出现的一个现象就是"死刑偏重，生刑偏轻"。死刑是我国适用较为普遍也是最严厉的刑罚，立法上减少死刑罪名、司法上慎用死刑已经成为我国刑法改革的一个重要方向，《刑法修正案（八）》一次性取消了13种经济类犯罪和非暴力性犯罪的死刑，《刑法修正案（九）》又废除了9种犯罪的死刑。截止到目前，我国刑法中规定死刑的罪名仍有46种。可以说，死刑罪名的大量存在仍然体现着国家严厉惩治某些犯罪的立场，但是也体现出我国刑罚仍存在"死刑偏重"的这样一个特征。从我国无期徒刑的执行效果来看，我国无期徒刑罪犯在实际执行过程中，如果有悔罪表现等可以通过减刑、假释的刑罚裁量制度提前回归社会。如我国《刑法》第81条第1款的规定，判处有期徒刑执行原判刑期二分之一以上，判处无期徒刑实际执行13年以上，认真遵守监规，接受教育改造的，可以假释。根据这样的假释规定，加之奉行宽严相济的刑事政策，在实际执行过程中，多数罪犯都可以通过减刑与假释而提前回归社

---

① 《习近平：科学有效防腐把反腐倡廉建设引向深入》，人民网，http://fanfu.people.com.cn/n/2014/0106/c64371-24030032.html，2017年9月12日访问。

会，那么造成的实际执行结果就是现有的无期徒刑有期化，刑罚应有的惩治功能并没有得到真正体现。这样通过减刑、假释的制度提前回归社会的现象确实体现出人权保障，实现刑罚的教育改造功能，彰显着刑事司法的人性。但是，刑事司法效果在考虑犯罪人感受的同时，却忽略了犯罪人的犯罪行为所带来的社会危害的恢复程度。面对我国生刑较轻的现象，刑法也在不断进行调整，如我国《刑法修正案（八）》增加的"限制减刑"制度，就是有效改变我国生刑偏轻现象的例证。在限制减刑制度下，不论犯罪人因死缓减为无期徒刑还是有期徒刑，其最少执行刑罚也要20年。所以面对我国刑罚这样的一个局面，终身监禁制度无疑更能改善我国刑罚"死刑偏重，生刑偏轻"的局面。

再次，终身监禁制度，能够有效打击和预防腐败犯罪。终身监禁制度产生有其特定的背景，其适用对象是"重特大"贪污贿赂犯罪。面对严重的腐败问题和反腐败的严峻形势，在当前我国慎用死刑和逐步废除死刑的趋势下，作为替代死刑的最好措施，终身监禁制度由于其本身的严厉性，能够最大限度地发挥刑罚的效果。所以，终身监禁制度的适用，使得那些重特大贪污贿赂犯罪分子没有可乘之机，面临的只是法律的严惩，并且终身监禁的严厉性也会给整个社会带来巨大的威慑力，达到使贪腐分子不敢肆意妄为、其他公职人员"不敢腐"的刑罚效果，对遏制腐败犯罪的发生必将起到积极作用。

最后，终身监禁制度，有利于国际合作。从当前全球一体化的进程来看，各国的联系日益密切，经济、文化、政治、法律等各个领域都存在交流合作。终身监禁制度的设立能够便利于加强我国与其他国家之间引渡贪污腐败分子。腐败作为我国社会中的一个突出问题，极大地危害国家安全、社会稳定，从司法实践来看，许多贪污腐败分子在犯罪之后试图逃往国外，并且携带巨款安身国外，有些叛逃人员还掌握着国家秘密，给国家带来更大的有形或无形的损害。追逃国外的贪官往往采取引渡的方式，但是由于这些贪贿分子的涉案金额之高，情节之重，根据我国刑法的规定往往会被判处死刑，此外还有很多因素使得在引渡贪污腐败分子时困难重重。死刑不引渡原则也成为我们追逃的一大法律障碍，即当被请求国有理由相信引渡者在引渡后有可能被请求国判处或者执行死刑时拒绝予以引渡的原则。目前,我国刑法中规定死刑的罪名仍有很多,职务犯罪的死刑仍然存在,在当前国家大力反腐倡廉的形势之下,不少的贪官携带巨额的国有资产逃往国外,如果不积极将这些腐败贪官引渡回国,只能造成更为严重的损失。而在这一过程中,贪污腐败犯罪的死刑就成为我国与其他国家引渡犯罪分子的一个障碍,因此许多贪污腐败分子都逃往签订死刑不引渡条约的国家。在我国现有的司法实践当中,"余振东案件"就是一个例子。2004年,涉嫌贪污和挪用巨额公款而逃往美国的余振东(中国银行广东开平支行原行长)由美国的联邦执法人员移交给中国警方。在此次成功引渡腐败分子的背后,是中国向美国承诺对余振东不执行死刑,并且在中国起诉判处不超过12年的有期徒刑。所以,在我国逐步废除死刑的趋势下,终身监禁制度可以使我们更好地进行国际合作,一方面有利于引渡贪污腐败分子,另一方面又能更好地推动我国刑罚体系的改革。

(三)终身监禁制度的未来走向

我们认为,基于本文以上的论述和分析,对于终身监禁制度的未来发展可以得出以下结论。首先,我国的终身监禁制度与国外的终身监禁制度存在差异,我国终身监禁制度适用的范围局限于"重特大"贪污贿赂犯罪,而国外的终身监禁制度适用的范围十分广泛,例如一些国家适用于危害国家安全犯罪、严重的人身暴力性犯罪,一些国家则用于打击儿童性侵犯罪和毒品犯罪。其次,我国的终身监禁制度,并不是我国刑罚体系中的一种,它只是一种特殊的刑罚执行方式,依附于死刑缓期执行和无期徒刑,更多的是发挥一种刑罚的惩治功能。再次,在当前我国废除死刑和限制死刑适用的背景下,死刑改革势在必行,综合世界先进国家废除死刑的经验和立足于我国的司法实践和社会状况,死刑改革的思路应当是循序渐进的,应当逐步减少非暴力性犯罪的死刑和逐步减少暴力犯罪的死刑,在这一过程中,终身监禁制度可以作为一种有效替代死刑的措施。最后,法律是实现政治统治的手段,刑法与刑事政策应当保持着一种良性的互动关系,在当前社会背景下,腐败成为国家治理的重点问题之一,终身监禁制度在一定程度上来说是打击腐败犯罪的刑罚利器。

关于终身监禁制度在中国的最终进路应当是什么。我们认为,基于当前我国社会和全球犯罪现象的共性,我国的终身监禁制度应当逐步改革和完善,充分发挥其应有的作用。终身监禁制度在有效地改善我国贪污腐败犯罪的刑罚体系前提下,应当在未来使其充当死刑的替代措施,将我国刑罚改革成为:终身监禁、无期徒刑、有期徒刑、拘役和管制的刑罚体系。并且逐步将终身监禁适用到最为严重的人身暴力性犯罪、恐怖犯罪和毒品犯罪中。

(郑州大学法学院教授 刘德法;郑州大学法学院刑法学硕士研究生 郑森)

# 第六章 刑法立法科学化的展开

## 第一节 刑法立法科学化之思考

刑法立法指的是刑法规范的制定、修改与废止。《中华人民共和国立法法》第6条规定，立法应当"科学合理地规定公民、法人和其他组织的权利与义务、国家机关的权力与责任"，由是将科学立法确立为一项基本的立法原则。一般地讲，科学立法包括以下要求：一是合理地确定法律的调整范围，做到所调整的社会关系范围明晰、重点突出、恪守边界；二是及时回应时代的需求，"法与时移则治，治与世宜则用功"，不能墨守成规，因循守旧，而是要具有适应性和一定的预测性；三是体现公平、正义、人权、自由、幸福等法的精神价值，以良法求善治，"恶法"非法；四是达成法律规范体系的和谐一致，如下位法不违背上位法、特别法优于但是不破坏一般法、权利与义务匹配、权力与责任相当、法律规范用语的明确性和一致性；等等。此外，科学立法还要求立法权的合理配置、立法程序的严谨等。刑法作为规定犯罪、刑罚与刑事责任的国家基本法律，其立法自应遵循科学立法这一基本立法原则。

1997年《刑法》施行以来，全国人民代表大会常务委员会主要通过修正案的方式对《刑法》进行了修改。9个修正案对刑法的修改涉及面广、内容丰富。从具体规范来看，包括增设罪名和配置法定刑、删除罪名、细化罪状、调整刑罚结构、设立保安处分等；从精神实质来看，体现了刑法对社会干预度的扩展。从整体上来评判，刑法修正能够遵循科学立法的原则，正确地评估了我国全面深化改革、社会迅速转型时期的犯罪状况，积极地、及时地回应了我国政治、经济、文化、社会的需求，有力地维护了国家安全、经济秩序、公民权利、社会发展，比较好地实现了刑法的行为规制机能、法益保护机能和人权保障机能。但是，我们也应当清醒地认识到刑法修正中也存在一些不合乎科学立法原则的情形，因此，对其进行深度反思，对于促进刑法立法科学化，实属必要。

## 一 刑法立法权的合理配置

全国人民代表大会常务委员会通过修正案的方式对刑法的修改，除了表现在明确、修改一些既有罪名的犯罪构成要件外，最引人注目的就是增设新罪和对刑罚制度的修改与完善。

1997年《刑法》施行以来，全国人民代表大会常务委员会先后通过了《关于惩治骗购外汇、逃汇和非法买卖外汇犯罪的决定》以及9个刑法修正案，增设了诸多罪名。略作梳理如下。

《关于惩治骗购外汇、逃汇和非法买卖外汇犯罪的决定》和《刑法修正案》、《刑法修正案（二）》、《刑法修正案（三）》新增了5个罪名，即资助恐怖活动罪，隐匿、故意销毁会计凭证、会计账簿、财务会计报告罪，投放虚假危险物质罪，编造、故意传播虚假恐怖信息罪，骗购外汇罪。

《刑法修正案（四）》新增了4个罪名，即雇用童工从事危重劳动罪，非法收购、运输、加工、出售国家重点保护植物、国家重点保护植物制品罪，执行判决、裁定滥用职权罪，执行判决、裁定失职罪。

《刑法修正案（五）》和《刑法修正案（六）》新增了14个罪名，即强令违章冒险作业罪，大型群众性活动重大安全事故罪，不报、谎报安全事故罪，虚假破产罪，背信损害上市公司利益罪，骗取贷款、票据承兑、金融票证罪，妨害信用卡管理罪，窃取、收买、非法提供信用卡信息罪，背信运用受托财产罪，违法运用资金罪，组织残疾人、儿童乞讨罪，开设赌场罪，过失损坏武器装备、军事设施、军事通信罪，枉法仲裁罪。

《刑法修正案（七）》新增了9个罪名，即利用未公开信息交易罪，组织、领导传销活动罪，出售、非法提供公民个人信息罪，非法获取公民个人信息罪，组织未成年人进行违反治安管理活动罪，非法获取计算机信息系统数据、非法控制计算机信息系统罪，提供侵入、非法控制计算机信息系统程序、工具罪，伪造、盗窃、买卖、非法提供、非法使用武装部队专用标志罪，利用影响力受贿罪。

《刑法修正案（八）》新增了7个罪名，即危险驾驶罪，对外国公职人员、国际公共组织官员行贿罪，虚开发票罪，持有伪造的发票罪，组织出卖人体器官罪，拒不支付劳动报酬罪，食品监管渎职罪。

《刑法修正案（九）》新增了20个罪名，即准备实施恐怖活动罪，宣扬恐怖主义、极端主义、煽动实施恐怖活动罪，利用极端主义破坏法律实施罪，强制穿戴宣扬恐怖主义、极端主义服饰、标志罪，非法持有宣扬恐怖主义、极端主义物品罪，虐待被监护、看护人罪，使用虚假身份证件、盗用身份证件罪，组织考试作弊罪，非法出售、提供试题、答案罪，代替考试罪，拒不履行信息网络安全管理义务罪，非法利用信息网络罪，帮助信息网络犯罪活动罪，扰乱国家机关工作秩序罪，组织、资助非法聚集罪，编造、故意传播虚假信息罪，虚假诉讼罪，泄露不应公开的案件信息罪，披露、报道不应公开的案件信息罪，对有影响力的人行贿罪。

经过增设大量罪名、修改一些罪名和取消个别罪名，截至目前，我国刑法罪名共468个。

刑法修正案也对刑罚结构等作了重大调整，特别是取消了部分罪名的死刑、增设了从业禁止和设置了终身监禁。《刑法修正案（八）》取消了13个罪名的死刑，它们是：走私文物罪，走私贵重金属罪，走私珍贵动物、珍贵动物制品罪，走私普通货物、物品罪，票据诈骗罪，金融凭证诈骗罪，信用证诈骗罪，虚开增值税专用发票、用于骗取出口退税、抵扣税款发票罪，伪造、出售伪造的增值税专用发票罪，盗窃罪，传授犯罪方法罪等。《刑法修正案（九）》取消了9个罪名的死刑，它们是：走私武器、弹药罪，走私核材料罪，走私假币罪，伪造货币罪，集资诈骗罪，组织卖淫罪，强迫卖淫罪，阻碍执行军事职务罪，战时造谣惑众罪。至此，我国死刑罪名从原来的68个减至46个。《刑法修正案（九）》在《刑法》第37条之后增加了一条"从业禁止"，作为第37条之一，即"因利用职业便利实施犯罪，或者实施违背职业要求的特定义务的犯罪被判处刑罚的，人民法院可以根据犯罪情况和预防再犯罪的需要，禁止其自刑罚执行完毕之日或者假释之日起从事相关职业，期限为三年至五年。被禁止从事相关职业的人违反人民法院依照前款规定作出的决定的,由公安机关依法给予处罚;情节严重的,依照本法第三百一十三条的规定定罪处罚。其他法律、行政法规对其从事相关职业另有禁止或者限制性规定的,从其规定"。为防止犯罪分子再次利用其职业和职务之便进行犯罪的从业禁止可以视为一项新的保安处分措施,完善了我国刑罚体系中的"非刑罚处罚措施"。《刑法修正案(九)》在《刑法》第383条中增加一款规定,对犯贪污、受贿罪,被判处死刑缓期执行的,人民法院根据犯罪情节等情况可以同时决定在其死刑缓期执行2年期满依法减为无期徒刑后,终身监禁,不得减刑、假释。终身监禁是刑罚制度的重大修改,也是我国刑罚制度的新发展。

综上所述,全国人民代表大会常务委员会通过修正案的方式对刑法所进行的修改,大体上适应了时代的要求,其修改的涉及面不可说不广,其修改的力度也不可谓不大,特别是《刑法修正案(八)》和《刑法修正案(九)》增设了大量的新罪名、取消了22个死刑罪名以及《刑法修正案(九)》创设的从业禁止和终身监禁,都成为世人关注的焦点。一方面我们可以把它们视为刑法发展的巨大成就,视为全国人民代表大会常务委员会在立法方面的荣耀;另一方面,正是这些成就和荣耀,使得全国人大和全国人民代表大会常务委员会之间立法权限的划分成为一些学者追问的问题。

陈兴良教授将学界关于全国人民代表大会常务委员会是否享有刑法修正案的立法权的不同观点概括为"彻底否定说"和"部分否定说",前者认为刑法修正案的程序应当与刑法典的通过程序一样,由全国人民代表大会审议和通过,后者主张对于新增罪名的补充部分不应由全国人民代表大会常务委员会进行。而陈兴良教授则认为,除类似于1997年《刑法》对1979年《刑法》进行全面修订而实际上形成一部新刑法的情形外,通过采用刑法修正案的立法方式增设罪名和刑罚种类,完全属于全国人民代表大会常务委员会正常行使立法权的表现。

笔者认为,从刑法立法权的机理而言,无疑由全国人民代表大会修改刑法是最优选择。日本西原春夫教授在谈到现代刑法制定权原理时指出,罪刑法定主义同议会制民主主义结合就是国民的自主规制,即犯罪与刑罚的范围是由接受刑罚的国民自己通过代表来决定的。某种行为被定为犯罪，这就意味着国民的自由被限制在一定的范围内。所以，如果刑法没有国民的参与，而直接由掌权者制定，那么国民在该范围内就是不自由的。但是，如果这种不自由是由国民自己决定的，那还是保持了自律这一意义上的自由。① 这就是说，由于国民不可能人人都参与制定刑法，国民通过代表制定刑法，就是国民的意思表示，就会产生约束力。立法是公意的表达。

《中华人民共和国宪法》第58条、第62条、第67条以及《中华人民共和国立法法》第7条规定，全国人民代表大会和全国人民代表大会常务委员会行使国家立法权。全国人民代表大会制定和修改刑事、民事、国家机构的和其他的基本法律。全国人民代表大会常务委员会制定和修改除应当由全国人民代表大会制定的法律以外的其他法律；在全国人民代表大会闭会期间，对全国人民代表大会制定的法律进行部分补充和修改，但是不得同该法律的基本原则相抵触。

从代表性的角度而言，或者说，从公意表达的充分度而言，无疑全国人民代表大会要比全国人民代表大会常务委员会代表性更强，公意表达更充分。全国人民代表大会代表有近3000人，而全国人民代表大会常务委员会委员不超过200人。从宪法及立法法规定来看，是将刑法等基本法律的修改权首先赋予全国人民代表大会而不是全国人民代表大会常务委员会，全国人民代表大会常务委员会修改刑法等基本法律是处于补充性的地位的。全国人民代表大会完全可以在开会期间修改刑法。从立法效果而言，刑法修正案通过后仍然存在不少广受争议的条款，这在一定程度上损害了立法的权威和尊严，这与立法代表性、权威性不够是有直接关系的。如果对刑法的修改全部于全国人民代表大会闭会期间由全国人民代表大会常务委员会进行，那么，全国人民代表大会修改刑法的权力无疑处于虚置状态。基于国家机关权责一致的原理，全国人民代表大会修改刑法既是其权力也是其责任。从根本意义上讲，全国人民代表大会才是修改刑法的"第一责任人"。

此外，认为增设新罪名应由全国人民代表大会进行，调整刑罚可由全

---

① 参见〔日〕西原春夫《刑法的根基与哲学》，顾肖荣等译，法律出版社，2004，第12页。

国人民代表大会常务委员会进行的认识,也是不妥当的。罪刑关系是刑法的基本范畴,将什么样的行为规定为犯罪,涉及人民的自由范围,无疑应当慎重;同样,对犯罪处以什么样的刑罚也关乎人民的自由、财产和生命等基本人权,正是在这个意义上,刑法又被称为"刑罚法规",因此,对刑罚的重大调整也应首先由全国人民代表大会进行。

因此,要明确全国人民代表大会与其常委会之间立法权限的划分,依法将刑法修正更多地委之于全国人民代表大会,将法律草案提请全国人民代表大会审议和表决,既是充分发挥人民代表大会制度下人大代表在立法中的作用的应有之义,也是增强法律正当性、权威性的必然要求。刑法关乎生杀予夺,重大的事项应当慎重,程序应当更加严谨,类似于一次性增设诸多新罪、对刑罚进行重大调整如取消部分罪名的死刑、设立从业禁止、终身监禁等,由全国人民代表大会修改刑法更为妥当。

## 二 刑法明确性的正当追求

罪刑法定主义基本含义就是法无明文规定不为罪,法无明文规定不处罚。其中明文不仅要求明确规定在法律上,还要求法律规范本身应当是明确的。包括构成要件的明确性和刑罚的明确性。"刑罚法规,对于什么样的犯罪,应当科处什么程度的刑罚,必须以一般人所能预测的形式,具体、明确地加以规定。首先,就犯罪的成立要件而言,其解释范围,必须局限在一般人所能预测的范围之内,在一般人从该法条用语当中,不能明白刑罚法规要禁止什么的时候,该刑罚法规就是不明确的,是违反宪法无效的。"[①] 在刑罚方面,明确性排斥绝对不定期刑。

刑法的机能之一便是行为规制机能。刑法的行为规制机能或称规律机能,是指使对犯罪行为的规范评价得以明确,从而对公民的行为进行规范、制约的机能。[②] 刑法的行为规制机能由评价机能和意思决定机能组成。所谓评价机能,就是说刑法规范具有价值评判的机能,它事先明确将一定的行为规定为犯罪并规定相应的刑罚处罚,通过明确罪刑关系,表明对无

---

① 〔日〕曾根威彦:《刑法学基础》,黎宏译,法律出版社,2005,第12页。
② 张明楷:《外国刑法纲要》,清华大学出版社,1999,第6页。

价值行为的否定和谴责的态度及其程度。所谓意思决定机能，是指国家用法律规定犯罪与刑罚的关系，即要求公民的意志不能背离国家保护法益的意志，要求公民的意志抑制犯罪的决意。评价机能和意思决定机能密切关联。"无论是什么行为，只要法律预先没有规定其是无价值的，应受刑罚处罚，那就不能抑止公民的违法决意的意志。"① 这正是法律规范的评价功能和指引功能的结合。

刑法的行为规制机能要求刑法规范应符合明确性原则的要求，即对于什么行为是犯罪、应处以何种刑罚，应当是明确的，而不是含混的和容易引发歧义的，这样才能保障国民的可预测性。刑法修正过程中体现了追求明确性的立法意识，为刑法的行为规制机能的实现创造了基本条件。这主要表现为各个刑法修正案中对大多数犯罪行为的罪状描述都采用了叙明罪状的方式而非简单罪状的方式。如为严厉惩治"老鼠仓"犯罪，《刑法修正案（七）》第2条规定在《刑法》第180条中增加一款作为第4款："证券交易所、期货交易所、证券公司、期货经纪公司、基金管理公司、商业银行、保险公司等金融机构的从业人员以及有关监管部门或者行业协会的工作人员，利用因职务便利获取的内幕信息以外的其他未公开的信息，违反规定，从事与该信息相关的证券、期货交易活动，或者明示、暗示他人从事相关交易活动，情节严重的，依照第一款的规定处罚。"其中，对利用未公开信息交易罪的主体、行为方式等都进行了明确的比较详细的规定。又如，《刑法修正案（八）》吸收有关司法解释的内容明确了黑社会性质的组织应当同时具备以下四个方面的特征，即：（1）形成较稳定的犯罪组织，人数较多，有明确的组织者、领导者，骨干成员基本固定；（2）有组织地通过违法犯罪活动或者其他手段获取经济利益，具有一定的经济实力，以支持该组织的活动；（3）以暴力、威胁或者其他手段，有组织地多次进行违法犯罪活动，为非作恶，欺压、残害群众；（4）通过实施违法犯罪活动，或者利用国家工作人员的包庇或者纵容，称霸一方，在一定区域或者行业内，形成非法控制或者重大影响，严重破坏经济、社会生活秩

---

① 〔日〕木村龟二主编《刑法学词典》，顾肖荣、郑树周译校，上海翻译出版公司，1991，第10页。

序。诸如此类。此外，对一些罪名的法定刑也做了细化。可以说，刑法修正从整体上体现了明确性的追求。

但是，不容忽视的是，刑法修正过程中仍然存在明确性不足的问题。这主要表现在"口袋罪"的问题还没有得到比较好的解决以及仍存在一些规范性要素不尽明确的问题。

关于"口袋罪"的问题。"口袋罪"这一形象说法源于学界对1979年《刑法》中流氓罪、投机倒把罪、玩忽职守罪因其规定模糊不清、司法适用混乱而有违刑法明确性的批判。[①] 1997年《刑法》致力于解决这三大"口袋罪"问题，通过修改、分解罪名、叙明罪状来使其尽可能明确化，从而为司法适用提供较为具体的、可操作的标准。由投机倒把罪修改而来的"非法经营罪"，列举了罪状，但是留有一个兜底性条款，即"从事其他非法经营活动，扰乱市场秩序，情节严重的行为"。正是这一兜底性条款，为司法适用留下了一个口子，非法经营罪的适用范围扩展到社会经济领域的各个方面，成为司法机关解决该领域具有社会危害性但是刑法没有明确罪名制裁的标准司法选择。[②] 直至近期仍有相关案件传来。如2017年2月17日上午，内蒙古自治区巴彦淖尔市中级人民法院对最高人民法院指令再审的王力军非法经营案公开宣判，依法撤销原审判决，改判王力军无罪。2016年4月15日，巴彦淖尔市临河区白脑包镇永胜村农民王力军，因无证收购玉米，被临河区人民法院以非法经营罪判处有期徒刑1年，缓刑2年，并处罚金人民币20000元。宣判后，被告人王力军未上诉，检察机关未抗诉，判决发生法律效力。同年12月16日，最高人民法院作出（2016）最高法刑监6号再审决定书，指令由巴彦淖尔市中级人民法院对该市临河区人民法院一审判决生效的被告人王力军非法经营一案进行再审。2017年2月13日，巴彦淖尔市中级人民法院依法公开再审此案，庭审在当日结束，法院宣布择期公开宣判。巴彦淖尔市中级人民法院再审认为，原审被告人王力军于2014年11月至2015年1月，没有办理粮食收购许可证及工商营业执照买卖玉米的事实清楚，其行为违反了当时的国家粮

---

① 参见于志刚《口袋罪的时代变迁、当前乱象与削减思路》，《法学家》2013年第3期。
② 参见于志刚《口袋罪的时代变迁、当前乱象与削减思路》，《法学家》2013年第3期，第67页。

食流通管理有关规定,但尚未达到严重扰乱市场秩序的危害程度,不具备与《刑法》第225条规定的非法经营罪相当的社会危害性和刑事处罚的必要性,不构成非法经营罪。原判决认定王力军构成非法经营罪适用法律错误,检察机关、王力军及其辩护人提出王力军的行为不构成犯罪的意见成立,均予以采纳。① 此案经历再审终还被告人一个公道。但是,不能不说是司法资源的浪费。其根由就在于非法经营罪兜底性条款明确性不足,容易致使侦查机关、司法机关入人以罪。至于由流氓罪分解而来的寻衅滋事罪则是由于其行为方式的多样化、模糊化和涵摄性而成为一个比流氓罪略小一点的"口袋罪"。此外,以危险方法危害公共安全罪,破坏计算机信息系统罪,组织、领导、参加黑社会性质组织罪被称为新型的"口袋罪"。②

笔者认为"口袋罪"的出现及其难以根治的原因在于以下几点。其一,"有恶必惩、刑罚万能"观念的影响。这几个"口袋罪"均出现于行为方式复杂、多样、多变的经济领域和社会秩序领域,刑法法规的既定性、类型化不能够完全满足立法者和司法者将刑罚威慑、惩治功能充分发挥的期待,因而,立法上的留下口子和司法中的撕开口子,致使"口袋罪"成为"惩恶扬善"的一种必要的可依赖的选择。其二,以社会危害性为中心构建的犯罪论体系,使得人们缺少形式理性思维,认为凡是有(严重)社会危害性的行为,均合乎犯罪的本质特征,在刑法条款上,如果这一条不合适就选择那一条,总有能套得上的。

其实,罪刑法定主义建立的基础就是刑法的有限性,一方面刑法不能涵盖社会关系的方方面面;另一方面,刑法规范只对其规定的行为(包括现实的行为和规范本身预测到的行为)发生效力。只有包容那些具有社会危害性,但尚没有被刑法本身规制的行为不受刑事追究,才能说贯彻了罪刑法定主义。因此,如果要彻底实现罪刑法定,必须放弃兜底性条款,必须严格刑法的解释。鉴于罪刑法定是一个逐步实现的过程,在现阶段可以通过指导性案例来对兜底性条款进行例释,提供法律适用的参照标准。

---

① 《王力军收购玉米被判非法经营罪一案再审改判无罪》,http://news.xinhuanet.com/legal/2017-02/17/c_1120484291.htm,2018年10月9日访问。
② 参见于志刚《口袋罪的时代变迁、当前乱象与削减思路》,《法学家》2013年第3期。

关于卖淫等规范性要素。规范性要素或者说规范性罪状指的是罪状的叙述使用了对事物进行价值评价的规范性词语，如"淫秽""严重""手段残忍""影响恶劣"等。有人认为，这种规范性词语的含义没有明确的内涵和外延，存在一定的弹性，这为法官出入人罪提供了可能性，因而被认为不符合罪刑法定主义原则。① 笔者认为，类似"淫秽""严重""手段残忍""影响恶劣""卖淫""邪教"等规范性要素，因具有情感选择因素和价值判断因素，相比"财物""数额"等陈述性词语而言，的确是具有一定的伸缩空间，但只要是能够给人们提供一个判断的基准，具有一般的国民可预测性，并不是在任何情况下都违背罪刑法定主义的。但是，如果不能够做到这一点，则是否合乎罪刑法定之要求，则不无疑问。

通过刑法的修改和完善，司法解释对组织、强迫、引诱、容留、介绍卖淫此类罪一些问题的明确化、该类罪的认定，通常来说并不是什么难题。《刑法》和司法解释未对"卖淫"的内涵和外延予以阐明，不过，一段时期以来，这并不是一个问题。司法者通过对"卖淫"惯常理解（传统意义上的提供性交服务并收取财物的行为），即可对该类犯罪予以认定。直到 2003 年南京李某组织卖淫案的出现，何谓"卖淫"、卖淫是否包括男性向同性提供性服务，才引起法律界的关注。2003 年 1 月至同年 8 月，被告人李某以营利为目的，先后伙同刘某、冷某等人经预谋后，采取张贴广告、登报的方式招聘"公关先生"，制定公关人员管理制度，指使刘某、冷某对"公关先生"进行管理，并在其经营的"金麒麟"、"廊桥"及"正麟"酒吧内将"公关先生"介绍给同性嫖客，由同性嫖客带至本市"新富城"大酒店等处从事同性卖淫活动。李某提出"组织同性卖淫不构成犯罪"的辩护意见，法院经审理认为，刑法中"组织他人卖淫"中的"他人"既指女性，也包括男性。该案判决被告人构成组织卖淫罪。此判决引起了广泛讨论，张明楷教授也对该案中"卖淫"是否包括男性向同性卖淫进行了详细解析，指出该案认定被告人构成组织卖淫罪并无不当。②

近年来，关于对刑法中"卖淫"的认定又出现了新的问题：（1）肛

---

① 参见罗树中《刑法制约论》，中国方正出版社，2000，第 15 页。
② 参见张明楷《罪刑法定与刑法解释》，北京大学出版社，2009，第 217~225 页。

交、口交是否属于卖淫的方式？（2）提供手淫等非进入式而是接触式的色情服务能否认定为刑法意义上的卖淫？

关于第一个问题，最高人民法院法官在解读《关于审理组织、强迫、引诱、容留、介绍卖淫刑事案件适用法律若干问题的解释》时认为，肛交、口交应当列入卖淫的方式。这既是对传统卖淫概念的突破，也能被大众所认同，在男男可以卖淫、女女可以卖淫的现实情况及法律规定下，肛交、口交显然是同性卖淫的主要方式，且异性卖淫也可采取肛交、口交的方式。三者的共性都是一方生殖器进入另一方的体内，均属于进入式性活动。并且，从传播性病的角度看，此三种方式，均可引起性病的传播。①

关于第二个问题，实践中对于提供手淫等色情服务是否属于刑法中的卖淫，各地法院判决并不统一。②

佛山市中院认为，被告人及证人证言等证明涉案场所只提供"打飞机""洗飞机""推波飞机"三种手淫服务。根据刑法学理论，卖淫是指以营利为目的，与不特定的对方发生性交、实施类似性交的行为，不包括单纯为异性手淫、女性用乳房摩擦男性生殖器的行为。

根据广东省高级人民法院 2007 年有关介绍、容留妇女卖淫案适用法律问题的批复称，介绍、容留妇女为他人提供手淫服务的行为，不属于刑法明文规定的犯罪行为。故该三种手淫服务不属于《刑法》第六章第八节中组织、强迫、引诱、容留卖淫之"卖淫行为"。

2008 年重庆市黔江法院审理的庞某涉嫌会所色情按摩案协助组织卖淫罪未获认定。判决认为，会所提供的女性按摩男性性器官的行为，我国法律没明确将其规定为卖淫行为，按照刑法规定的法无明文规定不为罪的罪刑法定原则，不能认定为卖淫行为。

2004 年福州福清法院审理的汤某等涉嫌按摩店手淫服务案，法院认定手淫服务属卖淫，被告人行为构成容留卖淫罪；2010 年上海市徐汇法院审理的徐某涉嫌发廊手淫服务案，亦认定为容留卖淫罪。江门法院最近认定的一宗组织卖淫罪，亦认定手淫服务属于卖淫行为。

---

① 参见周峰、党建军、陆建红、杨华《〈关于审理组织、强迫、引诱、容留、介绍卖淫刑事案件适用法律若干问题的解释〉的理解与适用》，《人民司法》（应用）2017 年第 25 期。
② http://www.sohu.com/a/75585696_248464.

公安部曾经于2001年2月18日作出公复字〔2001〕4号的《关于对同性之间以钱财为媒介的性行为定性处理问题的批复》。该批复称：根据《中华人民共和国治安管理处罚条例》和全国人大常委会《关于严禁卖淫嫖娼的决定》的规定，不特定的异性之间或者同性之间以金钱、财物为媒介发生不正当性关系的行为，包括口淫、手淫、鸡奸等行为，都属于卖淫嫖娼行为，对行为人应当依法处理。

最高人民法院法官在解读《关于审理组织、强迫、引诱、容留、介绍卖淫刑事案件适用法律若干问题的解释》时认为，提供手淫等非进入式而是接触式的色情服务尚不宜认定为刑法上的卖淫。同时又指出以下几点。第一，司法解释未对卖淫的概念作出解释，属于权限原因，但这并不影响各地司法实践的处理。第二，行政违法不等同于刑事犯罪，违法概念也不等同于犯罪概念。违反行政法律、法规的行为不等同于构成犯罪。刑法上卖淫的概念，严格说属于立法解释的权限范围，不宜由司法机关做出解释。其依然可以作为行政处罚和相关行政诉讼案件的依据，但不能作为定罪依据。行政法规扩大解释可以把所有的性行为方式都纳入卖淫行为方式并进行行政处罚，但刑法罪名的设立、犯罪行为的界定及解释应遵循谦抑性原则，司法解释对刑法不应进行扩张解释。因此，司法实践中对于如何认定刑法意义上的卖淫，应当依照刑法的基本含义，结合大众的普遍理解及公民的犯罪心理预期等进行认定，并严格遵循罪刑法定原则。据此，不宜对刑法上的卖淫概念作扩大解释，刑法没有明确规定手淫行为属于刑法意义上的"卖淫"，因而对相关行为就不宜入罪。第三，在目前情况下，也不能将刑法意义上的卖淫局限于性交行为，对于性交之外的肛交、口交等进入式的性行为，应当依法认定为刑法意义上的卖淫。第四，待条件成熟时，应当建议由立法机关作出相应解释或由立法直接规定。①

笔者认为，各地法院对提供手淫等非进入式色情服务是否属于刑法中的卖淫认定不一，表明刑法中的"卖淫"一词，随着社会情况的变化，边界发生了模糊，已经不再是一个明确的法律概念了，已经不能够充分地实

---

① 参见周峰、党建军、陆建红、杨华文《〈关于审理组织、强迫、引诱、容留、介绍卖淫刑事案件适用法律若干问题的解释〉的理解与适用》，《人民司法》（应用）2017年第25期。

现罪刑法定主义的行为规制机能和人权保障机能。各地判决的分歧，破坏了法律面前人人平等的原则，极大地损害了法律的尊严。因此，有必要通过立法解释或者修改法律予以明确。但是，鉴于目前的司法乱象，最高人民法院完全可以在恪守罪刑法定原则和刑法谦抑性的前提下进行解释，这并不是僭越立法权，而是统一法律适用的要求。最高人民法院曾对"黑社会性质组织""邪教"等规范性要素进行过解释，并未受到越权的责难。

### 三 立法情绪化的有效避免

法律是理性的载体，立法是理性形成的过程，立法应当基于理性而非情绪。理性立法也是科学立法的内在要求。情绪化立法是对刑法修正过程中出现的对某些行为未经深思熟虑、出于应急需要而予以犯罪化的现象的形象化描述。这种立法表现出一种惩罚的冲动和任性，因此，不仅在立法草案阶段备受争议，即使通过施行后仍不能免受非议。《刑法修正案（九）》中存在不少情绪化立法的条款[①]，笔者认为最为典型的莫过于增设泄露不应公开的案件信息罪，披露、报道不应公开的案件信息罪以及对扰乱法庭秩序罪的修改。

就在《刑法修正案（九）（草案）》（二审稿）征求意见阶段，北京尚权律师事务所约请专家、律师对草案中涉及律师执业的增改条文进行了比较深入的讨论，并以该所的名义向全国人大常委会法工委提交了意见书。[②]可以说该意见具有相当的代表性。兹择要叙述之。

一是关于草案第35条。草案第35条规定，在《刑法》第308条后增加一条，作为第308条之一："司法工作人员、辩护人、诉讼代理人或者其他诉讼参与人，泄露依法不公开审理的案件中不应当公开的信息，造成信息公开传播或者其他严重后果的，处三年以下有期徒刑、拘役或者管制，并处或者单处罚金。有前款行为，泄露国家秘密的，依照本法第三百九十八条的规定定罪处罚。公开披露、报道第一款规定的案件信息，情节

---

[①] 参见刘宪权《刑事立法应力戒情绪——以〈刑法修正案（九）〉为视角》，《法学评论》2016年第1期。

[②] http://weibo.com/sqxbw? zw = eladies&is_hot = 1.

严重的，依照第一款的规定处罚。单位犯前款罪的，对单位判处罚金，并对直接负责的主管人员和其他直接责任人员，依照第一款的规定处罚。"

北京尚权律师事务所提出的修改意见是，建议删去该条规定。修改理由是：该条第1款所规定的内容，对一些关键词语的含义、范围没有明确的界定。比如，什么是"不应当公开的信息""信息公开传播"到底达多大的范围才够入罪，"其他严重后果"又如何界定？此外，信息有很多种，到底该条中指的是哪种信息？而且，在司法实践中还有这样的情况，一个案件涉及多个罪名，可能只有一个罪名是不公开审理的，其他罪名属于可以公开的范围，这时该如何辨别这些信息，又该如何适用法律呢？目前，在这些关键性语义没有明确的情况下，出台这样的规定，势必在今后的司法实践中容易出现扩大解释、扩大入罪的现象，造成实践中适用法律的混乱。所以，建议先取消该条的规定。对于司法工作人员、辩护人的行为规范，完全可以通过行业标准来规范，通过行业处罚来规制，一下子上升到刑罚的程度，恐有不妥。

二是关于草案第36条。该条规定，将《刑法》第309条修改为："有下列扰乱法庭秩序情形之一的，处三年以下有期徒刑、拘役、管制或者罚金：（一）聚众哄闹、冲击法庭的；（二）殴打司法工作人员或者诉讼参与人的；（三）侮辱、诽谤、威胁司法工作人员或者诉讼参与人，不听法庭制止，严重扰乱法庭秩序的；（四）有其他扰乱法庭秩序行为，情节严重的。"

北京尚权律师事务所提出的修改意见（有的意见在第一次审议稿征求意见时已经提出过）是，将该条第3项、第4项规定删去，其他规定保留。主要理由如下。（1）这两项的出台不符合目前的司法环境。因为现在的辩审关系不正常。在辩审冲突不断加剧、律师被逐出法庭的现象频现的背景下，出台这样的规定，有恶意针对律师之嫌，不利于构建良性的控辩审关系，更不利于构建法律职业共同体。（2）该条第3项的规定，开创了言论入罪的恶劣先例。侮辱、诽谤、威胁在民法中本就是容易引起争议的词语，即使在刑法中侮辱、诽谤罪也是以自诉为原则。而该项的规定，显然是公权力介入言论自由的表现。（3）该条第4项的规定，对行为方式没有限制，只是在程度上的限制，增加了"严重"。但是，扰乱法庭秩序的行为其实是很宽泛的，比如交头接耳、鼓掌、拍照、录音等，都是扰乱法庭秩序的行为，所以这样一个口袋式的规定，显然是非常危险的，可能会使一些比较轻微的违反法庭秩序的行为入罪，是一种变相对律师辩护权的限制。第4项规定的口袋太大，应当予以取消。(4) 对于律师违反法庭纪律的行为进行处罚是必要的，但完全可以通过司法局或律师行业协会作出处理，进行惩戒，严重的可以吊销律师执照，甚至可以司法拘留，这足以保证法庭正常的审理秩序，上升到刑法层面解决，有悖于刑法的谦抑性。

在有关立法说明和审议报告中提出了如此增改的理由，也可以看作对修改意见的一种回应。

时任全国人大常委会法制工作委员会主任的李适时在《关于〈中华人民共和国刑法修正案（九）（草案）〉的说明》中，在谈到相关条款时，指出："为保障人民法院依法独立公正行使审判权，完善刑法有关规定。主要是：第一，将司法工作人员、辩护人、诉讼代理人或者其他诉讼参与人，泄露依法不公开审理的案件中不应当公开的信息，造成信息公开传播或者其他严重后果的行为规定为犯罪。第二，修改扰乱法庭秩序罪，在原规定的聚众哄闹、冲击法庭，殴打司法工作人员等行为的基础上，将殴打诉讼参与人以及侮辱、诽谤、威胁司法工作人员或者诉讼参与人，不听法庭制止等严重扰乱法庭秩序的行为增加规定为犯罪。"①

时任全国人大法律委员会主任委员的乔晓阳在《关于〈中华人民共和国刑法修正案（九）（草案）〉审议结果的报告》中指出，草案二次审议稿第36条对《刑法》第309条扰乱法庭秩序罪作了修改。一些常委委员、有的部门、地方以及律师协会提出，本条第3项关于"侮辱、诽谤、威胁司法工作人员或者诉讼参与人"的规定、第4项关于"有其他严重扰乱法庭秩序行为"的规定，在实践中可能被滥用，建议取消。全国人大法律委员会经研究，草案第3项规定与《刑事诉讼法》第194条、《民事诉讼法》第110条的规定（《刑事诉讼法》第194条第2款规定："对聚众哄闹、冲击法庭或者侮辱、诽谤、威胁、殴打司法工作人员或者诉讼参与人，严重扰乱法庭秩序，构成犯罪的，依法追究刑事责任。"《民事诉讼法》第110

---

① http://www.npc.gov.cn/npc/lfzt/rlys/2014-11/03/content_1885123.htm.

条第 3 款规定:"人民法院对哄闹、冲击法庭,侮辱、诽谤、威胁、殴打审判人员,严重扰乱法庭秩序的人,依法追究刑事责任;情节较轻的,予以罚款、拘留。") 是一致的,属于衔接性规定,不宜取消。第 4 项规定的"其他严重扰乱法庭秩序的行为",也是维护法庭秩序和司法权威的必要规范,同时,为进一步明确罪与非罪的界限,防止适用扩大化,建议将该项修改为:"有毁坏法庭设施,抢夺、损毁诉讼文书、证据等扰乱法庭秩序行为,情节严重的。"①

比较修改意见与立法理由、审议报告以及最终通过的立法条文②,可以看出,立法机关没有采纳关于删除泄露不应公开的案件信息罪,披露、报道不应公开的案件信息罪的修改意见,部分地接受了关于修改扰乱法庭秩序罪的意见。

笔者认为,尽管立法机关没有谈到立法所受到的影响,但是不难看出,一些典型的律师披露案件信息,以及辩审冲突现象对立法选择的影响 修改意见中的关于立法可能对律师制度、律师执业环境的负面效果值得重视;立法实际上并没有对辩护律师出现的一些不规范现象的原因进行深刻的思考,也没有对立法可能产生的负面社会效果进行理性的评估。

我国刑事诉讼中,强烈的职权主义意识观念和制度构造,使得"反对强迫自证其罪""非法证据排除"等舶来的实现控辩"平等武装"的规则设计等很难真正得以实现,辩护律师以某些不甚合规的方式进行抗争有时候也确属迫不得已。我国尚未形成真正意义上的法律职业共同体。辩护律师在刑事诉讼中一定程度上被边缘化。公安司法机关内部确实存在一定程

---

① http://www.npc.gov.cn/wxzl/gongbao/2015-11/09/content_1951865.htm.
② 参见《刑法》第 308 条之一:司法工作人员、辩护人、诉讼代理人或者其他诉讼参与人,泄露依法不公开审理的案件中不应当公开的信息,造成信息公开传播或者其他严重后果的,处三年以下有期徒刑、拘役或者管制,并处或者单处罚金。有前款行为,泄露国家秘密的,依照本法第 309 条的规定定罪处罚。公开披露、报道第一款规定的案件信息,情节严重的,依照第一款的规定处罚。单位犯前款罪的,对单位判处罚金,并对其直接负责的主管人员和其他直接责任人员,依照第一款的规定处罚。第 309 条:有下列扰乱法庭秩序情形之一的,处三年以下有期徒刑、拘役、管制或者罚金:(一)聚众哄闹、冲击法庭的;(二)殴打司法工作人员或者诉讼参与人的;(三)侮辱、诽谤、威胁司法工作人员或者诉讼参与人,不听法庭制止,严重扰乱法庭秩序的;(四)有毁坏法庭设施,抢夺、损毁诉讼文书、证据等扰乱法庭秩序行为,情节严重的。

度上对辩护律师的不信任、歧视和排斥,此种态度弥散于社会上,在一定程度上伤害了律师群体的职业形象。其实,在现代诉讼理念和构造中,控审分离,无控诉则无审判,保证了审判权启动的正当性;无辩护则无审判,则保证了审判权运行的正当性。如果因为刑法修正更进一步加剧律师辩护环境的恶化,律师辩护成为一种稀缺资源,大量的律师纷纷从刑事辩护场上抽身而退,那么,则会造成众多的"无辩护的审判",审判本身的正当性值得质疑,以审判为中心的诉讼制度的终极目标——司法公正更是难以实现。

因此,应当尽可能地避免情绪化立法,将立法建立在理性的思考和审慎的判断基础之上。为有效避免情绪化立法可以从以下几方面入手。一是确立体系化的思维方式,注意刑法作为一项法律制度与其他相关法律制度之间的关系,将刑法放置在制度环境中予以考虑,坚持刑法谦抑性。二是确立实践思维方式,建立立法前评估机制,对刑法立法的实践必要性以及可能产生的实践效果,进行比较切合实际的评判。三是确立立法价值均衡理念,防止出现过分强调维护公权力而忽视私权利的价值偏颇。

## 结　语

刑法立法权的合理配置能够确保刑法立法的代表性和权威性,对刑法立法科学化具有重要意义;刑法的明确性是罪刑法定对刑法立法的必然要求;有效避免情绪化立法是刑法立法的现实命题。刑法立法科学化并不只包含上述内容,而是一个内容丰富的课题。刑法立法科学化不仅是一个理论思维的过程,更是一个不断深化的实践过程。刑法修正中的科学性因素需要我们认真总结和提炼,刑法修正中的不科学因素,需要我们深刻反思和修正。只有这样,才能使刑法立法进一步科学化,提升刑法在国家治理能力现代化中的作用。

(山西大学法学院教授　李麒)

## 第二节 犯罪定量维度的立法科学化

### 一 从刑法对犯罪定量标准的修改说起

犯罪定量与国家刑罚权密切相关,而如何划定国家刑罚权的边界是个世界性难题,这就注定为犯罪定量殊为不易。我国刑法自制定以来,就一直面临如何合理定量的困惑。从1979年刑法(以下简称79刑法)到1997年修改后的刑法(以下简称97刑法),再到刑法修正案,我国刑法在犯罪定量上经历了由普遍概括化到侧重具体化,再到侧重概括化的过程。

在79刑法中,除盗窃罪等极少数犯罪外,对犯罪定量主要是概括性的,具体表现为"过多地将'情节严重'、'情节恶劣'作为构成要件"[①]。与79刑法不同,97刑法对犯罪定量倾向于具体化。主要表现在两个方面:一是对原来不具体定量或者将"情节严重/恶劣"等作为定罪标准的犯罪,设置具体的定罪标准;二是新增罪名定量具体化较为突出,如大肆将数额、严重后果等作为经济犯罪、财产犯罪等的定量标准。然而,刑法修正案并未延续97刑法的做法。具体地说,9个刑法修正案对犯罪定量标准的设置和修改呈现如下特征。一是定量适度概括化成为一种趋势。刑法修正案新增51个罪名,其中没有规定具体定量标准或者将情节严重/恶劣等作为定量标准的罪名有40个,比例达78.4%。另外,刑法修正案还对既有的15个罪名的定量标准作了修改,其中将具体标准修改为概括标准的有6个罪名。二是定量标准宽泛化。在15个定量标准被修改的罪名中,9个罪名虽保留具体标准但范畴有所扩展。例如,抢夺罪的定量标准就由"数额较大"修改为"数额较大或者多次抢夺"。

与立法规定相比,司法解释有过之而无不及。以盗窃罪为例,79刑法对之定量规定的是具体的数额标准。1984年"两高"《关于当前办理盗窃案件中具体应用法律的若干问题的解答》第1条则规定具体的数额标准和概括的情节标准均可作为定量依据。1992年"两高"《关于办理盗窃案件

---

① 张明楷:《新刑法与客观主义》,《法学研究》1997年第6期,第95页。

具体应用法律若干问题的解释》中虽然确定情节是盗窃罪定罪依据，但显然具有相对性，因为该解释还规定了接近或者达到数额较大起点，仍可以犯罪论处或者不以犯罪论处的诸多情节。1998年最高人民法院《关于审理盗窃案件具体应用法律若干问题的解释》基本承继了1992年司法解释的规定。2013年"两高"《关于办理盗窃刑事案件适用法律若干问题的解释》（以下简称《盗窃刑事案件的解释》）第2条、第7条却一改以往定量模式，转而采取具体化定量模式，即以纯粹的数额或者特定数额（起点标准的50%）加确定情节作为定罪标准，或者以法定数额加特定情节（认罪、悔罪、退赃、退赔）作为出罪标准。

立法上的反复修改，无疑反映了犯罪定量在司法实践中所面临的种种窘境。尽管如此，对于刑法中的犯罪定量，理论界与实务界的态度还是有所不同。近年来，理论界对刑法定量出现不少质疑声，而实务界对刑法定量却一直乐观其成。理论界与实务界对犯罪定量的不同态度，从一定程度上揭示了犯罪定量的复杂性。有据于此，本文在全面分析司法定量与立法定量的理论基础、价值诉求、推理方法及两者相互关系的基础上，以刑法建构主义理论为指导，拟对应然的犯罪定量模式及其基本要求与司法出路进行系统研究，期待能深化理论界与实务界对犯罪定量模式的探讨。

## 二 犯罪定量的中国经验

我国对犯罪定量采取的是立法定量模式。其基本含义是，犯罪成立的量度原则上由刑法确定，司法机关主要根据刑法规定确定犯罪能否成立。一般认为，立法定量肇始于苏联，在我国得到了前所未有的发展。在我国，立法定量具有广泛的实践基础，也形成了许多独特的经验。

我国《刑法》第13条"但书"规定（以下简称但书规定）的"情节显著轻微危害不大的，不认为是犯罪"，是对犯罪定量作出的纲领性宣示。这一规定揭示了"我国刑法中的犯罪成立要件是表明行为侵害法益的质的构成要件与表明行为侵害法益的量的构成要件的有机统一"。[1] 与"但书"

---

[1] 陈兴良：《作为犯罪构成要件的罪量要素——立足于中国刑法的探讨》，《环球法律评论》2003年秋季号，第276页。

规定相对应，我国刑法分则对个罪定量也会作出具体规定。"在刑法分则所规定的各个罪名当中，对成立应当受到刑罚惩罚程度的危害行为，在'量'上做出了具体的要求。"① 这种定量模式在世界各国中可以说是独树一帜的。

如果以定量是概括还是具体为标准，可将我国刑法对具体犯罪的定量分为三类：具体定量、概括定量与折中定量。具体定量是指刑法对犯罪的定量因素予以具体化的定量方式。如盗窃罪的数额较大、醉酒驾驶定罪标准之酒精与血液含量比值等，均属于具体定量。具体定量中的具体化定量因素，既可以是个别的也可以是两个以上，但必须是具体、确定的。概括定量是指刑法对具体犯罪的定量因素予以概括规定的定量方式。在我国刑法中，概括定量主要包括两类。一是一般概括定量，亦即针对所有犯罪确定的一般性定量，具体表现为《刑法》第13条"但书"定量（以下简称但书定量）。二是个别概括定量，即刑法分则对具体犯罪规定的概括定量。在刑法分则具体条文中，不作定量规定或者以"情节"等作为定量标准的规定，属于对个罪的概括定量。折中定量是指对具体犯罪的定量因素既作具体规定又作概括指导的定量方式。具体包括两种不同情形。一是具体定量与类型化概括定量相结合。例如，《刑法》第169条对背信损害上市公司利益罪定量时，先规定五种具体情形，然后再以"采取其他方式损害上市公司利益的"对定量作类型化概括。与对个罪的概括定量不同的是，这里的概括定量只限于"其他方式损害上市公司利益"，侧重的是特定类型的损害方式，而个罪的概括定量不限于类型化概括。二是具体定量与概括定量相结合。例如，《刑法修正案（九）》对贪污罪、受贿罪确定的定量因素是数额和情节，数额是具体的而情节是概括的，故属于具体定量与概括定量相结合的定量方式。

我国在犯罪定量上还有一个显著特点，即对非具体化的犯罪定量标准会颁布相关司法解释给予具体化，作为立法的补充。并且，这些司法解释对具体犯罪的定量标准规定得非常明确。例如，对于盗窃罪之数额较大，司法解释确定的具体定量标准是 1000~3000 元。对于刑法没有规定任何定

---

① 黎宏：《刑法总论问题思考》，中国人民大学出版社，2007，第195页。

量标准和依据的非法制造、买卖、运输、储存危险物质罪，司法解释规定了应予立案追诉的七种具体情形。此外，我国省一级的司法机关还往往会在立法和司法解释的授权范围内，颁布适用于本辖区内的犯罪定量标准。这些标准可能因本辖区内不同地域的经济发展、治安状况等而有所不同，而且会更确定甚至绝对化。例如，关于盗窃罪的数额较大标准，会具体确定为1000元或者2000元等等。这样，许多犯罪定量标准实质上呈现个别化、绝对化倾向，这可谓我国犯罪定量的一大特色。

### 三　我国立法定量模式之理论辨析与实践反思

#### （一）我国犯罪定量模式的理论检讨

在我国，不少学者对立法定量提出了质疑。代表性的观点主要有二。一是认为立法定量自身存在弊端。如有学者认为，我国刑法中的犯罪定量至少存在以下几点不足：第一是如何归置犯罪定量要素存疑；第二是罪与非罪的界限模糊；第三是刑事违法类型与其他违法类型交叉重叠，难以界分；第四是大量轻微违法行为被放纵，导致刑事法网粗疏。[①] 二是认为但书定量与罪刑法定原则相悖。如有学者认为，"罪刑法定原则要求刑法对个罪构成的规定要具体、确定，而情节显著轻微危害不大，不认为是犯罪的规定则使刑法各罪的罪与非罪的标准永远处于一个不确定的状态，从而与罪刑法定之确定性要求相悖"。[②]

笔者认为，第一种观点存在明显偏颇，不足为据。如前所述，德国主要通过社会相当性排除对轻微危害行为的处罚，这表明定量因素在犯罪论体系中也未归置。而日本学界对犯罪定量要素归置的众说纷纭，本身就说明对其定位很纠结。关于定量导致的罪与非罪的界限模糊，司法定量同样存在。立法定量将定量因素规范化，属于形式上的模糊。司法定量则完全将定量交由司法裁决，属于实质性模糊。关于刑事违法类型与其他违法类型的交叉重叠，在其他国家也客观存在。正如在日本由于存在可罚的违法性理论而导致违法性与可罚的违法性理论交叠一样。事实上，只要对轻微

---

① 参见沈海平《犯罪定量模式检讨》，《法学家》2015年第1期。
② 王尚新：《关于刑法情节显著轻微规定的思考》，《法学研究》2001年第5期，第21页。

危害行为不以犯罪论处，就必然存在刑事违法类型与其他违法类型交叉重叠现象。至于认为导致大量轻微违法行为被放纵也是缺陷，则让人莫名其妙。轻微违法行为本身就不应当处罚，缘何不能被放纵？再者，这样的问题在司法定量中也同样存在，绝非只是立法定量才有，因为司法定量也会排除对轻微危害行为的处罚。

第二种观点也值得商榷。首先，该观点基于不同立场看问题，有所不妥。其逻辑是这样的：由于司法定量，故而定性只需根据刑法规定的行为类型便可。而当该刑法规定的行为是确定的，司法定量符合罪刑法定的明确性要求。但书定量因其本身的不确定性，与罪刑法定原则相冲突。不难看出，这样的理解显然忽视了罪刑法定的实质层面。在刑法定性不定量的情形下，犯罪并非完全法定。因为，此时刑法并不决定行为真正构成犯罪，只有经过司法定量后才能最终确定是否处罚。因而，司法定量同样具有不确定性。可见，上述观点将刑法规定的行为类型的明确性与行为构成犯罪在定量判断上的不确定性相比较，而这两者本非同一层面问题，故失之偏颇在所难免。实际上，站在犯罪成立的立场上，无论是立法定量还是司法定量，都不可避免地具有不确定性，这是定量追求实质合理的体现。其次，罪刑法定原则并不排斥适当的概括性、不确定性，其明确性并非绝对的。只有超越合理界限的模糊与不确定，才与罪刑法定原则相悖。显然，"但书"的概括化与模糊性并未超出合理界限。因为，但书中的"情节"是指影响行为社会危害程度的各种情况，其在司法定量时也是必须面对的，故而其具有一定的模糊性是不可避免的。"法律所调整的事实的无限性与法律规范数量的有限性要求之间的辩证关系或者说矛盾必然在语言上产生如下结果：成文法规范必须包含普遍的、一般化的评价标准。"[①] 可见，但书定量的模糊性是罪刑法定原则所容许的。

总的来看，理论上许多针对立法定量的诘难，就其观点和论证分析来看，应当说有些并非客观、中肯的，有些则是牵强的。结合前述对立法定量和司法定量的分析，可知立法定量有其自身不足，但并非上述观点之所言。同时，司法定量也并非想象的那样完美无缺，其自身也存在某些缺

---

① 〔德〕魏德士：《法理学》，吴越、丁晓春译，法律出版社，2005，第84页。

陷。只有全面审视不同立法模式的利弊优缺，才能理性看待我国刑法中的犯罪定量。

（二）我国犯罪定量模式的实践反思

从79刑法到刑法修正案，刑法在犯罪定量上的修改乃至反复究竟是什么原因造成的呢？笔者认为，根本原因在于刑法分则在具体犯罪定量的封闭与开放上，试图寻求理想的平衡点，乃至于不断地摇摆、反复。如果定量过于概括化，就必然依赖于广泛的司法自由裁量权，但司法自由裁量权过大既有滥用之忧，又有偏离定量均衡与一致之弊。于是，为了避免司法自由裁量权被滥用以及维系定量的均衡与一致，就需要实行定量具体化。问题在于，定量强调具体化又会过于限制司法自由裁量权，导致定量失去灵活性与弹性，乃至有时难以适应司法实践的需要。这样，在定量的封闭与开放以及开放到何种程度上，就面临现实的考验。就我国刑法确立的不同定量方式而言，在司法运用时是存在一些问题的。

就具体定量而言，由于将数额、数量（如次数）、特定的行为方式（如携带凶器）、特定场所（如入户）等个别因素或者若干具体因素，作为决定行为构成犯罪的定量依据，因而会在很大程度上限缩定量因素的范围。特别是将个别因素作为定量依据的犯罪，将会最大限度地限缩定量因素的范围，使定罪呈现极端的封闭性。个别化定量曾在司法实践中引发巨大争议。就概括定量而言，其本身应该说并无不妥，问题在于立法解释或者司法解释往往将之具体化，这才是概括定量真正的问题所在。至于折中定量，则是近年来刑法和司法解释普遍采用的定量方式。这种定量模式看似具体定量与概括定量兼顾，实则操作起来与但书定量有所出入。如前所述，类型化概括定量虽然能包容更多的定量情节，但也只是限于特定类型的情节，并不包括由诸多主客观因素综合而成的有机整体，因而呈现一定的封闭性。而具体定量与概括定量相结合的折中模式，虽然可能会兼采具体定量与概括定量之所长，但也承继了两者之不足。

从我国刑法以及司法解释等的规定来看，立法定量除了会限缩定量因素的范围外，还存在以下两个弊端。一是定量标准的设置具有一定的随意性，有时会导致不同犯罪的定量标准之间严重失衡，有所不妥。以故意伤害罪和故意毁坏财物罪为例，较之故意毁坏财物罪，故意伤害罪的定量无疑受到不恰当的限缩，其中的不协调与不合理是显而易见的。二是倚重典型、形式的定量标准，不恰当地限缩了定量因素的范畴。例如，根据刑法规定，数额与情节是贪污罪、受贿罪的定量要素，两者本应为并列关系。然而，根据司法解释的规定，依照贪污情节定罪仍然受制于贪污数额，这使得数额作为贪污罪定量核心要素的地位并未发生实质改变，从而大大削弱了情节因素在定量中的价值和作用。

## 四 犯罪定量应实行定量具体化与自由裁量相结合

### （一）犯罪定量应实行定量具体化与自由裁量相结合

从79刑法到刑法修正案，定量模式的演变与轮回表明立法机关、司法机关在如何确定犯罪定量标准上是极为矛盾的。而新近某些具体犯罪的司法解释重新回归定量具体化的倾向，则在某种程度上属于倒退。其实质在于牺牲定量的实质合理性，成就定量的可操作性与形式上的公平与一致。在这样的背景下，即使定量标准反复修改，充其量不过是在立法框架内进行，并未改变司法定量被边缘化的实质。

纯粹的立法定量或司法定量都非理想的定量模式，犯罪定量的核心在于合理分配定量的立法权与司法权。定量时，对司法能动要有节制，不能逾越应有的界限。同时，也要赋予立法必要的定量职能。在合理分配立法与司法定量权的基础上，还应充分发挥司法主体的意识经验与定量的实践经验的作用，使定量体现灵活性与原则性、弹性与刚性相结合，使定量理性且有效。要想做到这一点，就需要适当将定量标准立法化，同时又赋予司法在定量上的自由裁量权，使定量具体化与司法自由裁量并行，立法权与司法权实现合理分配。这种将定量因素具体化与司法自由裁量并行的定量模式，可称为并合制定量模式。与我国刑法中的折中定量不同的是，定量并合模式中的定量具体化与司法自由裁量并行并非割裂的，而是有机统一的。具体地说，当只有法定定量情节时，定量只需依照刑法规定便可，司法无权自由裁量；当存在非法定定量情节时，定量需要由司法综合所有情节（包括法定情节）裁量决定。同时，对于同一犯罪定量必须坚持一致的价值判断标准。

较之单纯的司法定量与立法定量，定量并合制具有相对合理性。主要表现在以下方面。首先，定量并合制在划分国家刑罚权的边界上更为恰当。如果把国家将犯罪定量权授予相关部门行使比作委托—代理关系的话，那么国家与立法机关还是司法机关建立委托—代理关系，当然会产生不同的效果。由于定量并合制将形式规则和司法能动有机结合起来，对国家而言达成了较为理想的委托—代理关系，因而对于划分刑罚权边界而言更恰当。其次，定量并合制是衡平法安全与公正的可取途径。将犯罪定量因素立法化还是司法化，涉及法安全与公正的分配与衡平问题。定量并合制崇尚刑法对定量因素的适当规制，同时给予司法必要的自由裁量权，较好地兼顾了刑法的安全性与公正性。最后，在推理方法上，定量并合制能将司法直觉驱动与规则武断有机地结合起来，充分发挥不同推理方法之所长。具体地说，定罪时存在法定定量因素，能使定罪彰显规范治理之所长。存在刑法没有规定的定量因素，则由司法人员凭借直觉加以理性分析和判断以确定是否成立犯罪，使定罪体现处罚必要。

（二）定量并合制的基本要求

实行定量并合制需要做到以下三点。

（1）避免定量两极化。定量并合制既要避免定量完全具体化又要防止定量纯粹概括化。定量可以具体化，但不能纯粹具体化，否则会导致对不典型定罪情节的忽略，不利于定量公正。定量也可以概括化，但如果存在典型、常见定量情节，就有必要给予具体化，以防止司法在常见、典型定量情节上滥用自由裁量权，维系基本的定量均衡与一致。

（2）审慎选择具体化的典型定量情节，避免定量情绪化。定量并合制要求选择典型、常见情节并在刑法分则中予以具体化、明确化。从以往的经验来看，选择典型、常见情节并不难，因为司法实践中常见的典型情节基本上具有通识性，也容易归纳和确定。问题在于，对于典型情节之外的其他情节，就需要慎重对待。通常，纯粹以次数作为经济犯罪、财产犯罪的具体定量标准，就需要审慎对待。

（3）以兜底化概括定量替代类型化概括定量。这是因为，类型化概括定量征表的是类型化定量情节，而兜底化概括定量则囊括一切达到犯罪程度的定量情节，包括不符合类型化要求却与之价值相当的情节，因而可以弥补类型化概括定量的不足。

（三）定量并合制的司法出路

**1. 将但书定量与刑法分则的具体定量加以一体化考量**

刑法分则以及司法解释确定了具体定量标准，很容易导致以具体定量规定为主导而漠视但书定量。因此，在具体定量时，必须将分则的罪刑条款与刑法第 13 条"但书"规定结合起来。在具体操作上，当仅仅存在法定具体定量情节时，根据刑法分则或者司法解释规定的定量标准定罪便可；如果除法定具体定量情节外还存在其他定量情节，则需要综合所有定量情节予以整体考量，确定是否构成犯罪。

**2. 合理规制司法自由裁量权**

结合司法实际情况，在我国规制司法自由裁量权可以考虑从以下方面着手。

（1）适当分配犯罪定量权，完善相关诉讼制度。将定量权适当分配，是许多国家衡平司法自由裁量权的经验，目的在于避免司法自由裁量权"一家独大"。未来完善刑事诉讼法时，可以考虑将侦查权作为启动刑事追诉的前置程序，公安机关只对查证行为事实负责，不享有对行为是否构成犯罪的定量初始决定权。同时，将对行为是否构成犯罪进行价值判断的求诉决定权赋予检察机关，由其负责对刑事案件是否提起诉讼。这样，在犯罪定量上就形成相互制衡的格局：公安机关有权查证行为事实，却没有定量决定权；检察机关有定量判断以及求诉权，但受制于公安机关所查证的行为事实；法院则专司审判阶段的事实与法律认定，最终确定行为是否达到犯罪所需的量度。

（2）加强司法机关内部的制约与监督。为了避免司法定量偏离正当性，需要对司法定量权加以适当制约。而来自司法机关内部的监督与制约，是规制司法自由裁量权的有效方法。同时，诉讼时采用陪审团模式也有助于提高犯罪定量的精确性与客观性。目前，我国司法机关内部的监督与制衡相对较为薄弱。以陪审制度为例，无论从人选还是从庭审表现来看，人民陪审员所起的作用充其量不过是象征性的，对定罪量刑而言并无实质意义。因此，未来可以借鉴国外经验，侧重吸纳有关方面的专业人士或者法律专家充实人民陪审员队伍，使陪审发挥应有的功效。

（3）扩大亲告罪的范围以制衡司法定量权。适当扩大亲告罪的范围是制衡司法定量权的有效手段。在司法实践中，"轻微的侵害所有权的犯罪和财产犯罪"无疑是一个相对宽泛的范畴，而且这类犯罪在司法实践中所占比例较大，这表明被害人对犯罪定量是有一定决定权的。目前，我国刑法共规定了5个亲告罪。较之国外，我国刑事案件当事人的定罪决定权是极为有限的。因此，扩大亲告罪的范围以制衡司法定量权，是有其积极作用的。特别是在犯罪圈不断扩展、犯罪定量标准不断下沉的今天，扩大亲告罪范围的现实意义更为突出。

3. 加强定量说理

在裁判文书中，记述由行为事实到定罪结果的推理过程，是裁判理由的重要内容，能展现司法自由裁量权的运用依据及过程，起到制衡司法自由裁量权的作用。可见，在刑事判决书中加强定罪说理，能在一定程度上防止司法定量权被滥用。遗憾的是，我国刑事判决似乎对所有犯罪一视同仁，普遍不重视定罪说理，即使说理也是采取简单的三段论式说理模式。事实上，在很多国家，运用三段论说理是不被允许的。特别是对于犯罪定量而言，如果存在非法定定量情节，是需要综合各种定量因素进行价值判断的，此时仅仅依靠三段论是无法有效说理的。只有加强定量说理，才能有效制约司法自由裁量权，避免定量偏离公正与理性。

（苏州大学王健法学院教授 彭文华）

## 第三节 刑事立法向法益保护原则的体系回归

### 一 脱离法益保护原则的活化性刑事立法

"近年来,国内外的刑事立法非常活跃,刑法已经由解释的时代转向立法的时代。"① 在我国的法律中,《刑法》是应用最为频繁的法律之一。1979年《刑法》颁布以后,一方面是社会急剧转型,出现一些新的犯罪类型;另一方面是发生了一些引起世人关注的案件,迫使政府做出及时的回应。② 有鉴于此,自1999年《刑法修正案》起,到2015年《刑法修正案(九)》止,根据《宪法》赋予的权力,立法机关对刑法进行了频繁的修改。③ 对我国历次刑法修正案进行统计分析可见,我国刑事立法主要特征之一是犯罪化。比如,从《刑法修正案(六)》开始,增补及修改罪名的数量均达到两位数,特别是《刑法修正案(九)》新增、修改的罪名达到44个。特征之二是重罚化,比如《刑法修正案(三)》中提高了恐怖活动犯罪的法定刑。《刑法修正案(六)》规定《刑法》第186条"向关系人发放贷款的",依照向非关系人发放贷款的规定"从重处罚"。《刑法修正案(七)》第395条之罪的法定最高刑由有期徒刑5年提高到10年等等。④

曾经日本的刑事立法活动被比喻为安静地如"金字塔"一般。⑤ 一直以来,"日本的刑法修正都迟迟无法推进,对社会上时有发生的当罚的

---

① 张明楷:《法益保护与比例原则》,《中国社会科学》2017年第7期。
② 如引发社会热议的四川成都的孙伟铭案和浙江杭州的胡斌案,促成了《刑法修正案(八)》危险驾驶罪的设置,参见赵秉志、赵远《危险驾驶罪研析与思考》,《政治与法律》2011年第8期。在日本也是如此,比如发生的三鹰尾随杀人案引发社会关注,使得日本政府认为有必要针对"报复性色情"进行立法,于是在2014年制定了《因隐私性画像的提供行为等受害防止法》,参见上田正基《その行為、本当に処罰しますか——憲法の刑事立法論序説》,弘文堂,2016,第1页。
③ 参见方忠耀、刘丹红《刑法修改的立法技术评析》,《中国刑事法杂志》2011年第12期。
④ 参见齐文远《修订刑法应避免过度犯罪化倾向》,《法商研究》2016年第3期;刘艳红《〈刑法修正案(八)〉的三大特点》,《法学论坛》2011年第5期。
⑤ 松尾浩也教授指出,当"(刑事)立法像'金字塔'一样沉默时,判例就会如同'狮身人面像'一样活跃"。参见松尾浩也《刑事訴訟法判例百選》,有斐閣,1981,第5页。

## 第六章　刑法立法科学化的展开

（新型的）危害社会的行为，都是通过刑法的柔性解释、适用来进行解决，这是日本刑事司法的特色之一"。① 然而，最近日本刑事立法进入了活性化时代，刑法典被修改了20余次，特别刑法中也出现了大量立法，可以说日本迎来了立法的时代。最近日本刑法典修正扩大性犯罪的范围以及引入共谋罪，引起了日本学界的强烈反应。② 对目前日本刑事立法现状的评价，大多数刑法学者所使用的关键词是"刑法积极主义"或者"政治化色彩"③，认为立法者对于刑事立法有一种非合理性的狂热。④

德国也是如此，比日本更早地开始以"保护法益的扩散"和"处罚的早期化"为特征的一系列刑事立法，同时原本的行为规范论更加积极地对法益概念和法益保护原则展开批判。⑤ 德国刑事立法中已经包含大量对社会中的不道德、消极情绪的感情或者气氛予以保护的条文，比如德国刑法第140条规定的对犯罪行为支付报酬以及赞同、第183条的a引起公众不悦等，都是不值得刑法进行保护的价值受到侵害的问题。因为，在多元主义的社会中，和平的共存，必须要以对不符合自己价值观的行为样态保持某种程度的宽容为前提。另外，最近德国已经或者将要修改的领域包括性犯罪、恐怖主义犯罪、贪腐犯罪以及网络犯罪等等当中，都有诸多突破法益保护原则的迹象。⑥

综上所述，20世纪90年代以来，无论是我国抑或是德国、日本，新的刑事立法相继出台。这些刑事立法大多是将之前没有明确为具有他害性而不被视为犯罪的行为升格为犯罪，将之前就认定为犯罪的行为加重其刑罚。

---

① 曾根威彦：《現代の刑事立法と刑法理論》，《刑事法ジャーナル》2005年第1号。
② 关于性犯罪的争论，参见嘉門優《法益論から見た強姦罪等の改正案》，《犯罪と刑罰》2017年第26号；島岡まな《性犯罪の保護法益及び刑法改正骨子への批判的考察》，《慶應法学》2017年第37号；等等。关于共谋犯罪的争议，参见高山佳奈子《共謀罪の何が問題か》，《法律時報》2017年第10号；亀井源太郎《共謀罪あるいは「テロ等組織犯罪準備罪」について》，《慶應法学》2017年第37号；白取祐司《共謀罪法で日本社会はどうなる?》，《神奈川大学評論》2017年第87号。
③ 参见高山佳奈子《「政治」が主導する近年の日本の刑事立法》，《月旦法學雜誌》2009年第172号。
④ 参见亀井源太郎《刑事立法と刑事法学》，弘文堂，2010，第8～10页。
⑤ Vgl. Roland Hefendehl/Andrew von Hirsch/Wolfgang Wohlers, Die Rechtsgutstheorie: Legitimationsbasis des Strafrechts oder dogmatisches Glasperlenspiel? Nomos/Auflage (2003), S. 100ff.
⑥ Änderungen an dem Strafgesetzbuch (StGB), https://www.buzer.de/gesetz/6165/l.htm.

这种国家刑罚权的扩大、强化，是在所谓的为了保障市民的安全、安定的生活，通过国家刑罚权抑制违法行为必不可少的意识之下进行的。对于超越个人和压制个人的国家权力的扩大和强化的警惕意识却比较单薄。这种所谓保障个人/市民的安全所必要的，推进他害性尚不明确的行为予以犯罪化、全体重罚化的立法，也被称为市民主义的治安立法。另外将他害性尚不明确的行为作为刑事规制的对象的动向，也被称为刑法的预防主义化或者预防主义刑法。① 治安立法或者预防主义刑法由于会危及国民的自由，一直以来都是被否定并被批判的对象，然而90年代以后，对于这种治安立法或者预防主义刑法予以默示认可的倾向越来越明显。

由于在政治、经济政策中，新自由主义成为支配性思潮，因此，"从事前规制到事后规制的转换"，"从大政府向小政府转换"② 常被言及。话虽如此，国家刑罚权力当中，"规制的事前化、预防主义化"③ 被急速地扩大、强化，监狱犯人过剩也成为一个需要解决的问题。

但是新自由主义本来就意味着针对治安、防卫国家要发挥作用。而且新自由主义的规制缓和论、小政府论都是为了最大限度保障资本自由活动的政策论。实行这一政策的话，市场竞争中因弱肉强食而导致社会的不安定，治安恶化的风险，这一点在当初就已经被有所考虑。参照这些事实，新自由主义却招致国家刑罚权的扩大、强化，没有比这更奇怪的了。④

然而，事态并不那么单纯。社会不安是和犯罪直接相关吗？这一疑问还尚残存。90年代的美国尤为显著，即便是采取了新自由主义的政策，犯罪不仅没有增加，而且还在减少，这已经有事实证明。⑤ 但是另一方面，

---

① 参见刘艳红《象征性立法对刑法功能的损害——二十年来中国刑事立法总评》，《政治与法律》2017年第3期；何荣功《预防刑法的扩张及其限度》，《法学研究》2017年第4期等。

② 参见木村弘之《刑事司法における合理的選択理論の思潮》，《犯罪社会学研究》1997年第22号；胡澎《从"中央集权"到"官民共治"日本社会治理的新走向》，《国家治理》2014年第23期。

③ 生田勝義：《刑罰の一般的抑止力と刑法理論——批判的一考察》，《立命館法学》2005年23号。

④ 参见生田勝義《法意識の変化と刑法の変容：ひとつの覚書》，《国際公共政策研究》2002年第2号。

⑤ See Alfred Blumstein, *The Crime Drop in America* (*Revised Edition*), Cambridge University Press, 2005, p. 330.

尽管如此，监狱中被关押的受刑者数量持续增加，比如美国甚至因为监狱的增加，出现了监狱产业化的现象。①

鉴于这一事实，首先做出如下说明。也即，近年来之所以出现刑罚权力的扩大、强化，与其说是现实的犯罪的凶恶化、激增化，倒不如说人们对于犯罪被害幻想的恐惧感和不安感才是真正的原因。可以说这和危险社会所对应的刑法以及象征刑事立法有着共同面，也即为了预防现代新型的风险的现实化，将和危险相隔甚远的行为也作为刑事规制的对象。② 但是仅此还不能够说明 20 世纪 90 年代以后的刑事立法状态。也就是说，不仅仅是不安感，或者说除了不安感之外，规范意识或者与规范相关的内心感觉的变化也是推进犯罪化和重罚化的因素之一。这种规范意识、情感到底是一种什么样的存在？是如何产生的？对于这些点的分析，是极有必要的。

## 二 刑事立法脱离法益保护原则的基本样态

自 20 世纪 90 年代以后，中、日、德一直在进行"决堤式"的刑事立法。在对 90 年代以后的刑事立法予以评价之前，可以概览一下一直以来现代刑法的基本样态之内容，需要说明的是这些基本样态是相互关联、相互渗透的。

（一）刑法的积极的一般预防化

首先，现代刑法是和近代刑法对比时所使用的概念。其后，这种近代刑法，至少理念上，必须以自由为基础来构筑。这种意义下的近代刑法，也可以称为自由主义刑法。

近代自由主义刑法主张只要不伤害他人的权利，就是人的自由，只有他害性的行为才予以犯罪化。并且，刑法是在规定权利内容的民法等第一次法的基础上，只有在权利侵害行为当中，社会中无法继续容忍的、重大

---

① 参见蒋红珍《美国司法机构职能外包的质疑和回应——聚焦"政府固有职能"》，《当代法学》2016 年第 1 期。
② 金尚均：《危险社会と刑法—現代社会における刑法の機能と限界》，成文堂，2001，第 15~33 页。

的有责行为,才作为犯罪进行处罚的第二次法。也就是说,犯罪是以故意犯为原则,刑法是作为民法等第一次法的担保法,作为事后的制裁法对待的。

与此相对,现代刑法,虽然基本维持了近代刑法的基本特征,但是开始向积极的一般预防方向倾斜。"积极的一般预防"或者"积极的一般预防论"这一语词,原本是在德国刑法学中常被使用的概念,在日本和我国也逐渐普及开来,并且在立法当中不断体现出来。① 以积极的一般预防目的为根据而处罚行为人,不得不说只是将行为人当成对其他人(规范的规制对象)实现政策上的目的的手段而已。这种所谓为了社会稳定利益而采用的工具主义将个人手段化,被有些学者批判为,在侵害个人的尊严这一点上,其与以威吓国民进而实现犯罪预防的"消极的一般预防并无太大的差异"。②

另外,还有观点认为,所谓积极的一般预防或者积极的一般预防论,是通过刑罚的存在而旨在促成人们形成道德观念。③ 这里所谓的形成道德观念既包括形成目前社会中尚不存在的道德或者规范,也包括让人们形成对社会已经存在的道德或者规范予以遵守的意识。套用所谓的"社会教育说"④,即教育社会成员确立新的规范,和教育人们遵守既有的社会规范。

如果积极的一般预防是第一种内涵的话,那么就和"基于刑法而形成规范的机能"⑤ 具有同样的意义了。这很容易让人产生这样的印象,即国家及其统治者,通过刑罚来达到教育和指导国民的目的。因此积极的一般预防,一方面为推进担保社会中尚不存在的新规则或者行为规范的刑事立法摇旗助威;另一方面,也成为了为了国家或社会的维持和繁荣,而由国家任意地控制个人行动的"集体主义"的支撑,这些都是自由主义倡导者所

---

① 积极的一般预防在我国的刑事立法上,尤其体现在最近的《刑法修正案(八)》和《刑法修正案(九)》之中。参见周光权《积极刑法立法观在中国的确立》,《法学研究》2016 年第 4 期;于改之、蒋太珂《刑事立法:在目的和手段之间》,《现代法学》2016 年第 2 期;赵秉志《关注刑法改革是刑法理论的重要使命》,《人民检察》2016 年第 1 期;等等。

② 参见曾根威彦《刑法学の基礎》,成文堂,2001,第 48 页。

③ 参见松宫孝明《刑事立法と犯罪体系》,成文堂,2003,第 18 页。

④ 参见曾根威彦《刑法学の基礎》,成文堂,2001,第 48 页。

⑤ H. Welzel, Das Deutsche Strafrecht, 11. Auflage (1969), S. 3.

## 第六章　刑法立法科学化的展开

厌恶的对象。

如果积极的一般预防是第二种内涵的话，因为是一般预防，就会以社会上的公民作为对象。然后，以存在和人们的遵守意识相区别的社会规范存在为前提。这仿佛给人这样的印象，即社会规范是存在于和社会成员的意识不同的维度的，这种和人们遵守意识完全不同的规范，需要由刑法来向公民进行灌输。这样的话，积极的一般预防既推进保证既有的保守的规范的刑事立法，又支撑着为繁荣国家和社会而任意控制个人自由的"集体主义"。

然而，有研究借用心理学的实证方法来检视积极的一般预防的道德观念促成效果，得出的结论是：关于通过刑事立法来实现规范意识之涵养效果，实证研究表明，预防效果难以令人信服。试图通过刑罚来达到维持、恢复和强化规范意识之目标的积极一般预防论，在心理学上并不能得到支持。[①] 基于积极的一般预防论，刑事立法又显示出另外一个特征，即法益保护的早期化/法益的抽象化。

### （二）法益保护的早期化/法益的抽象化

法益保护的早期化特征具体包括以下内容。（1）为了保护法益，等到犯罪实行的话为时过晚，因此要对犯罪实行者背后的"大人物"进行逮捕，也即共犯处罚的提前化，也就是将教唆、煽动、阴谋等进行独立处罚或者按照共谋来处罚。（2）结果犯、具体的危险犯对于法益保护来说过于迟延，因此向抽象的危险犯和预备罪方向进行扩张。其中第一个具体特征，在二战后的西德典型地表现为禁止特定目的的结社的刑法，当然这包含了本来就具有犯罪特质的，为实施犯罪或者破坏宪法而进行的结社行为。但是这一规定显然会和结社自由之间产生冲突，可以说是与二战以后西德特有的反纳粹等民主主义结社现状有关联。[②] 在日本，为了消除公民恐惧感而制定的《破坏活动防止法》也是如此，对进行暴力主义破坏活动

---

[①] 参见本庄武《刑罰の積極的一般予防効果に関する心理学的検討》，《法と心理》2002年第1号。

[②] 相关西德时期的立法状况，参见内藤谦《西ドイツ新刑法の成立改正刑法草案との比較法的検討》，成文堂，1977，第1~54页。

的团体进行活动限制和解散处分,对违反这种处分的规定了相应的刑罚。在我国,法益保护早期化的典型例子是对恐怖主义犯罪的预防。比如为了对恐怖主义犯罪进行提前防控,在《刑法修正案(九)》中增加了第120条之六:"明知是宣扬恐怖主义、极端主义的图书、音频视频资料或者其他物品而非法持有,情节严重的,处三年以下有期徒刑、拘役或者管制,并处或者单处罚金。"①

第二个具体特征表现为,在刑法的保护法益当中,一般、抽象的法益所占比例呈现扩大的倾向,也就是"法益一般化、抽象化"的特征。这一特征在将"自由民主主义的宪法秩序""公共的安宁"等作为保护法益的政治的治安立法中可见。② 另外,在保护"竞争的经济秩序"的经济刑法③、保护"生物多样性等"的环境刑法当中尤为明显。④ 即便是没有侵害具体的财产利益和没有危险性的行为,但是只要被认为是有害竞争秩序的行为,都可能构成犯罪。秩序侵害行为构成作为秩序违反的行为。也就是说,违反了为维持竞争而设定的规则的行为样态,被作为犯罪予以规定。⑤ 将违反规则的行为样态予以类型化规定为犯罪的手法,实际上和将抽象的危险犯予以刑事处罚的手法是一样的。虽然不是用法益保护的前置化的形式,但是改头换面试图用一般的、抽象的法益的创设来使刑事法介入前置化,本质上是一样的。这种方法和抽象的危险犯一样,只规定违反规则的行为样态的类型,对于法益是否具体受到实际的侵害并不关心。如果在侵害客体如此暧昧的情况下,想确保刑罚法规的明确性的话,那么是否构成犯罪的基准不能求诸刑法自身,只能求诸行政法,这是以环境刑法为典型的行政从属性问题。法益保护的早期化/法益的抽象化最大的危害是存在对公民私权利侵害的巨大隐患。以日本最近刑法修正新增的共谋罪为例,日本刑法一直是以处罚既遂为原则的,法律所保护的法益受到现实的侵害,发生危害结果时才对行为进行处罚。未遂只有在法律有特别规定

---

① 参见张明楷《论〈刑法修正案(九)〉关于恐怖犯罪的规定》,《现代法学》2016 年第 1 期。
② 参见嘉門優《行為原理と法益論》,《立命館法学》2009 年第 56 号。
③ 参见芝原邦爾《経済刑法研究》(上),有斐閣,2005,第 6 页。
④ 参见刘艳红《环境犯罪刑事治理早期化之反对》,《政治与法律》2015 年第 7 期。
⑤ 参见芝原邦爾《経済刑法》,岩波书房,2000,第 1~10 页。

时才进行处罚，属于例外情形。而对预备的处罚，相对于未遂来说更是例外中的例外，只有杀人、抢劫、放火等重大犯罪的场合才可能处罚。① 现在，对于预备的一种——共谋进行处罚，可以说是对"危险意图"的处罚。因为共谋罪的证明非常困难，它是将人和人的沟通、交流作为犯罪进行处罚的行为，所以要想检举、控告共谋犯罪，作为收集证据的重要手段，最为有效的方法就是室内监听。这可能会导致侦查机关对公民日常的隐私生活进行监视性侦查，进而严重侵害到公民的基本人权。另外，团体活动的共谋也可能会被处罚。比如劳动组织进行罢工，其中计划将工厂封锁，就可能构成逮捕监禁罪的共谋罪。那么侦查机关针对公民活动团体、劳动组织等，就可能会以涉嫌共谋罪进行检举，进而使得共谋罪成为阻碍宪法权利维护的爪牙。② 和法益保护的早期化/法益的抽象化息息相关的另外一个立法特征就是象征化立法。

(三) 刑事立法象征化

20世纪60年代，北美的政治学、社会学、刑事法学当中，政治和象征相关的探讨盛行。在此时的争论中被确立下来的，不仅是政治和权力以及各种利益之间的关系，还有配置象征或者维持象征。象征一词来源于希腊语中的symbolon或者拉丁语中的symbolum。谈及内涵，首先被举出来的是"附着的特征"，其本来是指"关联的事宜"之义。象征这一语辞，在诸多学问的领域当中，尤其是在神学、哲学、心理学以及生态学当中，按照不同的意义被使用，显然无法得出统一的意思内涵。不管如何，所谓象征，即可以通过它能够推论或者认识某一事物的符号，即作为超越被推论本体的符号来理解。象征是和事实本体不同的表面事物，也常常带有虚伪、虚构的意思。③ 20世纪70年代以后，在德语圈国家当中，法社会学、

---

① 参见山口厚《刑法総論（第3版）》，有斐閣，2016，第279页；高橋則夫《刑法総論》（第3版），成文堂，2016，第384页；等等。
② 参见髙山佳奈子《共謀罪法案の提出に反対する刑事法研究者の声明解説と補論共謀罪立法はなぜ不要か》，《世界》2017年第893号。
③ See Dwyer, John P., "The Pathology of Symbolic Legislation", *Ecology Law Quarterly*, Vol. 17, Issue 2 (1990), pp. 233-316; Koch, Larry W., Galliher, John F., "Michigan's Continuing Abolition of the Death Penalty and the Conceptual Components of Symbolic Legislation", *Social & Legal Studies*, Vol. 2, Issue 3 (September 1993), pp. 323-346.

批判刑法学领域对于这一问题又展开相关争论,并在20世纪80年代末,将这一概念放在刑法当中进行特别化争论,引起了全体刑法学界的热烈关注[1],并且进一步扩展到其后刑法的诸多新的领域当中。在这一时期,对于这一主题的争论主要集中在立法方面。作为结果就是"象征性立法"开始引起学界的讨论。[2]

目前现代刑法的倾向就是向新的领域扩张。超越法益保护原则的界限,利用抽象的危险犯进行处罚的早期化。象征的刑法也可以说是现代刑法的危机现象之一。很多刑法学者认为,在很多领域当中,为了解决一定的社会问题,刑法往往作为一种象征来予以利用,尤其是在环境破坏、组织犯罪、恐怖主义、非法入境、贪污腐败、遗传工程学等具有较大风险的现代问题中。[3] 另外,在政治上往往倾向于认为,刑法是解决危机问题的柔软且及时性的手段。象征性刑法的典型例子,经常会提及的就是环境刑法。环境的保护,在很多国家都是备受国民和社会关心的重大事宜。空气、水、土壤被污染,充满危险有害的物质。另外,臭氧层破洞继续扩大,导致森林死亡,动物物种面临灭绝的危机,海洋受到污染。但是,另一方面,以环境犯罪的具体案例来进行考量的话,被追诉为环境犯罪的具体犯罪行为根本没有触及环境犯罪的核心问题,更谈不上解决了环境污染问题中的核心部分。象征性刑事立法还体现为对性犯罪和其他危险犯罪的防止性刑法立法、恐怖主义犯罪的立法等。

刑事立法的象征化何以产生?以恐怖主义为例,出现严重的事件及之后的事态的变迁,政府会直接遭受批判,会传出要求立法者进行立法的声音。此时,媒体经常会起到推波助澜的作用。它们会通过诸如"安全神话的崩溃"等表述,来使原本理性的议论感性化。因此社会各界都会对政府

---

[1] See Seihr, Angelika, "Symbolic Legislation and the Need for Legislative Jurisprudence: The Example of the Federal Republic of Germany", *Legisprudence*, Vol. 2, Issue 3 (2008), pp. 271 – 306.

[2] Vgl. Hassemer, Winfried, "Das Symbolische am symbolischen Strafrecht", in Festschrift für Clause Roxin zum 70. Geburtstag. Berlin, New York (2001), S. 1001 – 1019.

[3] Hans Joachim Hirsch, "Aktuelle Probleme rechtsstaatlicher Strafgesetzgebung", in HJ Hirsch, G. Kohlmann, H. Lilie (Hrsg.), *Strafrechtliche Probleme* (2009), Duncker und Humblot, S. 40.

的行动能力施加更大的压力。政府的政策在应对国民的期待和不安之时,就显得别无他法,捉襟见肘。此时,所作出的政策,即便是在暂时的压力之下,也会在强力且急躁的行动主义之下被促成。法律匆忙被制定,法案越来越迅速地通过议会的讨论。在法律行动主义之下,法律因为具备这样的特征,即政治的信号或者作为象征性意义,也或多或少被公然地予以肯定了。生态学将这种状况描述为代偿反应。所谓代偿反应,就是在动物世界当中,当该动物无法实际进行战斗的时候,采取没有实际威慑力的姿态,或者没有意义的样态。因此,象征性刑事立法并不是以法益保护为前提的,而只是应对国民的处罚感情的手段。可以说这只是政治为了收买选民的欢心的工具。① 如果将刑法予以如此运用的话,就会使得刑法的基本性格土崩瓦解,并使得这种性格出现巨大的变更。那么如何判断刑事立法是不是象征性的呢?这就需要借助法律以及其他措施所拥有的效果的考察方法。也就是说,法律对于结果来说具有何种效果,即法律具有何种产出的问题。这种方法是经验型的,其和仅以理论体系内部的整合性作为问题的纯规范性分析方法比起来,是一种相当新颖的方法。因此,需要区别通过采取某种法律上的措施,是能够实现某种效果,抑或是只停留在没有任何效果的象征行为的层面上。刑法规范到底是不是象征性的,需要从规范的显在性功能和潜在性功能角度来进行解释。所谓显在性功能,是指从规范中直接产生的机能。潜在性功能是指,规范内容之外所产生的功能,其中包括现实行动要求的满足,国民的平息化,甚至包括展示国家的强大等等。当潜在性的功能超越了显在性的功能,那么就可以说这一立法是象征性的立法。

## 三 用法益保护原则界定刑法立法的体系性要素

(一) 法益保护原则中法益概念的展开(人格属性)

"什么样的行为值得处罚,什么样的行为不需要处罚,或者说,在什么样的场合使用刑罚比较好"这些问题,在如今正是需要予以回答的难

---

① 参见生田勝義《刑罰の一般的抑止力と刑法理論——批判的一考察》,《立命館法学》2005 年 23 号。

题。"刑法的肥大化,对刑法产生过度的期待的话,不仅会危及国民的人权,而且也会导致刑法自身的危机。"① 因此应当持对刑法"介入主义"的批判态度。刑法的介入的界限,必须从刑法的社会任务中推导出来。刑法的目的是,当无法通过侵害性相对较小的手段实现的时候,才出面保障公民的和平、自由、安全状态。根据社会契约论,作为国家权力主体的公民,只有在为实现自由、和平的共同生活之必要,且这一目的通过较为稳健的手段无法实现的时候,才将刑法的介入权委诸立法者。② 因此,在个人所必要的国家保护和个人自由保障的形式上,必须要建构国家权限介入和个人自由的均衡。

在启蒙时期,通过"没有对社会产生有害性的话,国家就没有处罚权"这样的行为原理(社会损害说),来将可罚性限定在社会侵害之中,尤其带来了对宗教犯罪和破坏社会风俗犯罪的量刑的减轻。③ 将这种启蒙主义理论引入刑法解释论的学者之一是费尔巴哈。费尔巴哈将犯罪理解为对权利的侵害,使得中世纪以来被扩张的和暧昧的犯罪概念被一定程度地予以限定,防止国家权力的恣意和刑法的不安定,意图保护作为个人的市民的自由。④

为了进一步限定刑罚,便衍生了法益的概念。法益概念的原型是纳坦·比恩鲍姆(Nathan Birnbaum)所提出的"法之财"概念,这一概念是在对费尔巴哈的权利侵害说进行批判和修正的基础上形成的。⑤ 一直以来,都认为法益侵害说也继受了有权利侵害说的历史的自由主义的内容。这种历史的自由主义的所谓的前实定的法益概念,为立法者提供了合理的具有使用可能的判断标准。另外,判断的正当性,因为带来了外在的证明标准,因此收获了大量的支持者,持续地成为评判立法内容的立法者的判断标准。其定义也多种多样,比如利益、客体或者状态等。另外,有人认为前实定的法益概念的内容是从人类或者个人中所导出的概念,Marx 认为,

---

① 生田勝義:《行為原理と刑事違法論》,信山社,2002,第 54 页。
② 参见卢梭《社会契约论》,何兆武译,商务印书馆,2005,第 49 页。
③ 参见クヌート・アメルンク《法益保護と社会の保護(一)》,甲斐克則訳,《九大法学》1983 年第 45 号。
④ 参见内藤謙《刑法理論の史的展開》,有斐閣,2007,第 73 页。
⑤ Vgl. Birnbaum, Archiv des Criminalrechts, Neue Folge, Bd. 15, S. 149.

"国家、法秩序、经济秩序等所服务的对象都是人类，它们只有在服务于人类的时候，才具有法益的性质"。另有学者将个人法益和普通法益做一元化地理解，即人格法益论，也就是说，将法益理解为来源于人格，普遍的法益只有在对人格发展有益时，才能够被认为是法益。[①] 在这一前提之下，规范保护被正当化的对象，就是所谓的法益，它是由生命、身体的完整性、财产的处分权能等所现实赋予的。当然，法益未必一定具有物质的现实性。比如财产处分的可能性、意思实现的自由，虽然都不是有形的客体，但是也是经验现实的一部分。人格的自由发展、表达的自由等基本权或者人权，也因侵害会导致社会生活现实上的困境，所以也是法益。同样，司法、货币制度等公共法益虽然也不是有形的客体，是生活上必要的现实存在，侵害这些法益也会损害社会的活动能力和市民的生活。因此能被称为法益的，最终都需要意味着对每一个人有所助益，即必须要和人类相关联。法益存在的正当性，本来就是来源于和人类的关联性。如前所述，法益（Rechtsgut）的概念，也是来源于财产（Gut），即类似于财产所有权。"所有"只有在与财物的使用、收益、处分权能的所有者产生关系时才能够成立。同样，法益一般也是只有在法益客体——受益关系——法益主体有机地结合时才能够成立。

综上所述，对法益可以做如下定义，即对于构建个人所有的人权、市民权受保障的安全、自由的社会生活来说，以及对于在这一目标设定之下，所设立的国家制度来说，都是必要的前提条件或者目的设定。这里所说的前提条件和目的设定，分别对应的是先于立法者的法益和为立法者所创设的法益。这一法益概念，被有些学者认为从属于被展开的人格法益概念。这一法益概念不仅只是个人法益，还包括公共法益，公共法益只有在最终是为每个市民发挥作用的时候才能够被正当化。如前所述，司法和货币制度的根本是因为对个人自由的社会生活来说有必要，才会被保护。这种人格法益概念正是适合于自由的法治国家的体现。只有这样的法益概念，才能起到对立法者明示正当处罚的界限之目的，才是具有立法批判功能的法益概念。

---

[①] Vgl. Michael Marx, Zur Definition des Begriffs Rechtsgut , ZStW 84（1972）, S.62.

## （二）法益保护原则的反面类型化（学理定范围）

20世纪70年代以后，日本刑法学围绕着违法的实质是法益侵害还是规范违反（结果无价值—行为无价值）之争论，进行展开。①

这一学说对立，当初不仅体现在解释论领域，还体现在立法论当中。也就是说，提出这一争论的平野龙一博士认为，规范违反说是主张将刑法的目的视为维持社会伦理，即从社会伦理主义的角度来总结的；与此相对，法益侵害说是主张将刑法的目的视为保护法益，即从法益保护原则的视角来归纳的。在此基础上，从坚持后者的立场来看，对刑法修改草案呈现的社会伦理主义倾向提出评判，要求将一部分犯罪予以非犯罪化处理。②由此可见，对法益概念拥有立法批判机能产生全面的信赖。另外，法益保护原则通过具体的、事实的对象——法益的现实保护，在实证和经验的层次上的效果，来实现刑法的正当化这一点，也是功能主义刑法学的体现。③

但是，之后基于刑法修改草案对刑法进行全面大修的计划被搁置，结果无价值和行为无价值之争，伴随着对立法论关心的淡化，成为纯粹专门针对解释论或者体系理论的问题。在价值观的维度上，刑法脱伦理化获得广泛的支持，作为理念的法益保护原则，超越违法论相关立场上的不同，成为共同的前提。即便是规范违反说的倡导者，也否认行为规范是实现法益保护的手段④，违法性判断是将指向法益侵害行为或者含有法益侵害危险性行为作为对规范的违反。因此，围绕刑法的目的或者功能之争和围绕违法性实质的对立分离开来。

但是，以20世纪90年代开始的"刑事立法的活性化"⑤为契机，法益概念的立法批判功能再次成为问题呈现在学界面前。以所谓的风险社会理论为背景的现代刑事立法，从以所谓公共的稳定、保护对制度的信赖等

---

① 参见内藤谦《戦後刑法学における行為無価値論と結果無価値論の展開（一）（二）》，《刑法雑誌》1977年第4号，1978年第1号。
② 参见平野龍一《現代における刑法の機能》，载《刑法の基礎》，東京大学出版会，1966，第93页。
③ 参见松澤伸《機能的刑法解釈論の方法に関する一考察》，《刑法雑誌》2004年第3号。
④ 参见井田良《刑法総論の理論構造》，成文堂，2005，第8页。
⑤ 井田良：《刑事立法の活性化とそのゆくえ》，《法律時報》2003年第2号。

保护规定可见的法益内容自身的扩散，以及从对持有犯罪工具予以处罚的规定可见的处罚早期化为特征，这些立法的过程、其正当性的论证中法益概念能否有效地发挥功能需要进行检讨。

众所周知，法益保护原则是和罪刑法定主义、责任主义①并列的刑法学的三大基本原则之一，简言之，"刑法必须要保护法益"。那么法益到底包括哪些内容？反对法益概念的观点认为，"法益概念是不明确的，所以这个以侵害法益作为刑罚化的前提和以这种方式设立刑法处罚权限的尝试必定失败"。要找出一个可以被接受的法益定义是根本不可能的。也即法益概念具有模糊性、广义性和相对性。②

为了更好地理解这一法益以及法益保护原则的内容，比起探寻它们积极追求什么，不如去探讨其排除的是什么，即从反面来进行考察是不是更好。那么从反面来看法益保护原则的话，就可以归纳为，"刑法不保护法益以外的事物"。③ 这里所谓的"法益以外的事物"最先能够想到的就是和法益对立的道德。那么，法益保护原则的主要内容，可以说是刑法不保护道德，聚焦于法和道德的区别这一哲学命题。那么，为什么必须要维持这一哲学命题呢？所谓道德，即便为社会多数派所支持，归根到底不过是一定的价值观。如果国家通过法的强制来保障这种价值观，那么就是国家将一定的价值观强加于个人，这就会侵害公民的自觉性。那么具体来说，什么是法益保护原则所排斥的内容呢？罗克辛教授提出了九种类型。④

第一，纯粹以意识形态为动机的刑法规范，以及侵害基本人权的刑法规范都不能获得认同。比如处罚对体制的批判言论，显然违反了表达自由；处罚不同民族间的通婚则违反了法治之下的平等。第二，只是对立法目的换了一种说法，不能成为法益。比如对自己使用之目的而获取大麻的行为进行处罚（麻药取缔法第29条），是将"毒品不蔓延的社会"作为保护的法益，对基于移植的目的而买卖脏器进行处罚（脏器移植法第17条、

---

① 小林宪太郎：《刑罚に关する小讲义（改）》，《立教法学》2010年第78号。
② 参见 Claus Roxin《法益讨论的新发展》，许丝捷译，《月旦法学杂志》2012年第211期。
③ 小林宪太郎：《「法益」について》，《立教法学》2012年第85号。
④ 参见克劳斯·罗克辛《刑法的任务不是法益保护吗？》，载陈兴良主编《刑事法评论》第19卷，第152~156页。

第 18 条），将"排除脏器提供中的商业主义"作为保护的法益，虽然如此，但是这些都只是立法者的期许而已，这样的规定不能够被正当化。第三，对单纯的伦理违反行为予以刑罚处罚也不能够正当化。如果不对他人的自由、安全造成侵害的话，就不能认定构成法益侵害。第四，即便是违反了人的尊严，仅此也不能说是法益侵害。在尊严时代的今日，尊严这样的辞藻具有极强的魅惑性影响。但是，尊严不仅不受所谓的高度抽象性、概念性、经验的验证等批判性观点的约束，反倒因为其崇高性，对于价值的验证也置之不理，因此对其的使用需要格外的注意。比如日本《克隆规制法》于 2001 年开始实施，作为目的，其指出是"保持人的尊严、人的生命以及身体的安全，以及维持社会秩序"。将人类克隆胚移植作为刑罚处罚的对象（同法第 3 条、第 16 条），该罪的保护法益是出生的个体的个性呢，还是人类基因的多样性呢，抑或是关于生命诞生的人的信仰、信条呢？目前尚不明确。再比如德国《胚胎保护法》将人类生殖细胞的基因信息加以变更，以违反了人类的尊严为理由予以犯罪化。但是，本罪的法益侵害应该是将要出生的孩子，因为认为这样的操作，使得其应该自由发育成长的可能性受到侵害。但是为了避免重大的遗传性疾病而进行基因操作，对于要出生的孩子来说，对其生长发育而言有益无害，就不会存在法益侵害。第五，感情一般不应当作为法益来保护。现代也可以被称为感情的时代，感情不仅对于每个人来说是千差万别的，本来感情就是感情持有者自身应该控制的东西，很难通过刑法来保护。虽然有人认为，色情物品的发布、贩卖罪的保护法益是不想见到这些物品的人的感情，但是为什么只有尊重不想见到色情物品的人的感情呢，这一点并没有明确。将感情作为法益是不是真的完全没有余地了呢，虽然还有探讨的余地，至少不能全面地承认因心情不愉快而用刑法处罚某种行为。在感情当中，刑法只有在对恐惧心理进行保护时是可以被正当化的，因为保障公民安定的社会生活是国家的任务，对于露阴行为的处罚（德国刑法第 183 条），是考虑到在这种场合下，女性会产生是不是要受到袭击的恐惧心理，所以能够被正当化。其他的感情则不应该通过刑法进行保护。现代的多元社会，是以宽容对待不同价值观的态度为前提而成立的。因此，现行德国刑法对于引起他人愤怒的公然性行为（刑法第 183 条 a），以及对他人（没有要求发送情色图片的情况下）发送情色图片的行为（刑法第 184 条第 1 项第 6 号），进行处罚显然有过严之嫌。这些仅仅是感情受侵害的场合，因为完全可以通过转移视线或者删除（发过来的图片）来解决问题，无所谓损害了自由、安全的共同生活，因此对其实施刑罚显然是反应过度了。第六，所谓法益保护，是对他人法益的保护，并不是对自己本身的保护，因此对有意识的自损行为等就没有施以刑罚的必要。国家的家父主义，只有在针对未成年人、精神障碍者等不具有自律能力的人的时候，才具有正当性。自杀帮助，只要是在自杀者自我答责的基础上，就应该根据现行刑法不予处罚。比如在危险的体育竞技中发生事故，只要是被害者自身能够认识到危险，则主办方就不应担责。为自己吸食而少量获取毒品也是如此。[①] 第七，象征的刑罚法规，并不利于法益保护。所谓象征的刑罚法规，对于和平的共同生活之保障来说，并不是必需的。其更像是当权者为了追求自己感情的姑息、国家层面的演出等刑法以外的目的而制定的刑罚法规。比如说现行德国刑法当中，对否认纳粹体制下屠杀实施的言行进行处罚（刑法第 130 条第 3 项），但是对于这些历史事实予以否定的言行，并没有对现在活着的人的共同生活造成侵害。本规定真正的目的在于，将现在的德国展现成对于希特勒时代的犯罪不再沉默，焕然一新的现代国家。即便认可国家的这一目标设定，由于这并不是法益保护的目的，因此无法论证刑法投入的正当性。第八，禁忌也不能够被称为法益，不能作为刑法保护的对象。比如亲属间的性行为（刑法第 173 条），只要是成年人合意之下进行的，就无所谓法益侵害，处罚也就不能被正当化。关于对亲属间性行为进行处罚，是为了防止出生儿有遗传上的缺陷之说法，也没有说服力。究其原因，一是因亲属间不生孩子是通例；二是使孩子出现基因缺陷也是极其稀少的。为了防止基因缺陷就投入国家刑罚权，显然是违反了对私人领域的尊重。第九，过于抽象的保护对象，也不能够认定为法益。比如"扰乱公共安宁"（刑法第 130 条、第 166 条）等规定，并没有阐明具体的法益。对过于抽象的保护对象严重缺乏明确性，往往会导致公民行为预测的不准确性。

---

① Achtes Gesetz zur Änderung des Arzneimittelgesetzes vom 7. September 1998, BGBl. I s. 2649.

## （三）法益保护原则的宪法关联（定效力）

法益保护原则何以能够强制立法者认真审视其所确立的范围，进而限定刑事立法的边界呢？这就涉及法益保护原则的规范性效力。在此不得不提德国的兄弟姐妹乱伦案。本案的一方当事人 A（兄）1976 年出生，自小受到父亲的虐待，3 岁时即被送到福利院并在此生活，7 岁时被一对夫妇收养成为他们的养子，其后再也没有和生父母有过接触。另一方当事人 B（妹）1984 年出生，一直跟随母亲生活。A 对于自己有妹妹一事并不知悉。A 和 B 于 2000 年时初次见面，当年其母亲去世，二人便开始一起生活，并发生性关系。二人育有四个子女，其中两人存在先天性疾病。根据德国刑法第 173 条的规定，有血缘关系的兄弟姐妹之间发生性行为，参照与有血缘关系的直系尊亲属发生性关系进行处罚，即构成近亲属间性行为罪。A、B 二人被定罪后，就本案上诉到德国联邦法院，要求德国宪法法院判定刑法第 173 条所规定的罪名违反宪法而无效。[①]

2008 年德国联邦宪法法院就近亲属之间的乱伦案做出判决，联邦宪法法院就本案处罚的合宪性进行判断，使得本案的探讨进入法益保护原则的现代意义的层次。本判决中分为多数意见和少数意见，持少数意见的是本案的审判长，其是拥护法益保护原则的代表性人物。审判长的反对意见认为，德国刑法第 173 条只是将社会道德观视为禁忌，不能将其作为合理的刑事司法的目的，并基于这一主题展开了讨论。对此，多数意见认为，对于立法者的判断的界限，应该只能求助于宪法。因此，在时至今日的联邦宪法法院的所有判例当中，都没有接受将法益保护原则作为适法刑罚化的前提，无论是在关于处罚成年人的同性性行为的合宪性审查[②]还是在处罚持有毒品的合宪性审查[③]的判例中，都没有采用法益保护的概念的先例，那么在涉及本案当中的处罚问题时，联邦宪法法院的裁判也应当和法益保护原则保持一定的距离。[④]

---

① BVerfGE 120, 224, Beschl. v. 26. 2. 2008, 转引自上田正基《その行為、本当に処罰しますか——憲法的刑事立法論序説》，弘文堂，2016，第 9~10 页。
② BVerfGE 6, 389 ff.; 36, 41 ff.
③ BVerfGE 90, 145 ff.
④ 参见克劳斯·罗克辛《对批判立法之法益概念的检视》，陈璇译，《法学评论》2015 年第 1 期；グンナードゥトゲ《可罰的な兄弟姉妹間の性交処罰の正統化への疑念》，嘉門優訳，《龍谷法学》2012 年第 2 号。

## 第六章 刑法立法科学化的展开

由此便引发出一个根本性问题，法益保护原则要想限定立法者，进而防止刑事立法过度扩张就必须要有规范的根基。不管如何，最终决定是否立法的还是立法者，能够约束国家立法者的只有宪法。各国刑法制定的根基都是宪法性法律，比如我国刑法第一条就开宗明义，"为了惩罚犯罪，保护人民，根据宪法……制定本法"。因此，法益保护原则要想实现立法批判的功能，其规范根基必须与宪法有着明显的关联。那么法益保护原则是否有宪法性根据呢？

以我国台湾地区为例，台湾地区"宪法"第22条"凡人民之其他自由及权利，不妨害社会秩序公共利益者，均受宪法之保障"。以此条来保障基本权利，而又通过第23条来限定权利的行使，即"以上各条列举之自由权利，除为防止妨碍他人自由，避免紧急危难，维持社会秩序，或增进公共利益所必要者外，不得以法律限制之"。在《中华人民共和国宪法》当中也有同样的规定，"中华人民共和国公民行使自由和权利的时候，不得损害国家的、社会的、集体的利益和其他公民的合法的自由和权利"。反过来说，只有公民行使自由和权利损害到国家的、社会的和集体的利益时，才有可能受到刑法的规制。总而言之，国家只有在具备条文所列要件之一的情况下，才可以制定法律限制人民的自由权利。法益保护原则即是基于宪法这样的规定衍生而来的。

刑法的处罚效果，是剥夺犯罪行为人的生命权（死刑）、人身自由权（无期徒刑、有期徒刑、拘役）及财产权（罚金），因此刑法是宪法中所谓的限制人民自由权利的法律。基于宪法中限制自由的条款，刑法中的所有处罚规定，其目的都应该是保障其他国民的利益（即防止妨碍他人自由、避免紧急危难、维持社会秩序、增进公共利益等）。基于保护法益的目的，刑法才可以限制犯罪行为人的自由，这就是"法益保护原则"的意义。[①]

由此可知，国家只有在为了维护他人的法益时，才能透过刑法规定怎样的行为构成犯罪（如：杀人者，构成杀人罪），及对该犯罪处以如何的刑罚（如：犯杀人罪者，处死刑），再详言之，法益保护原则的意义就是：刑法所规定的每一个犯罪及其刑罚（或保安处分），均须有其所欲保障的

---

① 参见王正嘉《风险社会下的刑法保护机能论》，《法学新论》2009年第6期。

法益，如果没有所欲保障的法益，刑法就不能规定该行为构成犯罪。

(四) 钳制法益保护原则的原则——比例原则

立法者可以为了防止妨碍他人自由、避免紧急危难、维持社会秩序或增进公共利益，在"必要"限度内，以法律限制之。虽然前面已经通过反向类型化大致界定了法益保护的范围，但显然还比较粗糙，不具有稳定性，容易被立法者进行变异解释，将不属于法益范围的内容解释到法益保护之中来。如何精准且规范地界定法益的范围，防止法益保护原则变成仍由立法者打扮的小姑娘，就需要对这其中的"必要"进行界定。这里的"必要"就是指"比例原则"，坚守比例原则能够防止法益保护原则的左右摇摆。

比例原则是德国公法学界发展出来的理论，比例原则最早滥觞于德国警察法学，后经由普鲁士高等行政法院的判决，成为德国行政法上的"帝王条款"。德国基本法制定出台以后，通过其第1条和第20条将其升格为一项宪法原则，成为涉及人权的公权力。从"法治原则""自然权利"等源出或相互作用，至今促成了一种所谓"新宪政主义"的现象。[①] 我国宪法当中虽无明显地"比例原则"表述，但是我国宪法以及立法法中的诸多规定都具有导出比例原则的可能。[②] 比如有学者指出《立法法》第6条的"立法应当从实际出发，科学合理地规定公民、法人和其他组织的权利与义务、国家机关的权力与责任"，实际上就是要求立法者在立法时应遵循比例原则。[③]

那么比例原则如何在刑事立法审查当中发挥过滤功能呢？德国联邦宪法法院所采用的审查框架包括三阶段审查和比例原则的组合模式。[④] 这种模式的逻辑性和阶层性具有一定的启示性意义。

---

[①] 参见陈新民《德国公法学基础理论 (下册)》，山东人民出版社，1997，第36~37页。
[②] 参见门中敬《比例原则的宪法地位与规范依据——以宪法意义上的宽容理念为分析的视角》，《法学论坛》2014年第5期。
[③] 参见陈新民《中国行政法学原理》，中国政法大学出版社，2002，第42页。
[④] Vgl. Thomas Weigend, Der Grundsatz der Verhältnismäβigkeit als Grenze staatlicher Strafgewalt：Festschrift für Hans Joachim Hirsch zum 70. Geburtstag, 1999, s. 917，转引自上田正基《その行為、本当に処罰しますか——憲法の刑事立法論序説》，弘文堂，2016，第10页。

## 第六章　刑法立法科学化的展开

所谓三阶段审查是指，按照，第一，某个宪法上的权利保障什么（保护范围），第二，法律以及国家的具体措施有没有对这样的保护范围施加约束（制约），第三，这种制约在宪法上是否可能正当化（正当化）这样的顺序来对处罚进行框架审查。[①] 而比例原则是作为前述第三个阶段所适用的基准，显然在这一组框架当中，比例原则占据核心的地位。因为比例原则的内涵，包括有效性原则（又称适当性原则）、必要性原则及衡平性原则（又称利益衡量原则）。该原则作为判断正当性的基准，其具体表现有以下几点。（1）有效性原则指一个刑罚规定必须能有效地达到保护法益的目的。（2）必要性原则指该刑罚规定对行为人所造成的损害程度必须最小。（3）衡平性原则指该刑罚规定所保障的法益，必须大于其所牺牲的法益（对行为人所造成的损害）。

举例来说，窃盗罪的处罚规定所欲保护的法益，是个人法益中的财产法益，因此刑罚的手段必须能有效地达到保护财产法益的目的，才算是符合有效性原则。如果今天刑法规定窃盗罪只处 6 个月以下有期徒刑，小偷们可能觉得罚得太轻，仍然值得冒险一偷，那么该规定就不足以吓阻小偷的犯罪，也无法有效达到保护被害人财产法益的目的，而不符合有效性原则。由此可知，在决定一个刑罚规定要对犯罪行为人处以多重的处罚时，首须考量的是该刑罚规定是否已经达到足以吓阻犯罪之目的，唯有如此，法益才能有效地获得保障。

其次，我们要判断的是，一个刑罚规定是否符合必要性原则，也就是是否对犯罪行为人所造成的损害是最少的。仍以窃盗罪为例，如果刑法规定犯窃盗罪者，处 5 年以下有期徒刑，已足以达到吓阻犯罪之目的，那么刑法就不应该规定犯窃盗罪者，应处以死刑或 10 年以下有期徒刑。因为基于必要性原则，刑法必须选择一个对犯罪行为人损害程度最小的手段，因此在这么多足以有效保护法益的手段中，应该采取对犯窃盗罪者只处 5 年以下有期徒刑的手段。

最后，当一个刑罚规定符合有效性原则及必要性原则后，我们还要判

---

① 参见クラウス・シュテルン《ドイツ憲法Ⅱ基本権編》井上典之ほか編訳，信山社，2009，第 324 页；小山剛《憲法上の権利の作法》，尚学社，2011，第 10、14 页。

断它是不是符合衡平性原则。衡平性原则主要是在判断一个刑罚规定究竟"经不经济",如果它所保障的法益大于所牺牲的法益,那么就是经济的;相反的,如果它所保障的法益小于所牺牲的法益,那就是不经济的,该规定就会被认为不符合衡平性原则。在窃盗罪当中,该刑罚规定所保障的是不特定被害人的财产法益,所牺牲的是犯罪行为人"偷东西"的自由及最高 5 年的人身自由(5 年以下有期徒刑),只有当前者的总价值(保护法益:众多被害人的财产法益)大于后者的总价值(牺牲法益:行为人偷东西的自由及人身自由)时,这个刑罚规定才能被认为符合衡平性原则。

当一个刑罚规定同时符合有效性原则、必要性原则及衡平性原则时,该刑罚规定才会被认为符合比例原则。否则,该刑罚规定将会因违背比例原则而被认为违反宪法,进而被宣告为无效。

为了保护全体国民的法益,刑法可以限制行为人的自由(法益保护原则),但是为了避免行为人的自由受到过度限制,刑法所采取的手段必须要在"必要"程度内为之(比例原则),所以我们可以这样说:比例原则是法益保护原则运作上的重要钳制;法益保护原则保障的是全体国民的自由权利,比例原则保障的是犯罪行为人的自由权利;只有当二者同时运作时,全体国民及犯罪行为人的自由权利才可以得到均衡且妥适的保障。

## 结　语

随着风险社会的到来,刑事立法越发活跃。不断扩张的刑事立法不仅会给自由的空间越来越小,也会让国人的活动在犯罪标签化的中国社会变得谨小慎微。刑事立法的正当性必须遵守"以保护法益作为唯一前提"。而为了防止法益概念被做扩张性和变异性解读,首先需要将法益概念类型化,鉴于正向类型化的困难性,反向类型化是可取之策。其次法益保护原则要想对立法者产生实际影响,必须帮助法益保护原则寻找宪法根基。最后通过比例原则的判断框架,最精确地过滤掉无须动用刑事立法的危害行为。

(安徽大学法学院副教授　储陈城)

## 第四节 经济安全与经济刑法立法路向选择

经济刑法是刑法因应经济发展过程中的各种不法行为而设置的罪刑规范。在经济全球一体化及总体国家安全观的时代背景下，经济安全具有国家战略层面的特殊意义。经济刑法作为刑法在经济领域的底线法律保障，其立法路向直接决定了刑法对经济的干预程度及经济安全与自由的博弈胜负。经济发展必须以经济的自由创新为前提，而创新就意味着风险；经济发展需要以经济安全为保障，脱离了安全保障的经济运行无异于缺乏管束的"裸奔"，难免触礁。如何在经济新常态下，平衡与协调经济安全与自由之间的关系，是经济刑法亟须解决的现实问题。

### 一 经济安全：经济刑法的立法基点

#### （一）经济安全的基本解读

经济安全问题的滥觞，与经济的飞速发展及由此产生的一系列经济不确定性密切相关。二战后，世界经济飞速发展，自20世纪50年代开始，以美、日及欧为代表的地区性经济集团开始出现，国际经济关系出现新的调整与变革，国际贸易规模不断扩大，国际投资迅速扩展，金融资本的全球性流动日益频繁。国际经济合作在取得令人瞩目的成绩的同时，因此而伴生的投资风险、金融风险、贸易风险等也成为危害各利益主体乃至一国经济安全与稳定的"达摩克利斯"之剑。20世纪60年代以降，针对日益复杂的国际经济情势及因此而可能引发的国家安全威胁，美、日等国的学者开始关注和研究经济安全问题，并引发政策层面的支持，如美国宣布将经济安全作为国家对外政策的主要目标，日本在《国家综合安全报告》中明确提出"经济安全"的概念，认为"经济安全与军事安全等传统安全并列为国家安全的重要组成部分"[①]，美国在1994年的国家安全战略报告中

---

[①] Robert W. Beyond, *War Jan' Concept of Comprehensive National Security*, Pergamon Brassey' International Defense Publishers, 1984.

把经济利益和全球安全利益并提。① 当前，随着全球经济一体化与信息化的加剧，以及可持续发展的压力的推动，国家经济安全正逐步成为与军事安全并行的安全领域，受到各主权国家的高度重视。在我国，以包括政治安全、经济安全、军事安全等11项内容的总体国家安全观的提出为标志，经济安全被视为国家的基础性安全，与作为根本性安全的政治安全一道，成为总体安全观中的前提性安全体系。

关于经济安全的定义，学界大致存在"状态说"和"能力说"两种基本立场。持"状态说"立场的学者认为，"国家经济安全是指在经济全球化条件下，一国经济发展和经济利益不受外来势力根本威胁的状态。它具体体现在国家经济主权独立，经济发展所依赖的资源供给得到有效保障，经济的发展进程能够经受国际市场动荡的冲击等"。② "经济安全是指一国在世界经济一体化条件下保持国家经济发展的独立性，所有经济部门稳定运行，公民具有体面的生活水平，社会经济稳定，国家完整，各民族文化具有自己的独特性。"③ "经济安全是一国的基本经济制度与经济主权不受损害、经济危机可控的状态。"④ "能力说"则认为，"经济安全是指在开放的经济条件下，一国为使国民经济免受国内外各种不利因素干扰、威胁、侵袭、破坏而不断提高其国际竞争力，从而实现可持续发展、保持经济优势的状态和能力"。⑤ "国家安全是指一国最为根本的经济利益不受伤害，在国际经济生活中具有一定的自主性、自卫力和竞争力。"⑥ 上述学说立场各异，观点有别。但从中可看出其共识。一是经济安全具有国家属性。经济的稳定发展与经济实力的不断增强，是国家安全的重要物质保障。经济安全作为关涉国家安全的基础性问题，不仅具有经济属性，更具有国家属性。换言之，经济安全不是某个省、某个市的经济安全，而是整个国家的经济安全。有学者在强调经济安全的国家属性时指出，"经济安

---

① 余潇枫：《非传统国家安全概论》，浙江人民出版社，2006，第167页。
② 史忠良：《参与经济全球化必须注意国家经济安全》，《经济经纬》2002年第1期。
③ 〔俄〕B. 梅德韦杰夫：《俄罗斯经济安全问题》，《国外社会科学》1991年第1期。
④ 叶卫平：《国家经济安全定义与评价指标体系再研究》，《中国人民大学学报》2010第4期。
⑤ 柳辉：《扩大内需：我国经济安全的战略选择》，《华东经济管理》2001年第4期。
⑥ 雷家骕：《国家经济安全理论与分析方法》，清华大学出版社，2011，第4页。

全是一国经济在整体上基础稳固、健康运行、稳健增长、持续发展,在国际经济生活中具有一定的政策自主性、发展自主性、自卫力和竞争力,是国家主权的重要内容"。① 二是外来冲击和竞争压力是造成济安全问题的主要因素。发生于一国之内产业间、企业间的利益冲突并非国家经济安全问题,经济安全问题应是具有国际性质的一国之内的问题。美国著名国际关系学者罗伯特·吉尔平就将经济安全界定为:"经济竞争力及其带来的相应的国际政治地位和能力。"②

基于上述梳理和分析,关于经济安全的基本界定,可从以下三方面展开。一是战略性。经济安全是国家安全战略的一部分,不应将其仅仅限制在经济领域。在全球化背景下,国际经济竞争主要在发达国家与发展中国家之间展开。然而发达国家与发展中国家对经济安全的研究各有侧重。发达国家主要关注如何维护自己在国际竞争中的基本优势,如何捍卫对技术、市场或资源独有的控制权和支配权。而在经济发展过程中如何降低对国外市场与生产资料的依存度则是发展中国家的主要着力点。就中国而言,应根据国内外经济发展的主体脉络,站在战略高度,从宏观性、历史性、长远性视角,提出保障国家经济安全应该坚持的基本原则,明确经济安全战略的主要内容,完善包括刑法在内的法律法规,提高法律条文明确性和可操作性。二是整体性。经济安全是国家整体经济运行的安全,各不同经济领域的安全都应囊括其中。从本质上说,在经济全球化过程中,经济安全应包括国内经济安全和国际关系中的经济安全,即既能及时化解国内各种潜在经济风险,保持"创新、协调、绿色、开放、共享"的发展状态,又可保障经济主权不受外来侵犯,有效抵御国际竞争和市场动荡造成的冲击。有学者就认为,"经济安全指的是在与政治、军事安全相区别的经济领域里,各国为实现本国经济的稳定、内部发展的可持续、各个部门的平衡等目标所确立的保障手段和过程,涉及金融安全、贸易安全、投资安全、避免世界周期波动的冲击、本国经济对外开放的速度和范围等内容"。③ 三是

---

① 何香霖等:《政府审计在维护国家经济安全上的途径》,《管理观察》2014年第19期。
② 〔美〕罗伯特·吉尔平:《世界政治中的战争与变革》,中国人民大学出版社,1994,第125页。
③ 许小平、孟柱:《中国资本账户开放对国家经济安全的风险与影响》,《经济师》2004年第12期。

应势性。经济安全因经济发展阶段与发展水平不同而具有不同的安全内容。党的十八大以后,改革进程不断加快,开放的领域日益增多,市场开始发挥在资源配置中的决定性作用,政府鼓励创新创业,努力实现从制造大国向制造强国的转变。在此背景下,我国的经济安全应主要包括以下内容。(1)市场安全。所谓市场安全主要是指主权国家市场规模的提升与市场结构的改善不受外部威胁、侵蚀、封锁、控制与垄断及内部失衡等的影响而保持稳定、均衡和持续发展的一种市场景气状态。① 在市场经济条件下,从国民生产总值的持续增长到经济结构的逐步优化,从企业规模的不断扩大到产品市场占有率的稳步提升,都需要通过市场来实现。只有市场安全,才能实现和保障国家经济利益最大化。可以说,在市场经济条件下,国家经济安全实际上就是市场安全。(2)技术安全。在改革开放进程中,我国从发达国家引进了大量的先进技术,但国内产业及企业的技术自主创新能力并没有随之相应提高,而且关键技术的自给率一直较低,对外技术依存度依然很高,只有极少数国内企业真正具有自主知识产权。因此,我国应把技术安全作为经济安全的重中之重,既要加大技术创新力度,更要完善经济法、刑法等法律法规,以此来保护国内的自主知识产权,并在全球范围内争取公平公正的技术市场规则。

(二)经济安全对刑法立法的导向性价值

社会主义市场经济的确立,是在经历了计划经济、有计划的商品经济等经济制度的实践之后,结合我国改革开放的整体国策及社会经济发展的具体状况,为与世界经济接轨及迎合世界经济潮流而做出的理性抉择。在市场经济体制下,政府成为"守夜人",市场的供给与需求不再受到来自国家权力的干预与制约,商品的生产者与经营者根据供求关系的变化、商品价格等市场信号决定生产与经营规模,竞争成为市场交易的主要规则。为了保证市场竞争的平稳、有序,以及在全球化背景下域内经济对外来风险的有效抗制,国家除了对相关的政治、经济、社会政策进行改革与调整,以保证经济及与经济有关的各类秩序安全运行之外,经济法律法规的

---

① 曾繁华、曹诗雄:《国家经济安全的维度、实质及对策研究》,《财贸经济》2007年第11期。

## 第六章 刑法立法科学化的展开

建立、健全就成为保障经济安全的"防火墙"。经济刑法作为附着于行政性经济法律、法规的"二次法",其立法方向与立法模式,因明确界分了经济行为的"雷区"而更具宣示性与威慑性。近年来备受学界诟病的非法经营罪的兜底性条款、非法吸收公众存款罪、虚报注册资本罪、抽逃出资罪等的设立,就是刑法为应合经济安全需要而做出的立法选择。

强调经济安全有利于经济刑法立法理念的确立。经济刑法究竟因何而设,其立法意旨是惩治侵害经济法益的行为以保护经济安全,还是保障经济的自由与公平以促进经济的快速发展?在这一涉及刑法立法理念的基本问题上,学界争议针锋相对。[①] 立法理念的确立,不仅取决于法本身的需要,更取决于国情与社会的具体情势。当今世界正处于经济大变革和格局大调整时期,各国都在持续强化国家安全和国家经济利益至上的基本理念和对外策略。特别是受近年来金融危机的严重影响,世界经济增长低速态势仍在延续,"逆全球化"思潮和国家保护主义倾向逐步抬头,各经济体间贸易摩擦不断,国际竞争更加激烈复杂,国家间的竞争正逐步演变为区域经济集团间的竞争。与此相适应,为重塑和加快发展自己具有比较优势的产业,多数发展中国家都在转变发展模式,调整经济格局。就我国而言,外有发达国家的制约、阻挠,内有体制转型、结构调整及供给侧改革中出现的各类社会问题,国家稳定和经济安全面临严峻的挑战。"当前我国国家安全内涵和外延比历史上任何时候都要丰富,时空领域比历史上任何时候都要宽广,内外因素比历史上任何时候都要复杂"[②] 的现状表明,注重法益保护,保障经济安全,应当成为作为经济领域治理手段之一的经济刑法的基本立法理念。

强调经济安全有利于经济刑法规制范围的划定。除了经济领域的刑事犯罪如生产、销售伪劣商品罪,金融诈骗罪等以外,经济刑法以规制法定犯为主。凡被立法者认为严重破坏了市场经济健康运行的抽象经济行为,

---

① 相关研究见何荣功《经济自由与经济刑法正当性的体系性思考》,《法学评论》2014年第6期;王安异《我国经济刑法的立法根据质疑》,《中国刑事法杂志》2011年第3期;等等。

② 宫力:《坚持总体国家安全观,走中国特色国家安全道路》,《人民日报》2016年7月12日第10版。

即为经济刑法设立的犯罪类型。但是,在关于是否类型化犯罪行为的认定中,立法者需要根据经济的发展现实需要做出适当选择。中国经济正处于体制转轨阶段,市场开始发挥在资源配置中的决定性作用,促进了经济数量的持续增长,但市场机制还很不完善,市场化程度还不够高。政府虽然不再对经济完全控制,但仍保留了很大的支配权和调控权,导致经济主体的创新精神仍未能充分激发,经济增长质量仍有待提高。更主要的是,在国际市场的大分工中,中国作为产品的制造基地暂时还难以摆脱上游发达国家在技术、能源、市场等多方面的基本控制,因而中国的经济安全战略应主要考虑如何保护并提高国内经济的自主能力。立足于这一战略,经济刑法在设置犯罪类型时,应着眼于激发市场主体的活力和创新精神,保护企业的积极性和创造性,尊重市场交易过程中双方当事人的意思自治原则。就民间融资行为而言,如果将民间融资行为视为对金融业务专营权的破坏而设立非法吸收公众存款罪,其立法意旨就在于保障国家的金融信贷秩序的安全,而如果将民间融资行为作为专营金融业务的补充进行认定,强调其金融创新性与对经济发展的促升作用,就应当将其予以非罪化。这也是非法吸收公众存款罪饱受诘责之所在。①

强调经济安全有利于经济刑法立法模式的选择。关于经济刑法的立法模式,大致可分为刑法典模式、单行刑法模式与附属刑法模式,其中刑法典模式又可分为合并式、集中式与分散式等。②我国现行刑法关于经济犯罪的规定,主要集中于分则第三章"破坏社会主义市场经济秩序罪",因而可以说,我国关于经济犯罪的规定,采用的是将经济犯罪与财产犯罪相分离,并予以集中规定的法典集中式立法模式,暗合了注重经济安全而非经济自由与平等发展的既有观念。如前所述,我国的社会主义市场经济脱胎于计划经济,因而不可避免地带有计划经济的诸多印记,国有经济占主导地位的市场经济决定了各市场主体的地位不可能平等,关注经济安全而非经济平等成为刑法立法首先需要考虑的问题。较之于法典化的立法模式,单行刑法模式与附属刑法模式因着眼于与经济结构调整及增长方式转

---

① 相关研究见姜涛《非法吸收公众存款罪的限缩适用新路径:以欺诈和高风险为标准》,《政治与法律》2013年第8期。
② 参见闫二鹏、任海涛《经济刑法立法模式之比较与选择》,《政治与法律》2008年第5期。

变的契合而具有更高的灵活性及易变性，不利于经济的平稳与安全运行。我国目前法典集中式的经济刑法立法模式，是注重经济安全的必然选择。

## 二 安全与自由之间：限制机能主义经济刑法观之提倡

### （一）经济安全与经济自由

关于经济安全与经济自由孰轻孰重、何者为先的问题，从来都是经济学家争论不休的永恒话题。经济自由为古典经济学派所推崇，其杰出代表和理论体系的创立者亚当·斯密认为，每个市场主体都是追求利益最大化的理性的"经济人"，在利己主义的冲动下，无须政府指引，市场即可达至资源的优化配置。而在崇尚国家宏观调控的凯恩斯主义看来，由于存在"信息偏在""外部不经济"等市场失灵问题，国家必须实行经济干预政策，在经济萧条时实行扩张性政策以拉动需求，在经济过热时实行紧缩性政策以稳定市场，从而达到保证经济安全运行的宏观目的。在我国，社会主义市场经济的重要特征之一就是国家对经济实行强有力的宏观调控。自20世纪90年代开始，虽然经济自由主义一直是理论界的主流思想，但凯恩斯主义的宏观调控之手却始终作为中国宏观经济管理的主要手段，在中国经济的发展过程中发挥着重要作用。如果仅从经济学的角度出发，基于经济安全考虑的凯恩斯主义因过度忽视市场的自由调控机能而滑向国家主义的泥沼，其在中国的适用效果也见仁见智。但是，随着虚拟经济的高度发展与实体经济的相对萎缩，以及二者比例的严重失调，凯恩斯主义在世界经济舞台大行其道已成为不争的事实[①]，经济安全成为优位于经济自由的国际共识。而经济自由主义则因主张公共服务私有化和减少公共与社会开支以及民族国家应当服从经济自由等观点，在全球安全形势紧张的当今，显得不合时宜。

当然，强调经济安全，并非绝对排斥经济自由。市场经济区别于计划经济等管制经济的重要特征之一，就在于资源配置的自由性，社会主义市场经济从属于市场经济，因而也应当具有自由属性。然而，以公有制为主

---

① 参见张国庆、刘骏民《金融危机与凯恩斯主义的全面回归——兼论对中国的政策启示》，《南京社会科学》2009年第9期。

体的生产资料所有制结构、有倾向性的生产要素分配方式,以及国家有权对经济进行强有力的宏观调控的经济管理模式等表明,社会主义市场经济是国家管控下的市场经济,在对其经济属性的定位中,基于国家有效管控的安全价值应当优位于自由价值。社会主义市场经济中的经济自由,是高于管制经济而低于资本经济的有限度的自由,是在经济安全条件下的从属性自由,也正因为如此,就我国刑法而言,正确的经济刑法观应当是建立在经济安全基础上、兼顾经济自由的安全刑法观。

(二) 经济安全与机能主义经济刑法观

关于机能主义刑法学的方法论的提出,当首推日本的平野龙一教授。平野教授认为,作为"规制社会的手段"的刑法,其机能界限在于根据经验事实能够实现的现实机能,包括法益保护机能与自由保障机能,传统刑法学所界定的其他观念性机能,则因缺少现实的可评估性而应当被摒弃。区别于规范刑法学研究所讲求的"体系意识",平野龙一的机能主义刑法观讲求的是"问题性思考",是面向司法现实的理论研究,而非抽象的体系建构,并由此成功地将关于刑法机能讨论的重点,从刑法事实上有或者没有某种机能,转换至如何根据经验事实实现法益保护或者人权保障的方面上来。[①]

机能主义更加重视刑法机能发挥的务实性立场,这就决定了刑法保护的法益因社会发展而处于变迁之中。就经济刑法而言,偏重对秩序的维护还是倾向对自由的保障,均取决于国家的政策导向及市场经济的发展所需。当前,刑法关注的不再仅仅是契约的承诺与遵守,经济安全及在此前提下的发展需要已成为更重要的议题。

在全球经济一体化的大合作中,机能主义的经济刑法观所要回应的,不仅仅是因国内市场要素配置而决定的经济安全需求,同时也包括复杂国际环境下因境外因素而可能导致的本国经济安全受损问题。就前者而言,市场主体准入资格的认定、交易规则的制定、交易失善的救济、政府干预的方式与程度以及为保证经济的可持续性而设定的限制规则等,直接决定

---

① 参见黎宏《日本的机能主义刑法观——评平野龙一教授的〈刑法的基础〉》,《人民检察》2016年第7期。

了交易者的市场自信程度,并进而影响到市场的安全程度。就后者而言,在全球经济一体化的大合作中,优胜劣汰的竞争规则表现得更为残酷,后进国家因经济附庸地位而导致的民族产业弱化甚至衰退、金融危机、资源枯竭、环境污染等,已成为全球化语境下经济风险形成与传递的规律,刑法作为维护社会秩序的规则之一,当然需要因时因势而变,以此回应市场经济发展过程中的安全需要,实现刑法维护法益的社会保护功能。

(三) 限制机能主义刑法观之提倡

机能主义刑法观将刑法定位于维护经济秩序、保障经济安全的工具化立场,强调积极的一般预防与目的合理性,认为经济犯罪是一种针对国家整体经济及其重要部门或制度所为的可罚行为,刑法不过是对经济犯罪的一种积极的、功能的回应。[①] 在因工业科技高度发展、生存风险剧增并因而被称为"风险社会"的当今语境下,刑法正在朝着保护法益抽象化、行为拟制化、刑罚前置化、罪责功能化、预防积极化的方向发展[②],作为机能主义刑法的主要表现体,经济刑法的目的主义刑法倾向表现得更为明显。[③] 学者对机能主义经济刑法提出的批评是,那种只考虑风险管理,而不考虑市场经济自身发展规律、行业自治、企业群治、宪法权利等要求的经济刑法,不仅不利于经济的良性、健康发展,而且会带来侵犯人权的现象,同时也抛弃了法治国这一宪法原则。具体而言,机能主义的经济刑法存在将经济犯罪等同于自然犯、忽视刑法控制风险的远程效应、忽视经济系统的自我调整作用的风险。[④]

无论德国学者贝克所提出的风险社会理论是否能够正确描述人类目前生活的社会现状,毋庸置疑的是,随着人类活动范围的不断扩大以及活动频率的日益提高,其决策与行动对自然环境与人类社会本身的影响也正在

---

① 参见林山田《现代经济犯罪与经济刑法》,台湾三民书局,1987,第2页、第88页。
② 田鹏辉:《论风险社会视野下的刑法立法技术——以设罪技术为视角》,《吉林大学社会科学学报》2009年第3期。
③ 为了满足对转型时期经济不法行为的规制需要,保障经济安全运行,自1997年刑法颁布至今的9部刑法修正案中,共有8个修正案涉及经济类犯罪,修正条款达47条,修正内容不仅包括罪状设置,也包括刑罚调整。如此频繁的大范围修正,充分体现了刑法的目的功能。
④ 参见姜涛《经济新常态与经济刑法体系创新》,《法学》2016年第7期。

增强,不确定的风险成为现代焦虑的主要来源,尤其是近代以来创建的一系列制度化的规则框架,如股票市场、债券市场、期货市场等引发的金融风险,以及因政治取向而引发的恐怖主义危机等,进一步诱发了全球风险意识的形成及因此而带来的焦虑感。风险社会在刑法层面的表现,就是机能主义风险刑法的形成。由是观之,以机能主义刑法观作为当下刑法立法的基本立场,并无过多不妥。对于以法定犯为主的经济刑法而言,基于对复杂的国际政治环境下,原来就存在于现代市场经济中的各种金融风险、财政风险、制度风险、信息风险、技术风险陡增的现实考虑,提倡机能主义的刑法观,是经济安全与经济自由博弈的现实选择。

不可否认的是,因过分注重刑法法益保护机能而可能导致的市场自身调整功能丧失、市场发展受限等问题,确实是机能主义刑法所必须予以纠偏的客观现实。诚如前所述,与资本市场经济相比较,我国的社会主义市场经济本身就带有浓厚的管控情结,无论是经济规则的制定还是作为经济运行外部监督规则的法律的制定,都无法绕开政府的管控,因而也都具有机能主义的特征。但是,社会主义市场经济也是市场经济,市场经济所必需的基本要素如主体权利的保障、供求平衡的自我调控等都需要得到保障,一味地强调刑法的机能主义,是对市场经济的刑法误读。

限制机能主义刑法观的提倡,是指立足于现实规制力的经济刑法,既考虑对经济安全的刑法保护,同时也考虑对经济自由的刑法保障。经济刑法应受到多位向的制约,在防止因泛化立法而对经济领域造成伤害的同时,避免刑法功能的工具化的认识。经济自由让位于经济安全是国家总体安全观战略下的政治抉择,也是刑事政策导向价值的体现,除此之外的任何有损经济自由的经济安全,以及在此名义下的刑事立法,都有悖于经济刑法的立法初衷及我国社会主义市场经济的整体战略。

其一,刑法应正确对待政府管控与市场调节之间的关系。在政府与市场关系的处理上,我国经济刑法明显具有偏向政府管控的立法倾向,主要表现为惩罚主义的立法痕迹明显,如非法吸收公众存款罪的设立,就是将不具有欺诈性的民间集资行为规定为犯罪,仅仅出于国家金融管制的需要,就完全忽视我国公有制主体下民营企业等非公有制企业融资不畅的客观现实,以及民间集资在资金市场的调配价值,这种罔顾市场发展而一味强调政府管控的立法，是作为国家公法的刑法对市场的过度干预。在经济新常态下，刑法应正确处理政府与市场之间的关系，不仅要规范市场行为，更要规制政府权力，防止政府的过度作为、不当作为甚至滥作为对市场造成伤害，为市场在资源配置中发挥决定性作用提供保障。

其二，刑法应合理预留经济创新的空间。经济实力是国家安全的基本保障，没有经济实力就没有经济安全，当然也就没有国家安全，而经济实力取得的前提，是经济的不断发展；经济发展的前提，则是经济创新。创新就意味着对现有规则的突破，包括对作为社会底线法的刑法的可能触及，如《刑法》第225条第4款非法经营罪中"其他严重扰乱市场秩序的非法经营行为"的规定，就以包涵了无限可能性的兜底式规定，使非法经营罪①成为经济创新的雷池，束缚甚至阻碍了经济创新及因此而可能带来的巨大发展。2017年3月5日，习近平总书记在十二届全国人大五次会议期间参加上海代表团审议时指出："中国开放的大门不会关上，要坚持全方位对外开放，继续推动贸易和投资自由化便利化。"② 这实际上就是在强调一要扩大对外开放，二要保障经济自由。基于此，立法者应坚持限制机能主义刑法观，防止动辄以经济安全之名，约束经济主体的自由，遏制经济发展。

## 三 刑事不法与行政不法：分阶立法模式之导入

### （一）现有立法模式的困境

长期以来，经济领域的行、刑交叉问题，一直困扰着立法与司法实务部门，"刑法优先原则""二元化犯罪模式"等主张，均未能合理地解决这一问题。

**1. "刑法优先原则"的缺陷**

"刑法优先原则"是指对于经济不法行为，首先考虑的不是采用道德、

---

① 2017年2月17日，内蒙古巴彦淖尔市中院对最高法指令再审的"王力军收购玉米被判非法经营罪一案"宣判，判决王力军无罪。其作为一个无罪判决的典型案例具有标杆意义，说明适用兜底条款应非常慎重，需要衡量相关非法经营行为是否具有与《刑法》第225条明文列举的三种非法经营犯罪行为大致相当的社会危害性。

② 陈斌：《开放必须成为全球共识》，《南方周末》2017年3月9日第1版。

纪律、民事或者行政手段去解决问题，而是希望通刑法的"重罚"加以规制。这一原则在我国的法律实践中由来已久、根深蒂固。20 世纪 90 年代以来，在处理行、刑交叉案件时，刑事优先原则就得到了部分学者的支持。陈兴良教授曾指出，"在对行政犯罪实行双重处罚的时候，应当遵守刑事优先原则。所谓刑事优先，是指对行政犯罪需要同时予以刑罚处罚与行政处罚时，应当优先追究其刑事责任。因此，行政机关在处理行政不法案件的时候，发现已经构成犯罪的，应当及时将构成犯罪的案件移送司法机关立案追究。在追究刑事责任以后，除前述刑事处罚吸收行政处罚的两种情况以外，可以再行由行政机关予以行政处罚。在行政处罚与刑罚处罚竞合的情况下，实行刑事优先原则有利于打击犯罪，实现刑法的社会防卫机能。当然对于个别在追究刑事责任的同时需要及时追究行政责任的，可以采取刑事附带行政的方式解决"。① 周佑勇教授、刘艳红教授认为，"第一，行政犯罪与行政违法行为相比，社会危害性更严重，应优先审查；第二，刑罚处罚与行政处罚相比，制裁程度更为严厉，应优先施行；第三，行政机关先做出行政处罚，并不是司法机关审理行政犯罪案件的必经程序，作为行政处罚的事实和证据依据，对司法机关并不具有当然的效力，还需经司法机关重新调查、核实和认定，而司法机关认定的犯罪事实和审查的证据，对行政机关具有当然的效力"。② 刘远教授等也指出，"衔接机制的目的在于依法追究犯罪分子的刑事责任。这一目的决定了衔接机制必须以刑事执法机关为中心来建立"。③ 近来也有学者主张，"行刑交叉问题在有限'一事不二罚原则'项下，可以通过贯彻'同质罚责刑事优先，不同罚责各自适用原则'予以解决"。④ 上述诸位学者的观点对以后的立法及司法实践产生了重大影响。虽然至今尚未在哪部法律法规中出现"刑事优先"字样，但在部分行政法规和规范性文件中可清晰地看出"刑事优先"的印迹。⑤ 从

---

① 陈兴良：《论行政处罚与刑罚处罚的关系》，《中国法学》1992 年第 4 期。
② 周佑勇、刘艳红：《论行政处罚与刑罚处罚的适用衔接》，《法律科学》1997 年第 2 期。
③ 刘远、汪雷、赵玮：《行政执法与刑事执法衔接机制立法完善研究》，《政法论丛》2006 年第 5 期。
④ 张毅：《"一事不二罚"在行刑交叉案件中的适用》，《福建警察学院学报》2014 年第 2 期。
⑤ 相关论述参见练育强《"两法"衔接视野下的刑事优先原则反思》，《探索与争鸣》2015 年第 11 期。

立法上看，随着现代社会经济的迅速发展和科学技术的不断创新，新的犯罪领域、新的犯罪方法、新的实现犯罪的载体不断增加，刑法也在随之不断地扩张处罚范围，其最为突出的表现就是刑法设置的经济犯罪种类不断增加，行为样态持续膨胀。

在当今世界，轻刑化和非犯罪化的呼声日益高涨，刑法谦抑性的基本理念正在逐步深入人心。犯罪圈的划定要以某种行为严重侵害了特定的社会利益与秩序为前提，即只有在行为严重侵犯社会、他人的民事权利，违背民事义务，且通过民事或行政手段无法有效解决的情况下，刑法才能将其纳入自己的调整视野，而不能跨越民事、行政违法性的界定提前介入其中。改革开放以来，我国的社会结构发生了重大的变化，各种经济组织、民间组织、社会团体大量产生。法律平等保护不同社会主体的合法权利是法治国家的应有之义。庞德曾指出："19世纪的主要趋向是以一般安全的尺度来看待各种利益。而今天日益增长的趋向则是以个人生活的尺度来看待各种利益。我们必须注意强调具体人的具体要求，而不是强调抽象个人的抽象意志。"① 究竟优先选择刑事法律手段还是民事法律手段和行政法律手段，来保护社会主体的权利，不应取决于国家司法机关的意志，而应由民众的意志和具体的社会情势来决定。在市场经济条件下，经济活动日益频繁和复杂，"刑事优先原则"与市场主体的合法权益极易产生冲突，影响市场的正常交易和财产的顺利流转。"当某个经济行为事实出现后，我们不可能凭着政治敏感、道德直觉、内心良知就认定它构成犯罪，经济犯罪的前提是经济行政违法。因此，必须考察其行为违反的国家相应的法律规范是什么，不能先入为主地去实行'刑事优先'。只有当行为已经被评价为违法并且情节严重，比如，犯罪数额、数量达到一定的程度，符合了刑法规定，才能入罪追究"。②

**2. "二元化犯罪模式"的不足**

二元化犯罪模式是指"把行政处罚手段置于比刑罚手段更优先的地位，强调行政处罚手段在预防与惩治经济不法行为中的作用，并以刑罚手

---

① 〔美〕庞德：《通过法律的社会控制》，沈宗灵译，商务印书馆，1984，第62页。
② 游伟：《对经济行为慎用"刑事优先"》，《检察风云》2014年第01期。

段作为保障"。① 二元化犯罪模式的积极倡导者姜涛教授认为，二元化犯罪模式以行政手段作为前置手段，当行政手段可以解决经济冲突之时，则可以不采取刑罚手段，是一种在行政犯中值得推广的最优犯罪模式。② "二元化犯罪模式"旨在以"先行后刑"的模式，解决行、刑交叉时的责任认定与法律适用难题，不仅符合刑法谦抑的内涵要求，也有着现行立法的有效支撑，不失为一种有价值的立法思路。其实，经济不法行为本身就分为一般不法行为与刑事不法行为，在商标法、广告法、专利法、反洗钱法等经济法律法规中，针对相关不法行为，其"法律责任"一章中都设置了专门的追责条款，并设专条规定"构成犯罪的，依法追究刑事责任"。申言之，一般不法归经济法，刑事不法归刑法，是经济法与刑法早已达成的共识，也是理论界在行、刑交叉问题上一直坚持的不二法则。

在论证"二元化犯罪模式"的合理性时，姜涛教授指出，"二元化犯罪惩处模式有利于在惩罚犯罪与保障人权之间达成平衡：一方面，把行政法意义上的罚款等行政处罚作为前置性程序，只要行为人接受并履行行政惩罚，则不再追究其刑事责任；另一方面，如果行为人屡教不改（比如，被行政处罚后再违法）或不接受、不履行行政处罚，则需要追究刑事责任。在二元化犯罪惩处模式中，刑罚手段具有最后性、保障性，行政手段具有优先性，两者之间相互衔接，但又不构成竞合或交叉，与违法相对性理论、二次违法理论等相比，更有利于化解抽象危险犯的法教义学困境"。③ 笔者认为"二元论犯罪模式"的困境也正在于此。在先适用行政制裁、制裁不力时再适用刑罚惩治的规制思路下，作为规制对象的不法行为究竟是行政不法行为还是刑事不法行为，这一源问题似乎并没有解决。按照"二元论犯罪模式"的基本思路，无论行为的不法程度如何，都应当先作为一般不法认定，在行为人做出符合立法设定的善意回应（如按时补缴应缴税款、滞纳金等）后，就不再追究刑事责任；否则就作为刑事不法行为追究其刑事责任。如此一来，立法者就巧妙地规避了关于行为不法程度的认定问题，或者说，在这种完全功利主义的立法观下，立法者不再关注

---

① 姜涛：《二元化犯罪模式解决行刑交叉问题》，《检察日报》2016年10月27日第003版。
② 参见姜涛《行政犯与二元化犯罪模式》，《中国刑事法杂志》2010年第12期。
③ 姜涛：《二元化犯罪惩处模式解决行刑交叉冲突》，《检察日报》2017年2月21日第003版。

行为是否构成犯罪，而只注重规制效果，与传统罪责认定中先定性以确定行为是否构成犯罪，而后再选择处罚方式的追责逻辑背道而驰。对此已有学者指出，"随着时代的发展，尤其是我国法治事业的深入推进，二元化立法模式的弊端和负面性已日益明显"。"在社会协作高度发达的现代社会，我们更需要强化刑法的规范机能去保护社会公众脆弱的安全感。刑法规范机能弱化是二元化立法模式的固有缺陷，它已然不适应这个生存风险无处不在的社会环境，必须进行变革。"①

值得肯定的是，在经济领域行、刑交叉问题的研究方面，上述各观点都提供了有益的思路与探索，但基于各自立场的限制也都存在一定的问题。为此，特拟提出"分阶立法模式"，以期对该问题的研究有所补益。

### （二）"分阶立法模式"的基本思路

所谓的行、刑交叉问题，归根到底是司法实践中对于经济不法行为危害程度的判断问题，经济刑法是对具有刑事可罚性的经济行为的抽象化归类，其本身并不关注"微小"经济不法行为，刑事立法的任务在于对犯罪轮廓的描述而非判断。经济刑法不仅受制于刑事政策，更受制于经济政策，经济发展的日新月异决定了经济政策尤其是具体领域经济政策极具易变性，任何试图通过刑法立法明确界分经济犯罪行为与经济不法行为的做法都缺乏现实基础。刑法应在力所能及的范围内，为处于刑事可罚性边缘地带行为的行政责任或者刑事责任的认定提供支撑，但不得因此而损害经济法规的规制效力。分阶立法模式的基本思路是，坚持"刑事不法归刑法，一般不法归经济法"的基本立场，结合我国刑法立法"定性加定量"的立法模式，以情节、数额、结果或者"裸"的行为本身的法益侵害程度为参考指标，由刑法对经济不法行为作分阶式规定，并不得僭越经济法的规制范畴。

一般而言，对于刑法中所规定的不法经济行为类型，经济法规在一般违法的界限内，对其行政责任做出规定，同时规定"构成犯罪的，依法追究刑事责任"，但对于行政责任的界限，则基本不作规定。如《税收征收

---

① 李怀胜：《刑法二元化立法模式的现状评估及改造方向》，《法律适用》2016年第6期。

管理法》第63条第1款规定："纳税人伪造、变造、隐匿、擅自销毁账簿、记账凭证，或者在账簿上多列支出或者不列、少列收入，或者经税务机关通知申报而拒不申报或者进行虚假的纳税申报，不缴或者少缴应纳税款的，是偷税。对纳税人偷税的，由税务机关追缴其不缴或者少缴的税款、滞纳金，并处不缴或者少缴的税款百分之五十以上五倍以下的罚款；构成犯罪的，依法追究刑事责任。"根据该条规定，只要行为人实施了偷逃税款的行为，即应予以追缴欠税、滞纳金、并处罚款，直至追究刑事责任，但对于刑事责任的追究，则交由刑法来规定。刑法的使命就是在经济法所规定的行为类型中，以对经济不法行为的分阶规定方式，划分出应作为犯罪处罚的行为领地，完成经济法与刑法规制界限的基本界定。

（三）"分阶立法模式"的技术路径

如前所述，分阶立法模式就是对立法者所欲规制的行为类型进行尽可能准确的描述，从而使一般的经济不法行为与经济犯罪行为相区别。具体而言，分阶立法可依次从两个方面进行操作：一是对意欲作为犯罪加以确定的行为类型的描述，二是对经济不法行为危害程度的界分。以假冒注册商标罪为例。《商标法》第57条规定，有下列行为之一的，均属侵犯注册商标专用权：（1）未经商标注册人的许可，在同一种商品上使用与其注册商标相同的商标的；（2）未经商标注册人的许可，在同一种商品上使用与其注册商标近似的商标，或者在类似商品上使用与其注册商标相同或者近似的商标，容易导致混淆的；（3）销售侵犯注册商标专用权的商品的；（4）伪造、擅自制造他人注册商标标识或者销售伪造、擅自制造的注册商标标识的；（5）未经商标注册人同意，更换其注册商标并将该更换商标的商品又投入市场的；（6）故意为侵犯他人商标专用权行为提供便利条件，帮助他人实施侵犯商标专用权行为的；（7）给他人的注册商标专用权造成其他损害的。《刑法》第213条规定，未经注册商标所有人许可，在同一种商品上使用与其注册商标相同的商标，情节严重的，处3年以下有期徒刑或拘役，并处或者单处罚金；情节特别严重的，处3年以上7年以下有期徒刑，并处罚金。可以看出，商标法共规定了7种侵犯注册商标专用权的行为，而《刑法》第213条仅选择"未经注册商标所有人许可，在同一种商品上使用与其注册商标相同的商标"作为刑法规制的假冒注册商标的不法行为,即在《商标法》所列举的经济不法行为的基础上,《刑法》第213条具体描述了假冒注册商标罪的行为类型,而"情节严重"的规定,则实现了将"在相同的商品上使用与他人注册商标相同的商标"这一经济不法行为断分为一般不法行为与刑事不法行为的立法目的。另外,《刑法》第217条关于侵犯著作权罪的规定、第219条关于侵犯商业秘密罪的规定,以及第222条关于虚假广告罪的规定等,也都同样采用了这种分阶立法模式。"刑法作为人类社会控制犯罪的工具,必须形成对民众行为的有效激励。惩罚作为一种激励,将违反规则的行为和惩罚相对应,构成了民众的利害之所在,惩罚的范围、轻重可以形成对违法行为的效能,产生影响。惩罚的性质也直接影响着违法后弥补违法之危害的程度。"① 分阶立法模式可以清晰地划分经济不法行为与经济犯罪行为的界限,既克服了"刑法优先原则"过于注重保护社会秩序而忽略人权保障的弊端,又解决了"二元化犯罪模式"导致的经济不法行为与经济犯罪行为难以界分的问题,能够增强市场主体对经济活动的安全感,从而发挥出促进市场交易、活跃市场经济的基本功效。

纵观我国刑法关于经济犯罪的规定,能够从行为类型与不法程度两个方面对经济不法行为进行分阶式断分,进而确定刑事不法行为范畴的模式并不多见,但仅仅以经济行为的不法程度作为断分界限的规定方式则比较普遍,这种立法模式的基本出发点是,立法者认为凡具有不法性的经济行为,只要法益侵害性达到一定程度即具有刑事可罚性。以假冒专利罪为例。《刑法》第216条规定,"假冒他人专利,情节严重的,处三年以下有期徒刑或者拘役,并处或者单处罚金"。从罪状描述可以看出,刑法采用空白罪状的形式对假冒专利罪加以规定,至于何为"假冒他人专利"的行为,则需根据专利法的规定进行认定。《专利法》第63条规定,"假冒专利的,除依法承担民事责任外,由管理专利工作的部门责令改正并予公告,没收违法所得,可以并处违法所得四倍以下的罚款;没有违法所得

---

① 张维迎、邓峰:《信息、激励与连带责任——对中国古代连坐、保甲制度的法和经济学解释》,《中国社会科学》2003年第3期。

的，可以处二十万元以下的罚款；构成犯罪的，依法追究刑事责任"。《专利法实施细则》第84条规定，"下列行为属于专利法第六十三条规定的假冒专利的行为：（1）在未被授予专利权的产品或者其包装上标注专利标识，专利权被宣告无效后或者终止后继续在产品或者其包装上标注专利标识，或者未经许可在产品或者产品包装上标注他人的专利号；（2）销售第（1）项所述产品；（3）在产品说明书等材料中将未被授予专利权的技术或者设计称为专利技术或者专利设计，将专利申请称为专利，或者未经许可使用他人的专利号，使公众将所涉及的技术或者设计误认为是专利技术或者专利设计；（4）伪造或者变造专利证书、专利文件或者专利申请文件；（5）其他使公众混淆，将未被授予专利权的技术或者设计误认为是专利技术或者专利设计的行为"。从表面上看，对这5种假冒专利的行为，刑法似乎没有进行任何筛选，而是采用"照抄照搬"的方式完全承袭下来，或者说，就行为类型而言，刑法与专利法的规制对象完全相同，两者区分的界限仅仅在于情节是否严重。但实际上，关于"假冒专利"的规定，刑法与专利法并不能完全衔接。专利法规定的假冒专利行为包括"冒充专利"[①]和"假冒他人专利"[②]两种情形。而假冒专利罪中的"假冒"仅指"假冒他人专利"的行为，并不包括"冒充专利"的行为。从本质上说，"冒充专利"和"假冒他人专利"都意在诱导甚至欺骗消费者，以此来提高其产品的市场占有份额。从实践上看，"冒充专利"和"假冒他人专利"皆能获得近似甚至相同的非法利润，即两种情形具有大致相当的社会危害性。由于刑法的不周延规定，在同为"情节严重"的场合，"假冒他人专利"将被追究刑事责任，而对"冒充专利"仅能予以行政处罚。由于相对较低的违法成本，假冒专利者无疑会选择以"冒充专利"的方式来规避刑事责任。这必然会不利于对专利权的保护并造成专利市场的混乱，进而影响经济安全。

---

① "冒充专利"的行为是指该假冒行为并不侵犯"他人"的专利权，其标注、使用的专利号并不存在或已经失效。专利法实施细则第84条第（1）项中的"在未被授予专利权的产品或者其包装上标注专利标识，专利权被宣告无效后或者终止后继续在产品或者其包装上标注专利标识"即属此种情形。

② 假冒他人专利强调假冒行为侵犯"他人"的专利权，其标注、使用的专利号、专利标记应当是经授权且仍具有效力的"他人"的专利权。

## 第六章 刑法立法科学化的展开

此外，需要着重检讨的是，我国刑法中部分抽象危险犯的规定，给司法实践中罪与非罪的认定带来了较大难题。例如，《刑法》第141条和第144条分别将生产、销售假药和生产、销售有毒、有害食品的行为直接作为抽象危险犯加以规定，只要行为人实施了生产、销售假药或者有毒、有害食品的行为，司法者无须进行规范判断，即可认定为犯罪。而根据药品管理法、食品安全法的规定，在行为人实施了上述行为的情况下，可处以行政处罚，构成犯罪的，才能依法追究刑事责任。如《药品管理法》第73条的规定，"生产、销售假药的，没收违法生产、销售的药品和违法所得，并处违法生产、销售药品货值金额二倍以上五倍以下的罚款；有药品批准证明文件的予以撤销，并责令停产、停业整顿；情节严重的，吊销《药品生产许可证》、《药品经营许可证》或者《医疗机构制剂许可证》；构成犯罪的，依法追究刑事责任"。据此，在生产、销售假药的情况下，药品管理法规定的不法行为与刑法描述的犯罪类型完全相同，对生产销售假药行为的不法程度也未作区分。基于严惩生产、销售假药行为的善意刑事立法，却导致了经济法与刑法的高度竞合，致使司法实务部门也无所适从。从实践看，有的生产销售假药的行为人，因为同一事实既受到行政处罚，又要承担刑事责任。[①] 食品、药品的生产、销售行为与人的生产、生活密切相关，与人的生命、健康更是紧密相连。而立法上的交叉规定及由此造成的实践中混乱的做法，让生产者、销售者对自己的生产经营行为没有稳定可靠的预期，既扼杀了市场活力，又威胁了经济安全。由此也可以说明，以分阶的方式对经济不法行为进行罪与非罪的基本界定，不仅有助于经济法与刑法的衔接，有利于司法认定与处罚的公平公正，更主要的是，可以发挥刑法的限制机能，让经济主体能够预知自己经济行为的法律后果，激发经济主体经营和交易的动力，既能保障经济自由，又可实现经济安全。

（沈阳师范大学法学院教授　田鹏辉）

---

① 详见沈阳市食品药品监督管理局《行政处罚决定书》（沈食药监药罚决字〔2015〕第1－3号），沈阳市沈北新区人民法院《刑事判决书》（2016辽0113刑初字150号）。

## 第五节　刑法修正中宜关注的若干问题

　　社会的急速发展促进了城镇化的推进和网络社会的形成，随之刑法规制的对象也发生了很大的变化。面对诸多新事物，单纯依靠解释已无法达成法的使命。处于转型期的刑法已无法保持沉默，9个修正案就是对社会发展最好的背书。我国刑法的制定和修改都过于随意，现行刑法制定时整体吸收了原来的单行刑法（这从刑法附件一、附件二可以看出），并没有对这些单行刑法进行体系化梳理，导致刑法中叠床架屋现象严重，如诈骗罪和使用伪造的货币罪、合同诈骗罪、金融诈骗罪的并存。刑法中个罪关系错乱随处可见，如行贿罪和受贿罪根据是不是国家工作人员以及是不是单位被划分为七零八落的罪名。刑法立法的不严谨，必将导致刑法适用的成本增加，随之而来的是刑法实施的不稳定和效果的减损。这部本身存在诸多"病灶"的刑法，经过9次修正，问题更加突出。修正案并未遵循刑法发展的规律，而是一味专注增设新条款、新罪名，对于那些全局性的突破（共同过失犯罪）、欠妥的表述（个别章节罪名的明显不当）、错误的归类（强迫卖淫罪等）、无用的个罪（聚众哄抢罪等）等问题并没有给予充分关注。本文尝试分析社会转型过程中刑法立法存在的几个关键问题，并且认为"刑法修正案（十）"并不能胜任这些问题的圆满解决，期待根据二元立法模式对刑法进行一次系统的修改。

### 一　立法观念的错位：工具主义刑法观的泛滥

　　刑法本质上是一种恶害，涉及对公民基本权利的剥夺，刑法立法不可任性，应在明确、科学的理念指导下谨慎进行。在一个刑法理念多元的时代，风险刑法、敌人刑法、民生刑法等理念的提出都有着现实的社会关切，这些新型理念丰富了刑法应对犯罪的策略，提升了刑法在网络社会、科技社会的规制能力。这些理念都有着坚实的社会基础和深邃的人权考量，也是对传统理念的继承性发展。刑法及9个修正案虽然部分地体现了民生刑法的理念，但通观刑法及系列修正案民生理念没有获得主导性支配,刑法中体现出的更多的是打击理念,将刑法当作驯服社会的利器,刑法被定位为应对社会转型过程中所有问题的最优手段。

刑法 468 个罪名有 467 个罪名规定在刑法典中,做到了犯罪和法定刑的明确规定。罪刑法定的支撑是民主和自由,其在刑法中的至高地位取自对公民权利的认可和保护,罪刑法定是公民权利的宣言书。罪刑法定包括形式的侧面和实质的侧面,形式的侧面包括成文法主义、拒绝事后法、禁止类推解释、排斥有罪溯及既往,实质的侧面要求刑法的明确性和拒绝残忍的、不均衡的刑罚。形式的侧面主要约束司法者,然而立法者并不天然地亲近公民立场。"现在国家机能的扩大和积极化,尤其是特别刑法、行政刑法等领域刑法法规的显著增加造就的。在这样的现代状况里,罪刑法定的形式主张只是犯罪和刑罚由法律预先规定就好,具体内容是否正当无法获得判定。'实体的正当程序'的想法,源自这样的问题意识,赋予了罪刑法定实质内容。"① 随着人们对法律认识的深化,不合理的立法的危害远胜于恣意司法,它会导致一致性、全体式错误。实质的侧面主要是约束立法者,立法者不可以无视人权恣意立法,立法应该明确,处罚应具有实效性。"从沿革来看,实质侧面虽然不是罪刑法定的本来内容,但作为派生原则,最近得到了有力倡导。"②

我们向来有重刑主义传统,近来社会治安不尽如人意、社会问题复杂多元,很多问题并非刑法所能解决,为了摆出关切的姿态也为了宣泄对特定问题的无奈,一旦出现重大、急迫问题,我们不是去思考合理对策,而是动辄将特定问题拉进刑法,将本不是刑法问题的强行塞入刑法,刑法成了包治百病的万能药。好像一旦把一个问题写进刑法,相应问题就会自然得到彻底解决,这明显是对刑法性质的误解,也是我们"鸵鸟心态"的暴露,这是我们诸多政策、法律失灵的无奈写照。"刑法采用刑罚制裁作为维持社会秩序、统治社会的手段。可是,这样的任务的承担并非仅限于刑法。刑法以外的各种各样的法律,甚至是伦理、教育、大众传媒等都能达成相同的机能。"③ "毫无疑问,即使在现代社会中,刑法的工具性价值仍

---

① 〔日〕内藤謙:《刑法原論》,岩波書店,1997,第 56 页。
② 〔日〕小林充:《刑法》(第 3 版),立花書房,2007,第 13 页。
③ 〔日〕堀内捷三:《刑法総論》,有斐閣,2000,第 9 页。

是极为重要的，它经常被用作与犯罪作斗争的重要工具。然而，为了对付日益攀升的犯罪率，刑法在中国社会中成为垄断性的社会控制手段，而前者恰恰正是（至少部分地）既有的社会控制体系崩溃的结果。"[①] 1997年刑法实施不过20年，已经修改了9次，由最初个别条款的必要性修改到现在大面积修改，完全突破了立法法的规定和修正案的定位，足见刑法修改缺乏必要的制约。

《刑法修正案（八）》和《刑法修正案（九）》事实上已经很难称为修正案，其对刑法进行了全面修订，涉及总论和分论，严格了刑罚执行条件，增设了许多新罪名，已逾越了修正案的范畴。况且增设、修改的条款多存在不合理之处，使得问题重重的刑法典更加臃肿和矛盾。危险驾驶罪（第133条之一），使用虚假身份证件、盗用身份证件罪（第280条之一），代替考试罪（第284条之一第4款）三罪的最高法定刑是拘役，这些原本不是犯罪的行为，立法者仅仅出于社会管理目的而将其犯罪化。这三个罪名之前，侵犯通信自由罪、偷越国（边）境罪等最高法定刑为1年有期徒刑的罪名是刑罚最轻的犯罪，增设这三个犯罪破坏了刑罚体系的协调性，也进一步扩大了传授犯罪方法罪，窝藏、包庇罪等的成立范围。增设这三个罪本是为了加强秩序管理，但立法者显然没有关注刑罚执行之后的诸多不良后果，其中之一就是前科的永不消灭。"至于刑罚的副作用，根据社会学与犯罪学的标签理论，施加刑罚容易对受刑人形成'烙印效果'，增加其回归社会正常生活的困难。"[②] 在政府评价占绝对主导的评价体系里，刑罚的后遗症绝不会因为是轻罪而减少。犯罪人在如今登记健全的社会一旦被贴上"罪犯"的标签，社会歧视将会伴随终生，再就业会受到极大限制，包括不得从事一切与公职有关的职务。当社会关闭所有可能的生存大门时，行为人可能因刑法的"乱为"而真正走上犯罪道路，这与修正案增设该罪的规范目的相冲突。虚假诉讼罪（第307条之一）、帮助信息网络犯罪活动罪（第286条之二）要么将本不值得处罚的行为规定为犯罪，要么纯粹是重申其他犯罪类型，这些新增犯罪除了对民意的虚假回应之外，

---

[①] 劳东燕：《罪刑法定本土化的法治叙事》，北京大学出版社，2010，第26页。
[②] 林钰雄：《新刑法总则》，中国人民大学出版，2009，第9页。

再看不出有其他积极的意义。这些新增犯罪显然属于刑法的不当扩张，必然压缩公民的基本权利。"正因为刑法是'以恶止恶'的制度性设计，刑法运用不当，就可能成为社会的灾难，所以防止刑法成为人类社会的自己创造的'祸害'，便是人类在创制和运用刑法的过程中时刻焦虑的问题。"[①]在工具主义刑法观的支配下，社会对刑法的驯服作用还存在极大迷恋，甚至是放任刑法的破坏作用。"立法论与法学方法论之间显现出非常显著的对应关系。"[②]学界早已达成共识的民生刑法理念并没有真正注入刑法立法之中。重刑主义的传统、刑法工具主义的理念并没有因现代刑法理念的发展而收敛，尊重人权、保障自由的理念时刻面临形式罪刑法定的冲击。

## 二 立法体系的混乱：总则与分则以及个罪之间的断裂

刑法是一个由总则与分则构建而成的整体，它们之间相互照应，互为注脚。总则是对分则共同事项的概括性规定，分则是对具体犯罪行为的描述，两者之间的合作与分工使刑法条文兼备了精简性和明确性。同时，刑法中的罪名体系是一个完整的犯罪群，罪名之间交叉重合是常态，它们之间存在核心罪名和补充罪名的良性关系。罪名之间虽然并不存在清晰的适用逻辑，要求二者之间无冲突是最基本的假设。刑法的每一项规定都不是孤立的存在，每一项规定作为原点，其前后上下都有诸多呼应条款。即使表面看来毫不相关的条款，也有着潜在的关联，这种关系在特定案件中会被激活并浮现。刑法总则与分则、罪名之间的协调性还有待加强，刑法并未形成一个真正的有机整体。在刑法及其修正案中，总则与则分、罪名之间的脱节错位并不鲜见，这破坏了刑法的体系性和谐，却没有引起我们足够的关注。

### （一）总则与分则的断裂

对刑法某一条款的修改，会牵涉诸多条款，因为每一个条款都不是一个孤立的存在，其背后离不开其他条款的供给。对一个条款的修改，应关

---

[①] 徐文斌：《刑法条文设置的科学性研究》，上海人民出版社，2011，第26页。
[②] 〔德〕考夫曼：《法律获取的程序：一种理性分析》，雷磊译，中国政法大学出版社，2015，第24页。

切到对相关条款的协调性调整,从而使被修改条款与配套条款顺利接轨,如此才能使被修正条款获得生命力,拥有体系性活力。仅对某一条款修改忽视整体变动的诉求,会产生修改制造断裂的怪现象。简单而言,会产生越修改越混乱的冲突。刑法中存在多处因总则与分则修改而引起的断裂,急需进行一次系统调整。总则是分则的指导,分则是总则的展开,总则与分则共同塑造了犯罪的完整形象,它们形成了严密的照应体系。"只要分则不存在特别或例外规定,在解释分则时,应当注意分则和总则的协调。"① 同样,在修改刑法分则时,也应注意分则与总则的协调,防止二者之间出现断裂。刑法修改是牵一发而动全身的系统性工程,在对刑法局部修改时,应关照整部刑法的相关规定,注重与对应部分的梳理协调,避免修改了一处却带来了多处不协调的破坏性建设。刑法修改不应有"割据思维"和"条块思维",这极易导致只顾其一不及其余的"盲人摸象"式自负。"刑法总则是刑法分则的一般指导原理,刑法分则的规定应当与刑法总则的规定相协调。但是,现行刑法总则与刑法分则的有关规定存在不协调的现象,有必要加以修改完善。"② 9个修正案中存在多处总则与分则的冲突、割裂,使刑法某一条文的表述无法与相照应的信息顺畅对接,这破坏了刑法的安定性和严肃性。

《刑法》第17条(刑事责任年龄)第2款:"已满十四周岁不满十六周岁的人,犯……投毒罪的,应当负刑事责任。"第56条:(剥夺政治权利的附加、独立适用):"……投毒、抢劫等严重破坏社会秩序的犯罪分子,可以附加剥夺政治权利。"投放危险物质罪(第114条、第115条):"投放毒害性、放射性、传染病病原体等物质的,……"对比可知,投毒罪(第114条、第115条)已经被《刑法修正案(三)》第1条、第2条修改为投放危险物质罪。随后的《刑法修正案(八)》在涉及的修正条文中都将投毒罪表述为"危险物质"。如第50条(死缓变更)第2款:"……投放危险物质或者有组织的暴力性犯罪被判处死刑缓期执行的犯罪分子,人民法院根据犯罪情节等情况可以同时决定对其限制减刑。"(《刑

---

① 郑泽善:《刑法分论争议问题研究》,中国人民大学出版社,2015,第4页。
② 冯军:《刑法问题的规范理解》,北京大学出版社,2009,第127页。

法修正案（八）》第4条）第81条（假释的限制适用条件）第2款："……投放危险物质或者有组织的暴力性犯罪被判处十年以上有期徒刑、无期徒刑的犯罪分子，不得假释。"（《刑法修正案（八）》第16条）但是，原来与投毒罪相对应的总则第17条、第56条依然使用的是"投毒"。原本一致性的"投毒罪"在修正案中被修改为"投放危险物质罪"，未被修改的还依然保留着"投毒罪"的原始状态，修改破坏了体系一致性。"在一个法律秩序中，法律条文具有相同的、和谐的、关联着的思想整体。"[①] 基于分则与总则的体系性考虑，应当将第17条第2款、第56条的"投毒"修改为"投放危险物质"。

第392条（介绍贿赂罪），向国家工作人员介绍贿赂，情节严重的，……与第25条、第27条、第28条、第29条关于共同犯罪的规定矛盾。介绍贿赂罪与行贿罪、受贿罪的共同犯罪相冲突，在解释论上始终无法获得满意性结论，最好的解决方案是从立法上废除本罪。《刑法修正案（九）》第48条针对本罪增加了罚金刑，并没有将本罪废除，没有从实质上看到本罪存在的悖论，错过了删除介绍贿赂罪的绝佳机会。

总则与分则是天然的合作关系，总则是基础，分则是具体架构，二者之间沟通流转具有严密性。"本来仅有分则的规定已经足够，然而为了避免重复，提前将分则中个罪的共同部分以所谓括弧的形式提取出来作为总则。事实上二者并无不同，必须注意它们之间存在的有机关系。"[②] 反观刑法及其修正案，缺乏总则与分则的关照意识，导致二者之间多处断裂。今后不论是修正案还是刑法整体修改，都应加入二者协调性视角。

（二）个罪之间的冲突

个罪之间具有竞争和合作关系，这直观地表现为条文用语的相同性、统一性。除去用语的一致性所标识的个罪之间的密切关系外，个罪之间有时还存在一种天然关系，那就是体系性互助与合作。"法律条文之间并非各自孤立存在，其经常是不完全的法条，只有相互结合才能构成完全的法

---

① 〔德〕恩吉施：《法律思维导论》（修订版），郑永流译，法律出版社，2014，第74页。
② 〔日〕中山研一：《口述刑法総論》（補訂版），成文堂，2005，第8页。

条。"① 个罪之间具有一致性，它们共同构建了严密的刑事法网。本应严谨考究的刑法却存在个罪之间的错位，即对相同行为做出了彼此冲突的规定。这种由粗疏立法技术造成的个罪冲突本应被迅速纠正，然而却迟迟未受到立法回应。第240条（拐卖妇女、儿童罪）："拐卖妇女、儿童的，有下列情形之一的，处十年以上有期徒刑或者无期徒刑，并处罚金或者没收财产；情节特别严重的，处死刑，并处没收财产：……（八）将妇女、儿童卖往境外的。"在拐卖妇女罪中，将拐卖妇女卖往境外是加重构成，是要在10年以上有期徒刑、无期徒刑或者死刑中选择刑种。第318条（组织他人偷越国（边）境罪）第2款："犯前款罪，对被组织人有杀害、伤害、强奸、拐卖等犯罪行为，或者对检查人员有杀害、伤害等犯罪行为的，依照数罪并罚的规定处罚。"第321条（运送他人偷越国（边）境罪）第3款："犯前两款罪，对被运送人有杀害、伤害、强奸、拐卖等犯罪行为，或者对检查人员有杀害、伤害等犯罪行为的，依照数罪并罚的规定处罚。"在组织他人偷越国（边）境罪、运送他人偷越国（边）境罪中，将妇女卖往境外并不构成加重规则而是要数罪并罚。即拐卖妇女、儿童罪将"卖往境外"作为法定刑加重的条件（加重构成），然而组织他人偷越国（边）境罪、运送他人偷越国（边）境罪却要求数罪并罚，这里明显存在法律规定的冲突。通过一个设例更能说明问题，假设甲将境内1名妇女卖往境外，根据拐卖妇女罪最高对甲可以判处死刑，根据组织他人偷越国（边）境罪与拐卖行为（基本行为）数罪并罚，最高可判处无期徒刑。对同一种行为，两者的后果是生与死的差别，人命面前容不得半点差池。两种规定都是有效条款，无法找到谁优先适用的效力规定。本文主张在上述冲突的情况下，适用拐卖妇女儿童罪的加重处罚的规定。当然，妥当的做法是，"刑法修正案（十）"或者刑法整体修改时删除第318第2款、第321第3款。

第109条（叛逃罪）经《刑法修正案（八）》（第21条）修改后，删除了"危害中华人民共和国国家安全的"，从而将本罪由具体危险犯修改为抽象危险犯，降低了本罪的成立标准。作为特殊罪名的军人叛逃罪（第

---

① 〔德〕拉伦茨：《法学方法论》，陈爱娥译，商务印书馆，2003，第140页。

430条）第1款还存在"危害中华人民共和国国家安全的"的规定，与一般罪名叛逃罪相冲突。原本两罪是一般与特殊的关系，犯罪主体存在包括与被包括的关系，两罪的行为内容完全一致，军人叛逃罪重于叛逃罪，军人叛逃的最高刑是死刑，叛逃罪是10年有期徒刑。原本叛逃罪也有"危害中华人民共和国国家安全的"的行为要求，但是《刑法修正案（八）》针对叛逃罪删除了这一规定，但忽略了军人叛逃罪的存在，致使两罪产生差异。换言之，修正案对作为一般罪名的轻罪降低了成罪要求，却没有对危害更严重的重罪降低成罪要求，不合理显而易见。法律修正案只顾其一不顾其二的短视行为制造了更多冲突，让人怀疑修正案的整体水准和可信性。

### 三 立法语言的粗疏：刑法语言缺乏精准

"法的世界肇始于语言：法律是通过语词订立和公布的。"① 立法是语言的艺术，措辞的严谨是法条语言的第一特征。"无论如何，法律语言是准确的，有这一个优点就足够了；不管什么情况，这就是定论。"② 毫无疑问，法律语言是准确的，这种准确性是相对于日常语言而言的，对于要表达的法律意识，法律语言多数时候也存在模糊性甚至错误。"法律是用语言表述的，语言所有的缺点在法律中都会表现出来。"③ "文本的不清晰可能是因为立法者没有完全地表达自己的意图，或者是因为在起草时就存在的某种技术错误。"④ 立法语言对于极致性的追求与语言自身的局限性始终无法圆满，克服人为错误正视客观局限使立法语言获得了声誉。我国刑法中法律语言过于粗疏，没有把立法语言提升到一门严肃科学的高度来看待，立法语言存在诸多问题。

#### （一）法律词汇的错用

公民是一个宪法词汇，也是一个法律词汇，其含义是具有一国国籍的

---

① 舒国滢：《法哲学：立场与方法》，北京大学出版社，2010，第130页。
② 〔美〕梅林科夫：《法律的语言》，廖美珍译，法律出版社，2014，第339页。
③ 陈金钊：《法律解释学》，中国人民大学出版社，2011，第86页
④ 王海桥：《刑法解释的基本原理：理念、方法及其运作规则》，法律出版社，2013，第142页。

自然人，国籍的取得和丧失有着严格的法律规定（参见我国《国籍法》）。明晰了公民的含义，就知道自然人包括公民、外国人、无国籍人，公民的范围显然小于自然人。"当法官面临法律术语的解释问题时，必须要通过参考法律术语在其他法律规范中的意思来确定。"① "相比而言，中国宪法中所定义的权利几乎是清一色的'公民权利'。不过，事实上，许多中国法律都明确表示，除非法律特别规定，普通法律一般平等适用于境内的外国人或无国籍人（如《民法通则》第8条，《行政诉讼法》第70条和第71条，《国家赔偿法》第33条）。然而，在宪法观念上，从'公民权'到普遍'人权'的转变仍有待完成。"② 这个问题在刑法上更为突出，刑法文本中除了三个条款外，其余使用"公民"概念的都是表述错误，视情况换成"私人""他人""人"等表示全体自然人的词汇。第7条（属人管辖权）、第8条（保护管辖权）、第376条（战时拒绝、逃避服役罪）这三个条款正确地使用了"公民"概念。而这些条款"公民"一词是错用：刑法的任务（第2条），犯罪概念（第13条），公民私人所有财产的范围（第92条），侵犯公民人身权利、民主权利罪（第4章章名），串通投标罪（第223条），侵犯通信自由罪（第252条），非法剥夺公民宗教信仰自由罪（第251条），出售、非法提供公民个人信息罪（第253条之一），非法获取公民个人信息罪（第253条之二）。

法律词汇在刑法中的使用是否正确的判断，是一个复杂的问题。这涉及刑法与部门法的关系，涉及刑法的规范目的与部门法的效力，更涉及法律词汇是否获得了权威性意义。整体判断思路是刑法应首先遵循其他法律对词汇的规定，尤其是被其他法律定义了的术语。当法律词汇明显存在滞后性或者与刑法目的相背离时，可以对法律词汇作出刑法意义上的专门理解，但也要符合该词汇的基本意义，不能对社会共识性法律词汇擅自改变内容。如制造枪支罪中的枪支应严格遵照《枪支管理法》的界定，无论如何不能将弩机、气钉枪认定为枪支。由此，判断刑法中是否存在法律词汇错用具有可行性方案。

---

① 陈林林：《律方法比较研究：以法律解释为基点的考察》，浙江大学出版社，2014，第154页。

② 张千帆主编《宪法》（第2版），北京大学出版社，2012，第133页。

## (二) 对日常词汇缺乏必要的规范理解

抛开法律词汇，日常词汇一旦进入刑法就需要仔细斟酌其规范意义。"然而事实上，文字本身就是经常没有清楚的涵摄界限。"① 对于日常语言，既需要考虑日常词汇的生活意义，也需要考虑刑法用语可能具有的规范意义，实现用语的准确性。"刑法的语言，从纯粹语法的角度来研究只是认识其内涵的一个途径，更为注重的应该是它的规范意义。"② 第128条（非法持有、私藏枪支、弹药罪）："违反枪支管理规定，非法持有、私藏枪支、弹药的，……"有学者根据司法解释理解"持有、私藏"，"刑法第128条第1款规定的'非法持有'，是指不符合配备、配置枪支、弹药条件的人员，违反枪支管理法律、法规的规定，擅自持有枪支、弹药的行为。'私藏'，是指配置枪支、弹药的条件消除后，违反枪支管理法律、法规的规定，私自藏匿所配备、配置的枪支、弹药且拒不交出的行为"。③ 但从实质上来看，"私藏"不过是"持有"的一种形式而已。"'持有'是属概念，'私藏'是种概念，'持有'是包含'私藏'的，私藏是持有的种表现方式而已，行为的本质也是对枪支、弹药的实际控制、支配。"④ 或者说，"从实际的结果分析，持有与私藏属于同一行为方式的两个不同的侧面，均具有违反法律规定擅自拥有、控制、藏匿的特征，两者之间并无实质性的区别"。⑤ 就是说，"'私藏'是持有的一种形式，不应附加主体和'拒不交出'要件，私藏可谓赘语，是可以删除的、不用去理会的刑法用语"。⑥ "本来，在使用了非法持有概念之后，可以删除私藏概念的，但立法机关为了保持刑法的连续性，也为了避免有人误认为旧《刑法》第163条所规定的私藏枪支、弹药行为不再是犯罪，所以，在增加了非法持有一

---

① 黄荣坚：《基础刑法学》（第3版上），中国人民大学出版社，2008，第96页。
② 吴学斌：《刑法适用方法的基本准则：构成要件符合性判断研究》，中国人民公安大学出版社，2008，第28页。
③ 赵廷光、张正新主编《常见罪行新论》，法律出版社，2014，第111页。
④ 黄大威：《非法持有、私藏枪支、弹药罪的规范缺陷与完善》，《北方法学》2009年第6期。
⑤ 陈浩然：《应用刑法学分论》，华东理工大学出版社，2007，第102页。
⑥ 陈洪兵：《公共危险犯解释论与判例研究》，中国政法大学出版社，2011，第161页。

语的同时仍然保留了私藏概念。"① 作为日常词汇的私藏和持有在刑法中获得了规范含义，都是指对枪支的非法控制、支配。根据日常生活语言界定二者，并且写进刑法，没有充分考虑到刑法用语的规范性。

（三）对汉语言表达习惯的背离

刑法用语需要考虑汉语言的表达习惯，不能脱离汉语言的文法结构、使用惯例、意义凝结等因素的制约，随意制造语汇和修改表达模式。刑法语言作为一种专门性汉语语言，应当符合其基础意义并且遵守其基本适用规则。第 162 条（妨害清算罪）："公司、企业进行清算时，隐匿财产，对资产负债表或者财产清单作虚伪记载或者在未清偿债务前分配公司、企业财产，严重损害债权人或者其他人利益的，……"第 221 条（损害商业信誉、商品声誉罪）："捏造并散布虚伪事实，损害他人的商业信誉、商品声誉，给他人造成重大损失或者有其他严重情节的，……"在这两个法条中，对于虚假信息或者虚假事实描述使用的是"虚伪"，这不符合汉语对这个词汇的使用习惯。根据现在汉语表达习惯，"虚伪"用于说明人的"假"，"虚假"用于说明事物、资讯的"假"。在刑法中虚报注册资本罪（第 158 条）、逃税罪（第 201 条）、虚假广告罪（第 222 条）、伪证罪（第 305 条）、战时故意提供虚假敌情罪（第 377 条）等 22 个条文，对于"假的"事物、资讯都使用了"虚假"。因此，第 162 条、第 221 条中的"虚伪"应当改为"虚假"，这才是规范的表述。

刑法语言的粗疏在整个刑法中随处可见，应当进行一次刑法表述文法梳理。在明确了各规定的基本含义后，对法条重叠、错误、遗漏、歧义、模糊等诸多方面进行审查，使刑法尽可能符合汉语表达规则，同时也使刑法表达具有法律规范性。文法表述的审查修改涉及语法规则、修辞技巧、语用效果的综合考察，还关系到刑法目的、体系结构、专业术语、立法技术等，是一项系统工程。但无论如何，对刑法进行一次文法"体检"，有助于刑法实现明确性和稳定性。

## 四 立法技术的落后：二元化机制的缺失

毫无疑问，我国刑法进入了立法活跃期，往往既有规定还没有被认真

---

① 陈洪兵：《公共危险犯解释论与判例研究》，中国政法大学出版社，2011，第 161 页。

研究，新的修改已生效。遗憾的是，系列修正案并没有对刑法进行整体性观察，针对性、功利性的专项立法倾向明显。"刑法也有其内在的科学性，其逻辑、结构、内容、体系乃至立法技术的发展、变化都有其自身的规律。尤其是在一定的社会背景下，受社会观念、经济、文化等因素的影响，刑法的这种内在规律更是无法逆转，必须在刑法立法中加以考虑。"①立法并不意味着文字的随意堆垒，而是涉及一套成熟立法技术的采用。现行刑法缺乏先进立法技术的指引，尤其是犯罪化与非犯罪化、刑法典与单行刑法、附属刑法分立并存的二元机制没有被激活。

(一) 非犯罪化机制的停滞

犯罪化和非犯罪化是刑法更新的有效机制，犯罪化将特定行为纳入刑法，非犯罪化将特定行为从刑法中剔除，这既能保障刑法的有效性，又能保障刑法的均衡性。刑法9个修正案，一直都是沿着犯罪化的方向进行，从《刑法修正案》到《刑法修正案（九）》增设了危险驾驶罪，虐待被监护人、被看护人罪等55个罪名。"最近的倾向是处罚的早期化、处罚的严厉化、处罚的扩大化，对产生的这种现象应该注意。"②"刑法并非万能，只能作为附属性的法益保护规范，且只当特定行为危及社会和平的共同生活且非用刑罚不足以制裁，才具正当性。"③"历次通过的刑法修正案，更是将中国刑法立法无可置疑地推向了'立法大跃进'的时代，刑法调控的范围正在以各种名义紧锣密鼓地扩充自己的地盘。立法脚步的仓促之声，暴露的是立法为追求体系外在的完美而引发的立法内心燥热。"④一味犯罪化，具有诸多不良后果，其中之一就是对于那些因时代变化而不再具有危险性或者不再适宜用刑法处置的行为继续打压，既侵犯了他人权利又增加了司法成本。系列修正案关于非犯罪化没有任何实质性推进，虽然《刑法修正案（九）》废除了奸淫幼女罪，但并不是对该罪的除罪化，而是对重合罪名的删除，该行为本来就构成强奸罪。

---

① 赵秉志：《中国刑法的百年变革》，《政法论坛》2012年第1期。
② 〔日〕高桥则夫：《刑法总论》，成文堂，2010，第28页。
③ 林钰雄：《新刑法总则》，中国人民大学出版社，2009，第10页。
④ 石聚航：《刑法谦抑性是如何被搁浅的》，《法制与社会发展》2014年第1期。

"非犯罪化就是对至今已经存在的犯罪种类消减、清除，被害（法益的侵害或者危险）在哪里并不明确的犯罪，作为强制手段的刑罚处置并不适当的犯罪，就不应被认为是犯罪。"① 聚众淫乱罪，赌博罪，非法吸收公众存款罪，骗取贷款、票据承兑、金融票证罪，危险驾驶罪，代替考试罪等原本不构成犯罪，立法出于单纯管理的目的对这些行为进行了犯罪化。将本不应该犯罪化的行为犯罪化，会造成严重的社会后果，诸如会弱化犯罪的否定性评价、会引起公众的抵触、会造成行为正当职能的阻滞。修正案对犯罪化太过于执着，对于非罪化太过于保守，始终不能将那些无被害人的犯罪、当初只是单纯管理特定社会秩序的犯罪或者只起到宣示作用的犯罪大胆地除罪化。在非犯罪化方面，刑法中存在大量的"死"罪名，应该及时清理出刑法。一味地追求犯罪化，非但不能有效遏制犯罪，还会浪费有限的司法资源，最终造成一个大而全却在犯罪预防上全面溃败的刑法。"犯罪学研究表明，虽然犯罪不是社会生活中的一种正常的因素，但它的确是与社会并存的社会弊病。因此，犯罪并不是像人们以往所认为的那样可以通过刑罚等手段被根除。重刑主义指导下的刑罚本身又构成了社会的弊病，非但无法抑制犯罪，还会在一定程度上刺激犯罪。"② "就刑法特性而言，刑法所规定的法律后果基本上都是刑罚，而刑罚同时具有积极作用与消极作用，如果适用范围过宽，则不仅削弱刑罚的效果，而且有害于国家与公民。"③

（二）刑法典与单行刑法、附属刑法分立并存立法模式的缺失

刑法典与单行刑法、附属刑法二元并存、并轨发展，是应对不同犯罪的良性模式。刑法典规定传统型、严重法益侵害的犯罪，这些犯罪大多数侵害了人们的最基本权益，如人身和财产。这些犯罪具有稳定性，即使随着当今网络社会的快速发展，其发生变化的可能性也很小。各国对于这些犯罪大多具有共通性认识，可以借鉴彼此的模式、规定和理论。对于一些随着社会发展而产生的危害较轻的新型犯罪，确实需要进行处罚的行为，

---

① 〔日〕内藤谦：《刑法原論》，岩波書店，1997，第4页。
② 利子平：《刑法司法解释瑕疵研究》，法律出版社，2013，第175页。
③ 张明楷：《刑法格言的展开》（第3版），北京大学出版社，2013，第171页。

基于人权保护的考虑，建议制定轻犯罪法和附属刑法。

**1. 一元论严重捆绑了刑法**

1997年修订的《刑法》摒弃了"宜粗不宜细"的立法指导思想，希望"制定一部统一的、比较完备的刑法典"，因而"将刑法实施17年来由全国人大常委会作出的有关刑法的修改补充规定和决定研究修改编入刑法；将一些民事、经济、行政法律中'依照'、'比照'刑法有关条文追究刑事责任的规定，改为刑法的具体条款；将拟制定的反贪污贿赂法和中央军委提请常委会审议的惩治军人违反职责犯罪条例编入刑法，在刑法中规定为贪污贿赂罪和军人违反职责罪两章；对于新出现的需要追究刑事责任的犯罪行为，经过研究认为比较成熟、比较有把握的，尽量增加规定"。[①] 一元论的出发点是追求法治完备统一，但明显与处置犯罪的客观需要不相符，包罗万象的刑法典在快速发展的社会中显得臃肿迟缓、顾此失彼。频繁颁布修正案、大量出台刑法司法解释为当前刑法典的困境做了最好的注脚。一元论是一条没有未来的"断头路"，二元论才是未来刑法立法的方向。

**2. 单行刑法与附属刑法立法能够有效缓解一元论困境**

单行刑法和附属刑法具有刑法典不可比拟的作用，将所有犯罪放入刑法典，会造成行政犯、经济犯违法性判断上的冲突。"我国1998年《证券法》的第十一章法律责任中共有十六条'构成犯罪的，依法追究刑事责任'的规定，但我国《刑法》中能够找到对应的罪刑条款的只有11条，另外5条（即第176条、第178条、第186条、第189条、第193条）在刑法中却无相应的规定。由于这5条附属刑法本身没有具体的刑罚规定，导致在实践中根本无法适用。为了避免这种法律适用上的尴尬，2005年修订的《证券法》在第十一章法律责任中取消了在具体条款中有关'构成犯罪的，依法追究刑事责任'的规定，只是在第十一章第213条设置了一个概括性条款：'违反本法规定，构成犯罪的依法追究刑事责任'。虽然这一附属刑法条款解决了1998年《证券法》有关刑事责任条款无法适用的问题，但由于罪刑法定原则的限制，能够追究刑事责任的证券违法行为就只

---

① 利子平：《刑法司法解释瑕疵研究》，法律出版社，2013，第363~364页。

能被局限于刑法典所规定的几种犯罪类型的范围内。"① "我们也应该看到，我国有关证券期货犯罪的立法在顺序上尚存在有颠倒之处，例如，刑法中所规定的证券期货犯罪理应以证券、期货的行政或经济立法存在为前提，否则就很难称得上是法定犯（或称之为行政犯），但是，我国《证券法》颁布时间非但比《刑法》晚，而且在其颁布之前《刑法》已经对证券犯罪作了规定；《刑法修正案（七）》设立利用未公开信息交易罪之前，证券法等前置性法律法规根本就没有对利用未公开信息交易行为的违法性进行确认。"② "在利用未公开信息交易罪设立之前，法律层面的《证券法》、《保险法》、《商业银行法》等根本没有'未公开信息'的概念，更不说有相关的禁止性条款和对金融机构从业人员利用未公开信息从事证券、期货交易行为进行行政处罚的明确规定。……可以说利用未公开信息交易罪是在相关法律、行政法规和部门规章对于'老鼠仓'还无明确的概念和行政处罚规定的情况下设立的。"③ 不仅仅是证券犯罪，其他金融犯罪、经济犯罪同样存在刑法典与其他部门法关系的倒错和混乱。"向关系人发放贷款的行为，原为所谓的不正之风，并无具体金融法规予以制约，但是1995年6月30日全国人大常委会发布的《关于惩治破坏金融秩序犯罪的决定》第9条直接将其规定为'向关系人发放贷款罪'。期货方面的犯罪同样如此。虽然期货交易的基本法《期货法》至今尚未出台，1999年的《刑法修正案》却早将其纳入刑法的调整范围。这种做法无异于不教而诛。"④ "设立骗取贷款、票据承兑、金融票证罪，而根据《票据法》、《担保法》、《国内信用证结算办法》和《信用证会计核算手续》等当时既有的法律制度，均没有对以欺骗手段取得银行或者其他金融机构票据承兑、信用证、保函的行为进行行政处罚的相关规定。骗取贷款罪则是对传统民事行为予以刑事规制。"⑤ 刑法立法是对犯罪的复写，犯罪的设定模式不能随心所欲，无视犯罪之间的差别，强行推行一种大包大揽的模式，必然损害刑法的权

---

① 王海桥：《刑法解释的基本原理：理念、方法及其运作规则》，法律出版社，2013，第183页。
② 刘宪权、谢杰：《证券期货犯罪刑法理论与实务》，上海人民出版社，2012，第45页。
③ 胡启忠、石奎：《修正金融刑法适用研究》，法律出版社，2013，第303页。
④ 杨兴培、李翔：《经济犯罪和经济刑法研究》，北京大学出版社，2009，第321~322页。
⑤ 董秀红：《金融安全的刑法保护》，法律出版社，2015，第166页。

## 第六章 刑法立法科学化的展开

威性。

一元化使刑法典膨胀变形，最终必然导致刑法的瘫痪。"亡羊补牢"的举措就是采用刑法典与单行刑法、附属刑法分立并存的立法模式，这是下一步刑法修改的当务之急。具体操作路径就是刑法典主要规制传统型犯罪，如侵害人身权利犯罪、侵害财产犯罪、妨害社会管理秩序犯罪、危害国家安全的犯罪（部分危害国防利益的犯罪、渎职类犯罪、受贿罪）。这些犯罪一直以来都是被作为犯罪看待，其危害也是可观可感的，造成的实害结果通常也违反人们正直的道德感。这类犯罪的危害性多数为人类所共同认可，具有较强的稳定性，彼此之间可以相互借鉴和印证，具有一套传统的制裁措施和程序。单行刑法主要是将《治安管理处罚法》经过筛选以后整体移入轻犯罪法。"我国在犯罪概念方面的这种制度性安排与现代人权观点之间，还存在着一些差别。其中重要的是，我国的治安管理处罚包含有剥夺或者限制人身自由的性质，并且，这种处罚是由公安机关负责人作出的。然而，现代人权观念要求，剥夺人身自由的处罚只能由法官作出。这些差别，已经得到了我国法学界的高度重视。"[①] 将现行刑法中的一大部分不能除罪化的轻罪也移入刑法，如侵犯通信自由罪（第252条），拒不支付劳动报酬罪（第276条之一），使用虚假身份证件、盗用身份证件罪（第280条之一），代替考试罪（第284条之一第4款）等。同时大力发展附属刑法，在相应的部门法规定劳动刑法、环境刑法、计算机刑法、经济刑法等内容。将那些原本属于单行刑法、附属刑法的内容移出刑法典，有利于刑法典定位的回归，有利于对犯罪的合理应对。将经济犯罪、行政犯罪、渎职犯罪、军事犯罪等进行单独立法是一个必然趋势。

如果不能对刑法进行二元模式的分别立法，继续采用修正案的形式对刑法修正，那么"刑法修正案（十）"应将精力放在刑法内在的统一性、体系性方面，重点修改既有条款、删减罪名。如果说前9个修正案致力于犯罪化（增设虐待被监护、看护的人罪，袭警从重处罚完全没有必要），那么"刑法修正案（十）"应侧重非犯罪化。

---

① 王世洲：《现代刑法学》（总论），北京大学出版社，2011，第74页。

## 结　语

现行刑法经过 9 次修正非但没能解决既有问题，还进一步加剧了刑法的矛盾性。当前刑法立法存在几个关键性问题，应当引起立法者的注意。第一是立法观念的错位，工具主义刑法观泛滥。修正案增设的诸多新罪名，多数是对社会热点问题的针对性立法，是对棘手问题的仓促应对，并没有认真分析刑法对该问题的规制能力和规制效果。工具主义刑法观的泛滥，让刑法沦为一种纯粹的暴力手段，背离了现代刑法的机能和目的。第二是立法体系的混乱，刑法中存在多处总则与分则以及个罪之间的断裂。总则与分则、个罪之间存在天然的有机联系，刑法的制定和修改没有很好地处理好它们之间的勾连关系，导致总则与分则之间存在多处断裂，个罪之间彼此冲突打架。"刑法分则体系的编排也不是十全十美的，故在某些场合不可避免要进行补正解释。例如，重婚罪就不是对公民人身权利、民主权利的犯罪，而是对社会法益的犯罪。所以，任何人的承诺都不应当影响重婚罪的成立。"[①] 第三是立法语言的粗疏，需要认真审视刑法语言的精确性。许多法律词汇和日常词汇在刑法中不够精准，应当根据修辞学、语用学、语法学知识对刑法语言进行审查。刑法语言表述存在重叠、错误、遗漏、歧义、模糊等诸多问题，必须基于刑法理论和汉语规范的双重视角构建精确的刑法表述。第四是立法技术的落后，缺乏犯罪化与非犯罪化、刑法法典与单行刑法、附属刑法分立并存二元机制的双向运行。修正案向来都是犯罪化的模式，对于同样重要的非犯罪化，却没有任何推进，"因为刑法认定犯罪是相对的、流动的，一定的行为除罪化，同时新的犯罪又被规定"。[②] 单纯地追求犯罪化，刻意回避非犯罪化，必将严重影响刑法的机能。统一完备的刑法典思想及其实践，相对于简单社会具有其优势，在现代社会注定是一条行不通的死路。建立起刑法典、单行刑法和附属刑法分立并存的刑法体系，有助于刑法典的权威性和单行刑法和附属刑法的灵活性有机结合。这些问题关系刑法整体质量的构建，更关涉刑法

---

① 张明楷：《刑法分则的解释原理》（第 2 版上），中国人民大学出版社，2011，第 58 页。
② 〔日〕内藤谦：《刑法原論》，岩波书店，1997，第 3 页。

的基本定位和机能发挥。未来的"刑法修正案（十）"显然不能担负起解决上述问题的重任，很有必要对刑法根据二元立法模式进行一次系统性修改。

（南开大学法学院、日本爱知大学中国研究科联合培养博士生　晋涛）

## 第六节 我国罪刑法定原则的立法科学化

### 一 关于我国罪刑法定原则规定的形式和内容的认定问题

我国《刑法》第 3 条规定："法律明文规定为犯罪行为的，依照法律定罪处刑；法律没有明文规定为犯罪行为的，不得定罪处刑。"该条对罪刑法定原则的规定比较全面（涉及有和无、正和反两方面的规定），尤其是中间是用标点符号"；"隔开的，而没有用"，"来隔开。这就形成不同的理解，尤其是对前半部分"法律明文规定为犯罪行为的，依照法律定罪处刑"的认识存在明显分歧。

（一）我国罪刑法定原则存在双重价值和功能的诸种观点

有人认为，我国的罪刑法定原则的规定是惩罚犯罪与保障人权的统一、积极的罪刑法定与消极的罪刑法定的统一。如储槐植教授认为，罪刑法定主义是先进社会势力反抗封建专制提出的政治诉求的重要组成部分。但是罪刑法定原则定型以后即在现代法治国家，其功能价值变为兼具处罚犯罪和保障人权双重功能。[①] 何秉松教授认为，我国刑法中罪刑法定原则的规定是积极的罪刑法定原则与消极的罪刑法定原则的统一，体现了我国刑法将正确运用刑罚权，惩罚犯罪，保护人民，视为第一位，而将防止刑罚权的滥用以保障人权视为第二位。将惩罚犯罪、保护人民与约束刑罚权、保障人权有机统一，克服了西方刑法罪刑法定原则的片面性，是对罪刑法定原则的新的发展。[②] 薛瑞林教授等认为，我国刑法作出这样的规定，反映了我国刑法的价值追求，既注重保护社会，打击犯罪，不使一个犯罪分子漏网，又注重保障人权，限制司法权，不使一个无罪之人受到刑事追诉，即法律没有明文规定为犯罪行为的，不得定罪处罚。[③]

有人认为，我国罪刑法定原则不同于西方的规定，具有特殊性、全面

---

[①] 参见储槐植《现在的罪刑法定》，《人民检察》2007 年第 11 期。
[②] 参见何秉松主编《刑法教科书》，中国法制出版社，1997，第 63~68 页。
[③] 参见薛瑞林、杨书文《论新刑法的基本原则》，《政法论坛》1997 年第 5 期。

性、正当性和合理性。如李晓明教授认为，我国刑法中规定的"罪刑法定"是从"法有明文规定—定罪处罚"和"法无明文规定—不定罪处罚"两个方面来规定的，这绝不是简单的重复，而是从各自不同的方面强调和规定了我国"罪刑法定"的特别内容，绝不等同于西方国家的"法无明文规定不为罪，法无明文规定不处罚"。可以说，这也正是具有中国社会主义特色的"罪刑法定"的具体体现。与西方"罪刑法定"的重要区别就在于，西方强调的是"法无明文规定不定罪不处罚"一个方面；而我国强调的是"法有明文规定要定罪要处罚，法无明文规定不定罪不处罚"两个方面。只有这样，才能说是最全和最完善的"罪刑法定"，也才能够真正体现刑法的正当性与公正性。这显然是从中国的实际国情出发和考虑的，不仅与过去的一些基本法制原则相连接，而且充分体现了"有法必依，执法必严，违法必究"的社会主义法制要求。[①]

有人认为，我国的罪刑法定原则是在维护国家公共利益和维护公民个人利益方面取得平衡。如游伟教授认为，《刑法》第3条是中国特色的罪刑法定的立法表述，背后体现着它自身独特的价值，是中国现阶段刑事政策思想的体现，也反映了我国法制建设的现实状况，它反映的是一种在维护国家公共利益和维护公民个人利益方面取得平衡的思想。[②]

有人认为，我国的罪刑法定原则是法益保护机能与人权保障机能的冲突与调和。如张明楷教授认为，《刑法》第3条后半段是对罪刑法定原则的规定，但这并不意味着其前半段必然是对罪刑法定原则的规定。第3条后段，虽然是对罪刑法定原则的规定，但其前段，并不是对罪刑法定原则的规定（不是所谓积极的罪刑法定原则），而是针对我国刑法分则的特点，防止司法人员随意出罪。易言之，第3条前段旨在突出刑法的法益保护机能，后段则旨在突出刑法的人权保障机能，我们也不必指责第3条规定了两个不同的内容。一方面，保护法益的机能应当受到限制，人权保障机能也不能绝对无条件地优于法益保护机能，故刑法的法益保护机能与人权保

---

① 参见李晓明《罪刑法定原则与刑法观念变革》，载南英主编《刑事审判要览》2003年第5集，法律出版社，2004，第143~158页。
② 参见游伟《罪刑法定原则司法化问题研究》，《华东刑事司法评论》第6卷，法律出版社，2004，第163~164页。

障机能总是存在冲突的,第3条要求司法机关对两者进行调和,在充分权衡利弊的基础上,使两个机能得到充分发挥;另一方面,总体来说,第3条旨在限制司法权,只不过前段与后段所限制的内容不同而已。刑法第3条后段是关于罪刑法定原则的规定。①

(二) 我国罪刑法定原则的本质只能是保障人权、限制司法权

笔者认为,上述对我国刑法规定的罪刑法定原则所做的各种解释,归结为一点,是我国罪刑法定原则与西方的罪刑法定原则不一样,西方坚持保障人权,我国坚持惩罚犯罪与保障人权的统一。这一解释与罪刑法定原则的本质和内在要求存在明显的冲突,这种解释类似于哲学中的"二律背反"②,我们在解释上应当"正本清源",让我国刑法规定的罪刑法定原则回归其本质和内在要求。主要理由如下。

(1) 罪刑法定原则产生的意义和价值(罪刑法定的"初心")。17、18世纪,资产阶级启蒙思想家针对封建刑法的罪刑擅断主义,明确地提出罪刑法定原则。贝卡利亚在1764年出版《论犯罪与刑罚》一书中指出:"只有法律才能为犯罪规定刑罚。只有代表根据社会契约而联合起来的整个社会的立法者才拥有这一权威。任何司法官员(他是社会的一部分)都不能自命公正地该社会的另一成员科处刑罚。超越法律限度的刑罚就不再是一种正义的刑罚。因此,任何一个司法官员都不得以热忱和公共福利为借口,增加对犯罪公民的既定刑罚。"③ 罪刑法定原则,是指对犯罪的认定和刑罚的适用以法律规定为限的原则,亦即"法无明文规定者不为罪""法无明文规定者不处罚"。其中"法无明文规定不为罪"和"法无明文规定不处罚"是其基本含义和经典性表述。罪刑法定原则的基本精神和价值在于:保障人权、限制司法权,反对法外刑、反对罪刑擅断。所以,德国刑法理论大师李斯特就曾生动地说:罪刑法定原则乃犯罪者的大宪章。④

---

① 参见张明楷《刑法学》(第4版),法律出版社,2012,第53~54页。
② "二律背反"是康德在其代表作《纯粹理性批判》(参见蓝公武译本,商务印书馆1960年版)中提出的哲学概念,意指对同一个对象或问题所形成的两种理论或学说虽然各自成立但却相互矛盾的现象。
③ 〔意〕贝卡利亚:《论犯罪与刑罚》,黄风译,中国法制出版社,2005,第13页。
④ 转引自林钰雄《新刑法总则》,元照出版有限公司,2011,第38~39页。

台湾大学林钰雄教授认为:"罪刑法定原则的目的在于:防止国家滥用刑罚并保障个人权利,因为在此原则之下,国家不能恣意罗列罪名来处罚不受欢迎的人物。因此,整部刑法所定的法律要件及处罚规定具有相当重要的保障功能,可以说是防止个人权利受国家恣意侵犯的保证书。"①

(2)注意罪刑法定原则在我国刑法中作出明确规定的特殊历史背景和重大意义。我国1979年刑法没有明确规定罪刑法定原则,却明确规定了类推制度。1997年3月6日全国人民代表大会常务委员会副委员长王汉斌在第八届全国人民代表大会第五次会议上所作的《关于〈中华人民共和国刑法(修订草案)〉的说明》指出:"进一步明确规定罪刑法定原则,取消类推的规定。刑法原来基本上也是按照罪刑法定原则的精神制定的,当时考虑到刑法分则只有103条,可能有些犯罪行为必须追究,法律又没有明文规定,不得不又规定可以采用类推办法,规定对刑法分则没有明文规定的犯罪,经最高人民法院核准,可以比照刑法分则最相类似的条文定罪判刑。这次修订,刑法分则的条文从原来103条增加到345条,对各种犯罪进一步作了明确、具体的规定。事实上,刑法虽然规定了类推,实际办案中使用的很少。现在已有必要也有条件取消类推的规定。因此,草案明确规定了罪刑法定原则:'法律明文规定为犯罪行为的,依照法律定罪处刑;法律没有明文规定为犯罪行为的,不得定罪处刑。'"因此,规定罪刑法定原则与废止类推的规定是同时的,罪刑法定原则入刑,类推就必然被废止。

(3)不能将罪刑法定原则的本质属性、价值追求与刑法本身的目的、任务和功能相混同。有人认为,在当今社会,刑法与罪刑法定原则已融为一体,可以说"罪刑法定"原则与载体"刑法"在功能上是相同的。罪刑法定原则具有相反相成功能价值:在限制国家刑罚权随意发动的基础上为国家行使刑罚权确立合法性根据。罪刑法定是现代国家追究犯罪的基本方式。认识罪刑法定兼具的两种功能及其内在和谐,意义重大。② 笔者认为,罪刑法定原则的内在要求与刑法的目的和功能是不同的。罪刑法定原则具

---

① 林钰雄:《新刑法总则》,元照出版有限公司,2011,第38页。
② 参见储槐植《现在的罪刑法定》,《人民检察》2007年第11期。

有禁止类推和保障人权的本质属性和价值追求。而刑法具有惩罚犯罪和保障人民的双重目的,具有惩罚犯罪、保卫政权、保护权利、维护秩序等多重任务和功能。如《刑法》第1条规定:"为了惩罚犯罪,保护人民,根据宪法,结合我国同犯罪作斗争的具体经验及实际情况,制定本法。"第2条还规定了刑法的具体任务。为了实现《刑法》第3条罪刑法定原则的要求,我国《刑事诉讼法》第2条也将尊重和保障人权规定为基本任务之一。

(4) 在哲学上,必须正确理解肯定和否定的关系,不能将肯定和否定即正反两方面的表述作出不同的解释,甚至是完全相反的解释。唯物辩证法告诉我们:"任何事物的内部都包含着肯定和否定两个方面。""肯定的方面是事物中维持其存在的方面,即肯定这一事物为它自身的方面。否定的方面是事物中促使它灭亡的方面,促使它转化为其他事物的方面。事物内部的肯定方面和否定方面相互对立、相互斗争着。""肯定和否定,这两个对立的方面,又是相互统一的。双方都不能单独存在,各以其对立的一方为自己存在的条件。离开了否定就不能理解肯定;同样,离开了肯定也不能理解否定。肯定和否定的相互依赖和相互渗透在于:一方面,在一定意义上,肯定就是否定,肯定包含否定;另一方面,在一定意义上,否定又是肯定,否定包含肯定。这是客观事物本来的辩证法。"① 我国清末1910年《大清新刑律》第10条规定:"法无正条者,不问何种行为,无为罪。"而我国台湾现行"刑法"第1条关于罪刑法定原则的规定是:"行为之处罚以行为时之法律有明文规定者为限。拘束人身自由之保安处分,亦同。"因此,罪刑法定的实质和核心在于保障人权,不管是正面的规定还是反面的规定,其本质应当是一致的,否则,如果在刑法中只有正面部分的规定而无反面部分的规定,那罪刑法定原则不成了只是强调惩罚犯罪的原则了吗?

(5) 在语言表述上,第3条前句是"只有(有)……才能(有)……",后句是"如果(没)……就(没)……"的关系。在语言上表示条件关系的连词分为三种:一种是假设条件的,一种是特定条件的,还有一种是

---

① 肖前、李秀林、汪永祥主编《辩证唯物主义原理》,人民出版社,1981,第227~228页。

无条件的。前一分句提出一个假定的条件,后一分句说明在这个条件下要产生的结果,常用"如果""假如""要么"和"那么""就"等关联词来表示。假设的条件关系有两种用途:一是用于推断事物的发展,举出假设的情况,在这种条件下会有什么样的结果;二是用于分析事物,由已知的结果来证明在这种条件下,事情不像假设的那样,或者从而强调假设部分说到的事情,具有十分重大的意义。"只有……才……"属于条件连句,前面的偏句提出一个或者一个以上的条件,后面正句说明在具备这个或者这几个条件后必然产生的结果。"只有"表示唯一条件,说明如果没有所说的条件,就不可能产生所说的结果。① 因此,《刑法》第3条前句是"只有(有)……才能(有)……"的关系,即"只有法律明文规定为犯罪的,才能对其定罪处刑",后句是"如果(没有)……就(没有)……"即"如果法律没有规定为犯罪,就不能定罪处刑"。

(6)从目前我国人权保障的现状看,需要进一步强调刑法的人权保障。2012年3月14日刑事诉讼法的修改,并没有对律师参与刑事辩护带来明显的改变,被告人的诉讼权利的保障,也没有随着发生根本性改变。因此,当前我们仍然必须把尊重保障人权放到更加突出的位置来抓。

(三) 如何完善罪刑法定原则的规定

笔者建议,可以采取两种方式来完善:一是将第3条中的";"修改为",",使其变成一个完整的句子;二是将第3条"法律明文规定为犯罪行为的,依照法律定罪处刑"的表述予以删除,只保留"法律没有明文规定为犯罪行为的,不得定罪处刑"的表述。

## 二 关于我国罪刑法定原则上升法律位阶同时作为宪法原则的问题

笔者在《国家检察官学院学报》2005年第5期上发表的《罪刑法定原则的内在要求及面临的挑战》一文中曾建议在修改宪法时,应当将我国刑

---

① 参见胡裕树主编《现代汉语(修订本)》,上海教育出版社,1979,第367、368页。

法规定的罪刑法定原则宪法化,因为它可以最大限度地保障人权,特别是可以充分地、有效地实现"公民的人身权神圣不可侵犯"和"公民的财产权神圣不可侵犯"的规定。① 在全面依法治国和更加重视尊重与保障人权的今天,笔者再次建议立法机关将罪刑法定原则上升为宪法原则。

(一)主要依据

**1. 政策依据**

维护宪法法律权威和尊重保障人权,是中央全面深化改革和全面依法治国作出的重大决策和部署。2012年11月党的十八大报告第三部分"全面建成小康社会和全面深化改革开放的目标"中指出:确保到2020年实现全面建成小康社会宏伟目标。同时提出:依法治国基本方略全面落实;法治政府基本建成;司法公信力不断提高;人权得到切实尊重和保障。2013年11月12日中国共产党第十八届中央委员会第三次全体会议通过的《中共中央关于全面深化改革若干重大问题的决定》在"维护宪法法律权威"中指出:"宪法是保证党和国家兴旺发达、长治久安的根本法,具有最高权威。"在"完善人权司法保障制度"中指出:"国家尊重和保障人权。"2014年10月23日第十八届中央委员会第四次全体会议通过的《中共中央关于全面推进依法治国若干重大问题的决定》指出:"任何组织和个人都必须尊重宪法法律权威,都必须在宪法法律范围内活动,都必须依照宪法法律行使权力或权利、履行职责或义务,都不得有超越宪法法律的特权。""宪法是党和人民意志的集中体现,是通过科学民主程序形成的根本法。坚持依法治国首先要坚持依宪治国,坚持依法执政首先要坚持依宪执政。"在"加强人权司法保障"时指出:"健全落实罪刑法定、疑罪从无、非法证据排除等法律原则的法律制度。"因此,将罪刑法定原则上升为宪法原则不仅是落实中央关于维护宪法法律权威和尊重保障人权的需要,而且也是完成"健全落实罪刑法定、疑罪从无、非法证据排除等法律原则的法律制度"的重大举措。

**2. 法律依据**

首先,罪刑法定原则的内在价值和法律地位符合宪法的要求。宪法是

---

① 参见《国家检察官学院学报》2005年第5期,第22页。

第六章　刑法立法科学化的展开

国家的根本大法，尊重和保障人权，尤其是保障所有公民和组织体不受法外定罪和判刑，应当是宪法的重要任务。如《宪法》第38条规定："中华人民共和国公民的人格尊严不受侵犯。禁止用任何方法对公民进行侮辱、诽谤和诬告陷害。"其次，罪刑法定原则在刑法中的独特地位和在刑事司法实践中的独特作用决定了应当将其在宪法中规定。罪刑法定原则不仅是刑法规定的三个重要原则之一，而且是刑法所特有的基本原则，其在刑法体系中的地位应当是独一无二的。2012年3月14日修改的《刑事诉讼法》第2条也将"尊重和保障人权"规定为刑事诉讼法的重要任务。罪刑法定原则是我国1997年修订《刑法》早已明确规定的基本原则，只是由于其在刑法中举足轻重的独特地位和在司法实践中对人权保障的独特功能，才应当将其从基本法律的原则上升为根本大法的原则，并非新设刑法原则或者新设宪法原则。再次，罪刑法定原则入宪更有利于提升和加大其他部门法对公民和组织体的人身权、财产权等重要权利的保障位阶和保障力度。《民法总则》第3条规定："民事主体的人身权利、财产权利以及其他合法权益受法律保护，任何组织或者个人不得侵犯。"《民法通则》第5条规定："公民、法人的合法的民事权益受法律保护，任何组织和个人不得侵犯。"只有罪刑法定原则入宪后才能使部门法的规定实现高位阶、强有力的保障。因为，对于公民和组织体来讲，对他们合法权利的最大的威胁和侵犯，就是来自司法机关在法外对他们的定罪与判刑。所以，将罪刑法定原则上升为宪法原则，可以从法律位阶和根本大法上进一步贯彻罪刑法定原则的要求，进一步明确禁止司法机关在法外对当事人定罪与判刑。最后，罪刑法定原则入宪也符合国际法的相关规定和要求。《世界人权宣言》第11条第2款规定："任何人的任何行为或不行为，在其发生时依国家法或者国际法均不构成刑事罪者，不得被判犯有刑事罪。刑罚不得重于犯罪适用的法律规定。"《公民权利和政治权利国际公约》第15条第1款规定："任何人的任何行为或不行为，在其发生时依照国家法或国际法均不构成刑事罪者，不得据以认为犯有刑事罪。所加的刑罚也不得重于犯罪时所适用的规定。如果在犯罪之后依法规定了应处以较轻的刑罚，犯罪者应予减刑。"从国际法上讲，行为仅于行为时已有法律规范建立可罚性者，才可予以处罚。国内法所熟知的罪刑法定原则会在国际法层次受到一定程度的限制，不过仍可从国际法的罪刑法定原则推导出以下衍生效果：明确性原则、类推禁止、回溯禁止。再者，国际刑法也适用"无法律，即无刑罚"。①

### 3. 理论依据

罪刑法定原则是刑法所特有的、贯穿罪责刑的全过程、对刑法体系起决定性作用、对刑事司法起指导作用的准则，具有特殊性、共通性、决定性和指导性等重要特征。台湾林山田教授认为，罪刑法定原则乃是欧陆法系国家经历长期的历史演进而建立的极具重要性的刑法原则。……罪刑法定原则乃从刑法原则跃升为民主法治国家中一个极为重要的宪法原则。有些国家不但将罪刑法定原则明文规定于刑法法典，而且同时将其规定于宪法之中。例如德国早在1919年的《德意志帝国宪法》（即《魏玛宪法》）第116条明定罪刑法定原则；至今则以同样的条文将罪刑法定原则分别规定于刑法第1条与基本法（即宪法）第103条第2项中。② 所以，张明楷教授也认为："罪刑法定原则不仅是刑法原则，也是宪法原则。"③ 当然，由于目前在我国宪法中并没有明确规定罪刑法定原则，所以将其称作宪法原则，只能是从宪法学或者法理学上讲的，罪刑法定原则目前并没有直接体现在我国宪法法典之中。

### 4. 外国经验

"罪刑法定原则，是现代法治国家最为重要的刑法基石，可以说是具有人权特性的共通原则，现今法治国或规定于刑法，或同时规定于宪法，并且见诸国际人权公约。"④ 当今世界各国对罪刑法定原则的规定大致有三种情况：一是只在宪法中规定，而不在刑法中规定；二是只在刑法中规定，而不在宪法中规定；三是在宪法和刑法中同时规定。第一种方式和第三种方式都是将罪刑法定原则在宪法中规定，目前我国属于第二种方式。笔者建议将其变更为第三种方式，这在国际立法模式上并非我国独创。从

---

① 参见〔德〕Helmut Satzger《国际刑法与欧洲刑法》，王士帆译，元照出版公司，2014，第429~430页。
② 参见林山田《刑法通论》（上册，增订10版），北京大学出版社，2012，第35页。
③ 参见张明楷《刑法学》（第4版），法律出版社，2012，第51页。
④ 林钰雄：《新刑法总则》，元照出版有限公司，2011，第36页。

## 第六章　刑法立法科学化的展开

目前外国宪法关于罪刑法定原则的规定来看，主要存在于欧洲国家和亚洲国家的宪法之中。①

首先，从欧洲国家宪法的规定来看。如，1814年3月29日公布的《荷兰王国宪法》（第二章基本权利）第16条规定："定罪量刑应当基于犯罪当时生效的法律。"第15条规定："除非依照或者基于议会法令的规定，否则任何人不得被剥夺自由。"此外，1814年5月17日通过的《挪威王国宪法》（2012年5月15日修正）第97条、1949年5月23日颁布的《德意志联邦共和国基本法》② 第2条、1974年2月28日通过的《政府组织法》③ 第10条、1975年6月11日通过的《希腊宪法》第7条、1976年4月2日通过的《葡萄牙共和国宪法》第29条、1978年10月31日通过的《西班牙王国宪法》第25条、1993年12月12日通过的《俄罗斯联邦宪法》第54条等，也都有关于罪刑法定原则的规定。

其次，从亚洲国家宪法的规定来看。1946年10月7日日本帝国议会通过的《日本国宪法》第三章"国民的权利和义务"第39条规定："任何人在其实施的当时为合法的行为或已经被宣判无罪的行为，均不得再追究刑事责任。同时，对同一犯罪行为不得重复追究刑事上的责任。"此外，1948年7月12日通过的《大韩民国宪法》第13条、1949年11月26日通过的《印度共和国宪法》第20条、1965年8月9日通过的《新加坡共和国宪法》第11条、2008年5月29日通过的《缅甸联邦共和国宪法》第43条和第373条等，也都有关于罪刑法定原则的规定。

再次，美洲和大洋洲国家关于罪刑法定原则的规定。1787年制宪会议通过《美利坚合众国宪法》第9款规定："……不得通过公民权利剥夺法案或追溯既往的法律。……"1791年12月15日通过的《美利坚合众国宪法修正案》第6条："在一切刑事诉讼中，被告应享受下列权利：由犯罪行为地的州和地区的公正陪审团予以迅速和公开的审判，该地区应事先已由法律确定；……"1988年9月22日制宪会议通过的《巴西联邦共和国

---

① 以下外国宪法条文的规定，均引自孙谦、韩大元主编《世界各国宪法》亚洲卷、欧洲卷等，中国检察出版社，2012。
② 1990年8月两德统一后对基本法的某些条款作了修改，10月3日起适用于统一后的德国。
③ 系《瑞典宪法》组成部分之一。

宪法》第 39 条规定："法无明文规定，不构成犯罪，亦不得处以法律未明文规定的处罚。"第 40 条："除非有利于被告人，刑法不得溯及既往。"此外，1982 年 4 月 17 日生效的《加拿大宪法法》第 11 条、1991 年 7 月 4 日通过《哥伦比亚共和国政治宪法》第 29 条、1853 年 5 月 1 日批准生效的《阿根廷国家宪法》第 18 条、1917 年 1 月 31 日制定的《墨西哥合众国政治宪法》第 14 条、1901 年 1 月 1 日生效的《澳大利亚联邦宪法法案》第 120 条、1990 年 8 月 28 日批准的《1990 年新西兰权利法案》第 26 条、1979 年 10 月 23 日制定的《瓦努阿图（太平洋西南部）共和国宪法》第 5 条等，也都有关于罪刑法定原则的规定。

最后，非洲国家宪法规定的罪刑法定原则。如 1971 年 9 月 11 日经公民投票通过的《阿拉伯埃及共和国宪法》第 19 条规定："罪行和惩罚只能根据法律，根据司法判决才可处罚，法律颁布后犯下的罪行才可处罚。" 1996 年通过的《南非共和国宪法》第 35 条、1994 年 12 月 8 日制宪会议批准通过的《埃塞俄比亚联邦民主共和国宪法》第 22 条、1977 年 4 月制定的《坦桑尼亚共和国宪法》第 13 条、2010 年 1 月 21 日安哥拉共和国国民大会制宪会议通过的《安哥拉宪法》第 65 条等，也都有关于罪刑法定原则的规定。

总之，以上无论是大陆法系国家还是英美法系国家，大多数在宪法中对罪刑法定原则作出了规定。虽然它们存在通过时间上的巨大差异、内容上的多寡不均、表述上的大同小异、条序上的不同编排等区别，但是，它们最大的共性是重视将罪刑法定原则作为一项宪法原则来对待，并且直接在宪法中予以明确规定。这一立法模式和经验，值得我们借鉴。

（二）宪法实定化——如何在宪法中规定罪刑法定原则

笔者认为，在宪法中规定罪刑法定原则涉及在宪法的什么部分、什么条文中规定和规定些什么内容这两个问题。

笔者建议，在我国《宪法》第 2 章"公民的基本权利和义务"中规定罪刑法定原则比较妥当，并且建议在第 33 条中规定，而不宜在第 37 条或者其他条文中规定。第 33 条涉及的权利内容比较全面、完整，而第 37 条和其他条文涉及的权利内容均相对单一或者属于部分。

所以建议在第 33 条第 2 款"国家尊重和保障人权"之后增加规定"罪刑法定原则",同时也不宜另增一款来单独规定此原则。

建议在将来通过宪法修正案时,可以将《宪法》第 33 条第 2 款修正为:"国家尊重和保障人权。法律没有明文规定为犯罪行为的,不得定罪处刑。"

### 三 关于我国罪刑法定原则对犯罪定义法定化、明确化的要求和完善问题

#### (一) 我国刑法规定的犯罪定义的沿革与修改

需要说明的是,《刑法》第 13 条规定的是"犯罪概念"还是"犯罪定义"?在逻辑学上,概念是反映客观事物本质属性的思维方式,是构成思维活动的最小单位;概念相当于语言中的词或词组;任何概念都有内涵和外延这两个重要方面,概念的内涵就是概念所反映的事物的本质属性,概念的外延就是指具有概念所反映的本质属性的对象。定义则是揭示概念内涵的逻辑方法。揭示概念的内涵也就是指出概念所反映的对象的本质属性;用属加种差方法作出的定义,称为属种定义,可表述为:被定义概念 = 种差 + 临近属。[①] 因此,笔者认为,该条应当规定的是"犯罪定义"而不是"犯罪概念"。

罪刑法定原则首先要求对犯罪行为的法定化、实定化、标准化、精准化,这是罪刑法定原则实现的前提和基础。在我国刑法上,犯罪是指危害社会的、违反刑法的、应当受到刑罚惩罚的行为。

1979 年《刑法》第 10 条规定:"一切危害国家主权和领土完整,危害无产阶级专政制度,破坏社会主义革命和社会主义建设,破坏社会秩序,侵犯全民所有的财产或者劳动群众集体所有的财产,侵犯公民私人所有的合法财产,侵犯公民的人身权利、民主权利和其他权利,以及其他危害社会的行为,依照法律应当受刑罚处罚的,都是犯罪;但是情节显著轻微危害不大的,不认为是犯罪。"1997 年《刑法》第 13 条规定:"一切危害国

---

① 参见石子坚、杨作洲等编《法律专业逻辑学》,四川人民出版社,1981,第 9~14、32~34 页。

家主权、领土完整和安全,分裂国家、颠覆人民民主专政的政权和推翻社会主义制度,破坏社会秩序和经济秩序,侵犯国有财产或者劳动群众集体所有的财产,侵犯公民私人所有的财产,侵犯公民的人身权利、民主权利和其他权利,以及其他危害社会的行为,依照法律应当受到刑罚处罚的,都是犯罪,但是情节显著轻微危害不大的,不认为是犯罪。"

前条包括标点符号在内共计 156 个字,后条包括标点符号在内共计 159 个字。后条的修改之处在于:一是将"一切危害国家主权和领土完整"修改为"一切危害国家主权、领土完整和安全";二是将"危害无产阶级专政制度"修改为"分裂国家、颠覆人民民主专政的政权和推翻社会主义制度";三是将"破坏社会主义革命和社会主义建设,破坏社会秩序"修改为"破坏社会秩序和经济秩序";四是将"侵犯全民所有的财产"修改为"侵犯国有财产";五是将"侵犯公民私人所有的合法财产"修改为"侵犯公民私人所有的财产";六是将原来的"但书"前面的标点符号";"修改为","。

(二)犯罪定义表述的逻辑矛盾及其解决路径

从上可见,该修改不可谓不细,不可谓不严谨。但事实上,该修改的内容又主要是词语表述、标点符号的使用等,而整个条文的语法、结构未作根本性变化。也就是说,1997 修订刑法中的犯罪定义与 1979 刑法中的犯罪定义相比,没有实质性的变化,只是在表述上更加准确一些。

在逻辑学上,直言判断是指主项和谓项直接联系的判断,它由主项、谓项、联项和量项四部分构成。按照直言判断的量(即主项的数量)的不同,可以将其划分为单称判断、特称判断和全称判断。单称判断,是指反映某一单独对象具有或者不具有某种属性的判断,其主项是单独概念,逻辑结构是:"这一个 S 是 P";"这一个 S 不是 P"。特称判断,是指反映一类事物的部分对象具有或者不具有某种属性的判断,其主项是普遍概念,但在判断中断定的是主项的一部分外延,逻辑结构是:"有的 S 是 P";"有的 S 不是 P"。全称判断,是指反映一类事物的每一个对象都具有或不具有某种属性的判断,其主项是普遍概念,量项是指一类事物中的每一个对象,断定的是主项的全部外延,逻辑结构是:"所有 S 都是 P";"所有 S

都不是 P"。① 根据以上标准,《刑法》第 13 条"但书"之前的规定,不仅属于直言判断,而且属于全称肯定判断。

但是,该条在逻辑和语法上,存在不可回避的问题。全句的表述可以省略为:"一切……危害社会的行为……都是犯罪,但是……情节显著轻微危害不大的,不认为是犯罪。"再简单地表述为:"一切……都是(犯罪),但是……不是(犯罪)。"很明显,"一切……都是……但是……不是……"的表述,是一个比较明显的矛盾病句。从逻辑上讲,"一切……都是……"属于全称肯定判断,其中就不应当存在任何例外情况。

因此,正确的表述应当将其从全称肯定判断修改为特称肯定判断,即删除该全称肯定判断("一切……都……")中的"一切"和"都"这两个连接词,使其变为特称肯定判断的表述方式。条文中的中心词"行为"被前移,致使全句最后中心词变成"的",同时,全句定义的中心词发生了偏离。"一切危害……以及其他危害社会的行为,依照法律应当受到刑罚处罚的,都是犯罪,但是情节显著轻微危害不大的,不认为是犯罪。"应该是将句中的"行为"一词移后:"一切危害……以及其他危害社会的,依照法律应当受到刑罚处罚的行为,都是犯罪,但是情节显著轻微危害不大的,不认为是犯罪。"

总之,可以将第 13 条犯罪定义作出如下修改:"危害国家主权、领土完整和安全,分裂国家、颠覆人民民主专政的政权和推翻社会主义制度,破坏社会秩序和经济秩序,侵犯国有财产或者劳动群众集体所有的财产,侵犯公民私人所有的财产,侵犯公民的人身权利、民主权利和其他权利,以及其他危害社会的,依照法律应当受到刑罚处罚的行为,是犯罪,但是情节显著轻微危害不大的行为,不是犯罪。"

## 四 关于我国罪刑法定原则法典化后非法经营罪等个罪口袋化趋势及其阻止问题

### (一) 非法经营罪口袋化的表现

目前在司法实践中,不严格依据罪刑法定原则处理案件的现象较多,

---

① 参见石子坚、杨作舟等编《法律专业逻辑学》,四川人民出版社,1981,第 55~59 页。

甚至是屡屡发生，尤其是出现了新的几个口袋化罪名，如非法经营罪、敲诈勒索罪、寻衅滋事罪等。

内蒙古农民王力军无证收购玉米被认定为非法经营。2014年11月至2015年1月，王力军未办理粮食收购许可证、未经工商行政管理机关核准登记并颁发营业执照，擅自在巴彦淖尔市临河区白脑包镇附近村组无证照违法收购玉米，经营数额218288.6元，非法获利6000元。案发后王力军主动到公安机关投案自首，并退缴获利6000元。巴彦淖尔市临河区人民检察院以非法经营罪对原审被告人王力军提起公诉，巴彦淖尔市临河区人民法院于2016年4月15日作出刑事判决，以非法经营罪判处王力军有期徒刑1年，缓刑2年，并处罚金20000元，其退缴的非法获利人民币6000元由侦查机关上缴国库。一审宣判后，王力军未上诉，检察机关未抗诉，判决发生法律效力。2017年2月17日再审被改判无罪。

笔者认为，在计划经济时代，倒卖粮食被认定为投机倒把罪，甚至一度还有死刑存在，但是在市场经济时代，对倒卖粮食特别是倒卖玉米的行为再认定为非法经营罪，这确实需要司法官具有"超法胆识"和"破法担当"才行，否则怎么会将如此常识性的收购行为认定为非法经营罪（曾经的"投机倒把罪"）呢？

非法经营罪口袋化目前在司法实践中不能低估。笔者通过网络搜索，将条件设定为：案件类型——刑事案件，文书类型——判决书，案由——非法经营，法院层级——基层法院，审判程序——一审，裁判日期——2016年1月1日至2016年12月31日，以省为单位下载了此前发布在中国裁判文书网上全国所有基层法院的非法经营罪一审判决书，共下载判决书2254份（剔除重复部分）。① 从下载的2254份判决书可以看出，适用《刑法》第225条第1项的有1449件，占64.29%；适用第2项的有0件，占0；适用第3项的有176件，占7.81%；适用第4项"其他严重扰乱市场秩序的非法经营行为的"，有629件，占27.90%。对第4项的适用，除了司法解释有明确规定的发行彩票、非法屠宰生猪等入罪情形，其他行为的入罪就没有明确的规定，但是各地法院也将各种各样的非法经营行为和流

---

① 广东省因网络自身原因部分判决书无法下载，故没有统计无法下载的判决书。

通行为以非法经营罪论处。根据统计分析共涉及 29 种 131 件案件,分别是:(1)销售卫星电视接入设备、机顶盒 32 件;(2)销售伪基站、利用伪基站发送虚假广告 10 件;(3)无证开设网吧 18 件;(4)非法经营出版物 11 件;(5)非法经营出租车 11 件;(6)非法经营外挂游戏 7 件;(7)无证开设驾校 5 件;(8)倒卖收割机骗取补贴 5 件;(9)非法输出劳务 4 件;(10)非法开采稀土 3 件;(11)无证收购粮食 2 件;(12)非法处置危险废物 2 件;(13)无证购销易制毒原料麻黄草 2 件;(14);销售考试作弊器材 2 件;(15)非法开采砂石 2 件;(16)非法经营野兔(草兔)2 件;(17)经营赌博机 1 件;(18)非法讨债 1 件;(19)非法经营墓穴 1 件;(20)无证建商品房 1 件;(21)帮助逃避超载 1 件;(22)道路上私自设卡收费 1 件;(23)非法组织客运 1 件;(24)非法网络删帖 1 件;(25)非法经营报废车辆 1 件;(26)非法义诊卖药 1 件;(27)非法加工动物油脂 1 件;(28)无证生产脚手架扣件 1 件;(29)非法贩卖疫区活羊 1 件。

此外,还有学者几年前调查发现,在涉及非法经营罪的 358 份判决中引用《刑法》第 225 条第 4 项的判决有 243 份,占 67.88%。司法实践对非法经营罪兜底性规定的态度并非学界所期待的"限制",而是尽量"扩张"。该项"其他严重扰乱市场秩序的非法经营行为"的兜底性规定使非法经营罪成为名副其实的"口袋罪",并成为"讨论我国刑法的明确性问题的一个绝佳范例"。[①] 因为这一规定既有空白罪状,又有罪量要素,同时还有兜底行为方式,几乎汇集了所有与刑法明确性相悖的立法方式。[②]

(二)切实贯彻罪刑法定原则,阻止非法经营罪等个罪的口袋化

笔者认为,这种口袋化趋势,直接冲击和否定罪刑法定原则,我们必须在刑事立法、刑事司法和刑法理论上重视,并阻止其发展下去。

**1. 刑事立法应当带头固守罪刑法定原则**

中国刑法一直沿着犯罪化作单轨运行,主要是由于作为非犯罪化思想

---

① 参见欧阳本祺《对非法经营罪兜底性规定的实证分析》,《法学》2012 年第 7 期。
② 陈兴良:《刑法的明确性问题:以〈刑法〉第 225 条第 4 项为例的分析》,《中国法学》2011 年第 4 期。

基础的自由主义、刑法谦抑主义、经济主义和法益保护主义在中国并未真正生根开花,而权力本位、万能主义刑法观尚根深蒂固。① 1997 年 3 月 14 日《刑法》第 225 条规定了非法经营罪,1999 年 12 月 25 日《刑法修正案》对该罪名作出了修改,2009 年 2 月 28 日《刑法修正案(七)》又再次对该罪名作出了修改,这种立法修改频率比较罕见,也为不遵守罪刑法定原则提供了"范例"。所以,有人认为,现在真的已经到了防止"刑事立法狂躁症"的时候了,即我们应该纠正一有风吹草动就增设刑法新罪名予以应对的错误理念。如果构成犯罪的,可以分别以相关犯罪处理;如果行为后果没有达到犯罪的程度,则不应该去"寻找"罪名以所谓"最靠近的罪名"对行为人的行为定罪处罚。对于行为不构成犯罪但已违反诸如治安管理处罚法等其他法律、行政法规的,则应严格予以行政处罚或作民事赔偿。②

**2. 刑事司法需要具备起码的"良知善行"和严格遵循罪刑法定原则**

首先,司法需要专业知识,更需要起码的"良知善行"。在主观上,应当具备"良知",符合"四常":常识(即公知公晓、显而易见的认识)、常理(即简简单单、约定俗成的道理)、常情(即符合风俗习惯、人之常情)、常态(即属于正常时空、平常状态),不能使办理的案件丧失良知,违反"四常"。

与之相适应,在客观上其行为也要具备"善行",具有"四合":合法,即符合法律的明文规定或者符合法治原则、政策、精神;合理,即符合相关理论,特别是符合法学原理、法治常识;合情,即符合社会情势或者日常情理;合俗,即合乎传统习惯、善良风俗、不违反公序良俗、不违背社会常识。尊重司法规律,司法规律是司法实践中本身所固有的本质的、必然的、稳定的联系,具有客观性、内在性、本质性、必然性、稳定性、能动性等基本特征。司法活动具有极大的能动性和自由裁量权,要求司法人员必须尊重司法规律,充分发挥主观能动性。在司法活动中,司法官能够发现司法规律,认识司法规律,掌握司法规律,运用司法规律,不

---

① 参见郑丽萍《犯罪化和非犯罪化并趋》,《中国刑事法杂志》2011 年第 11 期。
② 参见刘宪权《"虐童案"处理应纳入法制轨道》,《法制日报》2012 年 11 月 13 日第 10 版。

要违背司法规律，不选择性司法。

其次，司法要严格遵循罪刑法定原则。对罪与非罪的认定，既不能人为拔高，更不能明显降低。刑罚是双刃之剑，不但应用之得当，更应用之谨慎。《刑法》第 13 条规定，犯罪必须具有严重的社会危害性、刑事违法性和刑罚的当罚性，而不能是情节显著轻微危害不大的行为。但实践中是不是在严格审查某一行为的社会危害性的有无、轻重及是否具有刑罚惩罚的必要性、正当性、合理性呢？所以定罪不能机械地、简单地套用刑法分则条文，对其一行为的惩罚，不仅因为其违反了分则法条的具体规定，更在于其具有一定的社会危害性。罪刑法定原则是明确禁止"举轻以明重"的"入罪类推"，但必须注意的是对于"举重以明轻"的"出罪类推"，在司法中是不被禁止的，因为它是有利于被告人的解释。对"法无授权不可为"的理解也不能片面化、绝对化，对限制和剥夺当事人权益的行为即克减当事人权利的行为，必须坚持"法无授权不可为"，但是对于维护和保障当事人正当权益的行为，就不应当受"法无授权不可为"的限制或者禁止。

**3. 刑法学界应当正确引导和全力维护罪刑法定原则**

在刑法学教学和研究中，应始终坚持和维护罪刑法定原则的本质要求、价值追求，不忘罪刑法定原则的"初心"，正确引导刑事立法和刑事司法坚持、固守、维护罪刑法定原则。

（江西省人民检察院副检察长　张国轩）

## 第七节 缓刑刑种化的制度设计

所谓缓刑刑种化，是指将缓刑规定为我国刑罚的一个种类，让缓刑承担独立刑种的完整功能，使其与有期徒刑、无期徒刑等刑种并列。缓刑刑种化是一种全新的主张，不同于我国现行的人们对缓刑的看法。根据我国现行刑法规定，缓刑是刑罚暂缓执行制度，即对法院原判刑罚附条件不执行的一种刑罚制度。前者主张缓刑是独立的刑罚种类，后者认为缓刑是被判有期徒刑等刑罚的附条件不执行。本文的主张不同于主流观点。

### 一 问题的提出

虽然社区矫正于19世纪中期在西方国家就已经出现，但是，其发展非常缓慢。社区矫正的发达实际始于20世纪中后期。然而在我国社区矫正从2003年试点到2014年全面推行花了11年时间。我国的社区矫正不仅推进快，而且推进力度也大。截至2015年5月底，全国各地已经累计接受社区服刑人员242.9万人，累计解除矫正人员169.6万人，现在接受矫正的有74万人。[①] 接受社区矫正的人员包括被宣告缓刑的人员、被宣告假释的罪犯、被判管制的罪犯及被准予暂予监外执行的罪犯，其中，被判缓刑的人员是接受社区矫正的主体。因为目前社区服刑的主体是被宣告缓刑的人员，而缓刑被认为是"原判刑罚附条件不执行"的一种刑罚制度，于是，社区矫正是不是刑罚执行问题随之提出，相应的问题还有被判缓刑人员是不是罪犯或者服刑人员，社区矫正工作者身份是什么。

研究社区矫正的学者认为：社区矫正就是刑罚执行工作，社区矫正的基本任务就是惩罚与矫正罪犯。[②] 被宣告缓刑的人员就是"社区服刑人员"。[③] 社区矫正工作者身份是社区矫正官。[④] 此外，还有社区矫正工作者

---

[①] 佚名：《一图读懂社区矫正》，http://www.legalinfo.gov.cn/index/content/2015-07/13/content_6167477.htm? node=72655，2016年10月26日访问。
[②] 参见刘强主编《社区矫正制度研究》，法律出版社，2007，第56页。
[③] 参见王平等《理想主义的〈社区矫正法〉》，中国政法大学出版社，2012，第28页。
[④] 参见吴宗宪《吴宗宪文集》，中国法制出版社，2016，第567页。

是"刑罚执行官""警官""社会工作者"的主张。然而,学者们的主张并未被国务院法制办公室 2016 年 12 月 1 日公布的《社区矫正法(征求意见稿)》所采纳。2016 年 12 月 1 日公布的《社区矫正法(征求意见稿)》未明确社区矫正的刑罚执行工作性质。征求意见稿将被宣告缓刑的人员称为"社区矫正人员",而将社区矫正工作者称为"社区矫正机构工作者",并未明确社区矫正工作者"社区矫正官"身份或者"刑罚执行官"等身份。关于为何社区矫正性质、社区矫正活动主体称谓这样的基本问题在《社区矫正法(征求意见稿)》没有规定,在 2016 年 12 月 16 日由中国法学会组织的社区矫正法专家研讨会上,有很多专家指出:因为缓刑在我国现行刑法中并不是独立的刑罚种类,而被宣告缓刑的人员又在接受社区矫正人员中占有多数,所以,不宜将社区矫正定性为刑罚执行,也因而不宜将被判缓刑的人员称为"社区服刑人员"或者"罪犯",社区矫正工作者的身份不宜使用"社区矫正官"、"刑罚执行官员"及"警官"等称谓。

如果社区矫正不被认为是刑罚执行活动,社区矫正就应当是非刑罚执行活动。然而,社区矫正机构对被假释罪犯的矫正、对被判管制罪犯的执行、对被准予暂予监外执行罪犯的矫正,却又被认为是刑罚执行性质,于是,社区矫正出现严重的定性割裂问题:有的社区矫正活动不是刑罚执行,有的社区矫正活动是刑罚执行。这一对社区矫正的定性矛盾不仅严重影响现实中社区矫正工作目的确定、工作内容确定、工作方法确定、队伍建设等,影响社区矫正的合理化展开及社区矫正的推进,而且影响目前的社区矫正立法,包括立法的高度、立法的完整、立法的内容。而关于社区矫正定性矛盾的根源在于刑法对缓刑的规定及对缓刑性质的主张。

基于上述问题,本文主张我国刑法应修改关于缓刑的"附条件不执行"的规定,明确规定缓刑是我国的一种刑罚。

## 二 本文的基本理由

### (一) 缓刑已经成为我国抗制犯罪的重要手段

在社区矫正试点以前,我国适用的缓刑数量较少,但是,随着社区矫正的推行,缓刑适用数量显著增加,缓刑现在已经成为我国抗制犯罪的重要手段。

根据有关资料，2002年，全国法院平均缓刑适用率（适用缓刑人数在刑事案件适用刑罚人数所占比重）是6.59%，但是，2003年便上升至18.06%，此后，全国法院平均缓刑适用率皆在20%以上。2004年全国法院平均缓刑适用率是20.24%，2005年是21.83%，2007年是23.19%。[①]

根据有关资料，近10年我国法院缓刑适用率基本在20%以上。根据云南省蒙自市人大常委会调查组的调查，云南省蒙自市法院2013年至2015上半年共审理刑事案件757件1406人，判处缓刑355人，缓刑适用率是25.2%。[②] 浙江省台州市的数据是：2011年被适用缓刑的人数是2404人，缓刑适用率是21%；2013年被适用缓刑的人数是2989人，缓刑适用率是23.4%。[③] 河南省固始县人大常委会调研组对2013年12月21日至2015年4月20日固始县人民法院所判刑事案件进行调查：人民法院共判处528人缓刑，缓刑适用率是52.8%。[④]

从刑罚适用看，缓刑已经开始与其他刑罚手段一样并列，受到司法界及社会各界的重视，缓刑在我国刑罚适用中已经占有重要地位。对此，我们要清楚地认识到。

（二）缓刑已经被作为实现刑罚惩罚正义的手段使用

虽然现行刑法将缓刑规定为"原判刑罚附条件不执行的一种刑罚制度"，但是，缓刑与假释、管制一样，在社区中不仅同样具有预防犯罪的功能，而且同样具有刑罚惩罚罪犯的功能，而假释是有期徒刑、无期徒刑在社区中的执行方式，管制是一种社区刑。缓刑具有完整的、独立的刑罚功能。

---

① 山东省高级人民法院刑一庭：《山东法院缓刑适用情况的调研报告》，《山东审判》2008年第5期，第30~36页。
② 云南省蒙自市人大常委会调查组：《蒙自市人民法院刑事审判工作情况调查报告》，http://www.mzsrd.gov.cn/showarticle.aspx?id=65。
③ 张斌全、于宝华：《缓刑适用现状的实例考察——台州市缓刑适用情况的调查与分析》，http://www.zjtzrd.gov.cn/tzrd/Desktop.aspx?PATH=tzrd/tzrdsy/tzrdxxll&Gid=380533a0-19e6-45ee-9dfb-6b67e02b9750&Tid=Cms_Info。
④ 固始县人大常委会调研组：《关于县法院刑事案件审判适用缓刑情况的调研报告》，http://www.gsrd.gov.cn/html/rddy/2657.html。

## 第六章 刑法立法科学化的展开

缓刑的刑罚惩罚功能主要体现在对被判缓刑的人员自由的限制与行为的强制上。

缓刑对被判处缓刑人员自由的限制可以分为"不作为"的要求与"作为"的要求。"不作为"的内容通常包括：不能与不准交往的人见面；不能去不准许到达的区域；不能离开特定的区域；不能吸毒；不能参加特定的活动；不能从事特定的活动；不能在指定时间离开所居住的场所；不能违反法律；不能违反监督规定；等等。"作为"的内容通常包括：在指定时间段内到特定地方报告有关情况；离开特定场所报告并需获得批准；迁居需要报告并获得批准；居住在指定场所；参加无报酬的劳动；参加要求的矫正项目。上述对被宣告缓刑人员的要求在不同的国家有所不同。

缓刑对被判缓刑的人员行为的强制表现在对被判缓刑人员违反"不作为义务"与"作为义务"的惩罚上。有的国家将惩罚措施设定为四级，如在英国，对违反"不作为义务"与"作为义务"的被宣告缓刑人员可以予以在"社区矫正中心"集中管束；可以予以撤销缓刑警告；可以保留原来缓刑的判决，但增加监督的内容；可以保留原来缓刑的判决，但延长罪犯所判缓刑的监督期；撤销缓刑，要求罪犯在监狱执行原判监禁刑。[①] 我国将惩罚措施设定为三级。根据《社区矫正实施办法》，对违反"不作为义务"与"作为义务"的被宣告缓刑人员可以根据情节予以：警告；治安拘留；撤销缓刑，执行原判有期徒刑或者拘役刑。

从国内视域看，缓刑的惩罚力度与假释、管制的惩罚厉度相当。根据《刑法》第 75 条，被宣告缓刑的应当遵守下列规定：遵守法律、行政法规，服从监督；按照考察机关的规定报告自己的活动情况；遵守考察机关关于会客的规定；离开所居住的市、县或者迁居，应当报经考察机关批准。根据《刑法》第 84 条，假释犯需要遵守下列规定：遵守法律、行政法规，服从监督；按照考察机关的规定报告自己的活动情况；遵守考察机关关于会客的规定；离开所居住的市、县或者迁居，应当报经考察机关批准。法律对被判缓刑的人员"不作为义务"与"作为义务"的规定与对假

---

① J. V. Roberts, *The Virtual Prison: Community Custody and the Evolution of Imperisonment*, Cambridge: Cambridge University Press, 2004, pp. 85–91.

释犯的规定是一样的。不仅如此,根据《刑法》第 72 条、第 38 条的规定,被判缓刑的人员还需要遵守禁止令。而被判缓刑的人员所遵守禁止令规定内容与被判管制的罪犯所遵守的禁止令规定内容也是一样的。最高人民法院、最高人民检察院、公安部、司法部颁布的《关于对判处管制、宣告缓刑的犯罪分子适用禁止令有关问题的规定(试行)》对禁止被判处缓刑与管制的犯罪分子在缓刑考验期间、管制执行期间内"从事特定活动,进入特定区域、场所,接触特定的人"予以了统一规定。如禁止被判缓刑的人员与被判管制的罪犯进入夜总会、酒吧、迪厅、网吧等娱乐场所。

从国际视域看,我国的缓刑的惩罚力度实际与国外的作为社区性刑罚(Community Penalty)的缓刑的惩罚力度相差无几,如英国。"社区性刑罚"是国际社会新出现的一类刑罚[①],它包括所有要求罪犯在社区服刑的刑罚种类,是二战后在西方国家出现并迅速发展的刑罚,如缓刑(Suspended Sentence of Imprisonment)、社区服务刑。其已经成为与监禁刑相对的刑罚类型。这里需要特别注意,在英国,缓刑是一种独立的刑种。虽然英格兰与威尔士在 1967 年就引入缓刑,但是直到 2002 年才将缓刑规定为独立的刑罚。缓刑在英国又被称为"监禁减少"(Custody Minus),其与作为半监禁刑的"监禁刑附加"(Custody plus)相对。根据规定,法院对于应当判处 28 个月,不超过 51 个月监禁刑的罪犯可以适用缓刑。缓刑内容包括以下部分:第一,对犯罪分子判处一定监禁期;第二,对所判处的监禁刑罚缓执行;第三,对犯罪分子判决一定监督期;第四,监督期需要遵守的条件,如参加无偿劳动、接受宵禁、参加矫正活动。罪犯接受监督期限不低于半年,不超过 2 年。关于被判处缓刑的罪犯需要遵守的规定,英国 2002 年出台的《刑事司法法典》第 171 条予以了明确。a. 参加无报酬的劳动。《刑事司法法典》第 179 条规定,被判处参加无偿劳动的罪犯,需要参加最少 40 个小时,最多不超过 300 小时的劳动。这种判决的前提是需要有合适的保护观察官员对罪犯进行监督。b. 参加某种活动。根据《刑事司法法典》第 181 条,被判决参加某种活动的罪犯需要到指定的地方与指

---

① M. Nellis, "Community Penalties in Historical Perspective", In A. Bottoms, L. Gelsthorps & S. Rex (eds.), *Community Penalties: Change and Challenges*, Devon: Willan Publishing, 2002, pp. 16 – 39.

定的人一同参与活动。法典所指定的地方主要是"社区矫正中心"（Community Rehabilitation Centre），也可以是其他经过批准的地方。活动的时间由法官判决，但是，活动的时间为最多 60 日。参加活动要遵守具体负责的社区矫正官的指示。在现代英国，越来越多的法院将"要求罪犯参加文化教育、职业训练，甚至学习申请工作、练习与人对话、学习解决问题"等，作为要求罪犯"参加某种活动"的内容。c. 禁止参加某些活动。根据《刑事司法法典》第 183 条规定，法官可以在规定的时间内禁止罪犯参与某些指定的活动。另外根据 1968 年的《枪支管理法》（The Firearms Act 1968），罪犯不能拥有、使用或者携带枪支。d. 参加某些矫正项目。根据《刑事司法法典》第 182 条，法官根据社区矫正官的建议，可以决定对特定罪犯是否适用矫正项目，适用何种矫正项目。被判适用矫正项目的罪犯需要遵照社区矫正官的指示在特定时间段到特定地方参加矫正项目。所有矫正项目必须经过司法部认证机构认证，也就是说，只有经过认证的矫正项目才能适用。e. 宵禁。根据《刑事司法法典》第 184 条，被判处宵禁的罪犯必须在指定的时间待在指定的地点。宵禁的时间不低于 2 小时，但是不能高于 15 个小时。f. 排除性要求。根据《刑事司法法典》第 185 条，法院可以在规定的时间段内禁止罪犯出入特定的场所。排除罪犯出入特定场所的时间不超过 2 年。根据法律，"特定场所"可以扩大理解，"特定场所"包括特定地区。g. 住宿的要求。根据《刑事司法法典》第 186 条，法官可以根据罪犯生活的环境要求，判处罪犯在规定的时间段在指定的地方住宿。被判处在指定地方住宿的罪犯，需要根据社区矫正机构的要求、指示作息和生活。英国社区矫正机构的官员不仅对执行社区刑的罪犯进行监督管理，而且还经营着"保护观察中心"（Probation Center）、"保护观察旅馆"（Probation Hotel）。"保护观察中心""保护观察旅馆"可以用以执行法院的住宿判决。h. 精神健康治疗的要求。根据《刑事司法法典》第 187 条，对于需要进行精神健康治疗的罪犯，法官可以要求罪犯接受具有执业资格的医师或者精神病治疗医师的治疗。i. 毒品矫治的要求。根据《刑事司法法典》第 189 条，法院在罪犯存在对毒品依赖或者对毒品存在依赖倾向，需要治疗的情形下，可以判决罪犯接受戒毒矫治，以降低或者控制罪犯对毒品的依赖。根据规定，罪犯的尿检与矫治不少于 6 个月。

j. 酒精矫治的要求。根据《刑事司法法典》第 192 条，法院在罪犯存在对酒精依赖，需要治疗的情形下，可以判决罪犯接受戒酒矫治，以降低或者控制罪犯对酒精的依赖。被判决接受戒酒矫治的罪犯需要在有矫治资格的人员监督下进行一段时间的矫治。法院对罪犯判决酒精矫治需要考虑罪犯的意愿，如果罪犯愿意遵守监督规定，法院可以判处罪犯接受酒精矫治。根据规定，罪犯酒精矫治的时间不少于 6 个月。k. 监督的要求。根据《刑事司法法典》第 193 条，被判决接受监督的罪犯需要根据社区矫正官员或者社区矫正官指定的人员的指示，在指定的时间与地点和社区矫正官，或者社区矫正官指定的人员见面。在使用宵禁时，法院可以使用电子监控措施。电子监控措施的价值是确保法院判决的对罪犯的其他监督措施的实施。根据《刑事司法法典》第 195 条的规定，电子监控要以法院的判决为根据并由社区矫正官使用。使用电子监控后要告知罪犯与有关人员。

总之，由于缓刑与假释、管制具有同样的刑罚惩罚罪犯功能，所以，司法机关在适用缓刑过程中，如同适用假释、管制一样，在发挥缓刑的预防犯罪功能同时，也调动缓刑的刑罚惩罚功能，作为实现刑罚惩罚正义的手段使用。

(三) 缓刑刑种化可以有效地解决社区矫正法制定及社区矫正推进中遇到的瓶颈问题

改革开放后，特别是进入 21 世纪以来，随着我国社会迅速发展，监狱出来的刑释人员因为不能适应发展的社会，同时受制于监狱化，重新犯罪问题日益突出。所谓"监狱化"指在监狱服刑的罪犯因长期服刑，适应监狱生活，而不适应出监后的社会生活。监狱化不仅影响刑释人员的行为，而且影响其价值观与人生观。监狱化与刑释人员无业可就、重新犯罪具有密切的关系。重新犯罪因犯罪分子具有犯罪经验不仅具有更大的社会危害性，而且在犯罪侦破上带给侦查人员更大的挑战。所以，防控重新犯罪在今天的中国非常紧迫。从战略层面看，为防控重新犯罪虽然改革监狱现有矫正制度非常重要，但是推进社区矫正尤为必要与紧迫。社区矫正不仅能够帮助罪犯适应社会生活，而且能够帮助罪犯避免监狱化或者降低监狱化所带来的问题。这是我国社区矫正迅速发展的主要原因。但是，由于缓刑在我国被定位为"附条件不执行"的制度,所以,关于社区矫正的性质便不能形成共识,不能被明确为刑罚执行,于是,社区矫正之花便很难舒展,社区矫正队伍建设、制度构建一时陷入沼泽。社区矫正立法遇到的问题是社区矫正性质不明问题的折射。

如果我国刑法明确缓刑是刑罚的一个种类,将有助于上述问题的解决。具体说,如果我国刑法明确缓刑是我国刑罚的一个种类,对被宣告缓刑人员的社区矫正便毫无争议地会被认为是刑罚执行活动,而在这种情况下,社区矫正的刑罚执行性质将彻底解决。随着社区矫正刑罚执行性质的确立,社区矫正工作者刑事执法人员地位与社区矫正对象的"罪犯"或者"服刑人员"身份都将得到确定。社区矫正中的教育与帮扶制度将纳入刑罚执行的框架,而非慈善体制;电子监控将"义无反顾"地制度化,集中管控可以大胆探索。

总而言之,我国的缓刑应当与时俱进,走刑种化的道路。

事实上,我国现行刑法中的缓刑在法学理论与刑事司法实践中都比较尴尬。虽然其在理论上被定位为刑罚裁量制度,但是,在实践中它却与假释并列比肩在刑罚执行范围中被讨论。这种状况的根源在于我国现有缓刑制度的"出生"缺陷。我国的缓刑制度是从日、德国家传过来的,但是,如果对缓刑制度追根,其却源于英美国家,源于英美国家"Probation"(保护观察)制度。"Probation"制度早在19世纪中期就在英美出现,且于19世纪后期20世纪初制度化、法律化。此后,这种制度传到德、法等欧洲国家,再传到日本。"Probation"传到其他国家后,其形式发生了变化,如在日本,"Probation"分化为"缓刑"与"观护"两部分:缓刑作为刑罚裁量部分,"观护"作为监控与矫正部分。在英美国家,缓刑就是刑罚的一种,融刑罚裁量与监控、矫正于一体,犯罪分子一旦被宣告缓刑,罪犯就需要接受刑罚。我国1979年刑法立法时规定了缓刑,未规定类似"观护"的制度,所以,我国缓刑制度中的监控与矫正部分非常单薄。而"Probation"的核心在于对服刑人员的监控与矫正。这是我国缓刑长期以来跛行甚至停步不前的原因。社区矫正在我国的开展,使得我国对被缓刑人员的监控与矫正有了长足进步,缓刑适用有了前所未有的变化,但是,由于我国现行缓刑制度不是刑种,未将缓刑的裁量与对被缓刑人员的监控与矫正统一起来，所以，我国的缓刑制度随着社区矫正的起步，其"出生"缺陷所带来的问题暴露出来。随着监控与矫正工作在社区矫正中的突起，应充分发挥缓刑功能，重新在我国刑法中对缓刑定位是迟早的事情。

### 三 缓刑刑种化的价值展望

缓刑刑种化不仅可以有效地解决社区矫正推进及社区矫正法制定中遇到的瓶颈问题，而且可以为对抗诸如环境犯罪问题找到更有效的武器，为推进新时代的刑罚发展做出贡献。

#### （一）有效对抗环境犯罪等问题

一些新型犯罪在我国发展很快，如环境犯罪。如何对抗环境犯罪？固然使用中长期监禁刑是国家的一个选择，但是，从司法看，短期监禁刑，特别是缓刑，很受青睐。实际上，对于环境犯罪，立法者也不主张使用中长期监禁刑。2011年5月1日施行的《刑法修正案（八）》规定了污染环境罪的最高刑是7年有期徒刑。根据严厚福博士于2016年12月23日在河北大学主办的"通过刑事司法的环境治理"会议上提交的报告，自2015年1月1日到2015年12月31日，全国各省（自治区、直辖市）各级法院审理污染环境罪判处2406人自由刑，人民法院对其中的833人适用了缓刑。适用缓刑比例达34.62%。缓刑之所以被作为重要的对抗环境犯罪的手段在于，一方面司法者需要惩罚破坏环境的犯罪者，另一方面司法者考虑到我国目前的环境犯罪毕竟是作为后发展型国家的我国需要付出的发展代价。

然而，我国现行的缓刑制度因为不是刑种，其价值目标不包含刑罚惩罚，不是刑罚类别，所以，实际上缓刑并不适宜当作对抗环境犯罪的手段。然而，我国将缓刑刑种化后，刑罚惩罚便应当纳入缓刑制度构造中，缓刑因为惩罚功能正当化，而可以发挥刑罚功能惩戒危害环境的犯罪分子。作为刑罚，缓刑不仅要考虑限制罪犯自由，而且应当予以罪犯"恢复性"惩罚。考虑环境犯罪的危害特点，人民法院可以以"无偿劳动"的形式判决罪犯"恢复环境"，使缓刑增加"环境恢复治理"惩戒内容，从而使缓刑的惩罚针对性进一步提高，使得刑罚惩罚、罪犯矫正与环境治理有机统一起来。

(二) 为完善我国刑罚体系，设立社会服务刑开辟道路

我国目前的刑罚体系是以自由刑为核心的体系。虽然这个刑罚体系在犯罪抗制中仍是我国的中流砥柱，但是，其所面临的挑战日益突出，尤其是重新犯罪问题。我国 21 世纪以来重新犯罪率一直呈上涨趋势。重新犯罪不仅增加国家的刑事司法投入，而且严重危害国家与社会的秩序。降低重新犯罪问题是我们不能不考虑的问题。

如何降低重新犯罪？提高监狱对罪犯的矫正效益固然是我们的选择，但是，促进刑种创新，是我们不能不考虑的问题，因为监狱矫正效益的提高是有限的，或者说，我们对罪犯的矫正拒以过高的期望。我国监狱关押越来越多的被判短期监禁刑的罪犯，特别是我国看守所不再收押 3 个月以上的已决犯后。监狱干警对其的矫正虽然有利于其不再重新犯罪，但是，监狱罪犯之间的交叉感染，甚至监狱本身则具有使罪犯走向重新犯罪的推力。根据有关调查，短期监禁犯重新犯罪率很高，比长期监禁犯的重新犯罪率高出 18.3 个百分点。[①] 如何促进刑种创新？缓刑的刑种化无疑是一成本低、社会接受度高、学术阻抗小的优先选择。毕竟缓刑在我国有几十年的实践，而人们常将假释与其并列，加之具有社区矫正的推力。随着缓刑的刑种化，另一个问题随后产生：什么是我国第二个新刑种？这是刑种创新必然的思维逻辑。何况很多刑种在我国具有重要的潜在价值，如社会服务（Community Service）刑。社会服务刑是要求罪犯根据法院判决参加规定时间无偿劳动的刑罚。这种刑罚 1966 年产生于美国的加利福尼亚州。加利福尼亚州的法官对违反交通法与停车法的妇女无计可施，判处罚金没钱，而判处监禁刑又太重了，最后创制并使用了社会服务刑。这种刑罚很快获得了各界认同，并逐步扩大使用范围，现在其成为美国一种重要的社区刑，被越来越多的国家所接受。我国具有劳动改造的刑罚执行传统，实践证明，劳动具有很高的罪犯矫正效能。如果我国引入社会服务刑，让罪

---

① 参见四川省川北监狱课题组《关于短刑犯的调查研究与矫正模式探索》，《中国监狱学刊》2016 年第 1 期。

犯在社会上无偿劳动，不仅可以利用劳动改造罪犯，而且能使其避免监狱化。

概而言之，缓刑刑种化将打开我国刑罚体系改革的大门，将为诸如社区服务刑等新刑种问世开辟道路。

## 四 结束语

本文认为，我国应当将缓刑规定为我国的刑罚种类，列为我国的第六大主刑。刑法应当修改我国的缓刑定义，不仅规定缓刑是对监禁刑的暂缓执行，即对法院原判监禁刑罚附条件不执行的一种刑罚制度，而且明确规定缓刑是我国的一种社区性的刑罚。新的缓刑定义不仅要维护缓刑降低监狱化弊端的基本价值，同时，肯定缓刑的刑罚惩罚价值，从而使缓刑拥有矫正与惩罚的完整刑罚功能。

（中央司法警官学院教授　翟中东）

# 第七章 分则各罪的立法科学化

## 第一节 反恐刑法立法的挑战与回应

反恐刑法立法是近年来我国刑事立法的一个亮点。1997 年全面修订刑法时，只规定了一个恐怖主义犯罪——组织、领导、参加恐怖组织罪。[①] 2001 年，为了惩治恐怖犯罪活动，全国人大常委会通过了《中华人民共和国刑法修正案（三）》（简称《刑法修正案（三）》），不仅修改了已有的组织、领导、参加恐怖组织罪[②]，而且增设了资助恐怖活动罪，同时对放火、决水、爆炸、洗钱等可能成为恐怖活动表现形式的犯罪进行了修改，增加了投放虚假危险物质罪和编造、故意传播虚假恐怖信息罪（第 291 条之一）。2015 年全国人大常委会通过的《刑法修正案（九）》对恐怖主义犯罪进行了大面积修改。与前两次关于恐怖主义犯罪的立法相比，此次对恐怖主义犯罪的修改力度最大。不仅修改了已有的组织、领导、参加恐怖组织罪和资助恐怖活动罪[③]，而且增设了 5 个恐怖

---

① 需要说明的是，恐怖犯罪包括恐怖主义犯罪和恐怖活动犯罪。前者是指宣扬恐怖主义、极端主义的犯罪，后者是指实施恐怖活动的犯罪。在这个意义上，《刑法》第 120 条至第 120 条之六规定的犯罪均属于恐怖主义犯罪；《刑法》第 120 条第 2 款所说的组织、领导、参加恐怖活动组织后实施的杀人、爆炸、绑架等犯罪才属于恐怖活动犯罪。
② 此次修改的内容是，把组织、领导恐怖组织的刑罚由原来的"3 年以上 10 年以下"修改为"10 年以上有期徒刑或者无期徒刑"。
③ 此次对组织、领导参加恐怖组织罪的修改内容是增加了财产刑；对资助恐怖活动罪的修改内容是，把资助恐怖活动培训和为恐怖活动组织、实施恐怖活动或者恐怖活动培训招募、运送人员两种情形规定为该罪的行为类型，随后最高司法机关将罪名修改为"帮助恐怖活动罪"。

主义犯罪。①

与以往的刑事立法不同，我国当前的反恐刑法立法具有明显的前置性、抽象性和复合性特点，而且反恐刑法立法的应急性和反恐的地方性决定了反恐刑法立法必然存在更为明显的片断性，这些特点对传统刑法理论（如刑法谦抑主义、法律专属主义）带来了怎样的冲击？如何看待这种冲击？与此同时，反恐刑法立法对传统的刑法治理模式和司法判断方法带来了哪些挑战？如何应对这些挑战？这是本文需要解决的问题。

## 一　反恐刑法立法的前置性与刑法谦抑主义

在刑事古典学派时期，深受报应刑观念的影响，刑事立法具有事后性，处罚的对象主要是实害犯，很少处罚危险犯。刑事实证学派崛起后，在社会责任论和目的刑观念指导下，刑法开始处罚危险犯，刑法的事后性开始松动，且逐步被其前置性蚕食。虽然这种情况在第二次世界大战后得到了一定程度的清理，刑事古典学派的刑法理论随之也有所复兴，但不久后随着风险社会理论的提出和贯彻，其已然成为刑法发展的重要趋势，刑事立法的前置性越来越明显。其表现不仅限于危险犯的增加，而且出现了大面积的预备行为的犯罪化和帮助行为的犯罪化。②

刑事立法的前置性在我国刑法关于恐怖主义犯罪的立法中体现得较为突出。首先，我国刑法规定的 7 个恐怖主义犯罪均属于危险犯，即只要实施恐怖主义行为就可以成立犯罪，并不以发生实害结果为犯罪的成立要件。其次，在我国刑法规定的 7 个恐怖主义犯罪中，有 4 个犯罪属于预备型犯罪，包括组织、领导、参加恐怖活动罪，准备实施恐怖活动罪，宣扬

---

① 增设的 5 个恐怖主义犯罪分别是准备实施恐怖活动罪（第 120 条之二），宣扬恐怖主义、极端主义、煽动实施恐怖活动罪（第 120 条之三），利用极端主义破坏法律实施罪（第 120 条之四），强制穿戴宣扬恐怖主义、极端主义服饰、标志罪（第 120 条之五）和非法持有宣扬恐怖主义、极端主义物品罪（第 120 条之六）。
② 之所以称作"预备行为的犯罪化"，而没有称作"预备犯的既遂犯化"，是因为大陆法系国家刑法原则上不处罚犯罪预备行为，没有"预备犯"的概念；之所以称作"帮助行为的犯罪化"，而没有称作"帮助犯的正犯化"，是因为对犯罪提供帮助的行为并非都是帮助犯，如中立帮助行为，所以帮助行为的犯罪化，包括帮助犯的正犯化和不成立帮助犯之帮助行为的犯罪化两种情形。

恐怖主义、极端主义、煽动实施恐怖活动罪和非法持有宣扬恐怖主义、极端主义物品罪。这些犯罪行为本来属于其他犯罪的预备行为或者一般违法行为，只有其中的部分行为成立预备犯，但被规定为独立的犯罪后，就属于实行犯，对其本身的处罚不仅不再适用《刑法》第 22 条关于预备犯"可以比照既遂犯从轻、减轻或者免除处罚"的规定，而且还应处罚其预备犯。[①] 再次，在我国刑法规定的 7 个恐怖主义犯罪中，有 3 个犯罪属于帮助型犯罪，包括帮助实施恐怖活动罪，利用极端主义破坏法律实施罪和强制穿戴宣扬恐怖主义、极端主义服饰、标志罪。本来，这些犯罪行为属于恐怖活动犯罪的帮助犯，即使刑法没有将其规定为独立的犯罪，也可以按照恐怖活动犯罪的帮助犯来处罚。但是，当立法者将其规定为独立的犯罪后，就意味着处罚这些犯罪本身时不仅不再适用《刑法》第 27 条关于从犯"应当从轻、减轻处罚或者免除处罚"的规定，而且还应当处罚对这些犯罪提供帮助的行为。

可见，刑事立法的前置性在我国刑法关于恐怖主义犯罪的立法中得到了充分的体现。对这种立法，有学者提出了批评。如有学者指出，基于严密防御恐怖犯罪的保守策略，反恐刑法立法重塑了有罪本质和潜藏于刑法体系下的打击目标，重构了安全保护之实现方式，改变了刑事立法正当性的根据。高压打击和严密防御策略对控制恐怖犯罪具有积极意义，但其以"安全"为帅，不顾刑法基本原则的一致性，进行非理性扩张，不断挤压和侵犯公民基本权利，导致其越界。[②] 不难看出，论者批评的理论基础正是长期盛行于刑法理论界的刑法谦抑主义。刑法谦抑主义是刑法区别于其他法律的一个非常重要的标准，实践中主要表现为两个方面：一是刑法所干预的行为是其他社会规范所无法干预或干预后没有实际效果的行为，如故意杀人行为；二是刑法与其他法律都干预某种行为，但行为的严重程度（量）在刑法与其他法律上有很大不同，如盗窃行为。但是，反恐刑法立法的前置性使得刑法所规定的恐怖主义犯罪行为与反恐法[③]规定的行为无

---

① 参见李梁《预备犯立法模式之研究》，《法学》2016 年第 3 期。
② 参见姜敏《刑法反恐立法的边界研究》，《政法论坛》2017 年第 5 期。
③ 需要说明的是，我国当前的反恐法包括三类法律：一是反恐刑法，即刑法中有关恐怖主义犯罪及其刑罚的规定，主要是指《刑法》第 120 条至第 120 条之六的规定；（转下页注）

法有效区分①，进而致使刑法谦抑主义的功能在反恐刑法立法上丧失殆尽。

那么，面对这种情况，应当以刑法谦抑主义为理论修正反恐刑法立法，还是以反恐的现实紧迫性为根据来否定刑法谦抑主义？笔者认为，我国当前的反恐刑法立法具有正当性。正如我国学者所指出，前置性反恐刑法立法偏向了法的安全价值，刑法可以通过预防性措施应对恐怖主义，给国民提供心理上的安全感，因而具有正当性；而且，前置性反恐刑法立法具有科学基础，即随着警察职业的建立和逐渐发达以及由技术进步所催生的风险管理科学的发展，犯罪预防已经由以往的纯粹理想变为现实。②对于具有前置性的刑法立法，不应当再依据刑法谦抑主义来进行批评③，而应当实现刑法谦抑主义的功能转换，即从立法领域转向司法领域。本来，刑法谦抑主义主要是一个立法论上的理论，为犯罪行为和一般违法行为划清界限。但是，在刑事立法具有前置性的情况下，刑法谦抑主义的功能应当转向司法领域。具体而言，虽然反恐刑法立法规定的行为与《反恐怖主义法》规定的恐怖活动具有重合性，但并不意味着凡是应受到反恐法处罚的恐怖活动都应当认定为刑法上的犯罪。换言之，如果依据反恐法能够有效防止行为人进一步实施恐怖活动，那么刑法就应当谦抑，没有必要再定罪处刑。在这个意义上，刑法谦抑主义发挥了出罪功能。

## 二 反恐刑法立法的抽象性与法律专属主义

虽然明确性原则已经被确定为罪刑法定原则的核心内容并在大陆法系

---

（接上页注③）二是反恐行政法，即《中华人民共和国反恐怖主义法》（简称《反恐怖主义法》）；三是地方性反恐法规，当前主要是指《新疆维吾尔自治区实施〈中华人民共和国反恐怖主义法〉办法》（简称《新疆实施〈反恐怖主义法〉办法》）和《新疆维吾尔自治区去极端化条例》（简称《新疆去极端化条例》）。本文所说的"反恐法"是指除反恐刑法之外的反恐法。

① 例如，《反恐怖主义法》第3条第2款规定的各种恐怖活动恰恰是《刑法》第120条至第120条之六所规定的犯罪行为。
② 参见何荣功《"预防性"反恐刑法立法思考》，《中国法学》2016年第3期，第151~153页。
③ 实际上，具有前置性的刑法立法并不一定就违反刑法谦抑主义。因为刑法谦抑主义强调的是只有在其他社会规范不能有效干预某种行为的情况下才由刑法来干预该行为。就反恐而言，正是其他社会规范无法有效干预为恐怖活动犯罪做准备或提供帮助的行为，才促使立法者将这两类行为规定为犯罪。

国家获得了宪法性地位①,但关于现代型犯罪的刑事立法更多地表现出了抽象性或灵活化。② 与其他刑法规定相比,我国反恐刑法立法的抽象性更为突出,集中表现为罪状过于简单,对诸多概念没有做出解释性规定,致使处罚边界不明确。例如,反恐刑法立法中多次使用了"恐怖主义""极端主义"等用语,但对这些用语未做丝毫解释。之后颁布施行的《反恐怖主义法》第3条对"恐怖主义""恐怖活动""恐怖活动组织""恐怖活动人员""恐怖事件"等做出了概念性或列举性规定。在这种情况下,面对恐怖主义犯罪,司法者就会从《反恐怖主义法》中寻求处罚边界,相应地,《反恐怖主义法》就会成为恐怖主义司法判定的重要依据。

2016年7月29日通过的《新疆实施〈反恐怖主义法〉办法》第6条把恐怖活动规定为7项内容,不仅比《反恐怖主义法》第3条第2款多2项内容,而且每一项内容都更为明确和具体。在反恐具有鲜明的地方性的当前情况下,《新疆实施〈反恐怖主义法〉办法》显然会成为恐怖主义犯罪之司法判定的重要依据。极端主义是恐怖主义犯罪的思想基础,因而消除极端主义是防治恐怖主义犯罪的治本之策。但是,我国反恐刑法立法既没有规定极端主义的概念,也没有对极端主义的表现进行列举。2017年3月29日通过的《新疆去极端化条例》不仅规定了极端主义的概念(第3条第2款),而且详细列举了极端化(极端主义)的各种表现(第9条)。在反恐最前沿的新疆地区,该地方性法规必然成为恐怖主义犯罪司法判定的重要依据。可见,反恐刑法立法的抽象性致使司法者不得不依据地方性反恐法规来判定恐怖主义犯罪。但是,这种做法是否有悖于法律专属主义呢?值得认真思考。

我国学者指出,法律专属主义分为绝对的法律专属主义和相对的法律专属主义。根据绝对的法律专属主义,行政机关无权制定与犯罪和刑罚有关的法规;根据相对的法律专属主义,在法律规定了犯罪的基本特征和刑

---

① 参见李梁《刑法中的明确性原则:一个比较法的研究》,《法学评论》2017年第5期。
② 灵活化也是德国自1975年以来刑事立法的发展方向。对此德国学者指出,刑法的发展在一定程度上与刑法及其法治国基础的"灵活化"紧密相关。在这种立法趋势下,传统的法治国原则,如最后手段原则、确定性原则和法定原则被削弱,并且经常成为非理性惩罚需求的牺牲品。参见〔德〕埃里克·希尔根多夫《德国刑法学:从传统到现代》,江溯等译,北京大学出版社,2015,第31页。

罚的情况下，可以授权其他机关规定具体的犯罪要件。而且认为，我国刑法采取的是相对的法律专属主义，因为刑法分则中大量存在的空白罪状致使很多具体犯罪的构成要件必须通过其他法律和行政法规来明确。① 根据《刑法》第96条的规定，刑法分则中的空白罪状所指明参考的法律法规指的是全国人大及其常委会制定的法律和决定以及国务院制定的行政法规、规定的行政措施、发布的决定和命令。也就是说，这里的法律法规必须是中央层面的法律法规，不包括地方立法机关制定的地方性法规和地方行政机关制定的地方规章。② 同样，就恐怖主义犯罪的司法判定而言，能够成为判定依据的法律法规必须是中央层面的法律法规，不能是地方性法规和地方规章。

但是，反恐刑法立法的抽象性必然导致地方性反恐法规成为恐怖主义犯罪之司法判定的重要依据，面对这一现实，我们不得不反思我国刑法中的法律专属主义。笔者认为，在保持法律统一性的前提下，应当适度强调法律的地方差异，即在法治模式上应当建立"多元一体格局"。相应地，在地方性较为明显的犯罪的治理上，在不违反更高位阶之法律的前提下，应当允许把地方性法规作为犯罪之司法判定的依据，特别是当刑法对某一犯罪之构成要件的规定缺乏明确性时，更应当如此。李斯特指出："利用法制与犯罪作斗争想取得成效，必须具备两个条件：一是正确认识犯罪的原因；二是正确认识国家刑罚可能达到的效果。"③ 我国当前的恐怖主义犯罪具有明显的地方性特点④，且地方性因素在很大程度上决定了该类犯罪的发生和发展，所以在恐怖主义犯罪的司法判定上应当充分运用地方知识。就恐怖主义犯罪治理而言，《新疆实施〈反恐怖主义法〉办法》和《新疆去极端化条例》是对我国近年来反恐实践经验（地方知识）的总结，

---

① 参见陈兴良《罪刑法定主义的逻辑展开》，《法制与社会发展》2013年第3期。
② 由此来看，我国刑法中的法律专属主义与西方刑法中的法律专属主义有所不同。我国刑法中的法律专属主义强调的是法律的"统一"性，而西方刑法中的法律专属主义一致主张排除行政法规规定刑罚法则，强调的是法律的"法律"性。
③ 〔德〕李斯特：《德国刑法教科书》，徐久生译，法律出版社，2006，第15页。
④ 我国当前的恐怖主义犯罪的地方性主要表现在两个方面：一是该类犯罪主要发生在新疆境内，因而具有地理上的地方性；二是该类犯罪的发生与当地的文化环境有密切关系，因而具有文化上的地方性。

是当前我国开展反恐活动的重要依据，具有立法上的科学性，所以应当成为恐怖主义犯罪司法判定的重要依据。在这个意义上，我国刑法中的法律专属主义应当有所转变，即原则上依然坚持当前所形成的法律专属主义，但允许存在例外。具体而言，在地方性特点不明显的犯罪的司法判定上应当强调法律的统一性，作为司法判定之依据的法律只能是中央层面的法律法规；但在地方性特点比较明显的犯罪的司法判定上，作为司法判定之依据的法律除了中央层面的法律法规之外，还应当把地方性法规作为重要依据。我国恐怖主义犯罪的地方性特点比较明显，所以应当把地方性反恐法规作为该类犯罪司法判定的重要依据。

### 三 反恐刑法立法的复合性与刑法治理模式

在刑法与其他法律的关系上，我们一直以来坚持的是刑法谦抑主义，并赋予刑法保障其他法律实施的保障法地位。在这种理念指导下，刑法对犯罪之罪状的描述与其他法律对违法行为状况的描述存在质和量上的重大差异。与西方国家刑法"只定性，不定量"的立法模式不同，我国刑法在很大程度上采取的是"既定性，又定量"的立法模式，因而从逻辑上看，刑法谦抑主义及刑法的保障性在我国得到了更为严格的遵循。然而，从我国当前的反恐刑法立法来看，对恐怖主义犯罪罪状的描述与反恐法对作为一般违法行为之恐怖行为状况的描述没有太大的差别。本文将反恐刑法立法的这一特点称为"复合性"，即同样的行为复合了犯罪的法律后果与一般违法行为的法律后果。①

反恐刑法立法的复合性主要表现在两个层面。其一，反恐刑法立法中关于恐怖主义犯罪之罪状的规定与反恐法关于恐怖活动的规定几乎没有什么区别。例如，《反恐怖主义法》第3条采取广义恐怖活动的概念②，把为

---

① 从当然解释的逻辑上看，犯罪行为与一般违法行为之间属于包含与被包含的关系，即犯罪行为都属于一般违法行为。但是，在立法上往往会对犯罪行为与一般违法行为从质与量上进行区别，致使犯罪行为与一般违法行为在立法上具有二元对立性。
② 本文认为，恐怖活动应当有狭义的恐怖活动与广义的恐怖活动之分。前者是指实行行为意义上的恐怖活动，如爆恐活动，后者是指除了实行意义上的恐怖活动之外，还包括为实行意义上的恐怖活动做准备和提供帮助的活动。换言之，狭义的恐怖活动仅指恐怖主义犯罪，广义的恐怖活动包括恐怖主义犯罪和恐怖活动犯罪。

实施恐怖活动做准备和为实施恐怖活动提供帮助的行为均规定为恐怖活动，《新疆实施〈反恐怖主义法〉办法》第9条更是如此。《刑法》第120条至第120条之六规定的各恐怖主义犯罪的罪状恰恰就是对这些行为的描述。而反恐法在明确性程度上还要高于刑法。① 其二，反恐刑法立法的抽象性规定致使对这些抽象性规定的理解必须借助于反恐法，进而使反恐刑法立法与反恐法发生了复合。② 在反恐刑法立法中，多次出现"恐怖主义""极端主义"等用语，但其本身并未对这些用语作出定义性或列举性规定。与此不同，反恐法不仅对这些用语作出了概念性规定，而且对其各自的表现进行了列举。如此一来，对反恐刑法中这些概念的理解，必须借助于反恐法，这就使反恐刑法立法出现了复合性。反恐刑法立法的复合性特点，对犯罪的刑法治理模式提出了挑战。

　　传统的刑法治理模式是一种封闭型刑法治理模式。因为在传统的犯罪治理模式中刑法具有最后手段性（要求刑法要节制）和制裁手段的严厉性（刑罚具有两面性），所以把需要刑法来治理的行为缩小到最小的范围，致使刑法在犯罪的治理上虽然必要但作用不大，大量的犯罪治理主要依靠非刑事法律乃至非正式的社会规范来治理。在这种情况下，刑法只为正确定罪与量刑提供服务，至于犯罪是如何产生的、如何去预防犯罪等，不是刑法需要考虑的问题，以至于在刑法学与其他刑事学科之间形成了界限森严的学科壁垒。正是在这种理论话语和学术理念的指导下，刑法对犯罪的治理模式具有了封闭性。依据非刑事法律得出的判断结论不能够适用于刑法对犯罪问题的解决，依据非刑事法律获得的证据也不能在刑事诉讼过程中加以运用。但是，反恐刑法立法的复合性表明，在对恐怖主义犯罪的治理上，刑法不可能独善其身，必须借助于反恐法才能得到具体落实。一方面，在刑法解释学上，只有借助于反恐法，才能对恐怖主义犯罪作出充分的解释；另一方面，具体适用反恐刑法时，只有把反恐法作为重要依据，才能得到正确的判断结论。由此来看，在恐怖主义犯罪的刑法治理上，刑

---

① 《刑法修正案（九）》于2015年8月29日通过，《反恐怖主义法》于2015年12月27通过，《新疆实施〈反恐怖主义法〉办法》于2016年7月29日通过。从这一立法过程来看，反恐刑法立法的复合性，是随着反恐法的颁布才形成的。

② 这种复合也发生于《反恐怖主义法》和地方性反恐法规中。

法不可能自给自足,而必须寻求反恐法的帮助。所以,从恐怖主义犯罪的刑法治理来看,刑法治理模式应当由封闭走向开放,实现反恐刑法与反恐法的有效合作,同时这也是司法机关与行政机关的有效合作。这显然是一种合作型刑法治理模式。

### 四 反恐刑法立法的片断性与司法判断方法

刑法立法是对社会实践的总结,所以相对于变动不居的社会生活,刑法立法从来都是落后的和不周延的。一方面,立法者认识能力上不可避免的局限性决定了应当由刑法规定的情形没有被规定下来;另一方面,社会生活的发展变化使立法者始料不及,新的犯罪现象的出现使本来还比较周延的刑法立法很快就出现了裂痕。这就是刑法的片断性。正因为刑法存在片断性,所以刑法用语必须向社会生活开放,必须依据社会事实对刑法用语作出适当解释。

与其他刑法立法相比,反恐刑法立法在我国属于新的立法现象,没有多少经验可资借鉴。从《刑法修正案(九)》大量增设恐怖主义犯罪来看,我国的反恐刑法立法存在应急性,是为了应对突如其来的恐怖主义犯罪而进行的立法,故难免存在缺陷。对此我国学者指出,我国当前的反恐刑法立法在犯罪界定上缺乏明确性,恐怖主义、极端主义等概念极为模糊;在规制范围上也缺乏严密性,没有把非法邮寄危险物质、入境发展恐怖活动组织成员、引诱参加恐怖活动组织、强迫实施恐怖活动犯罪、接受恐怖活动培训以及包庇、纵容恐怖活动组织或人员等行为纳入规制,也没有顺应国际立法,把一些国际公约中规定的恐怖活动犯罪行为纳入规范范围,同时,对以信息网络为攻击对象的恐怖活动只字未提。[①] 论者所指出的反恐刑法缺乏明确性这一问题,在《刑法修正案(九)》颁布后相继颁布的两个层次的反恐法中得到了一定程度的解决。但即便如此,这是否意味着仅仅依据反恐法就可以对反恐刑法中的一些概念作出范围明晰的判断?例如,当《新疆去极端化条例》规定了极端主义的概念和极端化的表现后,

---

① 参见梅传强《我国反恐刑法立法的检讨与完善——兼评〈刑法修正案(九)〉相关涉恐条款》,《现代法学》2016年第1期。

是否意味着就可以据此对极端主义作出明确的界定？换言之，是否意味着仅仅穿梭于案件事实与法律规定之间，就能够对极端主义作出明确的界定？本文持怀疑态度。

从理性的角度来看，我国当前的恐怖主义犯罪与伊斯兰教之间没有必然联系，恐怖活动也是反伊斯兰教的。但是，人们在感性上往往把恐怖主义犯罪与伊斯兰教联系在一起，而且当前打着伊斯兰教旗号进行的各种恐怖活动为人们做出这种判断提供了最直观的理由。所以，当前在恐怖主义犯罪的司法判定中，一个最棘手的问题是：如何在恐怖主义（或极端主义）与正常的宗教教义之间、恐怖活动与正常的宗教活动之间作出正确界分？[1] 对于这一问题，仅仅依靠法律规定显然难以解决。这也是反恐刑法之片断性的重要表现。由此来看，当前刑法理论所倡导的"在法律规定与案件事实之间来回穿梭"的司法判断方法，能够轻易定罪判刑，但难以实现对恐怖主义犯罪的有效治理。所以，为了有效治理恐怖主义犯罪，应当在传统的司法判断方法的基础上引入社会事实的因素，把影响案件处理结果的非正式制度作为案件处理的重要参考。根据迪尔凯姆的解释，社会事实表现为一系列行为方式、思维方式和感觉方式，这些行为方式、思维方式和感觉方式存在于个人之身外且具有使个人不能不服从的强制力。[2] 当前，对恐怖主义犯罪的司法判定具有重要影响的社会事实，主要是指民族宗教规范[3]，所以应当将民族宗教规范纳入恐怖主义犯罪之司法判断的视野，建立一种"在法律规范与社会事实之间来回穿梭"的司法判断方法。这里的法律规范是指广义的反恐法（包括反恐刑法、《反恐怖主义法》以

---

[1] 之所以说这是一个最为棘手的问题，原因有三。其一，对于不信仰宗教的人来说，宗教信仰本身就具有极端性，这为正确界分恐怖主义（或极端主义）与正常的宗教教义、恐怖活动与正常的宗教活动制造了障碍。其二，如果把恐怖主义（或极端主义）与恐怖活动的范围界定得过宽，完全有可能把正常的宗教教义界定为恐怖主义（或极端主义），把正常的宗教活动界定为恐怖活动，这就会把信教群众推向反面，全民反恐将化为泡影，因而关系重大。其三，司法人员并不一定懂得宗教信仰，也不一定完全理解宗教信仰的意义，因而难以在恐怖主义（或极端主义）与正常的宗教教义、恐怖活动与正常的宗教活动之间划清界限。

[2] 〔法〕E. 迪尔凯姆：《社会学方法的准则》，狄玉明译，商务印书馆，1995，第25页。

[3] 影响恐怖主义犯罪之社会事实除了案件事实本身之外，就是非正式的社会规范，理论上可以划分为民族性规范和宗教性规范，但实践中民族性与宗教性往往纠缠在一起，因而称为"民族宗教规范"更确切。

第七章 分则各罪的立法科学化

及地方性反恐法规等），社会事实首先是指案件事实，除此之外还包括司法判断中不得不考虑的民族宗教规范等。这是一种开放的司法判断方法，不仅为国家制定法与民间习惯法的互动提供了平台，而且为国家制定法整合与渗透民间习惯法提供了有效途径，同时为民众参与反恐提供了空间，因而是一种中国式的能动司法。

### 结　语

我国当前的反恐刑法立法与传统刑法立法之间存在很大不同，对依据传统刑法立法而建立起来的刑法谦抑主义、法律专属主义、犯罪的刑法治理模式以及司法判断方法提出了严峻的挑战。面对这样的挑战，是批评反恐刑法立法，还是依据反恐刑法立法拓展传统刑法理论？显然有不同的看法。笔者认为，反恐刑事立法的这些特点不仅仅是反恐刑法领域发生的立法现象，在近年来关于信息网络犯罪的刑法立法中也已经展开。这种立法也不是中国特有的立法现象，1975年之后的德国刑法立法和20世纪90年代后半期开始的日本刑法立法都表现出了这些特点[1]，而且其广度和深度远大于我国。[2] 所以，我国当前的反恐刑法立法虽因应反恐之急而略显粗糙，但不失为现实需求的产物，是国家理性的体现。由此来看，用传统刑法理念和思维方式来苛责反恐刑法立法，是守旧的表现，走的是一种"从理论到理论"的思考方式，而非"从经验到理论"的论证路径，因而其合理性值得怀疑。着眼于反恐刑法立法的特点，反思传统刑法理论和思考方式才是务实之道。

（河北大学政法学院教授　苏永生）

---

[1] 参见〔德〕埃里克·希尔根多夫《德国刑法学：从传统到现代》，北京大学出版社，2015，第24~25页；〔日〕川出敏裕、金光旭《刑事政策》，钱叶六等译，中国政法大学出版社，2016，第92~93页。
[2] 例如，根据德国1980年3月28日的第18部刑法修改法，在刑法典中引入了"危害环境的犯罪"，后经过1994年6月27日的第31部刑法修改法的修订，《德国刑法典》分则第29章规定的9个污染环境的具体犯罪均包括危险犯。而且，其危险犯并非仅限于对人的危险犯，还设置了对环境的危险犯；从罪过形式上看，污染环境的犯罪的危险犯并非仅限于故意犯的危险犯，还设置了过失危险犯。反观我国刑法对污染环境罪的规定，其立法步伐明显落后于德国。

## 第二节 网络侵犯著作权犯罪之考察与检讨

1997年10月，中国互联网络信息中心（简称CNNIC）发布了第1次互联网统计报告，报告显示，当时我国网络用户数量仅为62万人次。①2017年8月4日，CNNIC发布第40次中国互联网络发展状况统计报告，报告显示，截至2017年6月，中国网络用户规模达到7.51亿，同时我国互联网普及率为54.3%。②仅仅20年，我国网络用户数量增长了7亿多人次，互联网覆盖半个中国。在网络的世界里，上可知国家、政府资讯，中可见公司、企业平台，小可至个人、团体的自媒体。穿行于现实生活和虚拟世界之间，网络仿佛既附属于现实生活，又俨然独立于现实生活，二者编织交替、光影相伴。

经过20多年的发展，我国的互联网社区已经逐步成熟，衍生出独有的网络语言、网络行为甚至是网络规则。不仅如此，计算机和互联网的蓬勃朝气也孕育出了诸多优秀的网络作品，如网络小说、网络音乐以及网剧等等，可谓满目琳琅。2017年4月18日，中国新闻出版研究院公布了第14次全国国民阅读调查的主要情况，数据显示，2016年我国成年国民数字化阅读（包括网络在线阅读、手机阅读、电子阅读器阅读、iPad阅读等）方式的接触率为68.2%，较2015年的64.0%上升了4.2个百分点；图书阅读率为58.8%，较2015年的58.4%上升了0.4个百分点；报纸阅读率为39.7%，较2015年的45.7%下降了6.0个百分点；期刊阅读率为26.3%，较2015年的34.6%下降了8.3个百分点。③半数以上的国民已经养成了在线阅读的习惯。在"互联网+"概念的带动下，"数字版权"正悄然替代"印刷版权"成为时代趋势。中国的电子书厂商甚至在探索中喊出了"十

---

① 腾讯科技：《中国接入互联网20年：网速终于"熬成"4M》，http://gd.qq.com/a/20140826/026281.htm，2014年8月26日访问。
② 中文互联网数据研究中心：《CNNIC：2017年第40次中国互联网络发展状况统计报告解读》，http://www.ctoutiao.com/253282.html，2017年8月5日访问。
③ 新浪读书：《第十四次全国国民阅读调查报告出炉》，http://book.sina.com.cn/news/whxw/2017-04-18/doc-ifyeimqy2574493.shtmlhttp://book.sina.com.cn/news/whxw/2017-04-18/doc-ifyeimqy2574493.shtml，2017年4月18日访问。

## 第七章 分则各罪的立法科学化

年内取代纸质书"的豪言。① 为了保护网络著作权，规制网络著作权的侵权行为，国家机关也相继制定、修改了大量的民事立法、行政法规以及各部门司法解释。在刑事领域，虽然相关司法解释及规范性文件为适应网络侵犯著作权犯罪做出了尝试性的努力，但是，我国现行刑法制定于1997年，刑法分则中的侵犯著作权犯罪成型于印刷版权时期，侵犯著作权犯罪的行为类型与网络著作权的侵权行为未能够完全匹配，犯罪设计在文本内容上存在先天性的不足，扩张适用传统版权中的行为类型并非长久之策。本文拟就网络环境中侵犯著作权的现象及存在的问题进行考察与检讨，以期对网络侵犯著作权犯罪行为的刑事立法规制有所裨益。

### 一 网络环境中作品及著作权之审视

**（一）从传统作品到网络作品**

网络作品有广义和狭义之分。"通说认为，网络空间中一般存在两类作品，即上网作品和网上作品。上网作品，即作品的数字化，是指依靠计算机技术把一定的文字、数值、图像、声音等形式表现的信息输入计算机系统并转换为二进制数字编码，并以这种数字形式存储或者在网络上传播。网上作品，即直接以数字化形式表现并在网络上传播。"② 因此，也有学者称上网作品为"数字化作品"，称网上作品为"数字式作品"。③ 狭义的网络作品指的是网上作品、数字式作品，而广义的网络作品则包括了网上作品和上网作品。④ 本文采广义的网络作品概念，并将非网络作品称为传统作品。

作品是著作权的根本和对象，没有作品就没有著作权。根据《著作权法》第3条的规定，作品可以表现为下列形式：（1）文字作品；（2）口述作品；（3）音乐、戏剧、曲艺、舞蹈、杂技艺术作品；（4）美术、建筑作品；（5）摄影作品；（6）电影作品和以类似摄制电影的方法创作的作品；

---

① 刘悠扬等：《电子书商称"十年内取代纸质书"》，《深圳商报》2010年4月23日。
② 丛立先：《作品的数字化与网络作品》，《理论界》2006年第11期。
③ 邱平荣：《网络作品著作权保护的若干问题探讨》，《淮南师范学院学报》2003年第1期。
④ 蒋志培：《入世后我国知识产权法律保护研究》，中国人民大学出版社，2002，第177页。

(7) 工程设计图、产品设计图、地图、示意图等图形作品和模型作品；(8) 计算机软件；(9) 法律、行政法规规定的其他作品。"从学理上讲，作品应当是自然人运用其智慧，将文字、数字、符号、色彩、光线、音符、图形等作品构成要素按照一定的规则和顺序有机组合起来，以表达其思想、情感、观点、立场、方法等综合理念的形式……所以，作品是综合理念与表达形式的有机结合体。"① 其中的综合理念，我们也可称之为作品的"表达内容"。因此，作品的本质在于"表达"，无论是传统作品还是网络作品，皆由"表达形式"及其"表达内容"对合构成。一方面，作品的表达内容诉诸了作者的思想和情感，是作品的灵魂所在；另一方面，作品的表达内容又必须具象化为作品的表达形式，而不能只停留在思想、感情的层面。《伯尔尼公约指南》第2条第1款指出，"一个人公开他的思想后，是没有办法阻止他人使用这一思想的。但这一思想一旦被阐述或者表达出来，就存在对借以表现这一思想的文字、符号、线条等的著作权保护。换句话说，能受到保护的是表现形式而不是思想本身"。换言之，对著作权的保护实际上就是对作品表达形式的保护，而针对著作权实施的侵权行为，就是对作品表达形式的侵害。例如，复制作品就是对作品表达形式的复制。

与此同时，作品的表达形式需要根植或依附于特定的空间载体，载体是作品的承载者，没有载体就难以塑造作品。在计算机产生以前，传统作品只能依附于现实中的物质载体，例如纸张、胶卷、石料甚至是特定的空间领域等等。但是，计算机系统的出现赋予了作品以全新的载体形式，通过"数字化的过程"将作品移转至虚拟空间之中。"在目前的计算机系统中，信息的加工、传输和存储都是以二进制数的方式进行的，即用二进制的两个数0和1来表示。我们把二进制数的一个位称为一个'比特'。计算机中所有信息对象如数字和运算、字符、声音、颜色、图形、图像，连同计算机指令，都用'比特'来表示，这一关键技术被称为'数字化'。"② 就上网作品而言，上网作品在进行数字化以前已经以传统作品的

---

① 吴汉东主编《知识产权法学》（第5版），法律出版社，2011，第51页。
② 蔡曙山：《论数字化》，《中国社会科学》2001年第4期。

载体形式存在，数字化过程的实质是作品载体形式的转换过程，即在已经完成传统作品的前提下，不改变作品的表达形式和表达内容，通过数字化技术将已有现实载体的传统作品复制于计算机网络的虚拟载体之上。在这一过程当中，只改变了作品的存在载体，并没有创作出新的作品，数字化的过程可谓是"数字化的复制过程"。与之相比，网上作品的产生过程本身既是数字化的过程又是数字化的结果，作品从创作之初就依靠计算机网络等虚拟载体，其数字化过程可谓"数字化的创作过程"。因此，无论是上网作品还是网上作品，皆以数字化的形式存在于计算机网络虚拟载体之中。

在计算机网络虚拟载体的作用下，网络化进程又进一步改变了网络作品的传播路径，网络作品拥有了全新的传播渠道。"网络"本义是指纵横交错而形成的组织或系统，或者说是像网一样的"关联系统"。[1] "计算机和网络本属于两种事物，但是由于计算机和通信网络在社会上带来的巨大影响，只要提到网络，人们马上就会把它同计算机和现代通信网络联想在一起。目前，网络化已不是单纯指计算机网络，而是现代通信、电子计算机、信息资源三者各自网络化及其相互渗透、连结、联合而形成全方位的信息服务网络。"[2] 在作品和受众的关系上，传统作品和受众通常表现为作品直面相对确定人群的模式，但是，在网络环境中，计算机载体和互联网的传播渠道使得作品与受众演变为了作品可以不直面众多不特定的人群的关系，作者只需要提供一份作品，就可以满足近乎所有受众的要求，作品传播的过程得以简化。在作品的传播渠道及其效率上，传统作品的传播依赖于现实空间中的传播渠道，作品传播的效率受到时间、地域以及经济成本的高度制约，物质载体在客观上限制了作品的传播路径与效率。但是，网络技术突破了时间与地域的障碍，减少了作品传播的成本，数字化以后的网络作品可以在任意时间并且在全球范围被轻松访问、上传或者下载，网络发布与传输成为重要且无可取代的传播途径。在作品的传播模式上，传统作品属于"由点及面"的辐射结构，传播作品必须在先行确定作品存

---

[1] 钱刚：《从数字化、网络化看图书馆虚拟化过程》，《图书情报工作》1998年第7期。
[2] 姚媛：《数字化、电子化、网络化和虚拟化名词的本质概念及应用》，《大学图书馆学报》2009年第5期。

在的前提下，再行渠道安排，即只有在确定作品的存在以后，著作权人才能够向不同区域分别推广作品。与之相反，网络作品则形成了"由面及点"的空间架构，著作权可以利用事先架设的互联网平台，将作品直接推送给网络用户，即在作品的传播过程中，可以由互联网提供商先行布置传播渠道而后再上架作品。在网络化的架构下，网络作品具备了高速的流动性。

除了作品载体以及传播路径的改变之外，网上作品在表现形式上也具备了网络时代的特征。不同于传统作品与上网作品，网上作品自创作以来就植根于计算机网络载体与网络平台，为适应互联网时代作品娱乐化、大众化的趋势，满足网络平台以及网络受众的需求，多数网上作品在表现形式上更显多元随意。一方面，网上作品在表达形式上具有多元复合性。在现实空间中，特定的物质载体只能承受属性上可以相互兼容的作品形式，载体对作品形式的要求较为苛刻。因此，在某一特定空间内所展现的传统作品往往具有单一性，作品表达形式的复合程度较低。例如，现实中的一本文集至多包括文字、图片等两至三种在空间上可以相互兼容的表达形式。但是，在计算机的虚拟载体上，互联网（多媒体）作品能够轻易地把文字、图片、音乐等各类表现形式相互结合，使作品呈现更加复杂的样态，在一篇网络短文中囊括文字作品、口述作品、音乐作品以及摄影作品轻而易举。另一方面，网上作品在表达形式上具有任意性。较之于传统作品，众多优秀网上作品的表达形式也一改精雕细琢、长篇厚著的样态，充满了任意性和娱乐性。在各大互联网平台中，一小段跳脱有趣的娱乐短文（或称之为"段子"）比一篇严谨规范的专业性文章更受大众青睐，这些段子的篇幅虽然短小精悍，其作者也被戏称为"段子手"，但是，诸多的网络写手可以定期创作出博人眼球的小片段，在网络世界里获得巨大的粉丝量、转发量以及阅读量，进而再通过线上网络平台的广告或者线下实体店间的合作转化为不菲的经济收入。

（二）从传统著作权到网络著作权

我国《著作权法》列举了17种著作权的内容，根据我国学理上的分类，发表权、署名权、修改权、保护作品完整权属于著作人身权，复制权、发行权、出租权、展览权、表演权、放映权、广播权、信息网络传播权、摄制权、改编权、翻译权、汇编权等属于著作财产权。同时，著作财产权又可以进一步分为复制权、演绎权和传播权三类内容。摄制权、改编权、翻译权等属于演绎权；发行权、出租权、展览权、表演权、放映权、广播权、信息网络传播权等属于传播权。① 无论是传统作品还是网络作品，著作权人均享有上述著作权，著作权的具体内容并未发生改变。但是，作品的数字化和网络化赋予了著作权新的时代特性，著作权也由"印刷版权"向"网络版权"转变。相比于传统著作权而言，网络著作权在权能的行使及其实现上具有快捷、便易的特性，但是在著作权的确证及其保护上也相对困难重重。

就发表权的行使而言，发表作品指的是将作品公之于众的行为。一方面，发表作品需要著作权人实施公开、公布作品的行为；另一方面，发表作品需要著作权人将作品公之于"众"，即将作品面向社会大众公开。因此，传统作品的发表往往需要选择特定的时间、地域，甚至必须经过烦琐复杂的发表流程。但是，在网络环境中，作品传播方式的改变使得不同地区、不同时区的网络用户得以随时随地获取作品，网络作品在互联网平台中直接提交发布即可公之于众。同样，在修改权的行使上，传统作品的修改行为必须基于现实的物质载体，物质载体的特性会对作品的修改形成一定的客观制约。例如，部分作品一旦完成难以修改，或者修改作品必须付出高昂的成本。与传统作品相比，在虚拟载体中，作品修改在本质上是对二进制编码的修改，所有网络作品均具有修改的可能性且修改的成本相对较低。但是，著作权行使的便易性也意味着著作权受侵害的可能性增加。在网络环境中，作者和作品的联系较之于传统作品相对疏远，作者对作品的控制力减弱。就署名权而言，传统作品基于现实生活中的接触，作者与作品的联系程度相对紧密，无论作者使用笔名还是真名，均能通过对作品的底稿或者出版商的确认等途径认定作者，因此，传统作品采取了署名推定原则。与之相似，上网作品由传统作品转变而成，因此，在署名权的实现和确认上并无太大问题。但是，网上作品由于直接以数字化的过程创作

---

① 张玉敏主编《知识产权法学》（第3版），法律出版社，2017，第113页。

而成，其创作与传播均发生于网络，作者与作品的关系难以直接确证。一方面，由于网络作品复制、修改的便捷性以及传播的即时性，侵权人可以相对轻易地在几乎同一时间点实现作品的完全复制。另一方面，通过黑客技术或者植入木马也可以盗取他人发表作品的网络账号，因此，难以确认网络作品的账号持有人为真实作者。就网络作品的修改权和保护作品完整权而言，当作品进入网络以后，无论是针对上网作品还是网上作品，侵权行为人均可以轻易地修改或者篡改作品，使得对著作人身权的保护变得更加困难。

与著作人身权相似，网络环境中著作财产权的行使也相对简单便捷，因此其也更容易受到侵害。通常而言，载体既是作品的承载者，又是作品的保护者，越苛刻的载体需求反而越能保护作品的表达形式。就复制权而言，传统作品的复制必须为作品寻找相对应的物质载体。然而，文字的纸张有优劣之分，雕塑的石料有上下之别，音乐的录制有高低之差，为寻求不同等级的物质载体就必须付出相应的经济成本。但是，在计算机网络虚拟载体的作用下，作品极大限度地突破了载体对作品的束缚。在复制权的行使方式上，传统作品的白纸黑字全部被数字化为计算机的二进制编码，简单的程序操作就可以轻易地复制作品。这不仅降低了作品复制的成本，还同时提高了复制的效率，计算机载体使得网络作品具有了复制上的便捷性。在行使复制权的效果上，网络作品可以实现技术上的"完全复制"，做到原件和复制件的无差异性。如果说传统版权的复制是由A到A'，那么数字版权的复制就是由A到A的过程，盗版作品和作品原件可以做到毫无差异。再如，就作品的传播权而言，传统作品的传播通常是通过发行的方式，发行作品必须提供作品的原件或者复印件，若只通过提供作品原件发行作品，那么作品的受众则相当有限；若通过提供作品的复印件发行作品则必须付出相对同等的发行成本。与此相比，网络作品的传播依靠的则是网络传播的方式，著作权人通过提供作品原件几乎就可以满足所有受众获取作品的需求，传播成本也几乎为零。但是，由于网络传播的交互性和便利性，侵权行为人也同样可以轻易获取且针对作品实施网络传播行为。

由于著作权权能在实现上的快捷性，网络著作权的经济特性也发生了转变。知识产权具有经济属性，著作权也不例外。在传统版权行业，作者和出版商通过提供作品的使用价值直接获取作品的交换价值，赚取经济利益，其营业模式表现为"作者提供作品—出版商传播作品—用户购买作品—作者和出版商获利"。在传统的销售过程中，作品既是著作权营利的起点与核心，又最终决定经济上的收益，作者、传播者以及受众的行为皆围绕作品展开。但是，计算机的虚拟载体和互联网空间改变了传统著作权的运营模式。在网络环境中，作品的复制以及传播均日渐便利，网络作品数量也喷涌而出，而受众方在获取作品时也无须付出太大成本，可以较为轻易地取得作品。因此，作品的营利模式不再受传统销售模式的拘束。在网络聚合功能的作用下，作品的关注度、点击率、转发量以及粉丝数成为作品获利多少的评价标准，作品成为吸引"网络流量"的工具。网络流量虽然不是直接的经济收益，但是意味着潜在的经济收益。在线上平台和线下资源的整合过程中，网络流量所带来的人气、热度以及影响力等诸多方面，均会为作者带来进一步的经济效益。另外，在现实环境中，购买或者参观作品均需要付出相应的经济资本，少有人会为一部口碑较差的作品付出金钱和时间。但是，在网络环境中，由于作品复制、传播以及获取成本降低，富有争议的劣质作品在运营恰当时比优质作品还能吸引更多的网络流量，为个人和平台获得高额收益。因此，质量较差但网络热度较高的作品可能会比优质但小众的作品具备更强的营利性。随着网络流量重要性的提升，作品本身品质的作用受到弱化，作品的营利模式转变为"作者提供作品—网络平台传播作品—用户关注作品—作者和网络平台获取流量—作者和网络平台获取利益"的过程。在网络运营的过程中，作品虽然依旧作为著作权营利的基础和起点，但是"流量为王"的互联网宗旨才是著作权经济运行的核心内涵，并且最终决定了经济收益的规模。因此，流量的取得虽然依靠作品，但是并不依赖也不取决于作品，"流量导向型"的著作权实现模式开始逐步取代"作品导向型"的著作权实现模式，作者、作品、网络平台以及受众的行为都围绕网络流量展开。如果将传统作品的运营模式称为"作品经济"，那么网络作品的运营模式则可以称为"流量经济"。

## 二 网络环境中侵犯著作权行为之考察

在传统的著作权权属、侵权纠纷中，行为人通过复制、发行或者出售他人的作品,直接获取作品的交换价值,侵权行为以作品为指向。但是,在网络环境中,著作权权能实现的便捷性使得互联网流量取代了作品的核心地位。在数字经济和大数据的时代背景下,网络流量又具有进一步转化为经济收益的功能。因此,在网络环境中,著作权的侵害行为不仅是为了获取作品本身所能带来的经济收益,还是为了获取作品所能够吸引的网络流量。

在中国裁判文书网中搜索"侵犯著作权"的一审刑事判决书,并在关键词中输入"网络",网站显示收录了2012年至2017年共计222份一审判决书。除去8份重复的判决书以及96份利用网络出售盗版传统作品的判决书,最后共计有88份网络著作权犯罪的判决。① 在这88份判决书中,被告人的侵权行为方式如图7-2-1所示。

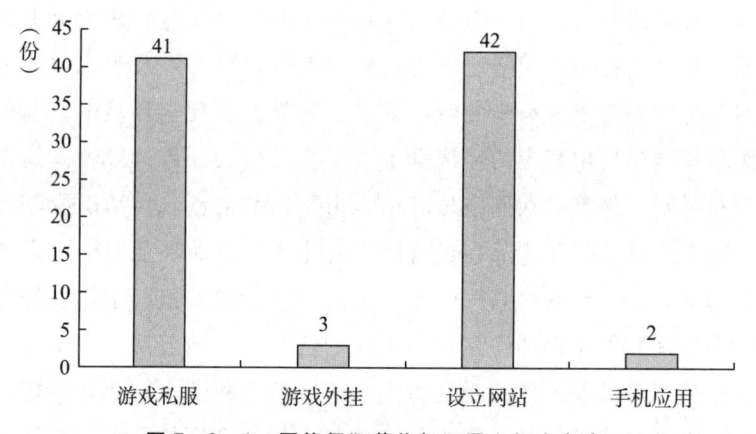

图7-2-1 网络侵犯著作权犯罪之行为方式

由此可见,架设游戏私服和设立网页、网站是著作权犯罪中最主要的行为方式。架设游戏私服指的是行为人通过复制原始的游戏代码制作游戏程序,并将游戏程序置于自己开设的私人服务器中,从而吸引游戏玩家的行为。制作外挂是与游戏相关的侵权行为方式,指的是行为人在复制游戏的原始代码以后,通过修改游戏的原始代码,让游戏玩家在游戏中能够更为轻易地获取游戏装备、金币等。而设立网页、网站与开发手机应用的行为基本类似,即行为人通过设立网页、网站或者开发手机应用程序的方式架构网络平台,后将他人的文字作品、音乐作品等上传至自己的网络平台

---

① 截至2017年10月8日0点0分。

中,从而吸引网络用户、获取经济利益。

就行为模式而言,架设游戏私服、设立网页网站和开发手机应用在本质上是相同的,都是通过搭建某个网络平台,复制并传播他人作品。值得注意的是,除了在网络平台上直接提供、传播他人作品的行为方式以外,存在7个"深层链接"的判决书,即行为人并不直接提供作品本身,而是通过深层链接的方式传播作品,使他人可以直接通过链接访问、下载作品。在网络环境中,获取他人作品必须依靠网页链接,网页链接就是通往作品的"大门",对作品阅读量、关注度等网络流量的统计往往就是对作品链接点击次数的统计。因此,设置、盗取网页链接的侵权行为在网络环境中屡见不鲜,此类行为模式又简称为"盗链"行为。根据链接设置方式的不同,盗链行为大致可以分为三种情形:首页链接、相关页面链接以及深层链接。其一,首页链接模式,即在点击链接图标后,进入被链接网站的首页。其二,相关页面链接模式,即点击链接图标后,进入被链接网站的相关链接页面,而非首页。其三,深层链接,深层链接又被称为"加框链接",指的是点击链接图标后,网页页面并未脱离设立链接的网站,但在未脱离设链网站的情况下,网络用户依然可以获得被链接网站的相应内容。① 例如,在"袁某、谭某犯侵犯著作权罪"一案中,被告人从境外影视网站上深层链接了6000多部影视作品供他人观看。② 通过深层链接提供作品的优势在于,比起将作品下载后再上传至网络平台,深层链接所指向的作品并未被直接移至行为人所设立的网站上,同时,链接所占的存储空间较小,行为人可以在更大规模上提供、传播他人作品。

就行为所侵害的著作权内容而言,架设游戏私服的行为侵害了著作权人的复制权、信息网络传播权,制作外挂的行为侵害了著作权人对作品的复制权、修改权,而通过开设网页网站与开发手机应用的侵权方式则侵害了作品的信息网络传播权,其中通过链接链接的传播方式也侵害了著作权人的复制权。

就行为的效果而言,制作游戏外挂的行为仅仅针对的是作品本身,行

---

① 芮松艳:《网络著作权案件综述》,《电子知识产权》2010年第1期;崔国斌:《加框链接的著作权法规制》,《政治与法律》2014年第5期。
② (2015)徐知刑初字第13号,2015年8月13日。

为人只单纯通过出售游戏外挂获取经济利益。而设置深层链接的行为则刚好相反，行为人绕过了作品的本体，没有复制作品也没有上传作品，就直接完成了作品的网络传播，获取了作品本应获得的网络流量。在其他类型的侵权方式中，行为人不仅侵害了作品的本体，还同时分流了作品的网络流量。例如，开设游戏私服的行为不仅复制了游戏的原始代码，还分流了正版游戏玩家的数量，而网页网站以及手机应用则通过上传作品至网络平台，分流了原始作品的阅读量、点击量以及粉丝量等等。

由此可见，与传统的侵犯著作权行为相比，网络侵犯著作权行为有以下特点。

首先，侵权行为"碎片化"。在网络环境中，复制他人作品的成本几近为零，搜集网络作品的途径众多，行为人想要在短时间内聚齐一定数量的优秀作品并非难事。因此，有别于传统意义上的整体复制或者部分复制，计算机载体以及网络空间使得网络复制行为可以更加"碎片化"，即行为人可以采取"蚂蚁搬家式"的侵权行为。例如，在某个网络平台上的众多作品当中，或是既有原创作品又有抄袭作品；或者是某一篇作品部分原创部分抄袭；又或是行为人就相关主题整合了数十人甚至上百人的作品。在一个平台或者一篇作品之中，行为人的抄袭对象、抄袭内容皆可相当零碎。在"碎片化"的行为模式下，行为人侵权行为的不法程度就难以界定。另一方面，"碎片化"的侵权行为也增加了侵害结果的认定难度。例如，当行为人所转载的单篇他人作品均不足以获取关注，即各个原作者的文章都不能单独带来可观的网络流量，但是，由于行为人长期转载他人的优质文章或者对他人的文章进行分类、组合，使得平台吸引了大量网络流量时，对行为人碎片模式的侵权行为的危害后果就无法判断。更有甚者，诸多侵权行为人由于长期整理网络上的优秀作品，其所运营的平台甚至比各个原著作权人享有更高的知名度。

其次，侵权主体复杂化。一方面，网络传播方式具有频繁性和交叉性，同样的内容可以在短时间内交替相传。由于网络用户群体的数量庞大，以及网络复制、传播行为的成本较低，网络群体间的著作权侵权行为也时有发生，在这类案件当中，不仅侵权人数难以确定，就连侵权行为人的身份认定也存在困扰。另一方面，网络传播技术具有交互性。近年来，

P2P 技术被部分不法分子运用于网络作品的违法传播。P2P 即所谓的"点对点"技术，其可以使用户直接搜索并下载其他在线用户存储在"共享目录"下的文件。① P2P 作为新型的网络传播技术，极大限度地发挥了互联网的共享精神，只要任意接入用户上传了某一作品，其他用户就可以将该作品下载到自己的移动终端当中。但是，诸多网络用户并不享有上传作品的信息网络传播权，上传作品的行为本身属于侵权行为。因此，在 P2P 案件中，网络服务提供商的责任认定也成为争议问题，即网络服务商是否具有审核上传作品的义务，以及网络服务商提供储存服务的行为是否也构成著作权侵权。在网络环境中，网络服务提供商也意图通过增加网站的流量来提高网站的收益，因此，网络服务提供商对侵权作品多多少少存在"放任"的心理态度，正因如此，学界就网络作品上传者和网络服务提供商是否构成共同侵犯权的问题也展开了热议。

最后，侵权行为可能不具有营利目的。"营利"概念的范畴相当广泛，一般而言，刑法上的营利指的是获取经济上的利益。在当代社会，财富、名誉、权力以及社会地位等诸多资源要素具备相互转化的可能，行为人的侵权行为并不需要以获取经济利益为目的，只需要获取到网络流量即可。例如，2015 年，微信官方第一次公开了微信用户数据，数据显示，截至 2015 年第一季度末，微信每月活跃用户已达到 5.49 亿，各品牌的微信公众账号总数已经超过 800 万个。② 2016 年，腾讯再次制作了微信的影响力报告，数据显示，超过九成微信用户每天都会使用微信，半数用户每天使用微信超过 1 小时，35.8% 的用户通过微信读书进行阅读。③ 由于微信庞大的客户群体，微信的公众平台就拥有庞大的潜在客户群体，微信平台的运营会为平台主带来相应的关注度以及影响力，而关注度和影响力又会进一步为各大热门平台带来包括经济利益在内的各方面利益。比如，作者在线上平台所吸引的用户数量将成为线下实体店的潜在客户，网络中所积累

---

① 芮松艳：《网络著作权案件综述》，《电子知识产权》2010 年第 1 期。
② cnbeta 网站（台州）：《腾讯发布 2015 微信用户数据》，http://digi.163.com/15/0601/06/AR0MPOGT00162OUT.html，2015 年 6 月 1 日访问。
③ 企鹅智酷：《"微信"影响力报告：用数据读懂微信五大业务》，http://tech.qq.com/a/20160321/030364.htm，2016 年 3 月 1 日访问。

的声誉也会为企业、公司或者个人提升知名度。在线上平台和线下产品的互动中，侵权行为人可以完全舍弃线上广告费的收入。又如，在"乐视网（天津）信息技术有限公司与长沙国安广播电视宽带网络有限公司侵害作品信息网络传播权纠纷"一案中，被告就辩称侵权行为"不以营利为目的，经涉案电视剧放在平台上供用户免费观看，未给原告造成重大损失"。① 诸如此类的案例比比皆是，本文就不再一一列举。② 因此，网络传播行为并非都是以营利为目的，或是出于互联网的共享，或是为了提高账户等级，或是为了完成网络任务等。这些行为虽不以营利为目的，但在互联网上，凭借网络的大量复制和快速传播，带来的后果可能与以营利为目的侵权行为同样严重，也会严重损害著作权人的权益，具有极大的社会危害性。③ 总之，网络著作权的侵权行为人完全可以出于非营利的目的，其行为旨在获取著作权人的网络流量。

综上所述，互联网环境中的著作权侵权行为具备了新的特征。一方面，行为人在主观上可能完全不具备营利的目的，另一方面，侵权行为不仅可以针对原作品采取传统模式的复制、传播以及出售行为，还可以绕过作品的本体，直接实施截取或者分流网络流量的不法行为。也就是说，侵权行为人不仅可以采取"作品—流量—经济利益"的行为模式，还可以绕过作品，直接截取网络流量，诉诸"流量—经济利益"的行为模式。但是，无论行为人采取上述何种行为模式，其著作权侵害行为的实质都在于：行为人通过实施网络著作权侵权行为，截取或者分流了原作者本应得到的网络流量，即著作权侵权行为的模式已经由"作品指向型"演变为"流量指向型"。

## 三　侵犯著作权犯罪存在问题之检讨

### （一）现行刑法对侵犯著作权行为之规制

我国《刑法》第217条规定了侵犯著作权罪，"以营利为目的，有下列

---

① （2016）湘01民初253号，2016年12月28日。
② 在威科先行的法律信息库中，以"不以营利为目的"搜索著作权权属、侵权纠纷的一审判决书，共计122份，在此类违法行为中，被告人多以"没有营利目的"作为其辩护理由（截止日期：2017年9月27日19点04分）。
③ 参见雷山漫《网络环境下著作权刑法保护研究》，《法学评论》2010年第6期。

侵犯著作权情形之一，违法所得数额较大或者有其他严重情节的，处三年以下有期徒刑或者拘役，并处或者单处罚金；违法所得数额巨大或者有其他特别严重情节的，处三年以上七年以下有期徒刑，并处罚金：（一）未经著作权人许可，复制发行其文字作品、音乐、电影、电视、录像作品、计算机软件及其他作品的；（二）出版他人享有专有出版权的图书的；（三）未经录音录像制作者许可，复制发行其制作的录音录像的；（四）制作、出售假冒他人署名的美术作品的"。另外，《刑法》第218条规定了销售侵权复制品罪："以营利为目的，销售明知是本法第二百一十七条规定的侵权复制品，违法所得数额巨大的，处三年以下有期徒刑或者拘役，并处或者单处罚金。"由此可见，在现行刑法对侵犯著作权犯罪所规定的犯罪构成要件中，就行为要件而言，主要有五种类型，即复制发行、出版、制作、出售、销售；就目的要件而言，必须"以营利为目的"，是完全基于保护传统作品及传统著作权的需要而设定的。为改善现行规范惩治网络侵犯著作权犯罪行为的严重滞后和不适应感，首先，2007年4月，最高人民法院和最高人民检察院共同颁布了《关于办理侵犯知识产权刑事案件具体应用法律若干问题的解释（二）》，其中第2条规定："刑法第二百一十七条侵犯著作权罪中的'复制发行'，包括复制、发行或者既复制又发行的行为。侵权产品的持有人通过广告、征订等方式推销侵权产品的，属于刑法第二百一十七条规定的'发行'。"这一司法解释显然依然不能有效地应对上述所描述的网络侵犯著作权的犯罪行为，为此，2011年1月最高人民法院、最高人民检察院和公安部联合发布了《关于办理侵犯知识产权刑事案件适用法律若干问题的意见》（以下简称《意见》），其中在关于刑法第217条规定的"发行"的认定及相关问题中规定："'发行'，包括总发行、批发、零售、通过信息网络传播以及出租、展销等活动。"在关于侵犯著作权犯罪案件"以营利为目的"的认定问题中规定："除销售外，具有下列情形之一的，可以认定为'以营利为目的'：（一）以在他人作品中刊登收费广告、捆绑第三方作品等方式直接或者间接收取费用的；（二）通过信息网络传播他人作品，或者利用他人上传的侵权作品，在网站或者网页上提供刊登收费广告服务，直接或者间接收取费用的；（三）以会员制方式通过信息网络传播他人作品，收取会员注册费或者其他费用的；（四）其他利用他人作品牟利的情形。"并在关于通过信息网络传播侵权作品行为的定罪处罚标准问题中规定,以营利为目的,未经著作权人许可,通过信息网络向公众传播他人文字作品、音乐、电影、电视、美术、摄影、录像作品、录音录像制品、计算机软件及其他作品,"传播他人作品的数量合计在五百件(部)以上的"、"传播他人作品的实际被点击数达到五万次以上的"以及"以会员制方式传播他人作品,注册会员达到一千人以上的",属于刑法第217条规定的"其他严重情节"。通过这两个规范性文件试图让现有刑法关于侵犯著作权犯罪的规定"与时俱进"。

笔者以为,上述解释及规范性文件为现行刑法适应网络环境作出了实质性的努力,并试图将刑法规范适用于网络环境。但是,在宏观层面上,网络空间的本质属性和刑法规范的基本特征存在无法调和的矛盾;在微观层面上,现行刑法又难以评价网络著作权侵权中的诸多不法类型。

在规范与事实的宏观层面上,刑法在性质上属于司法法,其指导原则是法的安定性。刑法的安定性具有两种含义,即刑法本身的安定性以及通过刑法达成的安定性。刑法本身的安定性要求刑法必须具有稳定性,不得轻易修改,而通过刑法达成的安定性则要求刑法的颁布与实施能够保障国民自由以及保护社会法益。[①] 由此可见,刑法本身的安定性要求刑法具有稳定性,而通过刑法达成的安定性则要求刑法具有适应性,前者求"静",后者求"动"。因此,刑法的两种安定性要求之间有时会产生不可调和的矛盾,即如果刑法本身安定了,那么在面对新出现的社会问题时,刑法就无法及时作出回应,新型问题就难以解决,于是刑法就无法达到安定社会的效果。在网络著作权犯罪面前,上述矛盾得以引发,即网络的高速发展使得网络不法行为相伴而生,刑法为寻求自身的安定就无法及时适应网络空间的变化,实现安定网络环境的效果。因此,刑法自身的安定性和法律天生的滞后性使得刑法具有"慢节奏"的属性。与之相比,网络的发展具有高度变化性,无论是网络技术的变革还是网络作品的更新,都无不体现出网络的"快节奏"。在常规的非网络犯罪面前,刑法对社会变革的反应只是稍显迟缓,但是,在网络日新月异的发展态势面前,刑法的反应能力

---

① 张明楷:《刑法学》(第5版),法律出版社,2007,第16页。

就显得过于迟钝，刑法的滞后性在网络环境中表现得比以往任何时候都要明显。可以说，刑法和网络的天生属性就不相契合。例如，近年来各大"网络直播平台"开始高速发展，这也必将给网络著作权提出新的问题和挑战。具体而言，在网络直播平台上直播他人的作品能否构成著作权侵权？即当直播主购买了电视剧、电影的版权以后，可否在自己观看的同时，直播给其他网络用户一同观看？因此，网络的飞速发展使得网络技术以及网络运行模式层出不穷，刑法在面对网络出现的新型问题时反应迟钝，不得已只能通过刑法解释的方式扩张刑法的适用范围。《意见》将"营利"扩张到间接营利的范畴，又将"网络传播"行为解释为复制发行，其意在调和刑法规范的稳定性和网络事实的变化性之间的矛盾，力求在安定和变化之中寻求平衡。但是，刑法规范"被动适应"网络环境的思想和做法并不妥当，做出适应行为也并不意味着可以获得良好的适应效果。在网络环境的快节奏面前，刑法若只是被动适应，则终将永远落后，网络刑事立法的内容和模式必须更加具有前瞻性和主动性。

在事实与规范的微观层面上，"以营利为目的"的规范要求不符合网络著作权侵权行为的实际情况。从事实情况的角度出发，近年来，网络上已经出现了不以营利为目的的著作权侵权行为。对于众多商家而言，互联网只是推广线下实体店的工具，行为人在线上的网络传播行为往往不以营利为目的，只是单纯通过提供他人的优质作品，为自己运营的平台或者账户吸引网络流量，增加知名度。同时，在"不以营利为目的"的旗帜下，侵权人实施侵权行为更可以大张旗鼓，该类侵权行为与"以营利为目的"的侵权行为相比，不法程度有过之而无不及。从规范评价的角度出发，截取或者分流他人网络流量的行为并不一定会达到传统意义上的营利效果。因此，即使行为人"以营利为目的"实施了网络著作权犯罪，行为人的营利目的也难以认定。例如，某培训机构为帮助学员通过考试，长期盗用他人文章，分享通关心得、学习方法以及相关专业知识，同时不投放任何广告亦不收取任何费用，该机构的宣传赢得了诸多潜在的学员的关注，最后转化为该培训机构的线下生源。此时，著作权人的网络流量受到了损失，行为人也获取了经济利益，但是，我们却很难将行为人的主观意图评价为"以营利为目的"。

从法体系的一致性上看，上述解释方式将导致民法和刑法在概念使用上的不相协调。虽然民法和刑法在法律概念的使用上并不需要完全一致，但是也不应该有定性上的偏差。例如，就"占有"概念而言，民法和刑法上的占有概念在本质上指的都是占有人对物现实的管领与支配，虽然民法与刑法中的"占有"在具体范围和构成要素上存在差异，但也属于同性质行为内的偏差。① 然而，网络传播行为和复制发行行为不仅仅是内涵上的差异，还是属性上的不同。在民法学理上，没有物质载体的流转并不能构成发行行为，因此，网络环境下的传输行为不构成发行。② 同时，发行行为必须围绕载体变化展开，而网络传输行为则并不需要。例如，将链接地址复制给他人的行为，在民法上就难以评价为复制发行，只能称之为传播。因此，上述解释背离了民法、刑法在法体系上的一致性，使得法律概念难以统一。

（二）网络侵犯著作权行为之解决思路与对策

针对上述规范上的缺陷，笔者认为，为了完善对网络著作权的刑法保护，禁止并惩治网络著作权犯罪，必须转变著作权犯罪的认定视角，从立法技术上和司法解释上全面梳理著作权犯罪。

首先，违法犯罪的认定视角应当由作品转移至作品与流量并重。正如上文所述，著作权的经济运营模式由"作品导向型经济"演变为了"流量导向型经济"，因此，网络著作权侵权行为的重心并不在于行为人通过犯罪行为获取了多少现实的经济利益，而是在于犯罪行为截取或者分流了多少本应属于著作权人的网络流量。网络著作权的侵害行为也由"作品指向"演变为了"流量指向"。为适应上述变化，犯罪行为的认定视角也应从"作品"转向"流量"。例如，上述"盗链"行为的本质在于，行为人并不直接通过复制、传播作品的本体而分流著作权人的应得流量，而是通过设立指向作品的链接，通过链接的点击获取本应属于著作权人的网络流量。在加框链接的情况中，网络用户甚至无须进入原作品的所在网页，就可以直接查看原作品并且完成下载，著作权人的应得流量就转化为了其他

---

① 郭晓红：《民、刑比较视野下的占有之"观念化"》，《法学杂志》2011 年第 11 期。
② 张玉敏主编《知识产权法学》（第 3 版），法律出版社，2017，第 113 页。

平台的网络流量,著作权人遭受了损失。再如,转发他人作品的行为由于没有截取他人流量,因此不构成侵权,而转载行为如果没有得到授权,则无论行为人是否署名,均截取了原作品的应得流量,侵犯了原作者的著作权。

其次,取消"以营利为目的"的主观要素。关于"以营利为目的"的要素存废在我国争议已久,保留论和取消论各有声势。① 有学者试图通过区分"以营利为目的"的类型来解决上述问题,认为"以营利为目的"包括两种情况,即直接营利和间接营利。通过出售他人作品获利的直接营利当然属于"以营利为目的",而意图通过广告收入或者增加有偿广告插件的间接营利也同样是"以营利为目的"。②《意见》也采纳了这一立场。笔者认为,无论是直接营利还是间接营利,本质上依然属于通过提供作品直接换取经济利益的行为,即符合"作品—收益"的行为模式。以"作品导向"为基准的类型划分方式在网络环境下并没有太大的实践意义,也解决不了"流量导向型"的侵权行为问题。为适应网络环境的现实情况,可以作品与收益的关系为标准,将"以营利为目的"区分为即时营利以及远期营利。即时营利,指的是通过提供作品的行为直接获取经济收益的营利模式(作品导向);而远期营利指的是行为人虽然提供作品,但并不因作品直接获取经济利益,而是通过吸引网络流量获取影响力,在未来转化为经济利益的营利模式(流量导向)。无论是出售作品还是通过作品收取广告费、会员费的行为,只要是通过提供作品行为本身获取收益均属于即时营利的范畴。同时,即时营利也意味着即时消费,每份作品一旦售出就立即失去了交换价值。网络作品虽然也具有即时营利的功能,但是知名度的提升往往能为行为人带来更加长远利益,通过网络平台吸引固定粉丝群体或者点击量也可谓一劳永逸,粉丝群体的积累及其后续带来的效益更是不可估量。因此,网络平台或者个人也都逐渐开始采取远期营利的商业模式。然而,"远期营利的目的"不仅在认定上存在困难,而且营利行为和营利

---

① 参见谢森《"以营利为目的"在网络著作权案件中的刑法适用》,《东方法学》2017年第4期。

② 于志强:《网络著作权犯罪的实证分析与司法应对——基于100个网络著作权犯罪案件的分析》,《上海大学学报》(社会科学版)2014年第3期。

结果在因果关系上相距甚远,若认为远期营利也属于刑法上的"以营利为目的",最终只会无限制地扩张刑法用语的含义,既如此,倒不如直接取消"以营利为目的"的主观要素。另外,在网络环境中,与其区分"以营利为目的"的类型不如先行界定"营利"的范畴。如果认为获取网络流量也可以被评价为"营利",那么网络侵权行为的主观要素问题则迎刃而解。不过该解释方法同样会无边界地扩张营利的范围,最终沦为形式上的规定,不如直接取消。综上所述,笔者以为,无须界分"以营利为目的"的类型,根据网络发展的现状,取消"以营利为目的"即可。

再次,将网络传播行为解释为发行行为有解释学上的类推嫌疑,只能是权宜之计而非长久之策。现行刑法制定于1997年,刑法制定时我国的计算机以及互联网尚不普及,著作权犯罪只能以传统的"作品指向型"行为作为模板。但是,网络发展孕育了新型的法益侵害行为,刑法在面对新的行为类型时,将产生极大的不适应感。如果刑法原先所设定的行为类型与新型的行为模式只存在"量"上的差异,那么,通过刑法解释确实可以实现适应社会的效果。但是,如果新型的行为模式已经在"质"上区别于传统的行为类型,那么,刑法解释的效果就显苍白无力。例如,发行行为要求必须围绕作品原件或者复印件展开,而网络传播行为则完全可以脱离作品原件或者复印件。在"盗链"的过程中,行为人只实施了传输作品的行为,既没有复制作品,也没有发行作品,很难被认定为传统意义上的复制、发行行为。因此,有必要将著作权犯罪中的"复制、发行"行为修改为"复制、发行以及传播"行为。

最后,应当在被害人视角下评估侵权行为的危害结果。正如上文所言,行为人通过整理、传播他人的作品时可能获取额外的流量,即侵权行为带来的流量超出行为人本应取得的流量。例如,被害人的作品本应只获取5000的阅读量,但是经过行为人的整合和长期的宣传以后,行为人获取了10000的流量,此时,若站在行为人的角度评估危害结果,则行为人应承担截取被害人10000流量的责任。但是,该种计算方法并不妥当。危害结果的本意就是行为人对被害人所造成的侵害而非行为人在违法犯罪中所获取的收益,行为人通过侵权行为使得被侵权产品获得更高额效益的部分,并非被害人损失,而是行为人整理、宣传行为的成果。因此,在危害结果的认定上，应当从行为人获利的角度转向被害人损失的角度，只需要让行为人承担被害人损失即可，无须让行为人为自己的付出部分承担犯罪的责任，否则就加重了行为人的罪责。当然，站在行为人视角认定危害结果在证据搜集方面要更为方便可行，但是，为了证据搜集的便易性而加重对行为人的刑罚，则侵害了行为人的人权。笔者的初步构想是，应当根据侵权人、被侵权人以及被侵权作品的影响力，综合评定被侵权人的损失。第一，应当在参考各方平台总阅读量的基础上，优先计算侵权人和被侵权人的网络影响力，即影响力比值（X）=侵权人的总流量/被侵权人的总流量。第二，再计算著作权人的实际损失。若侵权人的影响力大于被侵权的影响力（X>1），那么被害人本应得到流量的数额=侵权人通过侵权作品所获取的流量/X；若侵权人的影响力小于被侵权人的影响力（X≤1），那么侵权行为人实际获得的流量就是被侵权人所损失的流量。

## 结　语

古语云："夫事有常变，理有穷通。故事有今不可行而可预定者，为后之福；有今可行，而不可永定者，为后之祸。其理在于审时度势，与本末强弱耳。"信息革命方兴未艾，时代洪流有目共睹。刑法对社会的反应机制在网络环境面前更显迟钝。除了网络著作权犯罪与刑法不相适应以外，网络环境中的诸多法益侵害行为与刑法规范存在差异。例如，隐藏在网络幕后的侮辱、诽谤等行为通常表现为"群体—个人"的模式。其中的网络群体并没有共同犯罪的意思联络，而侮辱、诽谤的严重后果往往非一人之行为，而是群体网络用户的共同结果。若根据传统的认定方式，则难以将各人的行为评价为犯罪，也难以将集体的行为认定为共同犯罪。但是，网络环境中人身攻击行为的不法性丝毫不亚于现实生活，甚至在网络的幕布后任意妄为。此等境况不免为法学人提出了全新的问题，是继续扩张为现实世界而拟定的现行刑法以适用于网络空间，还是应当为网络空间另立全新的规则，抑或是在网络问题上，改变现行的立法模式，将网络犯罪的行为类型交由行政法规制定，以期适应网络环境变化的步伐节奏？笔者以为，网络空间中的诸多法益侵害行为，无论在主观方面，还是在客观方面都不同于现实世界。随着网络社区的进一步融合发展，不法类型势必与日俱增。因此，无论今后决定在法律上采取何种对策，网络空间的行为异化现象都必须引起学界的重视。当此计算机及网络蓬勃发展之际，刑法学人更该转换视野、审时度势，为兴国之大业奠定规范之基础。

（南开大学法学院教授、博士生导师　张心向；南开大学法学院硕士研究生　林擎凌）

第七章 分则各罪的立法科学化

## 第三节 操纵证券市场罪的立法完善

### 一 操纵证券市场罪立法演进梳理

学界普遍认为，刑事制裁介入经济违法行为应当以经济法为前置要件，只有行为违反了经济法等金融法（前置法），才能启动刑事制裁。① 由于历史原因，新中国第一部刑法典在1979年得以颁布实施，受制于20世纪80年代我国金融业发展程度整体较低的现状，金融犯罪在所有刑事犯罪中占比较低，1979年刑法没有规定金融犯罪的独立章节，在整个第三章"破坏社会主义市场经济秩序罪"中，对于金融犯罪的规定仅有第122条伪造和贩运伪造的国家货币罪、第123条伪造有价证券罪。② 此外，1979年刑法中的投机倒把罪、诈骗罪则用于规制擅自设立金融机构等违反金融法规的行为、金融诈骗犯罪行为，而对于金融犯罪中的操纵证券市场行为，由于我国1990年才成立沪深交易所，所以也未形成实施操纵证券市场行为的客观环境，当时刑法无法针对证券犯罪进行相关立法规定。

自1993年国务院证券委员会颁布《禁止证券欺诈行为暂行办法》起，对操纵证券市场行为的规制有了行政法规依据③；1996年中国证券监督管理委员会发布《关于严禁操纵证券市场行为的通知》，进一步细化了操纵证券市场的行为方式④；虽然1997年《刑法》第182条规定了操纵证券交

---

① 参见龙兴盛《经济违法行为刑事制裁介入度研究》，法律出版社，2015，第225页。
② 参见刘宪权《金融犯罪刑法学新论》，上海人民出版社，2014，第55页。
③ 该办法第7条规定：禁止任何单位或者个人以获取利益或者减少损失为目的，利用其资金、信息等优势或者滥用职权操纵市场，影响证券市场价格，制造证券市场假象，诱导或者致使投资者在不了解事实真相的情况下作出证券投资决定，扰乱证券市场秩序。第8条列举了6种前述操纵市场行为的具体方式，其中第7款是兜底条款"其他操纵市场的行为"。本办法2008年经《中华人民共和国国务院令》第516号决定废止，相关内容已由2005年《中华人民共和国证券法》代替。
④ 该通知规定：禁止任何单位和个人以获取利益或者减少损失为目的，利用其资金、信息等优势操纵市场，影响证券市场价格，诱导投资者在不了解事实真相的情况下作出证券投资决定，扰乱证券市场秩序。列举了9种操纵市场行为，第10种为中国证监会认定的其他操纵市场的行为。该通知后经《中国证券监督管理委员会关于废止部分证券部门规章的通知》（1999年12月21日颁布）废止。

· 593 ·

易价格罪,但《证券法》在 1998 年才出台,致使我国关于证券违法犯罪的立法规定呈现先有刑事立法规定,而后出台证券法的立法倒挂现象①;1998 年的《证券法》基于上述 1993 年、1996 年的规定,要求"操纵"必须是行为人主观上以获取利益或者减少损失为目的,客观上要求影响证券市场价格;随后,2005 年修订的《证券法》删除了对行为人主观方面认定的规定,第 77 条仅规定了禁止任何人以下列手段操纵证券市场,包含连续交易、相对委托、洗售三种列举的行为方式及其他方法;2006 年《刑法修正案(六)》随之做了相应修改,删除了原文中"获取不正当利益或者转嫁风险"的要件,取消了主观方面的规定,同时,取消了单位犯罪中主管人员和其他直接责任人员独立的法定刑,按照自然人犯操纵证券、期货市场罪的法定刑处罚单位犯罪中的自然人②;2007 年中国证券监督管理委员会发布《证券市场操纵行为认定指引(试行)》,对"连续交易操纵、约定交易操纵、洗售操纵认定以及其他手段认定"进行了细化,其中"其他"包括:蛊惑交易操纵、"抢帽子"交易操纵、虚假申报操纵、特定时间的价格或价值操纵、尾市交易操纵,以及中国证监会认定的其他操纵证券市场的行为;2017 年证券法修改草案在进一步审议中,据悉拟增加对操纵市场认定的情形。

---

① 1997 年《刑法》第 182 条原条文(操纵证券交易价格罪)第 1 款规定,有下列情形之一,操纵证券交易价格,获取不正当利益或者转嫁风险,情节严重的,处五年以下有期徒刑或者拘役,并处或者单处违法所得一倍以上五倍以下罚金:(一)单独或者合谋,集中资金优势、持股优势或者利用信息优势联合或者连续买卖,操纵证券交易价格的;(二)与他人串通,以事先约定的时间、价格和方式相互进行证券交易或者相互买卖并不持有的证券,影响证券交易价格或者证券交易量的;(三)以自己为交易对象,进行不转移证券所有权的自买自卖,影响证券交易价格或者证券交易量的;(四)以其他方法操纵证券交易价格的。

② 1999 年《刑法修正案》对本条进行第一次修订,将操纵期货市场行为犯罪化,现行《刑法》第 182 条的表述为:在有下列情形之一,操纵证券、期货市场,情节严重的,处五年以下有期徒刑或者拘役,并处或者单处罚金……(一)单独或者合谋,集中资金优势、持股优势或者利用信息优势联合或者连续买卖,操纵证券、期货交易价格或者证券、期货交易量的;(二)与他人串通,以事先约定的时间、价格和方式相互进行证券、期货交易,影响证券、期货交易价格或者证券、期货交易量的;(三)在自己实际控制的账户之间进行证券交易,或者以自己为交易对象,自买自卖期货合约,影响证券、期货交易价格或者证券、期货交易量的;(四)以其他方法操纵证券、期货市场的……

## 二 操纵证券市场罪立法演进分析

操纵证券市场行为非到情节严重不涉刑法规制,分析《刑法》第182条的立法规定需要从两条轨迹入手,其一是证券业相关规定的变化轨迹,是刑法前置法的规定前提,其二是刑法规定本身的变化轨迹。总体而言,纵观20年来《刑法》第182条的立法变化,其规定同证券业有关证券市场操纵行为的规定内容互相调整、彼此"磨合",似有趋同的趋势。

### (一) 轨迹一:操纵证券市场行为的前置法规定分析

近20年来,操纵证券市场行为的前置法及相关规定逐步细化,从该行为方式的内涵确定来看,经历了从模糊到逐渐清晰的过程。1990年上海证券交易所(简称"上交所")成立,我国证券市场正式诞生;1993年《禁止证券欺诈行为暂行办法》列举了"以散布谣言等手段影响证券发行、交易"等6种操纵证券市场行为方式,并有第7款兜底条款作为补充;1996年《关于严禁操纵市场行为的通知》基于以上规定,增加了"以自己的不同账户在相同的时间内进行价格和数量相近、方向相反的交易""证券投资咨询机构及股评人士利用媒介及其他传播手段制造和传播虚假信息,扰乱市场正常运行""上市公司买卖或他人串通买卖本公司的股票"3种操纵证券市场的行为方式,逐步扩大并明确了证券市场操纵行为的范围。

随即,1999年《证券法》出台,为了与1997年《刑法》第182条操纵证券交易价格罪的规定相一致,《证券法》第71条明确了操纵证券交易价格的行为,并对操纵行为的主观方面进行了规定(该主观方面的规定后经2005年修订的《证券法》删除),同时第184条规定了"禁止操纵证券交易量,获取不正当利益或者转嫁风险的行为",将操纵证券交易量的行为纳入规制范围,成为与操纵证券交易价格并列的行为方式,随后,2006年,《刑法修正案(六)》也删除了"获取不正当利益或者转嫁风险"的要件,同时,对第182条第1款第1项增加了"操纵证券交易量"(与《证券法》第184条规定相一致),第3项增加了"在自己实际控制的账户之间进行证券交易"的行为方式。2007年《证券市场操纵行为认定指引(试行)》(简称《指引》)(迄今仍在适用)第2条,重申,将操纵行为定义为不包含主观方面的，行为人以不正当手段，影响证券交易价格或者证券交易量，扰乱证券市场秩序的行为规定为证券市场操纵行为，同时，对操纵证券市场的具体行为方式也作了规定。之后，鉴于 2015 年中国股灾的教训，2017 年证券法草案修订稿审议稿中拟增加操纵证券市场的行为方式。

从证券业相关规定的形成轨迹可以看出，证券市场操纵行为内涵的逐步明确，一方面符合我国金融市场变化和发展的要求，另一方面也是迎合刑法相关立法规定的产物，而在这一"迎合"过程中，前置法的相关规定与刑法的规定相互影响、相互"磨合"。简言之，由于证券业规定中的"证券市场操纵行为"内涵的不断扩大和明确，证券业对证券市场操纵行为的规制范围也随之不断扩大。

（二）轨迹二：操纵证券市场罪的立法现状分析

从上文操纵证券市场罪的立法演进可以看出，刑法层面对操纵证券市场行为的规定趋于宽泛，《刑法》第 182 条所规制的范围从清晰到逐渐模糊。我国 1997 年《刑法》完善金融犯罪的立法，第 182 条确立了操纵证券交易价格罪，保留了"以其他方法操纵证券交易价格的"兜底条款，以列举的方式明确了"连续交易""相对交易""洗售"三种操纵证券交易价格的行为方式。通过对比可以看出，1997 年《刑法》第 182 条相对于以上 1993 年、1996 年的前置法规定而言，似乎属于"横空出世"的立法，一方面仅将操纵"证券交易价格"而非操纵"证券市场"（包括证券价格和证券交易量两个方面）的行为方式纳入刑法规制范围，另一方面，通过列举的方式仅明确了操纵证券交易价格的 3 种行为方式，而未采 6 种或 9 种"证券市场操纵行为"的行政法规规定，同时，立法之初即规定了本罪的主观方面要件，进一步限缩了本罪的成立范围，彼时《刑法》第 182 条"操纵证券交易价格罪"的规制范围似乎是明确的。然而由于法律之间、法律与法规之间规定的不一致，刑事立法不断修改遭受诟病以及刑法解释举步维艰。

从本罪主观方面的变化轨迹来看，1997 年《刑法》在规定该罪名之前，证券业有关行政法规并没有对证券市场操纵行为的主观方面做出规定，而 1997 年《刑法》出于齐备犯罪构成要件的考量，对该罪主观方面进行了明确，一方面限缩了该罪的成立范围，但另一方面直接倒逼 1998 年《证券法》，在证券市场操纵行为的认定中增加了"获取不正当利益或者转嫁风险"的主观方面规定。从 1999 年《证券法》开始实行至 2005 年《证券法》修改，我国证券业发展的客观现实随即证明了删除该行为主观方面认定的必要性，《证券法》修改，而后刑法相应修改，删除了主观要件的《刑法》第 182 条的规制范围随之扩大。一方面，可以看出，证券业有关证券市场操纵行为的规定与《刑法》的规定内容趋同；另一方面，如果说 1997 年《刑法》第 182 条主观方面的规定似乎有些仓促，那么随后的《证券法》与《刑法》相关规定的互相不断调整，则走了许多弯路。此外，由于《刑法》第 182 条仅列举了 3 种操纵证券市场的行为方式，可以说立法的滞后无法适应证券业发展现实，如利用职权操纵证券市场、"抢帽子交易"等行为能否构成本罪的问题显现。此时，本罪兜底条款的规定以其"概括性、模糊性"的特征似乎成了能够通过刑法解释解释为符合罪刑法定原则的、能够规制上述新型操纵证券市场行为的"大口袋"，而至于"以其他方法操纵证券市场"的行为内容的涵摄范围，并没有抽象化的类型总结，使得兜底条款的内容更加模糊。

### 三 操纵证券市场罪立法问题的提出

#### （一）立法规定阙如

无论从本罪主观方面要件的规定、删除之立法过程，还是从本罪客观方面加入操纵证券交易量的行为方式的立法修改中，都能够看出刑法与其前置法规定之间的冲突、磨合、趋同的立法过程。然而由于我国对于证券犯罪的刑事立法先于证券法立法，一段时间内认定刑法规定的证券犯罪时缺乏"违反法规"的要件，同时，刑法的规定也必然影响了本应属于"前置法"的后立之法的立法内容，导致立法规定之间有本末倒置之嫌。此外，《刑法》第 182 条的不断修改并没有解决法律之间、法律与法规之间的规定不一致问题，虽然现行有效的《证券法》第 77 条与《刑法》第 182 条操纵证券市场行为的条文表述一致，但是，市场操纵的基本定义或者实质内涵究竟覆盖了哪些内容，法律条文并没有给出直接且确定的回答。① 区别于刑法立法及司法解释，证券业其他法规文件对证券市场操纵行为进行了更进一步细化，以"抢帽子"交易行为为例，2007 年中国证券监督管理委员会发布的《证券市场操纵行为认定指引（试行）》对"其他证券市场操纵行为"予以了明确，而《刑法》第 182 条的"以其他方法操纵证券市场"的兜底条款的范围并没有相关规定予以明确，致使如"抢帽子"交易行为是否适用《刑法》第 182 条兜底条款，一度成为实务界的难题、理论界的研究焦点，即使已有汪建中"抢帽子"交易案件判决直接适用兜底条款对其行为进行了规制②，但该裁判结论依然饱受争议。

（二）立法衔接不足

立法内容的阙如直接导致立法衔接不足，造成这一问题的根本并不在于兜底条款的立法本身，也不在于刑法与证券法均采取"兜底条款"规定的"双重兜底"的立法技术。原因在于操纵证券市场罪 3 种列举式立法内容限制了兜底条款的范围，而基于罪刑法定，刑法的兜底条款适用又必须审慎，是否能够包含前置法列举的"其他证券市场操纵行为"于法无据。一方面，我国没有关于兜底条款具体应包括哪些内容的法律授权及司法解释，德国与中国均采取了"兜底条款"刑事立法技术，但德国经济刑法明确对"兜底条款"的解释问题进行了法律授权，金融监管机构及时将"抢帽子"交易作为一种操纵市场的具体犯罪类型对经济刑法规范进行了有效填充，确保了刑事司法实践不会对"抢帽子"交易是否具有操纵证券市场犯罪的属性问题存在争议③，我国虽有 2007 年《指引》对兜底条款的内容

---

① 参见刘宪权、谢杰《市场操纵犯罪的实质解构：法律与经济分析》，《现代法学》2014 年第 6 期。
② 该案于 2011 年 8 月 3 日宣判，认定汪建中先行买入证券、后向公众推荐、再卖出证券的"抢帽子"交易行为构成操纵证券市场罪，一审判有期徒刑 7 年，罚金 1 亿 2000 万余元。该判决依据我国《刑法》第 182 条兜底条款（以其他方法操纵证券市场的）做出，由此学界展开了兜底条款的引用是否违反罪刑法定原则的争论，以及对这种"抢帽子"交易行为是否构罪的讨论。
③ Directive 2003/6/EC of The European Parliament and of The Council of 28 January 2003 on Insider Dealing and Market Manipulation (Market Abuse), Article 1 (2). 转引自刘宪权《操纵证券、期货市场罪的"兜底条款"解释规则的建构与应用——抢帽子交易刑法属性辩证》，《中外法学》2013 年第 6 期。

进行了细化，但由于没有授权，刑法的适用就没有立法依据，无法进行立法衔接。另一方面，受制于兜底条款之上的3种列举方式的操纵证券市场行为的表述，依刑法教义学做同质解释，兜底条款的适用范围则应限定为"交易型"操纵证券市场行为，当然地需要将非交易型操纵证券市场行为排除在本罪规制范围之外，但以上述"抢帽子"交易为例，其造成证券价格异常变动的核心行为是"购买股票后向公众推荐"的行为，而并非买卖股票的"交易行为"，那么基于罪刑法定，"抢帽子"交易行为能否纳入《刑法》第182条兜底条款的规制范围颇受学界争议。

立法是刑法教义学的规范基础，虽然"立法不是被嘲笑的对象"，但如果立法本身存在缺陷，是难以通过刑法教义学的分析获得正义的，同时，本来可以由立法解决的问题，交给刑法教义学分析，不仅会带来"公说公有理婆说婆有理"的纷争局面，而且会导致实践对刑法理论的远离，这并不是应有的法治实践主张。①立法也是司法的前提，然而从司法实践中可以看出，传统的老庄式交易等操纵证券市场手段几乎绝迹，新型操纵手段频出，囿于立法规定对操纵证券市场行为认定范围的模糊，兜底条款的适用范围逐渐扩大，只要符合不法控制交易价格、交易量的行为特征，即使不在刑法规定的3项行为之列，不符合3项行为的同质性特征，也有认定为操纵行为的空间。可以说这一怪相背后的症结是20年来《刑法》第182条（操纵证券交易价格罪→操纵证券市场罪）的立法顽疾，当我们想把这个20岁的青年描绘成王子的模样时，必须不能忽视的是如何弥补他先天不足的缺陷，立法的问题需要通过修改立法来解决。

## 四 操纵证券市场罪的立法完善

### （一）缓和的违法一元论的理论选择

需要说明的是，二次违法性、违法相对性、违法一元论等理论是关于刑事违法性判断的，是用以解决刑行交叉问题的刑法教义学领域的理论，本文试图在完善操纵证券市场罪的立法对策制定上，借用这样的理论，不

---

① 参见姜涛《二元化犯罪模式与刑行交叉的立法对策》，《中国刑法改革与适用研究》（上卷），中国人民公安大学出版社，2016，第43页。

受制于教义学、立法学的领域束缚,来解决上述立法问题。通说认为,金融犯罪是法定犯(或称为行政犯),刑法所规定的金融犯罪理当以关于金融的行政或者经济立法存在为前提,否则就难以名副其实。刑法中的行政犯以行政不法为前提,行政犯的罪状设置,不但需要有"违反国家规定"等前置违法条件过滤,而且罪状中的部分构成要素也常交由行政法规设定和充实。① 对于行政犯界域的把握根本上依赖于前置法的基本界定,但从我国立法现状来看,由于刑法首先对证券犯罪做出规定,后有证券法蹩脚地做出相应立法,刑法对证券犯罪界定后又依赖于前置法的规定,而前置法的界定又受制于刑法的规定,这就形成了逻辑上的定义怪圈,对于操纵证券市场行为的认定"不是证券法压倒刑法,就是刑法压倒证券法",依此逻辑,永远不可能划定操纵证券市场罪的规制范围。

从我国《刑法》第182条操纵证券市场罪的立法演变及立法现状可以看出,相关法律法规对操纵证券市场行为的规制经历了确认、检验、完善,直至通过立法的形式予以确认的过程,但部门法之间的衔接问题一直存在。从1997年《刑法》第182条立法没有完全采纳1993年、1996年证券业对操纵证券市场行为的规定,到1997年刑法倒逼1998年证券法有关操纵证券市场行为的规定同刑法规定相一致,再到2005年证券法修改,再到2006年刑法随之修改……《刑法》第182条和证券法及相关规定反复磨合,意在趋同却又未实现趋同。在操纵证券市场罪的讨论中,因为刑法在先,前置法在后,刑法与经济法等前置法的衔接成了伪命题,一旦新型操纵证券市场行为出现,刑法的适用就变得不确定,因此,基于法秩序统一性,首先需要明确的是刑法与前置法谁依托谁的问题。本文采缓和的违法一元论的观点,主张刑事违法性与前置法的违法性相竞合,刑事违法性的判断以前置法的立法为依据,同时,《刑法》第182条的规定需要与前置法规定相一致并作出相应修改。在强调法秩序统一性的前提下,进行刑法体系内的违法性相对判断,做到在整体法秩序上的协调统一,不同领域部门法在违法性判断上所得出的最终结论不应矛盾冲突,同时,承认不同法领域的违法性判断有其独立性,同一不法行为在不同法律领域的法律效

---

① 参见孙国祥《行政犯违法性判断的独立性和从属性研究》,《法学家》2017年第1期。

果未必完全相同。

此外,明确刑事违法性的判断依托前置法的规定,就要求前置法的立法更加审慎,而这种审慎是结合自身发展规律及价值判断进行立法,而并非事先纠缠刑事事后法后续如何衔接的问题。不同法学部门之间既有交叉联系,同时也具有独立性,作为前置法的证券法对刑法对证券犯罪的判断具有前置法的指引功能,体现了学科之间的交叉,而证券法的修改必须基于证券市场发展的自身规律以及价值判断,体现学科之间的独立,否则刑法的规定与前置法的界定互相依赖的逻辑定义怪圈问题会再次显现,前置法的"前置"功能将形同虚设。

(二)立法由"粗放"转向"精致"的尝试——赋予兜底条款相对明确的规制范围

操纵证券市场罪是证券犯罪体系中的核心犯罪类型,从形式上看,《刑法》第182条"兜底条款"的模糊性与罪刑法定原则所要求的明确性存在不一致,但是"兜底条款"的规定本身并不违反罪刑法定原则,国内外关于操纵证券市场罪的立法均有兜底条款的规定。一方面,"兜底条款"的立法本身,可以实现法条内涵范围的最大化,并可以通过这种有效提升刑法规范张力的方式强化社会保护;另一方面,刑法明示的操纵证券期货市场犯罪类型逐渐演变为相对"多样"的行为模式,"兜底条款"司法适用的必要性与重要性随之提升。[1] 刑法"兜底条款"的认定,必须通过与同一条文明确规定的行为类型进行比照,确定其具有相同或者类似的价值。[2]《刑法》第182条以列举的方式规定了操纵证券市场罪的3种行为方式,在同一犯罪构成中,列举性规定所描述的行为和可涵摄于兜底条款中的行为具有同质性,依据列举性规定可以推断兜底条款的大致含义,并预测行为的法律效果。[3] 然而目前《刑法》第182条规定的3种操纵证券市场的行为属于"交易型"操纵行为,排除了非交易性操纵行为,认定操纵

---

[1] 参见刘宪权《操纵证券、期货市场罪的"兜底条款"解释规则的建构与应用——抢帽子交易刑法属性辩证》,《中外法学》2013年第6期。
[2] 参见何荣功《刑法"兜底条款"的适用与"抢帽子交易"》,《法学》2011年第6期。
[3] 参见张建军《论刑法中兜底条款的明确性》,《法律科学》2014年第2期。

证券市场行为的范围小于证券业相关规定。基于法秩序统一性的考察，依据缓和的违法一元论，刑法规制的操纵证券市场行为的范围应当依赖于前置法的规定。我国1997年《刑法》第182条规定之初就并未采纳前置法1993年、1996年相关规定的6种或9种操纵证券交易价格行为的规定，导致随后刑事立法出台倒逼证券法做出相应调整，同《刑法》第182条规定的操纵证券交易价格行为方式趋于一致，即3种列举+兜底条款，使得前置法规定的3种以外的操纵证券交易价格行为能否被《刑法》第182条规制成为疑问，同时，实践证明，3种列举+兜底条款的立法内容无法满足司法实际，如今兜底条款的功能恰恰在3种交易型操纵行为以外的操纵行为中得以适用，形似弥补彼时的立法缺陷，实则削弱了罪刑法定原则的权威。

赋予兜底条款相对明确的规制范围，实际上就是解决刑法与前置法的立法衔接问题，需要对《刑法》第182条的条文表述做出修改。可以效仿德国立法，授权前置法规定《刑法》第182条操纵证券市场行为的具体内容，将《刑法》第182条第1款修改为"有下列情形之一，'违反证券法规'操纵证券、期货市场……的"，将第4项兜底条款"以其他方法操纵证券市场的（行为）"修改为"其他法律法规规定的操纵证券市场的（行为）"。由此，《刑法》第182条兜底条款的内容包括2007年中国证券监督管理委员会发布的《证券市场操纵行为认定指引（试行）》中的其他证券市场操纵行为，即包括蛊惑交易操纵、"抢帽子"交易操纵、虚假申报操纵、特定时间的价格或价值操纵、尾市交易操纵5种操纵行为，以及中国证监会认定的"其他"操纵证券市场的行为，包括行为型交易、信息型交易、虚假申报交易等行为。① 此外，需要明确的是，《刑法》第182条规制的操纵证券市场行为的内涵是事实层面的判断，至于是否构成犯罪，刑法

---

① 行为型交易，指以洽谈或者签订股权转让协议、资产重组协议等方式，影响证券交易价格或者交易量，卖出相关证券；信息型交易，不同于老庄式连续交易，无须连续和联合。上市公司及其董事、监事、高级管理人员、实际控制人、控股股东或者其他关联人员通过控制本公司信息披露影响证券市场价格或者交易量，买入或者卖出相关证券；虚假申报交易，指以虚假申报等方式影响证券、期货市场交易价格或者交易量，买入或者卖出相关证券、期货合约。参见最高人民法院刑二庭法官刘晓虎《证券期货犯罪疑难问题解读》，2017年方正证券讲课稿。

学研究行为人的行为是否符合犯罪的构成要件,而并不以其他部门法上的责任分担与法律效果为判断前提,两者不能相混淆。

### (三) 空白刑法立法模式的提倡——以空白罪状的形式表述操纵证券市场罪

空白罪状是大多数国家普遍采用的有关经济犯罪规定的立法技术手段。作为一种违反市场规则的行为,操纵证券市场罪中所涉及的市场规则往往首先以非刑事法律规范的形式表现出来,由于这些法律规范会随着市场经济的变化及国家经济政策的变化而发生改变,违反市场规则的具体行为的客观方式也会随之发生改变,操纵证券市场罪具体构成要件的客观内容也就必须进行相应的修改。从上文《刑法》第182条的立法变动轨迹中可以看出,正是受制于当前叙明罪状的表述方式,一些新兴的手段不断丰富的操纵证券市场行为能否纳入本罪的规制范围存在争议,即使纳入也只能通过兜底条款的适用来加以"解决",而对该争议问题无法根治。此外,立法滞后性的先天顽疾在经济犯罪中体现得尤为严重,可以通过"空白罪状"的"药方"对症下药加以解决,这也是本文在研究《刑法》颁行20年来《刑法》第182条的立法问题过程中,所设想的解决立法问题的最终之道。在犯罪构成上,空白罪状的立法模式使得操纵证券市场客观方面的认定需要其他法律法规来补充,这种对行为方式的补充认定能够弥补现有立法的僵化与不足。实际上,在单轨制刑事立法模式的我国,由于缺少事实上的附属刑法规范,空白罪状的立法技术已被大量运用于经济犯罪的立法中,本文认为《刑法》第182条操纵证券市场罪乃至整个经济犯罪立法都应当采用空白刑法的立法模式。接下来,当我们为确定具体操纵证券市场罪的构成要件进行补充和解释时,对这些客观行为方式的补充就是对操纵证券市场罪行为的界定。操纵证券市场罪条文中需要运用其他法律的内容进行补充的空白部分,属于对操纵证券市场行为的描述。由于对这些客观行为方式的描述都存在于相应的其他非刑事法律规范中,由于这种法律规范通常数量庞杂,对操纵证券市场罪行为客观方式的确定就取决于选择哪些非刑事法律规范来补充空白罪状。基于市场经济的客观需要和刑罚处罚经济行为的正当性要求,对操纵证券市场罪空白罪状部分进行补充解释时，必须以全国人大及其常委会制定的法律和国务院制定的行政法规为依据，避免以地方性法规、行政规章来补充和解释空白罪状。

## 五 结语

资本市场金融创新客观上促成了操纵市场违法犯罪行为的"创新"，在后金融危机时代法律制度发生深刻的变革，我国刑事立法与司法实践持续面对证券犯罪的挑战。近年来，我国发生的操纵案有：中科创业操纵案、亿安科技操纵案、德隆操纵案、广东中恒信操纵案、汪建中"抢帽子"操纵案、唐建平操纵案等等。2007～2009年总趋势是逐年增加，2010～2012年明显回落，2013年又呈爆发式增长。2007年老庄股操纵占全国发生操纵证券案件数的70%，截至目前该种操纵方式逐渐绝迹；2008年虚假申报操纵占50%；2009年"抢帽子"交易占50%；2010～2012年高发类型为新型连续交易，分别为63%、83%、43%。对于证券市场的规范、证券市场操纵行为的规制需要部门法之间的协调衔接。

可以看到，在认真总结2015年股市异常波动的经验教训基础上，2017年证券法修订草案在制定和修改过程中，增加了证监会依法监测并防范、处置证券市场系统性风险的原则性规定，同时加大了对证券违法行为的处罚力度，扩大了操纵市场行为范围，提高了罚款数额，更加完善了处罚规则，是不断完善规范证券市场的有利信号，与之相对应，刑事立法与证券法的衔接亟待提上日程。

（西北政法大学刑事法学院讲师　郭研；中国社会科学院法学研究所博士后　时方）

## 第四节 食品安全犯罪严格责任制度的立法考量

我国食品安全犯罪的形势十分严峻，它已经成为一个严重危及民生权益、阻碍经济发展的重大问题。此种态势下，现行刑法在应对日益猖獗的食品安全犯罪时却显得力所不逮，难以充分发挥刑法机能，由此也暴露出食品安全犯罪中严格责任制度的缺位造成的司法实践追究刑事责任的障碍。尽管严格责任的确立在我国刑法学界还存在较大争论，但它在食品安全的保护上确实能够彰显传统罪责制度所无法比拟的优势。鉴于此，本文拟就在食品安全犯罪中引入严格责任的立法问题展开探讨，以期裨益于我国食品安全的刑法保护。

### 一 严格责任之理论阐释

严格责任（Strict Liability）是英美刑法中一项具有"理论魅力和特色的制度"[①]，它主要涉及公益性犯罪与一些传统的非公益性犯罪。其产生的历史背景和现实原因正如有论者所述说："19世纪末20世纪初，随着英美国家工商业的发展，危害公共健康及社会安全与社会福利的现象急剧增多，出现了一些对公众有极大危害而犯罪意图又难以证明的犯罪，对这类犯罪行为，如果起诉方按照传统的刑法原则去证明主观罪过，那么就很难进行起诉和定罪，既容易放纵行为人，也不利于保护公共利益。针对这种情况，英美法系国家在刑事立法和司法判例中规定了严格责任制度。"[②] 可见，严格责任制度的创设是基于功利主义的价值立场，它注重控制社会风险和保护公众利益，强调行为人的注意义务与控制能力，是"英美实用主义和实用哲学思想的集中体现"[③]。这意味着以个人法益为中心的法益体系受到了现实的极大冲击。同时，严格责任犯罪与根据报应、威慑、矫正理念建立起来的传统犯罪概念有着明显的区别，由此表征刑事责任的根据发

---

① 李瑞生：《论英美刑法之绝对严格责任》，《济南大学学报》2006年第6期。
② 臧冬斌：《食品安全法律控制研究》，科学出版社，2013。
③ 胡鹰：《过失犯罪研究》，中国政法大学出版社，1995。

生了结构性的嬗变。然而,国内刑法理论界对严格责任的界定并不一致,其中有学者认为,严格责任也可以称为绝对责任(Absolute Liability),它是指法律对某些没有规定犯罪心态即许可对缺乏(无须控方证明)犯罪心态的行为追究刑事责任[1];也有学者认为:"所谓严格责任就是指一种不问主观过错的刑事责任,即对某些犯罪的构成不要求一般犯罪构成的主观要件,只要行为人的行为符合法律规定,或者导致了法律规定的某种结果,就可以对其进行起诉或定罪处罚。"[2] 另有学者认为:"严格责任是指对缺乏主观罪过或主观罪过不明确的特殊侵害行为追究刑事责任的刑法制度。"[3] 还有学者认为:"刑法中的严格责任是指在行为人主观罪过具体形式不明确时,仍然对其危害社会并触犯刑律的行为追究刑事责任的制度。"[4] 我们认为,上述定义之所以会产生认识上的较大分歧,在很大程度上是缘于对严格责任与绝对责任的混淆。从举证分配的方式来看,严格责任与绝对责任均是异于传统罪责证明方式的刑事归责制度,它们都是犯罪构成要件要素的例外组合,只不过两者的最大区别在于对犯意要求程度的不同。对此,已有学者明确指出:"严格责任并不要求检察官证明被告的犯意,但允许被告证明自己'主观上不存在过错'作为其辩护理由;相反,犯意的存在与否,不仅检察官无须证明,而且被告也不能据此作为其辩护理由,只要检察官证明被告实施了某种犯罪行为,被告便可被定罪的,就是绝对责任。"[5] 换言之,严格责任是要求被告具有与其行为相关的主观罪过的,只是该罪过的证明责任转移给了被告,从而免除了起诉方的举证责任;绝对责任则不要求被告是否具有与其行为相关的主观罪过,同时也不允许被告以自己不具有主观罪过为理由进行辩护,起诉方只需证明被告实施了法律所禁止的行为或者其行为造成了法定的危害结果,就可以追究被告的刑事责任。在加拿大刑法中,严格责任与绝对责任是被严格区分的,在严格责任适用的情况下,允许被告证明自己在主观上不存在过

---

[1] 储槐植、江溯:《美国刑法》,北京大学出版社,2012。
[2] 刘仁文:《刑法中的严格责任研究》,《比较法研究》2001年第1期。
[3] 张文:《刑事责任要义》,北京大学出版社,1997。
[4] 李文燕、邓子滨:《论我国刑法中的严格责任》,《中国法学》1999年第5期。
[5] 骆梅芬:《英美法系刑事法律中严格责任与绝对责任之辨析》,《中山大学学报》(社会科学版)1999年第5期。

失,并进而免责;而在绝对责任适用的情况下,无论被告是否证明自己主观上不存在过失,都不能免责,除非被告证明自己是精神病,或者其行为是紧急避险等。① 从这一角度来看,严格责任与绝对责任也就是英美刑法理论中所讲的相对严格责任与绝对严格责任,亦称为程序的严格责任与实体的严格责任。将严格责任与绝对责任相区分的意义在于,"在严格责任犯罪中,虽然控方不必证明被告方的犯罪心理,但允许被告提出辩护理由来免责,这一折衷的做法既能防卫社会,又可以保障被告方的权益"②。所以,我们认为,刑法严格责任是指在某些特殊领域的犯罪中,刑事立法不要求检察机关证明被告人具有与其行为相关的主观罪过,只要证明被告人实施了某种法律所禁止的行为或者其行为造成了某种法定的危害结果,而被告人又不能证明自己不具有主观罪过,包括已尽到了应有的注意义务,即可追究被告人的刑事责任的责任形态。这表明,严格责任中的"严格"程度仅仅是相对而言的,它并非不要求行为人主观上具有某种罪过形式,只是立足于假定罪过基础之上,这是一种过错推定,在本质上仍属于过错责任的范畴。

前已述及,严格责任主要适用于公益性犯罪与一些传统的非公益性犯罪,其中又以前者居多。公益性犯罪,又可称为公共福利犯罪,主要是指"那些违反公共福利管理法规,给社会带来高度危险的行为"③。在公益性犯罪领域中,由于这类行为针对的对象是不特定或多数人,社会危害程度相当严重,而行为人又大都拥有专业性知识与技能,其中涉及很多商业秘密,其主观过错的证明非常困难。在这种情况下,如果依然实施传统的罪责追究模式,一味苛求证明主观过错,将会极大影响司法效率,最终可能无功而返。因此通过设置严格责任,转移举证责任的承担,能够使某些案件得到及时解决,"这一点非常重要,因为诉讼的及时性原则是世界公认的'司法最低限度标准'之一,'迟来的正义是非正义'这一法律谚语已被无数司法实践所证实"④。一般来说,公益性犯罪包括以

---

① 苏敏华:《英美刑法严格责任考察》,《犯罪研究》2004年第1期。
② 苏敏华:《英美刑法严格责任考察》,《犯罪研究》2004年第1期。
③ 刘仁文:《刑法中的严格责任研究》,《比较法研究》2001年第1期。
④ 白雁:《对刑法中严格责任的理性思辨》,《郑州大学学报》(哲学社会科学版)2003年第6期。

下几种类型①：其一，危害食品安全的犯罪，如向公众销售掺假的食品；其二，违反酒类管理的犯罪，如向未成年人出售酒精饮料；其三，违反交通法规的犯罪，如危险驾驶；其四，属于普通法上的犯罪，如中伤性诽谤、亵渎性诽谤和某些公害行为；其五，被认为对公众安全有潜在危害的其他犯罪。

由于严格责任以罪过证明责任的重新分配为主要特征，所以被告人的公平性问题一直受到质疑，也就是说，严格责任运用举证责任倒置这一方式是否牺牲了原本就处于不利地位的被告人的诉讼利益。在刑事诉讼中，按照过错责任的一般归责方式，控方承担证明被告人有罪的责任，被告人不负有证明自己无罪的责任。就此而言，在严格责任中实施举证责任倒置，由被告人负证明自己无罪的责任，这对被告人来说是不公平的。但是，"当对被告利益的保护限制了公共利益的发展时，牺牲被告的利益被认为是合理的"②，而且在公益性犯罪中，加害人与受害人之间往往经济地位悬殊，双方在危机处理实力方面具有不对等性，受害人多为弱势的、缺乏规避能力的一般公众，因此，由制造公害后果的被告一方承担主观证明责任具有合理性。可以说，这是特定社会条件下，国家在个人利益与公共利益相冲突时所做的权衡，而严格责任正是倾向于公共利益的一种法律手段，它是公共政策的一种现实选择。"严格责任侧重社会防卫目的，关注一般公众利益的保护，体现了对社会安全价值的追求。"③ 可见，立法选择严格责任"与其说是因为对于侵犯公共福利这类犯罪使控方的举证存在障碍，毋宁说是因为社会存在这种需要"④。有学者也指出："严格责任的产生有其历史必然性及现实合理性，它是人类社会发展、生产社会化程度提高的结果。"⑤ 因此，应当充分肯定严格责任存在的价值性，特别是在风险

---

① 〔英〕鲁珀特·克罗斯、菲利普·A．琼斯：《英国刑法导论》，赵秉志等译，中国人民大学出版社，1991。
② 刘仁文：《刑法中的严格责任研究》，《比较法研究》2001年第1期。
③ 龙敏：《公害犯罪认定中严格责任适用之探析》，《内蒙古大学学报》（哲学社会科学版）2011年第3期。
④ 白雁：《对刑法中严格责任的理性思辨》，《郑州大学学报》（哲学社会科学版）2003年第6期。
⑤ 孙光骏：《论英美刑法中的严格责任》，《法商研究》1998年第1期。

社会的理论背景下，它是防范与化解现代科技危险的有效路径，有助于在公共福利领域对公众健康、安全的威胁和隐患实行严格管理，以维护公共利益，最大限度地满足公共安全的政策需求。

## 二 严格责任引入之正当理由

近年来，我国食品安全事故频频发生，从山西假酒到阜阳劣质奶粉，从金华毒火腿到"三鹿奶粉"，从双汇瘦肉精到台湾食品"塑化剂"，这些重大事件反映出我国食品安全问题不再是易于控制的食品卫生、质量等问题，而是呈现新的风险特征，即不易觉察、隐蔽性高，人为不确定因素增加，因果关系极其复杂，波及范围特别广以及影响人数众多等。基于此，作为食品安全保护的最后一道防线的刑法必须做出及时应对，以减少、限制食品安全所面临的各种人为危险，而将严格责任引入食品安全犯罪中是适应风险社会发展的客观需要的。此外，现代社会的食品安全犯罪已经完全超出最初意义上的"伪劣商品"范畴，它更主要地侵害了不特定或多数人的健康权利与生命安全，危害了公共安全甚至是国家安全，这是一种典型的公益性犯罪。

能否在食品安全犯罪中引入严格责任，除了考虑现实诉求的合理性之外，还要进一步考察我国现行刑事法律中是否具备严格责任适用的制度基础。如果存在适用的条件，就可以直接在食品安全相关犯罪中设置严格责任，如若不然，则需对刑法原则进行必要的调整。关于严格责任是否被我国刑法所涵盖，刑法学界一直有争议。反对的主要观点认为："严格责任作为一项法律制度，它是英美法系特有的，大陆法系的犯罪构成理论原则上排斥严格责任。"① 赞同的主要观点则认为："在我国现行刑事立法和刑事司法中，其实已经存在严格责任，有的甚至是绝对的严格责任（如巨额财产来源不明罪和结果加重犯的情形）。"② 在我们看来，探讨我国刑法中是否存在严格责任，不可泛泛而谈，不能因法系血统的差异而予以简单否定，也不能仅以法律条款的形式规定而作为立论

---

① 储槐植：《美国刑法》（第2版），北京大学出版社，1996。
② 刘仁文：《刑法中的严格责任研究》，《比较法研究》2001年第1期。

依据，揭示这一问题的关键在于明确严格责任是否契合我国刑事法律的基本原则。

我国《刑法》第16条规定："行为在客观上虽然造成了损害结果，但是不是出于故意或者过失，而是由于不能抗拒或者不能预见的原因所引起的，不是犯罪。"该条被认为是我国刑法所奉行的主客观相统一原则的立法依据。事实上，刑法主客观相统一原则是以犯罪构成要件的主客观统一为基础拓展的，它强调定罪过程中客观要件与主观要件同时具备，这是认定犯罪成立所应遵循的一种基本原则。在此，刑事违法性的判断是"主观方面的罪过和客观方面的行为的有机统一"[①]。此外，《刑法》总则第14条、第15条规定的故意与过失的概念也都说明了只有在一定的罪过心理态度支配下实施的行为才可能构成犯罪。可以说，主客观相统一原则"贯穿于我国刑事法制的始终，对刑法立法、司法和解释都起到了根本性的指导作用，其理论与实践价值不言自明"[②]。如前所述，严格责任的适用仍然必须关注行为人主观上的故意或过失，尽管这里的故意或过失的罪过形式是立法一开始推定的，但被告人可以提出有力的证据来否认主观过错的存在，从而免除承担刑事责任。也就是说，严格责任并不是不考虑行为人的主观罪过，只是主观罪过的证明方法与证明主体不同于传统的证明方式，它弥补了过错责任在公益性犯罪归责方面的不足。在此意义上，严格责任不是所谓的客观归罪与结果责任，它与主客观相统一原则不存在实质性冲突，能够被我国刑法所接纳。

我国《刑事诉讼法》第12条规定："未经人民法院依法判决，对任何人都不得确定有罪。"这项规定体现了我国刑事诉讼中的无罪推定原则，它是"衡量刑事诉讼制度民主和文明的一项重要标准，遵循这一原则已经成为现代法治国家的理性选择"[③]。那么，严格责任中的罪过推定方式是否违反了无罪推定原则呢？对此，有论者认为："严格责任不仅与无罪推定的基本刑事诉讼原则相冲突，同时违背了刑事诉讼法的基本任务，使其代

---

① 聂立泽：《主客观相统一原则地位论要》，《法学家》2004年第3期。
② 聂立泽：《主客观相统一原则地位论要》，《法学家》2004年第3期。
③ 陈光中、张佳华、肖沛权：《论无罪推定原则及其在中国的适用》，《法学杂志》2013年第10期。

替实现了刑法的功能。"① 我们认为，无罪推定的运作是刑事程序层面的问题，严格责任的适用是刑事实体层面的问题，前者是一种规范评价，而后者是一种事实评价，两者性质不一，互不排斥，不存在非此即彼的紧张关系。在刑事实体上，无论是立法还是司法实践中都不禁止有罪推定，正如巨额财产来源不明罪就是有罪推定的立法例，当然，这并不意味着在程序层面最终被确定为有罪。在严格责任适用的情况下，被告人也必须经由人民法院的法定审判程序，才能被科处刑罚，否则就不能将其定罪，所以这与无罪推定原则并不矛盾，能够被我国刑事诉讼法所容许。

直接涉及食品安全犯罪的罪名集中于我国《刑法》分则第三章即破坏社会主义市场经济秩序罪，它们是生产、销售不符合安全标准的食品罪与生产、销售有毒、有害食品罪。尽管两罪的犯罪形态不同，但两者的主观罪过形式均为故意。故意这一实体由认识因素与意志因素构成，认识因素是意志因素的前提，它表现为对行为发生危害社会的结果或行为的危险性质的一种明知，在目前的司法解释中，往往把明知解释为知道或者应当知道。通常认为，行为人对其所生产或销售的食品不符合食品安全标准的或为有毒、有害的状况应当是明知的，这里所说的明知既包括确定的明知，也包括推定的明知。在销售型的食品安全犯罪中，对食品明知的认定尽管可以从进货渠道、交易手续是否正当，有无质量合格标记、标签、包装说明，成交价格是否合理，交接方式、方法、时间、地点是否正确等方面进行判断，但是这种方法并不总是有效的，基础事实与推定结论之间很可能不具有高度的相关性，由此所得出的结论未必可靠，因此很难确定行为人是否明知其所销售食品的状况。在生产型的食品安全犯罪中，大多数情况下，行为人对其所生产的食品不符合食品安全标准或为有毒、有害的状况不可能不明知，但也不排除一些特殊情况的出现。例如，生产者在生产食品的时候，不可避免地要使用一些从他处购进的添加剂、食品辅料等，而一旦这些原材料、辅料的质量存在瑕疵，很可能导致其生产的食品不符合食品安全标准或有毒、有害。② 在这种情况下，查明生产者对外在食品物

---

① 武小凤：《对我国刑法中严格责任立法现状及未来的比较分析》，《法学家》2005年第3期。
② 臧冬斌：《食品安全法律控制研究》，科学出版社，2013。

质成分的主观心理状态极为困难。鉴于此，在食品安全犯罪的明知的判断上引入严格责任非常有必要，将对食品状况的明知作为一种先决条件而予以立法规定，由行为人承担食品安全标准的证明责任，有利于提高注意义务，增强社会责任心，它是"把预防的责任和后果强加于潜在的犯罪人，从而使犯罪预防更有效率"。[1]

## 三 严格责任引入之制度设计

严格责任是一种特殊的罪过归责制度，它犹如一把双刃剑，若用之不当，很可能造成对该制度滥用的不利后果，因此，必须对严格责任的适用加以限制，以保障严格责任价值功能的正常发挥。

严格责任"在罪名上，只能是适用于少数对社会公共利益危害非常大且主观方面的证明又非常困难的犯罪，对这类犯罪用行政制裁和民事制裁已经不足以起到震慑的作用，而传统的刑事诉讼方式又将因控诉方难以有力证明行为人的主观过错，使司法效率和打击力度受到极大影响"[2]。就此而言，适用严格责任的罪名应该在刑法分则中进行科学分析与具体考量，而且这类罪名不宜过多，否则极容易使刑法成为一部"公益之法"，这势必会大大削弱人们创造社会财富的积极性，影响社会的整体发展与进步。从我国《食品安全法》与《刑法》的相关规定以及司法实践来看，与食品安全犯罪相关联的罪名可以分为三类：一是基本犯罪，如生产、销售不符合安全标准的食品罪，生产、销售有毒、有害食品罪，食品监管渎职罪；二是经营类犯罪，如非法经营罪，虚假广告罪，损害商业信誉、商品声誉罪；三是渎职类犯罪，如提供虚假证明文件罪，放纵制售伪劣商品犯罪行为罪，徇私舞弊不移交刑事案件罪。在以上三类罪名中，并非所列犯罪均可设置严格责任，只有生产、销售不符合安全标准的食品罪与生产、销售有毒、有害食品罪完全符合严格责任的适用条件，即生产者或经营者（包括公司、企业或者其他组织）制售不安全食品的活动严重威胁或损害了不

---

[1] 骆梅芬：《效率与公平——严格责任在刑法领域运用中所体现的两种不同价值》，《现代法学》1999年第8期。
[2] 刘仁文：《严格责任论》，中国政法大学出版社，2000。

特定或多数人的健康权利与生命安全，公害性质十分明显。另外，生产者或经营者往往拥有食品制售全过程的排他性的专业知识，而普通公众乃至公诉人员一般难以认识与掌握，故这两种犯罪具有"极大的隐蔽性、抗法性、危害性以及司法机关进行追诉的高成本性"①。从某种程度上讲，"某一罪行对公众的危害越大，适用严格责任的可能性也就越大"。② 对于经营类罪名与渎职类罪名而言，它们是食品安全基本犯罪的衍生犯罪，其不仅可以适用于食品安全犯罪领域，还可以适用于其他法益侵害领域，因而无法说明食品安全犯罪的本质属性，也就不能将严格责任适用于此。在立法上，将严格责任明确定位于生产、销售不符合安全标准的食品罪与生产、销售有毒、有害食品罪，不仅能够限制严格责任的适用范围，防止任意对其进行扩张解释，还可以督促食品生产者或经营者在制售食品过程中提高注意力并谨慎行事，这是罪刑法定原则的应有之义。

在严格责任适用的情况下，行为人主观方面的罪过毕竟只是推定的，考虑到刑事惩罚的严厉性，严格责任的条款一般只限于轻罪（或违警罪）范围。③ 也就是说，当某种犯罪的相应法定刑过于严厉时，一般不予以实施严格责任，这是因为严格责任的设定使行为入罪要件得以减少，虽然在一定程度上减轻了控诉方的负担，但对行为人非常不利，倘若再施以过重的刑罚，难免有失公允，所以它一般应适用于刑罚较轻之罪。可以说，"在其他情形相同的情况下，刑罚越重，就越表明有过错要求；反之，刑罚越轻，就越表明立法者打算施加严格责任"④。有学者指出："由于严格责任过于严厉，因此为求'平衡'，在刑罚的选用上倾向于选择处罚较轻的罚金和刑期较短的监禁。"在英美等国家，对应严格责任的刑罚是相对较轻的，一般是以罚金刑为主，辅之以轻微的监禁刑。我国《刑法》第143条规定，生产、销售不符合食品安全标准的食品的，最高刑可处以无期徒刑，最低刑可处以拘役且并处罚金；《刑法》第144条规定，生产、销售有毒、有害食品的，最高刑可处以死刑，最低刑可处以6个月有期徒

---

① 陈航：《公害犯罪若干问题研究》，《甘肃政法学院学报》2001年第12期。
② 刘仁文：《刑法中的严格责任研究》，《比较法研究》2001年第1期。
③ 储槐植：《美国刑法》（第2版），北京大学出版社，1996。
④ 刘仁文：《刑法中的严格责任研究》，《比较法研究》2001年第1期。

刑且并处罚金。我们认为，在《刑法》第143条与第144条中引入严格责任并不意味着在任何情形下都能适用严格责任，必须要考虑其适用范围，以此来缓解严格责任的严厉性，即应该在处以3年以下有期徒刑、拘役或罚金的轻刑幅度内适用严格责任来认定行为人的主观罪过。当行为人制售不符合安全标准的或有毒、有害的食品的行为造成被害人实害的结果或者有其他严重情节时，法定刑在3年有期徒刑以上，而具备特别严重的实害结果或情节的甚至可处以死刑，可见，这一幅度内的刑罚力度不可谓不重，而此种情形下再适用严格责任就显得不合适，有违刑法的公平正义。

在食品安全犯罪中，引入严格责任是为了更好地保护消费者的生命、健康权利，但过于关注这一点，很可能对食品生产者或经营者的合法权益造成不当侵害。所以，在适用严格责任时必须强调的是，如果行为人能够证明其行为不存在成立犯罪所要求的主观罪过，就应当阻却行为人的刑事责任，换言之，应该赋予被告人以抗辩的权利，允许他提出主观罪过的辩护理由，从而反驳对罪过的假定，尽可能保护其合法权益。"这样一来，就使不公正的程度有所减轻"[1]，由此在社会防卫与人权保障之间寻找到一个平衡点，保证两者功能实现的最大化。关于主观罪过的辩护理由，"英国等国家不仅在法条设置上有的明文规定了辩护理由，而且还在司法实践中逐渐发展起来'善意辩护'这样一条折中路线"[2]。其中，法定辩护理由包括"无过失的辩护理由"与"第三者的辩护理由"两种，前者是针对被告人自身的主观心理，后者则是针对被告人以外的第三人的主观心理；善意辩护是法定辩护理由在司法实践中的进一步运用，即"在控方以严格责任起诉某一犯罪时，允许被告以合理而诚实的理由证明他没有主观过错，若他能说服陪审团或法官，则免罪，它开辟了主观过错的第三条渠道，把严格责任与刑罚的可责性原则调和到一起"[3]。在考虑我国的立法传统与法律文化的基础上，应该有选择地借鉴英国等国家的立法经验，从而合理设置严格责任中的罪过辩护事项。因此，我们认为，在食品安全犯罪中，如

---

[1] 〔英〕鲁珀特·克罗斯、菲利普·A．琼斯：《英国刑法导论》，赵秉志等译，中国人民大学出版社，1991。
[2] 刘仁文：《刑法中的严格责任研究》，《比较法研究》2001年第1期。
[3] 刘仁文：《刑法中的严格责任研究》，《比较法研究》2001年第1期。

果生产者或经营者能够证明其制售问题食品的行为是由认识错误、意外事件或者不可抗力的原因所导致的,并且行为人事前已尽到了合理的注意义务及事后也采取了必要的排除危害结果的措施,那么他就能以此来作为免责的理由。此外,第三者过错也是一个重要的辩护理由,根据罪责自负原则,行为人无需对他人的过错行为承担责任。故此,被告人不仅要证明自己对食品制售行为或食品安全危害结果的发生不具有过错,还要证明食品安全危害结果是由第三者的过错引起的,如果这一主张成立,则被告人可以免责,而第三者将被追究刑事责任。值得注意的是,基于被告一方在严格责任诉讼中的明显不利地位,被告所提出的反证证据的证明标准应该低于控诉方证据的证明标准,即"只要被告人提出的合法证据相对于控诉方的指控更占优势,足以说服法官确信他主张主观无过错的辩护理由存在,而控诉方又不足以进一步提供'不容置疑证据'进行反驳时,则就应认定被告人的主张成立,不能判定其有罪"[①]。

(青岛大学法学院讲师 逄晓枫)

---

① 刘慧慧:《公害犯罪适用严格责任研究》,烟台大学 2013 年硕士学位论文。

## 第五节 我国海上交通犯罪的立法不足与对策

1979年刑法颁布时我国水上运输（特别是海上运输）并不发达，与空运业务过失犯罪和铁运业务过失犯罪一样，海运业务过失犯罪也没有引起立法的重视，陆海空铁运输业务过失犯罪统一适用一个罪名"交通肇事罪"。1997年刑法修订时我国的海运刚刚发展起来，新增加的几百个罪名中没有一个是专门针对海上交通犯罪而设置的，相比航空运输与铁路运输独立出来的"重大飞行事故罪"和"铁路运营安全事故罪"，海上交通犯罪的刑事立法已经严重滞后。宁波舟山港的货物吞吐量世界第一[①]，截至2016年底，中国的注册船员数量世界第一[②]，可以推断我国海域船舶交通事故以及我国船员的业务过失风险也会是世界第一。2012~2016年全国共发生水上交通事故9018件，其中船舶碰撞6028件、搁浅422件、触礁245件。其中发生致1人以上死亡事故1199件，死亡失踪1214人。[③] 事故共导致626艘沉船，合计直接经济损失就达16.99亿元，平均每艘沉船造成的经济损失为271万元，远远超过单个车辆肇事的直接经济损失。据不完全统计，在2012~2016年真正得到刑事追诉的海上交通违法涉罪案件只有45件，这些案件大多来自经济发达的上海、浙江、广东和山东沿海，其他地区的违法涉罪案件在移送至刑事司法机关的过程中遇到的阻力更大一些。2017年7月6日宁波海事法院得到最高人民法院的授权，尝试（目前我国其他9个海事法院尚没有刑事审判权）审理了第一起海上交通肇事案件，笔者旁听过程中发现了一些司法认定问题，亟待从理论、立法和司法

---

① 新华社宁波7月12日电：2017年上半年宁波舟山港货物吞吐量达5.15亿吨，全球第一大港地位更加稳固；宁波舟山港强化与各大轮船公司合作，不断加强与"21世纪海上丝绸之路"沿线国家的互联互通，集装箱吞吐量完成1238.6万标准箱，同比增长14.6%，港海铁联运完成18.2万标准箱以上，同比增长82.2%。消息见http://news.xinhuanet.com/2017-07/12/c_1121308744.htm，2017年7月29日访问。

② 《2016年中国船员发展报告》（白皮书）公布：截至2016年12月31日，我国共有注册船员1392751人，其中海船船员672961人，内河船舶船员719790人，我国船员队伍在规模上总体满足航运发展的要求。

③ 上述案件有一部分是案发于海上的，也有一部分是案发于内河的。

## 一  海上交通犯罪的立法概况

海上交通犯罪这一概念在国内刑法文献中比较少见,为了便于研究,需要大致厘清相关的概念。

### (一) 海上交通犯罪及其相关概念界定

在海事行业中"海上交通犯罪"与"水上交通犯罪"经常通用,实际上两个概念是不同的。在外延上,"海上交通犯罪"是"海上犯罪"的一部分,"海上交通犯罪"是与船舶上生产作业和运输密切相关的犯罪,而"海上犯罪"泛指发生在海域的一切犯罪,后者的外延大于前者。"海上犯罪也分为狭义和广义两种,狭义的海上犯罪是指发生在领海、毗连区、专属经济区和与海相通的可航水域的刑事犯罪;广义上的海上犯罪,是指除上述水域的犯罪之外还包括发生在不可航的内湖、内河等水域的刑事犯罪。"[①] 由此,从水域划分的角度看,海上交通犯罪也是案发于水上的犯罪,也有称之为"水上交通犯罪"的,只不过是狭义的"水上交通犯罪",广义的水上交通犯罪,还包括在内陆可通航水域中船舶发生的交通犯罪。在某些文献中,两个概念时常不作区分。日本学者有将之称为"海上交通犯罪"[②] 的。本文取狭义的水上交通犯罪作为研究对象,不涉及内河、湖泊等水域的犯罪问题。

海上交通犯罪主要表现为"海事行政犯",即由于违反船舶运输安全规范进而导致的犯罪。例如由于违章驾驶导致船舶碰撞、触礁和搁浅、船舶倾覆和翻沉,由于船舶溢油海洋污染,由于船上生产作业操作不当导致火灾、爆炸等事故,造成人员伤亡、财产损失等。也有个别行为触犯的是治安法规,如故意驾驶船舶撞击他船、故意放火烧毁船只等。

除了海上犯罪的概念之外,我国台湾学者也使用"海事犯罪"和"海事刑法"概念,主张"将规范有关妨害海域国境管理制度且危害社会行为

---

① 赵微:《海上刑法在"海法"体系中的理论定位与实践价值》,《中国社会科学报》2010年9月7日。
② 参见贾斐克则《海上交通犯罪研究》(海事刑法研究第1卷),成文堂株式会社,2001。

的刑事法规,归纳为海事刑法,作为研究领域,算是新的尝试"。① 与此不同,我国海事行业理解的海事刑法是指与船舶生产作业和运输有关的刑法规范,既包括海事执法部门行政执法中发现的犯罪,也包括渔政执法中发现的犯罪。当然,这些概念至今没有定论,还需要进一步梳理。

### (二) 海上交通犯罪在国内刑法中基本处于空白

我国海上刑法体系包括国内法和国际法、实体法和程序法、行政法与刑事法等多个层面。严格讲,目前我国海上刑法的条款过于单薄,不能应付现有的海上犯罪。海上交通犯罪的主要表现是船舶交通肇事,目前适用《刑法》第133条交通肇事的条款定罪处罚并不妥当。海上交通犯罪不同于陆地车辆交通犯罪,由于船舶运输具有较强的风险性和涉外性、船舶驾驶具有较高的技术性与协作性,因而海上交通犯罪的因果关系判断与法律适用既要依据国内法的规定,也要考虑国际规则的要求。

目前我国对海上交通违法犯罪的治理能力相对较低,可用一句话加以概括:立法规范缺失、司法体制混乱、理论研究不足。2015年12月28日由最高人民法院通过的《最高人民法院关于审理发生在我国管辖海域相关案件若干问题的规定(一)》,重申了中华人民共和国管辖的海域是指内水、领海、毗连区、专属经济区、大陆架,以及中华人民共和国管辖的其他海域,并强调在上述海域"实施的非法猎捕、杀害珍贵濒危野生动物或者非法捕捞水产品等犯罪的,依照我国刑法追究刑事责任"。2016年5月9日最高人民法院通过了《最高人民法院关于审理发生在我国管辖海域相关案件若干问题的规定(二)》,特别强调"人民法院在审判执行工作中,发现违法行为,需要有关单位对其依法处理的,应及时向相关单位提出司法建议,必要时可以抄送该单位的上级机关或者主管部门。违法行为涉嫌犯罪的,依法移送刑事侦查部门处理"。上述连续出台的两个司法解释既表明了我国司法机关对海上犯罪的重视,同时也反映出我国海上司法的薄弱。法治建设这么多年,海上犯罪的管辖问题和司法移送问题至今没有得到解决。

---

① 参见周成瑜《海事刑法论》,学林文化出版社,2003,第1页。

我国1979年刑法中只有几个罪名涉及海事犯罪,第100条反革命破坏罪中包括"劫持船舰"的行为,第108条的破坏交通设施罪中包括"破坏桥梁、航道、灯塔"的行为,第110条的破坏交通工具罪中包括"破坏船舶"的行为,第113条的交通肇事罪中包括"船舶肇事",第129条的非法捕捞水产品罪(严格意义上讲这个罪名不是海上交通犯罪,本罪中的船舶只是犯罪的工具)。1997年刑法保留了"交通肇事罪",同时针对铁路和航空都设了专门的运输业务过失罪名——"铁路运营安全事故罪""重大飞行事故罪",唯有水上没有分化出独立的船舶交通犯罪的罪名。究其原因,长久以来海上运输行业一致认为海上生产作业风险非常大,船员职业极其辛苦,为稳定船员队伍,不宜追究船员的刑事责任。目前,对于水上交通事故涉罪案件,司法实务基本上都是援引"交通肇事罪"定罪处刑,也有个案认定为其他罪名,如故意杀人罪(间接)。由于"致人失踪"的后果没有明确的法律规定,海上交通事故的失踪现象比较常见,许多涉罪案件难以进入刑事司法程序。根据交通运输部2015年1月1日颁布施行的《水上交通事故统计办法》第6条规定,在事故等级的评价标准中,失踪和死亡被同等对待。① 但是在涉罪案件的认定中又把失踪人数排除出去,仅仅致人失踪的交通事故很少有进入刑事司法程序的。1992年最高人民法院在给四川省高级人民法院的《关于遇害者不明的水上交通肇事案件应如何适用法律问题的电话答复》中指出:"在水上交通肇事案件中,如有遇害者下落不明的,不能推定其已经死亡,而应根据被告人的行为造成被害人下落不明的案件事实,依照刑法定罪处刑,民事诉讼应另行提起,并经过宣告失踪人死亡程序后,根据法律和事实处理赔偿等民事纠纷。"我国刑法学界基本上不认同上述说法,坚持认为,原则上应当找到尸体才能认定为死亡,才能据此追究刑事责任。目前这一问题始终没能从立法或司法解释上得到解决。

再如,船舶危险驾驶的行为危害比较严重,特别是运输危险化学品的船只如果危险驾驶便直接危害到公共安全。但是我国刑法中的"危险驾驶

---

① 交通运输部的《水上交通事故统计办法》一贯把死亡与失踪人数合在一起进行统计,基本认定失踪等同于死亡。

罪"在立法上明确限定了案发场所和犯罪工具是"在道路上驾驶机动车追逐竞驶,情节恶劣的,或者在道路上醉酒驾驶机动车的……"在立法时没有考虑两艘游艇是否也会追逐竞驶,两台水上摩托艇是否也会在海边戏谑飙游。此外,目前酒后驾驶船舶的现象远远超过酒后驾车,因此而导致的船舶交通事故也不在少数。

在海事刑法的立法理念上,我们与日本等存在一定的差距,后者将涉海行政犯散落在海事行政法和海洋行政法中,比如船员法、渔业法、航运法,其中的罪状与罚则比我们的要细化得多。再看俄罗斯,我们也有很大不足。我国刑法中纯粹涉海的罪名只有两个:劫持船只罪(第122条)、非法捕捞水产品罪(第340条)。而俄罗斯刑法中除了设有"劫持航空器、船舶火车罪"(第211条),还特别强化对海洋资源及环境的保护,专门设置了"违反俄罗斯联邦大陆架与专属经济区法律罪"(第253条)、"非法捕获水生动植物罪"(第256条)、"破坏水生资源保护法罪"(第257条)、"非法捕获列入俄罗斯红皮书及国际条约保护的珍贵动物和水生物资源罪"(第258条之一),在交通领域设有"违反铁路、航空或水上交通运输安全或运行规则罪"(第263条)等涉海罪名,没有遗漏哪个领域的涉海犯罪。我国刑法修订20年来,虽然对海洋资源与环境的保护有了进步,对环境犯罪的入罪门槛进行了调整,由"重大环境污染事故罪"改为"污染环境罪",设置了"环境监管失职罪",但对水资源和环境的保护却远远不够,在环境类犯罪的立案标准上,基本没考虑水资源的污染和破坏情况,包括司法解释在内,大多仅仅立足于对森林和土壤的保护上。

(三)包括海上交通犯罪在内的海上犯罪的国际化程度过低

我国刑法在反腐和反恐上的国际化水平相比较高,但是海上犯罪的条款中基本没有国际规范转化过来的内容。我国已经加入了《联合国海洋法公约》《制止危及海上航行安全非法行为公约》《制止危及大陆架固定平台安全非法行为议定书》,依据相关国际公约的要求,条约参加国有义务将条约内容国内法典化。但是上述国际法律规范中涉及的"海盗罪""船长见危不救罪""暴力危及海上航行安全罪"等犯罪都在国内刑法典中没有找到痕迹。新中国成立后我们以苏联刑法为蓝本,目前俄罗斯联邦刑法几经修订早已提高了国际化与现代化水准,在1997年修订过的法典中就单独设立了"破坏人类和平与安全的犯罪"一编,尽管俄罗斯也没有加入《罗马规约》,但还是将《联合国海洋法公约》涉及的"污染海洋环境罪"(第252条)、"海盗罪"(第227条)、"船长见危不救罪"(第270条)列入国内刑法中。相比之下,我国刑法滞后性还是十分明显的。

## 二 我国海上交通犯罪的司法状况

海上交通犯罪大多是行政犯,案件的司法来源是海事局和海警局。本文暂不涉及行政权与司法权的博弈问题,仅就司法的现象进行分析。

### (一)有罪不诉案件大量存在

海上人身损害案件相比陆上缺少社会监督,行刑衔接中遗漏涉罪案件的情况大量存在。海事赔偿问题多年来主要依靠行业内部的行政调解和民事诉讼(我国设有10个海事法院,专门审理海事行政案件和商事案件),即使案件事实涉嫌刑事犯罪,也有一部分案件没有诉诸刑事司法机关。在船员及其家属的法律意识中,追究刑事责任似乎违背行业规矩,他们习惯于通过民间协商或民事诉讼解决纷争。由于小型航运公司近年来经济收入不佳(目前刚刚好转),航运公司为船员支付的人身保险费也大打折扣,当受害人的权益受到侵犯时,诉讼纠纷逐渐增多,个别当事人会考虑通过刑事诉讼解决问题。以上海为例,2014年收案23件,2015年26件,2016年46件,刑事案件上升趋势明显。其原因,一方面是船东主动赔偿的积极性减弱,矛盾激化而导致刑事诉讼;另一方面,国家层面越来越重视海上犯罪,当事人及其家属的维权意识也明显提高。船舶运载的人员较多,事故涉及的人数也多,重大事故发生后,往往有多名死亡船员家属同时来法院起诉,容易产生群体性事件,这类案件必须引起重视。

目前海上违法涉罪案件以罚代刑现象仍然存在,海事执法部门大多掌握的交通肇事立案标准是死亡3人以上,与2000年《关于审理交通肇事刑事案件具体应用法律若干问题的解释》(以下简称《解释》)相矛盾。海上执法部门对于船舶肇事逃逸的认定比较保守,肇事者明知自己肇事而逃逸的,时常会在逃逸后修补肇事船舶、修改航海日志、涂抹覆盖电子证据逃避法律追究，事后以船舶吨位巨大碰撞小型船只没感觉为借口使主观要件无法认定，宁波海事法院审理的全国第一起船舶肇事案件便存在这一问题。目前亟待解决的问题是：海上交通事故发生后造成几人死亡才能入罪，是依据《解释》，在负事故主要责任或全责的前提下，只要造成1人死亡便可立案追究刑事责任，还是提高立案标准（海事系统坚持提高立案标准）；对于"致人失踪"应当如何处理；无力赔偿30万元一定要立案吗；船舶肇事逃逸可否适用法律推定；等等。

（二）重罪轻判的现象时有发生

有些案件已经符合了交通肇事罪的加重的犯罪构成，但是司法实务中由于证据不足只能在刑罚幅度内降一档裁量刑罚。例如，本来属于交通肇事逃逸可在3年以上7年以下裁量刑罚的案件，因为证明逃逸的证据不足，只能认定为普通交通肇事案件，刑期在3年以下。再如，依据《解释》，交通肇事致2人以上死亡或者重伤5人以上，负事故主要责任或全责的，或者死亡6人以上，负事故同等责任的，应当在3年以上7年以下裁量刑罚。但是海上执法机关对这个危害后果基本不会移送案件，因为没有达到3人死亡的条件，后果不是主要责任（海事如何掌握这一条目前需要调研）。最后，依据《解释》，交通肇事造成3人以上人员死亡，负事故同等责任的，应当判处3年以下有期徒刑或者拘役。但是海上执法机关通常也不会移送案件，因为其中可能会有失踪的人数。总之，重罪轻判的问题一方面源自执法机关对案件事实的认定和案件司法移送标准的技术把握不准，另一方面也不排除执法者对肇事船员的情感倾斜。这两个问题如果不解决，海上刑事司法便难以实现公正。

（三）此罪与彼罪时常混乱

调研发现，进入司法机关的海上违法涉罪案件在定性上也会存在一定的问题。例如，渔民为了争抢捕鱼区域时常发生矛盾，严重者出现渔船结伙冲撞他船的报复行为。司法实践中，将渔船之间的故意挤撞案件定性为故意毁坏财物罪。我们认为，这类案件实际上涉嫌构成危害公共安全类犯罪，具体涉及"破坏交通工具罪"或"以危险方法危害公共安全罪"这两个罪名。危害公共安全罪的法定刑高于故意毁坏财物罪，起刑点就是3年有期徒刑。"破坏交通工具罪"或"以危险方法危害公共安全罪"与"故意毁坏财物罪"的区别在于后者没有危害公共安全，前两者危害了公共安全。因而，辨明这类案件的理论难点是如何理解危害公共安全罪中的"公共"这一概念。在危害公共安全类犯罪中，对"公共"安全的侵害就是指对"不特定"或者"多数人"的侵害。目标是一艘船，结果却可能造成船上船下多数人死亡，结果的不特定性决定了冲撞行为已经对公共安全造成了威胁。刑法通说认为，只要有"不特定"或"多数人"其中一个特征，便可认定为"公共安全"。多艘船舶冲撞一艘船舶的案件时常造成受害船舶翻沉，船上人员生命危在旦夕，自然属于危害公共安全的行为。

另外，单纯的侵犯财产安全是否属于侵害"公共安全"？对这一问题的回答需要掌握一个前提条件，即对公共安全的保护需要配合对人身权利的保护，即侵财行为必须危害到不特定或者多数人的生命或身体安全才能构成对公共安全的危害。例如，将空船撞翻，仅仅构成侵害财产类犯罪。将载客的船舶撞翻，必然危害公共安全，构成破坏交通工具罪。因为前者的对象是财物，而且不危及人身权利，所以属于故意毁坏财物罪。后者由于船上有船员或者乘客，必然危害公共安全，构成破坏交通工具罪。申言之，想侵犯财产但是造成人员伤亡的，也属于危害公共安全，涉嫌破坏交通工具罪。

### 三 海上交通犯罪入刑的理论困境

海上交通犯罪因海上运输的特殊性而在因果关系、责任主体范围、注意义务的认定上都存在一定的复杂性。

#### （一）事故的因果关系难以界分

与陆地车辆的驾驶原理不同，海上船舶运输具有较强的技术性、涉外性和风险性。船舶驾驶是多个船员配合的结果，而且船舶运行不像车辆那样灵敏，船舶的舵效都有一定的延迟性，因而《1972年国际海上避碰规则》要求船舶提前防范碰撞危险，因为出现碰撞危险之后凭借一艘船舶的一己之力很难挽回碰撞局面。所以，船舶运输风险的出现与事故结果的发生通常会有一段距离，而且风险来自多方因素，既有船舶设施的风险、自然环境的风险,也有船员自身是否具有良好船艺、是否认真操作驾驶的人为风险。海事执法人员认为,基本每一起碰撞事故都是两条船舶互有违规的结果,很难认定某艘船舶承担全责,因而在海事安全事故的主次责任认定上比较困难。再者,海事行政执法对事故的调查只是粗线条地区分主责方与次责方,对于具体的船员过失及其责任范围通常不去详细考究,最后由侦查部门界分主体责任时,许多证据已经难以收集到,结果往往只能是不了了之。

### (二)事故主体范围及其责任程度难确定

船舶航行受控于船东、承运人、船长和一般船员、引航员,每起安全事故的发生都是多因造成的一果。

#### 1. 船长的责任范围

船舶驾驶由船长统一指挥,原则上,船上的所有事务都由船长最后决定。但是,实践中有时船长也要尊重船东或承运人的意见,而且船长也需要有休息的时间,因而,发生责任事故时如何确定船长的责任范围,如何在共同过失行为中区分违法与犯罪界限都需要海事技术规则的支持,所以我们主张由海事法院审理此类刑事案件。

#### 2. 船东与承运人的责任范围

对船东与承运人追究刑事责任在我国比较少见,往往是船长代替他们承担了刑事责任。实际上船舶安全问题与航运公司的管理行为息息相关,船舶设施是否安全取决于他们是否投入财力和精力。最近国家海事局对此问题给予了重视,2017年7月20日交通运输部海事局颁发了《交通运输部海事局关于船舶开航前自查有关事项的通知》,针对不同类型的船舶提出不同的自查清单。要求"航运公司应当将船舶开航前自查纳入公司管理,明确责任,细化要求,完善管理制度,确保有效实施;体系内公司应将相关要求纳入体系管理"。该通知对航运公司提出安全要求,也意味着增加了它们的责任,如果出现船舶不适航而导致安全事故的问题,第一责任单位就是航运企业管理人员。

#### 3. 海事监管人员的责任范围

因行政监督失职而承担刑事责任的问题涉及责任主体的范围与责任大

小的划分标准，其他行业也存在同样的问题。海事局面临的问题集中表现为事权范围比较模糊，近年来其自己增加了管理权限，相应提高了渎职犯罪的风险。某一海事执法人员因为半年之前一艘船舶停泊在自己的管辖范围之内而没有履行执法检查责任被认定为玩忽职守罪，理由是该船舶停泊在该港时处于船员不适任状态。这起案件在海事系统引起很大争议。同样的问题如果出现在陆上的车辆身上，是否该追究交警的责任？这一问题说明船舶驾驶与车辆驾驶不同，确实有深入研究的必要。

## 四 海上交通犯罪进入刑事司法程序的障碍

与海上普通侵权案件不同，海上交通犯罪需要经由执法机关的司法移送才能进入刑事司法程序。海上侵犯公民人身权利和财产权利的自然犯，既可以发生于水上运输中，也可以发生于陆上运输或一般的生活场所，这些犯罪在刑事管辖上是由公安机关直接介入进行侦查，不需要交通海事或渔业执法部门的司法移送，因而此类案件的诉讼程序通常不存在问题，只有海事行政涉罪案件通常需要司法移送，在移送的标准和机制上存在诸多问题。

（一）来自海上执法人员的障碍

海上涉罪行政犯罪主要集中在交通运输领域，海洋渔业与环境资源的犯罪少于前者。

**1. 对涉罪案件立案标准的认识障碍**

船舶交通事故涉罪案件没有专用的罪名，引用《刑法》第 133 条的交通肇事罪却很尴尬，因为水上船舶肇事的经济损害结果比陆上车辆肇事要大得多。《解释》规定，"无力赔偿三十万元"的便可立案，这一规定对水上交通行业来说难以接受，因为船舶肇事造成 30 万元的经济损失在水上交通行业中可谓司空见惯，平均每起船舶碰撞、翻沉事故的经济损失基本达到 271 万元，30 万元损失便可能入刑，犯罪圈过大。另外，《解释》对交通肇事罪的认定以死亡 1 人或者重伤 3 人以上，负事故全部或者主要责任为条件，这也是海上交通领域所不能认可的。一方面，海上交通领域认为海上运输风险极大，事故导致的后果难以控制，以死亡 1 人作为犯罪条件显然对船员不公平。从公平对待海员的角度①，认定责任时要考虑对船员犯罪的宽宥。目前有多家海事执法部门将涉嫌交通肇事罪的案件移送标准提高到死亡3人以上（而且这个数字还不包括失踪人数）。该入罪标准是根据交通运输部相关法规、规章以及船舶安全事故等级划分标准而来的。依据2002年《中华人民共和国内河交通安全管理条例》的规定，造成"重大内河交通事故"的，应以交通肇事罪或者其他罪名追究刑事责任，而"重大内河交通事故"的标准便是导致"死亡三人以上或直接经济损失50万元以上"，"死亡三人以上"这一标准的来源是2002年修订的《水上交通事故统计办法》（现已失效），该规范将"重大事故"的标准界定在"死亡三人以上或直接经济损失50万元以上"，而死亡1人以上的被划定为"大事故"，只有人员受伤没有人员死亡的情况属于"一般事故"。2015年再次修订的《水上交通事故统计办法》重新划分了事故等级认定的标准，"重大事故"的标准是"造成10人以上30人以下死亡的"情形，如果再按照这一条款认定交通事故的入罪标准，就是死亡10人以上的事故了，由此看来，这一依据完全可以忽略。

**2. 对船员的同情是执法部门移送案件的动机障碍**

心理学理论认为，人的行为受动机控制，而动机时常受情绪左右。海上执法人员对船员职业的认识具有很大的倾向性，基本上一致认为船员职业非常艰辛，航运风险随时出现，海难事故的发生是人力所不能控制的。在执法中表现为对船员的强烈同情心理，甚至认为船员不应当承担刑事责任。总之，同情心成为其移送涉罪案件的重要障碍。

**（二）涉罪案件司法移送的证据和程序障碍**

**1. 案件移送的证据障碍**

陆地上汽车碰撞发生的危害结果和案件现场可以保留一段时间，通常也有目击者事后作证或进行社会监督。而船舶交通事故发生在海上，凌晨案发率最高，很难有现场目击人。由于海上洋流的涌动性较强，案件现场无法保留，案件事实的回溯完全依据极少可能出现的现场证人和

---

① 国际海事组织于2006年4月通过了《海难事故后公平对待海员指南》，以使海难事故后进入刑事诉讼程序的海员免受不公平待遇。

船舶上的电子设施。如果肇事船上的船员互相串通并在电子设施及航海日志上做手脚，案件事实便很难调查清楚。鉴别海难事故的危害后果也是一件难事，对于人员伤亡来讲，当场撞击导致死亡、重伤的情况比较少见，大多是因为碰撞导致人员落水得不到及时救助而溺亡的。海上寻找尸体更为困难，若找到尸体可以经法医检验出死因，但是如果找不到尸体则无法判断其死亡的原因。尤其在外海，打捞沉船或尸体的成本极高，而不见尸体又无法推定失踪人员是否已经死亡，这给案件诉讼带来很多难以想象的麻烦。海上行政执法机关没有警察权，大大降低了案件办理能力，往往导致证据收集困难。海警在海上执法中具有刑事侦查权和行政拘留权，因而在海上执法中的威慑力高于其他机关。由于海事局没有警察权，案件的走向只有两个：其一，给予行政处罚，只能处以罚款、扣留或吊销船员证书，不能对相对人处以行政拘留；其二，当案件情节和法律后果涉嫌构成犯罪时，向公安机关移送案件，而公安机关审查案件的标准是该案是否达到犯罪的程度，能否向检察机关移送出去。对于该案是否达到行政拘留的程度基本不会考虑。因而，对于海事执法中发现的违法案件，行政拘留基本上等于空置起来。囿于警察权的缺失，海上生产作业人员对海事执法人员的询问通常会置之不理、抗拒检查。① 由此案件事实调查经常错过时机，犯罪现场和证据基本灭失，待海警介入案件侦查时，嫌疑人已将肇事船舶维修完好、相关证据已经灭失、相关证人也一走了之。由于涉罪人员不在案，检察机关也不会收案，本该刑事追诉的案件只能以行政处罚结案。

**2. 由于行政调查期限长于刑事侦查期限的程序障碍**

海上安全事故因果关系比较复杂，认定案件事实的海事调查报告期限为3个月，在此期间如果海上侦查机关提前介入案件并对犯罪嫌疑人采取强制措施，便会因为海事调查报告没有出来、事实没有认定而陷入两难局面。如果放人又担心海事调查报告出来后构成犯罪，如果不放人又担心达不到犯罪条件而承担职务过失责任。

---

① 调查中得知有些"三无船舶"时常使用各种极端手段抗拒执法人员登船检查，如放狗、令女人当众脱衣服等。

## 五 海上交通犯罪刑法立法不足的解决方案

面对海事刑事立法、司法与刑法理论这样一系列的复杂问题，本文建议通过出台司法解释、细化海上犯罪的立案标准、改进行刑衔接机制三个层面改革并深化我国海事刑事法治建设工作。

（一）通过司法解释明确入刑标准

**1. 船舶肇事致人死亡的入罪标准**

这个标准的争议最大，如前文所述，海事执法部门掌握的标准是致3人以上死亡的才移送案件至司法机关，这个标准来自海事调查规则中对事故的等级认定。鉴于刑法学界坚持同命同价的原则，本文考虑两个方案。

方案一，负事故主要责任或全责的，致2人以下死亡或失踪的，属于应当判处3年以下有期徒刑或者拘役的档位。经过和解，可以免除刑事责任。设定2人为立案标准，是考虑到失踪人员具有生还的可能性，但是2人同时生还的概率很小，只要保证1人不能生还，定罪的客观依据就会存在，不会违背罪刑法定原则。

如果肇事后逃逸或者具有其他违法行为，负事故主要责任或全责的，致1人以上死亡或失踪的，构成交通肇事罪，属于应当判处3年以上7年以下有期徒刑的档位。这个建议既尊重了《解释》（致1人重伤便可成立本档位的犯罪），又兼顾了水上交通的特色。放宽致1人死亡的法律后果，同时也体现了对逃逸者从重处罚的刑事政策。

因水上交通肇事逃逸，且不向海事主管部门报案，事故现场没有其他救助可能性时，导致救助不及时而发生人员死亡或失踪1人以上的，以间接故意杀人罪定罪处罚。这一档位的设置考虑了刑法间接故意杀人的理论，同时也得到了司法实践的支持。

方案二，船舶肇事逃逸，负事故全责或主要责任，致3人死亡或失踪的，可立案入罪，经过和解，可以免除刑事责任。这一方案尊重了海事执法部门的实践做法，但是其合理性存在问题。

如果肇事后逃逸或者具有其他违法行为，负事故主要责任或全责的，致1人以上死亡或失踪的，构成交通肇事罪，属于应当判处3年以上7年以下有期徒刑的档位。海上落水者的生还可能性极小，与内陆的江河不同，海上水温低、风浪异常大，入水者如果得不到及时的救助，基本上连打捞尸体的可能性都很小。本文建议，对于上述情况应当从严追究刑事责任。

因水上交通肇事逃逸，且不向海事主管部门报案，事故现场没有其他救助可能性，导致救助不及时而发生人员死亡或失踪1人以上的，以间接故意杀人罪定罪处罚。这一档位的设置考虑了间接故意杀人的理论，同时也得到了司法实践的支持。

**2. 造成财产损失的，建议免于刑事处罚**

由于船舶肇事的经济损失远远高于陆上车辆事故的损失，加上船舶驾驶的高风险性，适用陆上的标准"30万元经济损失无力赔偿"的立案标准过于严厉，建议免于刑事处罚。船舶肇事通常有保险公司进行赔偿，即使没有保险的，也会有船舶公司进行民事赔偿，事故直接责任人的民事责任被保险公司或船舶公司替代，加之我国司法实践中从来没有因无力赔偿经济损失的车辆肇事者被追究刑事责任的案例，定罪免处便可达到教育和预防的目的。

（二）完善船舶肇事逃逸的认定依据

水上交通肇事逃逸是加重刑罚处罚的一个重要情节。但是在认定逃逸的问题上需要结合船舶驾驶的特殊环境。由于海水的可溯性和流动性较强，水面上时常出现不明漂浮物，通过船上雷达难以判断漂浮物与小型船舶的区别，如果遇到大浪或大雨，更会增加雷达的识别难度。航运业的一个共识是，在恶劣天气时大船碰撞小船通常是没有感觉的，因为船舶驾驶人员不知道自己已经撞了他船，这便给我们判断逃逸带来困难。[①] 究竟是正常驶离现场，还是为了逃避法律追究而逃逸，需要通过驾驶人员的主观动机来判断。对于这一问题，目前的取证能力还很有限，因为船舶肇事通常没有目击者，现场无法保留，落水者生还可能性小，船员之间串供的机会较大。宁波海事法院审理的"卡塔利娜"轮肇事一案就是一例，其是在

---

① 这一现象有待证实。

案发后驶离现场的,该案之所以没有认定为肇事逃逸,也是由于证据不足。目前最为可行的方法就是通过法律推定来认定逃逸的事实。

交通肇事逃逸要求行为人主观上存在故意,即明知发生了事故为了逃避法律追究而逃离事故现场。如果犯罪嫌疑人不承认自己"明知"发生了交通事故而逃离现场,就需要通过各种证据加以认证或进行法律推理。2015年《毒品犯罪工作会议纪要》(武汉工作会议纪要)采用了事实推定的证明方法。即根据行为人贩卖毒品及从其住所等处查获毒品的事实,推定查获的毒品是用于贩卖。但根据推定原则,应当允许当事人提出反证。反证是指确有证据证明查获的毒品并非贩毒人员用于贩卖,包括其为他人保管用于吸食的毒品,为犯罪分子窝藏毒品,持有祖传、捡拾、用于治病的毒品,等等。有鉴于此,海上交通肇事逃逸行为也可以适用法律推定的方法。2011年国家海事局出台的《水上交通肇事逃逸案件调查处理规定》第13条规定对已认定的肇事船舶,除依照《海上交通事故调查处理条例》或《内河交通事故调查处理规定》查明事故发生原因外,还应对是否属于肇事逃逸行为进行调查。在调查是否属于肇事逃逸行为时,应综合考虑事发时的通航环境、船员的良好船艺及船舶技术参数等要素,同时全面分析以下证据:(1)船舶法定记录无故被篡改或毁灭;(2)肇事船舶船长、值班驾驶员隐瞒事实真相、提供虚假证据或销毁证据;(3)肇事船舶无正当理由拒绝海事管理机构的停航指令或到指定水域接受调查的指令;(4)肇事船舶船员证明船长或当班驾驶人员明知发生碰撞事故而仍然驶离事故现场;(5)肇事船舶当事人承认肇事逃逸事实;(6)肇事船舶在肇事后突然关闭AIS、VDR等设备,而无法做出合理解释;(7)其他证据表明肇事船舶船长或当班驾驶人员明知发生碰撞事故而仍然驶离事故现场;(8)专家组意见。

第14条规定,如无法判明责任,对已查实的肇事逃逸船舶应认定其承担全部责任或主要责任。对肇事逃逸船舶及有关人员按相关规定予以从重处罚。

综上,我们建议,对肇事船舶具有对下列情形的可推定为具有肇事逃逸的情节:(1)船舶未按规定开启雷达设施的;(2)船舶未按规定使用AIS船舶识别系统的;(3)肇事后突然关闭AIS、VDR等设备,而无法做出合理解释的；(4) 肇事后，覆盖肇事时段的 VDR 记录的；(5) 肇事后更改航海日志的。

(三) 完善海事犯罪行刑衔接的制度和机制

首先，加强海上执法力量，尽快整合统一基层海警队伍。我国交通运输系统内部设置了诸多港口公安局，此外，还另设了天津海事公安局、上海海事公安局、广州海事公安局和长航公安局等具有侦查职能的交通公安局，对海上侵权犯罪可以直接行使刑事侦查权，如何处理这些机构与海警的关系需要通盘考虑。其次，为了避免行政机关选择性执法，对海事行政机关也应当有所约束，一方面提高海事行政案件取证的技术标准，缩小行政证据与刑事证据的技术差距（这一点可能存在诉讼法上的问题），减少证据灭失的可能性。最后，目前宁波海事法院已经开启了刑事审判试点工作，建议尽快研究在全国推广的方案，为建立国际海事司法中心提供支撑。

(宁波大学法学院教授　赵微)

# 附录 "历次刑法修正评估与刑法立法科学化理论研讨会"综述

2017年10月14日至15日,一年一度的中国社会科学院刑法学重点学科暨创新工程论坛在北京成功举行。此次会议以"历次刑法修正评估与刑法立法科学化理论研讨会——纪念1997年刑法颁行二十周年"为主题。来自中国社会科学院、北京大学、清华大学、中国人民大学、中国政法大学、北京师范大学等数十所科研机构和高校的专家学者,全国人大常委会法工委、最高人民法院、最高人民检察院、公安部、司法部等立法和司法机关的有关领导和专家,以及《检察日报》《人民法院报》《中国社会科学报》《中国社会科学》《法学研究》《环球法律评论》等报刊编辑记者近百人出席会议。

会议除开幕式和闭幕式外,共分为七个单元:刑法立法观的变迁、刑法修正案的反思、刑法立法模式、刑法立法的扩张、经济刑法的变革、刑罚结构的完善、新兴犯罪的立法。此次会议,评估历次刑法修正是手段,目的是推动刑法立法科学化,促使刑法立法能够更好地回应中国社会快速转型的时代要求,从而推进刑事法治的发展与完善。

## 一 刑法立法观的选择

最高人民法院副院长李少平大法官指出,1997年刑法(简称"97刑法")的颁行是我国社会主义刑事法治建设的一座里程碑,它开创了刑事法典体例,开启了罪刑法定原则,开拓了科学立法时代。最高人民检察院检委会专职委员陈国庆大检察官指出,20年来刑事法治的完善需要充分肯定,刑法立法的科学化应坚持科学的立法理念,以科学的方法进行研究和评价。全国人大常委会法工委刑法室主任王爱立先生指出,刑法的修改在

附录 "历次刑法修正评估与刑法立法科学化理论研讨会"综述

我国法律的修改中一直处于比较活跃的状态。随着社会的发展,刑法修法工作会继续展开,刑事法治将会发挥更重要的作用。中国社会科学院法学研究所李林研究员指出,在97刑法颁行20周年之际,总结97刑法实施以来历次刑法修正的成就、经验与不足,适逢其时,非常必要,将刑法20年来的发展放在依法治国大视野的背景下总结、反思和评估,具有重要意义。

有学者提出,应确立理性的刑法立法观念,理性回应重大的社会关切。这是与会学者的一致看法,不过不同学者对理性刑法立法观的侧重不尽相同。比如,清华大学法学院劳东燕教授主张,有必要确立功能主义的刑法立法观,注重对社会问题的积极回应;功能主义刑法立法观注重灵活回应的立法导向,并不具有一个既定的模式。上海社会科学院法学研究所魏昌东研究员,基于对近年来经济犯罪、妨碍社会管理秩序犯罪章节中立法者高度重视但司法无用武之地立法的考察,对未来刑法立法走向象征主义和新工具主义充满担忧。中国人民大学法学院付立庆教授则在刑法立法中提倡平衡思维,平衡思维的立法导向是严而不厉。具体而言,随着社会形势的发展严密刑事法网,同时通过宽缓刑罚以实现国家刑罚资源投入运用的合理性。中国社会科学院法学研究所焦旭鹏副研究员认为,应在"现代刑法的风险转向"这一命题下理解晚近的刑法扩张,打破"传统社会—现代社会"两分的转型社会学视野对刑法学研究的支配,从农业社会、工业社会、风险社会的社会形态划分来把握刑法的社会基础具有重大意义。

清华大学法学院黎宏教授指出,我们是世界上最安全的国家之一,但我们所付出的代价是巨大的,预防犯罪观与情境犯罪观是我们社会中最明显的体现,如地铁安检。我国立法的扩大化和犯罪化源于风险社会观的观念无处不在,这有点不正常。与外国的立法相比,我国的刑法立法很少讲到立法理由和立法背景,也少有交代调研情况。西方国家对公民个人权益保护有数百年历史,凡涉及剥夺人身自由、财产、资格的,都规定在刑法中,也都需要法院来审判。但我国的制裁措施,除了刑罚处罚,还有资格取消、限制从业资格等各种处罚方式。所以中国的立法应当立足于本土国情,不应一概拿外国的观念来主导中国的立法。

此外,中国社会科学院法学研究所屈学武研究员反对秩序大于权利的国权主义刑法观,提倡以人为本的民权主义刑法观,呼吁在未来的立法中设立不可避免的法律错误、守法期待不能等作为责任阻却事由。她指出,民权主义刑法观旨在追求以最小的公民权利牺牲之代价换取最大限度的公共安全与公共利益的稳定。中国人民大学法学院冯军教授赞同屈学武研究员的上述立法建议,他认为这体现了责任原则,而责任主义正是现代刑法的标志。不过,国家秩序的维护与个人权利的张扬并非简单的对立关系:只有在保障国家秩序的基础上才能谈个人自由问题;若没有良好的国家秩序,也就不可能有公民的自由。

基于不同的立法观,不同学者对我国目前刑法立法的评判自然也会产生差异。比如,在象征性刑法立法的问题上,冯军教授明确指出,目前我国的刑法立法不存在象征性的立法,并强烈建议将严重违反交通规则造成交通堵塞的行为也按危险驾驶罪处理。清华大学法学院周光权教授也同样认为,当前的刑法立法既不是象征性,也不是情绪化的。他强调立法增设新罪所考虑的正当性根据是法益保护。对于象征性刑法损害刑法法益保护机能的观点,付立庆教授指出,问题关键在于通过具体检讨相应的犯罪构成要件的设置是否科学,提高具体罪名在实践中的可操作性、适用性。简言之,相较于可行性问题,必要性问题更为重要。此外,中国政法大学刑事司法学院徐久生教授也指出,随着现代社会风险的增加,未来取向的法益保护和前置性的立法是无法否定的。

与会学者一致认为,未来刑法立法应继续坚持并强化罪刑法定原则。江西省人民检察院张国轩副检察长强调,罪刑法定原则的实质只能是保障人权、限制司法权,在全面推进依法治国和更加重视尊重与保障人权的今天,立法机关应当将罪刑法定原则上升为宪法原则。北京大学法学院王世洲教授指出,在刑法中如何强调罪刑法定原则都不为过。中国社会科学院国际法研究所陈泽宪研究员提出,应在刑法总则规定罪刑法定原则的立法中明确写入"行为时"。

## 二 刑法修正的内容评估

(一) 刑法立法的扩张

97刑法颁行20年来经历多次修正,截至会议举行时已有1个单行刑法、9个修正案、13个立法解释共计23个涉及刑法立法的文件；刑法典中的条文由452条增至490条，罪名也随之从412个增至468个。（需要特别指出，以上数据不包括2017年11月4日所颁行的《刑法修正案（十）》，该修正案所增设的第299条第2款以及该款所设定的相应罪名）20年来刑法修正尤其是《刑法修正案（八）》《刑法修正案（九）》的通过，使得刑法扩张成为刑法和刑法学中的关键词之一。刑法立法的扩张途径有二，一是通过增设新罪名，二是在原有犯罪的基础上通过扩大犯罪主体的范围、增加行为对象或行为类型、减少构成要件要素、降低入罪的罪量因素等方式降低入罪门槛。面对20年来我国刑法扩张以及在可以预见的将来刑法仍会进一步扩张的态势，参会学者的态度并不全然一致。

有学者肯定刑法的这种扩张（趋势）。如北京师范大学刑事法律科学研究院王志祥教授认为，扩张犯罪圈具有正当性。他指出，使犯罪圈的扩张成为必然趋势的原因有二：一方面是严而不厉的政策导向；另一方面是在劳动教养退出历史舞台的背景之下，弥补劳动教养遗留下来的立法漏洞。此外，犯罪圈扩张能够增强国民守法意识，能够传达正确的观念：小恶也不能做。河北大学政法学院敦宁副教授则认为，我们国家应从片面强调入罪谦抑转移到强调刑罚谦抑上来，今后如何促使刑罚轻缓化才是问题的重点。中国社会科学院法学研究所张志钢助理研究员则认为，我国目前刑法立法所面临的真正问题是犯罪化程度不够的问题，尽管从立法技术上分析刑法处罚前置化的极端方式可能有悖于责任主义或行为刑法等传统刑法的基本原则，但不能因噎废食而一概否定此种趋势。否则，与其说这是对19世纪所确立的传统刑法基本原则的坚守，不如说是对当前21世纪所面临的现实问题的漠视甚至是回避。冯军教授认为，刑法目前主要的问题不是超前而是滞后。比如，故意违反交通规则造成堵车，完全可以入刑；再如骚扰罪，被告人不堪其扰将被害人杀死，倘若有骚扰罪，则被害人会被判处骚扰罪而不至于丧失生命，因而将某些行为规定为犯罪恰恰是对被害人的保护。

也有学者对刑法的扩张持审慎态度。如河南大学法学院刘霜教授认为，我们需要警惕犯罪圈的扩张可能是一种刑法工具主义思想，应坚持谦抑性原则，坚守刑法的界限，具体包括四个方面：一是道德与法律的界限；二是刑法与民法的界限；三是刑法与治安管理处罚法的界限；四是刑法中行为的界限。安徽大学法学院储陈城副教授则指出，当前中日德三国进入刑法立法活性化时期，均呈现诸多脱离法益保护的现象，刑法立法科学化应注重对法益观念的回归，应重视法益概念的立法批判功能。北京政法职业学院颜九红教授指出，在此 97 刑法重刑结构未得到扭转的背景下，刑法处罚范围不断扩大固然能够起到严密刑事法网的功效，但也有可能导致刑法自由保障机能的不断弱化。鉴于全面介入社会管控的刑法社会保障机能难免凸显刑法的干预性和工具性，我们应警惕刑法从最后保障法到最先干预法的这种危险转向。

最高人民法院喻海松法官就刑法立法的扩张提出三个层面的问题：一是刑法是不是在扩张；二是刑法扩张的正当性何在；三是刑法应当如何扩张。对于刑法的扩张及其界定问题，中国人民大学法学院时延安教授认为，从研究工具的角度看法益概念是有用的分析工具，但法益概念本身的模糊性使其难免具有局限性，也许我们更多需要的是可测量的实证性研究，而不应仅凭借感情进行研究。同时，犯罪化也存在经济学的研究视角。例如，英国认为监狱改革与成本有关。中国社会科学院大学林维教授认为，我国刑法整个犯罪化的圈子会继续扩大，其原因有三。一是整个社会转型在加快而没有减速。对于社会转型中出现的新型犯罪，各国处理不同，比如英国认为对于网络犯罪没有必要设立新罪名，但我们则是通过增加立法来解决此类新型犯罪。二是刑法的扩张是世界大趋势，这与人们的恐慌心理与社会风险的高度现实化及其现实化后的危害有很大关系。三是我们的立法技术和对立法权的制约没有进步，而这是最为关键的。吉林大学法学院徐岱教授认为，刑法立法是否过度，应立足本国国情和一定时期的立法需求来判断。日本学者在评价中国刑事立法时，认为中国刑法的非犯罪化和刑罚处罚轻缓化比日本、韩国刑法做得更好。同时，我们应以成熟的刑法理论支撑立法。比如，在共同犯罪的问题上，如果沿着传统理论的实行行为问题，可能解决不了当下的诸多问题。中国社会科学院法学研究所贾元博士后从原因自由行为的角度切入，认为我国对醉酒、吸毒、服用麻醉品等致使精神处于障碍状态下的犯罪行为的规制还远远不够，需要扩张刑事责任的范围，具体可参考德国的分则式立法模式。

在刑法立法与刑法解释关系方面，中国政法大学刑事司法学院王平教授指出，刑事立法问题应当与刑法解释问题的解决思路不同。解释活动较为保守，而立法活动基于民主国家的体制，其中政治精英、知识精英和大众都在起作用。政治精英和大众的立法冲动要更为强烈，均倾向于犯罪化，这是因为政治精英是基于政治治理的压力，大众是基于一种本能的安全性考虑。对此，知识精英应扮演不同的角色，其使命在于拷问当前的刑法立法活动的有用性与合理性，也即更多地运用理性来适当拦截犯罪化的冲动。中国人民大学法学院李立众副教授则强调深化刑法解释的作用。他指出，我们所宣扬的各种立法理念，未必具有可操作性，唯有深化刑法解释学的研究，才可能给立法者头上套上紧箍咒。一句话，没有发达的解释学，也就没有高质量的立法科学化。

(二) 刑罚结构的完善

**1. 97 刑法重刑结构的调整**

北京大学法学院储槐植教授认为，我们首先面对的是 97 刑法的重刑结构问题。97 刑法将 1979 年刑法（简称"79 刑法"）和一系列单行刑法中的死刑罪名照单全收并集中起来，形成并固化了我国 97 刑法的重刑结构。同时，大量死刑罪名的存在绑架刑法结构处于高位运行的状态：无期徒刑有 62 个；全部犯罪都可以剥夺自由刑，自由刑中法定刑最低 5 年以上的罪名有 341 个，法定刑最高 5 年以下的罪名只有 127 个，前者是后者的 2.7 倍；刑法中规定拘役的罪名有 394 个，但是司法实践中的适用率显著偏低。林维教授则认为，重刑刑法的结论既对也不对。从法定刑结构来讲，重刑条文较多毫无疑问是重刑，但从适用上来说，（据 2016 年统计）5 年以下有期徒刑占 90%，3 年以下有期徒刑占 80%，缓刑占 1/3。从这个角度来看就不能认为重刑化，或者说我国是立法重刑化与司法适用轻型化并存。我们需要反思的是，这是刑事政策的反复还是立法判断的问题呢？对此，储槐植教授则认为，我国立法的重刑化是没问题的，但认为我国司法的轻刑化则有待商榷：每年判决、执行的死刑数量有多少国家超过我国呢？这算不算司法呢？

从刑罚部分的修改来看，97 刑法重刑结构在一定程度上得以缓和，刑事制裁多元化趋势也初见端倪。刑罚的完善主要体现在刑法总则的修改中，高铭暄教授对此做了较为全面的概括。他指出，除了逐步减少死刑罪名外，还包括：（1）对75周岁以上老年人犯罪从宽处罚，原则上不得适用死刑；（2）对判处管制、宣告缓刑、裁定假释的实行社区矫正；（3）提高死缓犯执行死刑的门槛，在有期徒刑的最高刑期、对死缓减刑或者数罪并罚两种情况下，由原来的20年提高到25年；（4）附加刑之间的并罚原则和不同主刑之间的并罚原则的明确规定；（5）对未成年人犯罪的明确规定；（6）将坦白从酌定从宽情节上升为法定从宽情节；（7）设计出禁止令、从业资格禁止等新制度；等等。

中国社会科学院法学研究所刘仁文研究员对刑法和刑罚结构的完善提出三点看法。第一，在犯罪圈扩张的趋势下，应考虑在刑法中区分轻罪和重罪，二者在法律后果方面也应区别对待。第二，从刑罚处罚角度可考虑以剥夺人身自由作为区分刑罚与行政处罚的界限，如将治安拘留放到刑法中作为轻罪处罚的后果，并配套相应的刑事诉讼程序。第三，刑罚应局限在责任主义即具有一定可谴责性的后果，不管重罪轻罪，都应具有可谴责性。可将不具有可谴责性的行为纳入保安处分，如对未达刑事责任年龄者的处罚、毒瘾酒瘾的戒除等，可通过保安处分来实现社会保护以及对当事人的正当程序保护。

### 2. 刑事制裁措施的多元化

对制裁手段的讨论，集中在终身监禁制度和缓刑的刑种化设想等方面。

郑州大学法学院刘德法教授尝试从不同角度论述终身监禁制度的合理性与可行性，而且在减少限制死刑的大趋势下，可以预见终身监禁将成为替代死刑的一种刑种。王平教授也认为，终身监禁只是针对原来被判处死刑立即执行的犯罪分子，其目的是限制死刑的适用。不过，终身监禁在适用时的真正危险在于死缓与死刑立即执行之间没有明确的界限，法官适用时可以向两个方向发展：死刑立即执行用终身监禁来代替，但由于死缓与死刑立即执行没有明确界限，法官可能会倾向于适用一般的死缓。这可能会造成实践方向的困境。另外，终身监禁只是针对贪污贿赂犯罪而不是针对所有罪名，因而不必规定在总则中，规定在分则中是没有问题的。对于终身监禁是否适用保外就医的问题，刘德法教授认为实体法尚未规定，理解成程序法上可以适用也不能为错。王志祥教授认为，从《刑事诉讼法》的规定来看，保外就医只适用于被判处有期徒刑的犯罪分子，因此终身监禁制度并不能适用。终身监禁的规定是带病进入立法的，既然立法如此规定，我们就应该接受立法所带来的后果。

中央司法警官学院翟中东教授提出缓刑刑种化的立法建议。他指出，进入21世纪后，随着社区矫正在我国刑事司法领域中的出现，至今已经有70多万人进行了社区矫正。但现实中面临的问题是，部分社区矫正人员（如被宣告缓刑、被假释和被管制人员）对自己罪犯身份并不认同，因为依法律规定缓刑是暂缓执行、附条件的不执行，如此部分服刑人员就不认为自己是犯罪，随之而来的问题就是：社区矫正是不是刑罚执行工作？如果将缓刑规定为一个刑种，就可以解决上述问题，而且这种方案也有英美等国的立法先例可资借鉴。对此，中国社会科学院法学研究所张绍彦研究员提出疑问：缓刑变成刑种之一是不是意味着刑法执行错了？这是增加了刑罚的执行成本还是降低了执行成本？

此外，也有学者从数罪并罚、刑罚现代化的角度思考我国刑罚结构的进一步完善。

## 三 刑法修正方法的评估

### （一）对刑法修正模式的反思

北京师范大学法学院院长卢建平教授指出，在1996年刑法年会中各界代表曾有一个近乎乌托邦式的梦想，也就是最后通过的刑法典能原封不动地走进下一个世纪。产生此梦想的原因是79刑法是个简陋的刑法，我们希望97刑法实现大一统。但这一美好愿望未能实现，因为1998年就出现了单行刑法，1999年就出现了刑法修正案。中南财经政法大学童德华教授则指出，法典化是以理性主义为支撑的，现在我们发现理性主义并不可能为我们制定完美的法典。如果没有认识能力或理性来制定单一的完美化的法典，我们又有什么理由采取单一法典化立法模式？我们应从刑法社会化的角度来思考问题，即解法典化。解法典化并非去法典化或非法典化，它在某种意义上是对法典的补充与重构,也就是说,法典不能解决某些问题时,需要用附属法或特别法来对法典补充完善。

不难发现,在修法模式上,修正案成为97刑法以来刑法立法主导性的、在近年来甚至成为事实上的唯一立法模式。对于这种现象,存在坚持一元立法模式与多元立法模式的分歧。

基于刑法典稳定性的考虑,有学者认为应继续一元刑法典的立法模式。如赵秉志教授认为,未来的刑法立法应继续充分发挥法典化优势。立法实践表明,这种成功的立法模式体系完整、结构完备、内容集中,更容易被理解和掌握,这也是我国现实国情的要求。同时,统一刑法典的模式具有号召力;与国外立法相比,具有不可替代的优势。立足于统一的刑法典模式,未来我国刑法的修正可采取以下两种方式:(1)刑法修正案方式;(2)全面修订刑法典的方式。北京大学法学院陈兴良教授也认为,采取刑法修正案方式对刑法长期稳定具有重要意义。他指出,我国对1979年刑法的修改与补充主要采取单行刑法的方式带来了架空刑法典的局势。97刑法之后(除了1个单行刑法)采用修正案方式相对具有优越性。(1)形式上,单行刑法在刑法典之外具有独立性,除非对刑法典进行全面修正,否则不能进入刑法之中;修正案的条文会替代原条文,以新增罪名(××条之一)的方式融入刑法典当中,这与单行刑法有很大不同。(2)内容上,修正案在内容上具有综合性、广泛性,可涉及刑法总则和刑法分则的内容。单行刑法具有专门法的性质,例如,1990年针对1979年制造贩卖运输毒品罪专门颁布了关于禁毒的规定,该规定内容庞杂,俨然一部微型反贩毒法。(3)在规模上,单行刑法由于只设置一个专题而存在搭车立法现象,如为了凑数,会涉及行政处罚和行政措施等行政性规定。修正案的篇幅则可长可短,如《刑法修正案(二)》只有1个条文,而最长的《刑法修正案(九)》则有52个条文。当然,修正案也有局限性,例如,伴随着金融诈骗罪死刑的废除,《刑法》第199条就变成了废条。不过,也有学者指出应反思当前修正案垄断刑法立法的局限性。如卢建平教授即指出,将修正案方式比喻为中药式或抽屉式的立法,即哪个部分不行改哪个部分,学界也基本肯定这种方法。通过抽屉式立法,保障了刑法体系的完整和适应性,但这种局部或部分的小修,在未来是否可以继续延续?同

附录　"历次刑法修正评估与刑法立法科学化理论研讨会"综述

时,这些小修小补的修正案方式的局限性在于,用修正案的方式来弥补分则罪名空白是合适的,但用其调整刑法的总则,设置新的刑罚措施,如终身监禁、职业禁止等则不合适,会造成体系不协调甚至违宪。

也有不少学者强烈主张多元制立法模式。如苏州大学王健法学院李晓明教授指出我国目前的立法存在刑法典一家独大、修正案零打碎敲、单行刑法名存实亡、附属刑法附而不属等不足,因而提倡刑法立法的三元机制,即刑法典、单行刑法、附属刑法。具体而言,刑法典的立法原则要求明确性与稳定性,但《刑法》第三章和第六章不符合该原则;黑社会、恐怖主义、毒品、贪污贿赂、走私犯罪等领域更符合即时性、针对性、协调性的单行刑法立法原则,应在单行刑法中规制;附属刑法更多体现在依附性立法原则里,经济法和行政法中应有更多的附属刑法。哈尔滨工业大学宋健强教授也主张刑法修法的多元制,其理论基础来源于加罗法洛自然犯与法定犯的区分。他指出,刑法典作为一种预告的威慑效力,应多规定自然犯,这样刑法易懂、易教、易接受,且篇幅小。如果将金融犯罪等法定犯纳入刑法,则会导致刑法过于烦琐、膨胀而削弱其约束力。武汉大学法学院博士生杨诏斌主张二元立法模式,也即在现行单一立法模式基础上适度接纳单行刑法、排斥附属刑法。其排斥附属刑法的理由在于,附属刑法规定在经济法、行政法之中,其扩张性过强。此外,储槐植教授的评述也暗含着对附属刑法的支持。他指出,刑法罪名增多原因之一是刑法学理论不允许刑法以外的法律设定罪刑条款,但这是没有根据的。刑法作为其他法律的保障法,当其他法律有需要时,当然可以在其中设立罪刑条款。

在是否有必要采用单行刑法的立法模式方面,会议讨论的焦点集中在刑法立法活动相当活跃的反恐刑法领域。青岛大学法学院李瑞生教授认为从技术角度而言,单行刑法是保障人权的最好的形式。反恐的单行刑法可以最大限度地保障人权,我国恐怖主义犯罪的立法具有一定程度的针对性,我们不应该将恐怖主义犯罪扩大化。他明确指出反恐单行刑法之构建应包括以下四个原则:(1)保障人权原则;(2)刑法谦抑原则(最后手段原则);(3)法益衡量原则;(4)人类尊严限制的预防性原则。对此,上海社会科学院法学研究所魏昌东研究员分别就以上原则追问设立反恐单行刑法的必要性:(1)反恐刑法是否已经超然于中国现行刑法的立法追求?

· 641 ·

(2) 现行的反恐立法是否已经存在了严重的人权保障危机？(3) 反恐刑法追求的价值是不是刑法所应追求的价值？如果两者（反恐刑法与刑法典）一致，是否有必要单行化？(4) 反恐刑法是否符合中国国情？

在反思刑法立法模式的问题时，吉林大学法学院张旭教授强调，应首先考虑以下三个问题：(1) 目前刑法出现问题的主要症结是什么；(2) 这些问题是不是由立法模式引起的；(3) 从立法模式入手能不能解决刑法修正中的问题。上海政法学院姚建龙教授指出，刑法渊源包括刑法典、单行刑法、附属刑法。法律修改方式一是修订，二是修改决定，三是修正案。凭什么只有刑法才能像宪法那样采用修正案，其他法律不行？为什么用了修正案这个方式之后，其他刑法渊源就排除了？在此需要反思的是，刑法学者是否把刑法修改形式与刑法渊源搞混了？二者的混淆会带来如下问题：在我国采用修正案方式修改刑法典后，是不是单行刑法典就不能制定了，其他的刑法渊源就不能使用了？但过度重视修正案的作用，在一定程度上会导致其他刑法渊源的作用被弱化乃至被忽视。

## （二）对刑法修正程序的反思

从刑法修正的主体来看，97 刑法至今的 23 个立法文件全部都是由全国人大常委会通过的。对此，有不少学者对全国人大常委会逾越修法权限表示质疑。如山西大学法学院李麒教授指出，目前的刑法立法权的配置不够合理，没有体现全国人大的优先性地位，影响了刑法立法的代表性和权威性。全国人大常委会在立法上只具有地位和范围上的补充性。地位的补充性是指全国人大常委会只有在全国人大闭会期间才能修改刑法，范围上的补充性是指不能对刑法进行全面重大的修改，比如终身监禁、20 多个罪的死刑废除等都是应由全国人大来通过的。浙江大学光华法学院叶良芳教授认为，我国《宪法》第 62 条、第 67 条分别配置了全国人大和全国人大常委会的立法权限，据此全国人大常委会对全国人大制定的法律只能进行部分的补充和修改且不得同该法律的基本原则相抵触。但是，(1) 相对于 97 刑法共计 452 条的规模，《刑法修正案（八）》修改了 50 条，占原刑法条文的 11.06%，《刑法修正案（九）》修改了 52 条，占原刑法条文的 11.50%，如此规模很难再称是部分修改。(2) 死缓限制执行、终身监禁、禁止从业、禁止令等均关涉刑法总则中的原则性问题，这些内容是否属于全国人大常委会的立法权限则不无疑问。

从刑法修正的频率来看，20年来修改文件数量共计23个，即平均间隔时间不足一年，立法活动较为活跃。对此，有学者认为太过频繁，有损刑法的稳定性、严肃性与融贯性。刑法频繁修改所造成的另一种后果是，即便是大学教师也要在修法后花费时间研习才能向学生讲授刑法课程。张旭教授认为，刑法如此频繁地被修正与刑事立法和犯罪学研究相脱节有关系。犯罪学研究成果不能及时反映到刑事立法中，从而导致政策性立法的繁荣，这种急功近利的政策性立法显然会导致刑事立法的落后，要真正做到刑法的超前必须坚持刑事一体化，在大刑事法学的背景下，进行事实的研究、规范的研究和整个价值层面的研究。中国社会科学院法学研究所樊文副研究员指出，事实上，德国刑事法的修改比中国更为频繁：德国《刑法》从1871年至今，已经修改200多次；从2007年至今修改60次；与此同时，德国《刑事诉讼法》也有修改，涉及的条文有392条，最近10年修订53次，平均每年5.3次。因此，我们应当思考的是：修订次数频繁是不是意味着刑法稳定性变了？这会不会影响人们对刑法的了解与学习？在现代急剧变化的时代，我们是不是应该对刑法的稳定性做另一种思考与认知？此外，也有数位参会学者借助意大利刑法修改的当前情势，佐证当代世界范围内刑法修订的活跃性与频繁性。

## 四 刑法立法科学化的展开

### （一）刑法立法科学化的多维视角

李麒教授认为科学立法的内容包括：（1）合理确定法律的调整范围，做到法律调整的社会关系范围明确、重点突出且恪守边界；（2）及时回应时代的要求，具有一定的适应性和预测性；（3）应当体现公平、正义、人权、自由、幸福等法的精神价值，追求良法善治；（4）追求法律规范体系的一致性，如下位法不违反上位法、特别法优于但不破坏一般法等。吉林大学法学院陈劲阳副教授从融贯性的角度检验刑法修正的正义性与科学性。融贯性的考查包括对不同类型的行为应区别对待，以及在此基础上派生出来的相同情况相同处理、举轻以明重、法定刑衔接的融贯、部门法和刑法的前置法的融贯以及总则与分则的融贯等方面。

张旭教授认为，在刑法修改与完善中应考虑如下三对关系。一是刑法稳定性与灵活性的关系。稳定性是刑法的生命力所在，但过于强调稳定性，而不能回应社会现实的需要，那刑法就会失去其生命力。二是刑法科学性与实用性的关系。科学性与合理性并没有绝对的评价标准。但在整个科学性考量的过程中，不管采用何种标准，若立法不能回应现实、不能满足社会目前的现实需要，那么其科学性便难以得到保证。三是刑法超前性与现实性的关系。刑法具有一定的超前性是必要的，但若过于超前则会脱离现实，不能满足刑法现实的需要。可以说，这三个方面既不是绝对协调也不是绝对对立的关系。

在明确性原则的贯彻方面，存在构成要件明确性不足或过于细化的两极化现象，前者如不少学者提出的以非法经营罪为代表的口袋罪，后者如南京大学法学院杨辉忠副教授所指出的，《刑法》第3条所要求的明确性原则绝不意味着规定得越细越好，有时规定越细漏洞越多。其典型例子如《刑法修正案（九）》对恐怖活动犯罪规定的一系列罪名。尽管这样的规定对于精准打击犯罪会有好处，但也难免会产生漏网之鱼，如真正实施暴恐犯罪恐怕只能以普通罪如故意杀人罪来定罪。对此，陈泽宪研究员也指出，如果对恐怖活动的基础行为不在实体法上做出规定，刑事诉讼特殊程序将无法适用，这是未来刑法立法应克服的问题。

（二）未来刑法立法的意见与建议

高铭暄教授指出，第一，逐步减少死刑罪名，在未来的立法中争取做到凡是不涉及人命的案件，不规定适用死刑。第二，坚持罚金刑数额规定的明确性原则，财产权是人权的组成部分，必须明确罚金数额。第三，坚持刑法体系和立法技术的进一步科学化。例如，在总则第二章当中对孕妇、未成年人、老年人、精神障碍的人作为特殊对象设专节；在分则中可考虑将无国界的网络犯罪单设一章，也可考虑增设危害人类和平与安全罪，从而实现与国际公约的衔接等等。其他学者也给出了详略不等的立法建议。例如，在个罪方面，与会学者就危险驾驶犯罪、传销犯罪、证券犯罪、食品安全犯罪、海上交通犯罪、网络著作权犯罪、单位犯罪等各种新型犯罪的立法展开了分析。

## 五　成果与展望

研讨会历时两天，内容丰富、议程紧凑，既有高度共识，也有热烈讨论。大家纷纷反映，此次会议学术含金量高、信息量大，对深化我国的刑法理论研究和回应中国的现实问题必将产生重要的影响。

《检察日报》《人民法院报》分别在头版报道了此次会议，中国法学创新网"学界要闻"等也对此次会议作了报道。我国刑法立法的步伐仍将继续向前迈进，2017年11月全国人大常委会又审议通过了《刑法修正案（十）》。我们深信并期待此次会议以及在此基础上形成的研究成果能够在未来的刑法立法中发挥其应有的积极作用。

（中国社会科学院法学研究所助理研究员，法学博士　张志钢）

图书在版编目(CIP)数据

刑法修正评估与立法科学化/刘仁文主编. -- 北京：社会科学文献出版社，2018.12
（中国社会科学院刑事法论坛）
ISBN 978 - 7 - 5201 - 3726 - 3

Ⅰ.①刑… Ⅱ.①刘… Ⅲ.①刑法 - 法的制定 - 研究 - 中国 Ⅳ.①D924.04

中国版本图书馆CIP数据核字（2018）第240391号

中国社会科学院刑事法论坛
## 刑法修正评估与立法科学化

| 主　　编 / 刘仁文 |
|---|

出 版 人 / 谢寿光
项目统筹 / 刘骁军
责任编辑 / 关晶焱　张　娇

| 出　　版 / 社会科学文献出版社（010）59367161
　　　　　　地址：北京市北三环中路甲29号院华龙大厦　邮编：100029
　　　　　　网址：www.ssap.com.cn |
|---|
| 发　　行 / 市场营销中心（010）59367081　59367083 |
| 印　　装 / 三河市尚艺印装有限公司 |
| 规　　格 / 开　本：787mm×1092mm　1/16
　　　　　　印　张：40.75　字　数：646千字 |
| 版　　次 / 2018年12月第1版　2018年12月第1次印刷 |
| 书　　号 / ISBN 978 - 7 - 5201 - 3726 - 3 |
| 定　　价 / 168.00元 |

本书如有印装质量问题，请与读者服务中心（010-59367028）联系

▲ 版权所有 翻印必究